IFRS
회계원리

최관 · 백원선 · 최영수

신영사

머리말 (제12판 수정판)

제12판 수정판에서는 기존의 방향과 내용을 유지하면서, 보다 정확하고 충실한 강의 및 학습이 가능하도록 몇 가지 중요한 내용을 수정하고 보완하였습니다. 이번 수정판에서 중점적으로 다룬 부분은 다음과 같습니다.

첫째, 국제무역조건 CIF와 관련한 수익인식시점을 좀더 명확히 하고 제5장과 제9장의 관련 내용을 수정하였습니다.

둘째, 본문 내용과 관련된 'mark down'을 최신 내용으로 갱신하였습니다.

셋째, 최신 재무제표 데이터를 사용하여 '회계정보의 활용'을 모두 업데이트하였습니다.

넷째, 교재의 완성도를 높이기 위해 강의하면서 발견한 작은 오류들을 바로잡고 전체적인 문장을 가다듬었습니다.

매번 개정과 수정을 거듭할 때마다 최선의 노력을 기울인다고 하지만, 결국 최종적인 평가는 사용자 여러분의 몫이라는 생각에 여전히 마음이 무겁습니다. 본서를 사용하시면서 부족한 점이나 개선할 부분이 있다면 주저하지 마시고 출판사나 저자들에게 알려주시기 바랍니다. 여러분들의 기대에 어긋나지 않는 완성도 높은 교재로 계속해서 다듬어 갈 것을 약속드립니다.

본서에 지속적인 신뢰를 보내주시는 교수님들과 학생 여러분, 수험생, 그리고 기업 실무자분들께 진심으로 감사의 말씀을 드립니다. 또한 항상 본서가 더욱 빛날 수 있도록 멋진 디자인과 편집에 힘써 주신 신영사의 권영섭 사장님과 박지영 편집국장님, 그리고 관계자 여러분께도 깊은 감사를 표합니다.

2026년 1월

명륜동 연구실에서 저자들 씀

머리말 (제1판)

21세기에 들어서 급속히 진전된 정보화와 세계화가 재화와 용역을 실시간으로 국경 없이 이동가능하게 만들면서 글로벌 투자자들은 신뢰성 있는 고품질의 회계정보 제공을 요구하고 있다. 이에 따라 동일한 거래에 대해서는 세계적으로 통용되는 동일한 언어를 사용하여 표현하자는 데 대한 국제적 합의가 이루어지고 있다. 우리나라도 2011년부터는 모든 상장기업과 금융기관 그리고 원하는 일반기업들은 국제회계기준(International Financial Reporting Standards : IFRS)을 적용하여 회계처리하도록 관련 법률이 개정되었다. 본서는 이러한 국제회계기준에 따른 재무제표를 작성하기 위한 회계절차와 원리를 설명하고 또한 관련 정보를 해석하고 활용하는 방법을 기술한다.

회계학은 회계업무 종사자나 경영전공 학생들만이 공부하는 특수 분야의 학문이 아니라 경제생활을 영위하는 일반 사람들이 유용하게 써야 하는 실용적 학문이다. 누구나 쉽게 배우고 활용할 수 있게 저술되어야 한다는 생각으로 가능한 한 단순명료하게 설명하려고 노력하였다. 특히 회계정보를 생성하는 작성자 입장 못지않게 이를 활용하고 해석하는 이용자의 관점에 비중을 두어 이들의 이해능력을 길러주려는 데 힘을 썼다.

본서는 이 외에도 특히 다음의 몇 가지 사항을 염두에 두며 저술하였다.

첫째, 각 장의 주제에 대해 전체 재무제표에서의 위치와 역할에 대해 큰 흐름을 먼저 알고 이를 근간으로 세부내용을 기술함으로써 숲과 나무를 균형 있게 볼 수 있도록 구성하였다. 맨 처음 학습요점(main point)을 알려주고, 전체적인 내용을 요약(summing up)해 준 후 개별 설명을 시작하였다. 특히 제Ⅱ부의 계정별 처리에서는 각 장 앞에 재무상태표상의 관련 계정 위치를 알려주는 그림(mapping)으로부터 시작하였다.

둘째, 가능한 한 현실과 접목시켜 이론을 설명하고 실제 사례를 들어주었다. 시사성 있는 사례나 신문기사들을 소개하였으며, 각 장 끝부분에 제시되는 회계정보의 활용부문에서는 기업의 실제 자료와 사례를 통하여 학습한 내용을 적절히 응용할 수 있도록 하였다.

셋째, 예제와 연습문제를 최대한 활용함으로써 학습자가 이론을 구체적으로 이해하였는지를 스스로 점검하도록 유도하였다. 각 장의 본문 끝에는 종합예제를 두어 전체적으로 복습케 하고, 맨 마지막에는 사례연구를 두어 응용능력과 종합적 판단능력을 배양하고자 하였다. 한편 각 장의 문제는 익힘, 연습, 고급의 세 단계로 구분하여 자신의 학습결과와 실력을 종합 점검할 수 있도록 문제를 체계적으로 엄선 배정하였다. 보조교재로 판매되고 있는 『회계원리 해답』에서는 각 문제의 해답 및 풀이과정을 상세하게 설명함으로써 학생들이 혼자서 예습과 복습이 가능하도록 배려하였다.

넷째, 회계와 관련된 직업윤리문제(professional ethics)를 다루었다. 회계정보의 사회적 유용성에도 불구하고 최근 회계분식의 사례와 그 폐해도 끊임없이 거론된다. 제7장의 본문 그리고 각 개별 장의 연습문제 끝 부분에서 회계윤리문제를 다루고 있다. 앞으로도 윤리강령이나 실제 사례 등에 의해 계속 보강되어야 할 부분이다.

본서는 크게 다음의 3부(15장)로 구성되어 있다.

- 제 I 부 회계정보의 처리와 재무제표
- 제 II 부 회계정보의 계정별 처리
- 제 III 부 회계정보의 활용

본 교재는 대학에서 한 학기의 강의용으로 사용하기에 부담스러울 수도 있다. 제III부는 강의를 생략하고 학생들에게 자습시킬 수 있을 것이다. 만약 두 학기에 걸쳐 강의하시는 경우에는 제 I 부와 제III부를 1학기에 그리고 제 II 부는 2학기에 강의하시는 것도 권장할 만한 방법 중의 하나이다.

그동안 헤아릴 수 없이 많은 분들의 격려와 도움이 본서를 만드는 데 큰 힘이 되었다. 제11판이 출간되기까지 20여년의 기간 동안에 기존의 구 '회계원리' 저서를 아껴주시고 애독해 주시던 교수님들, 회계사, 기업실무자, 그리고 수험생 여러분께 감사드린다. 앞으로도 변함없는 지도와 편달을 부탁드린다.

내용이 훌륭해도 형식이 갖추어지지 않으면 제값을 다하지 못한다. 재정적 이해관계를 떠나 항시 좋은 책을 만들 수 있도록 저자들을 먼저 배려해 주시는 신영사 권영섭 사장님께 감사드린다. 김종복 상무님, 박지영 부장님, 권오석 부장님 그리고 모든 신영사 직원들께 고마움을 전한다.

2009년 2월 5일

명륜동 연구실에서, 세 저자 씀

요약차례

차 례

제 I 부 재무제표와 회계정보의 처리

CHAPTER 1
재무제표와
회계보고시스템

CHAPTER 2
회계거래와 회계등식

CHAPTER 3
거래의 기록과 회계장부

CHAPTER 4
회계순환과정의 완료

CHAPTER 5
상품매매회사의 회계순환과정

CHAPTER 6
재무보고와 수익인식

제Ⅱ부 회계정보의 계정별 처리

CHAPTER 10

유형자산 및 무형자산

CHAPTER 11
금융자산 및 관계기업투자주식

CHAPTER 12
비유동부채

CHAPTER 13
자 본

제Ⅲ부 회계정보의 활용

CHAPTER 14
현금흐름표

CHAPTER 15
재무제표분석

Losses
Cashflo
DEBIT
CREDIT

PART I

재무제표와 회계정보의 처리

1 재무제표와 회계보고시스템
2 회계거래와 회계등식
3 거래의 기록과 회계장부
4 회계순환과정의 완료
5 상품매매회사의 회계순환과정
6 재무보고와 수익인식

1

chapter

재무제표와 회계보고시스템

대다수의 사람들은 기업과 직접·간접으로 이해관계를 맺고 있으며, 특정 기업의 정보를 이용하여 의사결정을 해야 할 때가 있다. 그런데 대부분의 이해관계자들은 필요한 정보를 기업에 직접 요구할 위치에 있지 않고, 다만 기업이 만들어 제공하는 재무정보를 이용해야만 하는 입장이다. 이러한 재무정보를 자신의 의사결정에 효율적으로 활용하기 위해서는 그 재무정보 작성의 근간이 되는 회계의 기본개념과 시스템을 이해해야 한다.

재무회계는 기업에 관한 회계정보를 체계적으로 정리하여 여러 이해관계자들에게 공정하게 보고하는 것을 목적으로 한다. 본서는 재무회계와 관련하여 한국채택국제회계기준(K-IFRS)을 중심으로 그 기본원리 및 회계처리방법을 기술한다.

이해관계자들이 필요로 하는 기업에 관한 회계정보는 매우 다양하지만, 일반적으로 기업의 재무상태와 재무성과에 관한 정보가 핵심을 이룬다. 따라서 이러한 정보를 제공하기 위하여 재무회계에서는 일정기간의

OBJECTIVES

- 회계는 왜 필요한가?
- 회계정보는 누가 이용하는가?
- 재무제표는 어떤 종류가 있는가?
- 일반적으로 인정된 회계원칙이란 무엇을 말하는가?
- 회계과정에서 감사인의 역할은 무엇인가?
- 사회발전에 따라 회계는 어떻게 변천해 왔는가?

재무성과를 나타내는 손익계산서와 일정시점의 재무적 상태를 보여주는 재무상태표, 일정기간의 주주지분 변동내용을 알려주는 자본변동표, 그리고 현금조달 및 사용내역을 설명하는 현금흐름표를 작성하여 보고하고 있다. 이들을 재무제표라고 한다.

기업의 경영자는 재무제표를 주기적으로 작성하고 공시한다. 재무제표의 작성과 공시는 이해관계자들의 의사결정에 유용하게 이용될 수 있어야 하기 때문에 일정한 제도적 규범장치가 필요하다. 일반적으로 인정된 회계원칙 그리고 이를 감시하는 외부감사제도가 그러한 장치로서의 기능을 수행하고 있다. 일반적으로 인정된 회계원칙은 재무제표를 작성할 때 경영자가 준수해야 할 회계원칙을 말하며, 외부감사제도란 경영자에 의해 작성된 재무제표가 일반적으로 인정된 회계원칙에 따라 공정하게 작성되었는지에 대하여 기업과는 독립적인 위치에 있는 회계감사인이 전문직업인으로서의 의견을 표명하게 하는 제도를 말한다.

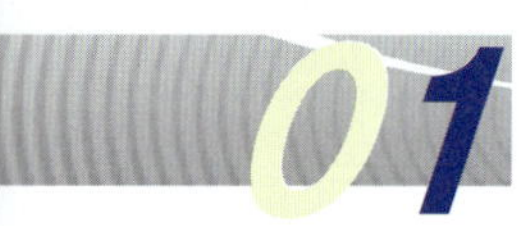

01 회계란 무엇인가?

OBJECTIVES

- 회계는 왜 필요한가?
- 회계정보는 누가 이용하는가?

많은 사람들이 회계란 회계관련자들만이 알고 있고 또한 그들이 알고 있는 것만으로 충분한 매우 전문적인 분야로 인식하고 있다. 그러나 우리 일상생활에서는 여러 가지 회계개념과 회계정보들이 의외로 널리 활용되고 있다. 예를 들면 가정에서 살림살이를 계획할 때, 예금 및 금융자산의 잔액을 확인할 때, 자신의 재산상태를 확인할 때, 세무신고를 할 때, 혹은 사업을 계획하고 관리하는 과정에서 알게 모르게 회계개념과 회계지식을 이용하고 있다. 특히 현대사회에서 이러한 정보를 제공해주는 회계시스템은 기업 경영활동에 필수적인 기본도구의 하나로 인식되고 있다. 왜냐하면 기업을 경영하기 위해서는 여러 가지 정보가 필요한데, 이 중에서 가장 핵심적이며 신뢰성이 높은 대부분의 정보가 회계시스템으로부터 생성되기 때문이다.

회계시스템은 기업 경영활동에 필수적인 기본도구의 하나로 인식되고 있다.

1. 회계는 왜 필요한가?

전통적으로 회계는 특정 경제단위의 경영활동을 측정하고 요약하여 재무보고서를 만들고 이를 재무정보의 이해관계자들에게 전달하는 기능을 수행해 왔다. 여기서 경제단위란 일반적으로 기업을 의미하지만 작게는 개인이나 단체, 크게는 기업집단이나 국가를 의미할 수도 있다. 본서에서는 자본주의 경제에서 가장 중요한 경제주체로서의 개별기업을 중심으로 공부하고자 한다.

우리들은 대부분 직·간접적으로 기업과 밀접한 이해관계를 가지고 있다. 예를 들면 가깝게는 우리 가족의 구성원이 어떤 회사에 다니거나 사업체를 운영하기도 하고, 간접적으로는 우리가 일상생활에 필요한 여러 가지 재화나 용역을 기업으로부터 구매, 소비하는 소비주체로서의 역할을 하고 있다. 또한 여유자금을 굴리기 위하여 어느 기업의 채권이나 주식을 구입할 것인지에 관하여 관심을 가질 수도 있다.

기업을 운영하려면 많든 적든 자금이 필요하다. 그런데 기업의 자금은 운영자가 전액을 자신이 모은 자본으로 충당할 수도 있지만 상당부분은 일반 투자자나 금융기관들로부터 조달하고 있다. 기업의 주인이나 채권자뿐만 아니라 기업의 주변에는 종업원, 거래처, 정부 등 매우 다양한 이해관계자들이 존재한다. 이러한 이해관계자들은 기업이 잘 운영되고 있는지에 대한 정보를 알고 싶어 한다. 경영자는 자신이 경영하는 기업의 다양한 정보를 재무보고라는 형식으로 여러 이해관계자에게 제공해야 할 책임이 있다. 경영자가 기업에 경제적 자원을 제공해 준 이해관계자들을 대신하여 기업을 책임있게 경영하고 그 성과를 성실히 보고해야 하는 책임을 수탁책임(stewardship)이라고 부른다.

수탁책임
경영자가 기업에 경제적 자원을 제공해 준 이해관계자들을 대신하여 기업을 책임있게 경영하고 그 성과를 성실히 보고해야 하는 책임

경제환경이 점점 복잡해짐에 따라 기업과 이해관계를 이미 갖고 있거나 또는 앞으로 갖고자 하는 많은 사람들이 기업과 관련된 경제적인 의사결정을 해야 하는 경우가 증가하고 있다. 예를 들면 주식투자자들은 특정 기업의 주식을 추가로 매입해야 할지, 매도해야 할지 또는 현재의 보유상태를 그대로 유지해야 할지를 결정해야 한다. 기업의 많은 이해관계자들은 자기가 가지고 있는 한정된 재산에 대해 최소의 위험으로 최대의 수익을 올리고자 하는데 이러한 부의 극대화(wealth maximization)를 위한 경제적 의사결정을 위해서 기업에 관한 정보를 필요로 하게 된다. 회계는 이러한 이해관계자들의 의사결정에 유용한 정보(useful information)를 제공하는 것을 그 기본목적으로 하고 있다. 의사결정에 있어서의 유용성을 강조한다는 점에서 현대회계는 수탁책임의 이행여부에 대한 보고만을 중시하던 전통적인 회계와는 비교된다. 오늘날에는 회계정보이용자의 범위가 투자자나 채권자를 넘어서 계속 확대되고 있으며, 또한 일반 정보이용자의 다양한 정보욕구를 충족시키기 위하여 회계의 역할이 한층 강조되고 있다.

회계는 이해관계자들의 의사결정에 유용한 정보를 제공하는 것을 그 기본목적으로 하고 있다.

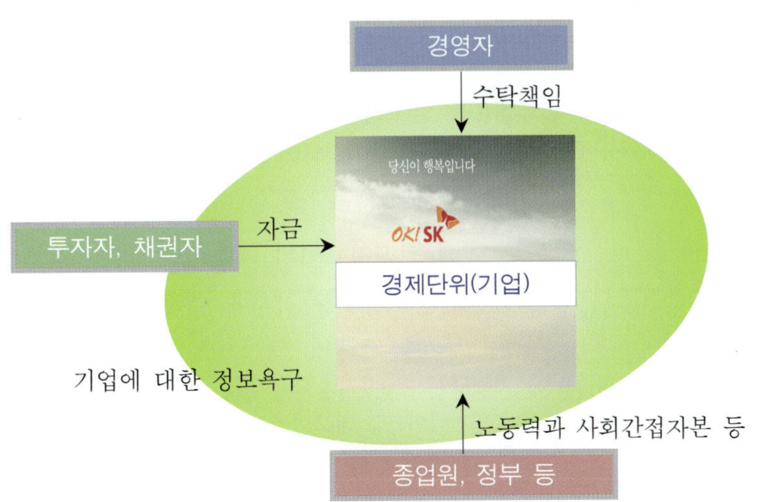

2. 누가 회계정보를 이용하는가?

앞에서 회계의 목적은 기업 이해관계자들의 의사결정에 유용한 정보를 제공하는데 있다고 정의하였다. 의사결정의 주체인 이해관계자, 즉 회계정보의 이용자를 기업을 중심으로 구분하면 내부이해관계자와 외부이해관계자로 나눌 수 있다. 내부이해관계자(internal users)로는 기업의 경영을 담당하고 있는 경영자 및 여러 계층의 임직원을 들 수 있고, 외부이해관계자(external users)로는 기업의 영업활동, 투자활동 및 재무활동에 관심을 갖고 있는 투자자, 채권자, 정부기관 그리고 일반대중 등을 들 수 있다.[1)]

내부이해관계자	경영자 및 여러 계층의 임직원
외부이해관계자	투자자, 채권자, 정부기관 그리고 일반대중 등

내부이해관계자들은 자신이 몸담고 있는 기업이 저렴한 원가로 재화 또는 서비스를 생산하고 경쟁력있는 수준의 판매가격을 통하여 충분한 수익 및 현금을 창출할 수 있는지, 자원의 효율적 배분을 통하여 치열한 경쟁 속에서 지속적으로 성장할 수 있는지 등에 주된 관심이 있다. 반면에 외부이해관계자들은 투자, 대출 또는 거래대상으로서의 기업으로부터 자신의 투자나 용역 제공에 대한 적절한 대가나 보상을 받을 수 있는지, 혹은 기업이 조만간 도산할 위험은 없는지 등에 관심을 갖고 있다. 또한 과세당국은 기업의 이익에 대하여 공정한 과세자료를 얻고자 한다.

이러한 다양한 정보욕구를 갖고 있는 이해관계자들에게 회계정보는 매우 중요한 역할을 한다. 왜냐하면 기업의 활동을 일정한 체계에 따라 요약하여 제공되는 것이 회계정보이기 때문이다. 비록 회계정보가 모든 이해관계자들의 다양한 개별적 정보욕구를 적시에 충족시키지는 못한다고 하더라도 이해관계자들이 최

1) 이해관계자와 비슷한 의미를 갖는 용어로서 정보이용자가 있다. 특정 기업의 이해관계자는 그 기업의 정보를 이용하여 자신의 경제적 의사결정에 사용하는 것이 일반적이므로 정보이용자라고 할 수 있다. 본서에서는 이해관계자와 정보이용자를 같은 의미로 사용하기로 한다. 또 한편 회사의 종업원이라 할지라도 단체 임금협상이나 근로조건 개선을 위해 회계정보를 사용할 때에는 외부이해관계자로 분류된다.

소의 비용으로 수집할 수 있는 양질의 공적 정보임에는 틀림없다. 회계정보의 공급자인 기업의 입장에서는 자금조달비용을 줄이기 위하여 그리고 이해관계자들과 원활한 관계를 유지하기 위하여 신뢰성이 높은 회계정보를 제공할 의무가 있고, 회계정보의 수요자인 이해관계자 역시 믿을 수 있는 정보를 요구할 권리가 있다. 이와 같은 상호간의 권리와 의무에 대한 기본적인 약속이 지켜지지 않는다면 자본시장을 통한 자금의 수요공급을 근간으로 하고 있는 자본주의 경제는 그 기능이 효과적으로 작동될 수 없다.

대부분의 국가에서는 법규로써 기업들로 하여금 회계정보를 일정기간마다 이해관계자들에게 공시하도록 규정하고 있다. 회계정보는 기업의 사적 정보(private information)가 아니고 공공적인 정보(public information)라고 보는 것이다. 회계정보의 공시가 강제화되면 이해관계자들은 대가를 직접 지불하지 않고도 회계정보를 이용하여 기업의 경영성과와 재무상태 그리고 건전성 등을 평가할 수 있다. 많은 이해관계자들이 회계정보를 경제적 의사결정에 사용하므로 회계정보는 투명하고 신뢰성 있게 제공되어야 한다. 이에 따라 회계정보를 산출하여 공시하는 기업의 경영자는 기업과 자신의 사적 이익에 치우치지 않게 공정하고 객관적인 입장에서 회계정보를 제공할 책임이 있다.

3. 회계시스템의 기능

회계는 기업의 경제적 활동을 측정하여 기록하고 이를 일정한 체계를 통하여 처리한 후 그 정보를 정리하여 이해관계자에게 전달한다. 이를 위해 기업은 필요한 제반 절차를 설계하고 운용하는데, 총괄하여 회계시스템(accounting system)이라고 부른다. [그림 1-1]에서와 같이 회계시스템은 기업활동과 이해관계자(의사결정자)를 상호연결시키는 역할을 한다. 먼저 회계는 기업의 활동을 인식 · 측정하여 자료로서 기록한 다음 이 자료를 저장했다가 필요할 때 유용한 정보로 이용될 수 있도록 처리절차를 거친다. 이러한 정보는 재무제표 등의 형태로 주기적으로 또는 수시로 이해관계자들에게 보고된다.

회계시스템은 기업활동과 이해관계자(의사결정자)를 상호연결시키는 역할을 한다.

정보기술의 발달로 가속화되고 있는 회계시스템의 전산화 정도는 정보기술의 발달 정도와 이용자 요구에 따라 처리되어야 할 정보의 양 그리고 기업이 얼마나 신속하게 정보를 제공할 것이냐에 따라 달라진다. 그러나 회계시스템의 전산화 정도에 관계없이 회계의 기본적인 기능과 정보처리체계는 변하지 않는다.

회계시스템

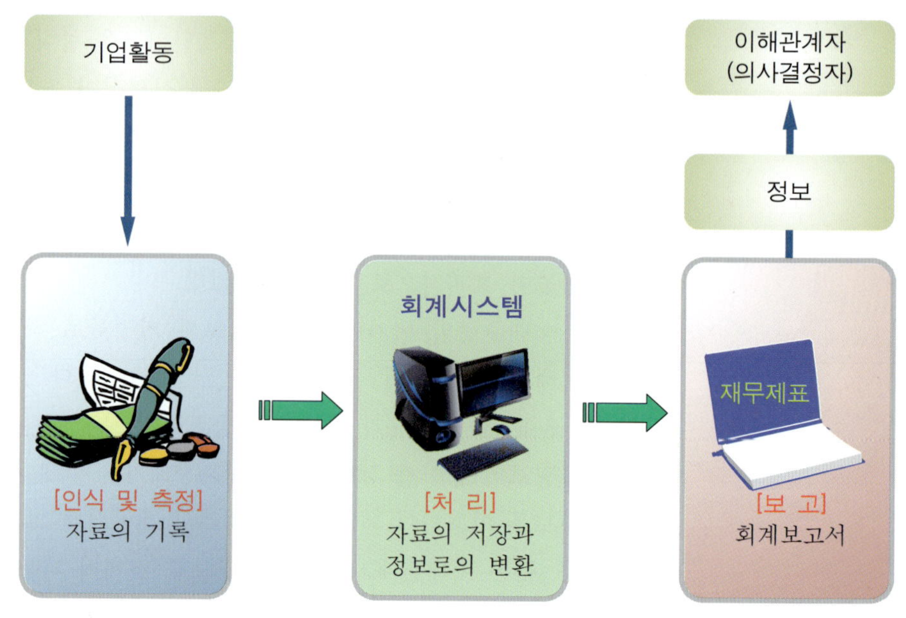

회계거래의 인식 및 측정기능

인식
기업의 여러 활동 중에서 회계기록의 대상이 되는 활동을 식별하는 것

측정
회계기록의 인식대상에 대해 구체적인 수(numbers) 또는 금액을 부여하여 계량화하는 것

[그림 1-1]에서 인식(recognition)이란 기업의 여러 활동 중에서 회계기록의 대상이 되는 활동을 식별하는 것이며, 측정(measurement)은 이러한 인식대상에 대해 구체적인 수(numbers) 또는 금액을 부여하여 계량화하는 것이다. 예를 들어서 병마개를 제조하는 기계장치가 있다고 하자. 이 기계장치는 여러 가지 방법으로 측정할 수 있다. 우리는 이 기계장치를 가격으로 측정할 수도 있고, 무게로 측정할 수도 있으며, 크기로 측정할 수도 있고 또한 생산능력으로 측정할 수도 있다. 회계의 측정대상은 무엇일까?

> 회계는 경영활동이 해당 기업에 미치는 영향을 화폐액으로 측정하여 체계적으로 기록한다.

회계의 측정대상은 기업의 경영활동이다. 회계는 경영활동이 해당 기업에 미치는 영향을 화폐액으로 측정하여 체계적으로 기록한다. 물론 기업의 모든 경영활동이 객관적으로 측정되어 화폐액으로 환산되는 것은 아니다. 어떤 경영활동은 기업에 매우 중요하고 큰 영향을 줄 수 있지만 객관적으로 측정하기 어려워서 회계기록의 대상에서 제외한다. 회계측정의 대상이 되는 경영활동은 기업의 재무상태나 성과에 직접적인 영향을 주는 활동이어야 한다. 예를 들면 어떤 기업의 아주 능력이 있는 경영자가 취임했다면 이 사건은 기업으로서는 매우 중요한 사건이지만 이것이 기업의 재무상태나 성과에 미치는 영향을 객관적으로 측정하기 어렵기 때문에 회계기록의 대상에서는 제외시킨다. 중요한 경영활동의 일환이라 하더라도 화폐단위 측정(measurement in monetary unit)이 가능하지 않으면 회계거래로 기록되지 않는다. 반면에 물품을 구매했거나 판매하는 경영활동은 그 금액이나 내용이 아무리 사소하더라도 화폐액으로 측정가능하므로 회계기록의 대상으로 인식된다.

회계자료의 처리기능

회계거래가 인식·측정과정을 거쳐 회계시스템에 입력되면 입력된 자료는 체계적으로 저장되고 필요에 따라 유용한 정보로 변환된다. 회계장부에 기록되는 경영활동이나 거래는 매우 방대하기 때문에 정보이용자들이 이러한 자료들을 별도의 처리 및 요약의 과정 없이 그대로 이용하기는 번거로울 뿐만 아니라 시간과 비용도 많이 소요된다. 따라서 기업의 회계시스템은 의사결정자들이 편리하게 이용할 수 있도록 관련된 분야별로 또는 비슷한 거래유형별로 자료를 분류하고 요약한다. 이 자료를 어떻게 분류하고 요약할 것인지는 정보이용자의 필요에 따라 달라질 수 있으므로 정보이용자의 다양한 요구를 충족시킬 수 있는 회계시스템이 설계되고 운영되어야 한다.

기업의 회계시스템은 의사결정자들이 편리하게 이용할 수 있도록 관련된 분야별로 또는 비슷한 거래유형별로 자료를 분류하고 요약한다.

회계시스템이 일단 기업의 실정에 맞도록 설계되었다면 기업의 경영활동을 기록, 분류, 요약하는 회계정보의 처리는 대부분 기계적으로 이루어진다. 물론 이러한 회계정보의 단계별 처리원리와 기능을 충분히 이해할 필요는 있다. 그러나 회계정보의 처리기능 그 자체가 전체 회계시스템에서 차지하는 중요성은 그렇게 크지 않다. 회계담당자들은 생성된 정보를 효율적으로 전달하고, 그 정보가 내포하는 의미를 적절하게 해석하는 데 더 큰 관심을 갖고 있으며, 오히려 이러한 해석 및 전달기능이 주요 업무영역으로 자리잡고 있다.2)

회계정보의 보고기능

회계시스템을 통해 산출된 정보는 기업의 경영활동에 관심을 가지고 그 정보를 이용하려고 하는 모든 사람들에게 효과적으로 보고될 수 있어야 한다. [그림 1-2]

2) 많은 사람들이 종종 부기(bookkeeping)와 회계(accounting)를 혼동하고 있다. 부기는 회계의 극히 작고 가장 기능적인 부분이라 할 수 있는 거래를 기계적이고 반복적으로 기록하는 기술을 의미한다. 회계는 거래의 기록뿐만 아니라 회계정보가 이해관계자의 의사결정에 유용하도록 가공하고 전달되기까지의 모든 절차를 포함한다. 예를 들면 회계는 효율적인 회계시스템의 설계, 내부통제의 수행, 예측재무정보의 생성, 세무신고, 회계정보의 전달 및 해석 등을 포함한다.

그림 1-2

회계시스템에 의해 생성되는 주요 재무보고서와 그 이해관계자

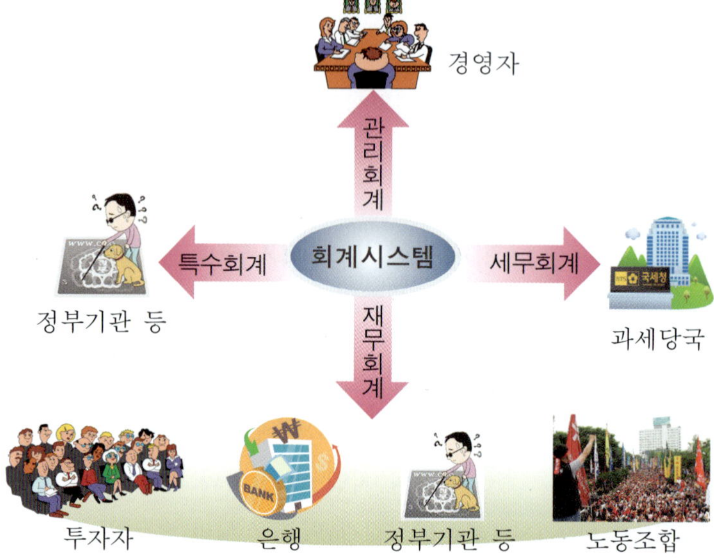

회계시스템을 통해 산출된 정보는 기업의 경영활동에 관심을 가지고 그 정보를 이용하려고 하는 모든 사람들에게 효과적으로 보고될 수 있어야 한다.

는 회계시스템에 의하여 생성되는 주요 회계정보와 이러한 정보를 이용하는 이해관계자들을 표시하고 있다.

먼저 회계시스템은 경영자가 기업경영에 관한 의사결정을 하는데 필요한 정보를 제공한다. 경영자는 일반 정보이용자들과는 달리 기업 내부의 정보이용자로서 기업경영에 실제로 이용할 수 있는 상세한 정보를 요구한다. 경영자들은 외부의 정보이용자들에게 보고되는 기업의 재무상태 및 재무성과에 관한 함축된 정보만을 요구하지 않는다. 그들은 제품의 생산원가, 특정 광고를 했을 때 예상되는 추정이익, 그리고 여러 가지 의사결정 대안을 비교하기 위하여 원가 및 효익 등의 정보를 원한다. 이와 같이 경영자가 경영활동에 필요로 하는 정보를 산출하고 분석하는 것을 주요 목적으로 하는 회계의 분야를 관리회계(managerial accounting)라고 한다.[3] 최근에는 정보기술의 발달과 계량적 분석 방법의 개발로 다양한 정보가 손쉽게 가공됨에 따라 관리회계 분야에 대한 관심이 점차 높아져 가고 있다.

관리회계
경영자가 경영활동에 필요로 하는 정보를 산출하고 분석하는 것을 주요 목적으로 하는 회계의 분야

대부분의 기업은 여러 종류의 과세, 즉 법인세, 부가가치세, 관세, 지방세 등

3) 관리회계는 자주 원가회계(cost accounting)라는 용어와 혼용되어 사용된다. 그러나 원가회계는 일반적으로 제조회사에서 제품의 원가를 결정하는 회계를 말하고, 이러한 원가회계에 의해 결정된 제조원가의 정보를 관리회계에서는 기업 내의 경영관리 활동과 관련한 의사결정의 기초자료로 활용한다.

세무회계
회계 및 관련 법규에 대한 전문적 지식을 바탕으로 세무신고를 적절하게 이행하기 위한 회계의 분야

에 대한 세무신고를 해야 하며, 이러한 세무신고는 관련 법규가 정하는 바에 따라야 한다. 예를 들어 기업은 각 사업연도마다 과세소득을 신고하고 법인세를 납부해야 하고 재화나 용역을 사고팔 때 부가가치세를 내게 된다. 이러한 세무신고를 적절하게 이행하기 위해서는 회계 및 관련 법규에 대한 전문적 지식이 필요하게 되는데, 이를 뒷받침하는 회계의 분야를 세무회계(tax accounting)라고 한다.

어떤 기업은 영업활동의 성격상 정부기관 등에 정기적으로 특정 보고서를 제출해야 하는 경우도 있다. 예를 들면 운송회사는 국토교통부에 보고서를 제출하고, 제약회사는 보건복지부에 보고서를 제출하는데, 정부기관은 이렇게 보고된 자료를 요금산정이나 제품가격 통제에 이용하게 된다. 이러한 보고서의 작성도 주로 일반적으로 인정된 회계원칙에 근거하지만, 때로는 관련 법규나 감독규정에 따라 별도로 작성되기도 한다. 또한 금융감독원이나 한국은행과 같은 공공기관에서는 기업 외부의 일반 이해관계자들에게 공시되는 재무보고서를 제출할 것을 요구하기도 한다. 따라서 [그림 1-2]에서 보듯이 정부기관은 특수보고서 이용자이면서 동시에 재무회계 이용자이기도 하다.

경영자와 세무당국을 비롯한 정부기관들은 그들의 필요에 따라 기업에게 여러 형태의 재무보고서를 요구할 수 있다. 그러나 회계에서 가장 중요하면서도 큰 비중을 갖는 기능은 다수의 일반 정보이용자를 대상으로 하는 일반목적(general purpose)의 재무보고서 작성기능이다. 일반적으로 기업 외부의 일반 회계정보이용자들은 그들이 필요로 하는 회계정보를 직접 요구할 수 없기 때문에 기업이 보고하는 일반목적의 재무보고서에 그대로 의존할 수밖에 없다.

재무회계
다수의 일반 정보이용자를 대상으로 하는 일반목적의 재무제표를 작성하는 것을 주요 목적으로 하는 회계의 분야

기업 외부의 정보이용자는 [그림 1-2]에서 보듯이 매우 다양한 집단으로 구성되어 있다. 그들은 기업과의 이해관계가 서로 다르기 때문에 요구하는 정보도 매우 다양하다. 그런데 기업이 이렇게 다양한 이해관계자의 요구를 개별적으로 충족시켜 줄 수 있는 특수목적의 재무보고 요구에 일일이 대응하기는 거의 불가능하다.[4] 따라서 기업은 어느 특정 이해관계자 집단에도 치우치지 않는 공정하게 표시(fairly presented)된 재무보고서를 작성하게 되는데, 이렇게 작성된 재무보고서를 일반목적의 재무제표(general purpose financial statements)라고 하고, 이러한 재무제표를 작성하는 것을 주요 목적으로 하는 회계의 분야를 재무회계(financial accounting)라 부른다.[5]

4) 이해관계자 각 집단이 요구하는 특수목적의 재무보고에 일일이 대응하는 회계정보를 산출하자면 기업이 부담해야 하는 정보처리비용이 무제한 늘어날 수 있기 때문이다.

5) 본서는 이와 같이 공정표시된 일반목적의 재무제표를 작성하고 전달하기 위해 이용되는 회계원칙을 기본으로 하여 설명하고자 한다.

재무제표는 기업의 외부에 있는 이해관계자들뿐만 아니라 기업 내부의 경영자에게도 핵심적인 재무정보 제공의 원천이 된다.

02 재무제표

OBJECTIVES 

- 재무제표는 어떤 종류가 있는가?

재무제표는 기업의 재무상태와 그 성과를 일반적으로 인정된 회계원칙에 따라 체계적으로 표현한 재무보고서이다. 재무제표를 작성하는 목적은 광범위한 정보이용자의 경제적 의시결정에 유용한 기업의 재무상태, 재무성과와 재무상태의 변동에 관한 정보를 제공하는 것이다.

기업의 이해관계자들은 기업의 재무상태와 성과를 평가하고, 미래현금흐름을 예측할 수 있는 정보를 필요로 한다. 이러한 욕구를 충족시켜 주기 위하여 작성되는 재무보고서는 재무상태표, 손익계산서, 자본변동표 및 현금흐름표이다. 이 네 가지 재무제표를 기본재무제표라고 한다. 본서에서는 네 가지 재무제표 중에서 재무상태표와 손익계산서의 구조 및 작성방법에 특히 중점을 두어 서술한다. 이러한 재무제표는 수백 또는 수천 페이지에 달하는 기업의 회계기록을 단 몇 페이지로 요약정리하여 작성된다. 특정 항목이 재무제표의 요소로서 인식되기 위해서는 ① 해당 항목과 관련된 미래 경제적 효익의 유입 또는 유출 가능성이 높고, ② 그 항목의 원가 또는 가치를 신뢰성 있게 측정할 수 있어야 한다. 네 가지 기본재무제표의 주요 내용을 [그림 1-3]에 제시하였다.

재무제표를 작성하는 것이 회계절차의 첫 단계는 아니나, 재무제표를 개괄적으로나마 먼저 이해하는 것이 회계를 처음 접하는 독자들에게는 의미있는 출발점이 될 것이다. 재무제표는 사실상 회계절차의 거의 마지막 단계에서 완성되

mark down **IMD 평가에서 한국 회계분야 41위**

스위스 국제경영개발대학원(IMD)이 발표한 '2024 국가경쟁력 평가 결과'에서 회계분야 세부항목인 '회계 · 감사 실무적정성'에서 한국의 순위가 67개국 중 41위로 지난해 47위에 이어 2년간 순위가 상승했다. 2015~2019년에 60~63위로 최하권에 머물렀던 한국은 2020년 46위, 2021년 37위로 급상승했으나 기업들의 분식회계 사건이 잇따라 터지면서 2022년 53위로 급락했다.

IMD의 회계분야 평가는 계량적 통계지표 등을 반영하지 않고 해당 국가 기업의 중간관리자를 대상으로 '감사 · 회계업무가 적절히 실시되나'라는 단일설문(6점 척도)에 의해 평가된다. 따라서 기업 중간관리자들의 인식 수준에 따라 순위가 결정되는 방식이다. (내일신문, 2024.6.19 기사 일부 수정)

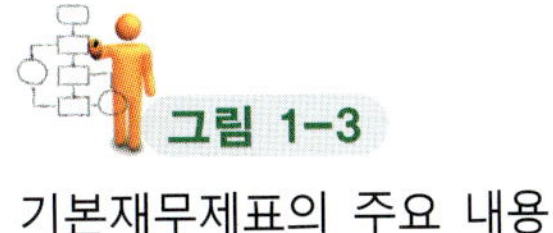

기본재무제표의 주요 내용

지만, 독자들이 재무제표의 구성내용이나 의미를 개괄적으로 미리 살펴봄으로써 거래의 기록·분류·요약 과정을 더 쉽게 이해할 수 있을 것이다.

재무상태표
- 자산
- 부채
- 자본

재무상태표
특정 시점에 기업이 보유하고 있는 자산, 부채 및 자본의 구성 상태를 나타내기 위해 작성되는 재무보고서

1. 재무상태표

재무상태표(statement of financial position)는 특정 시점에 기업이 보유하고 있는 자산, 부채 및 자본의 구성상태를 나타내기 위해 작성되는 재무보고서이다. 재무상태표는 기업이 일정시점에 보유하고 있는 경제적 자원과 그러한 자원에 대해 채권자와 주주가 각각 청구할 수 있는 권리를 금액으로 표시함으로써 그 기업의 재무건전성을 보여준다. 일정규모 이상의 기업은 회계연도말을 포함하여 적어도 매분기말에 한 번씩은 반드시 재무상태표를 작성해야 하며, 필요에 따라서는 수시로 재무상태표를 작성하기도 한다. 재무상태표는 전통적으로는 대차대조표(balance sheet)라고도 불려 왔는데, 기업의 자산, 부채 및 자본을 좌우 대칭형식으로 표시할 수 있기 때문이다.[6)]

〈표 1-1〉은 컴퓨터세탁업을 영위하는 글로벌세탁(주)의 20×1년 9월 30일 현재의 재무상태표이다. 재무상태표의 머리부분에는 ① 기업의 명칭, ② 재무제표의 명칭인 재무상태표 및 ③ 재무상태표의 기준일이 되는 특정 일자가 명시되어야 한다. 실무에서 공시되는 재무상태표의 양식(구성)은 자산, 부채, 그리고 자본의 순으로 차례대로 표시된다. 그런데 본서에서는 좀더 이해하기 쉽고 간결하게

6) 재무상태표를 포함한 재무제표의 형식과 내용은 제6장에서 더욱 상세하게 다룬다.

일정시점의 재무상태를 보여주는 재무상태표의 예

재무상태표

글로벌세탁(주) 20×1년 9월 30일 현재 (단위 : 원)

자 산 :		부 채 :	
현 금	₩440,000	미 지 급 금	₩20,000
매 출 채 권	160,000	미지급이자	2,000
소 모 품	30,000	차 입 금	200,000
		부채총계	₩222,000
		자 본 :	
		자 본 금	₩300,000
		이익잉여금	108,000 *
		자본총계	₩408,000
자산총계	₩630,000	부채와 자본총계	₩630,000

* 기초이익잉여금	₩0
(+) 당기순이익	138,000
(−) 배 당 금	30,000
기말이익잉여금	₩108,000

설명하기 위하여 〈표 1-1〉과 같이 재무상태표를 왼편과 오른편이 있는 형식으로 설명한다. 재무상태표의 본문에는 자산을 왼편에, 부채와 자본을 오른편에 나타낸다. 재무상태표의 오른편 전체를 지분(equities)이라고 부르기도 하는데, 이 중 부채는 채권자지분(creditors' equity) 그리고 자본은 소유주지분(owners' equity)을 나타낸다. 기업의 자산에 대한 지분은 채권자와 소유주의 몫으로 구성되어 있다는 것을 뜻한다. 글로벌세탁(주)의 재무상태표를 보면 자산은 ₩630,000인데, 이에 대한 채권자지분과 소유주지분은 각각 ₩222,000(부채)과 ₩408,000(자본)이다.

재무상태표에는 기업이 보유하는 자산의 현황이 왼편에 표시되고 이러한 자산의 보유를 가능하게 한 자금의 조달원천을 오른편에 표시하고 있다. 글로벌세탁(주)의 경우 현금, 매출채권 등으로 운용되고 있는 총자산 ₩630,000은 두 원천, 즉 채권자로부터 조달된 ₩222,000(부채)과 소유주로부터 조달된 ₩408,000(자본)으로 구성되어 있다는 것을 알 수 있다.

재무상태표에서 자산은 부채와 자본의 합계액과 항상 일치한다는 기본적인 특성을 발견할 수 있다. 왜냐하면 기업이 소유하고 있는 자산은 채권자나 소유주 둘 중 어느 한 집단에 의해서 기업에 제공될 수밖에 없기 때문이다. 따라서 기업의 자산에 대한 청구권(claims)은 제공한 자금의 비율만큼 채권자나 소유주에게 귀속되는 것으로 볼 수 있다. 이와 같은 관계를 다음의 등식으로 표현할 수 있다.

	자 산	=	부 채	+	자 본
[용 어]	자 산	=	부 채	+	자 본
[의 미]	(기업의 자원)		(채권자지분)		(소유주지분)
[금 액] (〈표 1-1〉에서)	₩630,000	=	₩222,000	+	₩408,000

이 등식을 회계등식(accounting equation) 또는 재무상태표등식이라고 한다. 이제 재무상태표의 주요 구성요소인 자산, 부채 및 자본에 대해서 구체적으로 설명하기로 한다.

자 산

자산
과거 어떤 사건의 결과로서 취득하여 기업이 현재 통제하고 있으며, 미래에 경제적 효익이 기업에 유입될 것으로 기대되는 자원

자산(assets)은 과거 어떤 사건의 결과로서 취득하여 기업이 현재 통제하고 있으며, 미래에 경제적 효익이 기업에 유입될 것으로 기대되는 자원이다. 즉 자산이 되기 위해서는 그 자산으로부터 기대되는 위험과 효익의 대부분을 현재시점에서 기업이 통제하고 있는 경제적 자원이어야 하며, 미래 수익창출활동에 공헌할 수 있는 잠재력을 보유하고 있어야 한다. 자산은 여러 가지 형태로 존재한다. 토지, 건물, 기계와 같이 쉽게 식별할 수 있는 물리적 형체가 있는 자산이 있는 반면, 상품을 외상매출함으로써 발생한 매출채권이나 미래에 제공받을 서비스의 대가를 미리 지급하는 선급비용 등과 같이 상품의 판매대금이나 미래의 서비스에 대한 청구권리를 나타내는 자산도 있다.

자산의 정의에 포함된 특징 중에서 첫째, 자산에 내재된 미래경제적 효익은 직접 혹은 간접적으로 미래 현금 및 현금성자산이 기업으로 유입되는 데 기여할 잠재력을 말한다. 이러한 잠재력은 해당 자산이 재화나 용역의 생산에 투입되거나 다른 자산과 교환됨으로써, 혹은 부채를 상환하거나 소유주에게 배분하는 데 사용되는 등 다양한 형태로 기업에 공헌하게 된다. 둘째, 자산을 기업이 통제하고 있다는 것은 특정 자산의 보유로 인하여 생기는 가격하락이나 도난 등의 위험을 기업이 전적으로 떠안으며, 동시에 해당 자산으로부터 기대되는 효익도 기업에게 전적으로 귀속된다는 것을 뜻한다. 셋째, 과거사건의 결과라는 조건은 실제 발생한 사건에 국한하여 인식하되, 미래에 예상되는 거래나 사건에 기초하여 자산을 인식하여서는 안 된다는 의미이다.

자산은 일정한 순서에 따라 재무상태표에 나열된다. 일반적으로 현금을 가장 먼저 표시하고, 그 다음으로 매출채권이나 소모품과 같이 1년 이내의 기간에 현금화될 자산(이를 유동자산이라 함)을 나열한다. 이어서 비유동자산을 보고하는데, 투자부동산, 장기대여금 등 장기투자목적으로 보유하는 자산(이를 투자자산이라 함)과 토지, 건물, 기계 등과 같이 단기간에 현금화되지 아니하는 것으로 물리적 형체가 있는 자산(이를 유형자산이라 함) 및 영업권, 특허권 등 장기간 수익창출활동에 공헌하면서도 물리적 형체는 없는 자산(이를 무형자산이라고 함) 등을 나중에 나열한다.

자산은 취득원가나 공정가치를 기준으로 표시한다.

자산은 취득원가나 공정가치를 기준으로 표시한다. 유형자산과 무형자산은 원칙적으로 취득시점의 취득원가에 기초하여 측정하나, 많은 금융자산이나 투자자산은 취득원가가 아니라 재무상태표 보고시점에서의 공정가치(시장가격 등)를 새로 측정하여 보고한다.

부 채

부채
과거사건으로 인하여 생긴 현재의무로서, 기업이 가진 경제적 효익이 있는 자원의 유출을 통해 미래에 그 이행이 예상되는 의무

부채(liabilities)는 과거사건으로 인하여 생긴 현재의무로서, 기업이 가진 경제적 효익이 있는 자원의 유출을 통해 미래에 그 이행이 예상되는 의무이다. 부채는 기업이 미래의 어느 시점에 제3자에게 현금을 지급하거나 재화나 용역을 제공해야 할 의무라는 점이 강조된다. 또한 부채는 일반적으로 자산의 변제를 통하여 소멸되기 때문에 기업자산에 대한 채권자의 청구권을 의미하기도 한다.

부채는 여러 형태로 존재한다. 기업이 일반적인 상거래의 목적으로 재화나 용역을 외상으로 매입하여 발생하는 채무를 매입채무라고 하고, 기타의 거래에서 발생하는 채무를 미지급금이라 한다. 때때로 기업은 사업에 필요한 자금을 주주 이외의 다른 채권자나 금융기관으로부터 차입한다. 이로 인하여 발생되는 채무를 차입금이라 하며, 비용이 발생했으나 아직 지급하지 않고 있으면 미지급비용(예를 들면 미지급급여)이라 한다. 기업에 이와 같이 외상으로 물품이나 서비스를 공급하거나 또는 현금을 대여해 준 제공자를 채권자라고 부른다.

미래에 경제적 자원을 희생해야 할 현재의무는 다양한 방법으로 이행될 수 있다. 미래에 현금으로 지급하거나, 현금 이외의 다른 자산으로 대체시키거나, 용역을 제공하거나 다른 의무로 대체시키는 다양한 이행방법이 존재한다. 부채의 정의에 포함되어 있는 현재의무는 미래의 약속(계획)과 구별되어야 한다. 예를 들어서 미래에 특정 자산을 취득하겠다는 방침을 세웠다고 해서 그 자체로 현재의

무가 생기는 것은 아니다. 그러한 방침이 취소불능계약으로 체결되어야만 현재 의무가 발생하는 것이다.

부채도 자산과 같이 일정한 순서대로 재무상태표에 표시된다. 먼저 만기가 도래하는 순서에 따라 재무상태표일로부터 1년 이내의 기간에 상환해야 하는 유동부채(매입채무, 미지급금, 단기차입금, 미지급비용 등)를 표시하고, 이어서 재무상태표일로부터 1년 이후에 상환하기로 예정되어 있는 비유동부채(사채, 장기차입금, 퇴직급여채무 등)를 나중에 표시한다.[7)]

자 본

자본
기업의 자산에서 모든 부채를 차감한 잔여지분

자본(equity)은 기업의 자산에서 모든 부채를 차감한 금액이다. 자본은 순자산(net worth)이라고도 부르는데, 이는 자산으로부터 부채를 차감한 금액이라는 의미이다. 또한 자본을 잔여지분(residual equity)이라고도 부르는데 이는 자본이 자산에 대한 우선청구권을 가진 채권자지분을 차감한 후에 기업에 남게 되는 잔여금액이기 때문이다. 자본은 재무상태표의 오른편, 부채의 다음으로 이어서 보고된다.

재무상태표에 자본을 표시하는 방법은 기업의 출자형태에 따라 조금씩 차이가 있다. 본서에서는 현대사회에서 대표적인 기업형태라 할 수 있는 주식회사(corporation)를 중심으로 다룬다. 주식회사는 주식을 발행하여 자본을 조달하는데, 주주는 투자한 금액 내에서만 책임을 지며, 소유주식을 다른 사람에게 자유로이 양도할 수 있다. 이러한 책임의 유한성과 소유주식의 자유로운 양도라는 장점 때문에 주식회사는 현대사회에서 가장 보편적으로 접하게 되는 형태의 기업이다.

주식회사의 자본은 자본금과 이익잉여금 등으로 분류된다.

주식회사의 자본은 〈표 1-1〉에서 본 바와 같이 자본금과 이익잉여금 등으로 분류된다. 글로벌세탁(주)의 재무상태표에 자본금으로 표시된 ₩300,000은 소유주가 직접 출자한 금액 중에서 주식의 액면금액을 나타낸다. 출자는 현금으로 할 수도 있고, 토지 또는 건물과 같은 현물로도 할 수 있다. 한편 글로벌세탁(주)의 이익잉여금 ₩108,000은 기업이 설립된 후에 영업활동으로부터 발생한 순이익 중에서 소유주에게 지급한 배당금을 제외하고 기업 내부에 누적 유보된 이익을 나타낸다. 예를 들어 글로벌세탁(주)가 9월 1일에 설립되었다고 가정해 보자. 만약 9월중의 당기순이익이 ₩138,000이었고 이 중에서 배당금으로

7) 회계기준에서는 재무상태표에서 자산과 부채를 유동/비유동으로 구분해서 표시하도록 규정하되, 그 순서는 정하지 않고 있다. 이에 따라서 일부 국가는 자산 중에서 비유동자산을 먼저 나열하고, 유동자산을 나중에 표시하기도 한다. 부채도 마찬가지이다.

₩30,000을 지급했다면 9월 30일의 이익잉여금은 9월 순이익 중 사내에 유보된 ₩108,000이 된다. 만약 다음 달의 순이익이 ₩150,000이었고, 배당금을 지급하지 않았다면 10월말의 이익잉여금은 9월말의 이익잉여금 ₩108,000에 10월중의 이익 유보분 ₩150,000을 합한 ₩258,000이 될 것이다.

이익잉여금
순이익 중에서 배당되지 않고 기업에 유보된 것

이익잉여금(retained earnings)은 순이익 중에서 배당되지 않고 기업에 유보된 것을 말한다. 하지만 이익잉여금은 기업이 사용가능한 현금보유액을 의미하는 것은 아니다. 이익잉여금은 자산의 구성항목이 아니며, 단지 미처분된 이익누계액으로서 자본의 구성요소 중 하나일 뿐이다. 이익잉여금은 자본금(출자금)과 마찬가지로 결국 현금을 포함한 다른 여러 가지 형태의 자산으로 기업에 남아 활용된다. 특정 시점에 기업이 이용할 수 있는 현금은 재무상태표에 자산으로 표시되어 있는 현금자산뿐이다.

손익계산서
- 수익
- 비용

2. 손익계산서

손익계산서
일정기간 동안 기업의 재무성과, 즉 수익성에 관한 정보를 제공해 주는 재무보고서

손익계산서(income statement)는 일정기간 동안 기업의 경영활동에 따른 재무성과, 즉 수익성에 관한 정보를 제공해 주는 재무보고서이다. 회계기간중에 고객에게 재화의 판매 혹은 용역의 제공과 기타 수행된 수익창출활동을 화폐액으로 표시해 주고, 이러한 수익창출을 위해 기업이 희생시킨 경제적 자원의 소비액을 종합하여 보고한다. 경영활동의 결과로 나타난 재무성과, 즉 이익은 궁극적으로는 자본에 가산되므로 일정기간중에 유상증자나 배당 등 주주와의 자본거래를 제외한 기업의 모든 거래로부터 주주지분인 자본이 증가하거나 감소한 금액에 대한 정보가 포괄적으로 제공된다. 〈표 1-2〉에 손익계산서를 예시하였다.[8)]

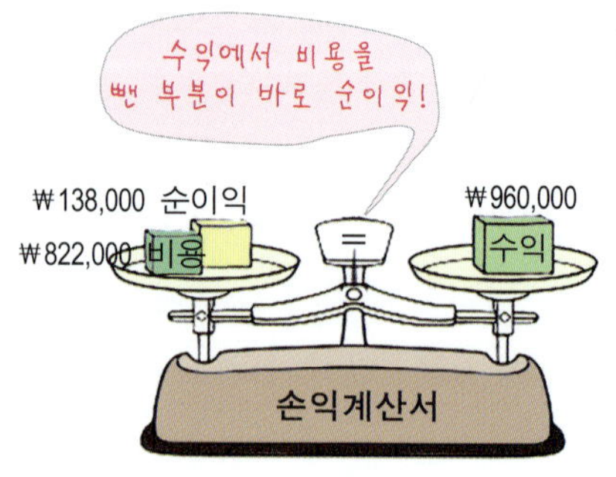

손익계산서의 머리부분에는 ① 기업의 명칭, ② 재무제표의 명칭인 손익계산서 및 ③ 손익계산의 대상이 되는 회계기간이 표시된다. 손익계산서의 본문은 수익과 비용으로 구성되어 있고, 수익에서 비용을 차감한 후 남는 금액은 기업의 당기순이익으로 보고된다. 만일 비용이 수익보다 많으면 당기순손실이 발생하게 된다.

8) 손익계산서에 대한 상세한 내용은 제6장에서 다룬다. 한국채택국제회계기준(K-IFRS)에서는 본장에서와 같이 전통적 손익항목(당기순이익)만을 표시하는 경우에 손익계산서를 작성하게 하고, 전통적 손익항목 이외에 기타포괄손익이 있으면 이를 포함하여 포괄손익계산서를 작성하도록 하고 있다.

표 1-2

일정기간 동안의 성과를 나타내는 손익계산서의 예

손익계산서

글로벌세탁(주) 20×1년 9월 1일부터 20×1년 9월 30일까지 (단위 : 원)

수 익 :		
용역매출(세탁수익)		₩960,000
비 용 :		
임 차 료	₩400,000	
급 여	300,000	
운 송 비	50,000	
소모품비	70,000	
이자비용	2,000	822,000
당기순이익		₩138,000

〈표 1-2〉에서 보는 바와 같이 글로벌세탁(주)가 9월 한 달 동안 세탁으로 벌어들인 수익은 ₩960,000이고, 수익을 벌어들이는 데 발생한 비용은 ₩822,000이다. 수익에서 비용을 차감한 당기순이익은 ₩138,000임을 알 수 있다.

수 익

수익
특정 회계기간 동안에 발생한 경제적 효익의 증가금액

수익(revenues 또는 income)은 특정 회계기간 동안에 발생한 경제적 효익의 증가금액을 뜻한다. 수익거래는 자산의 유입이나 증가 또는 부채의 감소에 따라 자본의 증가를 초래한다. 대부분의 수익은 정상영업활동과정에서 기업이 고객에게 판매목적으로 인도한 재화 또는 제공한 용역의 대가로서 발생하는 자산의 증가로 인해 발생한다. 기업이 고객에게 재화를 판매하거나 용역을 제공하면 그 대가로 즉시 현금을 받거나 혹은 미래에 현금화할 수 있는 권리인 매출채권을 획득한다. 즉 일정기간의 수익은 그 기간 내에 재화의 판매나 용역의 제공에 대한 대가로서 유입된 현금 혹은 매출채권의 증가액으로 결정된다. 그러나 정상영업활동 이외의 활동이라도 보유중인 금융자산의 가격상승과 같이 미래 경제적 효익이 증가하면 이를 수익으로 보고하는 경우도 있다.

수익은 대부분 고객에게 판매목적으로 인도한 재화 또는 제공한 용역의 대가로부터 발생한다.

한편 부채의 감소를 통하여 자본이 증가하는 경우에도 수익이 발생할 수 있는데, 재화나 용역을 제공하기 전에 대금을 미리 받은 부채(선수금)의 경우에는 향후 재화나 용역이 제공되면 부채가 감소되는 동시에 수익이 발생한다.

수익은 여러 가지 유형으로 발생한다. 예를 들면 판매대리점 또는 구매대행점에서는 판매나 구매를 대행함으로써 판매 또는 구매 수수료라는 수익이 발생한다. 변호사나 회계사는 전문 용역을 제공함으로써 용역수익이 발생하며, 용역이 아닌 상품을 매매하는 기업에서는 상품판매를 통해 매출이라는 수익을 얻는다. 다른 유형의 수익으로는 기업이 소유하고 있는 예금이나 채권 등에서 발생하는 이자수익, 주식투자로부터 얻는 배당금수익, 그리고 로열티수익 및 임대료수익 등 다양하다.

비 용

비용
특정 회계기간 동안에 발생한 경제적 효익의 감소금액

비용은 재화의 판매를 위해 기업이 상품구매로 소비한 금액이다.

비용(expenses)은 특정 회계기간 동안에 발생한 경제적 효익의 감소금액을 뜻한다. 비용의 발생은 자산의 유출이나 소멸 또는 부채의 증가에 따라 자본의 감소를 수반한다. 비용은 기업이 특정 기간의 수익을 창출하기 위하여 소비하거나 희생시킨 경제적 자원의 금액이다. 예를 들어 재화의 판매를 위해 기업이 상품구매로 소비한 금액이 가장 전형적인 형태의 비용이다. 비용과 종종 혼용되는 용어로서 원가가 있는데, 엄밀히 말해서 원가(cost)란 재화나 용역을 취득하기 위하여 지급한 대가 그 자체를 지칭하는 반면, 비용이란 특정 수익을 얻기 위하여 일정기간 동안 소비된 만큼의 재화 및 용역의 원가를 말한다.

mark down 용어의 정의

재무상태표	일정시점에 기업이 보유하고 있는 자산, 부채 및 자본의 구성상태를 나타내기 위해 작성되는 재무보고서
자 산	과거사건의 결과로 기업이 통제하고 있고 미래 경제적 효익이 기업에 유입될 것으로 기대되는 자원
부 채	과거사건으로 생긴 현재의무로서, 기업이 가진 경제적 효익이 있는 자원의 유출을 통해 그 이행이 예상되는 의무
자 본	기업의 자산에서 모든 부채를 차감한 잔여지분
손익계산서	일정기간 동안 기업의 성과에 관한 정보를 제공해 주는 재무보고서
수 익	자산의 유입이나 증가 또는 부채의 감소에 따라 자본의 증가를 초래하는 특정 회계기간 동안에 발생한 경제적 효익의 증가
비 용	자산의 유출이나 사용 또는 부채의 증가에 따라 자본의 감소를 초래하는 특정 회계기간 동안에 발생한 경제적 효익의 감소
순 이 익	수익에서 비용을 차감한 후에 남는 잔액

재화나 용역을 취득하기 위하여 지급한 원가는 일단 장부상에 자산으로 기록된 후에 이러한 자산이 수익을 얻기 위하여 소비되었을 때 그 소비된 자산의 원가를 비용으로 처리한다. 만약 세탁소에서 9월중 세제소모품을 ₩100,000에 구입하여 그중 60%만을 9월중 실제 세탁으로 사용했다면, 소모품원가 ₩100,000 중 당기의 소모품비용은 ₩60,000이며 나머지 ₩40,000은 소모품원가로서 재무상태표에 자산으로 남게 된다. 어떤 경우에는 버스비처럼 취득과 소비가 동시에 이루어지기 때문에 원가를 자산으로 기록하는 과정을 거치지 않고 직접 비용으로 처리하기도 한다.

비용에는 종업원의 급여, 소모품비, 광고비, 임차료, 전기료, 그리고 건물이나 기계 등을 사용함으로써 가치가 감소된 부분에 대한 비용(이를 감가상각비라 한다) 등이 있다. 이러한 비용은 고객을 창출하고 그들의 수요를 충족시키기 위해, 즉 수익을 얻기 위해 정상영업과정에서 꼭 사용되어야 하는 자원이다. 따라서 비용은 기업을 운영하기 위해 소비된 원가(cost of doing business)라고 할 수 있다. 한편 정상영업활동 이외에도 화재나 홍수와 같은 자연재해로 인해 자산이 감소되는 손실이 발생해도 이를 비용으로 보고한다.

만일 비용이 발생했을 때에 현금으로 지급하면 기업의 자산이 감소한다. 그러나 비용이 이미 발생했지만 즉시 그 대가를 지급하지 않은 경우에는 자산의 감소 대신 미지급비용이라는 부채가 증가할 수 있다.

3. 자본변동표

자본변동표
일정기간 동안 자본(주주지분)의 변동내용을 상세히 보여주는 재무보고서

자본변동표(statement of changes in equity)는 일정기간 동안 자본(주주지분)의 변동내용을 상세히 보여주는 재무보고서이다. 자본은 주주들과의 자본거래로 인하여 변동하기도 하고, 영업활동의 결과에 따라 발생하는 당기순손익으로 인하여 변화하기도 한다.

회사가 최초로 설립되어 주식을 발행하면 주주들이 주식의 발행금액에 해당하는 현금 등을 납입하게 된다. 이때 주식의 액면금액에 해당하는 금액은 자본금(share capital)으로, 액면금액을 초과하는 금액은 주식발행초과금(share premium)으로 분류된다. 이 둘을 합하여 납입자본(paid-in capital 또는 contributed capital)이라고도 부른다. 물론 설립 이후 추가로 자금이 필요하여 유상증자를 하는 경우에도 주주들로부터 납입이 이루어지고 그에 따라 자본금 또는 자본잉여금이 변화하게 된다.

자본금
\+ 주식발행초과금
\+ 이익잉여금
자본총계

한편 회사가 영업활동을 시작하면 수익과 비용이 발생하게 된다. 수익과 비용의 차이를 나타내는 당기순이익은 재무상태표상의 자본 중 이익잉여금을 증가시킨다. 그리고 기업이 주주들에게 배당금을 지급하면 이익잉여금이 그만큼 감소하게 된다. 이와 같은 자본의 변동내용을 표시한 자본변동표를 〈표 1-3〉에 예시하였다.

〈표 1-3〉에 예시된 글로벌세탁(주)의 자본변동표는 20×1년 9월 한 달 동안 자본의 변동내용을 보여주고 있다. 9월초에 사업을 시작하면서 발행한 주식이 ₩300,000으로서 자본금을 구성하고, 회사의 영업활동 결과로 순이익 ₩138,000이 발생하였으며, 이 중 주주들에게 ₩30,000을 배당함으로써 이익잉여금이 ₩108,000으로 증가하였다. 결과적으로 9월말의 자본총계는 ₩408,000이 되었다.

일정기간 동안 자본의 변동내용을 나타내는 자본변동표의 예

자본변동표

글로벌세탁(주) 20×1년 9월 1일부터 20×1년 9월 30일까지 (단위 : 원)

	자 본 금	이익잉여금	총 계
20×1. 9. 1	₩0	₩0	₩0
주 식 발 행	300,000		300,000
당기순이익		138,000	138,000
배 당 금		(30,000)	(30,000)
20×1. 9. 30	₩300,000	₩108,000	₩408,000

4. 현금흐름표

현금흐름표
- 영업활동
- 투자활동
- 재무활동

현금흐름표
일정기간 동안 기업의 현금유입 및 유출 내용을 표시하는 재무보고서

영업활동
재화의 판매 또는 용역을 제공함에 따라 발생하는 일상적인 수익창출활동

현금흐름표(statement of cash flows)는 일정기간 동안 기업의 현금유입 및 유출 내용을 표시하는 재무보고서이다. 현금흐름표에서는 기업의 현금유출입에 영향을 미치는 활동을 크게 영업활동, 투자활동 및 재무활동으로 구분하여 보여준다. 영업활동(operating activities)은 재화의 판매 또는 용역을 제공함에 따라 발생하는 일상적인 수익창출활동을 말하고, 투자활동(investing activities)은 영업활동을 수행하기 위하여 필요한 자산을 취득하거나 처분하는 활동을 일컬으며, 재무활동(financing activities)은 투자자나 채권자로부터 자금을 조달 또는 상환하는 활동을 포함한다. 따라서 현금흐름표는 이들 세 가지 활동으로부터의 현금의 유출입내용을 나누어

투자활동
영업활동을 수행하기 위하여 필요한 자산을 취득하거나 처분하는 활동

재무활동
투자자나 채권자로부터 자금을 조달 또는 상환하는 활동

표시한다. 〈표 1-4〉에 글로벌세탁(주)의 현금흐름표를 예시하였다.[9]

〈표 1-4〉를 보면 글로벌세탁(주)는 20×1년 9월에 현금매출액은 ₩800,000, 영업비용 현금지출액은 ₩830,000으로 영업활동으로부터 ₩30,000의 현금이 감소되었다. 같은 기간 동안 투자활동에 속하는 기계나 기타의 자산구입에 대한 지출은 없었다. 재무활동으로 분류되는 차입금 조달, 주식발행으로 각각 ₩200,000, ₩300,000의 현금이 유입되었고, 배당금 지급으로 ₩30,000이 유출되어 재무활동으로 인하여 총 ₩470,000의 현금이 조달되었다. 그 결과 글로벌세탁(주)의 20×1년 기말현금은 기초현금에 비하여 ₩440,000만큼 증가했다.

일정기간 동안 현금의 변동내용을 나타내는 현금흐름표의 예

현금흐름표

글로벌세탁(주)	20×1년 9월 1일부터 20×1년 9월 30일까지	(단위 : 원)
영업활동 현금흐름		
매출로 인한 현금유입	₩800,000	
영업비용에 대한 현금유출	(830,000)	(₩30,000)
투자활동 현금흐름		
기계의 구입	0	0
재무활동 현금흐름		
차입금의 조달	₩200,000	
주식발행	300,000	
배당금의 지급	(30,000)	470,000
현금의 증가		₩440,000
기초현금(9월 1일)		0
기말현금(9월 30일)		₩440,000

9) 현금흐름표에 관한 자세한 내용은 제14장에서 다룬다.

03 회계원칙과 외부감사제도

OBJECTIVES

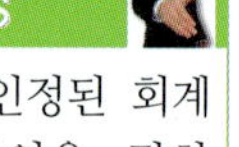

- 일반적으로 인정된 회계원칙이란 무엇을 말하는가?
- 회계과정에서 감사인의 역할은 무엇인가?

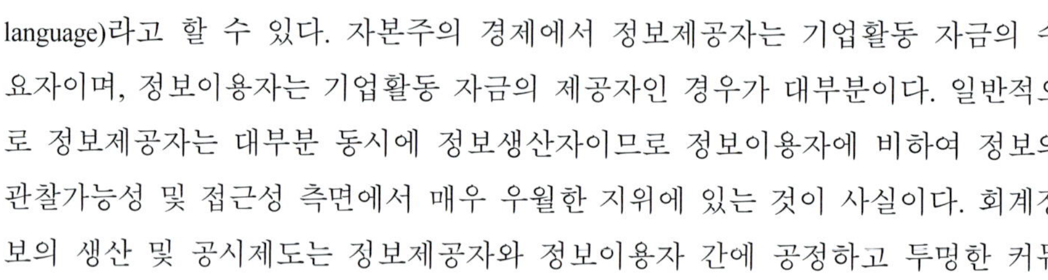

회계정보는 정보제공자와 정보이용자 간의 의사소통수단인 기업언어(business language)라고 할 수 있다. 자본주의 경제에서 정보제공자는 기업활동 자금의 수요자이며, 정보이용자는 기업활동 자금의 제공자인 경우가 대부분이다. 일반적으로 정보제공자는 대부분 동시에 정보생산자이므로 정보이용자에 비하여 정보의 관찰가능성 및 접근성 측면에서 매우 우월한 지위에 있는 것이 사실이다. 회계정보의 생산 및 공시제도는 정보제공자와 정보이용자 간에 공정하고 투명한 커뮤니케이션을 통하여 자금의 흐름이 원활히 이루어지게 하는 역할을 수행해야 한다.

회계정보의 생산 및 공시제도는 정보제공자와 정보이용자 간에 공정하고 투명한 커뮤니케이션을 통하여 자금의 흐름이 원활히 이루어지게 하는 역할을 수행해야 한다.

이러한 제도적 장치는 크게 두 가지의 틀에 의해서 유지된다. 첫째, 정보제공자로 하여금 공정한 정보를 작성하여 제공하도록 하는 일반적으로 인정된 회계원칙을 정하고, 둘째, 제공되는 정보가 그러한 회계원칙에 따라 공정하게 작성되었는지를 감독하기 위한 외부감사제도와 시장감시기구를 운영하는 것이다.

1. 일반적으로 인정된 회계원칙

회계실무와 재무제표의 작성을 지도하는 일반원칙을 "일반적으로 인정된 회계원칙"(generally accepted accounting principles : GAAP)이라고 한다. 일반적으로 인정된 회계원칙 중에서 많은 부분은 권위 있는 회계원칙 제정기구에 의하여 공식적으로 제정되는 것이고, 다른 일부는 단순히 실무에서 관습적으로 수용되면서 일반적인 원칙으로 인정받고 있는 것이다. 회계원칙을 제정할 때 핵심적인 고려사항은 정보제공자와 정보이용자 간 정보의 불균형을 최소화하는 것이다. 정보제공자가 지니고 있는 우월한 정보를 정보이용자에게 가능한 한 충분히 전달되도록 하는 것이 회계원칙의 역할인 셈이다.

일반적으로 인정된 회계원칙은 경제환경과 기업실무의 변화에 대응하여 계속적으로 수정되어 오고 있으며, 또 한편으로는 새로운 원칙이 정립되기도 한다. 회계원칙은 자연과학에서 정립된 법칙들과는 달리 끊임없이 변화하는 경제환경

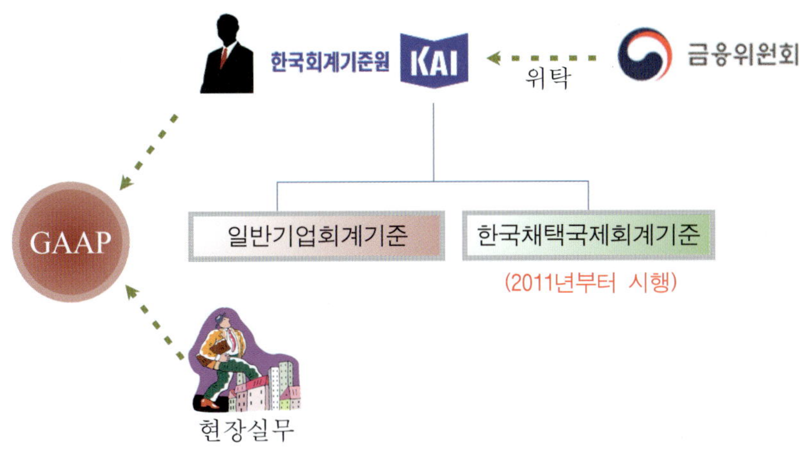

에 더 적합한 방법을 찾아서 계속 변화될 수 있다는 사회과학적 특성을 지니고 있다. 또한 여러 정부기관(예 : 행정안전부 또는 국세청)에서는 특수목적의 재무보고서를 작성할 때 준수해야 하는 특수기준(예 : 지방세법 또는 국세법)을 규정하고 있다. 하지만 이러한 규정들은 일반적으로 인정된 회계원칙과 일치하지 않는 경우가 많아 이들과 조화를 이루기 위한 조정이 시도되기도 하고, 때로는 상이한 형태의 재무보고서가 별도로 작성되기도 한다.

기업이 일반목적의 재무제표를 작성할 때 준수해야 할 회계기준을 제정하는 기구는 나라마다 다르다. 미국에서는 1970년대 초부터 민간기구인 재무회계기준위원회(Financial Accounting Standards Board : FASB)가 이를 맡아왔고, 런던 소재의 국제회계기준위원회(International Accounting Standards Board : IASB)는 2002년부터 전세계에서 통용되는 단일의 회계기준 제정을 위해 국제회계기준(International Financial Reporting Standards : IFRS)을 발표하고 있다.

KASB 회계기준위원회
Korea Accounting Standards Board

우리나라의 기업회계기준은 금융위원회가 증권선물위원회의 심의를 거쳐 정하도록 하고 있다. 법규에 의해 금융위원회는 이러한 회계기준 제정업무를 민간공공단체인 한국회계기준원에 위탁하고 있으며, 한국회계기준원 내 회계기준위원회(Korea Accounting Standards Board : KASB)의 심의 · 의결을 거쳐 회계기준이 제정되고 있기 때문에 기업회계기준의 실질적인 제정기구는 한국회계기준원(Korea Accounting Institute)인 셈이다. 일본은 민간기구인 일본회계기준위원회(Accounting Standards Board of Japan : ASBJ)가, 중국은 중앙정부인 재정부 내에 중국회계기준위원회(China Accounting Standards Committee : CASC)가 제정업무를 담당하고 있다.

본서에서는 2011년부터 모든 상장회사와 금융회사는 반드시 채택해야 하는 한국채택국제회계기준(K-IFRS)에 따른 회계원리를 설명한다. 한국채택국제회계기준은 우리나라의 회계투명성에 대한 국제적 신인도를 제고하고 글로벌기업과의 비교가능성을 높임으로써 글로벌화된 금융시장에서 우리의 자본흐름을 세계화시키는 촉진제 역할을 하고 있다.

2. 외부감사제도

외부감사제도
기업의 재무제표가 일반적으로 인정된 회계원칙에 따라 적정하게 작성되었는가에 대해 전문가로서의 의견을 표명하도록 하는 제도

일반적으로 인정된 회계원칙과 함께 기업 외부의 재무제표이용자, 즉 투자자·채권자·정부기관 등이 신뢰성 있는 재무정보를 이용할 수 있도록 고안된 감시장치 중의 하나로서 외부감사제도(external auditing)가 있다. 일반적으로 인정된 회계원칙이 명확히 정립되었다 하더라도 기업이 회계처리를 할 때 이를 제대로 준수하고 있는지에 대해서는 일반이용자로서는 확인할 수 있는 방법이 없다. 그러므로 재무제표를 작성하여 공시하는 기업과는 독립적인 위치에 있는 공인된 외부감사인(통상 공인회계사)이 기업의 재무제표가 일반적으로 인정된 회계원칙에 따라 적정하게 작성되었는가에 대해 전문가로서의 의견을 표명하도록 하는 제도가 바로 외부감사제도이다. 물론 공정한 감사의견을 표명하기 위하여 외부감사인은 기업이 작성한 재무제표의 공정표시 여부를 전문가로서의 정당한 주의를 기울여 검증하고, 감사의견을 뒷받침할 수 있는 충분한 증거를 수집해야 한다.

재무제표를 기업회계기준에 따라 공정하게 작성해야 할 윤리적·법률적 책임은 일차적으로 기업의 경영자에게 있다. 회계전문직이 아니라 하더라도 기업활동에 종사하는 모든 사람들은 투철한 경영윤리의식과 일정한 수준의 윤리강령을 갖추어야 한다. 윤리강령이란 본인의 행동이 옳은지 그른지, 정직한지 부정직한지, 공정한지 불공정한지를 판단가능케 하는 행위기준을 말한다. 우리가 만약 정직하지 못하여 신뢰할 수 없는 이웃과 거래를 해야 하거나 동업관계를 유지해야 하는 경우를 상상해 보자. 경영자, 거래처, 소비자, 투자자, 직장동료가 모두 한결같이 거짓말을 한다면 합리적인 경제

활동이나 정상적인 의사소통은 사실상 불가능해질 것이다. 경영자가 분식을 통하여 기업성과를 속이게 되면 신뢰와 신용이라는 자본주의의 기초 질서가 근본적으로 뒤흔들리는 혼란을 초래하게 된다.

우리나라에서 공인회계사의 자격을 얻기 위해서는 대학에서 일정한 수의 회계 및 경영관련 학점을 취득한 후 소정의 자격시험에 합격해야 하며, 일정기간 동안 교육 및 실무의 경력을 쌓아야만 공인회계사로서의 전문직 활동이 가능하다. 공인회계사는 전문직업인으로서 그에게 요구되는 일정수준의 윤리규정을 준수해야 한다. 공인회계사는 다른 전문직업인들에 비해서는 그 법적 책임의 내용과 범위가 상대적으로 넓다. 변호사나 의사는 그들의 고객이나 진료환자들에 대해서만 책임을 지게 되나, 공인회계사는 그들이 감사한 재무제표를 믿고 이용하는 제3의 정보이용자(투자자와 채권자 등)에 대해서도 일정한 책임을 면할 수 없다. 이는 비록 제3자로부터 감사에 대한 대가도 받지 않았고, 제3의 이용자와 직접 감사계약을 체결한 것도 아니지만 공인회계사는 자본주의 파수꾼의 역할을 해야 하는 공인된 전문감사인이기 때문에 손해를 입은 일반정보이용자들에 대해서도 일정한 법적 책임을 져야 할 공인으로서의 법적 의무를 지게 하고 있다.

mark down

공인회계사 시험제도

공인회계사 시험은 기초 소양, 일반적인 학리와 응용능력을 검정하기 위한 시험으로서 제1차 시험과 제2차 시험으로 구분하여 시행된다. IT기술 확산 등 직무 환경 변화와 실무적합성을 고려하여 현행 학점이수제도, 시험과목 및 배점 등이 개편된 새로운 공인회계사시험제도가 2025년부터 시행되고 있다(더 상세한 내용은 금융감독원의 안내 홈페이지(http://cpa.fss.or.kr)를 참조할 것).

	제1차 시험	제2차 시험[2]
시험과목	회계학, 경영학, 경제원론, 기업법, 세법개론, 영어[1]	재무회계 Ⅰ(중급회계), 재무회계 Ⅱ(고급회계), 원가관리회계, 회계감사, 세법, 재무관리
형식	객관식 필기시험(주로 2월말 시행)	주관식 필기시험(주로 6월말 시행)

1) 영어는 공인시험기관(토플, 토익, 텝스, 지텔프, 플렉스, 아이엘츠) 성적으로 대체한다.
2) 제2차 시험에서는 과목별 부분합격제가 시행되고 있다.

04 회계의 발전과정

OBJECTIVES 

- 사회발전에 따라 회계는 어떻게 변천해 왔는가?

체계적이든 덜 체계적이든 간에 회계가 각 시대의 경제사회적 활동과 더불어 함께 발전해 왔음을 과거의 많은 역사적 자료를 통해서 알 수 있다. 거슬러 올라가서는 고대의 바빌로니아 문명이나 중국의 주 왕조에서도 일정한 형태의 원시적 회계기록이 왕정의 세입 및 세출과 이를 확인하는 검증기능을 중심으로 존재했다. 경제사회의 발전과 더불어 회계 역사에 획기적인 변화를 가져온 몇 개의 사건을 통하여 그 회계적 의미를 간략히 살펴본다.

1. 복식부기의 탄생에서부터 산업혁명까지

복식부기의 기원은 중세에서 근대로 넘어오는 무렵인 14~15세기 시대에 이탈리아 상인으로부터 찾을 수 있다. 이탈리아 상인들은 해외무역에서 현지 대리인을 통한 수탁판매를 이용했다. 현지 상인을 이용하면 외국인에게 부과되는 세금을 피할 수 있었기 때문이다. 이들 수탁상인은 소유주에게 매출액을 송금하면서 그 비용과 소유주에 대한 채무를 표시할 수 있는 회계기록이 필요했다. 또한 이 시기에는 교역에 필요한 화폐가 부족했기 때문에 받을 금액과 지급할 금액을 기록해야 하는 신용거래에 대한 기장기술이 발달했다. 이는 곧 수입과 지출을 상계시킬 수 있는 좌우 대조가 가능한 계정 형식의 기장기술을 발전시킴으로써 복식부기를 탄생케 하는 촉진제가 되었다.

이탈리아의 복식부기법은 상인들과 은행가들이 사업상의 필요에 의해서 당시 기장기술을 한 단계 발전시킨 것이지만 파치올리(Luca Pacioli)에 의해서 처음 저서의 형태로 소개되었다. 파치올리는 레오나르도 다빈치(Leonardo da Vinci)의 가정교사이자 콜럼버스(Christopher Columbus)와도 동시대인으로서 당대의 유명한 수학자였다. 그는 1494년에 「대수, 기하, 비 및 비례총람」을 출판했는데, 이 책에서 당시의 상인들간에 관습화되고 있는 복식부기에 대해서 상세히 설명하고 있다. 파치올리의 저술은 이후 100년간에 걸쳐 이탈리아어, 영어, 네덜란드어 및 독일어 등으로 번역되어 이탈리아식 복식부기법의 지식을 유럽전역에 보급시켰으며 이를 계기로 현대식 장부기록법의 발전이 이루어졌다.

17세기경 중상주의 시대 말에는 동인도회사의 역할이 점점 커졌다. 해외무역을 담당하기 위해 설립한 동인도회사의 조직은 처음에는 조합의 형태였지만 점차 유한책임을 지는 주식회사의 형태로 발전되었다. 특히 주식의 양도가 자유로워지면서 주식회사가 크게 발전했다. 주식회사제도가 정착되어 경영의 계속성이 이루어지면서 채권자 보호와 과세상의 필요에 의해 근대화된 대차대조표(재무상태표)가 출현하게 되었고 재산평가에 있어서는 청산가치를 중시하던 종래의 입장에서 취득원가를 중요시하는 입장으로 바뀌었을 뿐 아니라 자본의 유지의무도 법제화되었다.

18~19세기에 걸쳐서 진행된 산업혁명은 사회적으로 엄청난 변혁을 초래했다. 인간 노동력 대신에 증기기관을 사용하게 되면서 여기에 쓰일 석탄의 채굴과 기계를 만들기 위한 철강산업의 발달, 동시에 도로건설, 운하건설 및 철도의 보급 등 교통의 발전과 함께 산업화가 급격하게 진행되었다. 산업화에 따른 주식회사의 발전은 대규모 산업자본의 모집을 가능케 하였고, 자본을 공급하는 금융산업 역시 크게 성장했으며 자본가들은 부를 축적할 수 있었다. 여기에서 대량생산이 가능하게 된 공장경영자에게는 생산제품의 가격결정을 위한 원가계산의 필요성이 대두되었다. 이러한 산업 번영은 이전까지의 제품원가를 파악하기 위한 원가계산으로부터 벗어나 원가를 통제하고 경영의사결정을 돕기 위한 관리회계(managerial accounting)로의 획기적인 발전을 이룩했다.

2. 회계제도의 발달과 공시제도

미국의 증권시장은 1920년에서 그 후 10년간 폭발적인 호황을 누렸다. 그러나 1929년 미연방준비위원회에서 투기적 거래에 대한 신용대여 제한 조치의 여파 등으로 증권가격이 폭락하는 "검은 화요일" 사태를 맞게 되었다. 주식가격 폭락으로 시작한 세계공황을 경험한 미국은 이전의 자유방임적 경제주의에서 국가의 간섭을 허용하는 수정자본주의 체제로 이행했다. 투자자와 채권자 보호를 위하여 1933년 증권법(Securities Act), 1934년 증권거래법(Securities Exchange Act)을 제정하여 충분한 정보를 공개하도록 하고, 상장기업은 등록절차를 거쳐 충분한 재무자료가 제공되도록 규제를 강화했다. 동시에 회계감사도 재무상태표 중심에서 손익계산서를 포함한 재무제표 전체에 대한 완전감사로 전환하는 계기가 되었다.

최근 들어 체계적 회계이론 정립과 관련한 가장 획기적 변화는 1970년대에

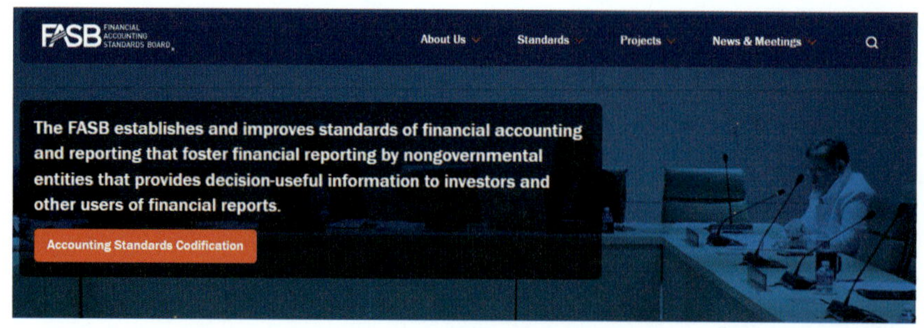

시작된 정보이용자 중심의 의사결정 유용론(decision usefulness)이라고 할 수 있다. 1972년에 미국 회계기준 제정을 위해 민간기구로 발족되었고 현재까지 회계발전에 가장 큰 영향을 미치고 있는 재무회계기준위원회(Financial Accounting Standards Board : FASB)는 재무보고의 목적을 정보이용자의 투자 및 신용의사결정에 유용한 정보를 제공하는 데 있다고 정의함으로써 전통적인 작성자 중심의 회계에서 이용자 중심의 회계로 그 축을 바꾸는 데 결정적 역할을 했다. 전통적으로 기술적 측면만을 강조해 오던 회계감사분야에서도 1970년대에 들어 이론적 체계를 정립하기 위해 많은 노력이 이루어졌다. 1973년 미국회계학회에서 발표한 "감사의 기초개념에 관한 보고서"는 감사위험 접근방법, 내부통제시스템의 개발, 표본감사기법의 도입, 전산감사와 시스템감사의 발달 등으로 실무발전에 괄목할 만한 성과를 이루는 데 큰 공헌을 하였다.

mark down **회계와 자본주의**

Adam Smith에서 Karl Marx에 이르기까지, 근대 경제사상의 창시자들은 회계(accounting)를 성공적인 경제와 근대 자본주의 발전에 필수적인 것으로 보았다. 독일의 사회학자인 Max Weber는 근대 기업은 회계와 밀접하게 결부되어 있으며, 회계를 복잡한 자본주의의 성장에 필수적인 문화요소로 보았다. 그리고 초기 미국인들이 자본주의 문화에 잘 적응할 수 있게 해 주었다고 그가 믿었던 프로테스탄트 직업윤리의 근본적인 특징 중 하나로 회계를 꼽았다. 경제학자인 Wermer Sombart는 '복식부기 없는 자본주의는 상상도 할 수 없다. 이 두 가지는 마치 형식과 내용처럼 긴밀하게 연결되어 있다'라고 주장했다. 미국 경제학자인 Joseph Schumpeter는 회계를 자본주의의 핵심으로 보았으며, 회계활동에 관한 역사를 이해해야만 효과적인 경제이론을 구축할 수 있다고 밝혔다.

(Jacob Soll 지음, 정해영 옮김(2016), 회계는 역사를 어떻게 지배해 왔는가?, 메멘토, 18면 일부 내용 수정인용)

3. 자본시장의 세계화와 국제회계기준(IFRS)의 탄생

21세기에 접어들어 현 경제사회에 가장 큰 영향을 미치는 요소 두 가지를 들자면 정보화와 세계화이다. 이들은 지금 우리의 경제생활을 근본적으로 뒤바꿔 놓고 있다. 인터넷을 중심으로 하는 전자상거래 비중이 커지면서 재화나 용역의 실물흐름은 국경 없이 이동된다. 또한 경제의 국경이 허물어지면서 세계의 금융자본과 글로벌투자자들은 각국 기업들에게 투명하고 신뢰가능한 고품질의 정보제공을 요구하고 있다.

동일한 거래에 대해 세계적으로 동일한 언어를 사용하여 표현해야 한다는데 대한 국제적 합의가 이루어지는 가운데 특히 2002년 미국의 재무회계기준위원회(FASB)와 국제회계기준위원회(IASB)가 "세계적으로 통용되는 하나의 고품질 회계기준"을 만들기 위해 각자의 기준을 2009년까지 일정부분 상호 합치시키기로 하는 Norwalk 협약을 발표함에 따라 국제회계기준의 통합을 더욱 촉진시키는 계기를 만들었다. 이들은 앞으로도 단기 및 장기 계획을 세워 상호 통합노력을 계속할 것을 공약하고 있다.

현재 국제회계기준(International Financial Reporting Standards : IFRS)을 제정하고 있는 국제회계기준위원회(International Accounting Standards Board : IASB)는 그 전신이 1973년에 결성되었고 현재는 런던에 소재하고 있으며 16명의 상임기준위원으로 구성되어 있다. 2005년 EU 28개국은 각국의 기준을 폐기하고 국제회계기준을 전면 수용했으며, 호주, 뉴질랜드, 남아공도 이미 이 대열에 합류했다. 미국은 2008년부터 자국에 상장하고 있는 외국기업의 국제회계기준 사용을 조건 없이 허용했다. 이어 한국, 캐나다, 인도, 브라질 등이 2011년부터 국제기준의 전면 채택을 발표한 이래 2025년말 현재 세계 169개 국가가 어떤 형태로든 국제회계기준을 수용하고 있거나 앞으로의 수용계획을 밝히고 있다.

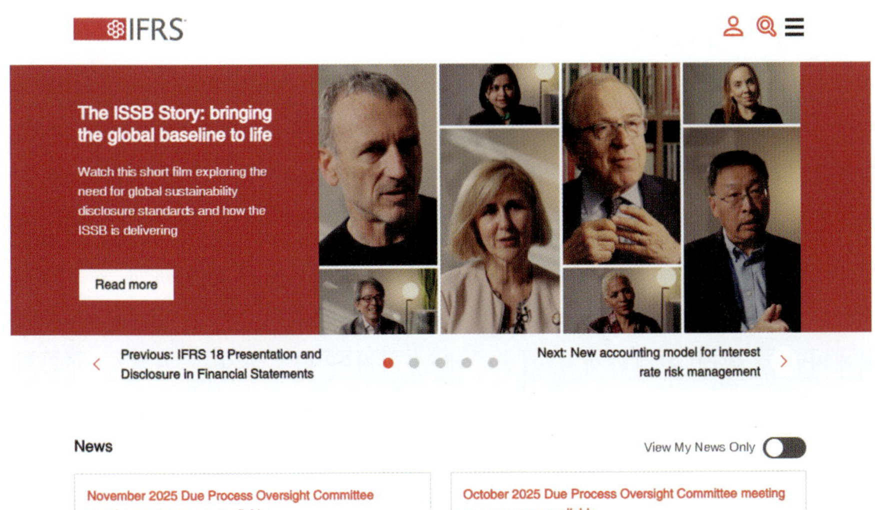

국제회계기준을 도입하여 사용하더라도 회계기준의 적용과 집행은 여전히 개별국가의 통제하에 놓여 있다. 이때 개별국가의 경제적, 문화적 또는 사회적 차이는 회계기준의 적용과 집행에도 영향을 미칠 수밖에 없다. 특히 국제회계기준이 "원칙중심의 회계(principles-based accounting)"를 표방하기 때문에 회계기준의 구체적인 적용과 집행의 강도는 국가별로 어느 정도 차이가 날 가능성은 있다.

이러한 우려에도 불구하고 전세계적으로 국제회계기준이 수용되면서 국적에 관계없이 기업간 재무제표의 비교가능성이 증가하고 각 기업이 생산하는 회계정보의 신뢰도 또한 개선되고 있다. 궁극적으로는 국제자본시장에서의 투자를 국경 없이 효율적으로 이루어지도록 유인함으로써 세계적 부는 총체적으로 증가하면서도 국가간 빈부의 격차를 줄이는 긍정적 효과가 기대된다.

국제회계기준을 채택함으로써 기대할 수 있는 혜택을 요약하면 다음과 같다.

- 회계정보의 투명성과 신뢰성이 향상된다.
- 국가간 재무제표의 비교가능성이 증가한다.
- 기업의 자본비용이 낮아져서 기업가치가 증가한다.
- 개별국가의 회계기준 제정비용이 절감된다.
- 국가간 자본이동이 원활해지고 외국자본시장에 상장하기가 쉬워진다.
- 회계전문가의 자격 상호인증이 가능해진다.

4. 한국회계기준원과 국제회계기준

우리나라에서는 1999년에 한국회계기준원(Korea Accounting Institute)이 설립되었다. 설립목적은 기업회계기준의 제정, 개정, 해석 및 질의회신 업무를 수행하는 것이다. 최근에는 IASB에서 제정한 IFRS를 한글로 전환하여 한국채택국제회계기준(K-IFRS)을 제정하는 업무를 맡고 있고, K-IFRS를 성공적으로 실무계에 정착시키기 위해서 중심적인 역할을 하고 있다.

회계기준은 여러 이해관계자 집단간에 정치적인 타협과정을 거쳐서 제정되는 경우가 많기 때문에 국제회계기준의 제정과 개정 과정에 한국의 이해관계를 반영할 필요성이 높아지고 있다. 특히 우리가 사용하는 회계기준이 우리의 국익과 경영관습을 최대한 대변할 수 있게 하기 위해 국제회계기준의 제정과정에서부터 원천적으로 반영되도록 하기 위한 한국회계기준원의 노력이 앞으로 더욱

회계기준과 적용대상기업

회계기준	제정주체	적용대상기업
국제회계기준(IFRS)	국제회계기준위원회(제정)	국가마다 차이가 있음
한국채택국제회계기준 (K-IFRS)	한국회계기준원(번역과 제정)	모든 상장기업과 자발적 채택 비상장기업
일반기업회계기준	한국회계기준원	비상장기업
중소기업회계기준	한국회계기준원	중소기업의 회계처리에 참조

중요할 것이다.

한국회계기준원은 국제회계기준과 관련된 업무 이외에도, K-IFRS를 사용하지 않는 우리나라 비상장기업이 적용해야 하는 일반기업회계기준을 제정하며, 중소기업에 대하여는 간편한 회계기준인 중소기업회계기준을 제정하고 있다.

mark down 회계정보나 회계와 관련한 웹사이트가 많다. 다음 웹사이트에 들어가서 어떠한 정보를 얻을 수 있는지 알아보자.

한국회계기준원(KAI)	www.kasb.or.kr
국제회계기준위원회(IASB)	www.ifrs.org
미국재무회계기준위원회(FASB)	www.fasb.org
금융감독원(FSS)	www.fss.or.kr
한국거래소(KRX)	www.krx.co.kr
한국회계학회(KAA)	www.kaa-edu.or.kr
미국회계학회(AAA)	www.aaahq.org
유럽회계학회(EAA)	www.eaa-online.org
한국공인회계사회(KICPA)	www.kicpa.or.kr

이 장의 요약

- 회계는 왜 필요한가?
  - 경제사회를 구성하는 개인, 가계, 기업, 국가 모두 경제관련 의사결정이 필요하다.
  - 의사결정에 도움이 되는 재무적 정보를 활용한 이해관계자의 의사결정은 정보 없는 의사결정보다 합리적 투자, 소비 및 부의 극대화를 촉진시킨다.
- 회계정보는 누가 이용하는가?
  - (내부이용자) 기업을 경영하는 경영자와 다양한 계층의 임직원
  - (외부이용자) 투자자, 채권자, 거래처, 정부기관 및 기타 다수의 일반이해관계자
- 재무제표는 어떤 종류가 있는가?

  ① 재무상태표

  ② 손익계산서

  ③ 자본변동표

  ④ 현금흐름표

  ⑤ 주석 : 위 재무제표의 본문 내용에 대한 보충적 정보나 기타의 설명적 정보를 기술한다.
- 일반적으로 인정된 회계원칙(GAAP)이란 무엇을 말하는가?
  - 정보제공자가 재무정보를 작성하고 제공하는 과정에서 준수해야 하는 일반원칙을 말한다.
  - 「주식회사 등의 외부감사에 관한 법률」에 의해 1999년부터 한국회계기준원이 제정을 위임받아 기업회계기준을 제정하고 있다.
  - 상장회사와 금융회사 등은 한국채택국제회계기준(K-IFRS)에 따라 회계처리해야 한다.
- 회계과정에서 감사인의 역할은 무엇인가?
  - 기업이 제공하는 정보가 일반적으로 인정된 회계원칙에 따라 공정표시되었는지에 대해 전문가로서의 독립적 의견을 표명한다.
  - 감사인은 감사의견 표명을 위해 한국공인회계사회에서 정하는 윤리기준과 회계감사기준을 엄격히 준수할 의무가 부여되어 있다.
  - 「주식회사 등의 외부감사에 관한 법률」에 의한 감사인의 자격을 얻기 위해서는 공인회계사 1, 2차 시험을 합격하고 2년 이상의 실무경험이 요구되고 있다.
- 사회발전에 따라 회계는 어떻게 변천해 왔는가?
  - 1494년 수학자 파치올리가 저서를 통해 중세 이탈리아 상인들의 복식부기 기록방법을 소개하였다.
  - 18~19세기 산업혁명을 계기로 원가계산 및 근대회계시스템에 획기적 발전이 있었다.
  - 1934년 미국 증권거래법 이후 투자자와 채권자 보호를 위한 회계공시 및 공적 감사가 의무화되었다.
  - 21세기초 자본시장의 세계화에 따른 국제회계기준 제정의 필요성이 대두되었으며, 현재는 국제회계기준위원회(IASB)가 국제회계기준(IFRS)을 제정하고 있다.

회계정보의 활용

자기자본이익률

기업의 수익성을 나타내는 대표적인 지표로서 자기자본이익률(return on equity : ROE)이 있다. 자기자본이익률은 손익계산서의 당기순이익을 재무상태표의 평균자본으로 나누어 계산한다. 이 지표는 기업이 주주들로부터 조달한 자본을 이용하여 영업을 한 결과 당기에 벌어들인 순이익을 평가한다. 예를 들어 자기자본이익률이 5%라면 자기(주주)의 돈 ₩1,000을 투자하여 한 해 ₩50의 이익을 벌었다는 의미이다. 적은 자본을 가지고 높은 이익을 실현할수록, 즉 자기자본이익률이 높을수록 투자효율성이 양호한 기업이라고 평가한다.

〈산식〉 자기자본이익률 $= \dfrac{\text{당기순이익}}{\text{자기자본}^{*}}$ 　＊ 자기자본＝(기초자본＋기말자본)/2

영상문화콘텐츠사업을 하는 기업인 JYP Ent.와 YG Ent.의 자기자본이익률(연결재무제표 기준)을 비교해 보자.

(단위 : 백만원)

회사명	내 용	2024년	2023년
JYP Ent.	당기순이익(A)	97,715	105,017
	기초자본(B)	398,043	304,501
	기말자본(C)	482,881	398,043
	평균자본[D＝(B＋C)/2]	440,462	351,272
	자기자본이익률(A/D)	22.18%	29.90%
YG Ent.	당기순이익(A)	20,029	76,984
	기초자본(B)	585,159	526,288
	기말자본(C)	603,250	585,159
	평균자본[D＝(B＋C)/2]	594,205	555,724
	자기자본이익률(A/D)	3.37%	13.85%

JYP의 자기자본이익률은 2023년 29.90%에서 2024년 22.18%로 7.72%p 감소하였으나, YG의 3.37%에 비하면 매우 높은 수준이다. JYP의 자기자본이익률이 전년에 비해 감소한 이유는 산식의 분모인 평균자기자본이 크게 증가했기 때문이다. JYP는 전년도 순이익 중에서 배당금을 제외하고 약 900억원을 이익잉여금에 적립하여 자본이 크게 증가하였다.

한편, YG의 자기자본이익률은 2023년 13.85%에서 2024년 3.37%로 크게 하락했다. 표에서 자세히 나타내지는 못했으나 YG의 재무제표를 보면, 2024년도의 매출액이 하락하고 매출총이익률도 하락하였을 뿐만 아니라 영업손실까지 나타나고 있다. 하지만 관계기업의 호실적으로 지분법이익이 증가하여 당기순손실이 아닌 당기순이익을 올릴 수 있었다.

01 회계의 목적은 무엇인가? 전통회계에서 강조된 회계의 목적과 현대회계에서 강조되는 회계의 목적을 구분하여 설명하라.

02 회계 또는 회계시스템의 기능에 대해 간단히 서술하라.

03 회계와 부기는 어떻게 구별되는가?

04 관리회계와 재무회계의 주 이용자는 누구인가?

05 기업의 재무정보에 관심을 갖고 있는 기업 외부이용자 집단으로는 누구를 들 수 있으며, 그들 각각이 특별히 관심을 갖는 재무정보로는 어떠한 것이 있는가?

06 기업의 이해관계자 각자에게 필요한 특수목적의 재무보고서가 아닌, 모든 이해관계자에게 공통적으로 필요한 일반목적의 재무보고서를 작성하는 이유에 대해 설명하라.

07 재무상태표와 손익계산서를 작성하는 목적을 간단히 설명하라.

08 자산, 부채 그리고 자본을 정의하라.

09 '일반적으로 인정된 회계원칙(GAAP)'이란 무엇인가? 누가 GAAP을 제정하는가?

10 한국회계기준원의 web site인 www.kasb.or.kr에서 최근까지 제정된 기업회계기준서는 어떤 것이 있는지 알아보라. 또한 한국회계기준원이 하는 일이 무엇인지도 조사해 보라.

11 기업의 외부감사를 담당하는 공인회계사 자격을 얻기 위해서는 대학에서 회계 및 경영 관련 과목을 일정 학점 이상 이수한 후 소정의 자격시험에 합격하고 실무경험을 갖추어야 한다. 금융감독원 웹사이트(http://www.fss.or.kr)를 참조하여 어떤 과목에 대하여 자격시험을 치러야 하는지 알아보라.

12 우리나라가 국제회계기준(K-IFRS)을 수용함으로써 기대할 수 있는 효과가 무엇인지를 기술하라.

13 기업경영자나 회계담당자에게 왜 윤리강령이 꼭 필요한지를 자본주의 기초질서의 유지관점에서 설명하라.

14 성일(주)는 제3자로부터 기업소유의 토지를 ₩500,000에 매입하겠다는 제의를 받았다. 이 토지는 5년전에 ₩300,000에 매입한 것이다. 성일(주)는 그 제안을 거부했다. 그런데 성일(주)는 기업가치를 정확하게 나타내기 위하여 재무상태표의 토지가액을 ₩500,000으로 증가시키려 한다. 당신은 이에 동의하는가? 이에 대해 설명하라.

15 금융감독원(www.fss.or.kr)이나 한국거래소(www.krx.co.kr)의 web-site에서 전자공시시스템을 찾아 관심 있는 기업의 재무제표를 찾아보고 이를 출력하여 좀 더 깊이 있게 공부해 보라.

16 21세기에 접어들면서 정보화와 세계화가 각국의 회계기준제정에 어떤 영향을 미쳤는지를 간단히 설명하라.

연습문제

01 재무상태표 항목

수원(주)의 재무상태표 항목은 다음과 같다. 각 항목은 자산, 부채, 자본 중에서 어디에 해당하는가?

매출채권	매입채무	이익잉여금
현금	미지급급여	건물
세탁기계	차입금	미지급금
소모품	자본금	

02 재무상태표 항목과 재무상태표 작성

백운(주)의 재무상태표 항목들을 이용하여 간단한 재무상태표를 작성하라. 각 항목들의 금액은 20×1년 12월 31일 현재의 금액이다.

현금	₩10,000	매출채권	₩20,000
토지	50,000	건물	40,000
소모품	5,000	차입금	60,000
자본금	40,000	이익잉여금	25,000

03 손익계산서 항목

20×1년 1년간 대전(주)의 손익계산서 항목은 다음과 같다. 각 항목은 수익과 비용 중에서 어디에 해당하는가? 수익과 비용으로 분류한 후에 간단한 손익계산서를 작성하라.

상품매출	₩100,000	급여	₩20,000
소모품비	10,000	운송비	30,000
용역매출	120,000	이자비용	30,000
이자수익	40,000	배당금수익	10,000
감가상각비	50,000	광고비	30,000

04 재무상태표의 작성 (I)

다음 신라(주)의 재무상태표는 표제(머리)부분이 적절하지 못하고, 몇몇 계정들의 위치 배열이 잘못되어 있다. 정확한 재무상태표를 작성하라.

재무상태표

신라(주) 20×1년 1월 1일부터 20×1년 12월 31일까지 (단위 : 원)

자 산 :		부채와 자본 :	
이익잉여금	₩26,200	매 출 채 권	₩37,800
현 금	10,900	차 입 금	68,800
건 물	48,000	소 모 품	1,400
자 본 금	40,000	토 지	27,000
차량운반구	16,500	미지급비용	6,600
자산총계	₩141,600	부채와 자본총계	₩141,600

05 회계거래가 재무상태에 미친 영향

다음 거래가 기업의 자산, 부채, 자본에 어떠한 영향(증가 또는 감소)을 가져오는가?

(1) 김회계 씨는 회사를 설립하고자 큰 금액을 투자했다.
(2) 상품을 팔고 현금을 받았다. 판매한 금액은 상품을 팔기 위해서 사들인 금액보다 크다.
(3) 회사 건물을 짓고 공사비를 지급했다.
(4) 은행에서 돈을 빌렸다.
(5) 종업원의 급여로 통장에 돈을 송금했다.

06 회계등식 (I)

다음은 기본적인 회계등식을 나타내고 있다. 빈칸에 알맞은 금액은 얼마인가?

	자 산	=	부 채	+	자 본
(1)	₩1,000,000		₩700,000		(　　　)
(2)	(　　　)		₩50,000		₩70,000
(3)	₩2,000,000		(　　　)		₩1,800,000

07 회계등식 (Ⅱ)

클리닝팩토리(주)의 재무상태에 관한 내용이다. 회계등식을 이용하여 필요한 금액을 계산하라.

(1) 20×1년 12월 31일 현재 부채와 자본이 각각 ₩114,000과 ₩72,000이라면 자산은 얼마인가?
(2) 20×2년중에 자산과 부채가 각각 ₩84,000과 ₩52,000씩 증가하였다면 20×2년 12월 31일 현재 자본은 얼마인가?
(3) 20×3년중에 자산과 자본이 각각 ₩55,000과 ₩34,000씩 증가하였다면 20×3년 12월 31일 현재 부채는 얼마인가?

08 회계등식 (Ⅲ)

20×1년초 MZ핸폰(주)의 자산은 ₩1,000,000이고 부채는 ₩500,000이다. 20×1년의 거래를 참고하여 〈요구사항〉에 답하라.

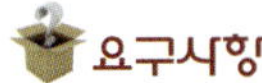

1. 자산은 ₩300,000 증가했고 부채는 ₩100,000 감소했다. 20×1년말의 자본은 얼마인가?
2. 부채는 ₩200,000 증가했고 자본은 ₩200,000 감소했다. 20×1년말의 자산은 얼마나 증가하는가?
3. 수익은 ₩400,000 발생했고 비용은 ₩300,000 발생했다. 20×1년말의 자본은 얼마나 증가하는가?
4. MZ핸폰(주)에서 자본을 늘리고자 주식을 발행하여 자본총액이 ₩100,000 증가하고 증가된 자본만큼 현금도 증가했다. 부채는 어떠한 영향을 받는가?

09 손익계산서의 양식

고려가전(주)의 회계담당자는 20×1년 10월 1일에 시작하여 20×2년 9월 30일에 종료되는 회계연도의 손익계산서를 20×2년 10월 12일에 작성하였다. 손익계산서의 머리부분은 다음과 같이 표시하였다.

이익계산서

고려(주) 20×2년 10월 12일

1. 위의 머리부분에서 틀린 곳을 지적하라.
2. 머리부분을 고쳐 완전하게 작성하라.
3. 수익과 비용에는 어떠한 항목들이 포함되는가? 대표적인 수익과 비용의 예를 들어라.

10 손익계산서의 작성(Ⅰ)

클리닝팩토리(주)의 20×1년 9월 1일부터 20×1년 9월 30일까지의 수익과 비용에 관한 자료는 다음과 같다. 이 기간 동안의 손익계산서를 본문의 손익계산서 양식과 같이 작성하고 당기순이익을 계산하라.

세탁용역매출	₩500,000	이자수익	₩50,000
급여	100,000	재료비	150,000
이자비용	30,000	임차료	17,000
전화비	20,000	광고선전비	30,000
운반비	40,000	소모품비	70,000

11 손익계산서와 재무상태표

바리스타 씨는 20×1년 8월말에 대학교 정문 앞에 커피전문점 '커피왕'을 창업했다. 창업 후부터 20×1년 12월 31일까지의 수익과 비용 그리고 재무 항목들이다.

커피 판매액	₩1,200,000
기타음료 판매액	300,000
케이크와 과자 판매액	200,000
외상매입금	300,000
현금잔액	350,000
커피메이커 기계	2,000,000
은행차입금	1,000,000
종업원급여	400,000
재료비	150,000
케이크와 과자 구매액	100,000
소모품비용	50,000
이자지급액	200,000
임차료	250,000
미지급금	500,000

요구사항

창업 후부터 20×1년 12월 31일까지의 손익계산서와 20×1년 12월 31일의 재무상태표를 작성하라. 단, 케이크와 과자는 모두 판매했으며 커피메이커 기계는 가치가 감소하지 않았다.

고급연습문제

12 재무상태표의 작성 (Ⅱ)

다음에는 이천농장(주)의 20×1년 8월 30일 현재의 재무상태표 항목들이 무작위로 배열되어 있다. 이 항목들을 이용하여 재무상태표를 작성하고, 이익잉여금의 금액을 산출하라. 단, 본문에 있는 재무상태표 양식을 참조한다.

울타리 및 구축물	₩18,650	토 지	₩225,000
관개시설	22,180	건 물	42,500
미지급법인세	10,415	단기차입금	295,000
현 금	8,015	매출채권	11,425
이익잉여금	?	가 축	67,100
금융자산	7,029	농 기 계	33,872
매입채무	43,630	자 본 금	50,000
미지급재산세	3,875	미지급급여	1,010

13 재무상태표의 작성 (Ⅲ)

태백(주)의 회계담당자가 휴가중인 관계로 회계학에 대한 지식이 별로 없는 이 기업의 소유주 이초보 씨에 의하여 아래와 같은 재무상태표가 작성되었다. 비록 대변총액과 차변총액이 일치한다 하더라도 몇몇 계정과목의 위치가 잘못 표시되어 있다. 본문에 있는 재무상태표 양식을 참조하여 정확한 재무상태표를 작성하라.

재무상태표

태백(주) 20×1년 12월 31일 현재 (단위 : 천원)

토 지	₩70,600	매입채무	₩127,600
건 물	50,988	매출채권	64,337
차 입 금	95,328	미 수 금	60,000
자 본 금	20,000	비 품	14,268
이익잉여금	30,102	차량운반구	6,825
현 금	6,012		
합 계	₩273,030	합 계	₩273,030

14 손익계산서의 작성(Ⅱ)

용역매출과 임대사업을 하는 금강(주)의 소유주인 왕초보 씨는 다음과 같이 20×1년의 손익계산서를 작성하였다. 이 손익계산서에는 여러 가지 오류가 포함되어 있다. 오류를 지적하고 올바른 손익계산서를 작성하라.

손익계산서

20×1년 12월 31일 현재

영업수익		
매출채권	₩300,000	
용역매출	1,800,000	₩2,100,000
영업비용		
급여	₩280,000	
소모품	50,000	
배당금	200,000	
전화비	30,000	
비품	250,000	
임대수익	500,000	
미지급세금	40,000	
이익잉여금	200,000	1,550,000
당기순이익		₩550,000

15 재무제표의 작성

다음 자료를 이용하여 20×1년 12월 31일 현재 백제(주)의 손익계산서, 자본변동표 및 재무상태표를 작성하라. 백제(주)는 20×1년 12월 1일에 ₩150,000을 투자하여 영업을 시작하였고, 12월 31일에 배당금 ₩9,000을 지급하였으며, 12월중에 추가적인 주식발행은 없었다. 단, 항목들은 순서 없이 배열되어 있으므로 적절히 구분하여 작성하라. 이익잉여금은 각자 계산하라.

현금	₩57,000	차입금	₩90,000
매출채권	15,000	매입채무	13,500
매출액	165,000	소모품비	45,000
소모품	27,000	임차료	24,000
광고선전비	7,500	전기료	3,000
사무용비품	180,000	급여	51,000

16 재무제표

회계정보를 이용한 의사결정을 할 때 재무제표 중에서 특히 어느 한 가지 재무제표에 초점을 두는 경우가 종종 있다. 다음의 독립적인 상황에서 어느 재무제표에 담긴 정보가 의사결정에 가장 유용할 것인지 이야기해 보라.

(1) 부산(주)는 신규거래처인 마산(주)에 대한 외상판매의 신용기간을 결정하고자 한다. 신용기간은 최단 30일로부터 최장 90일 사이에서 결정된다.

(2) 개인투자자가 상장기업인 서울(주)의 보통주를 사려고 한다. 이 투자자는 적어도 5년간은 이 주식을 보유할 예정이다.

(3) 인천(주)의 최고경영자는 향후 배당을 어느 수준으로 할 것인지와 시설투자자금이 충분한지를 알아보려고 한다.

17 외부감사인의 윤리

회계시스템은 일반적으로 인정된 회계원칙과 외부감사제도라는 제도적 틀 안에서 운영된다. 특히 외부감사제도는 재무제표의 작성자 및 이용자와 독립적인 지위에 있는 공인회계사가 기업의 재무제표가 일반적으로 인정된 회계원칙에 따라 적정하게 작성되었는가에 대하여 전문가로서의 의견을 표명하는 것이다. 공인회계사(또는 회계법인)는 감사서비스 외에도 다양한 비감사서비스(예를 들면 재무제표 작성, 세무조정, 해외지점의 내부감사 대행, 경영자문용역 등)를 기업에게 제공하고 있다. 하지만 규제기관에서는 이러한 공인회계사의 비감사서비스를 제한하고 있다.

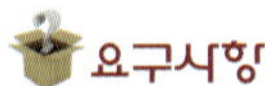

특정 기업에 감사서비스를 제공하고 있는 공인회계사가 해당 기업에 비감사서비스를 제공할 경우에 야기되는 윤리적 문제를 생각해 보라.

18 회계정보의 활용

다음은 A연예기획사와 B연예기획사의 20×1년 재무제표에서 발췌한 정보이다.

(단위 : 백만원)

	A기획사	B기획사
부　　채	₩692,113	₩81,925
자　　본	1,929,630	240,235
순 이 익	227,261	29,605
매 출 액	2,018,667	171,980
배당금 지급액	31,147	3,530

요구사항

1. 20×1년말 A기획사와 B기획사의 총자산은 얼마인가?
2. 20×1년 A기획사와 B기획사의 총비용은 얼마인가?
3. A기획사와 B기획사의 자기자본순이익률은 각각 어느 정도인가?
4. A기획사와 B기획사의 매출액순이익률은 각각 어느 정도인가?
5. A기획사와 B기획사는 순이익 중에서 몇 %를 배당금으로 지급하고 있는가? 나머지 돈은 어떻게 사용하게 될까?
6. 3.과 4.로부터 두 회사의 수익성 및 자본활용도를 비교해 보자.

재무상태표의 정보와 신용 · 투자의사결정

일광(주)와 월광(주)는 같은 업종에 속하는 기업이다. 두 기업은 모두 최근에 설립되었으므로 현재 회계장부에 기록된 자산의 원가는 시가에 가깝다고 가정하라. 20×1년 7월 31일의 두 기업의 재무상태표는 다음과 같다.

재무상태표

일광(주) 20×1년 7월 31일 현재 (단위 : 천원)

자산 :		부채 :	
현금	₩18,000	매입채무	₩9,600
매출채권	26,000	단기차입금(60일 이내 만기도래)	12,400
사무용품	1,200	자본 :	
토지	37,200	자본금	60,000
건물	38,000	이익잉여금	38,400
자산총계	₩120,400	부채 및 자본총계	₩120,400

재무상태표

월광(주) 20×1년 7월 31일 현재 (단위 : 천원)

자산 :		부채 :	
현금	₩4,800	매입채무	₩43,200
매출채권	9,600	단기차입금(60일 이내 만기도래)	22,400
사무용품	12,000	자본 :	
토지	96,000	자본금	60,000
건물	60,000	이익잉여금	56,800
자산총계	₩182,400	부채 및 자본총계	₩182,400

요구사항

1. 두 기업에서 각각 ₩12,000,000을 90일간 대출해 줄 것을 요청해 왔다. 당신이 은행의 여신담당자라면 두 회사 중 어느 회사에 대출을 해 주겠는가? 이에 대하여 구체적으로 설명하라.
2. 당신이 두 기업 중에 하나 또는 둘 모두의 주식에 장기투자할 것을 고려중이라고 가정하자. 주당 동일한 금액을 지급하여 매입한다면 어느 회사의 주식을 선호하겠는가? 어느 회사에 재무위험의 조짐이 보이는가? 당신의 대답근거에 대하여 이유를 충분히 설명하라. 단, 추가적인 정보가 주어진다면 보다 정확한 의사결정을 할 수 있으나, 현재 이용가능한 정보만을 기초로 하여 의사결정을 해야 한다.

chapter 2

회계거래와 회계등식

회계기록의 대상이 되는 거래나 경제적 사건을 회계거래라 부른다. 회계에서 말하는 거래는 우리가 일상적으로 사용하는 '거래'라는 용어와는 다르게 정의된다. 본장에서는 이러한 회계거래의 특징을 살펴보고, 회계거래가 "자산 = 부채 + 자본"이라는 회계등식에 미치는 영향에 대해 분석한다.

회계거래는 반드시 회계등식상 두 개 이상의 요소에 영향을 미친다. 그리고 각 회계거래는 회계등식의 양편에 언제나 동일한 금액으로 영향을 미치기 때문에 어떤 회계거래를 반영한 후에도 회계등식은 항상 성립한다. 이러한 원리가 복식부기의 중심개념을 이루고 있다.

재무상태표의 이익잉여금 증감내용은 손익계산서의 정보를 함께 분석함으로써 더욱 쉽게 이해할 수 있다. 손익계산서에서는 수익에서 비용을 차감하여 당기순이익(또는 당기순손실)을 산출한다. 이렇게 산출된 당기순이익(당기순손실)은 기초이익잉여금에 가산(차감)되며, 여기에서 배당금이 지급되면 차감함으로써 기말이익잉여금이 결정된다. 기말이익잉여금은 궁극적으로 재무상태표의 자본의 일부를 구성한다. 본장에서는 이

OBJECTIVES

- 회계등식은 어떻게 표현되는가?
- 회계거래는 회계등식에 어떠한 영향을 미치는가?
- 손익계산서와 재무상태표는 어떻게 연결되는가?
- 발생기준과 현금기준하에서 수익과 비용은 어떻게 다르게 인식되는가?

러한 손익계산서와 재무상태표 상호간의 연계관계를 설명한다.

손익계산서에 보고되는 수익과 비용은 그 인식방법에 따라 금액이 달라질 수 있다. 수익과 비용을 인식할 때 통상 발생기준을 적용한다. 이는 현금을 받거나 지급했을 때 수익과 비용을 인식하는 현금기준과는 크게 다르다. 발생기준에서는 현금회수시기와는 관계없이 수익은 실현주의에 따라 실현되는 기간에 인식하고, 비용은 현금지급시기와는 관계없이 발생한 기간에 인식한다. 따라서 현금의 수령과 지급 시점이 재화 · 용역의 제공시점과 서로 다른 경우에는 현금기준의 순이익과 발생기준의 순이익이 서로 다르게 보고된다. 재무회계보고 목적으로는 발생기준을 적용하여 손익계산서를 작성한다. 왜냐하면 당기의 경영성과는 현금의 수령과 지급을 기초로 평가하는 것보다는 판매목적으로 재화나 용역이 제공된 시점을 기준으로 평가하는 것이 그 기업의 기간성과를 보다 잘 표현해 줄 수 있다고 보기 때문이다.

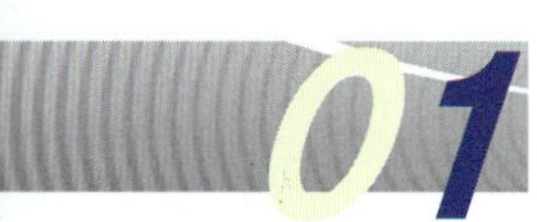

회계거래와 회계등식

OBJECTIVES 

- 회계등식은 어떻게 표현되는가?
- 회계거래는 회계등식에 어떠한 영향을 미치는가?
- 손익계산서와 재무상태표는 어떻게 연결되는가?

우리는 일상생활에서 많은 거래를 경험하며 살고 있다. 그런데 일상생활에서 통상적으로 사용하는 '거래'와는 달리 회계에서 회계장부에 기록되는 거래가 되기 위해서는 특정 조건을 충족해야 하는데, 이를 지칭하기 위하여 '회계거래'라는 용어를 사용한다. 회계거래는 반드시 기업의 재무상태 요소 중의 하나인 자산이나 부채 또는 자본에 영향을 주어야 하고, 그 영향을 객관적인 화폐액으로 합리적 방법에 의해 측정할 수 있어야 한다. 그렇지 못한 거래는 회계거래로 인식하지 않는다. 회계거래는 기업의 재무상태에 영향을 미치기 때문에 "자산＝부채＋자본"이라는 회계등식에도 영향을 주게 된다.

1. 회계거래의 개념

회계거래는 자산이나 부채 또는 자본에 영향을 주어야 하고, 그 영향을 객관적인 화폐액으로 측정가능해야 한다.

기업은 이익을 창출하기 위하여 다양한 경영활동을 끊임없이 수행한다. 이러한 경영활동은 회계시스템에 입력되어 기업의 재무상태와 성과를 보여주는 재무제표의 자료로 이용된다. 이와 같이 재무보고를 위해 회계시스템에 입력하여 처리함으로써 재무제표에 반영하는 제반 경영활동과 경제적 사건을 회계거래라고 한다.

회계거래는 우리가 일상적으로 사용하고 있는 거래라는 개념과 반드시 일치하지는 않는다. 일반적으로 거래란 기업 외부의 제3자와 계약 체결, 물품의 교환 등 영업활동의 개념으로 통용되고 있다. 그러나 회계에서는 이러한 제3자와의 외부거래뿐만 아니라 내부거래도 기록의 대상이 된다. 여기에서 내부거래란 기업 외부의 제3자와 직접 관련이 없이 기업 내부에서만 발생했으나 재무상태에 영향을 미치는 사건으로서, 생산과정에서 원재료의 투입, 도난이나 화재로 인한 손실, 보유자산의 사용 또는 소비 등을 예로 들 수 있다.

외부거래
기업 외부의 제3자와 계약 체결, 물품의 교환 등 영업활동

내부거래
기업 내부에서 발생하였으나 재무상태에 영향을 미치는 사건

회계거래
기업의 현재 재무상태에 변동을 가져오는 경제적 사건

회계거래(accounting transactions)는 기업의 현재 재무상태(구체적으로는 자산, 부채 및 자본 중의 하나 혹은 그 이상)에 변동을 가져오는 경제적 사건을 말한다. 따라서 계약의 체결이나 물품의 주문행위 그 자체는 사건의 발생시점에서 볼 때 아직 기업의 재무상태에 변동을 가져오지 않았으므로 회계거래로 취급하지 않는다.

한편 능력 있는 경영자의 영입이라든지 경쟁기업의 출현 등은 기업의 재무상태와 미래 성과에 큰 영향을 미칠 수 있는 중요한 사건이지만 회계거래로 인식하지 않는다. 이러한 경제적 사건은 기업의 재무상태와 성과에 미치는 영향을 객관적인 화폐단위로 측정하기가 쉽지 않기 때문이다. 특정 거래가 회계거래로 인식되기 위해서는 그 거래가 기업의 재무상태에 영향을 미칠 뿐 아니라 재무상태의 변동액을 합리적인 방법에 의해 신뢰성 있게 측정할 수 있어야 한다.

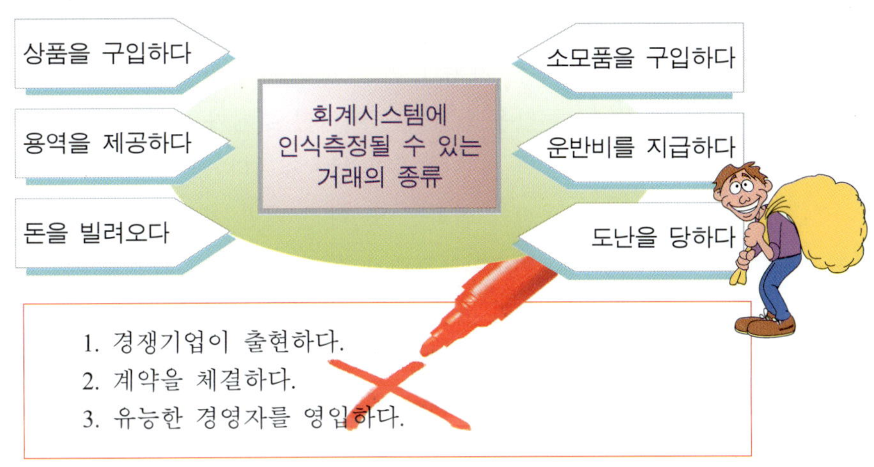

2. 회계거래가 회계등식에 미치는 영향

회계거래는 기업의 자산, 부채 또는 자본에 영향을 미친다. 제1장에서 "자산=부채+자본"이라는 회계등식을 설명한 바 있다. 회계거래는 이러한 회계등식의 틀 속에서 분석하면 이해하기가 쉽다. 본장에서는 여러 유형의 회계거래가 회계등식에 어떠한 영향을 미치며, 또한 회계거래를 기록한 후에 회계등식이 어떻게 유지되는지를 구체적으로 살펴보고자 한다.

어떤 경제적 사건이 회계거래로서 회계시스템에 기록될 때 회계등식의 구성요소에 영향을 미친다. 그러나 어떤 경제적 사건이 회계거래로 기록되든지 [그림 2-1]에서 보듯이 "자산=부채+자본"이라는 회계등식은 항상 성립한다. 물론 거래발생 전 회계등식을 구성하는 개별적인 자산, 부채, 자본의 금액은 해당 거래로 인하여 변동되기 때문에 거래발생 후 회계등식의 개별적인 자산, 부채, 자본의 금액과는 달라진다.

그림 2-1
회계거래가 회계등식에 미치는 영향

회계등식의 관점에서 살펴볼 때 자산의 변동은 다른 자산의 변동, 부채의 변동, 자본의 변동 또는 이들의 결합으로 나타난다. 즉 자산이 증가할 때 미래에 갚을 의무가 늘어나면 부채가 증가하는 것이고, 장차 갚을 의무가 변화하지 않으면 자본이 증가하는 것이다. 또한 전체 자산의 합계는 변하지 않더라도 개별 자산의 변화는 또 다른 개별 자산의 변화 때문에 생기기도 한다.

회계거래가 회계등식에 미치는 영향을 분석할 때에는 먼저 해당 거래로 인하여 거래당사자인 기업의 자산, 부채 또는 자본 중에서 어느 항목이 얼마나 변화하게 되는지를 따져보아야 한다. 동시에 회계등식의 왼편과 오른편에 영향을 미친 금액이 회계등식의 관점에서 일치하는지를 살펴보아야 한다. 만일 회계등식의 왼편과 오른편의 금액이 일치하지 않는다면 거래영향의 분석이 잘못되었다는 것을 뜻한다.

[거래유형 A] 자산, 부채와 자본에 영향을 주는 일반거래

회계거래가 회계등식에 미치는 영향을 살펴보기 위하여 실제거래의 예를 들어보자.

① 9월 1일 : 20×1년 9월 1일에 세탁용역사업을 주요 영업으로 하는 글로벌세탁(주)가 설립되었다. 이 회사는 주당 액면 ₩5,000의 주식 60주를 발행하였으며, 주주들은 이 주식을 인수하고 글로벌세탁(주)에 현금 ₩300,000을 납입하였다.

[거래 ①] 주식의 발행

분 석 : 글로벌세탁(주)는 주식을 발행하고 현금을 납입받았다. 따라서 회계등식의 왼편에서는 회사로 유입된 현금(자산)이 ₩300,000 증가하고, 회계등

식의 오른편에서는 주식발행으로 자본금(자본)이 ₩300,000 증가한다.

회계등식에 미치는 영향 :

	자 산	=	부 채	+	자 본
	현 금				자 본 금
〈거래 전〉	₩0				₩0
〈거래의 영향〉	+ 300,000				+ 300,000
〈거래 후〉	₩300,000				₩300,000

1. 회계거래로서 회계시스템에 기록되면, 이는 회계등식에서 자산·부채·자본에 속한 두 개 이상의 개별요소에 영향을 미친다.
2. "자산 = 부채 + 자본" 이라는 회계등식은 항상 유지된다.

〈표 2-1〉은 자본금을 출자한 후의 글로벌세탁(주)의 재무상태표이다. 재무상태표에는 회계등식의 개별 구성요소들의 잔액을 표시하면 된다.

글로벌세탁(주)의 20×1년 9월 1일 현재 재무상태표

재무상태표

글로벌세탁(주) 20×1년 9월 1일 현재 (단위 : 원)

자 산 :		부 채 :	₩0
현 금	₩300,000	자 본 :	
		자 본 금	300,000
자산총계	₩300,000	부채와 자본총계	₩300,000

글로벌세탁(주)는 본격적인 세탁용역사업을 수행하기 위한 준비단계로서 20×1년 9월 2일부터 9월 10일까지 다음과 같은 영업활동을 수행하였다.

② 9월 2일 : 우주복을 개발하는 성지제조회사와 세탁용역제공에 관한 계약을 체결하였다. 성지제조회사가 종업원 작업복의 세탁을 의뢰하면 1벌당 1회 세탁비로 ₩800씩 받기로 계약하였다.

③ 9월 3일 : 세탁소건물 및 기계의 임차계약을 체결하고 매달 ₩400,000씩 지급하기로 약정하였다.

④ 9월 4일 : 세탁기술자 1명을 고용하고 1개월에 ₩300,000씩을 급여로 지급하기로 하였다. 급여의 지급일자는 매월 20일이다.

⑤ 9월 9일 : 소모품을 ₩100,000에 구입하였다. 구입시 현금 ₩50,000을 지

급하고, 잔액 ₩50,000은 1개월 후에 지급하기로 하였다.

⑥ 9월 10일 : 은하은행에서 회사명의로 현금 ₩200,000을 차입하였다.

위의 항목 중에서 ②, ③ 및 ④는 중요한 경영활동으로서의 의미를 지니고 있다. 그러나 글로벌세탁(주)의 재무상태에 미래 실행시점에서는 영향을 미칠 것으로 예상되지만, 이들이 현재시점의 재무상태에는 아직 영향을 미치지 않았기 때문에 회계거래로 기록하지 않는다. 한편 영업활동 ⑤와 ⑥은 기업의 자산과 부채에 직접적인 영향을 주는 동시에 그 영향을 화폐단위로 신뢰성 있게 측정할 수 있으므로 즉시 회계거래로 인식한다. 이들 회계거래가 회계시스템에 어떻게 반영되는지를 거래의 분석과 회계등식에 미치는 영향을 통하여 알아보도록 하자.

[거래 ⑤] 소모품의 구입

분 석 : ₩100,000의 소모품을 구입했으므로 소모품(자산)이 증가하고, 구입대금 중에서 ₩50,000을 현금으로 지급했으므로 현금(자산)이 감소하며, 나머지 ₩50,000을 장차 지급해야 하므로 미지급금(부채)이 증가한다.

회계등식에 미치는 영향 :

	자 산			=	부 채	+	자 본
	현 금		소 모 품		미지급금		자 본 금
〈거래 전〉	₩300,000	+	₩0	=	₩0	+	₩300,000
〈거래의 영향〉	− 50,000		+ 100,000	=	+ 50,000		0
〈거래 후〉	₩250,000	+	₩100,000	=	₩50,000	+	₩300,000

모든 거래는 최소한 두 개 이상의 개별요소에 영향을 미친다.

[거래 ⑥] 현금의 차입

분 석 : 은하은행에서 현금 ₩200,000을 차입했으므로 현금(자산)이 증가하는 동시에 장차 갚아야 할 의무가 발생했으므로 차입금(부채)이 ₩200,000만큼 증가한다.

회계등식에 미치는 영향 :

	자산		=	부채		+	자본
	현 금	소 모 품		미지급금	차 입 금		자 본 금
〈거래 전〉	₩250,000 +	₩100,000	=	₩50,000 +	₩0	+	₩300,000
〈거래의 영향〉	+ 200,000	0	=	0	+ 200,000		0
〈거래 후〉	₩450,000 +	₩100,000	=	₩50,000 +	₩200,000	+	₩300,000

이와 같은 거래의 분석을 통해서 알 수 있는 것은 각 회계거래가 회계등식(자산=부채+자본)의 양편에 미치는 영향은 항상 같다는 것이다. 따라서 거래를 기록한 후에도 회계등식은 항상 유지된다. [거래 ⑤]와 [거래 ⑥]을 반영한 후, 20×1년 9월 10일 현재 재무상태표를 작성하면 〈표 2-2〉와 같다.

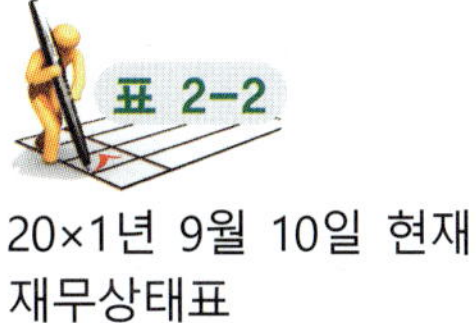

20×1년 9월 10일 현재 재무상태표

재무상태표

글로벌세탁(주) 20×1년 9월 10일 현재 (단위 : 원)

자산		부채	
자 산 :		부 채 :	
현 금	₩450,000	미지급금	₩50,000
소 모 품	100,000	차 입 금	200,000
		부채총계	₩250,000
		자 본 :	
		자 본 금	₩300,000
자산총계	₩550,000	부채와 자본총계	₩550,000

[거래유형 B] 이익잉여금(수익, 비용, 배당금)에 영향을 주는 거래

여기에서는 당기순이익 및 이익잉여금에 영향을 주는 거래를 살펴본다. 우리는 제1장에서 자본의 구성요소 중의 하나인 이익잉여금에 대해 설명한 바 있다. 순이익이 발생하면 소유주의 지분(자본)에 더해지고, 이러한 순이익을 원천으로 배당이 이루어진다. 구체적으로 이익잉여금(retained earnings)은 주주에게 배당되지 않고 기업에 유보된 순이익으로서 기업이 설립된 이후 매기간마다 발생하는 순이익(순손실)에 의해 증가(감소)하고, 배당금을 지급하면 감소한다. 그러므로 기업의 순이익에 영향을 미치는 모든 거래는 궁극적으로 이익잉여금에도 영향을 미치게 된다는 것을 알 수 있다. 순이익은 수익에서 비용을 차감하여 계산한다. 따라서 수익을 발생시키는 모든 거래는 궁극적으로 이익잉여금을 증가시키고, 비용을 발생시키는 거래는 이익잉여금을 감소시킨다.

시간의 개념을 도입하면, 기말의 이익잉여금은 기초의 이익잉여금에 당기의 순이익을 가산하고, 여기에서 배당금을 차감한 금액이다.

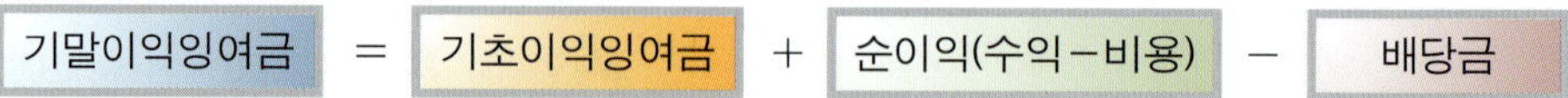

배당금(dividends)은 기업이 설립 후 현재까지 벌어들인 순이익 중에서 사내에 누적시켜 온 이익잉여금의 일부를 소유주에게 분배하는 것을 말한다. 배당금은 이익 감소라는 관점에서는 비용과 유사한 성질을 갖고 있다. 배당금이나 비용을 현금으로 지급하게 되면 자산과 이익잉여금이 동시에 감소한다. 그러나 배당금은 비용이 아니다. 비용은 손익계산서를 통하여 먼저 수익에서 차감되는 형태로 순이익에 반영된다. 순이익에 반영된 비용은 다시 재무상태표를 통하여 궁극적으로 이익잉여금을 감소시키게 된다. 반면에 배당금은 순이익이 반영된 후의 이익잉여금 수준, 즉 확정된 소유주의 몫을 근거로 하여 이 중 일부를 소유주에게 분배하는 것이므로 손익계산서의 수익에서 차감되지 않고 직접 재무상태표의 이익잉여금에서 차감된다(뒤의 〈표 2-3〉을 참조).

이제까지의 설명을 자본에 영향을 미치는 거래의 관점에서 살펴보면 다음과 같이 정리된다. 주식회사의 자본은 출자(주식발행)가 이루어지거나 수익이 발생하면 증가하고, 비용이 발생하거나 현금배당이 이루어지면 감소한다. 자본은 자본금과 이익잉여금으로 구성되는데, 출자는 자본금을 변동시키는 반면에 수익, 비용, 배당금은 이익잉여금을 변동시킨다.

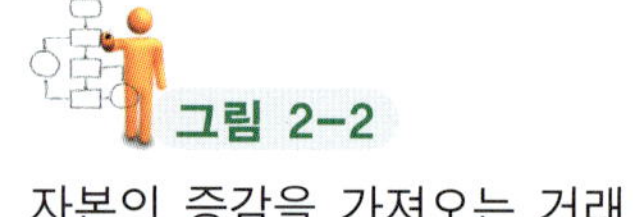
그림 2-2
자본의 증감을 가져오는 거래

앞에서 설명된 [거래 ⑤]와 [거래 ⑥]은 기업의 재무상태에는 영향을 미쳤지만 기업의 성과, 즉 기업의 순이익에는 영향을 미치지 않았다. 이제부터 기업의 순이익에 영향을 주는 수익과 비용에 관한 거래를 살펴보기로 한다.

글로벌세탁(주)는 9월 10일까지 세탁용역제공을 위한 모든 준비단계를 완료한 후, 9월 11일부터 20일까지 다음과 같은 영업활동을 수행하였다.

⑦ 9월 18일 : 성지제조회사 종업원의 작업복 500벌에 대한 세탁을 완료하고, 세탁용역대금 ₩400,000을 현금으로 수취하였다.
⑧ 9월 19일 : 세탁물 운송비 ₩50,000을 현금으로 지급하였다.
⑨ 9월 20일 : 세탁기술자의 1개월분 급여 ₩300,000을 현금으로 지급하였다.
⑩ 9월 20일 : 주주들에게 배당금 ₩30,000을 현금으로 지급하였다.

위의 영업활동은 모두 글로벌세탁(주)의 재무상태에 영향을 미치며 그 금액을 객관적으로 측정할 수 있기 때문에 회계거래로 인식되는데, 각각의 거래가 회계등식에 어떻게 반영되는지를 거래의 분석과 회계등식에 미치는 영향을 통해 알아보도록 하자.

[거래 ⑦] 용역의 제공

분 석 : 세탁용역의 제공으로 발생한 수익 ₩400,000에 의하여 이익잉여금(자본)이 증가하고, 용역제공대금으로 성지제조회사에서 현금 ₩400,000을 받았으므로 현금(자산)이 증가한다.

회계등식에 미치는 영향 :

	자 산			=	부 채			+	자 본		
	현 금		소 모 품		미지급금		차 입 금		자 본 금		이익잉여금
〈거래 전〉	₩450,000	+	₩100,000	=	₩50,000	+	₩200,000	+	₩300,000	+	₩0
〈거래의 영향〉	+400,000		0	=	0		0		0		+400,000
〈거래 후〉	₩850,000	+	₩100,000	=	₩50,000	+	₩200,000	+	₩300,000	+	₩400,000

[거래 ⑧] 운송비의 지급

분 석 : 세탁물 운송비로 ₩50,000의 비용이 발생했으므로 이익잉여금(자본)이 감소하고, 운송비 ₩50,000을 현금으로 지급했으므로 현금(자산)이 그만큼 감소한다.

회계등식에 미치는 영향 :

	자 산			=	부 채			+	자 본		
	현 금		소 모 품		미지급금		차 입 금		자 본 금		이익잉여금
〈거래 전〉	₩850,000	+	₩100,000	=	₩50,000	+	₩200,000	+	₩300,000	+	₩400,000
〈거래의 영향〉	− 50,000		0	=	0		0		0		− 50,000
〈거래 후〉	₩800,000	+	₩100,000	=	₩50,000	+	₩200,000	+	₩300,000	+	₩350,000

[거래 ⑨] 급여의 지급

분　석 : 급여로 ₩300,000의 비용이 발생했으므로 이익잉여금(자본)이 감소하고, 이 비용 ₩300,000을 현금으로 지급했으므로 현금(자산)이 감소한다.

회계등식에 미치는 영향 :

	자 산				=	부 채				+	자 본		
	현 금		소 모 품			미지급금		차 입 금			자 본 금		이익잉여금
〈거래 전〉	₩800,000	+	₩100,000		=	₩50,000	+	₩200,000		+	₩300,000	+	₩350,000
〈거래의 영향〉	−300,000		0		=	0		0			0		−300,000
〈거래 후〉	₩500,000	+	₩100,000		=	₩50,000	+	₩200,000		+	₩300,000	+	₩50,000

[거래 ⑩] 배당금의 지급

분　석 : 배당금 ₩30,000을 지급했으므로 이익잉여금(자본)이 감소하고, 이 배당금 ₩30,000을 현금으로 지급했으므로 현금(자산)이 감소한다.

회계등식에 미치는 영향 :

	자 산				=	부 채				+	자 본		
	현 금		소 모 품			미지급금		차 입 금			자 본 금		이익잉여금
〈거래 전〉	₩500,000	+	₩100,000		=	₩50,000	+	₩200,000		+	₩300,000	+	₩50,000
〈거래의 영향〉	− 30,000		0		=	0		0			0		− 30,000
〈거래 후〉	₩470,000	+	₩100,000		=	₩50,000	+	₩200,000		+	₩300,000	+	₩20,000

위의 거래(거래 ⑦, ⑧, ⑨ 및 ⑩)들을 반영하여 20×1년 9월 1일부터 9월 20일까지의 손익계산서 및 자본변동표 그리고 20×1년 9월 20일 현재의 재무상태표를 〈표 2-3〉과 같이 작성할 수 있다.

〈표 2-3〉의 손익계산서는 글로벌세탁(주)의 20×1년 9월 1일부터 9월 20일까지의 수익과 비용이 포함되어 있다. 수익으로 표시된 ₩400,000은 거래 ⑦로 인하여 발생한 세탁용역대금이고, 비용은 운송비(거래 ⑧)와 급여(거래 ⑨)이다. 수익의 합계에서 비용의 합계를 차감하여 당기순이익이 표시된다.

글로벌세탁(주)는 20×1년 9월 1일에 영업을 시작했기 때문에 〈표 2-3〉의 자본변동표에서 글로벌세탁(주)의 20×1년 9월 1일 현재 자본금과 이익잉여금의 잔액은 ₩0이다. 영업을 시작하면서 주식발행(거래 ①)으로 9월 20일 현재 자본금이 ₩300,000으로 증가했으며, 손익계산서의 당기순이익 ₩50,000만큼 이익잉여금이 증가하였다. 그리고 배당금 지급(거래 ⑩)으로 이익잉여금이 ₩30,000만큼 감소하

글로벌세탁(주)의 손익계산서, 자본변동표 및 재무상태표

손익계산서

글로벌세탁(주) 20×1년 9월 1일부터 20×1년 9월 20일까지 (단위 : 원)

수 익 :		
용 역 매 출(세탁용역수익)		₩400,000[1]
비 용 :		
급 여	₩300,000	
운 송 비	50,000	350,000
당기순이익		₩50,000

주석 : 1) 손익계산서 기간은 9월 1일에서 9월 20일까지지만 9월 1일에서 9월 10일까지는 영업준비기간으로 수익과 비용의 발생이 없었으므로 위 손익계산서에 나타난 수익과 비용은 사실상 9월 11일에서 9월 20일 사이에 발생한 것이다.

자본변동표

글로벌세탁(주) 20×1년 9월 1일부터 20×1년 9월 20일까지 (단위 : 원)

	자본금	이익잉여금	총계
20×1. 9. 1	₩0	₩0	₩0
주식발행	300,000		300,000
당기순이익		50,000	50,000
배 당 금		(30,000)	(30,000)
20×1. 9. 20	₩300,000	₩20,000	₩320,000

재무상태표

글로벌세탁(주) 20×1년 9월 20일 현재 (단위 : 원)

자 산 :		부 채 :	
현 금	₩470,000	미지급금	₩50,000
소 모 품	100,000	차 입 금	200,000
		부채총계	₩250,000
		자 본 :	
		자 본 금	₩300,000
		이익잉여금	20,000
		자본총계	₩320,000
자산총계	₩570,000	부채와 자본총계	₩570,000

여 9월 20일 현재 잔액은 ₩20,000이다.

〈표 2-3〉의 재무상태표는 9월 20일 현재 자산, 부채 및 자본의 잔액을 표시하고 있다. 개별 자산, 부채의 잔액이 어떻게 하여 현재와 같은 잔액을 갖게 되었는지는 앞에서 설명한 거래분석을 통하여 각자가 확인해 보자.

3. 재무상태표와 자본변동표 및 손익계산서의 연계관계

[그림 2-3]을 살펴보면 재무상태표와 자본변동표 및 손익계산서 간의 연계관계(articulation)를 확인할 수 있다. 글로벌세탁(주)의 손익계산서에 표시된 9월 1일부터 9월 20일까지의 당기순이익 ₩50,000은 그 기간의 수익 합계 ₩400,000에서 급여와 운송비 등 비용 합계 ₩350,000을 차감하여 계산되었다. 이렇게 계산된 당기순이익 ₩50,000은 이익잉여금(글로벌세탁(주)는 새로 영업을 시작하여 기초이익잉여금의 잔액은 없다)에 가산되고, 여기에서 배당금 ₩30,000을 차감하여 기말이익잉여

그림 2-3
재무상태표와 자본변동표 및 손익계산서의 연계관계

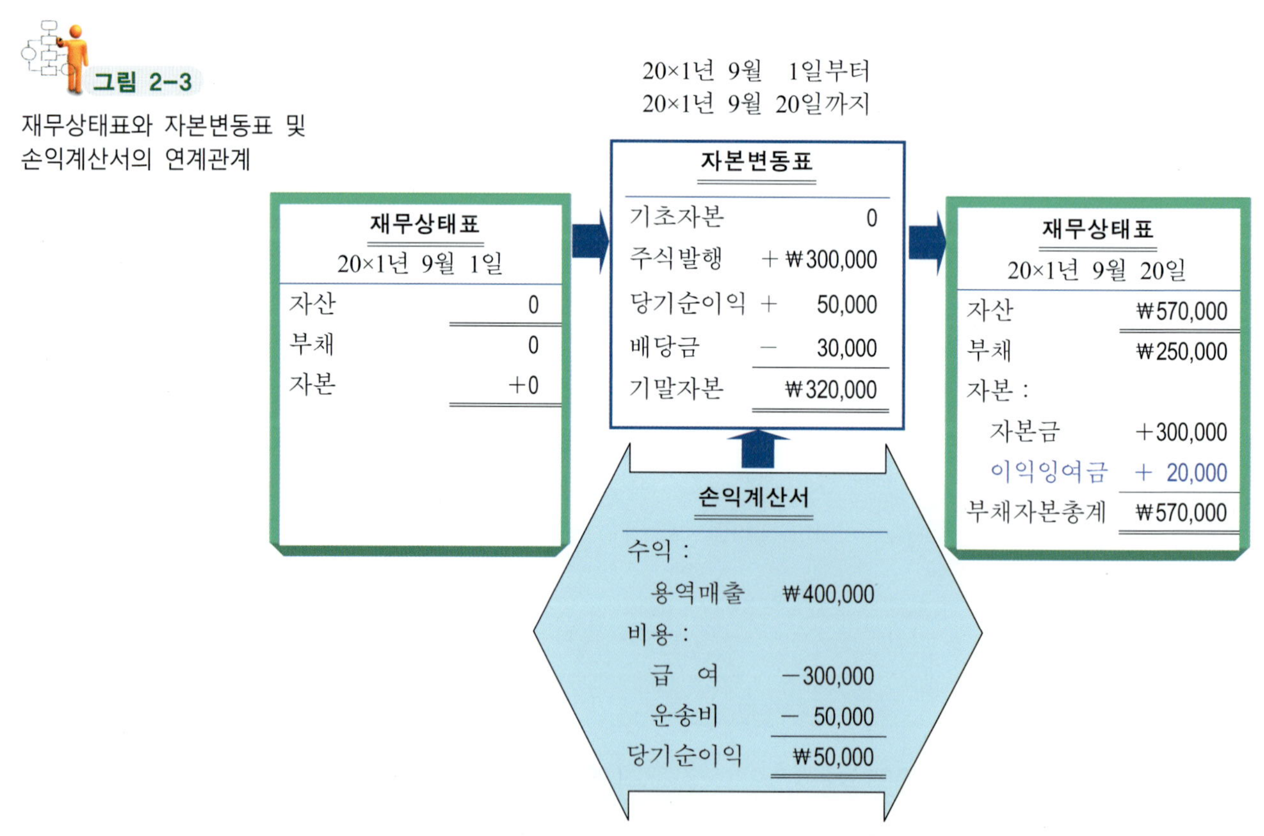

금은 ₩20,000이 된다. 이와 같은 내용이 자본변동표에 나타나게 되고, 또한 이렇게 산출된 기말이익잉여금이 회계기간말의 재무상태표에 표시된다. 이러한 관계로부터 손익계산서, 자본변동표 및 재무상태표는 상호 연계되어 있다는 사실을 알 수 있다. 손익계산서는 일정기간 동안 기업의 성과를 요약하여 나타내고 있으며, 이 결과로 나타나는 순이익은 자본변동표에 표시되는 동시에 그 기간말 현재로 작성되는 재무상태표의 이익잉여금에 반영된 것을 알 수 있다.

> 손익계산서, 자본변동표 및 재무상태표는 상호 연계되어 있다.

손익계산서와 재무상태표의 연계관계를 이해하게 되면 손익계산서의 의미가 좀더 명확해질 것이다. 기업의 수익과 비용에 영향을 미치는 거래는 궁극적으로 재무상태표의 자본항목인 이익잉여금에 귀속된다. 그렇다면 기업에서는 거래가 발생했을 때 이를 직접 이익잉여금에 반영시킬 수 있으며, 또한 두 시점의 재무상태표에 나타난 이익잉여금의 변동내역을 검토함으로써 일정기간 동안 기업의 성과를 역으로 파악할 수도 있을 것이다. 그러나 대부분의 재무정보이용자들은 단순히 순이익 금액 또는 총수익이나 총비용 금액뿐만 아니라, 이를 구성하는 주요 항목에 대하여 세부적인 정보를 알고자 할 것이다. 이러한 정보욕구를 충족시키고자 작성되는 재무제표가 손익계산서로서, 일정기간 동안에 발생한 수익 및 비용의 주요 항목을 상세히 열거함으로써 기업의 성과를 나타내는 순이익의 발생원인과 근거를 제시하는 기능을 갖는다.

〈표 2-3〉에 나타난 글로벌세탁(주)의 손익계산서는 당기에 발생된 비용을 모두 다 반영하고 있지 않기 때문에 아직 완전한 형태가 아니다. 앞으로 수익 및 비용의 인식과 관련하여 회계원칙을 좀더 설명하게 되면 그 이유를 분명히 이해하게 될 것이다.

02 수익 · 비용의 인식과 회계등식

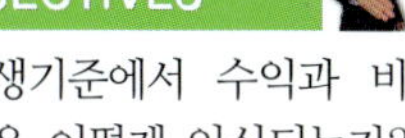

• 발생기준에서 수익과 비용은 어떻게 인식되는가?

회계정보가 재무정보이용자의 의사결정에 유용하게 사용될 수 있도록 하기 위해서 기업은 재무상태 및 성과에 대한 정보를 정기적으로 보고할 필요가 있다. 일반적으로 기업은 1년을 회계기간의 공식적인 보고기간으로 설정하고 있으나, 정보이용자(기업의 내부정보이용자와 외부정보이용자 모두를 포함)의 필요에 따라 반기별, 분기별, 월별 또는 일별로 재무제표를 작성할 수도 있을 것이다. 특히 최근에

는 급변하는 경제상황에 신속히 대응할 필요성이 높아지고, 대량의 자료처리능력을 갖춘 컴퓨터를 저렴하게 이용할 수 있게 됨에 따라 대부분의 기업은 종전보다 짧은 주기의 중간재무제표를 빈번하게 작성하고 있다.

기업은 고객에게 상품을 판매하거나 용역을 제공함으로써 수익을 얻고 있으며, 이러한 수익을 얻기 위한 영업활동을 수행하는 과정에서 여러 유형의 비용거래가 발생한다. 그런데 기업의 성과를 정기적으로 파악하려면 회계기간을 월, 분기 또는 연도 등 인위적으로 구분해야 하는데, 이때 특정 거래로 발생한 수익과 비용을 어느 기간의 수익과 비용으로 보고할 것인가에 관한 문제가 생긴다. 왜냐하면 어떤 수익과 비용이 어느 특정 기간에 귀속되어 발생했다고 객관적으로 결정하기 어려운 경우가 많기 때문이다. 예를 들면 소송업무를 대행하는 어떤 법률사무소가 특정 소송이 수년 동안 법원에 계류중일 때에는 소송의뢰인으로부터 받은 수수료를 어느 기간의 수익으로 인식해야 할 것인지 결정하기 쉽지 않다. 또한 기계 등의 유형자산을 구입하여 영업활동에 사용하고 있을 때 특정 기간에 소모된 기계의 사용원가를 결정하는 일도 쉽지 않다. 수익과 비용을 어떻게 배분하느냐에 따라 특정 시점의 재무상태와 특정 기간의 성과가 전혀 다르게 보고될 수 있다. 수익과 비용을 인식하는 방법으로 현금기준과 발생기준이 있다.

현금기준
현금이 유입될 때 수익을 보고하고 현금이 유출될 때 비용을 인식하는 방법으로 거래과정에서 벌어지는 일련의 사건 중 대금 회수와 지급에 초점을 맞추는 방법

발생기준
거래나 사건의 영향을 (현금의 유출입 시점이 아닌) 수익이나 비용이 발생한 기간에 인식하는 방법으로 거래과정에서 벌어지는 일련의 사건 중 상품인도 또는 용역제공 시점에 초점을 맞추는 방법

현금기준(cash basis)은 현금이 유입될 때 수익을 보고하고 현금이 유출될 때 비용을 인식하는 방법으로 거래과정에서 벌어지는 일련의 사건 중 대금 회수와 지급에 초점을 맞추는 방법이다. 반면에 발생기준(accrual basis)은 거래나 사건의 영향을 (현금의 유출입 시점이 아닌) 수익이나 비용이 발생한 기간에 인식하는 방법으로 거래과정에서 벌어지는 일련의 사건 중 상품인도 또는 용역제공 시점에 초점을 맞추는 방법이다.

일반적인 교환거래에서 재화나 용역의 제공시점과 대금의 회수 또는 지급 시점이 같다면 현금기준과 발생기준에 따른 수익과 비용은 동일하다. 그런데 두 시점이 서로 다를 때 어떤 기준을 적용하여 수익과 비용을 인식하느냐에 따라서 재무상태와 성과가 큰 영향을 받게 될 것이다. 현금을 지급(수취)했지만 그 대가인 재화나 용역을 아직 제공받지(하지) 못한 거래의 경우 현금기준에서는 비용(수익)으로 인식할 수 있으나 발생기준에서는 재화나 용역을 주고받지 않았기 때문에 아직 비용(수익)을 인식할 수 없다. 이에 반해 아직 현금을 지급(수취)하지 못했지만 그 대가를 제공받은(한) 거래는 현금기준에서는 비용(수익)으로 인식할 수 없으나 발생기준에서는 비용(수익)으로 인식한다.

일반적으로 인정되는 회계원칙에서 수익과 비용은 현금의 유입이나 유출 시점에 상관없이 수익과 비용이 실제로 언제 발생했느냐에 초점을 맞추는 발생기준을 적용한다.

현행 일반적으로 인정되는 회계원칙에 의하면 수익과 비용은 현

금의 유입이나 유출 시점에 상관없이 수익과 비용이 실제로 언제 발생했느냐에 초점을 맞추는 발생기준을 적용한다. 이제 발생기준에서 수익과 비용을 각각 어떻게 인식하는지를 구체적으로 알아보기로 한다.

1. 수익의 인식

기업이 당기에 용역을 이미 제공했으나 용역제공의 대가로서 이번 회계기간에는 일부만 현금으로 받고 나머지는 외상으로 다음 회계기간에 받기로 했다면, 이번 회계기간에 얼마의 수익을 장부에 기록해야 하겠는가?

예를 들어서 글로벌세탁(주)가 당해 회계기간중 ₩560,000에 작업복을 세탁해 주고 이 중 ₩400,000은 즉시 현금으로 받고 나머지 ₩160,000은 외상으로 다음 회계기간에 받기로 했다고 하자. 이 경우 현금기준으로 수익을 인식한다면 받은 현금에 해당하는 ₩400,000을 수익으로 기록하겠지만 발생기준에 따르면 해당 회계기간에 비록 현금을 ₩400,000만 받았다고 해도 ₩560,000 전체를 수익으로 인식한다. 왜냐하면 현금으로 얼마를 받았는지에 상관없이 글로벌세탁(주)가 제공한 용역은 ₩400,000이 아니라 ₩560,000이며, 이는 용역을 제공하고 그 대가로 받을 권리가 ₩560,000으로 결정되었기 때문이다. 한편 용역을 제공한 대가 중 현금으로 받지 못한 ₩160,000은 장차 현금을 받을 권리를 나타내는 매출채권으로서 현금과 마찬가지로 자산에 속한다.[1] 이때 용역제공의 대가로 증가하는 자산은 매출채권 ₩160,000에 현금수취액 ₩400,000을 가산한 ₩560,000이 된다. 여기에서 발생한 매출채권 ₩160,000을 차후에 현금으로 회수하였을 때에는 수익을 중복 인식하지 않고, 단지 매출채권이라는 자산을 현금이라는 자산으로 대체하는 회계처리를 한다.

실현주의에서는 현금수취와 관계없이 재화를 판매하거나 용역을 제공한 시점에 수익이 실현된 것으로 본다.

이제까지 설명한 개념이 회계에서 일반적으로 인정되고 있는 발생기준 중에서 수익의 인식기준인 실현주의이다. 즉 실현주의(realization principle)에서는 현금수취와 관계없이 재화를 판매(통상적으로 인도)하거나 용역을 제공한 시점에 수익이 실현된 것으로 본다. 이러한 의미에서 현금기준은 상대방으로부터 자신이 받는 것(현금)을 기준으로 수익을 인식하는 반면에 발생기준은 상대방에게 자신이 넘겨준 것(재화나 용역)을 기준으로 수익을 인식하는 셈이다.

1) 주된 영업활동에 관련된 거래(예를 들면 영업목적의 상품매매나 용역제공)에서 발생한 수취채권과 지급채무는 매출채권과 매입채무로, 기타의 거래(예를 들면 유형자산의 구입)에서 발생한 수취채권과 지급채무는 미수금과 미지급금 계정으로 기록한다.

2. 비용의 인식

기업이 공짜로 수익을 얻는 경우는 많지 않다. 기업은 수익을 얻기 위하여 여러 가지 경제적 자원을 소비한다. 이렇게 수익을 창출하기 위해 소비된 자원을 비용(expenses)이라고 한다. 비용은 기업의 경영활동과정 중에서 경제적 효익이 소비되는 시점이나 자산에 내재된 경제적 효익의 감소가 발생했다고 판단되는 시점에 인식된다. 이때 경제적 효익의 소비 또는 감소는 매출이 이루어지는 시점, 즉 재화가 인도되거나 용역이 제공되는 시점에 일어나는 것이 보통이다. 다시 말해, 비용은 관련 수익이 인식되는 회계기간에 대응시켜 비용으로 인식되어야 한다는 것이다.

비용은 경제적 효익이 소비되는 시점이나 자산에 내재된 경제적 효익의 감소가 발생했다고 판단되는 시점에 인식된다.

예를 들면 글로벌세탁(주)가 운영자금이 부족하여 종업원의 당기분 급여 ₩100,000을 지급하지 못한 경우에 이를 비용으로 인식하지 않는다면 올바른 것인가? 이때 비록 급여 ₩100,000은 현금으로 지급하지 않았더라도 당기의 비용으로 보고하는 것이 맞다. 발생기준에서 수익은 세탁대금을 회수하지 못했더라도 그 금액을 당기의 수익으로 인식했으므로 그 수익을 벌어들이기 위하여 일한 종업원에 대한 급여도 당장 지급하지 못했지만 이번 회계기간의 수익을 얻기 위하여 소비된 비용으로 당기에 대응시키는 것이 합리적이기 때문이다.

비용의 인식시점과 현금의 지급시점이 반드시 일치하는 것은 아니다. 현금의 지급은 비용이 인식된 회계기간의 전이나 후 또는 어느 때나 이루어질 수 있다. 여러 회계기간이 소요되는 비용이 일시에 지출될 수도 있다. 예를 들면 화재보험약관의 기간은 보통 12개월이다. 화재보험료는 일반적으로 선급하게 되는데, 선급한 화재보험료를 즉시 비용으로 계상하지 않고 일단 자산항목인 선급보험료로 계상한다. 앞으로 12개월 동안 화재가 발생했을 때 재해보상을 받을 수 있는 미래의 권리를 나타내므로 자산으로 기록하는 것이다. 만일 기업이 매월 재무제표를 작성하고 있다면, 해당 화재보험약관이 명시하는 매기간 동안 전체 화재보험료의 1/12만큼을 선급보험료 항목에서 차감하여 그 기간의 보험료(비용)로 계상해야 한다. 나머지는 현재 미사용된 것으로 장차 수익을 얻기 위하여 소비될 것이므로 선급보험료라는 자산으로서 남아 있게 된다.

그러나 앞의 경우와는 달리 회계기간별로 명확하게 비용을 배분할 수 없는 지출도 있다. 건물이나 기계와 같이 장기간 사용하는 자산은 그 자산이 사용되는 기간에 걸쳐 수익을 창출하는 데 공헌하지만 이러한 자산들을 얼마나 오랫동안 사용할 수 있을지를 사전에 정확히 알 수는 없다. 그러나 회계담당자는 특정 기간의 순이익을 결정하기 위해서 건물이나 기타 유형자산의 원가 중에서 얼마만큼이 그 기간에 소모되어 비용으로 귀속되는지를 추정하지 않으면 안 된다. 이와 같이 일부 자산은 원가배분(cost allocation)이라는 추정에 근거하여 결정될 수밖에 없기 때문에, 현재 작성되고 있는 재무제표가 절대적으로 정확한 기업의 재무상태와 성과를 표시한다기보다는 전문적인 판단을 근거로 합리적 확신에 의해 제공된 최선의 추정액 정도의 의미로 해석되어야 할 것이다.

광고선전비나 종업원교육 등의 경우에는 그 비용의 지출로 인한 경제적 효익이 언제 나타날 것인지를 객관적으로 추정하기가 거의 불가능하다. 따라서 일반적으로 인정된 회계원칙에서는 신뢰성과 보수주의 개념에 입각하여 이러한 원가를 지출된 기간의 비용으로 즉시 인식하도록 요구하고 있다.

3. 이익의 결정

앞의 〈표 2-3〉에 나타난 9월 1일부터 9월 20일까지의 손익계산서는 임시적인 성격을 지닌 불완전한 보고서임을 언급한 바 있다. 이제 그 이유를 설명하고자 한다.

첫째로 손익계산서에 급여가 ₩300,000으로 계상되어 있는데, 이 금액은 9월 한 달간의 급여로서 여기에는 손익계산서 기간인 20일간의 급여뿐만 아니라 나머지 10일간의 급여도 포함되어 있기 때문에 비용이 과대계상되어 있다. 물론 9월 30일까지 연장된 기간의 손익계산서를 새로 작성하면 과대계상된 급여문제가 해소될 것이다. 둘째로 재무상태표에 표시된 차입금 ₩200,000에서 발생한 이자 중 9월에 귀속되는 이자가 아직 비용으로 계상되지 않았으며, 셋째로 재무상태표에 표시되어 있는 소모품 중 세탁작업과정에서 이미 사용된 부분에 대해 비용처리하지 않았다는 점이다. 특히 둘째와 셋째 사항에 대해서는 아래에서 더욱 상세히 설명할 것이다.

[거래유형 C] 발생기준이 반영된 수익과 비용의 거래

수익과 비용이 회계시스템 내에서 어떻게 인식되는지 분명히 이해할 수 있도록 발생기준을 반영하는 실제거래의 예를 살펴보자. 9월 21일부터 9월 30일까지 글로벌세탁(주)의 영업활동에 관한 추가자료는 다음과 같다.

⑪ 9월 25일 : 9월 9일에 외상으로 구입한 소모품의 구입대금 중 ₩30,000을 현금으로 지급하였다.

⑫ 9월 28일 : 우주복 개발업체인 성지제조회사의 종업원 작업복 700벌의 세탁을 완료하였다. 전체 세탁용역대금 ₩560,000 중 ₩400,000만을 현금으로 받고, 잔액 ₩160,000은 10월중에 받기로 하였다.

⑬ 9월 30일 : 세탁소건물 및 세탁기계에 대한 1개월분 임차료 ₩400,000을 현금으로 지급하였다.

추가로 9월말 현재 다음과 같은 사실이 발견되었다.

⑭ ₩30,000의 소모품이 재고로 남아 있다. 즉, 9월중에 ₩70,000의 소모품이 사용되었다.

⑮ 9월중에 발생한 차입금이자 ₩2,000을 아직 지급하지 않았다.

위의 예에서 [거래 ⑫]의 경우에는 비록 세탁용역대금 전액을 현금으로 회수하지는 못했으나, 이미 수익창출활동인 용역의 제공이 완료된 상태이므로 세탁용역대금 전액을 수익으로 인식한다. 즉, 수익은 현금수취액 ₩400,000에 용역제공의 대가로서 발생한 매출채권 ₩160,000을 합한 ₩560,000이다.

위의 [거래 ⑭와 ⑮]에서 발견된 추가적인 사실을 통상적으로는 거래라고 보기 어렵다. 그러나 이러한 사실도 발생기준에서는 회계거래로 인식해야만 해당 회계기간말의 재무상태와 해당 회계기간의 재무성과가 올바르게 표시된다. 만약 당기의 소모품 사용분 ₩70,000이 손익계산에 반영되지 않는다면, 소모품이라는 자산은 기말시점에서 보면 그만큼 과대계상된다. 즉 소모품이라는 자산이 당기의 수익을 창출하기 위해 사용되었음에도 불구하고 이를 비용으로 처리하지 않음으로써 비용이 과소계상되고 순이익은 과대계상되는 결과를 낳게 된다.

또한 자금을 차입하여 9월 한 달간 이용했음에도 불구하고 차입금의 사용대가인 이자비용 ₩2,000을 계상하지 않는다면 순이익이 과대계상된다. 또한 이 비용을 계상하지 않을 경우 미래에 지급해야 할 의무를 나타내는 미지급이자라는 부채계정이 과소계상된다. 그러므로 회계기말에는 이러한 사실을 반영시킬 수 있도록 회계장부를 수정하는 절차가 필요하다. 어떤 항목을 수정해야 하며, 구체적으로 어떠한 수정절차가 필요한지에 대해서는 제4장에서 자세히 다룬다.

위의 영업활동으로부터 발생한 회계거래들이 회계시스템에 어떻게 반영되는지를 거래의 분석과 회계등식에 미치는 영향을 통하여 알아보도록 하자.

[거래 ⑪, 거래 ⑫와 거래 ⑬]

분 석 :

[거래 ⑪] 미지급금 ₩30,000을 현금으로 상환했으므로 현금(자산)이 감소하고, 미지급금(부채)이 감소한다.

[거래 ⑫] 세탁용역을 제공하여 ₩560,000의 용역매출(수익)이 발생했으므로 이익잉여금(자본)이 증가한다. 세탁용역제공대금 중 현금으로 수취한 ₩400,000만큼 현금(자산)이 증가하고, 나중에 받기로 한 나머지 대금 ₩160,000만큼 매출채권(자산)이 증가한다.

[거래 ⑬] 세탁소건물 및 세탁기계에 대한 ₩400,000의 임차료(비용)가 발생했으므로 이익잉여금(자본)이 감소하고, 이 비용을 현금으로 지급했으므로 현금(자산)이 그만큼 감소한다.

회계등식에 미치는 영향 :

	자 산			= 부 채		+ 자 본	
	현 금	매출채권	소 모 품	미지급금	차 입 금	자 본 금	이익잉여금
〈거래 전〉	₩470,000 +	₩0 +	₩100,000 =	₩50,000 +	₩200,000 +	₩300,000 +	₩20,000
〈거래의 영향〉							
[거래 ⑪]	− 30,000	0	0	− 30,000	0	0	0
[거래 ⑫]	+ 400,000	+ 160,000	0	0	0	0	+ 560,000
[거래 ⑬]	− 400,000	0	0	0	0	0	− 400,000
〈거래 후〉	₩440,000 +	₩160,000 +	₩100,000 =	₩20,000 +	₩200,000 +	₩300,000 +	₩180,000

[거래 ⑭와 거래 ⑮]

분 석 :

[거래 ⑭] ₩70,000의 소모품이 세탁용역수익을 창출하는 데 사용되었으므로, 이를 비용으로 인식하여 이익잉여금(자본)을 감소시킨다. 이에 상응하여 소모품(자산)의 잔액 ₩100,000에서 사용액 ₩70,000을 차감하여 9월말 현재 재무상태표에 소모품이 ₩30,000만큼 남아 있다는 것을 보여주어야 한다.

[거래 ⑮] 차입금에 대한 이자 ₩2,000은 아직 현금으로 지급하지 않았다 하더라도 발생된 기간의 비용으로 인식하여 이익잉여금(자본)을 감소시킨다. 동시에 이 비용을 장차 지급해야 하므로 미래의 채무를 나타내는 미지급이자(부채)를 계상하여 9월말 현재 차입금과 관련된 미지급채무 ₩2,000이 있다는 사실을 표시해야 한다.

회계등식에 미치는 영향 :

	자 산			=	부 채		+	자 본	
	현 금	매출채권	소 모 품		미지급이자	미지급금	차 입 금	자 본 금	이익잉여금
〈거래 전〉	₩440,000 +	₩160,000 +	₩100,000 =		₩0 +	₩20,000 +	₩200,000 +	₩300,000 +	₩180,000
〈거래의 영향〉									
[거래 ⑭]			− 70,000						− 70,000
[거래 ⑮]	0	0	0		+ 2,000	0	0	0	− 2,000
〈거래 후〉	₩440,000 +	₩160,000 +	₩30,000 =		₩2,000 +	₩20,000 +	₩200,000 +	₩300,000 +	₩108,000

9월중 글로벌세탁(주)에 발생한 모든 거래를 반영하여 9월 1일부터 9월 30일까지의 손익계산서와 자본변동표, 그리고 9월 30일 현재의 재무상태표를 작성하면 〈표 2-4〉와 같다.

글로벌세탁(주)에서 9월 한 달간 실현된 수익은 성지제조회사에 세탁용역을 제공함으로써 발생한 세탁용역수익으로서 ₩960,000이다. 이 중에서 9월 20일까지 실현된 수익은 ₩400,000이고 나머지 ₩560,000의 수익은 그 이후에 실현되었다. 이러한 수익을 실현하기 위하여 글로벌세탁(주)는 여러 가지 자원을 소비하였다. 구체적으로 세탁소건물 및 세탁기계 임차료 ₩400,000, 세탁기술자 급여 ₩300,000, 세탁용 소모품비 ₩70,000, 세탁물 운송비 ₩50,000 그리고 이자비용 ₩2,000이 발생되었다. 이러한 비용항목 중에서 〈표 2-3〉에 나타난 9월 1일에서 9월 20일까지의 손익계산서에 반영된 항목은 급여 ₩300,000과 운송비 ₩50,000뿐이었다.

전에 작성되었던 〈표 2-3〉의 9월 1일에서 9월 20일까지의 손익계산서는 임시적인 성격을 띠고 있다고 언급한 바 있다. 그 이유는 30일분 급여 전액(₩300,000)이 비용으로 인식되어 비용이 과대계상되었고, 9월 20일까지의 임차료 및 사용된 소모품과 차입금에 대한 이자비용이 적절히 반영되지 않아서 비용이 과소계상되었기 때문이다. 재무보고서를 작성하고 해석할 때 자료의 불완전성 그리고 정보처리상의 어려움에 대해 각별히 주의할 필요가 있다.

> 회계기간을 세분하여 재무보고서를 작성할 때 외부거래만을 기록한 손익계산서는 일부 재무제표항목을 적절히 반영하지 못한다.

〈표 2-4〉의 손익계산서에 의하면 총수익과 총비용을 반영한 글로벌세탁(주)의 9월중 당기순이익은 ₩138,000임을 알 수 있다.

한편, 동일한 금액의 당기순이익이 기말이익잉여금을 증가시키고 있음을 〈표 2-4〉의 자본변동표에서 볼 수 있다. 글로벌세탁(주)의 경우에는 20×1년 9월 1일에 사업을 처음 시작하여 기초에는 이익잉여금이 없으므로 당기순이익 ₩138,000을

글로벌세탁(주)의
손익계산서, 자본변동표 및
재무상태표

손익계산서

글로벌세탁(주) 20×1년 9월 1일부터 20×1년 9월 30일까지 (단위 : 원)

수 익 :			
	용역매출(세탁용역수익)		₩960,000
비 용 :			
	임 차 료	₩400,000	
	급 여	300,000	
	소모품비	70,000	
	운 송 비	50,000	
	이자비용	2,000	(822,000)
당기순이익			₩138,000

자본변동표

글로벌세탁(주) 20×1년 9월 1일부터 20×1년 9월 30일까지 (단위 : 원)

	자본금	이익잉여금	총계
20×1. 9. 1	₩0	₩0	₩0
주식발행	300,000		300,000
당기순이익		138,000	138,000
배 당 금		(30,000)	(30,000)
20×1. 9. 30	₩300,000	₩108,000	₩408,000

재무상태표

글로벌세탁(주) 20×1년 9월 30일 현재 (단위 : 원)

자 산 :		부 채 :	
현 금	₩440,000	미지급금	₩20,000
매출채권	160,000	미지급이자	2,000
소 모 품	30,000	차 입 금	200,000
		부채총계	₩222,000
		자 본 :	
		자 본 금	₩300,000
		이익잉여금	108,000
		자본총계	₩408,000
자산총계	₩630,000	부채와 자본총계	₩630,000

더하고 배당금 ₩30,000을 차감하면 기말 현재의 재무상태표에 나타나게 되는 기말이익잉여금 ₩108,000이 계상된다. 자본변동표는 이익잉여금을 포함한 자본의 변동내용을 나타내기 때문에 이를 통해서 손익계산서와 재무상태표가 어떻게 상호연계되는지 알 수 있다.

03 현금기준에 의한 수익 및 비용

OBJECTIVES 

- 현금기준에서 수익과 비용은 어떻게 인식되는가?

앞에서 수익과 비용을 인식하는 방법으로 발생기준과 현금기준이 있다고 설명한 바 있다. 발생기준은 02 에서 설명한 바와 같이 현행 일반적으로 인정된 회계원칙에서 채택되는 개념으로서, 수익은 재화를 판매하거나 용역을 제공했을 때 인식하고, 비용은 수익이 보고되는 회계기간에 대응시켜 인식하는 방법이다. 수익과 비용의 인식방법 중의 다른 하나는 현금기준이다.

현금기준
상품이나 용역을 제공하고 그 대가로 받은 현금수취액을 당회계기간의 수익으로 인식하고, 이러한 수익을 발생시키기 위하여 지출한 현금지급액을 당기의 비용으로 인식하는 방법

현금기준(cash basis)은 상품이나 용역을 제공하고 그 대가로 받은 현금수취액을 당회계기간의 수익으로 인식하고, 이러한 수익을 발생시키기 위하여 지출한 현금지급액을 당기의 비용으로 인식하는 방법이다. 현금기준은 적용이 간편하기 때문에 법률사무소, 설계사무소 등의 소규모 서비스업에서 많이 이용되고 있다. 그러나 현금기준에 의해서 작성된 재무제표는 기업의 성과와 재무상태를 현금유출입 위주로만 단순화시키기 때문에 일정기간 동안의 합리적인 경영성과를 측정하기에는 부적합하다는 이유로 현행 일반적으로 인정된 회계원칙에서는 수익과 비용의 인식방법으로 현금기준을 채택하지 않고 있다.

글로벌세탁(주)의 9월중 거래(거래번호 ①~⑮)를 이용하여 〈표 2-5〉와 같이 현금기준에 의한 손익계산서를 작성할 수 있다.

〈표 2-5〉의 현금기준 손익계산서는 〈표 2-4〉의 발생기준 손익계산서와 비교

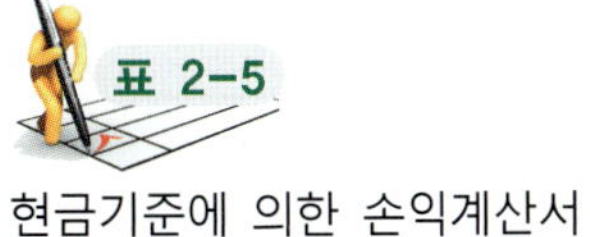

현금기준에 의한 손익계산서

손익계산서 (현금기준)

20×1년 9월 1일부터
20×1년 9월 30일까지

글로벌세탁(주)		(단위 : 원)
수 익 :		
용 역 매 출(세탁용역수익)		₩800,000
비 용 :		
임 차 료	₩400,000	
급 여	300,000	
소 모 품 비	80,000	
운 송 비	50,000	(830,000)
당기순이익(손실)		(₩30,000)

해 볼 때 수익과 비용금액이 서로 다르다. 〈표 2-5〉의 수익은 ₩800,000인데, 이는 9월 한 달 동안 매출을 하고 현금으로 받은 금액이 ₩800,000이기 때문이다. 9월에 용역은 제공했지만 아직 받지 못한 ₩160,000은 현금기준에서는 9월의 수익으로 인식하지 않는다.

비용 중에서 임차료, 급여, 운송비는 발생과 동시에 전액 현금으로 지급되었기 때문에 현금기준이나 발생기준 간에 서로 차이가 생기지 않는다. 그러나 소모품은 ₩80,000(= ₩50,000 + ₩30,000)을 현금으로 지급했기 때문에(얼마나 구입했으며, 사용후 얼마나 남아 있는지에 관계없이) 소모품비를 ₩80,000으로 계산한다. 따라서 현금기준에서는 회계기말에 소모품이 ₩30,000 남아 있어도 소모품비를 감소시키지 않는다. 왜냐하면 현금으로 지출된 금액을 바로 비용으로 보고하기 때문이다. 아울러 발생기준에서 비용으로 인식한 이자비용 ₩2,000은 아직 현금으로 지급되지 않았기 때문에 현금기준에서는 비용으로 인식하지 않는다. 따라서 현금기준 손익계산서인 〈표 2-5〉에는 이자비용 항목이 존재하지 않는다.

결국 글로벌세탁(주)의 9월중 당기순이익은 발생기준에서는 ₩138,000인 데 비하여 현금기준에서는 오히려 ₩30,000의 당기순손실액이 계상된다. 〈표 2-5〉는 제1장의 〈표 1-4〉의 현금흐름표 중에서 영업활동 현금흐름과 동일한 것을 알 수 있다. 즉, 현금흐름표상 영업활동 현금흐름은 다름 아닌 현금기준에 입각한 손익계산서에 해당한다.

이 장의 요약

• **회계등식은 어떻게 표현되는가?**

－자산＝부채＋자본

• **회계거래는 회계등식에 어떠한 영향을 미치는가?**

－회계거래는 두 개 이상의 회계등식 구성요소에 영향을 미친다.

－두 개(혹은 그 이상)의 요소는 등식의 양쪽에 동일한 금액으로 영향을 미치므로 거래의 직후에도 항시 왼쪽의 합계는 오른쪽의 합계와 동일금액으로 균형이 유지된다.

• **손익계산서와 재무상태표는 어떻게 연결되는가?**

－수익과 비용이 발생하면 이 거래는 손익계산서에 기록되고, 수익에서 비용을 차감하는 형식으로 당기순이익을 계산한다.

－손익계산서의 당기순이익은 재무상태표에서 자본을 구성하는 (기초)이익잉여금에 가산되고, 여기에 당기의 배당금을 차감시켜 기말이익잉여금을 결정한다. 기말이익잉여금은 재무상태표의 자본의 일부를 구성한다.

－재무상태표의 자본은 결국 다음의 산식으로 표시된다.

자본＝자본금＋이익잉여금

＝자본금＋[기초이익잉여금＋당기순이익(수익－비용)－배당금]

• **발생기준과 현금기준하에서 수익과 비용은 어떻게 다르게 인식되는가?**

－현금기준에서는 현금을 받는 시점에 수익으로 인식하고, 현금을 지급하는 시점에 비용으로 인식한다.

－발생기준에서는 판매목적의 재화나 용역이 소비자에게 제공되는 시점(실현개념)에 수익을 인식하고, 수익 실현을 위해 자원이 소비된 시점(대응개념)에 비용을 인식한다.

－따라서 현금 수령시점과 재화·용역 제공시점이 다르거나, 현금 지급시점과 자원의 소비시점이 다르면 현금기준과 발생기준에서의 당기순이익은 서로 달리 계산된다.

－재무회계에서는 손익의 측정을 현금의 수령과 지급 시점이 아닌 경영성과의 실현시점을 기준으로 보고한다. 발생기준이 기업의 재무성과를 보다 합리적으로 나타낼 수 있다고 보는 것이다.

Practical Use

회계정보의 활용

매출액순이익률

기업의 매출 관련 수익성을 나타내는 지표로서 매출액순이익률(net profit margin)이 있다. 매출액순이익률은 손익계산서상 당기순이익을 매출액으로 나눈 비율을 말한다. 기업이 ₩1의 매출을 기록했을 때 모든 비용을 제외한 후의 순이익이 얼마나 되는지를 알 수 있는 지표이다. 영업활동이 효율적일수록 ₩1의 수익을 창출하기 위해 발생하는 단위당 비용은 적게 지출될 것이므로 매출액순이익률은 반대로 높아진다.

$$\langle \text{산식} \rangle \quad \text{매출액순이익률} = \frac{\text{당기순이익}}{\text{매 출 액}}$$

유통업에 속하는 현대백화점과 신세계의 매출액순이익률을 비교해 보자.

(단위 : 백만원)

회사명	내 용	2024년	2023년
현대백화점	당기순이익(A)	−753	−39,776
	매출액(B)	4,187,614	4,207,453
	매출액순이익률(A/D)	0.02%	0.95%
신세계	당기순이익(A)	186,608	311,968
	매출액(B)	6,570,412	6,357,089
	매출액순이익률(A/B)	2.84%	4.91%

2024년 현대백화점과 신세계의 매출액순이익률은 각각 −0.02%, 2.84%이다. 현대백화점은 백화점을 주력사업으로 영위하고 그 외 면세점 부문과 가구제조 부문을 운영한다. 신세계 역시 백화점과 면세점 부문이 주력이지만 패션 및 라이프스타일, 화장품 제조 및 도소매업, 부동산 및 자동차여객터미널업, 관광호텔업, 리조트업, 가구소매업 등 다양한 사업을 운영하고 있다. 2024년에는 내수침체와 면세업 불황 등으로 현대백화점은 전년도에 비하여 적자의 폭은 줄어들었으나 여전히 적자를 보이고 있다. 신세계는 흑자를 보이고 있으나 당기순이익과 매출액순이익률이 상당히 감소했다.

매출액순이익률의 관점에서 보면 현대백화점은 ₩1,000의 매출액에서 ₩0.2의 손실을 보고 있고, 신세계는 매출액 ₩1,000에서 ₩28.4의 이익을 올리고 있다.

종합예제

회계등식 및 재무제표 작성

우주(주)는 물류지원회사로서 은행, 제약회사, 컴퓨터회사 및 기타 다른 중소기업의 운송업무를 대행한다. 이 회사는 운송차량을 임차하여 사용하고 있다. 올해 1월 1일 현재 자산과 부채의 계정잔액은 다음과 같다.

현금	₩800,000	매출채권	₩420,000	소모품	₩120,000
선급보험료	180,000	미지급금	140,000	자본금	950,000
이익잉여금	430,000				

다음은 1월중에 발생한 우주(주)의 거래자료이다.

(1) 미지급금 중에서 ₩60,000을 현금으로 상환하였다.
(2) 1월분 운송차량 임차료 ₩360,000을 현금으로 지급하였다.
(3) 전년도에 미회수된 운송수수료 중에서 ₩200,000을 현금으로 받았다.
(4) 소모품 ₩50,000을 외상으로 구입하였다.
(5) 고객에게 1월초 용역을 제공하고 운송수수료 ₩1,150,000을 청구하였다.
(6) 이번 달 급여 ₩240,000을 현금으로 지급하였다.
(7) 고객에게 운송서비스를 제공하고 수수료 ₩200,000을 즉시 현금으로 받았다.
(8) 이번 달 사무실관리비 ₩18,000을 현금으로 지급하였다.
(9) 주주들에게 ₩90,000을 현금으로 배당하였다.
(10) 1월말 현재 소모품의 재고액은 ₩98,000이다.
(11) 선급보험료 중에서 이번 달 보험료는 ₩15,000이다.

요구사항

1. 자산과 부채 및 자본의 1월 1일 현재 기초잔액을 회계등식으로 표시하라.
2. (1)~(11)의 거래가 자산과 부채 및 자본에 미친 영향을 회계등식으로 표시하고, 기말의 자산총계가 부채와 자본총계와 일치함을 보여라.
3. 1월중의 손익계산서를 작성하라.
4. 1월중의 자본변동표를 작성하라.
5. 1월 31일 현재의 재무상태표를 작성하라.

해답

1.

	〈자 산〉					〈부 채〉		〈자 본〉	
	현 금	+ 매출채권	+ 소 모 품	+ 선급보험료	=	미지급금	+ 자 본 금	+ 이익잉여금	
1/1	₩800,000 +	₩420,000 +	₩120,000 +	₩180,000	=	₩140,000 +	₩950,000 +	₩430,000	

2.

	현 금	매출채권	소 모 품	선급보험료	미지급금	자 본 금	이익잉여금
	〈자 산〉				〈부 채〉	〈자 본〉	
1/1	₩800,000 +	₩420,000 +	₩120,000 +	₩180,000 =	₩140,000 +	₩950,000 +	₩430,000
(1)	− 60,000				− 60,000		
(2)	− 360,000						− 360,000
(3)	+ 200,000	− 200,000					
(4)			+ 50,000		+ 50,000		
(5)		+1,150,000					+ 1,150,000
(6)	− 240,000						− 240,000
(7)	+ 200,000						+ 200,000
(8)	− 18,000						− 18,000
(9)	− 90,000						− 90,000
(10)			− 72,000 *				− 72,000
(11)				− 15,000			− 15,000
1/31	₩432,000 +	₩1,370,000 +	₩98,000 +	₩165,000 =	₩130,000 +	₩950,000 +	₩985,000

₩2,065,000 ₩2,065,000

* 역산하여 당기 소비액을 계산 : ₩98,000−50,000−120,000=(₩72,000)

3.

손익계산서

우주(주) 1월 1일부터 1월 31일까지 (단위 : 원)

수 익 :		
용 역 매 출(운송수수료수익)		₩1,350,000
비 용 :		
임 차 료	₩360,000	
급 여	240,000	
관 리 비	18,000	
소 모 품 비	72,000	
보 험 료	15,000	705,000
당기순이익		₩645,000

4.

자본변동표

우주(주) 1월 1일부터 1월 31일까지 (단위 : 원)

	자본금	이익잉여금	총 계
1. 1	₩950,000	₩430,000	₩1,380,000
당기순이익		645,000	645,000
배 당 금		(90,000)	(90,000)
1. 31	₩950,000	₩985,000	₩1,935,000

5.

재무상태표

우주(주) 1월 31일 현재 (단위 : 원)

자 산 :		부 채 :		
현 금	₩432,000	미지급금		₩130,000
매출채권	1,370,000	자 본 :		
소 모 품	98,000	자 본 금	₩950,000	
선급보험료	165,000	이익잉여금	985,000	1,935,000
자산총계	₩2,065,000	부채와 자본총계		₩2,065,000

익힘문제

01 '회계거래'가 성립되기 위해서는 어떤 조건이 갖추어져야 하는가?

02 기업에서 일어나는 모든 사건을 계량화하여 회계장부에 기입할 수는 없다. 기업에 영향을 미치는 매우 중요한 사건이지만 회계장부에는 기입할 수 없는 경제적 사건의 예를 들어라.

03 '발생기준'과 '현금기준'의 차이점은 무엇인가? 그리고 어느 것이 기업의 성과를 더 잘 나타낼 수 있는가?

04 회계등식이란 무엇인가?

05 자본을 증가시키는 원천으로서 두 가지 중요한 요소는 어떤 것인가? 또 감소시키는 두 가지 중요한 요소는 어떤 것인가?

06 부채와 자본총계는 자산총계와 왜 항상 일치하는가?

07 배당금은 비용과 함께 이익잉여금을 감소시킨다. 그러나 배당금은 비용이 아니므로 손익계산서에 표시되지 않아 당기순이익 결정에 영향을 주지 않는다. 배당금과 비용의 차이를 설명하라.

08 재무상태표, 손익계산서, 자본변동표 및 현금흐름표 등 4가지 재무제표의 상호연계관계를 설명하라.

09 '수익'이란 무엇인가? 현금을 받았으면 수익이 실현되었다고 볼 수 있는가?

10 '비용'이란 무엇인가? 현금을 지출했으면 비용이 발생되었다고 볼 수 있는가?

11 수익과 비용은 모두 궁극적으로는 재무상태표의 이익잉여금에 영향을 준다. 그런데 수익과 비용을 이익잉여금의 증감으로 직접 표시하지 않고 따로 손익계산서를 만들어서 공시하는 이유는 어디에 있는가?

12 용역회사가 5월중 고객에게 ₩500,000의 서비스를 제공했으나 그 대금은 6월중에 받았다. 언제 수익으로 인식해야 하는가? 수익을 회계장부에 기록하기 위해 필요한 조건은 무엇인가?

13 3월말 영진페인트(주)는 페인트를 외상으로 구입하고 60일후 대금을 지급하기로 하였다. 이 회사는 구입한 페인트를 4월중에 고객의 차량을 도색하기 위하여 모두 사용하였고 5월말에 페인트 구입대금을 지급하였다. 어느 달에 페인트의 대금을 비용으로 인식해야 하는가? 어떤 회계원칙이 적용되어야 하는가?

01 회계거래의 파악

다음 경제적 사건 중에서 회계거래로 볼 수 없는 사건은 어떤 것인가?

(1) 종업원을 월급여 ₩100,000을 주기로 하고 정규직으로 채용하였다.
(2) 인터넷 전용선의 사용을 신청하고 매월 ₩30,000을 납부하기로 하였다.
(3) 고객으로부터 현금 ₩100,000을 받고 한 달 후 상품을 인도하기로 하였다.
(4) 사무실에 도둑이 들어와서 현금 ₩200,000을 훔쳐 달아났다.
(5) 토지구입의 대가로 ₩100,000을 현금으로 지급하고 ₩300,000은 두 달 후에 지급하기로 하였다.
(6) 거래처가 파산하여 매출채권 ₩30,000을 받지 못하게 되었다.
(7) 원가 ₩300,000의 상품을 ₩400,000에 판매하였다.
(8) 거래처로부터 앞으로 1년간 매달 ₩500,000의 상품을 공급해 달라는 요청이 있어서 계약을 체결하였다.
(9) 기술담당 중역이 교통사고로 사망하였다. 회사는 기술력에 상당한 손상을 입게 되었는데 금액으로 보면 약 ₩500,000,000에 이를 것으로 추정된다.

02 회계거래의 영향 (I)

다음의 거래들이 세무용역회사인 국제세무(주)의 자산, 부채 및 자본에 미치는 영향을 〈예〉와 같은 방법으로 설명하라.

> 〈예〉 사무실에서 사용할 목적으로 타자기를 현금으로 구입하다.
> [답] 자산의 증가(사무용비품)　　자산의 감소(현금)

(1) 고객에게 용역을 외상으로 제공하다.
(2) 이번달 임차료를 현금으로 지급하다.
(3) 고객에게 현금을 받고 세무자문을 수행하다.
(4) (1)에서 제공한 용역대금을 현금으로 회수하다.
(5) 2년 동안 사용할 분량의 소모품을 외상으로 구입하다.
(6) 이번달 급여를 현금으로 지급하다.
(7) (5)의 소모품 구입대금을 현금으로 지급하다.
(8) 배당금을 현금으로 지급하다.

03 회계거래의 영향 (Ⅱ)

다음 거래들이 자산, 부채 및 자본에 미치는 영향을 분석하되, 아래와 같은 양식을 사용하라.

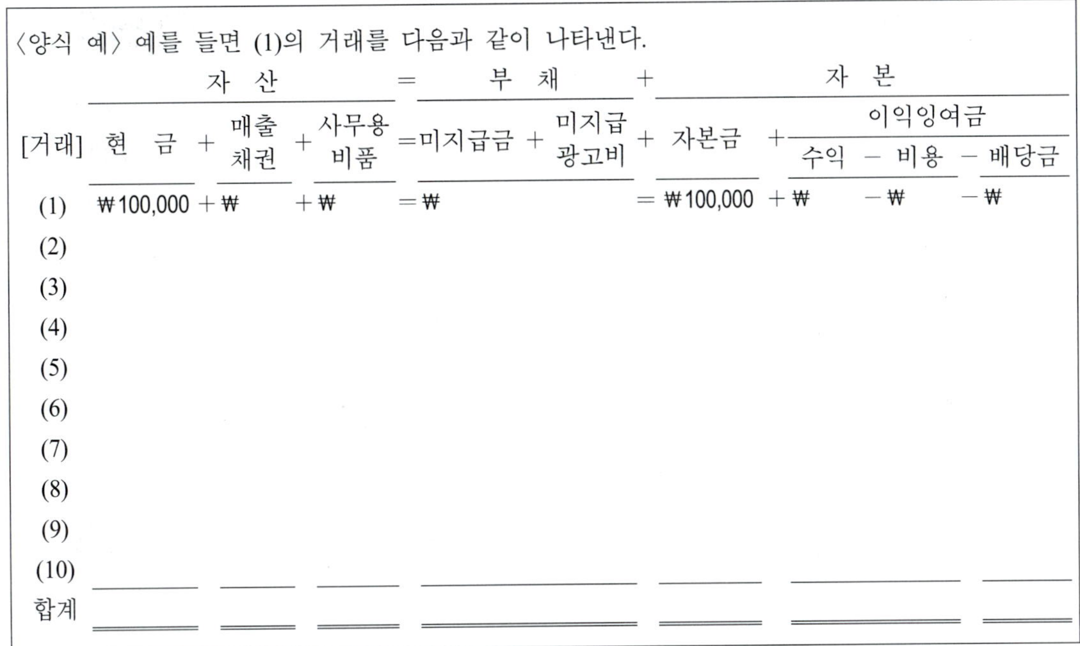

〈양식 예〉 예를 들면 (1)의 거래를 다음과 같이 나타낸다.

	자 산			= 부 채		+ 자 본				
							+ 이익잉여금			
[거래]	현 금	+ 매출채권	+ 사무용비품	= 미지급금	+ 미지급광고비	+ 자본금	수익	− 비용	− 배당금
(1)	₩100,000	+ ₩	+ ₩	= ₩		= ₩100,000	+ ₩	− ₩	− ₩
(2)									
(3)									
(4)									
(5)									
(6)									
(7)									
(8)									
(9)									
(10)									
합계									

(1) 주식을 발행하고 현금 ₩100,000을 납입받다.
(2) 사무용비품 ₩45,000을 외상으로 구입하다.
(3) 창고임차료 ₩6,000을 현금으로 지급하다.
(4) 지난달에 제공한 용역대금 ₩18,000을 이번 달에 회수하다.
(5) 거래처에 용역을 제공하고 현금 ₩7,500을 수취하다.
(6) 전기요금 ₩2,500을 현금으로 지급하다.
(7) 유상증자로 현금 ₩50,000을 납입받다.
(8) 사무용비품 외상대금 ₩45,000을 현금으로 지급하다.
(9) 광고선전비 ₩1,500을 다음 달에 지급하기로 하다.
(10) 배당금 ₩5,000을 현금으로 지급하다.

04 회계등식과 거래의 추정

변호사 이현우 씨의 기초재무상태표는 다음 표의 첫째란에 표시되어 있다. 여기에 다시 (1)에서 (8)까지 여덟 개의 거래를 등식으로 표시하고 있다.

	현 금	+	매출채권	+	소 모 품	+	선급임차료	=	미지급금	+	자 본 금	+	이익잉여금
기초잔액	₩7,000	+	₩9,000	+	₩400	+	₩3,600	=	₩300	+	₩10,000	+	₩9,700
(1)	+2,500		−2,500										
(2)					+200				+200				
(3)			+4,800										+4,800
(4)	− 300								−300				
(5)	−1,200												−1,200
(6)					−350								− 350
(7)							−300						− 300
(8)	+1,500										+1,500		
기말잔액	₩9,500	+	₩11,300	+	₩250	+	₩3,300	=	₩200	+	11,500	+	₩12,650

요구사항

1. 각 번호에 대해 발생된 거래의 내용을 추정하라(단, 이익잉여금에 영향을 미치는 모든 거래 중에서 (5)의 거래만이 당회계연도의 순이익결정에 영향을 미치지 않았다).
2. 이번 회계연도의 순이익은 얼마인가?

05 회계등식과 자산, 부채, 자본의 계산 (I)

(1) 당기말 현재 성지(주)의 자산총계는 ₩400,000이고 부채총계는 ₩160,000이었다. 이 기업의 자본금이 ₩200,000이라면, 재무상태표에 표시되는 이익잉여금은 얼마인가?

(2) 드림(주)의 당기 자산총액은 기초에는 ₩50,000이고 기말에는 ₩70,000이다. 부채총액은 기초에 ₩30,000이다. 만약, 당기중에 ₩15,000만큼 자본금을 출자하고 당기순이익이 ₩5,000이면 기말의 부채총액은 얼마인가?

(3) 스피드(주)의 당기 자산총액은 기초에는 ₩100,000이고 기말에는 ₩140,000이다. 부채총액은 기말에 ₩50,000이다. 그런데 당기중에 회사는 ₩20,000만큼 자본금을 출자했고 당기순이익이 ₩30,000이며 주주에게 배당금을 ₩5,000 지급하였다. 기초의 부채총액은 얼마인가?

(4) 신우(주)의 당기 부채가 기초에는 ₩60,000이었고 기말에는 ₩45,000이었다. 기말의 순자산이 ₩80,000이고, 자산총계는 기초보다 ₩25,000만큼 증가하였다. 당기중에 자본금이 추가 주식발행으로 인하여 ₩18,000만큼 증가했다면, 당기의 순이익은 얼마인가?

06 재무상태표 항목의 추정

다음의 각 상황은 상호 독립적이다. 빈칸에 들어갈 금액을 계산하라.

	A	B	C	D
기　초 :				
자　산	₩5,000	₩8,000	₩20,000	₩(4)
부　채	2,200	2,000	7,500	6,000
기　말 :				
자　산	6,000	10,000	24,000	22,000
부　채	2,000	(2)	8,000	5,000
기중변동 :				
자본금출자	600	1,500	(3)	3,500
수　익	(1)	5,200	6,000	15,000
배 당 금	400	500	1,200	1,500
비　용	3,200	3,600	3,800	10,000

07 회계등식과 자산, 부채, 자본의 계산 (Ⅱ)

올해의 총수익은 ₩1,762,000, 총비용은 ₩1,363,000이고 회계기말의 부채는 ₩320,000이다.

회계연도초의 자산 · 부채 내용

현　금	₩180,000	장기금융자산	₩120,000	매출채권	₩267,000
미지급금	2,500	재고자산	465,000	비　품	20,000
매입채무	79,500	장기차입금	100,000	자 본 금	?
이익잉여금	250,000				

요구사항

회계연도초의 자산 · 부채 내용을 참고하여 회계연도말의 자산을 구하라(단, 당기 회계기간중 추가적인 납입자본금과 배당금은 없었다고 가정한다).

08 재무제표 항목과 재무제표의 작성

허공비행(주)는 설악산에서 행글라이더로 손님을 태우고 경포해수욕장까지 비행서비스를 제공하는 회사이다. 20×1년초에 이 회사는 자본금으로 ₩1,000,000을 현금으로 투자받아 설립한 후 20×1년 6월말 현재의 자산과 부채, 6개월간의 수익과 비용은 다음과 같다.

현 금	₩3,610,000	비행장비(자산)	₩3,000,000
차 입 금	2,000,000	비행서비스수익	8,000,000
보 험 료	400,000	종업원급여	3,000,000
광 고 비	1,000,000	미지급비용	1,000,000
비행장비수선비	200,000	안전교육비	90,000
차량렌트비	300,000	임 차 료	400,000

요구사항

1. 20×1년초부터 20×1년 6월말까지의 손익계산서를 작성하라.
2. 20×1년 6월말의 재무상태표를 작성하라.

고급연습문제

09 회계거래와 회계등식, 재무제표

김부자 씨는 배달서비스업체인 번개(주)를 설립하였다. 다음 거래를 보고 〈요구사항〉에 답하라. 별도의 설명이 없으면 모두 현금거래이다.

4월 1일 보통주 ₩1,000,000을 액면금액으로 발행하고 현금을 받다.
2일 배달용 차량을 ₩1,500,000에 구입하여 현금으로 ₩500,000을 지급하고 나머지는 외상으로 하다.
3일 건물 임차료 한 달분 ₩100,000을 지급하다.
4일 배달서비스를 제공하고 ₩600,000을 받다.
5일 2일에 구입한 배달용 차량 미지급금 중에서 ₩300,000을 지급하다.
6일 배달용 차량의 한 달분 보험료 ₩50,000을 지급하다.
7일 배달서비스 ₩400,000을 제공했으나 외상으로 하고 차후에 돈을 받기로 하다.
8일 은행에서 ₩500,000을 차입하다.
9일 소모품비 ₩70,000, 교통비 ₩40,000을 지급하다.
10일 종업원급여로 ₩600,000을 지급하다.

요구사항

1. 거래의 영향에 대하여 각 항목의 증가와 감소를 기록하라(감소는 괄호 속에 금액을 기입할 것).

[답안양식]

	자 산			= 부 채		+ 자 본		
날 짜	현 금	외상매출금	차 량	미지급금	차입금	자본금	수 익	비 용

2. 4월 1일부터 10일까지의 손익계산서를 작성하라.
3. 4월 10일의 재무상태표를 작성하라.

10 재무상태표의 작성 : 거래의 영향

올해 8월 1일 현재 현이(주)의 재무상태표 항목은 다음과 같다(현금항목의 금액은 직접 계산할 것).

미 지 급 금	₩12,150	미지급법인세	₩6,450
매 출 채 권	8,445	토 지	100,500
건 물	126,000	단기차입금	112,350
사 본 금	82,500	이익잉여금	88,950
현 금	?	소 모 품	10,500
비 품	51,750		

8월 1일에서 8월 31일 사이에 다음과 같은 거래가 발생하였다.

8월 2일 : 보통주 ₩37,500을 액면금액에 발행하고 현금을 납입받다.
4일 : 미지급금 잔액 ₩12,150을 전액 지급했다(단기차입금이나 미지급법인세는 지급하지 않았다).
6일 : 비품을 ₩14,700에 구입하고 그 대금은 아직 지급하지 않았다.
9일 : 폐업준비를 하고 있는 식당으로부터 ₩1,875에 소모품을 구입하였다. 만약, 정상적인 경로를 통해 구입한다면 그 구입가격은 ₩2,835이 될 것으로 예상된다.
10일 : 배당을 선언하고 배당금 ₩15,000을 주주에게 현금으로 지급하다.
15일 : 매출채권 중에서 ₩3,000이 회수되었다.
19일 : 용역매출을 ₩30,000 제공하고 대금은 현금으로 받았다.
20일 : 법인세 미지급액을 전액 현금으로 지급하였다.
26일 : 단기차입금 중에서 ₩15,000을 현금으로 상환하였다.

요구사항

1. 8월 1일 현재의 재무상태표를 작성하라.
2. 8월 31일 현재의 재무상태표를 작성하라.

11 자본의 증감현황

다음의 빈칸에 적절한 금액을 넣어라. 각 상황은 상호 독립적이다.

	(1)	(2)	(3)
기초이익잉여금	₩130,000	₩91,200	₩ (?)
당기순이익	(?)	28,500	189,400
배 당 금	32,000	(?)	106,000
기말이익잉여금	145,500	99,700	532,900

	(4)	(5)	(6)
기초자본총계	₩74,000	₩362,500	₩ (?)
추가주식발행(증자)	10,000	85,000	20,000
당기순이익	17,500	(?)	10,000
배 당 금	12,000	30,000	10,000
기말자본총계	(?)	469,100	120,000

12 손익계산서와 자본변동표의 작성

다음의 계정잔액으로부터 천영광고(주)의 올해 손익계산서와 자본변동표를 작성하라(각 재무제표의 표제(머리)를 완전하게 표시하라).

기초이익잉여금(1. 1)	₩27,200	급 여	₩66,800
배 당 금	18,000	임 차 료	9,600
수수료수익	140,000	광 고 비	3,200
소 모 품 비	27,500	감가상각비	1,200
기초자본금(1. 1)	200,000	신주발행(액면발행)	100,000

13 재무제표의 작성

햇빛용역(주)는 임차한 트럭으로 소포배달, 주간신문배달, 자료배달 등 기타 여러 가지를 배달해 주는 것을 주요 업무로 하는 업체이다. 이 기업은 주주의 직접출자금 ₩25,000,000과 은행으로부터의 차입금 ₩10,000,000으로 올해 3월 1일에 개업하였다. 다음은 3월 31일 현재 햇빛용역(주)의 회계장부에 나타난 정보이다.

매 출 채 권	₩11,300,000	용 역 매 출(수수료수익)	₩16,200,000
임 차 료	1,800,000	현 금	24,600,000
광 고 비	300,000	소 모 품	6,500,000
소 모 품 비	2,700,000	차 입 금	10,000,000
미 지 급 금	4,000,000	선급보험료	1,100,000
급 여	5,600,000	보 험 료	100,000
잡 비	200,000	자 본 금(3월 1일 현재)	25,000,000

3월중 증자는 없었으며, 배당금으로 ₩1,000,000을 지급했다.

1. 3월 한 달간의 손익계산서를 작성하라.
2. 3월 한 달간의 자본변동표를 작성하라.
3. 3월 31일 현재의 재무상태표를 작성하라.

14 회계거래와 재무제표

올해 6월 1일에 퇴역조종사들이 보통주 ₩50,000,000을 발행하여 우주용역(주)를 설립했다. 이 기업은 수륙양용 비행기와 도크(dock)시설을 임차하여 낚시꾼과 사냥꾼을 휴양지로 수송하는 것을 주요 업무로 한다. 6월중에 다음과 같은 거래가 발생하였다.

(1) 1주당 액면 ₩5,000인 주식 10,000주를 액면금액으로 발행하고 현금으로 납입받다.
(2) 6월분 비행기, 도크시설 및 사무실 임차료로 현금 ₩3,200,000을 지급하다.
(3) 소모품 ₩1,950,000을 외상으로 구입하다.
(4) 6월분 광고비 ₩680,000을 현금으로 지급하다.
(5) 6개월분 보험료 ₩3,600,000을 현금으로 선급하다.
(6) 비행운행서비스를 제공하고, 요금 ₩14,800,000을 현금으로 받다.
(7) 자원탐사요원을 수송하고, 요금 ₩8,650,000을 지방정부에 청구하다.
(8) 소모품 외상구입대금 중 ₩350,000을 현금으로 지급하다.
(9) 지방정부에 청구했던 비행요금 중에서 ₩2,725,000을 현금으로 회수하다.
(10) 6월분 급여 ₩7,400,000을 현금으로 지급하다.
(11) 배당금 ₩2,500,000을 현금으로 지급하다.
(12) 6월 30일 현재 ₩520,000의 소모품이 남아 있다.
(13) 6월중 경과된 보험료는 ₩600,000이다.

요구사항

1. 6월중의 각 거래가 재무상태표에 미치는 영향을 설명하고, "자산=부채+자본"의 회계등식이 성립함을 보여라.
2. 6월 30일 현재의 재무상태표를 작성하라. 계정과목은 현금, 매출채권, 소모품, 선급보험료, 미지급금, 자본금, 이익잉여금을 이용한다.
3. 6월의 손익계산서를 작성하라.
4. 현금기준에 의한 6월의 손익계산서를 작성하라.

15 현금기준 대비 발생기준

주경(주)는 금년 한 해 동안 고객으로부터 ₩912,000을 현금으로 받았는데 그중 ₩300,000은 작년에 제공한 용역서비스로부터 발생한 것이다. 추가적으로 주경(주)는 금년도의 용역매출로 ₩440,000을 기록하였는데 이는 금년말까지 회수되지 않았다. 한편 주경(주)는 금년 한 해 동안 비용으로 ₩620,000을 현금으로 지급하였는데 그중 ₩260,000은 작년에 발생하였으나 미지급되었던 비용에 대한 것이다. 추가적으로 주경(주)는 금년도의 비용으로 ₩370,000을 기록하였는데 이는 금년말까지 지급되지 않았다.

1. 주경(주)의 현금기준에 의한 금년도 순이익을 계산하라.
2. 주경(주)의 발생기준에 의한 금년도 순이익을 계산하라.

16 수익의 인식과 윤리적 판단

스노우(주)는 스키와 인라인 스케이트를 판매하는 회사로서, 주로 통신판매에 의존하고 있다. 회계기말에 이 회사의 경영자는 회계담당자인 당신에게 다음과 같이 말했다.

> "인터넷과 전화로 주문받은 스키와 인라인 스케이트는 아직 우송이 되지 않아도 수익(매출)으로 계산하는 것이 회사를 위해서 유리하다. 어차피 다음 회계연도초에 우송이 될 것이므로 주문을 받은 시점에서 수익으로 인식해도 문제가 없을 것이다. 그리고 인터넷으로 주문을 받고 입금까지 완료된 주문에 대해서 스키와 인라인 스케이트를 보내지 않았다고 해서 수익으로 계상하지 않는 것은 수익을 과소계상하는 결과를 초래할 것이다."

요구사항

회계담당자인 당신은 위와 같은 상황에서 어떠한 회계처리를 할 것인가? 관련 회계원칙이나 회계의 기본개념의 관점에서 의견을 기술하라.

17 회계정보의 활용 – 매출액순이익률

다음은 두 통신회사의 20×1년 부분손익계산서이다.

(단위 : 십억원)

	A텔레콤	B텔레콤
매 출 액	₩17,092	₩11,451
영 업 이 익	2,156	1,751
당기순이익	1,660	1,493

1. 어느 회사의 사업규모가 더 큰가?
2. 어느 회사의 매출액순이익률이 더 높은가? 이는 무엇을 의미하는가?

수익 · 비용의 인식

프로골프선수인 박세린 씨와 신지앤 씨는 현금 ₩10,000,000을 투자하여 올해 3월 1일에 골프연습장인 마스터(주)를 설립하였다. 연습장시설에 ₩3,500,000이 소요되었고, 연습골프공에 ₩800,000을 투자하였다. 마스터(주)는 500평의 대지를 월 ₩1,000,000에 임차하였고, 첫달분의 임차료를 지급하였다. 첫달에 광고비 ₩600,000이 발생했고(이 중에서 ₩150,000은 3월 31일 현재 아직 지급되지 않았다), 연습골프공을 회수하기 위해 인건비로 ₩400,000을 지급하였다. 고객으로부터 받은 연습장사용료는 모두 은행에 입금되었다. 3월 15일 박세린 씨와 신지앤 씨는 은행에서 ₩700,000을 인출하여 개인생활비로 사용하였다. 3월 31일에 전기료청구서(₩100,000)를 받았으나 아직 지급하지 않았다. 3월 31일 현재 은행잔고는 ₩7,450,000이다.

박세린 씨와 신지앤 씨의 3월달 영업성과는 최저 ₩2,550,000의 손실에서 최고 ₩1,500,000의 이익까지의 범위 내에서 당기손익이 결정될 것으로 추정하고 있다.

요구사항

1. 마스터(주)의 손실이 ₩2,550,000이라고 추정한 근거는 무엇인가? 이러한 추정이 타당하다고 생각하는가?
2. 마스터(주)의 이익이 ₩1,500,000이라고 추정한 근거는 무엇인가?(힌트 : 3월 31일 현재의 재무상태표를 작성해 보라)
3. 마스터(주)의 실제 이익은 얼마인가?(손익계산서를 작성할 필요는 없다)
4. 3월의 수익은 얼마인가?

mark down **"정부 통계, 저출산 등 미래 부담요인까지 담겨야… 복식부기 발생기준 회계 필요"**

우리나라가 재정을 운영할 때 순자산 중심으로 발생기준 회계를 활용해야 한다는 학계의 목소리가 나왔다. 이미 발생한 부채만 보지 않고(현금기준 회계) 미래의 재정 부담 요인까지 포괄적으로 살펴봐야(발생기준 회계) 예기치 못한 위기가 닥쳐도 대응할 수 있다는 지적이다.

한국회계기준원, 한국조세재정연구원, 한국회계학회가 주관한 이번 세미나에서 '회계는 어떻게 민주주의를 구할 수 있는가?(Public Net Worth)'의 저자인 Jacob Soll 교수는 "미국에서 많은 부채로 인해 금융위기가 발생할 수 있고, 중국도 부동산 시장이 무너질 수 있는 등 강대국도 예상치 못한 위기를 겪을 수 있다"면서 "정부는 투명하게 미래 발생가능한 부채를 공개해야 하고, 국민도 이를 파악하고 있어야 한다"고 말했다. 솔 교수는 "한국의 경우 부처별로는 회계관리가 잘 이뤄지고 있지만 포괄적인 재무상태표는 통합되지 않았다"면서 "뉴질랜드가 해낸 발생기준의 포괄적인 정부 재무상태표를 만들면 지속가능한 미래를 만들 수 있는 기반이 마련될 것"이라고 덧붙였다.

발생기준 회계는 현금기준 회계와 다른 개념으로, 거래나 사건 그리고 환경이 기업에 미치는 재무적 효과를 현금이 수취되거나 지급되는 기간에 기록하는 것이 아니라 그 거래가 발생한 기간에 기록하는 것을 말한다. 비용과 수익, 부채 규모 등 경영성과 파악이 용이하다. (조선일보, 2024.3.13 기사 일부 수정)

chapter 3

거래의 기록과 회계장부

회계정보이용자가 필요로 하는 다양한 정보를 적시에 전달해 주기 위해서는 거래를 체계적으로 기록·분류·요약·보고할 수 있는 정형화된 회계시스템이 필요하다. 회계거래를 장부에 기록하고 이로부터 최종적으로 재무제표를 작성하기까지 매 회계기간마다 일정한 회계처리절차를 반복하여 수행하는 과정을 회계순환과정(accounting cycle)이라고 한다. 본장에서는 먼저 회계순환과정의 주요 단계를 종합적으로 보여준 후에 각 단계별로 회계처리절차를 상세히 설명하고자 한다.

회계순환과정은 크게 ① 회계거래의 분석 및 기록, ② 회계거래의 분류, ③ 계정별 정보의 요약, 그리고 ④ 회계정보의 보고의 네 단계로 구분할 수 있다.

제1단계에서는 회계기록의 대상이 될 수 있는 회계거래를 분석하고 복식부기(double-entry bookkeeping system) 방법으로 기록한다. 장부는 분개장을 사용하며, 각 거래의 기록단위로 계정(account)을 이용한다. 제

OBJECTIVES

- 회계순환과정이란 무엇인가?
- 회계거래는 어떻게 기록하는가?
- 분개장의 기록을 왜 총계정원장으로 전기하는가?
- 시산표는 어떤 기능을 갖고 있으며, 왜 작성하는가?

2단계에서는 분개장에 기입된 내용을 다시 계정과목별로 분류하여 원장으로 전기한다. 본장에서는 분개장에 기입하는 방법과 분개장에 기입된 내용을 원장으로 전기하는 이유와 방법에 대하여 설명할 것이다. 제3단계에서는 원장의 모든 계정잔액을 한곳에 모은다. 이때 모든 계정의 잔액 혹은 총액을 일목요연하게 표시하기 위해 사용되는 시산표에 대해서도 설명할 것이다. 마지막 제4단계에서는 시산표에 표시된 자산과 부채 및 자본을 이용하여 재무상태표를 작성하고, 수익과 비용을 이용하여 손익계산서를 작성한다.

최근 많은 기업들이 컴퓨터를 이용하여 회계기록을 유지하며, 또한 관련자료를 전산시스템에 저장시키고 있다. 그러나 회계의 기본절차와 개념은 수작업 회계시스템과 동일하므로 수작업 회계시스템을 통하여 그 처리과정을 이해해야 전산화된 회계시스템도 쉽게 이해할 수 있다.

01 회계순환과정

OBJECTIVES 

• 회계순환과정이란 무엇인가?

회계순환과정
기업이 회계정보제공을 위하여 경제적 사건의 분석 및 기록에서부터 재무제표를 작성하기까지의 일련의 체계적 과정

기업은 재무상태에 영향을 미치는 각종 경영활동(경제적 사건)을 요약하여 일정한 형식을 갖춘 재무보고서의 형태로 이해관계자에게 주기적으로 제공한다. 이를 위하여 경영자는 각종 회계적 사건을 정보화하는 일련의 처리과정을 반복적으로 수행한다. 경제적 사건의 분석 및 기록에서부터 재무제표를 작성하기까지의 이러한 일련의 체계적 과정을 회계순환과정(accounting cycle)이라고 한다. 이를 순환과정이라고 부르는 이유는 기업이 회계거래의 기록에서 출발하여 재무제표를 작성하기까지 동일한 회계처리과정을 매 회계기간마다 반복적으로 수행하기 때문이다.

제1장에서 회계시스템의 기능([그림 1-1])을 설명하면서 회계시스템이 ① 인식 및 측정 단계, ② 자료처리 단계, 그리고 ③ 보고 단계 등으로 구성된다고 하였다. 이러한 회계시스템의 단계별 기능은 회계순환과정과 밀접한 관계를 갖는다. 회계시스템의 ① 인식 및 측정 단계는 회계순환과정에서 회계거래의 발생을 인식하고 이를 '기록'하는 과정이고, ② 자료처리 단계는 기록한 회계거래를 '분류'하고 '요약'하는 과정이며, ③ 보고 단계는 재무보고서를 작성하여 이해관계자에게 '보고'하는 단계이다. [그림 3-1]에서는 회계순환과정의 단계별 주요활동, 장부(서식), 수행주기에 관한 흐름도를 종합적으로 보여주고 있다.

제1단계는 경제적 사건이 발생했을 때 회계담당자가 해당 경제적 사건을 분석하여 기업의 재무상태에 어떤 영향을 미치는지, 즉 회계거래의 내용을 분석하

그림 3-1
회계순환과정의 흐름

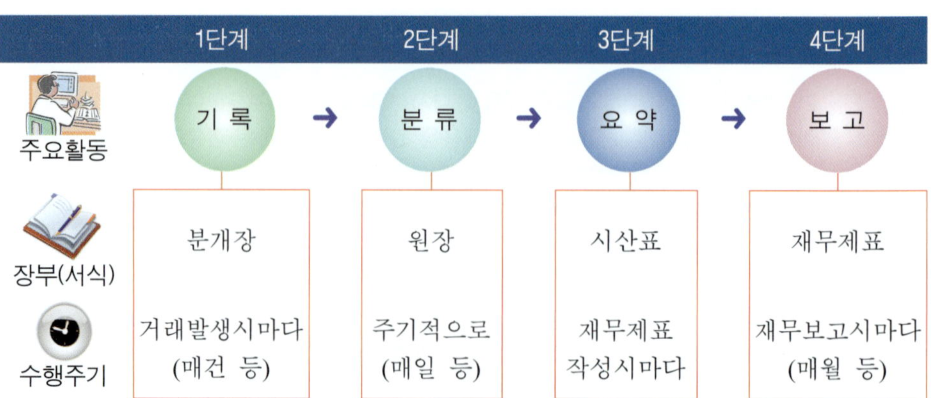

고 회계장부인 분개장에 해당 거래를 발생순서별(건별 혹은 날짜별)로 기록하는 단계이다. 이 단계에서는 기록대상이 되는 거래를 빠짐없이 모두 기록하는 것이 중요하며, 기록방법은 복식부기의 방법을 따른다.

제2단계는 분개장에 기록된 거래를 계정별(예를 들면 현금, 매출채권, 재고자산)로 분류하여 각각의 계정에 정기적으로 옮겨 적음(전기)으로써 동일 계정에 영향을 주는 거래를 한 곳(계정)으로 모으는 단계이다. 재무제표를 구성하는 각 계정을 모아놓은 장부를 원장이라고 부른다. 따라서 2단계에서는 분개장에 기록된 거래를 원장에서 '분류'를 하는 과정이다. 예를 들어 원장계정 중의 한 항목인 현금계정에는 현금을 받거나 지급하는 모든 거래를 분개장으로부터 모은다. 현금의 증가와 감소 내용을 한데 모음으로써 이로부터 현금의 잔액을 산출할 수 있게 된다.[1)]

제3단계에서는 이처럼 원장에 기록된 모든 계정에 대하여 보고기간말시점 혹은 재무제표 작성 기준시점의 잔액을 계산하여 그 금액을 계정과목별로 한곳에 모아서 집계표를 만드는데 이를 시산표(trial balance)라고 한다. 따라서 시산표에는 원장에 있는 모든 계정별 잔액을 한곳에 모아서 표시한다.

시산표
원장에 기록된 모든 계정에 대하여 보고기간말시점 혹은 재무제표 작성 기준시점의 잔액을 계산하여 그 금액을 계정과목별로 한곳에 모아서 만든 집계표

제4단계는 시산표에 표시된 계정과목과 금액을 회계기준 등에서 정하는 방법과 순서에 따라 자산, 부채 및 자본으로 구분표시하여 재무상태표를 작성하고, 또한 수익과 비용의 과목을 적절하게 배열하여 손익계산서를 완성하는 등 재무제표를 작성하여 보고하는 단계이다.

마지막으로 다음 기간의 회계기록으로 연결시키기 위하여 보고기간말의 회계장부를 마감시키는 보조절차가 필요하다. 장부의 마감절차(closing procedure)는 손익계정이나 기타의 임시계정들을 마감하여 다음 보고기간의 기초잔액이 ₩0에서 다시 시작할 수 있도록 장부를 정리하는 기술적 절차이다. 이러한 회계순환과정을 요약하면 〈표 3-1〉과 같다.

표 3-1
회계순환과정의 단계

단계	주요활동	회계순환과정	내용
1	인식및측정	회계거래의 분석 및 기록	: 거래를 분석하고 분개장에 기록
2	처리	회계거래의 분류	: 계정별로 원장에 전기
3		계정별 정보의 요약	: 계정별 잔액을 시산표에 집합
4	보고	회계정보의 보고	: 재무제표 작성과 보고
마감	정리		: 회계장부 마감

1) 분개장에서 원장으로 옮겨 적는(전기) 것은 주기적(예를 들면 매일 혹은 매주)으로 행하게 되는데, 1단계에서 기록된 분개장의 모든 거래를 해당 계정으로 올바르게 분류해 주는 것이 중요하다.

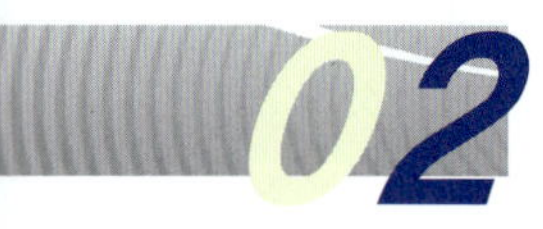

02 계정의 이용과 복식부기

OBJECTIVES 

- 회계거래는 어떻게 기록하는가?

거래를 체계적으로 기록하기 위해 복식부기제도에서는 계정을 만들어 사용한다. [그림 3-1]에서 설명하였듯이 계정은 재무제표에 표시되는 각 항목 금액의 증가와 감소를 기록하기 위해 사용된다. 예를 들면 현금을 받거나 지급하는 개별 거래와 관련하여 현금의 증감상황을 기록하기 위하여 현금계정을 설정한다.

회계기록과정에서는 현금계정을 포함하여 재무제표의 각 과목별로 계정을 설정하여 기록하는데, 이때의 각 계정은 결국 하나씩 개별 원장(ledger)을 구성하게 된다. 이러한 개별 원장을 한곳에 모으면 총계정원장(general ledger)이 생성된다.

1. 계정과목표

계정
특정 자산, 부채, 자본, 수익, 비용을 각 항목별로 독립적으로 설정하고 해당 항목의 증감을 가져오는 거래들을 집합적으로 기록하는 장소

계정(account)은 특정 자산, 부채, 자본, 수익, 비용을 각 항목별로 독립적으로 설정하고 해당 항목의 증감을 가져오는 거래들을 집합적으로 기록하는 장소를 말한다.

계정과목표
계정과목과 계정번호를 기업의 영업특성에 적합하도록 설정하여 조직의 구성원들이 통일적으로 일관성 있게 사용할 수 있도록 일련의 번호를 부여한 일람표

기업에서는 계정과목과 계정번호를 그들의 영업특성에 적합하도록 설정하여 조직의 구성원들이 통일적으로 일관성 있게 사용할 수 있도록 일련의 번호를 부여하여 일람표의 형태로 유지하는데, 이를 계정과목표(chart of accounts)라고 한다. 〈표 3-2〉는 글로벌세탁(주)의 계정과목표를 예시하고 있다.

계정과목은 크게 자산, 부채, 자본, 수익, 비용으로 분류하고, 각 분류에 속하는 계정들의 계정번호 중 앞자리 수는 같은 숫자로 시작한다. 기업의 규모가 크거나 영업의 성격이 다양하고 회계시스템이 복잡해지는 정도에 따라 계정번호는 두 자릿수부터 그 이상의 여러 자릿수까지도 이용되며, 때로는 회사 내의 각 지점이나 각 부서 등을 지정하기 위하여 특정한 부호를 첨부하거나 자릿수를 번호 끝에 추가하기도 한다. 따라서 계정과목표의 형식과 명칭 및 계정번호는 당연히 기업마다 서로 다를 것이다. 대부분의 기업에서는 회계규정집(accounting manual) 안에 계정과목표를 설정하여 규정하는 방법으로 기업 내의 회계처리를 표준화시키고 있다.

계정과목의 예

글로벌세탁(주)

계정과목표

〈자 산〉
(11) 현 금
(13) 매 출 채 권
(14) 선급보험료
(16) 소 모 품
(17) 기 계 장 치
(19) 토 지

〈부 채〉
(22) 미 지 급 금
(23) 차 입 금

〈자 본〉
(31) 자 본 금
(32) 배 당 금
(33) 이익잉여금

〈수 익〉
(41) 용 역 매 출
(세탁수익)
(42) 이 자 수 익

〈비 용〉
(51) 임 차 료
(52) 급 여
(53) 광 고 비
(54) 소 모 품 비
(55) 수도광열비
(56) 운 송 비
(57) 보 험 료
(58) 감가상각비
(59) 이 자 비 용

2. 계정의 구성내용

일반적으로 사용되는 계정양식을 〈표 3-3〉에 표시하였다. 〈표 3-3〉의 윗부분은 글로벌세탁(주)의 현금계정 표준식 양식을 예시하고, 아랫부분은 잔액식 양식을 보여주고 있다.

〈표 3-3〉에서 보듯이 현금의 증가는 왼편에, 현금의 감소는 오른편에 기록된다. 〈표 3-3〉의 글로벌세탁(주) 현금계정은 영업활동 개시시점부터 기록되었으므로 현금의 기초잔액은 없으며, 첫 기록으로 9월 1일에 주식을 발행함으로써 수취한 현금의 증가분 ₩300,000이 표시되어 있다. 계정에는 다음과 같은 정보가 기록된다.

- 계정과목 및 계정번호
- 금액의 증감
- 다른 회계기록과 상호 연관관계
- 일자와 거래내용을 설명하는 적요

계정의 양식

표준식 계정 양식

현 금							계정번호 11
일 자	적 요	분면	금 액	일 자	적 요	분면	금 액
20×1년							
9월 1일	주식발행		300,000	9월 9일	소모품 구입		50,000
10일	은행에서 차입		200,000	19일	운송비 지급		50,000
18일	세탁용역대금 받음		400,000	20일	급여 지급		300,000
28일	세탁용역대금 받음		400,000	20일	배당금 지급		30,000
				25일	소모품 외상		
					구입대금 지급		30,000
				30일	임차료 지급		400,000

잔액식 계정 양식

현 금					계정번호 11
일 자	적 요	분면	차 변	대 변	잔 액
20×1년					
9월 1일	주식발행		300,000		300,000
9일	소모품 구입			50,000	250,000
10일	은행에서 차입		200,000		450,000
18일	세탁용역대금 받음		400,000		850,000
19일	운송비 지급			50,000	800,000
20일	급여 지급			300,000	500,000
20일	배당금 지급			30,000	470,000
25일	소모품 외상구입대금 지급			30,000	440,000
28일	세탁용역대금 받음		400,000		840,000
30일	임차료 지급			400,000	440,000

먼저 각 계정에는 그 계정에 어떠한 항목의 자료가 기록되는가를 나타내기 위하여 계정과목이 명시된다. 예를 들면 현금, 재고자산, 토지, 건물 등과 같은 자산계정과 매입채무, 미지급비용, 차입금 등과 같은 부채계정 및 자본금, 이익잉여금 등과 같은 자본계정이 명시된다. 또한 수익이나 비용의 세부항목과 같은 손익계산서계정도 명시된다. 그런데 대부분의 기업에서는 특정 계정을 좀더 편리하게 지정할 수 있도록 계정과목을 직접 사용하는 대신 각 계정과목에 계정번호를 부여하여 사용하기도 한다. 예를 들면 각 계정에 계정번호를 부여함으로써

〈표 3-2〉 계정과목표와 같이 "계정번호 11번은 현금계정이다"라는 사실을 부호로 표시한다.

계정에 나타난 거래내용을 '기입'(entries)이라고 하며, 계정에 금액이 나타나도록 적어넣는 것을 '기입한다'라고 한다. 다시 말하면, 계정에 기입한다는 것은 계정잔액의 증감을 나타내는 계정 내의 특정 장소에 금액을 기록하는 것을 뜻한다. 계정에 기입되는 금액은 기초잔액, 당기증가, 당기감소 및 기말잔액으로 구성된다. 계정의 정상잔액(normal balance)은 특정 일자까지 해당 계정의 총증가액이 총감소액을 초과하는 금액을 나타내는 것으로, 예컨대 〈표 3-3〉의 잔액식 계정에서는 20×1년 9월 30일 현재 현금계정의 정상잔액이 ₩440,000이라는 것을 알 수 있다.

계정에는 기타 여러 가지 관련 정보들을 함께 기록하기도 한다. 예를 들면 특정 기입의 내용을 설명하는 적요, 그리고 기입의 원천을 밝혀주는 분면(뒤에서 상세히 설명된다) 등이 있다.

회계 교과서와 수업시간에는 일반적으로 계정의 약식형태인 T-계정을 이용하는데, 그 이유는 계정의 형태가 T자와 비슷하기 때문에 통상적으로 T-계정이라고 한다. 〈표 3-4〉에는 〈표 3-3〉에 나타낸 글로벌세탁(주)의 현금계정을 T-계정 양식으로 다시 정리하였다.

T-계정에는 거래가 발생한 일자와 내용을 설명하는 적요 등에 대한 기입을 일반적으로 생략한다. 반면에 각 거래의 기입을 식별하기 위한 수단으로 〈표 3-4〉의 (1)~(10)과 같이 특정 숫자나 글자를 각 기록의 앞쪽에 표시하고 있다. 필요한 경우 거래의 내용을 추적하기가 쉬울 뿐 아니라 오류가 발생하면 이를 쉽게 식별할 수 있게 하기 위해서이다.

표 3-4

T-계정의 예

현		금	
(1)	300,000	(2)	50,000
(3)	200,000	(5)	50,000
(4)	400,000	(6)	300,000
(9)	400,000	(7)	30,000
		(8)	30,000
		(10)	400,000

3. 계정의 차변과 대변

계정의 기본특징 중 하나는 그 계정의 잔액을 증가시키는 기입과 잔액을 감소시키는 기입을 구분할 수 있도록 고안되어 있다는 점이다. 일상적인 계산에서는 왼편과 오른편의 구분없이 특정 계정금액의 증가는 플러스(+)로, 감소는 마이너스(−)의 부호로 기록한다. 그러나 회계에서는 증감부호 대신 왼편과 오른편을 구분하여 계정금액의 증감을 왼편 또는 오른편에 기록하는 독특한 방식을 사용함으로써 해당 계정의 증가와 감소에 관한 거래를 둘로 나누어 파악하고 있다. 예를 들어 현금계정의 경우 현금의 증가를 왼편에, 현금의 감소를 오른편에 기록한다. 반면에 어떤 계정의 경우에는 증가를 오른편에, 감소를 왼편에 기록한다.

계정의 왼편을 차변, 계정의 오른편을 대변이라고 부른다.

회계에서는 계정의 왼편을 차변(debit), 계정의 오른편을 대변(credit)이라고 부른다. 그리고 어떤 종류의 계정에 무엇이 기록되든간에 계정의 왼편에 기입하는 것을 차변기입(debit entry), 계정의 오른편에 기입하는 것을 대변기입(credit entry)이라고 부른다.

(어떤 종류의 계정이든간에)

차　변	대　변
(항상 왼편)	(항상 오른편)

차변 또는 대변이란 어떤 특정한 의미를 가지고 있는 것은 아니고, 그냥 계정의 왼편을 지칭하기 위하여 차변, 계정의 오른편을 지칭하기 위하여 대변이라고 부를 뿐이다. 〈표 3-5〉에서 보듯이 증가액이 계정과목에 따라 차변에 기록될 수도 있고, 대변에 기록될 수도 있다. 〈표 3-5〉는 다음과 같은 사실을 나타내고 있다.

- 어떤 계정이든지간에 차변은 항상 왼편, 대변은 항상 오른편을 지칭한다.
- 자산의 증가는 차변에, 부채와 자본의 증가는 대변에 기입된다.
- 각 계정의 감소는 증가하는 쪽의 반대편에 기록된다.
- 어떤 계정이든 정상잔액은 증가가 기입되는 편에 나타난다.

표 3-5 계정잔액의 증가와 감소, 차변과 대변 그리고 정상잔액의 관계

자 산 = 부 채 + 자 본

자산 (차변)	자산 (대변)	부채 (차변)	부채 (대변)	자본 (차변)	자본 (대변)
증 가	감 소	감 소	증 가	감 소	증 가

비용 (차변)	비용 (대변)	수익 (차변)	수익 (대변)
증 가	감 소	감 소	증 가

	계정종류									
	자산		부채		자본		수익		비용	
(1) 명 칭*	차변	대변	차변	대변	차변	대변	차변	대변	차변	대변
(2) 증 가**	+			+		+		+	+	
감 소		−	−		−		−			−
(3) 정상잔액***	✓			✓		✓		✓	✓	

* 변함 없다.
** 증가는 재무상태표에서 해당 계정이 나타나는 편에 나타나고, 감소는 증가의 반대편에 나타난다.
*** 정상잔액은 각 계정의 증가편에 나타난다.

한편 수익의 증가는 대변, 비용의 증가는 차변에 기록된다. 그 이유는 수익의 증가는 자본(정확하게는 이익잉여금)의 증가를 초래하기 때문에 자본의 증가가 나타나는 대변에 기록되어야 하며, 비용의 증가는 자본(정확하게는 이익잉여금)의 감소를 초래하기 때문에 자본의 감소가 나타나는 차변에 기록되어야 한다. 즉 자산 및 비용의 정상잔액은 차변에, 그리고 부채, 자본 및 수익의 정상잔액은 대변에 나타난다. 왜냐하면 어떤 계정이든 그 계정의 증가금액은 통상적으로 감소금액보다 크거나 같기 때문이다. 따라서 각 계정의 증가가 기록되는 위치와 각 계정이 재무상태표에 나타나는 위치가 일치한다는 것을 알 수 있다.

이와 같이 차변과 대변을 이용한 회계시스템에서는 회계거래가 발생하여 계정에 기록할 때 반드시 한 개 이상의 차변기입과 이에 대응하는 한 개 이상의 대변기입, 즉 적어도 상호 대응되는 두 개의 기입이 동시에 이루어진다. 이때 한 회계거래에 대하여 기록된 차변금액의 합계와 대변금액의 합계는 항상 일치한다. 이와 같은 장부기록법을 복식부기시스템(double-entry bookkeeping system)이라고 한다.

4. 회계거래의 기록

이미 제2장에서 예시한 바 있는 글로벌세탁(주)의 거래를 T-계정의 방법으로 다시 분석해 보자. 각 거래가 계정의 차변 또는 대변에 어떻게 영향을 미치는지 분석할 것이다. 글로벌세탁(주)의 20×1년 9월의 영업활동 중에서 장부에 기록되었던 회계거래를 발생순서대로 다시 요약하면 다음과 같다.

① 9월 1일 : 글로벌세탁(주)를 설립하고 주당액면 ₩5,000인 주식 60주를 발행하였다. 주주들이 이 주식을 전부 인수하고 현금 ₩300,000을 납입하였다.

② 9월 9일 : 소모품을 ₩100,000에 구입하였다. 구입시 현금 ₩50,000을 지급하고, 잔액 ₩50,000은 1개월 후에 지급하기로 하였다.

③ 9월 10일 : 은하은행에서 회사명의로 현금 ₩200,000을 차입하였다.

④ 9월 18일 : 우주복 개발업체인 성지제조회사 종업원의 작업복 500벌을 세탁하고, 세탁용역대금으로 현금 ₩400,000을 받았다.

⑤ 9월 19일 : 세탁물 운송비 ₩50,000을 현금으로 지급하였다.

⑥ 9월 20일 : 세탁기술사원의 1개월분 급여 ₩300,000을 현금으로 지급하였다.

⑦ 9월 20일 : 배당금으로 현금 ₩30,000을 지급하였다.

⑧ 9월 25일 : 9월 9일에 외상으로 구입한 소모품의 구입대금 중 ₩30,000을 현금으로 지급하였다.

mark down

복식부기시스템의 역사

복식부기는 이탈리아 도시국가간에 상거래가 성행함에 따라 당시 상인들에 의해 발전된 회계제도이다. 문헌상으로는 1494년 이탈리아의 파치올리가 쓴 「대수, 기하, 비 및 비례총람」에 처음 소개되었다. 파치올리는 상인이 성공하기 위해서는 세 가지가 필요하다고 하면서 충분한 현금과 신용, 우수한 장부기록 담당자 그리고 사업의 상태를 잘 파악할 수 있는 회계제도를 들었다. 그는 이 책의 첫머리에 "신의 이름으로" 기록한다는 것을 표시함으로써 진실한 회계기록의 중요성을 강조했다.

⑨ 9월 28일 : 성지제조회사 종업원의 작업복 700벌의 세탁을 완료하였다. 전체 세탁용역대금 ₩560,000 중 ₩400,000만을 현금으로 받고, 잔액 ₩160,000은 10월중에 받기로 하였다.

⑩ 9월 30일 : 세탁소 건물 및 기계에 대한 1개월분 임차료 ₩400,000을 현금으로 지급하였다.

이 거래들을 분석하고 이들이 계정에 어떻게 반영되는지를 T-계정을 통하여 검토해 보자.

[거래 ①] 주식의 발행

분 석 : 현 금(자산)이 ₩300,000 증가 → 현금계정의 차변에 기입
자 본 금(자본)이 ₩300,000 증가 → 자본금계정의 대변에 기입

기 입 :

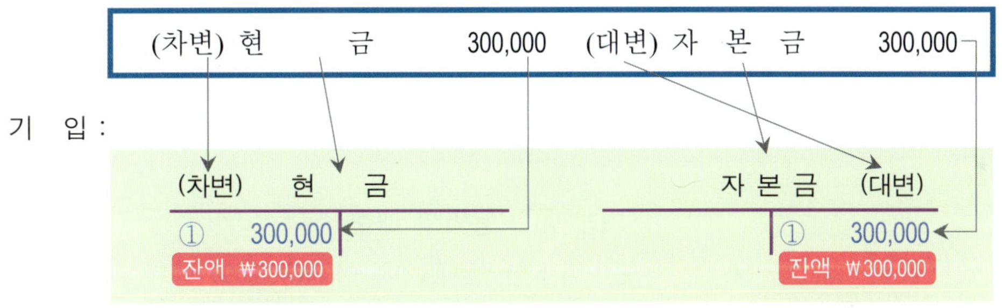

[거래 ②] 소모품의 구입

분 석 : 소 모 품(자산)이 ₩100,000 증가 → 소모품계정의 차변에 기입
현 금(자산)이 ₩ 50,000 감소 → 현금계정의 대변에 기입
미지급금(부채)이 ₩ 50,000 증가 → 미지급금계정의 대변에 기입

기 입 :

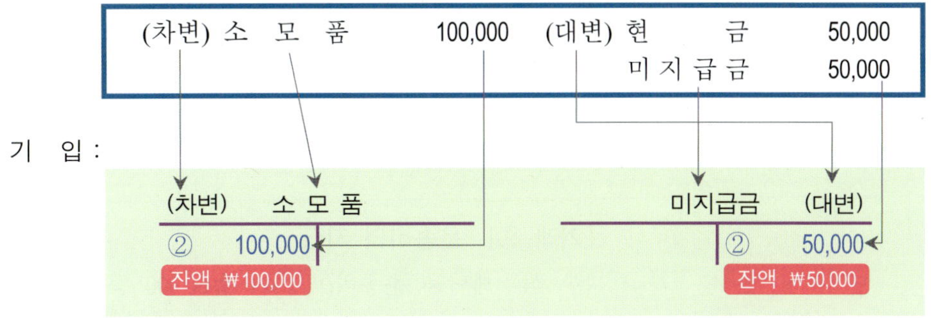

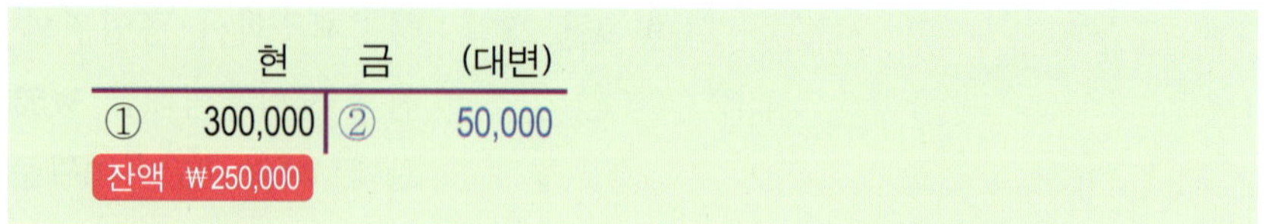

[거래 ③] 자금의 차입

분 석 : 현 금(자산)이 ₩200,000 증가 → 현금계정의 차변에 기입
차 입 금(부채)이 ₩200,000 증가 → 차입금계정의 대변에 기입

(차변) 현 금	200,000	(대변) 차 입 금	200,000

기 입 :

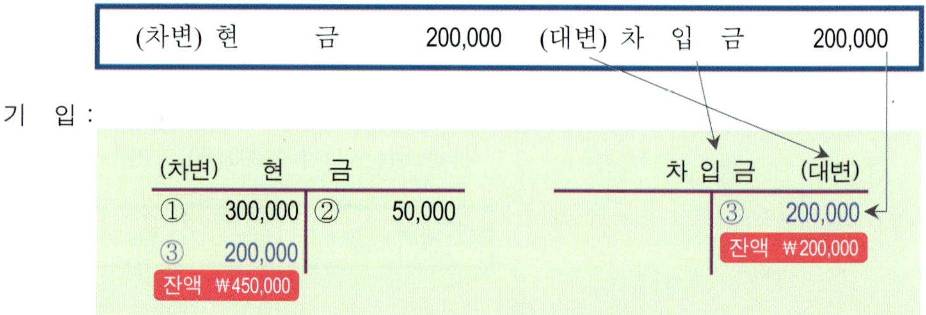

[거래 ④] 용역의 매출

분 석 : 현 금(자산)이 ₩400,000 증가 → 현금계정의 차변에 기입
용역매출(수익)이 ₩400,000 증가 → 용역매출(수익)계정의 대변에 기입

(차변) 현 금	400,000	(대변) 용 역 매 출	400,000

기 입 :

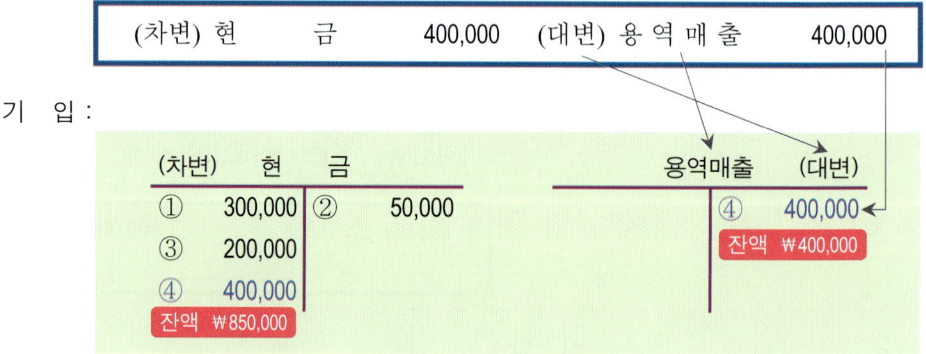

[거래 ⑤] 운송비의 지급

분 석 : 세탁물 운송비(비용)가 ₩50,000 증가 → 운송비계정의 차변에 기입
현 금(자산)이 ₩50,000 감소 → 현금계정의 대변에 기입

기 입 :

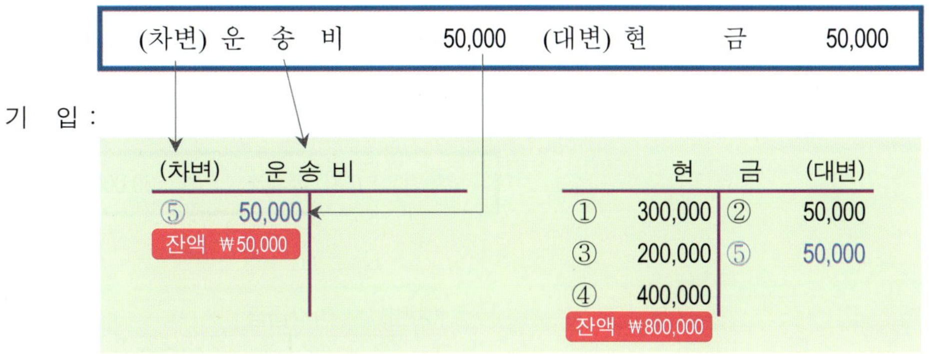

[거래 ⑥] 급여의 지급

분 석 : 급 여(비용)가 ₩300,000 증가 → 급여계정의 차변에 기입

현 금(자산)이 ₩300,000 감소 → 현금계정의 대변에 기입

기 입 :

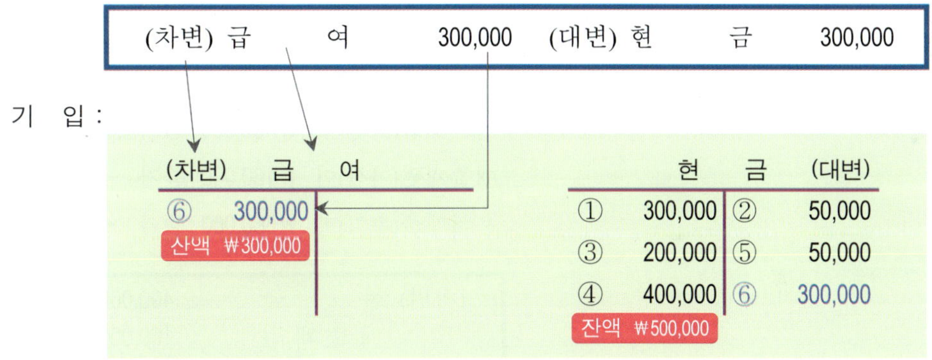

[거래 ⑦] 배당금의 지급

분 석 : 배 당 금(자본의 차감)이 ₩30,000 증가 → 배당금계정의 차변에 기입

현 금(자산)이 ₩30,000 감소 → 현금계정의 대변에 기입

기 입 :

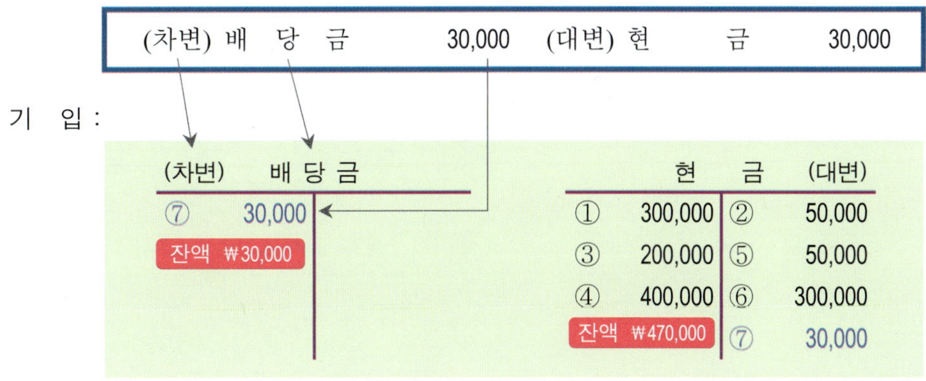

[거래 ⑧] 미지급금의 지급

분 석 : 미지급금(부채)이 ₩30,000 감소 → 미지급금계정의 차변에 기입
현 금(자산)이 ₩30,000 감소 → 현금계정의 대변에 기입

기 입 :

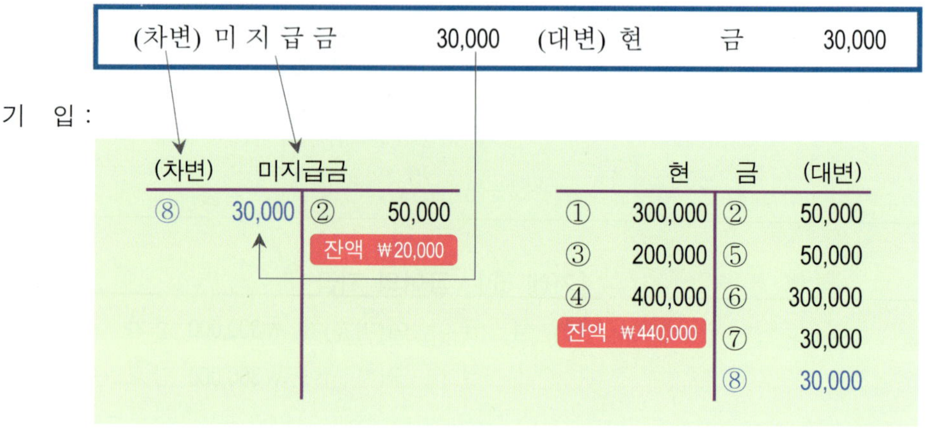

[거래 ⑨] 용역의 매출

분 석 : 현 금(자산)이 ₩400,000 증가 → 현금계정의 차변에 기입
매출채권(자산)이 ₩160,000 증가 → 매출채권계정의 차변에 기입
용역매출(수익)이 ₩560,000 증가 → 용역매출(수익)계정의 대변에 기입

기 입 :

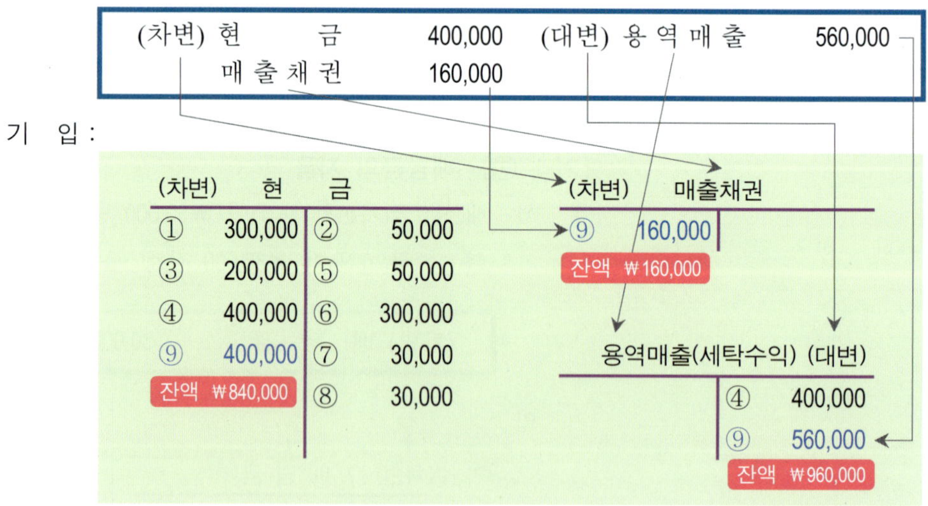

[거래 ⑩] 임차료의 지급

분　석 : 임 차 료(비용)가 ₩400,000 증가 → 임차료계정의 차변에 기입

현　　금(자산)이 ₩400,000 감소 → 현금계정의 대변에 기입

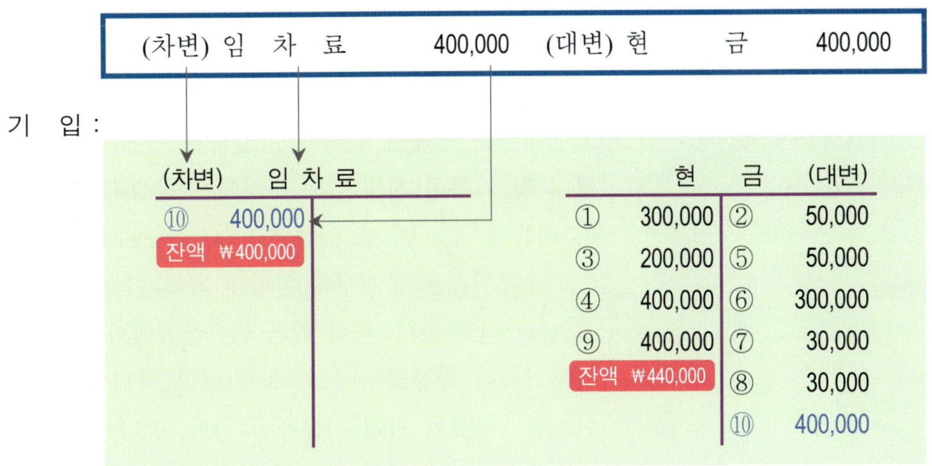

위와 같이 여러 가지 거래를 분석하고 각 거래가 계정에 어떻게 반영되는지를 검토하면 다음과 같은 사실을 발견할 수 있다.

- 모든 회계거래는 반드시 한 개 이상의 차변과 한 개 이상의 대변에 복수로 변화를 가져온다.
- 만일 한 거래가 오직 두 개의 계정에만 영향을 미치면, 같은 금액이 한 계정에는 차변기입되고, 다른 계정에는 대변기입된다.
- 위의 [거래 ⑨]와 같이 한 거래가 두 개보다 더 많은 복수의 계정에 영향을 미치는 경우라 하더라도 차변에 기입되는 금액의 합계와 대변에 기입되는 금액의 합계는 항시 같다.
- 각 거래가 개별 원장계정의 차변과 대변에 미치는 영향이 같으므로 이를 집합한 모든 원장계정의 차변총액과 대변총액은 같다(05에서 시산표를 작성할 때 그 원리를 다시 설명한다).

03 제1단계 : 분개장의 기입

OBJECTIVES

• 분개장의 기록을 왜 총계정원장으로 전기하는가?

앞의  에서는 거래가 발생하면 이를 분석하여 계정과목별로 차변과 대변으로 나누어 원장에 직접 기입하는 방법에 대하여 설명하였다. 그러나 실제 회계시스템에서는 거래를 원장에 기입하기 전에 분개장(journal)이라는 회계장부를 이용하여 첫 기록이 시작된다. 분개장은 발생된 거래가 최초로 기록되는 회계장부이기 때문에 때로는 원시기입장(book of original entry)이라고 부르기도 한다.

회계거래를 분개장과 원장에 기록하는 과정은 시간도 걸리고 번거로운 것으로 생각할 수 있다. 특히 최근에는 컴퓨터와 정보기술의 발달에 따라서 거의 모든 장부기록이 전산화되어 있다. 그러나 회계원리를 공부할 때에는 회계처리의 각 단계를 꼭 깊이 있게 이해해야 한다. 발달된 정보처리과정이라도 기본적인 회계순환과정으로 회계정보가 처리되기 때문이다. 이러한 과정에 대한 이해 없이는 재무제표가 어떻게 산출되는지 알 수가 없다.

1. 분개장의 기입요령

분개장
발생된 거래가 최초로 기록되는 회계장부

분개
거래를 분개장에 기록하는 과정

분개장에는 각 거래가 특정 계정의 차변이나 대변에 어떠한 영향을 미치는지를 분석하여 거래가 발생한 순서에 따라 기록한다. 거래를 분개장에 기록하는 과정을 분개(journalizing)라고 한다. 이는 앞서 각 거래를 분석하여 계정과목별로 나누어 기록한 내용과 동일하다.

[실제거래의 예]

〈표 3-6〉은 앞에서 언급했던 글로벌세탁(주)의 9월 거래를 기록한 분개장을 예시하고 있다.

표 3-6

글로벌세탁(주)
20×1년 9월의 분개장

분 개 장 (제1면)

일 자		계정과목 및 설명	원면	차 변	대 변
20×1년					
9월❶	1일	현 금❷	11❻	300,000❷	
		자 본 금❸	31		300,000❸

		주당액면 ₩5,000의 주식 60주를 발행하다.❹			
❺	9일	소 모 품	16	100,000	
		현 금	11		50,000
		미 지 급 금	22		50,000
		소모품 ₩100,000을 구입하다. 구입조건 : ₩50,000은 구입 즉시 현금으로 지급하고, 나머지는 1개월 후에 지급하기로 하였다.			
	10일	현 금	11	200,000	
		차 입 금	23		200,000
		은하은행에서 차입하다.			
	18일	현 금	11	400,000	
		용 역 매 출	41		400,000
		세탁용역을 제공하고 그 대금을 받다.			
	19일	운 송 비	56	50,000	
		현 금	11		50,000
		1개월분 세탁물운송비를 지급하다.			
	20일	급 여	52	300,000	
		현 금	11		300,000
		세탁기술자의 1개월분 급여를 지급하다.			
	20일	배 당 금	32	30,000	
		현 금	11		30,000
		배당금을 지급하다.			
	25일	미 지 급 금	22	30,000	
		현 금	11		30,000
		소모품 외상구입대금 ₩30,000을 상환하다.			
	28일	현 금	11	400,000	
		매 출 채 권	13	160,000	
		용 역 매 출 (세탁수익)	41		560,000
		세탁용역을 ₩560,000만큼 제공하고 그 대금 중 ₩400,000만 현금으로 받고, 잔액은 10월중에 받기로 하다.			
	30일	임 차 료	51	400,000	
		현 금	11		400,000
		세탁소건물 및 세탁기계 1개월분 임차료를 지급하다.			

〈표 3-6〉에 기록된 분개장을 상세히 살펴보면 다음과 같은 사실을 알 수 있다.

① 거래의 '발생일자'를 첫 열에 기록한다.

② 각 거래로 인하여 차변에 기입되는 계정과목의 이름을 '계정과목 및 설명'열의 첫 항목으로 기입하고, 이에 해당되는 금액은 같은 행 금액란의 왼편(분개장의 양식에서는 차변이라고 한다)에 기입한다.

③ 각 거래로 인하여 대변에 기입되는 계정과목의 이름을 차변에 기입되는 계정과목의 밑줄에 쓰되, 왼편에 몇 칸의 여백을 두고 시작한다. 이에 해당하는 금액은 같은 행 금액란의 오른편(분개장의 양식에서는 대변이라고 한다)에 기입한다.

④ 거래에 대한 간단한 설명을 마지막 계정과목이 기록된 다음 행에 기록한다. 이 경우에는 왼편에 여백을 남길 필요가 없다.

⑤ 각 거래의 분개 사이에는 한 행의 여백을 남겨서 각 거래가 확실하게 구분되도록 한다(〈표 3-6〉에서는 지면제약상 한 행의 여백을 남기지 않았다).

⑥ 분개장의 양식에서 차변금액의 왼쪽에 있는 '원면'열에는 거래를 분개할 당시에는 어떠한 내용도 기록하지 않는다. 그러나 분개후에 차변금액과 대변금액을 원장으로 옮겨 적을 때(이를 전기라고 한다) 원장에 있는 해당 계정의 번호를 여기에 기록한다.

2. 분개장을 이용하는 이유

기술적으로는 모든 거래를 분개장에 기록하지 않고 곧바로 원장에 기록할 수도 있다. 그러면 왜 원장과 별도로 분개장을 이용하는가? 이는 분개장을 이용할 경

mark down **전 표**

실무에서는 분개장 대신에 전표(또는 전자전표)를 주로 사용한다. 회사 내 여러 부서에서 많은 직원들이 거래를 기록하는 데 하나의 분개장을 이용하면 여러 가지로 불편하다. 따라서 각 거래를 분개할 때 전표에 기록하도록 하여 분개장을 대신하면 편리하다. 즉 전표는 분개장의 개별분개를 기록하는 수단인 셈이다. 전표의 종류에는 입금전표, 출금전표, 그리고 대체전표 등이 있다. 입금전표는 차변에 현금을 기록해야 하는 거래를 위하여 사용하는 전표이고, 출금전표는 대변에 현금을 기록해야 하는 거래를 위하여 사용하는 전표이다. 그리고 대체전표는 차변과 대변에 현금 이외의 계정을 기록해야 하는 거래를 위한 전표이다. 최근에는 종이전표를 없애고 전자전표시스템을 도입하여 재무회계 분야의 업무속도와 정확성을 높이는 기업이 많아지고 있다.

우 다음과 같은 편리한 점이 있기 때문이다.

- 분개장에는 특정 거래 또는 사건과 관련된 모든 정보(즉 차변과 대변의 정보)가 한곳에 나타나며, 거래에 대한 설명도 추가된다. 반면에 원장에는 동일 거래에 대해 차변기입과 대변기입이 각각 다른 계정으로 나타나기 때문에 원장을 통해서 특정 거래 정보를 추적하기가 매우 번거롭다.
- 분개장에는 기업의 영업활동에 관한 자료가 거래의 발생순서대로 기입된다. 따라서 특정 일자나 특정 기간의 거래에 대한 정보를 얻고자 할 때 거래의 발생일자만으로 언제든지 분개장을 통한 추적이 가능하다.
- 분개장을 이용함으로써 회계기록단계에서의 오류를 방지하는 데 도움이 된다. 거래를 직접 원장에 기입하면 차변기입이나 대변기입 중의 어느 하나를 누락한다든지, 동일한 거래를 이중으로 기입하게 될 가능성도 있다. 반면에 분개장에는 항상 차변기입과 대변기입이 대칭되어 나타나기 때문에 이와 같은 오류가 발생할 가능성이 줄어든다.

분개는 기업의 재무상태에 영향을 미치는 거래를 분석하여 이를 회계정보로 표현하는 과정이라고 볼 수 있다. 따라서 분개할 때 차변기록 및 대변기록에 항상 정확한 계정과목을 사용해야 하며, 기입되는 금액도 정확해야 한다. 어떤 거래를 분개의 형태로 표현하기 위해서는 거래의 성격을 완전히 파악해야 하며, 그 거래가 기업의 재무상태에 미치는 영향(즉 재무제표의 개별구성요소에 미치는 영향)을 분석할 수 있어야 한다. 따라서 거래를 분개의 형태로 표현하는 방법에 익숙해지는 것이 회계개념 및 회계처리절차를 습득해 가는 데 있어서 필수적인 과정이라고 볼 수 있다.

특히 오늘날에는 기업의 규모나 유형을 막론하고 컴퓨터를 이용하여 회계처리를 하고 있기 때문에 거래를 올바른 계정과목으로 정확하게 입력(분개)하는 능력이 필수적이다. 왜냐하면 분개자료가 입력된 이후에는 전산시스템에서 기계적·자동적으로 회계처리되기 때문에 최초의 입력자료가 정확하지 않으면 최후의 출력(재무제표)자료까지 자동적으로 오류를 발생시키기 때문이다.

3. 분개의 증빙서류

거래가 회계시스템에 기록되기 위해서는 그 발생사실을 증빙하는 원천적 자료에

증빙서류
거래가 실제로 발생했다는 것을 뒷받침하는 서류

의해 반드시 거래의 정당성이 입증되어야 한다. 증빙서류(voucher document)란 거래가 실제로 발생했다는 것을 뒷받침하는 서류로서, 영업활동과정에서 작성 혹은 순환되는 문서나 서식의 형태로 존재한다. 증빙서류에는 거래와 관련된 금액, 거래일자, 거래의 상대방 등이 기록된다. 증빙서류의 예를 들면 다음과 같다.

- 물품을 외상으로 구입했을 때의 계약서, 거래처의 대금청구서, 물품인수증 또는 검수증
- 고객에게 물품을 외상으로 판매했을 때의 계약서, 고객에게 발송한 대금청구서 사본, 물품인도증 또는 적송서류
- 현금을 지급하거나 카드로 결제했을 때, 이를 증빙하는 매출전표나 현금영수증 또는 세금계산서
- 무통장입금 또는 인터넷 뱅킹의 송금 관련 출력물

회계담당자는 이와 같은 증빙서류를 분석하여 회계거래로서 기록대상이 되는지를 결정하고, 만일 기록한다면 어떤 계정에 차변기입하고 어떤 계정에 대변기입하는지를 판단하게 된다. 단순하거나 반복적인 거래는 회계처리를 쉽게 전산화할 수 있지만, 복잡하거나 자주 발생하지 않는 거래들은 매번 사람의 판단에 의존해야 한다.

04 제2단계 : 원장으로의 전기

분개장에 기록된 거래는 원장으로 옮겨 적는다. 이때 계정의 위치는 바꾸지 않는다. 즉 분개장의 차변에 기입된 내용은 원장 해당 계정의 차변에 옮겨 적고, 대변에 기입된 내용은 원장의 대변에 옮겨 적는다. 이러한 과정을 전기(posting)라고 한다. 〈표 3-7〉은 글로벌세탁(주)의 첫번째 거래인 주식의 발행을 통한 현금수취의 전기절차를 보여주고 있다.

전기
분개장에 기입된 내용을 원장 해당계정에 옮겨 적는 과정

분개장의 자료를 원장으로 추적하고, 반대로 원장에 전기된 자료를 분개장으로 역추적할 수 있어야 한다. 이를 위해서는 여러 회계장부간에 상호조회가 가능하도록 시스템을 구성할 필요가 있다. 이러한 상호조회시스템의 하나로 분개장의 원면과 원장의 분면을 사용한다. 〈표 3-7〉의 예와 같이 분개장에서 원장으

표 3-7 원장으로의 전기절차

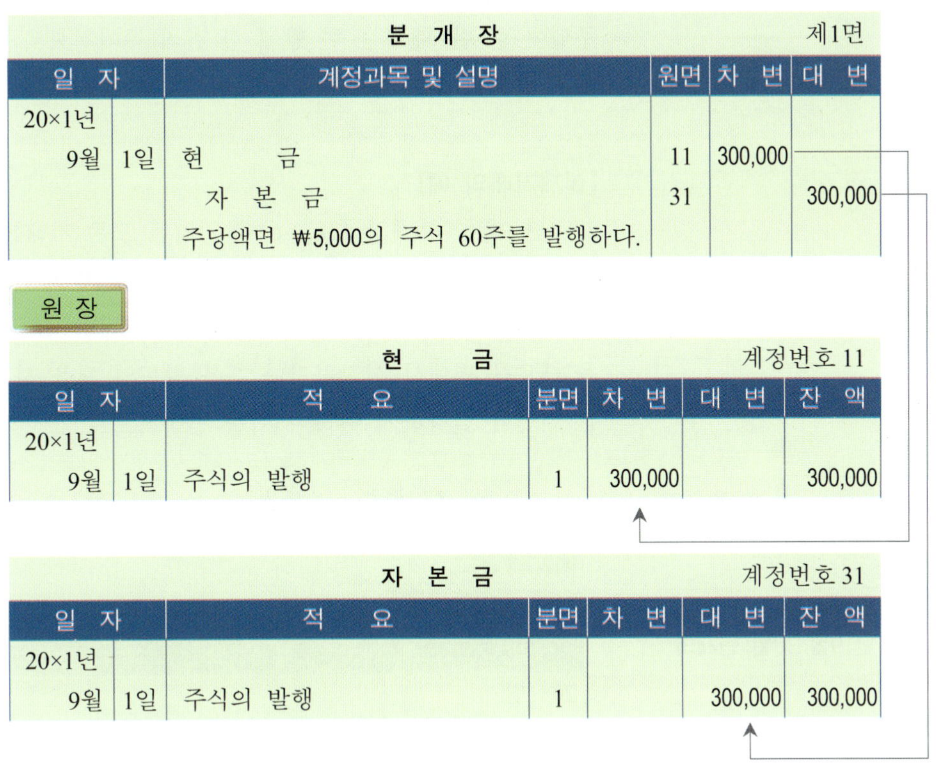

분 개 장 제1면

일 자		계정과목 및 설명	원면	차 변	대 변
20×1년					
9월	1일	현 금	11	300,000	
		자 본 금	31		300,000
		주당액면 ₩5,000의 주식 60주를 발행하다.			

원 장

현 금 계정번호 11

일 자		적 요	분면	차 변	대 변	잔 액
20×1년						
9월	1일	주식의 발행	1	300,000		300,000

자 본 금 계정번호 31

일 자		적 요	분면	차 변	대 변	잔 액
20×1년						
9월	1일	주식의 발행	1		300,000	300,000

로 전기할 때 원장 각 계정의 분면에는 1이 기록된다. 이는 원천기록이 분개장의 제1면에서 왔다는 것을 의미한다. 또한 분개장에는 차변기입과 대변기입 각각의 원면에 11과 31을 기록하고 있다. 이는 기업의 계정과목표에 의해 부여된 해당 계정의 번호를 나타낸다. 또한 분개장에 기입된 내용을 원장으로 전기할 때 분개장 원면에 계정번호를 표시함으로써 원장으로 전기가 완료되었다는 사실을 나타낸다.

분개장에 기입된 자료는 어떤 특정 거래가 기업의 재무상태 및 성과에 미치는 전체적인 영향을 보여주는 반면, 원장에 기입된 자료는 기업의 경영활동이 특정 항목(예를 들면 현금, 자본금 등)에 미치는 영향을 보여준다. 다시 말하면 원장에 표시된 계정으로부터 특정 항목에 대한 현재시점의 계정잔액을 파악할 수 있다. 이때 각 계정에서 계산된 기말잔액은 재무제표를 작성하는 데 직접 이용된다.

분개장의 기입내용을 매번 기입 즉시 원장으로 전기할 필요는 없다. 거래가 일단 분개장에 기입되면 기초자료는 이미 확보된 것이므로 언제든지 원장으로 전기하여 계정잔액을 수정할 수 있기 때문이다. 전기에 따르는 번거로움을 피하고자 대부분의 기업은 원장잔액에 대한 정보의 필요정도에 따라 매일 한 번, 일주일에 한 번, 때로는 한 달에 한 번씩 주기적으로 함께 모아 전기하게 된다. 물론 전산화된 회계시스템하에서는 분개와 동시에 전기가 이루어진다.

[실제거래의 예]

20×1년 9월중 분개장 〈표 3-6〉에 기입된 모든 거래를 원장에 전기한 후의 글로벌세탁(주) 원장은 〈표 3-8〉과 같다. 원장은 일반적으로 재무상태표에 기록되는 순서, 즉 계정과목 번호의 순서에 따라 배열된다. 또한 실무에서는 원장의 각 계정을 새로운 면에서 시작하거나 혹은 별도의 책을 사용하기도 하지만, 본교재에서는 지면을 절약하기 위하여 이를 연속적으로 표시하기로 한다.

글로벌세탁(주)의 20×1년 9월 30일 현재의 원장

원 장

현 금 (계정번호 11)

일 자		적 요	분면	차 변	대 변	잔 액
20×1년						
9월	1일	주식의 발행	1	300,000		300,000
	9일	소모품 구입	1		50,000	250,000
	10일	은행 차입	1	200,000		450,000
	18일	세탁용역제공대금 회수	1	400,000		850,000
	19일	세탁물운송비 지급	1		50,000	800,000
	20일	급여 지급	1		300,000	500,000
	20일	배당금 지급	1		30,000	470,000
	25일	소모품 외상구입대금 상환	1		30,000	440,000
	28일	세탁용역제공대금 회수	1	400,000		840,000
	30일	임차료 지급	1		400,000	440,000

매 출 채 권 (계정번호 13)

일 자		적 요	분면	차 변	대 변	잔 액
20×1년						
9월	28일	세탁용역 제공	1	160,000		160,000

소 모 품 (계정번호 16)

일 자		적 요	분면	차 변	대 변	잔 액
20×1년						
9월	9일	소모품 구입	1	100,000		100,000

미지급금 계정번호 22

일	자	적 요	분면	차 변	대 변	잔 액
20×1년						
9월	9일	소모품 외상구입	1		50,000	50,000
	25일	외상구입대금 지급	1	30,000		20,000

차 입 금 계정번호 23

일	자	적 요	분면	차 변	대 변	잔 액
20×1년						
9월	10일	은하은행에서 차입	1		200,000	200,000

자 본 금 계정번호 31

일	자	적 요	분면	차 변	대 변	잔 액
20×1년						
9월	1일	주식 60주 발행	1		300,000	300,000

배 당 금 계정번호 32

일	자	적 요	분면	차 변	대 변	잔 액
20×1년						
9월	20일	배당금 지급	1	30,000		30,000

용역매출(세탁수익) 계정번호 41

일	자	적 요	분면	차 변	대 변	잔 액
20×1년						
9월	18일	세탁용역 제공	1		400,000	400,000
	28일	세탁용역 제공	1		560,000	960,000

임 차 료 계정번호 51

일	자	적 요	분면	차 변	대 변	잔 액
20×1년						
9월	30일	임차료 지급	1	400,000		400,000

급 여 계정번호 52

일	자	적 요	분면	차 변	대 변	잔 액
20×1년						
9월	20일	급여 지급	1	300,000		300,000

운 송 비 계정번호 56

일	자	적 요	분면	차 변	대 변	잔 액
20×1년						
9월	19일	운송비 지급	1	50,000		50,000

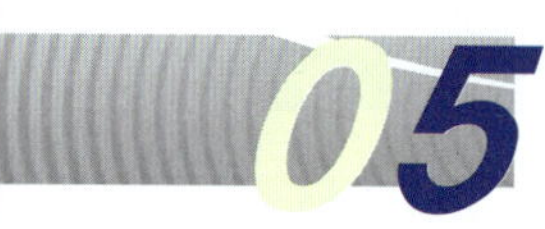

05 제3단계 : 시산표의 작성

OBJECTIVES 

• 시산표는 어떤 기능을 갖고 있으며, 왜 작성하는가?

모든 거래가 분개장에서 원장의 계정으로 전기되면, 각 계정별로 잔액을 계산하여 재무제표를 직접 작성할 수 있다. 그런데 실무에서는 재무제표를 작성하기 전에 통상 시산표(trial balance)를 작성하고 있다. 분개장과 원장은 회계시스템에서 필수적인 장부이지만 시산표는 필수적인 장부라기보다는 재무제표 작성과정에서 부수적으로 생성되는 부속서류(worksheet)의 일부라고 볼 수 있다.

시산표
모든 계정의 잔액 혹은 총액을 한곳에 모아놓은 표

시산표는 〈표 3-9〉와 같이 모든 계정의 잔액 혹은 총액을 한곳에 모아놓은 표이다. 여기에서 각 계정의 잔액은 〈표 3-8〉에 나타난 원장의 각 계정잔액 금액이다.

시산표는 기본적으로 다음과 같은 두 가지 목적을 위하여 작성된다.2)

표 3-9

글로벌세탁(주)의 20×1년 9월 30일 현재의 시산표

시 산 표

글로벌세탁(주) 20×1년 9월 30일 현재 (단위 : 원)

	차 변	대 변
현 금	₩440,000	
매출채권	160,000	
소 모 품	100,000	
미지급금		₩20,000
차 입 금		200,000
자 본 금		300,000
배 당 금	30,000	
용역매출(세탁수익)		960,000
임 차 료	400,000	
급 여	300,000	
운 송 비	50,000	
합 계	₩1,480,000	₩1,480,000

2) 시산표 중에서 각 계정의 총액을 모아놓은 시산표를 합계시산표, 잔액을 모아놓은 시산표를 잔액시산표, 둘 다 모아놓은 시산표를 합계잔액시산표라고 하는데 본서에서는 잔액시산표에 대해서만 설명한다.

① 차변합계와 대변합계가 일치하는지를 검증한다 각 거래로 인하여 원장의 차변과 대변에 기록되는 금액이 같으므로 그 결과로 나타나는 모든 계정잔액의 차변합계와 대변합계가 일치해야 한다. 만일 차변합계와 대변합계가 일치하지 않는다면, 이제까지의 기록과정 어디에선가 오류가 발생한 것이므로 재무제표를 작성하기 전에 그 원인을 규명하여 수정해야 한다.

② 재무제표의 작성을 용이하게 한다 시산표를 작성하면 모든 계정의 잔액이 한곳에 집합되기 때문에 재무제표를 작성하는 과정이 단순용이해지고, 재무제표의 작성단계에서 발생하는 누락 혹은 오기의 오류를 줄일 수 있다.

만약 시산표의 차변합계와 대변합계가 일치하지 않는다면 이는 다음과 같은 오류가 발생했기 때문일 것이다.

- 분개장의 차변기입을 원장의 대변으로 전기했다든가 또는 그 반대로 전기함으로써 발생하는 오류
- 원장의 잔액을 잘못 계산함으로써 발생하는 계산 오류
- 원장잔액을 시산표에 요약할 때 차변과 대변이 혼동되었거나 숫자의 잘못된 기록으로 발생하는 오류
- 시산표의 차변 또는 대변을 잘못 합산함으로써 발생하는 계산상의 오류

그러나 시산표의 차변합계와 대변합계가 일치한다고 해서 전혀 오류가 없다고는 볼 수 없다. 시산표는 단지 원장의 차변합계와 대변합계가 일치하는지를 검증하기 위한 수단으로 이용될 뿐이다. 거래가 정확하게 분석되지 않아서 적정한 계정에 기록되지 않은 오류는 시산표를 통하여 검증되지 않는다. 예를 들면 현금계정의 차변에 기록되어야 할 것이 소모품계정의 차변에 기록되더라도 시산표의 차변합계와 대변합계가 일치하기 때문에 그 오류는 검증되지 않는다. 또한 특정 거래의 기록이 완전히 누락되었을 경우에도 시산표에는 차변합계와 대변합계가 일치하기 때문에 이러한 유형의 오류는 시산표의 작성에 의한 대차합계 검증만으로 발견될 수 없다.

시산표의 기본적인 등식은 [그림 3-2]와 같이 차변에는 자산과 비용이, 대변에는 부채와 자본 및 수익이 표시되는데 차변합계는 대변합계와 일치되어야 한다. 이를 위해서는 제2단계의 원장에 표시되어 있는 각 계정잔액의 위치(차변 또

시산표의 등식

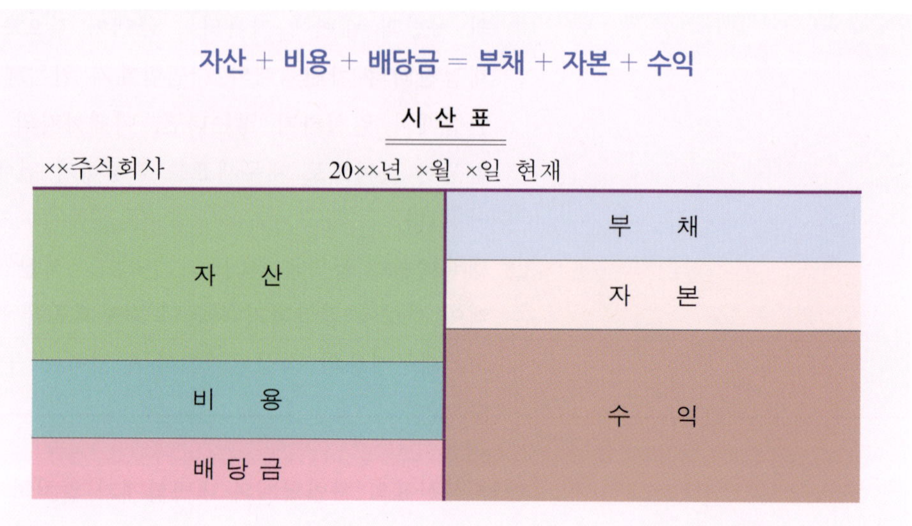

는 대변)를 시산표에 그대로 가져와야만 한다. 다시 말해 대차의 위치변동 없이 그대로 표시해야만 시산표상의 대차일치가 가능해진다.

회계담당자는 이 시산표로부터 자산·부채·자본 부분만을 떼어서 재무상태표를 작성하고, 비용과 수익 부분은 따로 분리하여 손익계산서를 작성한다.[3]

이와 같은 재무제표 작성절차는 회계순환과정의 제4단계로서 다음 제4장 회계순환과정의 완료에서 상세히 설명된다.

mark down

우리 고유의 회계기록 – 사개치부법

금속활자에 맞먹는 우리의 자랑스런 문화유산으로 전래의 복식부기법인 '사개치부법(四介治簿法)'을 드는 사람들이 있다. 송상(松商), 즉 개성상인들 사이에 내밀하게 전해져온 이 부기법은 그 기원이 국제무역과 상업이 고도로 발달했던 11세기 고려 전성기로 추정되는 만큼 13세기 이탈리아에서 발생한 서양의 복식부기법보다 200년 정도 앞선다는 것이다. 특히 이 사개치부법은 근본원리가 현대의 복식부기법과 완벽하게 일치할 뿐 아니라 장부 하나에 현재의 거래기록은 물론 미래의 채권, 채무까지 표시할 수 있어 중세기 서양의 것보다 우수하다는 평가다. 송상은 이 사개치부법의 기술과 신용을 중시하고 기회 포착에 민감하며 근검절약하는 정신으로 고려와 조선시대에 걸쳐 우리나라 상권을 장악했던 사람들이다. 그들은 개성의 사대전(四大廛)에 점포를 차려놓고 영업을 하는 시전인(市廛人)과 전국을 무대로 활약한 사상(私商)으로 대별되는데 송상의 이름을 높인 것은 사상들이었다. 이들은 송방(松房)으로 불린 지점망을 통해 그 지방의 생산품을 매점매석하는 등의 방식으로 큰 부를 축적했다. 인색하고 계산이 밝은 사람을 일컫는 '깍쟁이'란 말이 각진 지붕의 송방에서 장사를 하던 개성상인에게서 유래됐다는 설도 있다. (경향신문, 2001.8.28 기사 일부 편집)

3) 만약 배당금이 있으면 이는 시산표의 차변에 기록되고, 추후 재무상태표 작성시에는 이익잉여금에서 차감되므로 재무상태표의 본문에는 표시되지 않는다.

이 장의 요약

- 회계순환과정이란 무엇인가?
  - 회계순환과정(accounting cycle)이란 회계거래가 발생하면 이를 회계장부에 기록하고, 분류 및 요약하여, 최종적으로 재무제표(financial statements)를 작성하기까지의 절차를 말한다.
  - 회계순환과정은 4단계로 요약할 수 있는데, 기록, 분류, 요약, 보고의 각 단계를 거친다.
  - 회계순환과정은 산업의 특성이나 기업의 종류에 따라 달라지지 않고, 복식부기를 채택하고 있는 모든 기업에서 동일하게 나타난다.

- 회계거래는 어떻게 기록하는가?
  - 회계거래는 복식부기 방법을 이용하여 기록한다.
  - 복식부기 방법은 모든 회계거래가 반드시 한 개 이상의 차변과 한 개 이상의 대변에 복수로 기재되고, 각 거래가 개별 원장계정의 차변과 대변에 미치는 영향이 같다.
  - 회계거래가 발생하면 이를 바로 해당 계정에 기입하지 않고, 거래가 일어난 순서대로 일기를 쓰듯이 해당 회계거래로 인해 영향을 받는 계정을 왼쪽과 오른쪽에 나누어 분개(journal entry)한다. 분개를 기록하는 장부는 분개장이라고 한다.

- 분개장의 기록을 왜 총계정원장으로 전기하는가?
  - 분개장에 기입된 자료는 어떤 특정 거래가 기업의 재무상태 및 성과에 미치는 전체적인 영향을 강조하는 반면, 원장에 기입된 자료는 기업의 경영활동이 특정 항목(예를 들면 현금, 자본금 등)에 미치는 영향을 강조한다.
  - 분개장에서 원장으로 전기함으로써, 원장에 표시된 특정 계정에 대한 현재시점의 계정잔액을 파악할 수 있다. 각 계정의 기말잔액은 재무제표를 작성하는 데 직접 이용된다.

- 시산표는 어떤 기능을 갖고 있으며, 왜 작성하는가?
  - 시산표는 모든 계정의 잔액 혹은 총액을 한곳에 모아놓은 표이다.
  - 시산표는 두 가지 기능을 갖는다. 첫째, 차변합계와 대변합계가 일치하는지를 검증한다. 각 거래로 인하여 원장의 차변과 대변에 기록되는 금액이 같으므로 그 결과로 나타나는 모든 계정잔액의 차변합계와 대변합계가 일치해야 한다. 만일 차변합계와 대변합계가 일치하지 않는다면, 이제까지의 기록과정 어디에선가 오류가 발생한 것이므로 재무제표를 작성하기 전에 그 원인을 규명하여 수정해야 한다.
  - 둘째, 재무제표의 작성을 용이하게 한다. 시산표를 작성하면 모든 계정의 잔액이 한곳에 집합되기 때문에 재무제표를 작성하는 과정이 단순하고 용이해지고, 재무제표의 작성단계에서 발생하는 누락 혹은 오류를 줄일 수 있다.

회계정보의 활용

총자산이익률

경영자가 한 해 동안 활용한 총자산액에 대하여 얼마만큼의 순이익을 벌었는가, 즉 경영자가 기업의 총 경제적 자원을 얼마나 효율적으로 활용하여 당기의 순이익을 만들어 냈는지를 나타내는 종합적 경영지표로서 총자산이익률(return on asset : ROA)이 사용된다. 총자산이익률은 투입된 자산 ₩1을 활용하여 당기에 벌어들인 순이익을 표시한 비율이다.

$$\text{〈산식〉 총자산이익률} = \frac{\text{당기순이익}}{\text{총자산}^{*}}$$

* 총자산(평균)=(기초자산+기말자산)/2

소매유통을 영위하는 신세계와 현대백화점의 총자산이익률을 비교해 보자.

(단위 : 백만원)

회사명	내 용	2024년	2023년
신세계	당기순이익(A)	186,608	311,968
	평균총자산(B)	14,911,878	14,550,198
	총자산이익률(A/B)	1.25%	2.14%
현대백화점	당기순이익(A)	−753	−39,776
	평균총자산(B)	11,465,156	11,890,921
	총자산이익률(A/B)	−0.006%	−0.33%

신세계는 2023년 2.14%, 2024년 1.25%의 총자산이익률을 기록하였으며, 현대백화점의 총자산이익률은 2023년 −0.33%, 2024년 −0.006%이다. 총자산이익률이 1.25%라는 것은 ₩1,000의 자산을 투입하여 ₩12.5의 당기순이익을 달성했다는 의미인데, 자산의 효율성 측면에서 보면 신세계가 현대백화점보다 우위에 있음을 알 수 있다. 그러나 두 기업 모두 2024년에는 내수침체와 면세점 불황 등으로 재무성과가 좋지 못하다.

신세계의 총자산이익률이 하락한 것은 당기순이익이 크게 감소한 것이 이유이다. 현대백화점은 전년도에 이어 2024년에도 흑자전환에 실패하였고 총자산 규모에는 큰 변동은 없으나 작은 금액이지만 감소하고 있다.

종합예제

분개, 전기 및 시산표의 작성

유창영어주식회사는 일반인, 주부, 학생을 대상으로 영어교육을 실시하는 학원이다. 이 학원은 올해 6월 1일에 개원하였다. 이 학원에서 6월 한 달 동안에 발생한 거래자료는 다음과 같다.

6월 1일 : 액면 ₩5,000의 주식 2,000주를 액면금액으로 발행하고 그 대가로 주주로부터 현금 ₩10,000,000을 납입받아 영업을 시작하였다.

2일 : 어학강의용으로 대학부설연구소가 새로이 개발하여 등록한 특수어학프로그램 관련 특허권을 ₩14,400,000에 매입하고, 현금 ₩4,400,000을 지급하였다. 잔액은 30일 이내에 지급하기로 하였다.

4일 : 1년분 보험료 ₩420,000을 현금으로 지급하였다.

16일 : 금성주식회사로부터 사원의 영어교육을 의뢰받아 교육을 실시하고 있다. 금성주식회사에 6월초에 이미 완료된 교육의 강의료 ₩2,000,000에 대한 청구서를 발행하였다.

17일 : 목성주식회사로부터 당사의 해외지사 근무요원의 영어교육을 의뢰받아 3회에 걸쳐 영어교육을 실시해 주기로 하고 강의료 ₩300,000을 미리 받았다.

21일 : 금성주식회사로부터 16일에 청구하였던 강의료 중 ₩1,000,000을 현금으로 받았다.

23일 : 강의실용 프로젝션을 수리받고, 수리비 ₩300,000을 현금으로 지급하였다.

24일 : 화성주식회사로부터 사원의 영어교육을 의뢰받아 교육을 실시하고 있다. 화성주식회사에 6월중에 실시된 교육의 강의료 ₩1,400,000에 대한 청구서를 발행하였다.

25일 : 강사들에게 급여 ₩2,500,000을 현금으로 지급하였다.

요구사항

1. 위의 거래를 분개하라.
2. 위의 분개를 T-계정을 이용하여 각 원장으로 전기하라.
3. 6월 30일 현재의 시산표를 작성하라.
4. 아울러 위 〈요구사항〉 3.의 시산표 정보를 이용하여 6월의 손익계산서와 6월 30일 현재의 재무상태표를 작성하라.

해답

1. 분 개

	차변	대변
(1) 6월 1일 : 현 금	10,000,000	
자 본 금		10,000,000
(2) 6월 2일 : 특 허 권	14,400,000	
현 금		4,400,000
미 지 급 금		10,000,000
(3) 6월 4일 : 선급보험료	420,000	
현 금		420,000
(4) 6월 16일 : 매 출 채 권	2,000,000	
용 역 매 출 (강의료수익)		2,000,000
(5) 6월 17일 : 현 금	300,000	
선 수 금		300,000
(6) 6월 21일 : 현 금	1,000,000	
매 출 채 권		1,000,000
(7) 6월 23일 : 수 리 비	300,000	
현 금		300,000
(8) 6월 24일 : 매 출 채 권	1,400,000	
용 역 매 출 (강의료수익)		1,400,000
(9) 6월 25일 : 급 여	2,500,000	
현 금		2,500,000

2. T-계정 전기

현 금

차변	대변
(1) 10,000,000	(2) 4,400,000
(5) 300,000	(3) 420,000
(6) 1,000,000	(7) 300,000
	(9) 2,500,000

매출채권

차변	대변
(4) 2,000,000	(6) 1,000,000
(8) 1,400,000	

선급보험료

차변	대변
(3) 420,000	

미지급금

차변	대변
	(2) 10,000,000

특 허 권

차변	대변
(2) 14,400,000	

선 수 금

차변	대변
	(5) 300,000

수 리 비

차변	대변
(7) 300,000	

용역매출(강의료수익)

차변	대변
	(4) 2,000,000
	(8) 1,400,000

급 여

차변	대변
(9) 2,500,000	

자 본 금

차변	대변
	(1) 10,000,000

3. 시산표 작성

시 산 표

유창영어(주)	6월 30일 현재	(단위 : 원)
	차 변	대 변
현 금	₩3,680,000	
매 출 채 권	2,400,000	
선급보험료	420,000	
특 허 권	14,400,000	
미 지 급 금		₩10,000,000
선 수 금		300,000
자 본 금		10,000,000
용 역 매 출(강의료수익)		3,400,000
수 리 비	300,000	
급 여	2,500,000	
합 계	₩23,700,000	₩23,700,000

4. 재무제표 작성

손익계산서

유창영어(주)	6월 1일부터 6월 30일까지	(단위 : 원)
수 익 :		
용 역 매 출		₩3,400,000
비 용 :		
수 리 비	₩300,000	
급 여	2,500,000	(2,800,000)
당기순이익		₩600,000

재무상태표

유창영어(주) 6월 30일 현재 (단위 : 원)

자 산 :		부 채 :	
현 금	₩3,680,000	미 지 급 금	₩10,000,000
매 출 채 권	2,400,000	선 수 금	300,000
선급보험료	420,000	부채총계	₩10,300,000
특 허 권	14,400,000	자 본 :	
		자 본 금	₩10,000,000
		이익잉여금	600,000*
		자본총계	₩10,600,000
자산총계	₩20,900,000	부채와 자본총계	₩20,900,000

* 손익계산서의 당기순이익 ₩600,000이 재무상태표의 이익잉여금으로 대체됨.

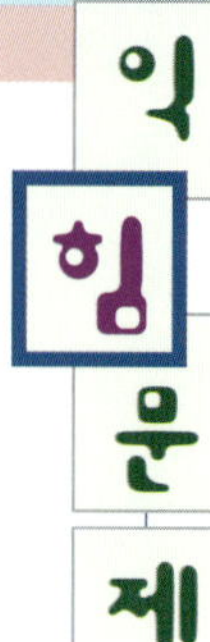

01 회계순환과정(accounting cycle)의 주요 네 단계를 열거하라. 장부마감절차는 꼭 필요한가를 설명하라.

02 계정이란 무엇이며, 계정에는 어떤 정보가 기록되는가?

03 복식부기제도하에서 어떤 회계거래를 기록하든지 반드시 충족되어야 할 요건은 무엇인가?

04 기업에 유리한 경제적 사건은 대변에, 그리고 기업에 불리한 경제적 사건은 차변에 기록된다는 것이 사실인가? 설명하라.

05 다음의 각 항목을 자산, 부채, 자본, 수익 그리고 비용으로 분류하고, 계정잔액의 증가가 차변에 기록되는지 또는 대변에 기록되는지를 밝혀라.

용역매출(수수료수익), 자본금, 매출채권, 광고비, 매입채무, 현금, 소모품, 배당금

06 분개장을 때로는 원시기입장(book of original entry)이라고도 하는데 그 이유는 무엇인가?

07 오늘날과 같이 회계시스템이 전산화되어 있는 경우 분개과정이 다른 회계처리과정보다 훨씬 중요하다고 할 수 있다. 그 이유는 무엇인가?

08 분개장과 원장을 비교하여 설명하라.

09 기업의 거래내용을 원장의 계정에 직접 기록할 수 있음에도 불구하고 분개장을 먼저 작성한 후에 전기하는 것이 바람직한 이유는 무엇인가?

10 다음 어느 단계에서 회계원칙에 대하여 보다 깊은 이해를 필요로 하는가? 그 이유를 설명하라.
(1) 분개장에 거래를 기입
(2) 분개장에서 원장으로 전기

11 계정과목표(chart of accounts)란 무엇인가? 계정과목표의 일례를 실제로 들어 보라.

12 분개장에서 원장으로의 전기를 조회할 수 있게 만드는 상호대조시스템이란 무엇인가? 또한 조회시스템은 왜 사용하는가?

13 원장과 시산표에 대해 설명하라. 시산표는 기업의 공식적인 장부인지 그리고 시산표를 작성하는 이유는 무엇인지 설명하라.

14 시산표의 차변합계와 대변합계가 일치하더라도 시산표에서 발견할 수 없는 중요한 오류를 네 가지만 예로 들라.

연습문제

01 거래의 분석(Ⅰ)

다음의 거래들을 각각 (1)번과 같은 양식으로 분석하라(거래의 차변항목을 먼저 설명하고, 다음에 대변항목을 설명하라).

(1) 4월 2일 : 환희여행(주)가 설립되었다. 이 기업은 주당액면 ₩5,000인 보통주 1,600주를 발행하고, 현금 ₩8,000,000을 납입받았다.

> [해답작성의 예]
> 1) 자산인 현 금의 증가, 자산의 증가는 차변기입 → (차변) 현 금 ₩8,000,000
> 2) 자본인 자본금의 증가, 자본의 증가는 대변기입 → (대변) 자본금 ₩8,000,000

(2) 4월 11일 : 사무실 건물을 총액 ₩12,800,000에 구입하였다. 이 중에서 ₩7,200,000은 토지 구입분이고, ₩5,600,000은 건물 구입분이다. 구입액 중에서 ₩3,450,000은 현금으로 지급하였고, 잔액은 아직 지급하지 않았다.

(3) 4월 21일 : 아론상사로부터 사무용비품 ₩640,000을 외상으로 구입하였다. 이 외상대금은 5월 2일까지 지급해야 한다.

(4) 4월 29일 : 4월 21일에 아론상사로부터 구입한 사무용비품 중 일부에 결함이 있어 되돌려 보냈다. 아론상사도 이를 수락하였으며, 반송된 사무용비품의 구입원가는 ₩95,000이다.

(5) 4월 30일 : 아론상사에 대한 미지급금 잔액을 모두 현금으로 지급하였다.

02 T-계정에 기입 및 시산표의 작성(Ⅰ)

다음의 거래를 T-계정에 기입하라. 차변기입과 대변기입의 왼편에 거래번호를 기입하여 거래를 식별할 수 있도록 하라. 그리고 6월 30일의 시산표를 작성하라.

(1) 6월 8일 : 시스컴(주)가 설립되었다. 1주당 액면 ₩5,000인 보통주 2,000주를 발행하고, 현금 ₩10,000,000을 납입받았다.

(2) 6월 12일 : 현금 ₩3,600,000을 지급하고 토지를 취득하였다.

(3) 6월 14일 : 상아건축회사로부터 건물을 ₩4,080,000에 취득하고, 이 중 ₩1,020,000은 현금으로 지급하고, 잔액에 대해서는 어음(미지급금계정)을 발행하였다.

(4) 6월 20일 : 사무용비품을 ₩710,000에 구입하였다. 이 중 ₩110,000은 구입 즉시 현금으로 지급하였고, 잔액에 대해서는 30일 이내에 지급(미지급금계정)하기로 하였다.

(5) 6월 26일 : 상아건축회사에 대한 지급어음 중 지급기일이 도래한 ₩340,000을 현금으로 지급하였다.

03 거래의 분석(Ⅱ)

아래의 각 거래들이 차변과 대변에 미치는 영향을 〈보기〉에서 골라 거래(1)에 대한 해답과 같이 표시하라.

〈보기〉

a. 자산의 차변	e. 자본의 차변	i. 비용의 차변
b. 자산의 대변	f. 자본의 대변	j. 비용의 대변
c. 부채의 차변	g. 수익의 차변	
d. 부채의 대변	h. 수익의 대변	

	해 답
(1) 주주가 현금으로 출자하다.	(a, f)
(2) 기계를 외상으로 구입하다.	(　　)
(3) 광고비에 대한 청구서를 받고, 즉시 현금으로 지급하다.	(　　)
(4) 현금으로 소모품을 구입하다.	(　　)
(5) 은행에서 현금을 차입하다.	(　　)
(6) 고객에게 용역을 제공하고 청구서를 발행하다.	(　　)
(7) 전에 외상매입했던 기계의 매입대금 중 일부를 지급하다.	(　　)
(8) 직원의 급여를 현금으로 지급하다.	(　　)
(9) (6)에서 발행한 청구서 금액이 회수되었다.	(　　)

04 시산표 작성, 차변과 대변의 합계

전주(주)의 20×1년말 원장의 잔액은 다음과 같다. 20×1년말의 시산표를 작성하라. 이익잉여금 금액은 시산표 작성과정에서 추정하라.

현 금	₩100,000	매출채권	₩150,000
미지급금	200,000	비 품	300,000
차 입 금	500,000	건 물	3,000,000
소 모 품	50,000	용역매출	2,000,000
임대료수익	200,000	임 차 료	500,000
급 여	1,300,000	자 본 금	1,500,000
미지급비용	170,000	선급비용	260,000
매입채무	200,000	이익잉여금	추정할 것

05 T-계정에 기입 및 시산표의 작성(Ⅱ)

강북병원(주)는 다음 항목명의 T-계정을 설정하고 있다.

> 현금과예금, 매출채권, 사무용비품, 미지급금, 의료장비, 자본금, 배당금,
> 용역매출(진료수익), 급여, 임차료

위 T-계정에 다음의 거래들을 기입하고, 거래를 구별할 수 있도록 각 기록에 번호를 부여하라. 그리고 시산표를 작성하여 차변과 대변 금액의 총액이 일치함을 보여라.

(1) 12월 1일자로 병원을 설립하고, 출자된 납입금 ₩30,000,000을 부용은행에 병원명의로 개설된 예금계좌에 입금했다.

(2) 12월분 임차료 ₩500,000을 현금으로 지급했다.

(3) 다음의 사무용비품을 외상으로 구입했다.

책상 ₩800,000, 컴퓨터 ₩1,250,000, 서류함 ₩700,000, 의자 ₩650,000

(4) 의료장비를 구입하고, 구입대금 ₩700,000을 현금으로 지급했다.

(5) 고객에게 진찰료 ₩4,800,000을 청구하고, 이를 장부에 기록했다.

(6) 직원의 급여 ₩850,000을 현금으로 지급했다.

(7) 거래 (3)에서 발생한 비품의 외상매입액 중에서 ₩1,200,000을 현금으로 지급했다.

(8) 거래 (5)의 고객에게 청구한 진찰료 중에서 ₩2,800,000을 현금으로 회수하여 예금계좌에 입금시켰다.

(9) 배당금으로 ₩1,200,000을 현금으로 주주에게 지급하였다.

06 시산표의 오류수정

드림투자자문(주)는 기업이나 정부투자기관 그리고 소위 큰손들에게 주식투자 자문을 해주고 자문수수료를 받는 벤처기업이다. 올해 12월 31일 드림투자자문(주)의 김초보 회계담당자는 시산표를 작성하였는데 박고참 임원에게 여러 가지 잘못을 지적받았다. 12월 31일 현재의 시산표를 보고 틀린 곳을 고쳐서 정확한 시산표를 작성하라.

시 산 표

1월 1일부터
12월 31일까지

	차 변	대 변
현 금	₩110,800	
매출채권	102,000	
미지급금	210,000	
비 품	301,000	
건 물	200,000	
급 여	82,200	
보 험 료	10,100	
광 고 비	9,900	
배 당 금	36,000	
임대료수익	12,000	
소 모 품		₩2,000
차 입 금		125,000
자 본 금		200,000
용역매출		221,000
이익잉여금		86,000
합 계	₩1,074,000	₩634,000

07 분 개

수리수리(주)는 컴퓨터수리대행업체이다. 이 기업은 현금 또는 외상으로 수리업무를 수행한다. 수리업무를 외상으로 수행하였을 경우에는 청구서를 발송하고 이를 장부에 기록하며, 청구금액의 회수는 청구서 발송일로부터 30일 이내에 이루어진다. 이 기업이 사용하는 계정들은 다음과 같다.

현금, 배당금, 매출채권, 기계장치, 매입채무, 광고비, 임차료, 용역매출(수수료수익), 미지급비용, 급여, 미지급배당금

6월중의 거래는 다음과 같다.

6월 1일 : 아톰상사에 수리용역을 제공하여 주고, 수리대금 ₩1,247,000에 대한 청구서를 발행했다.
2일 : 6월분 임차료 ₩700,000을 현금으로 지급했다.
3일 : 내용연수가 10년으로 추정되는 기계장치를 구입하고, 현금 ₩1,200,000을 지급했다.
10일 : 해리상사에 수리업무를 수행해 주고 현금 ₩510,000을 받았다.
15일 : 통일신문사로부터 6월 12일자 신문광고비 ₩250,000을 30일 이내에 지급해 달라는 청구서를 받았다.
18일 : 6월 1일 아톰상사에 청구했던 금액을 전액 현금으로 회수했다.
20일 : 주주에게 ₩4,500,000의 배당을 지급하기로 하였다(배당금은 7월 15일에 지급될 것이다).
30일 : 6월분 급여 ₩3,300,000을 현금으로 지급했다.

요구사항

위의 각 거래를 분개하고, 각 분개의 하단에 간단히 거래내용을 기입하라.

08 시산표에 의한 오류검증 (I)

다음의 각 오류가 시산표 차변 또는 대변의 총계에 어떠한 영향을 미치는가를 지적하라(예 : 과대계상, 과소계상, 영향 없음).

(1) 매출채권계정의 잔액 ₩41,900을 시산표에 ₩49,100으로 잘못 기입하였다.
(2) 광고비로 지급한 ₩480을 소모품비계정의 차변에 잘못 기록하였다.
(3) 매입채무계정의 잔액 ₩36,500을 시산표에서 누락하였다.
(4) 급여 ₩750을 시산표의 대변에 기록하였다.
(5) 배당금계정의 차변잔액 ₩9,800을 시산표에는 대변에 기록하였다.

09 시산표에 의한 오류검증 (Ⅱ)

선희(주)의 회계보조원이 시산표를 작성하였는데, 차변합계는 ₩66,770이고 대변합계는 ₩71,930이었다. 다음과 같은 오류만이 발생하였다고 가정하고 시산표의 올바른 합계액을 산출하라.

(1) 매입채무 ₩4,370을 차변에 잘못 기록하다.
(2) 당해 연도중에 급여로 지급한 ₩600을 연구비로 기입하다.
(3) 소모품재고 ₩6,300을 누락하다.
(4) ₩3,800의 배당금 지급을 대변에 잘못 기입하다.

10 원장으로부터 분개내용의 추정

발생된 거래는 원래 먼저 분개장에 기입하고 그 다음에 원장계정으로 전기한다. 그러나 본 연습문제에서는 원장계정과 분개장과의 관계에 대한 귀하의 이해력을 검증하기 위하여 몇몇 원장계정잔액을 보고 분개장에 기입한 분개의 내용을 역으로 묻고자 한다.

다음의 계정은 지평선(주)에서 11월중에 발생한 여섯 개의 거래를 포함하고 있다.

현 금

(1)	60,000	(2)	33,600
		(5)	10,000

토 지

(2)	70,000		
(6)	35,000		

건 물

(2)	63,600		

비 품

(3)	3,200	(4)	480

미지급금

(4)	480	(2)	100,000
(5)	10,000	(3)	3,200

자 본 금

		(1)	60,000
		(6)	35,000

각 거래에 대하여 분개하고 하단에 거래내용을 기술하라.

11 시산표의 작성

문제 10에서 제시된 원장계정에 대한 정보를 이용하여 11월 30일 현재 지평선(주)의 시산표를 작성하라.

고급연습문제

12 T-계정에 기입 및 시산표의 작성(Ⅲ)

컴퓨터를 수리하는 척척수리(주)는 올해 5월 1일에 컴퓨터수리 영업을 시작하였다. 5월 한 달 동안에 다음과 같은 거래가 발생하였다.

(1) 주당액면 ₩5,000인 보통주 2,400주를 액면금액으로 발행하여 현금으로 납입받았다.
(2) 기계장치 ₩1,800,000을 외상으로 구입하였다.
(3) 1년분 보험료 ₩360,000을 현금으로 지급하였다.
(4) 소모품 ₩600,000을 외상으로 구입하였다.
(5) 소형트럭을 ₩7,500,000에 구입하고, 이 중에서 ₩1,500,000은 현금으로 지급하고 잔액은 아직 지급하지 않았다.
(6) 5월분 사무실 임차료 ₩720,000을 현금으로 지급하였다.
(7) 소형트럭에 대한 연료비 ₩80,000을 현금으로 지급하였다.
(8) 고객에게 5월중 이미 완료한 컴퓨터 수리용역 대금으로 ₩8,500,000을 청구하였다.
(9) (2)의 외상으로 구입한 기계장치대금 중 ₩800,000을 현금으로 지급하였다.
(10) 5월분 전기료 ₩90,000을 현금으로 지급하였다.
(11) 5월분 광고비 ₩160,000에 대한 청구서를 받았다. 이는 6월중에 지급될 것이다.
(12) 급여 ₩1,250,000을 현금으로 지급하였다.
(13) 앞이 (8)에서 청구했던 수리대금 중에서 ₩2,000,000을 현금으로 회수하였다.
(14) 주주에게 배당금 ₩500,000을 현금으로 지급하였다.
(15) 5월 31일 현재 소모품 ₩350,000이 남아 있었다.
(16) 5월 31일에 금월 경과분 보험료로 ₩30,000을 계상하였다.

척척수리(주)는 다음의 계정을 사용한다.

현금, 매출채권, 소모품, 선급보험료, 기계장치, 차량운반구, 미지급금, 미지급비용, 자본금, 배당금, 용역수수료수익, 임차료, 급여, 수도광열비, 차량유지비, 광고선전비, 소모품비, 보험료

요구사항

1. 위의 거래를 분개하라. 단, 거래설명은 기입하지 않는다.
2. 위의 거래를 T-계정에 기입하고, 각 거래를 식별할 수 있도록 T-계정 기입의 금액 앞쪽에 거래번호를 기입하라.
3. 5월 31일 현재의 시산표를 작성하라.

13 거래의 추정 및 오류수정

다음 T-계정에 기입된 번호는 주식 및 펀드 투자자문을 주요업무로 하고 있는 현우투자자문(주)에서 5월중에 발생한 거래들이다(단위 : 천원).

현 금

	차변		대변
(1)	20,000	(2)	5,000
(9)	1,800	(4)	600
		(6)	700
		(8)	800

자 본 금

	차변		대변
		(1)	20,000

매출채권

	차변		대변
(5)	4,200	(9)	1,800

배 당 금

	차변		대변
(8)	800		

소 모 품

	차변		대변
(3)	1,400	(7)	650

용역매출(수수료수익)

	차변		대변
		(5)	4,200

사무용비품

	차변		대변
(2)	5,000		

임 차 료

	차변		대변
(4)	600		

미지급금

	차변		대변
(6)	700	(3)	1,400

소모품비

	차변		대변
(7)	650		

요구사항

1. 위의 각 계정에 기입된 아홉 개의 거래내용을 추정하라.
   거래 (1)의 예 : 액면총액 ₩20,000,000인 주식을 액면금액으로 발행하고 전액 현금으로 납입받다.
2. 다음은 5월 31일 현재 현우투자자문(주)의 시산표이다. 이 시산표에 포함되어 있는 오류를 지적하고 정확한 시산표합계를 계산하라.

시 산 표

현우투자자문(주) 5월 31일 현재 (단위 : 천원)

	차 변	대 변
현 금	₩17,400	
매출채권	4,200	
소 모 품	750	
사무용비품	5,000	
미지급금		₩700
자 본 금		20,000
배 당 금		800
용역매출(수수료수익)		4,200
임 차 료	600	
합 계	₩27,950	₩25,700

14 시산표에 의한 오류검증(Ⅲ)

다음은 신우(주)의 영업개시 첫달 말일인 1월 31일 현재의 시산표이다. 그러나 이 시산표는 몇 가지 오류로 인하여 대차의 금액이 일치되지 않고 있다.

시 산 표

신우(주) 1월 31일 현재 (단위 : 원)

	차 변	대 변
현 금	₩6,840	
매출채권	8,430	
소 모 품	4,850	
선급보험료	480	
비 품	15,000	
매입채무		₩3,950
자 본 금		23,850
배 당 금		1,200
용역매출(수수료수익)		16,850
급 여	4,500	
보 험 료	120	
광 고 비	180	
소모품비	2,270	
합 계	₩42,670	₩45,850

(1) 수도광열비 ₩200이 누락되었다.
(2) 시산표의 소모품비 ₩2,270은 ₩2,720으로 기입되었어야 할 금액이 잘못 기입된 것이다.
(3) 매입채무에 대한 현금지급액 ₩650이 현금계정의 대변에는 ₩560으로 기록되었다.
(4) 매입채무계정의 차변에 기록될 금액 ₩150이 대변에 기록되었다.
(5) 매출채권의 잔액이 ₩180만큼 과대계상되었다.
(6) 배당금계정의 차변에 기록될 ₩1,200이 대변에 기록되었다.
(7) 용역매출(수수료수익)의 잔액이 ₩100만큼 과대계상되었다.

1월 31일 현재의 정확한 시산표를 작성하라.

15 종합문제(Ⅰ)

문수디자인(주)는 광고업자나 출판사에 디자인용역을 제공하고 그 대가로 수수료를 받는 기업이다. 올해 7월 1일 현재의 원장의 계정잔액은 다음과 같다(단위 : 천원).

현 금	₩6,500	매입채무	₩3,000
매출채권	16,400	미지급금	2,200
선급임차료	800	자 본 금	20,000
소 모 품	4,500	이익잉여금	3,000
	₩28,200		₩28,200

7월중에 다음과 같은 거래가 발생하였다.

(1) 매출채권 중에서 ₩7,200,000을 현금으로 회수하였다.
(2) 매입채무 ₩3,000,000 중에서 만기가 도래한 ₩1,000,000을 현금으로 지급하였다.
(3) 고객에게 당월분 디자인료 ₩14,600,000을 청구하였다.
(4) 디자인업무를 수행하고, 디자인료 ₩900,000을 현금으로 받았다.
(5) 낙원상사에서 소모품 ₩1,400,000을 외상으로 구입하였다.
(6) 미지급금 ₩1,500,000을 현금으로 지급하였다.
(7) 매출채권 중에서 ₩6,300,000을 현금으로 회수하였다.
(8) 운수회사에 운송비 ₩180,000을 현금으로 지급하였다.
(9) 7월분 급여 ₩2,250,000을 현금으로 지급하였다.
(10) 7월분 광고비 ₩350,000을 8월말까지 지급해 달라는 청구서를 받았다.
(11) 7월분 전기료 ₩240,000을 현금으로 지급하였다.
(12) 배당금 ₩800,000을 현금으로 지급하였다.
(13) 7월분 임차료로 ₩400,000을 기록하였다.
(7월 1일 현재로 2개월분 임차료 ₩800,000이 선급되어 있다)
(14) 7월 31일 현재의 소모품 재고는 ₩2,850,000이다.

기초계정에 추가하여 문수디자인(주)는 다음의 계정을 사용한다.

용역매출(디자인용역수익), 미지급비용, 임차료, 급여, 운송비, 광고비, 전기료, 소모품비, 배당금

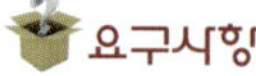

1. 위의 거래를 분개하라.
2. T-계정을 만들어 7월 1일 현재 각 계정의 기초잔액을 기입한 후 위의 거래를 T-계정에 전기하고 각 거래를 식별할 수 있도록 번호를 기입하라.
3. 7월 31일 현재의 시산표를 작성하라.
4. 7월의 손익계산서와 7월 31일 현재의 재무상태표를 작성하라.

16 종합문제 (Ⅱ)

우주용역(주)의 올해 8월 1일 현재의 시산표는 다음과 같다 (제2장 문제 14를 참고하라).

시 산 표

우주용역(주) 8월 1일 현재 (단위 : 천원)

	차 변	대 변
현 금	₩48,750	
매 출 채 권	18,500	
소 모 품	12,400	
선급보험료	2,400	
매 입 채 무		₩7,200
단기차입금		5,000
자 본 금		50,000
이익잉여금		19,850
합 계	₩82,050	₩82,050

8월중에 발생한 거래는 다음과 같다.

8월 1일 : 8월분 비행기, 도크시설 및 사무실 임차료 ₩3,200,000을 현금으로 지급하다.
3일 : 소모품 ₩4,600,000을 외상으로 구입하다.
5일 : 8월분 광고비 ₩350,000을 현금으로 지급하다.
6일 : 승객을 운송하고 요금 ₩17,250,000을 현금으로 받다.
8일 : 자원탐사요원들을 수송하고 요금 ₩3,500,000을 지식산업자원부에 청구하다.
13일 : 고객으로부터 미수되었던 요금 ₩12,300,000을 현금으로 회수하다.
16일 : 매입채무 ₩4,200,000을 지급하다.
18일 : 잡비 ₩120,000을 현금으로 지급하다.
24일 : 화물을 운송하고 운송료 ₩6,500,000을 청구하다.
31일 : 8월분 급여 ₩7,600,000을 현금으로 지급하다.
31일 : 배당금 ₩2,500,000을 현금으로 지급하다.
31일 : 8월분 경과보험료는 ₩600,000이다.
31일 : 8월 31일 현재 소모품이 ₩8,100,000만큼 남아 있다.

요구사항

1. 8월중에 발생한 모든 거래를 8월 1일 시산표의 계정을 사용하여 원장에 기록하고 각 계정의 8월 31일 현재 잔액을 계산하라. 또한 다음 계정과목들의 8월 31일 현재 잔액도 계산하라.

용역매출(수수료수익), 미지급금, 급여, 광고비, 임차료, 소모품비, 보험료, 잡비, 배당금

2. 8월 31일 현재의 시산표를 작성하라.
3. 8월의 손익계산서를 작성하라.
4. 8월 31일 현재의 재무상태표를 작성하라.

김수완 군의 재무상태와 재무성과

경영대학 1학년에 재학중인 김수완 군은 여름방학중의 아르바이트 사업으로 동네의 아파트 단지에서 세차영업을 하기로 하였다. 7월 1일 김군은 은행에 사업목적의 계좌를 개설하고 ₩2,500,000을 예금했는데, ₩2,000,000은 어머니로부터 빌린 돈이며 나머지 ₩500,000은 본인이 비상금으로 보유하고 있던 금액이다.

김군은 사업과 관련한 자금은 반드시 은행계좌를 통해 입출금하는 방법으로 관리해야 한다고 선배들에게 들었으며, 실제로 그렇게 하였다. 세차도구는 임차하고 비누와 같은 소모품은 현금구입했으며, 몇 명의 인근 중학교 학생들을 세차원으로 고용하여 시간급으로 임금을 지급하였다. 대부분의 세차대금은 매월 말에 해당 고객에게 일괄적으로 청구하여 수금하는 방식을 택했다.

8월 31일이 되자 김수완 군은 2학기 수강을 위해 사업을 해체하고 아직 세차대금을 받지 못한 고객들에게 ₩875,000의 청구서를 발송하였다. 아파트 이웃들이기 때문에 돈을 받지 못할 가능성은 없으며 전액을 9월 중순까지는 수금할 수 있을 것으로 믿고 있다. 8월 31일 현재의 은행계좌 잔고는 ₩3,250,000이었다.

8월 31일 현재 현금으로 구입했던 소모품 중의 일부가 남아 있는데, 이를 반환하는 경우 ₩50,000을 환급받을 수 있다. 세차도구의 임차료 2개월분 ₩475,000을 아직 지급하지 않았으며, 세차도구 반환 시에는 예치된 임차보증금 ₩200,000을 회수할 수 있을 것이다. 한편 세차원들에게는 ₩100,000의 임금을 추가로 지급해야 한다.

김군은 어머니로부터 빌린 돈 일부를 갚았으나 아직 ₩1,600,000이 남아 있다. 김수완 군은 여름방학중의 사업이 꽤 잘되었다는 막연한 느낌만 가지고 있을 뿐 얼마만큼 잘되었는지에 대해서는 파악하지 못하고 있다. 왜냐하면 너무 바빠서 사업에 관한 어떤 회계기록도 유지하지 못했기 때문이다. 그러나 은행의 예금통장 입출금 기록만은 완전하게 유지하고 있다.

요구사항

1. 김수완 군 개인사업의 7월 1일 및 8월 31일 현재 재무상태표를 각각 작성하라.
2. 두 재무상태표를 비교하여 이 기간 중에 과연 이익이 발생했는지를 확인하라. 단, 김군은 사업과 관련된 자금을 개인목적으로 사용한 적이 없다.
3. 김수완 군은 내년에도 동일한 사업을 계속하고자 한다. 어떻게 회계기록을 유지해야만 사업의 성과를 측정하는 기간손익을 체계적으로 파악할 수 있겠는가?

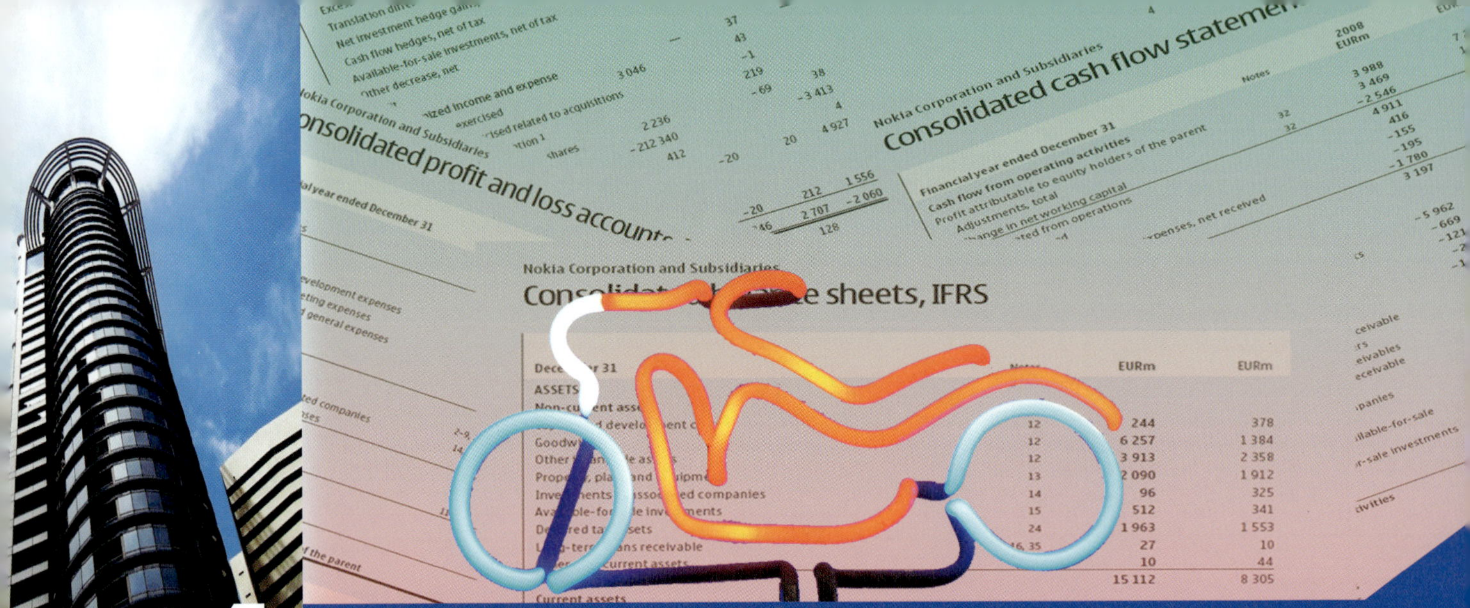

4 chapter

회계순환과정의 완료

회계순환과정은 회계거래의 기록에서부터 재무제표를 작성하기까지 회계기간마다 반복적으로 수행되는 일련의 절차를 말한다. 이 과정에서 회계담당자는 보고기간말에 원장에 있는 계정의 (수정전)잔액을 이용하여 그대로 재무제표를 작성하지는 않는다. 이는 발생기준의 관점에서 당기에 발생한 수익이나 비용을 적정히 반영하고 있지 않기 때문이며, 또한 관련된 자산계정, 부채계정 및 자본계정의 잔액도 적정히 표시되어 있지 않기 때문이다. 따라서 (수정전)시산표를 이용하여 곧바로 재무제표를 작성하지 않고, 발생기준 관점에서 장부상에 회계거래가 적절히 반영되어 있는지를 확인하고 기말시점에 필요한 수정절차, 즉 회계장부에 결산정리사항을 수정반영하는 절차를 거친 후에 (수정후)시산표를 통해 최종적으로 재무제표를 작성한다.

결산정리사항에 관한 수정분개로는 발생분개와 이연분개가 있다. 발생분개는 현금거래가 아직 발생하지

OBJECTIVES

- 보고기간말 수정절차는 회계순환과정을 어떻게 변화시키는가?
- 수정분개란 무엇이며 기능은 무엇인가?
- 수정분개의 유형에서 발생분개와 이연분개는 무엇인가?
- 발생기준 관점에서 순이익은 어떻게 결정되는가?
- 임시계정의 의미는 무엇이며, 마감분개는 왜 필요한가?

않았으나 발생기준 관점에서 당기의 비용이나 수익으로 계상해야 하는 분개를 말하고, 이연분개는 현금거래는 이미 발생했으나 차기의 비용이나 수익으로 인식시기를 이연시켜야 하는 분개를 말한다.

재무제표가 작성되고 나면 회계장부를 마감해야 하는 기술적 절차가 남아 있다. 이는 임시계정인 수익과 비용 및 배당금 계정의 잔액을 ₩0으로 만들고, 이를 이익잉여금계정으로 대체하기 위해서이다. 임시계정의 잔액을 ₩0으로 만들어야만 차기의 회계기록을 ₩0에서 새로 시작할 수 있게 된다. 그러나 자산과 부채 및 자본 계정은 별도의 마감분개를 할 필요가 없다. 이들은 기말의 계정잔액이 차기의 기초잔액으로 수정 없이 이월되기 때문이다. 보고기간말의 잔액이 다음 보고기간초의 잔액이 된다고 하여 자산과 부채, 자본 계정을 영구계정이라고 한다.

01 회계순환과정의 완료

OBJECTIVES

- 보고기간말 수정절차는 회계순환과정을 어떻게 변화시키는가?

회계기간중에 거래가 발생하면 즉시 인식하여 장부에 기록한다. 그러나 보고기간말에는 이렇게 일상적으로 기록된 거래기록만으로는 충분하지 않다. 우선 외부자와의 교환거래 형태가 아니기 때문에 아직 장부에 기록되지는 않았지만 당기의 회계거래로 인식되어야 할 사건이 남아 있다. 예를 들면 가게를 임차해서 한 달간 사용했는데도 아직 임차료를 지급하지 않았을 때에는 보고기간말에 임차료라는 비용과 미지급임차료를 부채로 수정기록해 주어야 한다. 또한 과거 현금지급시점에서 당시의 거래를 기록했지만 이를 이번 회계기말에 당기의 수익이나 비용 혹은 차기의 수익이나 비용으로 수정해야 할 사건이 있다. 예를 들어 과거에 현금을 선급한 보험료(선급보험료라는 자산으로 기록)가 당기에 소멸되면 선급보험료를 감소시키고 그만큼 보험료라는 당기의 비용을 인식해야 한다. 또 다른 예로는 과거에 현금을 미리 받은 수수료수익(선수수수료수익이라는 부채로 기록)의 대가를 당기에 제공하면 선수수수료수익을 감소시키고 그만큼 수수료수익을 인식해야 한다.

교환거래가 아닌 회계거래는 보고기간말 수정절차를 거쳐 당기의 재무제표에 반영해야만 올바른 재무상태와 재무성과를 측정할 수 있다.

이러한 거래에 대해서는 [그림 4-1]처럼 보고기간말 수정절차를 거쳐 당기의 재무제표에 적절히 반영시켜야만 올바른 재무상태와 재무성과를 측정할 수 있다. 즉 완전한 재무제표가 작성되려면 기말에 발생기준 관점에서 회계거래가 적절히 반영되어 있는지를 확인하는 절차가 필요하다.

[그림 4-1]은 보고기간말 수정절차가 반영된 회계순환과정을 보여주고 있다. 보고기간말 수정절차를 반영하는 경우에도 기본적인 회계순환과정의 흐름은 달라지지 않는다. 제3장의 [그림 3-1]에서 설명한 것처럼 기업은 회계기간중에 「기

그림 4-1

보고기간말 수정절차

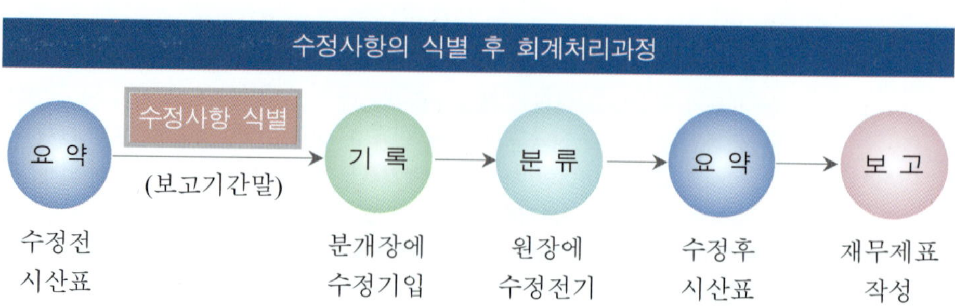

록(거래분석 및 분개장 기입) → 분류(원장전기) → 요약(수정전시산표 작성)」 절차를 거치게 된다. 이는 보고기간말 수정절차가 반영되기 전에 수행된 것이다.

한편 보고기간말에는 발생기준에 입각하여 수정사항을 식별하고 수정사항이 있으면 장부에 기록해야 할 회계거래를 분석한 다음 이들을 장부에 기록하여 보고기간말까지 작성된 회계기록 중에서 일부를 수정한다. 수정하는 절차도 회계순환과정과 마찬가지로 [그림 4-1]과 같은「기록(수정사항 식별 및 분개장 수정기입) → 분류(원장 수정전기) → 요약(수정후시산표 작성)」 절차를 거친다. 수정사항을 반영한 수정후시산표에서 자산, 부채, 자본 계정의 잔액을 회계기준에 따라서 정리하여 재무상태표를 작성하고, 수익과 비용 계정의 잔액을 정리하여 손익계산서를 작성한다.

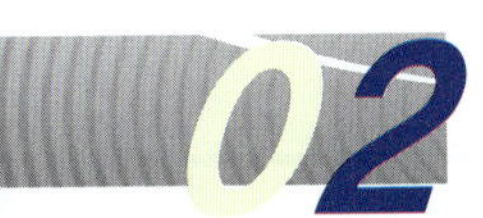

02 회계정보의 보고기간말 수정절차

OBJECTIVES 

- 수정분개란 무엇이며 기능은 무엇인가?

보고기간말 수정절차
재무제표를 작성하기 전에 먼저 각 원장계정의 잔액이 발생기준의 관점에서 적정한지를 검토하여 필요한 수정작업을 하는 절차

보고기간말이 되면 기업은 재무제표를 만들기 전에 먼저 각 원장계정의 잔액이 발생기준의 관점에서 적정한지를 검토하여 필요한 수정절차를 거친 후 재무제표를 작성한다. 이러한 절차를 보고기간말 수정절차 혹은 보고기간말 정리절차라 부른다. 이러한 수정절차가 왜 필요하며 어떤 종류의 수정분개가 있는지는 04에서 상세히 살펴보기로 하고, 여기서는 제3장의 글로벌세탁(주)의 사례를 들어 〈표 3-9〉의 수정전시산표로부터 보고기간말 수정사항을 반영하는 [그림 4-1]의 「수정사항 식별 및 분개장 수정기입 → 원장 수정전기 → 수정후시산표 작성」 절차를 살펴본다.

[수정분개 및 전기 : 실제거래의 예]

제3장에서 예로 든 글로벌세탁(주)는 수정분개와 관련하여 20×1년 9월 30일 현재 다음과 같은 추가적인 사실을 파악하였다.

① 9월말 현재 소모품 재고는 ₩30,000이다. 즉, 9월중 ₩70,000의 소모품이 세탁과정에서 사용되었다.

② 9월중 차입금이자 ₩2,000이 발생했으나 아직 지급하지 않았다.

위와 같은 사실은 현금거래 혹은 교환거래 발생 당시 기록하는 회계기간중

의 일반적인 거래와는 달리 보고기간말에 자산 및 부채의 상태를 조사하거나 과거의 거래기록을 발생기준 관점에서 검토함으로써 확인된 것이다. 따라서 그 내용을 반영하기 위해 장부를 수정해야 한다.

먼저 ①의 경우를 보면, 글로벌세탁(주)의 원장에는 소모품계정의 잔액이 ₩100,000으로 표시되어 있는데, 소모품재고를 실사한 결과 기말 현재 ₩30,000에 해당하는 소모품을 보유하고 있다는 사실이 확인된 것이다. 이는 ₩70,000의 소모품이 사용되었다는 것을 뜻한다. 따라서 소모품계정(자산)에 ₩70,000을 대변기입하여 계정잔액을 줄이는 한편, 이에 대응하는 차변기입으로 소모품비(비용)를 증가시켜 당기에 세탁서비스를 제공하기 위해 소비한 소모품을 비용으로 계상한다.

분　석 : 소모품비(비용)가 ₩70,000 증가 → 소모품비계정의 차변에 기입
　　　　소 모 품(자산)이 ₩70,000 감소 → 소모품계정의 대변에 기입

(차) 소 모 품 비	70,000	(대) 소　모　품	70,000

②의 경우를 보면, 글로벌세탁(주)는 자금을 차입하여 사용했고, 그에 따라 차입일로부터 재무제표작성일까지의 기간 동안 이자에 해당하는 ₩2,000을 지급할 의무(부채)가 발생했으나 장부에는 이러한 사실이 반영되지 않았다. 따라서 이자지급의무를 반영하기 위하여 미지급이자(부채)를 대변기입하고, 이에 대응하는 차변기입으로 이자비용(비용)을 증가시켜야 한다.

분　석 : 이자비용(비용)이 ₩2,000 발생 → 이자비용계정의 차변에 기입
　　　　미지급이자(부채)가 ₩2,000 증가 → 미지급이자계정의 대변에 기입

(차) 이 자 비 용	2,000	(대) 미지급이자	2,000

이상에서 확인된 두 가지 추가적인 사실을 반영하기 위한 수정분개를 하고, 원장에 전기한 후 이들이 원장계정의 잔액에 미치는 영향을 〈표 4-1〉에서 예시하고 있다. 수정절차의 결과로 소모품계정의 잔액이 수정전 ₩100,000에서 수정후 ₩30,000으로 변경되고 새로 소모품비 ₩70,000이 인식된다. 그리고 지급하지 않은 미지급이자(부채) ₩2,000을 인식하고 이자비용 ₩2,000을 기록한다.

글로벌세탁(주)의
수정후 원장계정

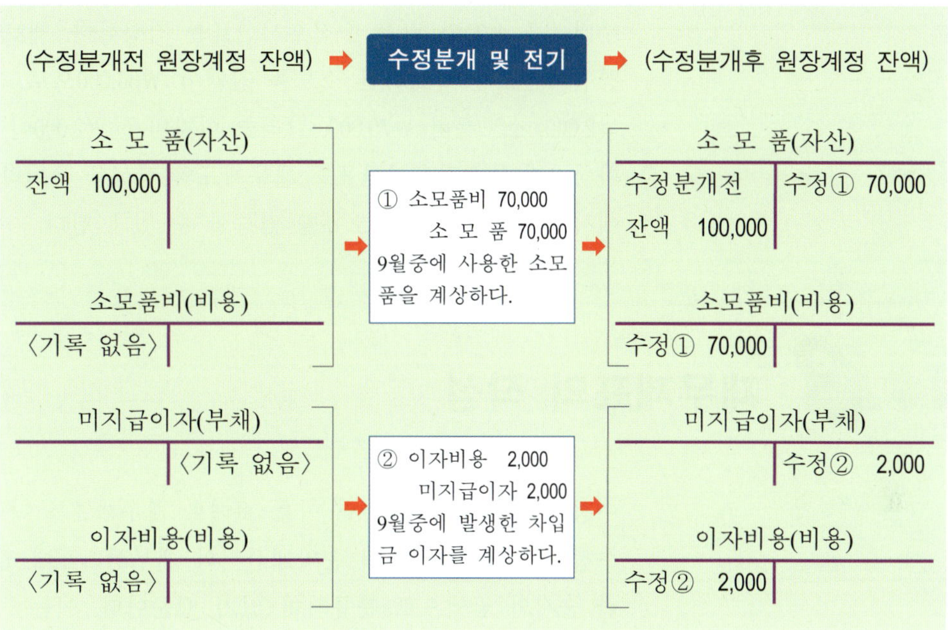

글로벌세탁(주)의
20×1년 9월 30일 현재
수정후시산표

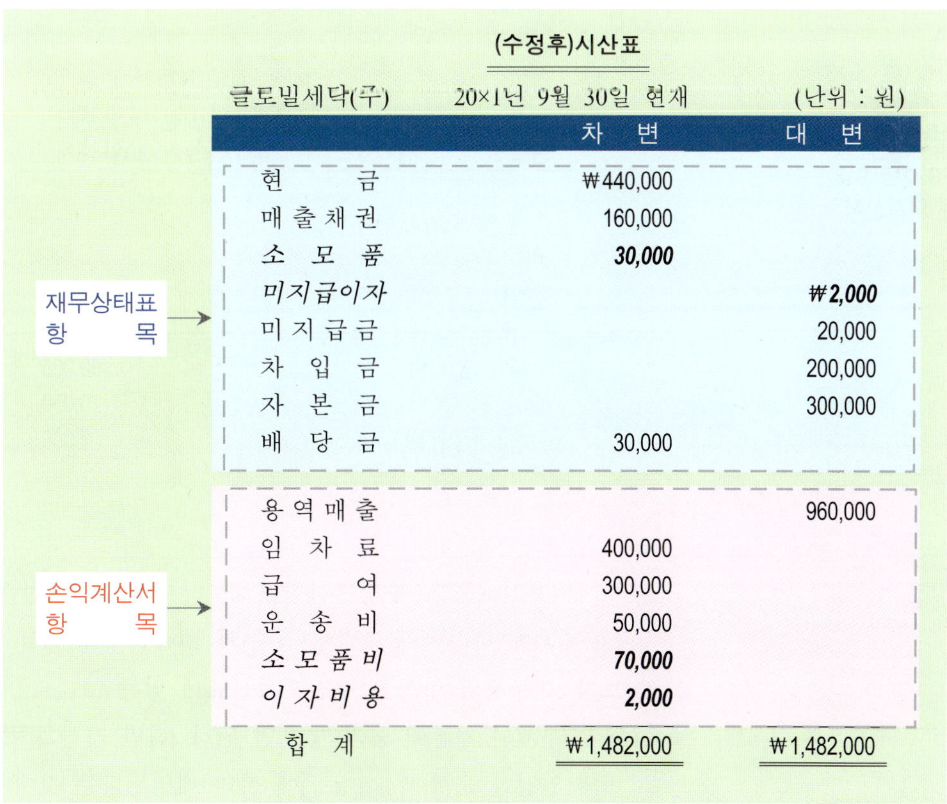

(수정후)시산표

글로벌세탁(주) 20×1년 9월 30일 현재 (단위 : 원)

		차 변	대 변
재무상태표 항목	현 금	₩440,000	
	매 출 채 권	160,000	
	소 모 품	***30,000***	
	미지급이자		***₩2,000***
	미 지 급 금		20,000
	차 입 금		200,000
	자 본 금		300,000
	배 당 금	30,000	
손익계산서 항목	용 역 매 출		960,000
	임 차 료	400,000	
	급 여	300,000	
	운 송 비	50,000	
	소 모 품 비	***70,000***	
	이 자 비 용	***2,000***	
	합 계	₩1,482,000	₩1,482,000

수정분개를 통하여 원장의 계정잔액을 수정하고 나면, 수정된 계정잔액으로부터 〈표 4-2〉와 같은 수정후시산표를 작성한다. 제3장에 나타낸 〈표 3-9〉의 수정전시산표와 비교하면 소모품 잔액이 ₩30,000으로 감소했고, 새로 미지급이자 ₩2,000, 소모품비 ₩70,000, 그리고 이자비용 ₩2,000이 생겨났다. 수정전시산표와 마찬가지로 수정후시산표도 재무제표의 작성을 용이하게 할 뿐 아니라 수정절차에서 발생할 수 있는 오류를 검증할 수 있게 한다.

03 재무제표의 작성

수정후시산표를 완성하면 이를 토대로 재무제표를 어렵지 않게 작성할 수 있다. 수정후시산표에는 이미 손익계산서와 재무상태표에 필요한 모든 정보들이 적절한 순서와 금액으로 분류되어 있기 때문이다. 이는 〈표 4-2〉의 수정후시산표와 〈표 4-3〉의 20×1년 9월 손익계산서를 비교해 보면 쉽게 알 수 있다.

글로벌세탁(주)의 20×1년 9월 손익계산서

손익계산서

20×1년 9월 1일부터 20×1년 9월 30일까지

글로벌세탁(주)		(단위 : 원)
수　　익 :		
용역매출(세탁수익)		₩960,000
비　　용 :		
임 차 료	₩400,000	
급　　여	300,000	
운 송 비	50,000	
소 모 품 비	70,000	
이 자 비 용	2,000	822,000
당기순이익		₩138,000

재무상태표도 수정후시산표로부터 쉽게 작성할 수 있다. 수정후시산표와 〈표 4-4〉에 나타난 글로벌세탁(주)의 20×1년 9월 30일 현재 재무상태표를 비교해 보자. 대부분의 항목은 수정후시산표에 있는 그대로 차변항목은 자산에, 대변항목은 부채와 자본에 옮겨 놓으면 된다. 다만 자산과 부채는 기업이 미리 정하는 바의 일정한 순서(예 : 유동성)에 따라 배열된다는 것에 유의할 필요가 있다. 재무

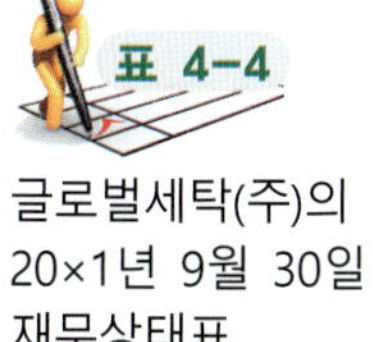

글로벌세탁(주)의 20×1년 9월 30일 재무상태표

재무상태표

글로벌세탁(주)	20×1년 9월 30일 현재		(단위 : 원)
자 산 :		부 채 :	
현 금	₩440,000	미 지 급 금	₩20,000
매 출 채 권	160,000	미지급이자	2,000
소 모 품	30,000	차 입 금	200,000
		부채총계	₩222,000
		자 본 :	
		자 본 금	₩300,000
		이익잉여금	108,000*
		자본총계	₩408,000
자산총계	₩630,000	부채와 자본총계	₩630,000

* 기초이익잉여금	₩0
(+) 당기순이익	138,000
(−) 배 당 금	30,000
기말이익잉여금	₩108,000

상태표의 이익잉여금 항목은 당기순이익과 배당금을 반영한 후의 기말잔액으로 20×1년 9월 30일 현재 재무상태표에 표시된다.

일반적으로 수정후시산표에 표시된 이익잉여금계정에는 기초이익잉여금의 잔액이 수정 없이 나타난다. 다만 글로벌세탁(주)는 20×1년 9월 1일에 영업을 처음 시작했으므로 기초이익잉여금의 잔액이 없었다. 따라서 〈표 4-2〉의 수정후시산표에는 이익잉여금계정(기초)이 나타나 있지 않았을 뿐이다.

하지만 9월 한 달 동안 영업의 결과 이익잉여금의 증가항목인 당기순이익이 ₩138,000, 이익잉여금 감소항목인 배당금이 ₩30,000이므로 재무상태표의 기말이익잉여금은 〈표 4-4〉의 아랫부분 *표시에서와 같은 계산과정을 거쳐 ₩108,000으로 수정된다.

04 발생분개와 이연분개

OBJECTIVES 

- 수정분개의 유형에서 발생분개와 이연분개는 무엇인가?
- 발생기준 관점에서 순이익은 어떻게 결정되는가?

한 회계기간의 수익이나 비용에만 영향을 미치는 거래는 일반적으로 보고기간말에 수정분개가 필요 없다. 그러한 거래는 해당 회계기간에 인식하고 기록하면 된다. 그러나 둘 이상 기간의 수익이나 비용에 영향을 미치는 거래는 통상 수정분개가 필요하다. 왜냐하면 정확한 기간손익을 계산하기 위해서는 해당 회계기간에 귀속되는 수익과 비용을 적절히 인식해야 하기 때문이다. 따라서 회계기간이 세분됨으로써 수익이나 비용이 둘 이상의 기간에 영향을 미치면 이에 따라 수정분개를 할 필요가 생긴다.

둘 이상 기간의 수익이나 비용에 영향을 미치는 거래는 통상 수정분개가 필요하다.

한편 수익이나 비용이 당기에 발생하였으나 다음 기 이후에 현금거래가 발생하기 때문에 당기의 수익 또는 비용으로 아직 기록되지 않은 경우에도 위와 마찬가지의 이유에서 기말에 수정분개가 필요하다.

1. 수정분개의 의의

수정분개의 특징

수정분개
일상의 거래기록과정에서 적정하게 측정하지 못한 회계기간의 수익과 비용을 발생기준에 따라 수정하는 분개

수정분개(adjusting entries)는 일상의 거래기록과정에서 적정하게 측정하지 못한 회계기간의 수익과 비용을 발생기준에 따라 수정하는 데 그 목적이 있다. 다시 말해서 수정분개는 수익은 실현되었을 때 인식하고, 비용은 관련 수익에 대응시켜 해당 기간으로 귀속시키는 발생기준을 보고기간말 시점에서 구체적으로 점검하고 실행하는 기능을 담당한다. 특히 대부분의 수정분개 사항은 수익 또는 비용과 관련된 거래를 인식할 때 현금기준과 발생기준이 다르기 때문에 생기는 차이를 발생기준 관점에서 수정하기 위하여 필요한 절차라고 할 수 있다.

수정분개의 특징
1. 반드시 수익(또는 비용)계정과 자산(또는 부채)계정이 동시에 나타남.
2. 발생기준에 근거하여 기록

모든 수정분개는 다음과 같은 두 가지 공통적 특징을 갖고 있다.

첫째로, 수정분개는 수익 또는 비용을 발생기준에 따라 계상할 목적으로 수행되는데, 수익과 비용은 결과적으로 이익잉여금(자본) 증감에 영향을 미친다. 그런데 자본은 관련 자산 또는 부채의 변동을 함께 수반한다. 따라서 모든 수정분개의 한편(차변이나 대변)에는 반드시 수익계정이나 비용계정이 나타나고, 그에

상대되는 다른 한편에는 관련 자산계정이나 부채계정이 나타나게 된다.

둘째로, 수정분개는 발생기준에 근거하여 기록되는 것이지 보고기간말에 받은 청구서라든지 보고기간말에 발생한 교환거래에 근거하여 기록되는 것이 아니라는 점이다. 예를 들면 기업이 유형자산에 대한 감가상각비 ₩50,000을 기록하고자 할 때 "이 달에 귀사의 건물에 대한 감가상각비는 ₩50,000입니다"라는 청구서를 받지는 않는다. 따라서 기업은 기간손익을 적정하게 산출하기 위하여 교환거래가 발생하거나 청구서가 발행되지도 않은 감가상각비를 스스로 찾아 추정하고 이를 장부에 반영시켜야 하기 때문에, 발생기준에 대한 고도의 전문적인 회계지식이 필요하다.

수정분개의 유형

수정분개의 발생빈도는 기업의 영업성격에 따라 다르지만, 모든 수정분개는 〈표 4-5〉에서와 같이 크게 발생분개 또는 이연분개의 두 가지 유형 중 하나로 분류할 수 있다.

수정분개의 유형

발생분개 ➡ (1) 당기에 실현되었으나 아직 현금을 수취하지 않은 수익의 인식
(2) 당기에 발생했으나 아직 현금을 지출하지 않은 비용의 인식

이연분개 ➡ (1) 당기에 이미 현금을 수취했으나 아직 실현되지 않은 수익의 이연
(2) 당기에 이미 현금을 지급했으나 아직 발생되지 않은 비용의 이연

발생분개(accrual adjusting entries)는 당기에 실현 또는 발생되었으나 현금수취나 현금지출이 미래에 이루어지기 때문에 당기의 수익 또는 비용이지만 아직 기록되지 않은 수익이나 비용을 당기에 인식하기 위한 수정분개를 의미한다. 반면에 이연분개(deferral adjusting entries)는 현금수취나 현금지출 등을 통하여 당기 혹은 그 이전 회계기간에 이미 기록된 거래 중에서 아직 실현되지 않은 수익이나 발생되지 않은 비용의 일부를 다음 회계기간으로 이연・배분시키는 수정분개를 말한다.

통상적으로 발생분개는 선행(현금거래)기록이 없었고, 당기에 처음으로 수익・비용의 인식거래를 기록한 후 차기의 후속거래에서 현금을 수취하거나 지급한다. 반면에 이연분개는 현금거래가 먼저 발생한 경우에 해당하므로 이미 이루어진 선행기록에 대하여 당기에 수익이나 비용을 인식하는 수정분개를 실시한다. 따라서 이전의 선행기록에 대한 올바른 이해가 필요하다.

수정분개의 기입절차를 요약하면 다음과 같다.

제 1 단계 : 「발생분개」의 경우에는 선행분개가 존재하지 않는다. 반면에 「이연분개」의 경우에는 앞서 현금을 주고받았던 선행분개의 내용을 파악한다.

제 2 단계 : 당기중에 경과된 기간 또는 제공된 재화·용역의 비율 등을 따져서 수정분개에서 인식 혹은 이연시켜야 할 금액을 산정한다.

다음에서는 〈표 4-5〉에 표시된 네 가지 유형(발생분개의 두 유형 및 이연분개의 두 유형)의 수정분개에 대하여 차례로 실제의 예를 통해 설명하고자 한다.

2. 발생분개

발생분개
현금의 수취 또는 지출이 아직 이루어지지 않았으나 실현된 수익이나 발생된 비용을 당기의 수익이나 비용으로 인식하는 수정분개

발생분개는 현금의 수취 또는 지출이 아직 이루어지지 않았으나 실현된 수익이나 발생된 비용을 당기의 수익이나 비용으로 인식해야 하는 수정분개를 말한다. 당기 수익이나 비용의 인식과 관련하여 발생된 자산이나 부채는 통상 차기의 현금거래에 의해 소멸된다. 따라서 발생분개에서는 선행분개가 없으며, 보고기간말에 수정분개를 먼저 하고, 다음 회계기간에 후속분개로 조정하게 된다.

당기에 실현되었으나 아직 현금을 수취하지 않은 수익의 인식

첫째로 당기에 수익이 실현되었으나 아직 현금을 수취하지 않아서 장부에 기록되지 않은 수익을 인식하기 위한 수정분개를 살펴보기로 한다. 기업이 당기에 고객에게 상품이나 용역을 제공함으로써 수익을 실현했으나 실제로 고객에 대한 대금청구를 차기까지 연기하는 경우가 있다. 가령 용역을 제공하는 기업이 모든 용역제공활동을 완료한 후에만 대금을 청구하고자 할 경우 발생가능하다.

이때 발생기준 입장에서 보면 당기에 고객에게 제공한 용역에 대해서는 대금청구나 대금회수 시점에 상관없이 그 기간의 수익으로 인식해야 하므로 이를 위한 수정분개가 필요하다. 이때의 수정분개는 관련 수익계정의 대변에 기입하여 수익을 증가시키고, 미래에 현금을 수취할 권리를 나타내는 매출채권(혹은 미수수익)계정의 차변에 기입하여 자산을 증가시킨다.[1)]

1) 기업의 주된 사업목적 달성을 위한 정상영업활동('일반적 상거래'라 한다)에서 발생한 미수액은 매출채권이라는 계정을 이용

[수익에 관한 발생분개의 예]

글로벌세탁(주)는 9월 1일 은하항공으로부터 1벌당 ₩500씩의 세탁비를 받기로 하고 작업복 50벌에 대한 세탁주문을 받았다고 하자. 9월중 30벌의 세탁을 완료하여 은하항공에 인도했으나, 나머지 20벌의 세탁은 10월중에 완료될 것으로 예상되는데, 글로벌세탁(주)는 50벌의 세탁을 모두 완료하는 10월쯤에야 은하항공에 대금을 청구한다고 하자. 만일 글로벌세탁(주)가 9월 30일로 끝나는 기간의 재무제표를 작성하고자 하면, 비록 대금청구는 없었다 하더라도 9월말 재무제표 작성 전에 다음과 같은 수정분개를 하여 세탁완료한 30벌의 세탁대금 ₩15,000(=단가 ₩500×30벌)을 9월의 수익으로 인식해야 한다.

수정분개

매 출 채 권	15,000	
용 역 매 출(세탁수익)		15,000
9월중 은하항공에 제공한 세탁용역수익을 인식하다.		

위와 같은 분개를 함으로써 해당 용역제공에 대한 수익이 처음으로 인식되어 회계장부에 기록된다. 이러한 분개를 발생분개라고 한다. 매출채권계정의 차변잔액은 9월말 현재의 재무상태표에 자산항목으로 표시되고, 세탁용역수익계정의 대변잔액은 9월 손익계산서의 수익을 증가시킨다. 만일 이와 같은 수정분개를 누락하게 되면 자산과 수익을 모두 과소계상하는 결과를 초래한다.

만일 10월중 나머지 20벌의 세탁을 완료하고 은하항공으로부터 50벌 전체의 세탁용역대금 ₩25,000을 현금으로 받았을 때에는 다음과 같은 후속분개를 한다.

후속분개

현　　　금	25,000	
매 출 채 권		15,000
용 역 매 출(세탁수익)		10,000
9월과 10월 중 은하항공에 제공한 세탁용역의 대금을 수취하다.		

하여 기입하고, 기타의 수익이나 자산의 매각 등으로 인하여 발생한 미수액은 미수금이란 계정을 이용한다. 또한 일반적 상거래에서 발생한 미지급액은 매입채무라는 계정을 이용하고, 기타의 비용으로 인하여 발생한 미지급액이나 재고자산이 아닌 자산의 구입 등에서 발생한 미지급액은 미지급금이란 계정을 이용한다. 한편, 보고기간말에 수정분개할 때 일반적 상거래 이외에서 발생했으나 아직 기록되지 않은 수익이나 비용을 기록하기 위해서는 미수금이나 미지급금이 아니고, 미수수익이나 미지급비용이란 계정을 이용한다. 이에 대해서는 제8장에 상세히 설명된다.

당기에 발생했으나 아직 현금을 지출하지 않은 비용의 인식

둘째로 당기에 비용이 발생했으나 아직 현금을 지출하지 않아서 장부에 기록되지 않은 비용을 인식하기 위한 수정분개를 살펴보기로 한다. 종업원급여, 차입금에 대한 이자, 전화 및 전기사용료 등과 같은 비용은 기업이 수익을 창출하기 위한 영업활동을 수행하는 과정에서 시간의 경과와 함께 지속적으로 발생한다. 일반적으로 이러한 비용은 현금으로 지급될 때까지는 장부에 기록하지 않지만, 만약 현금으로 지급되지 않은 상태에서 재무제표를 작성해야 하는 보고기간말을 맞으면 이를 당기의 비용으로 반영하기 위한 수정분개를 해야 한다. 이때 관련 비용계정의 차변에 기입하고 미래의 지급의무를 나타내는 미지급비용계정의 대변에 기입함으로써 부채를 인식하는 수정분개를 한다.

[비용에 관한 발생분개의 예]

글로벌세탁(주)가 9월 11일에 한 달 후 상환하기로 하고 이자율 연 9%로 현금 ₩200,000을 차입하는 계약을 맺었다고 하자. 9월말에 재무제표를 작성한다면, 9월중(20일분)에 발생한 이자를 계상하기 위하여 다음과 같은 수정분개를 해야 한다.

수정분개

	차변	대변
이 자 비 용	1,000	
미지급이자		1,000

9월분 발생이자를 계상하다(₩200,000 × 0.09 × 1/12 × 20/30).

해당 차입금에 대한 9월중의 이자비용이 장부에 기록되므로 이때의 분개를 발생분개라 한다.

만약 한 달 후인 10월 10일에 원금과 이자를 현금으로 지급할 때에는 다음과 같은 후속분개를 한다. 이자비용 ₩500은 10월 1일부터 10월 10일 사이에 발생한 이자이다(₩200,000 × 0.09 × 1/12 × 10/30).

후속분개

이 자 비 용	500	
미지급이자	1,000	
차 입 금	200,000	
현 금		201,500

차입금 원금과 이자를 지급하다.

3. 이연분개

이연분개
현금의 수취나 지출이 이루어졌으나 아직 수익이나 비용이 실현 또는 발생되지 않았기 때문에 차기 이후의 수익이나 비용으로 이연시키는 분개

이연분개는 현금의 수취나 지출이 이미 이루어졌으나 발생기준에 의하면 아직 수익이 실현되었거나 비용이 발생되지 않았기 때문에 전액 혹은 그중의 일부를 차기 이후 기간의 수익이나 비용으로 이연시켜야 하는 분개를 말한다. 따라서 이연분개에서는 이미 기록된 선행분개에 대하여 보고기간말에 이를 적절히 수정하는 수정분개가 뒤따르게 되는 것이 보통이다.

당기에 이미 현금을 수취했으나 아직 실현되지 않은 수익의 이연

첫째로 이미 현금을 수취한 수익 중에서 당기에 미실현된 수익을 차기로 이연시키기 위한 분개를 살펴보자.

[수익에 관한 이연분개의 예]

기업은 미래에 제공할 용역의 대가를 고객으로부터 미리 받는 경우가 종종 있다. 예를 들면 항공회사는 항공권을 판매하고 그 대금을 미리 받는다. 이 경우에 미리 받은 금액의 대가에 해당하는 용역을 제공하지 않은 상태이고, 따라서 수익이 실현되지 않았기 때문에 당기의 수익으로 인식하지 않아야 한다.[2] 고객으로부터 현금을 미리 받으면 기업에서는 미래에 상품이나 용역을 제공해야 하는 의무가 발생한다. 따라서 고객으로부터 현금을 미리 받았을 때 현금계정의 차변에 기입하고, 부채계정인 선수금(또는 선수수익)계정의 대변에 기입하는 회계처리를 한다.

2) 항공사에서는 항공권을 미리 판매하고 대금을 받을 때 선수금으로 처리한 후 항공운송용역을 제공한 시점(즉, 승객 또는 화물이 비행기로 목적지에 도착한 때)에 수익을 인식한다.

9월 25일에 글로벌세탁(주)가 은하항공의 작업복에 대해 1벌당 ₩500의 세탁비를 받는 용역계약을 체결하고, 100벌을 세탁해 주기로 한 후 선금으로 ₩50,000을 받았다고 가정하자. 이때의 선행분개는 다음과 같다.

선행분개

(a-1)	현 금	50,000	
	선 수 금		50,000
	은하항공으로부터 세탁용역대금을 미리 받다.		

세탁용역대금을 미리 받았으나 아직 용역을 제공한 것이 아니므로 받은 금액을 수익으로 인식해서는 안 되고 일단 선수금(부채항목)으로 기록한 것이다.

한편, 현금지급으로 지급의무가 소멸되는 대부분의 다른 부채와는 달리 선수금은 재화나 용역을 제공함으로써 그 채무가 소멸되며 동시에 소멸되는 채무금액만큼 수익으로 인식된다. 따라서 고객에게 재화나 용역을 제공하여 수익이 실현된 회계기간에 실현된 수익만큼 선수금계정을 감소시키고 관련 수익계정을 증가시켜 주는 수정분개가 필요하게 된다. 이러한 수정분개는 선수금계정의 차변에 기입하여 부채를 감소시키고, 관련 수익계정의 대변에 기입하여 수익을 증가시킨다.

9월말 재무제표를 작성할 때 글로벌세탁(주)는 은하항공의 작업복 20벌에 대한 세탁을 완료하여 인도하였다고 하자. 이제 선수금 중 세탁완료한 20벌에 해당하는 ₩10,000에 대해서는 수익이 실현되었으므로 이를 기록하기 위해 다음과 같은 수정분개를 해야 한다.

수정분개

(a-2)	선 수 금	10,000	
	용 역 매 출(세탁수익)		10,000
	9월중 은하항공에 세탁용역을 제공하여 실현된 수익을 계상하다.		

만일 위의 수정분개가 누락된다면 선수금이 ₩10,000 과대계상되는 동시에 세탁용역수익 ₩10,000이 과소계상되는 결과가 발생된다. 위의 수정분개 후에도 선수금계정에는 아직도 ₩40,000의 잔액이 남아 있다. 이 금액은 글로벌세탁(주)가 앞으로 은하항공에 세탁용역을 제공해야 하는 의무를 나타내고, 이 의무를 이

행하게 되는 기간의 수익으로 인식될 것이다. 9월중에 실현된 세탁용역수익은 오직 ₩10,000뿐이다.

[수익에 관한 이연분개의 예 : 현금기준의 관점]

위의 예에서는 고객으로부터 용역대금을 선수했을 때 부채항목인 선수금계정의 대변에 기입하였다. 하지만 이러한 회계처리 대신 많은 기업들은 현금기준의 실무적 편의성 때문에 현금을 받으면 일단 전액을 수익으로 기록하고, 대신 보고기간말에 미실현된 수익을 확인하여 수정분개로서 다음 회계기간으로 이연시키는 이연분개의 방법을 따르기도 한다.[3] 이 경우 거래발생시점에는 다음과 같이 선행분개가 기록되었을 것이다.

선행분개

		차변	대변
(b-1)	현 금	50,000	
	용 역 매 출(세탁수익)		50,000
	은하항공으로부터 세탁용역대금을 미리 받고 이를 모두 당기수익으로 기록하다.		

위와 같은 선행분개가 현금기준에 의해 이루어졌을 경우 9월말까지 실제로 실현된 수익은 ₩10,000뿐이므로 9월말 손익계산서에 용역매출이 ₩10,000이 나타나도록 수정분개를 하지 않는다면 세탁용역수익이 과대계상된다. 따라서 9월말에 다음과 같은 수정분개를 하여 세탁용역수익 중에서 아직 실현되지 않은 부분을 차기로 이연시키고 이를 선수금계정에 기록한다.

수정분개

		차변	대변
(b-2)	용 역 매 출(세탁수익)	40,000	
	선 수 금		40,000
	9월말 은하항공에 제공하지 않은 세탁용역의 선수대금을 다음 기의 수익으로 이연시키다.		

3) 실제로 회계실무에서 많은 기업의 경우 회계부서에서는 현업 운영부서의 용역제공내역을 그때그때 파악하지 못하므로 현금을 받을 당시에는 일단 모두 수익으로 처리하고, 보고기간말에 현업부서로부터 업무보고서를 받아 발생주의 기준으로 변경하여 수익을 인식하는 방법을 따른다.

선수금의 대체적인 회계처리

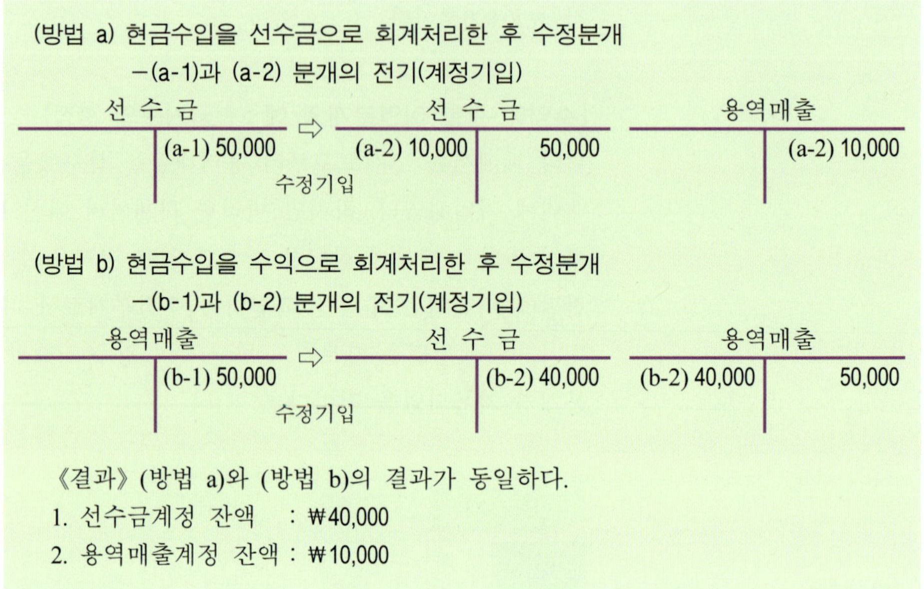

(방법 a) 현금수입을 선수금으로 회계처리한 후 수정분개
−(a-1)과 (a-2) 분개의 전기(계정기입)

선 수 금			선 수 금			용역매출	
	(a-1) 50,000	⇨ 수정기입	(a-2) 10,000	50,000			(a-2) 10,000

(방법 b) 현금수입을 수익으로 회계처리한 후 수정분개
−(b-1)과 (b-2) 분개의 전기(계정기입)

용역매출			선 수 금			용역매출	
	(b-1) 50,000	⇨ 수정기입		(b-2) 40,000		(b-2) 40,000	50,000

《결과》 (방법 a)와 (방법 b)의 결과가 동일하다.
1. 선수금계정 잔액 : ₩40,000
2. 용역매출계정 잔액 : ₩10,000

앞서 (a-1)과 (a-2)의 회계처리와는 달리 (b-1), (b-2)와 같이 현금기준의 관점으로 회계처리하더라도 용역매출액과 기말의 선수금 잔액에는 아무런 차이가 없다. 용역매출액과 기말의 선수금 잔액에 아무런 차이가 없다는 말은 두 방법 중 어느 방법으로 회계처리를 해도 용역매출액과 선수금계정의 잔액이 동일하게 산출된다는 의미이며, 이에 따라서 손익계산서와 재무상태표에 표시되는 해당 계정의 금액이 어느 방법으로나 동일하게 표시된다는 말이다.

이러한 수정분개와 관련된 원장으로의 전기결과를 〈표 4-6〉에 표시하였다. 계정기입을 한 후의 계정잔액을 살펴보면, 부채항목인 선수금계정의 잔액은 ₩40,000이 되고, 9월중 이 거래로 인하여 인식된 세탁용역수익은 ₩10,000이 되어, 앞 (a-1), (a-2)와 (b-1), (b-2)는 동일한 결과를 가져온다는 것을 알 수 있다. 이러한 관계를 표로 요약하면 〈표 4-6〉과 같다.

당기에 이미 현금을 지출했으나 아직 발생(소멸)되지 않은 비용의 이연

둘째로 당기 혹은 과거 회계기간에 현금지출된 비용 중 미소멸분을 적정 회계기간으로 배분시키기 위한 수정분개를 살펴보자. 비용을 미리 지출함에 따라 나타나는 대표적인 자산계정으로는 선급비용, 소모품 그리고 유형자산 등이 있는데, 이

들 개별과목의 회계처리에 대하여는 구체적인 예를 들어 설명하고자 한다.

[선급비용에 관한 이연분개의 예]

이미 지출된 원가가 당기뿐만 아니라 그 이후 회계기간의 수익창출에도 지속적으로 공헌할 것으로 예상되면, 지출된 금액을 일반적으로 비용계정에 기입하지 않고 일단 자산계정의 차변에 기입한다. 즉 지출된 금액을 자산의 원가로 기록한다. 그 후 이 자산을 사용함으로써 효익을 얻는 각 회계기간의 말에 그 기간에 사용하여 소멸된 자산의 원가만큼을 당기의 비용으로 인식하는 수정분개를 한다. 이때의 수정분개는 관련 비용계정의 차변에 기입하고, 자산계정(때로는 자산의 평가계정)의 대변에 기입한다.

글로벌세탁(주)가 9월 1일에 1년분 화재보험료로 ₩60,000을 선급했다고 하면, 선급했을 때 다음과 같이 회계처리할 수 있다.

선행분개

(a-1)	선급보험료	60,000	
	현　　금		60,000
	1년분 화재보험료를 지급하다.		

선급보험료(자산) ₩60,000은 글로벌세탁(주)가 보험회사로부터 화재손실에 대해 1년 동안 보상받을 권리를 의미하는 것으로서 1개월분 보험료는 ₩5,000이다. 선급보험료 ₩60,000 중에서 9월 한 달 동안에는 ₩5,000에 상당하는 부분이 소멸되어 보험료라는 비용이 발생하고, 선급보험료의 권리는 ₩5,000 감소하여 ₩55,000이 되어야 한다. 따라서 9월말에 재무제표를 작성하기 전에 다음과 같은 수정분개가 필요하다.

수정분개

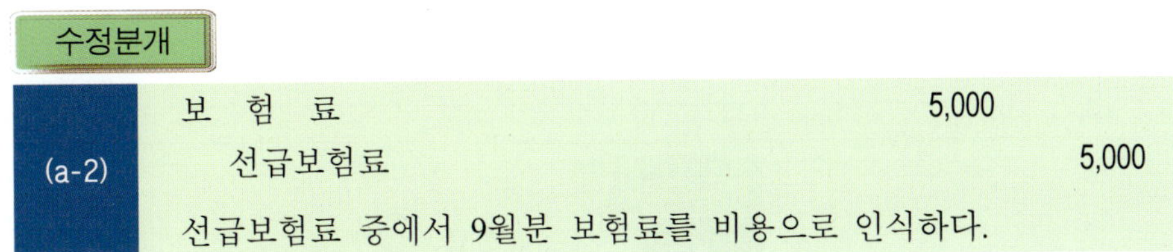

(a-2)	보 험 료	5,000	
	선급보험료		5,000
	선급보험료 중에서 9월분 보험료를 비용으로 인식하다.		

위와 같은 수정분개를 함으로써 다음과 같은 두 가지의 목적을 달성하게 된

다. 첫째로 보험료계정의 차변에 기입함으로써 9월분 보험료 ₩5,000을 비용으로 계상할 수 있고, 둘째로 선급보험료계정의 대변에 기입하여 선급보험료계정의 잔액을 ₩60,000에서 ₩55,000으로 감소시킴으로써 선급보험료계정의 잔액이 9월말 현재 미경과된 보험료를 적정하게 나타낼 수 있게 된다.

만일 이런 수정분개를 하지 않는다면, 글로벌세탁(주)가 9월말에 작성한 재무제표에 어떤 영향을 미치게 되는가? 먼저 손익계산서에는 보험료란 비용이 ₩5,000만큼 적게 계상됨으로써 당기순이익이 그만큼 과대계상된다. 또한 당기순이익이 과대계상되었으므로 재무상태표의 이익잉여금이 ₩5,000만큼 과대계상되며, 선급보험료계정이 수정되지 않았기 때문에 자산도 ₩5,000만큼 과대계상된다.

[선급비용에 관한 이연분개의 예 : 현금기준의 관점]

앞에서는 9월 1일 보험료를 선급했을 때 발생기준에 따라 자산항목인 선급보험료계정을 증가시켰다. 하지만 회사가 현금기준의 관점에 따라서 9월 1일에 선급한 금액 전체를 다음과 같이 비용항목인 보험료계정으로 기입할 수도 있다.

선행분개

(b-1)	보 험 료	60,000	
	현 금		60,000
	1년분 화재보험료를 모두 비용으로 인식하다.		

이 경우 9월 한 달이 경과했을 때에는 보험료 비용은 ₩60,000이 아닌 ₩5,000이 되어야 하고, 보험료 ₩60,000 중 11개월분에 해당하는 ₩55,000은 아직 소멸되지 않은 상태인 자산으로서 미래에 재해가 발생했을 때 보상을 받을 권리로 인식해야 한다. 따라서 9월말에 재무제표를 작성하기 전에는 다음과 같은 수정분개를 하여 과대계상한 보험료를 감소시키고 남아 있는 11개월분의 보험 보상권리 미소멸분을 나타내는 선급보험료계정을 증가시키는 이연분개를 한다.

수정분개

(b-2)	선급보험료	55,000	
	보 험 료		55,000
	미소멸된 보험료를 선급보험료의 자산계정으로 이연시켜 인식하다.		

선급비용의 대체적인 회계처리

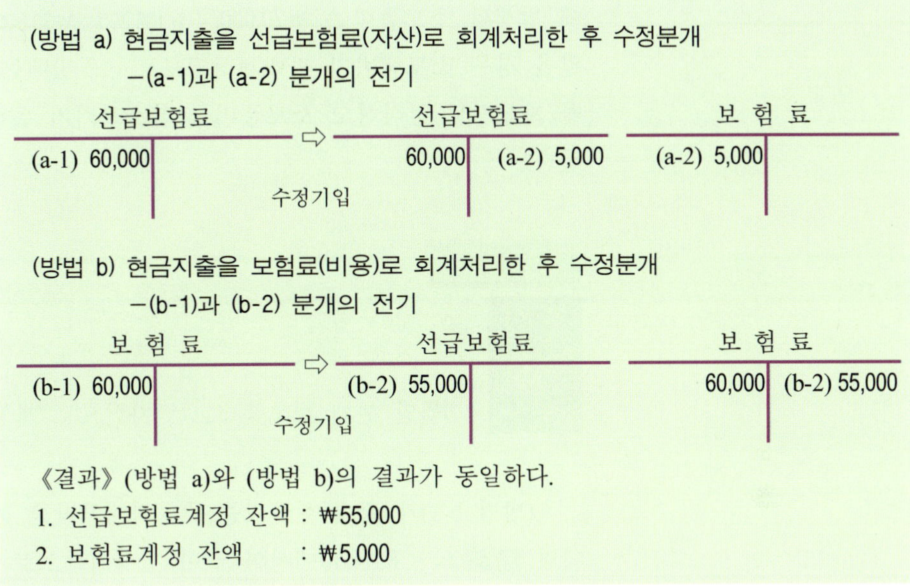

보험료 지급시에 현금기준(방법 b-1)으로 회계처리하더라도 이와 같이 재무제표 작성 전에 수정분개(b-2)를 실시하면 기말에는 자산항목인 선급보험료계정의 잔액은 ₩55,000이 되고, 9월중 보험료는 ₩5,000이 되어, 발생기준(방법 a)으로 회계처리된 경우와 동일한 결과에 도달하게 된다는 것을 알 수 있다. 이러한 두 방법의 결과가 〈표 4-7〉에 표시되어 있다.

[소모품에 관한 이연분개의 예 : 현금기준의 관점]

발생기준에 의한 소모품 거래의 수정분개 예는 이미 본장 **02** 에서 설명되었다. 여기에서는 현금기준의 관점에서 소모품 거래를 기록한 경우만을 설명하고자 한다. 글로벌세탁(주)가 9월중에 소모품 ₩100,000을 현금으로 구입한 경우의 현금기준에 따른 분개는 다음과 같다.

선행분개

		차변	대변
(b-1)	소 모 품 비	100,000	
	현 금		100,000
	소모품을 구입하고 모두 당기비용처리하다.		

9월말 실사를 통해 파악한 결과 ₩30,000이 재고로 남아 있었다. 따라서 당기에 발생된 소모품비는 ₩70,000(=₩100,000－₩30,000)이기 때문에 이를 수정하지 않을 경우 소모품비가 과대계상되므로, 9월말에는 아직 사용되지 않은 소모품을 자산으로 인식하고 소모품비를 감소시키기 위하여 다음과 같이 이연분개를 한다.

수정분개

(b-2)	소 모 품	30,000	
	소 모 품 비		30,000
	9월말 현재 소모품재고를 자산으로 계상하다.		

(방법 b-1)과 같이 현금기준으로 회계처리를 하더라도 수정분개(b-2)가 완료되면 02 의 〈표 4-1〉에서와 같이 발생기준으로 회계처리했을 경우와 동일한 결과가 된다. 즉, 9월말 현재 재무상태표의 소모품계정의 잔액이 ₩30,000이고, 9월의 손익계산서에 소모품비가 ₩70,000이 계상된다.

[유형자산상각에 관한 이연분개의 예]

건물이나 기계와 같은 유형자산은 취득당시 현금(혹은 교환)거래가 발생했으나, 여러 회계기간에 걸쳐 기업이 영업활동을 통해 수익을 창출하는 과정에 사용됨으로써 그 가치가 점차 소멸된다. 이러한 경우 매 회계기간마다 영업활동을 통하여 소멸된 유형자산의 원가만큼을 그 기간의 비용으로 인식해야 한다.

유형자산을 사용함으로써 효익을 얻게 되는 여러 회계기간에 그 원가를 체

mark down

20×1년말 재무제표를 작성할 시점에 글로벌과자(주)의 사장은 회계담당자인 김원리 씨에게 다음과 같이 지시했다.

"차입금에 대해 발생한 20×1년의 이자비용은 20×2년에 지급해도 되므로 20×1년의 비용으로 인식하지 말고, 최근에 고객으로부터 주문을 받음과 동시에 선수금으로 받은 현금은 바로 수익으로 인식하시오. 주문받은 재고자산은 20×2년 1월 2일에 고객에게 발송될 예정이오."

만약 사장의 지시대로 회계처리를 하면 20×1년도의 손익계산서에는 순이익이 기록된다. 그러나 사장의 지시에 따르지 않고 회계기준에 따르면 손익계산서에는 순손실이 기록되고, 회계담당자인 김원리 씨가 회사의 다른 임원으로부터 야단을 듣게 되며 잘못하면 직장을 잃게 될 것이다. 김원리 씨는 어떠한 결정을 해야 하는가?

계적으로 배분하는 절차를 감가상각이라 하고, 각 회계기간에 배분된 유형자산의 원가는 그 회계기간의 비용인 감가상각비(depreciation expense)로 계상된다.[4)]

글로벌세탁(주)가 9월 1일에 세탁기계를 ₩720,000에 구입했다고 하자. 이에 관한 선행분개는 다음과 같다.

선행분개

세 탁 기 계	720,000	
현　　금		720,000
세탁기계를 구입하다.		

세탁기계(자산)는 앞으로 5년간 사용할 수 있고, 이 기간이 지나면 세탁기계의 잔존가치(salvage value)는 없을 것으로 추정된다. 즉, 5년이라는 기간 동안 세탁기계의 취득원가는 점차 소멸되어 비용화되면서 5년말에는 ₩0이 되는데 이에 대한 수정분개가 없으면 (비용이 인식되지 않기 때문에) 당기순이익과 세탁기계 장부금액이 5년 동안 과대계상될 것이다. 세탁기계의 원가를 매기간에 균등분배한다면 세탁기계의 1개월분 감가상각비는 ₩12,000(=원가 ₩720,000/60개월)으로 계산된다. 따라서 9월말에 1개월분의 감가상각비를 기록하기 위하여 다음과 같은 수정분개를 한다.[5)]

수정분개

감가상각비	12,000	
세 탁 기 계		12,000
세탁기계의 9월분 감가상각비를 계상하다.		

위와 같이 9월의 감가상각비를 계상하게 되면 재무상태표의 세탁기계의 9월말 잔액은 ₩708,000(=₩720,000−₩12,000)이 될 것이다.

4) 감가상각에 관한 자세한 내용은 제10장에서 다룬다.
5) 건물이나 기계와 같은 유형자산의 경우 본장의 예처럼 대변에 유형자산계정을 직접 차감하는 방법(직접상각법)을 택하지 않고 실제의 기업회계실무에서는 감가상각누계액이라는 계정을 사용하여 관련 유형자산에서 차감하는 방법(누계액설정법)을 사용한다.

이 장의 요약

• 보고기간말 수정절차는 회계순환과정을 어떻게 변화시키는가?

– 보고기간말 수정절차가 반영되더라도, 그 이전에 수행된 회계순환과정의 흐름을 변화시키지는 않는다.

– 보고기간말에는 발생기준에 입각하여 수정사항을 식별하고 수정사항이 있으면 회계거래를 분석한 다음 회계기록을 수정한다. 수정하는 절차도 회계순환과정과 마찬가지로 「기록(수정사항 식별 및 분개장 수정기입) → 분류(원장 수정전기) → 요약(수정후시산표 작성)」 절차를 거친다.

• 수정분개란 무엇이며 기능은 무엇인가?

– 수정분개(adjusting entries)는 일상의 거래기록과정에서 적정하게 측정하지 못한 회계기간의 수익과 비용을 발생기준에 따라 수정하는 데 그 목적이 있다.

– 수정분개는 수익은 실현되었을 때 인식하고, 비용은 관련 수익에 대응시켜 해당 기간으로 귀속시키는 발생기준을 보고기간말 시점에서 구체적으로 점검하고 실행하는 기능을 담당한다. 특히 대부분의 수정분개는 현금기준과 발생기준이 다르기 때문에 생기는 차이를 발생기준 관점으로 수정하기 위한 절차라고 할 수 있다.

• 수정분개의 유형에서 발생분개와 이연분개는 무엇인가?

– 발생분개(accrual adjusting entries)는 당기에 실현 또는 발생되었으나 현금수취나 현금지출이 미래에 이루어지기 때문에 아직 기록되지 않은 수익이나 비용을 당기에 인식하기 위한 수정분개를 의미한다.

– 이연분개(deferral adjusting entries)는 현금수취나 현금지출을 통하여 회계기록을 하였으나 아직 실현되지 않은 수익이나 발생되지 않은 비용의 일부를 다음 회계기간으로 이연 · 배분시키는 수정분개를 말한다.

• 발생기준 관점에서 순이익은 어떻게 결정되는가?

– 발생기준(accrual basis)은 거래나 사건의 영향을 (현금의 유출입시점이 아닌) 수익이나 비용이 발생한 기간에 인식하는 방법으로 거래과정상 벌어지는 일련의 사건 중 상품인도 또는 용역제공 시점에 초점을 맞추는 방법이다.

– 순이익은 수익에서 비용을 차감하여 결정된다. 발생기준 회계에서 일반적으로 인정되고 있는 수익의 인식기준은 실현주의이다. 비용은 관련 수익이 인식되는 회계기간에 대응시켜 인식해야 한다.

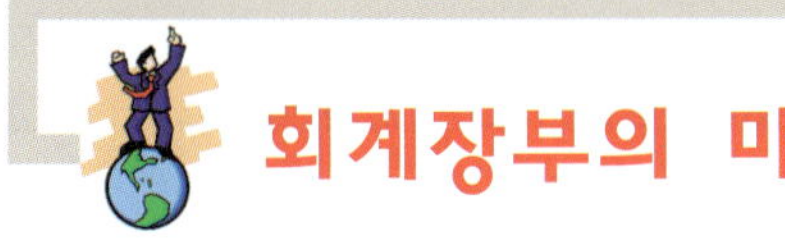

회계장부의 마감

OBJECTIVES

• 임시계정의 의미는 무엇이며, 마감분개는 왜 필요한가?

임시계정
- 모든 수익계정
- 모든 비용계정
- 배당금계정

영구계정
- 모든 자산계정
- 모든 부채계정
- 모든 자본계정

1. 임시계정의 마감

수익 및 비용과 같은 손익계정은 일종의 임시계정(temporary account)이다. 이 계정들을 임시계정이라고 하는 이유는 한 회계기간 동안 거래에서 발생하는 모든 금액은 잠정적으로 손익계산서에 집계되나 임시적 혹은 중간적인 성격을 갖게 되기 때문이다. 예를 들면 매출거래는 한 회계기간 동안 매출이라는 수익계정으로 집계하여 손익계산서에 옮겨지나 장부마감시에는 그 잔액을 ₩0으로 만든다. 그래야 다음 회계기간에 이루어지는 매출로 인한 수익은 다시 ₩0으로부터 시작하여 새로 집계할 수 있기 때문이다.

임시계정은 특정 회계기간의 거래자료들을 임시적으로 기록해 두었다가 최종적으로 재무상태표의 이익잉여금계정에 그 결과를 대체하거나 특정 목적을 달성하고 스스로 잔액이 ₩0이 됨으로써 다음 회계 기초시점에서는 잔액이 사라지게 된다. 반면, 자산과 부채 및 자본 계정들은 특정 회계기간이 지나도 계정잔액들이 소멸하지 않고 다음 회계기간에 기초잔액으로 이월되기 때문에 이를 영구계정(permanent account)이라고 한다.

표 4-8

임시계정과 영구계정

임시계정	보고기간말 장부마감으로 계정잔액을 ₩0으로 만들어야 하는 계정 : 수익, 비용, 배당금 계정
영구계정	보고기간말 장부마감으로 계정잔액이 소멸되지 않고 다음 회계기간 초로 이월되는 계정 : 자산, 부채, 자본 계정

임시계정들은 일단 재무제표가 완성되면 소멸하여 그 역할이 종료되므로, 다음 회계연도에는 각 계정별로 다시 새로운 거래자료를 처음부터 기록해 나가게 된다. 즉, 다음 연도를 위하여 임시계정의 잔액을 ₩0으로 만들어야 하는데, 이와 같이 임시계정의 잔액을 ₩0으로 만드는 절차를 장부의 마감절차(closing procedures)라고 한다. 마감절차는 회계순환과정 중에서 맨 마지막으로 수행되는 보조적 절차이다.

마감절차
임시계정의 잔액을 ₩0으로 만드는 절차

임시계정은 마감절차를 통하여 그 잔액이 스스로 대차평형에 의하여 소멸되거나 혹은 이익잉여금계정으로 대체함으로써 마감된다. 수익과 비용 등의 손익계정은 이익잉여금계정으로 대체하기 위하여 집합손익(income summary)계정을 이용한다. 집합손익계정은 장부의 마감단계에서만 일시적으로 나타나는 결산임시계정이다. 모든 수익과 비용 계정은 다음과 같은 절차를 통해 집합손익계정으로 마감된다(〈표 4-9〉의 제1단계).

임시계정의 마감 :

수익과 비용 및 배당금 계정은 집합손익계정을 이용하여 보고기간말에 잔액을 ₩0으로 만들고, 그 과정에서 집합손익계정에 누적된 잔액을 이익잉여금계정으로 대체

(마감 ①)	각 수익계정에는 정상잔액이 대변에 남아 있으므로 그 수익계정의 대변잔액과 같은 금액을 차변기입하여 모든 수익계정의 잔액을 ₩0으로 만들고, 수익계정의 합계액만큼 집합손익계정의 대변에 기입한다.
(마감 ②)	각 비용계정에는 정상잔액이 차변에 남아 있으므로 그 비용계정의 차변잔액과 같은 금액을 대변기입하여 모든 비용계정의 잔액을 ₩0으로 만들고, 비용계정의 합계액만큼 집합손익계정의 차변에 기입한다.

위와 같은 절차에 따라 모든 수익계정과 비용계정이 마감되고, 한 기간 동안의 수익과 비용의 발생내용이 모두 집합손익계정으로 모인다. 이때 집합손익계정에 나타나게 되는 잔액이 곧 당기순이익(또는 순손실)이 된다.

그 다음 단계에서는 다음과 같은 절차를 통하여 집합손익계정과 배당금계정을 이익잉여금계정으로 대체한다(〈표 4-9〉의 제2단계). 배당금계정은 이익잉여금의 차감계정으로 보고기간말에 잔액을 ₩0으로 만드는 회계처리를 해야 한다. 따라서 배당금계정도 손익계산에 포함되지는 않지만 임시계정의 일종이다.

임시계정의 마감절차

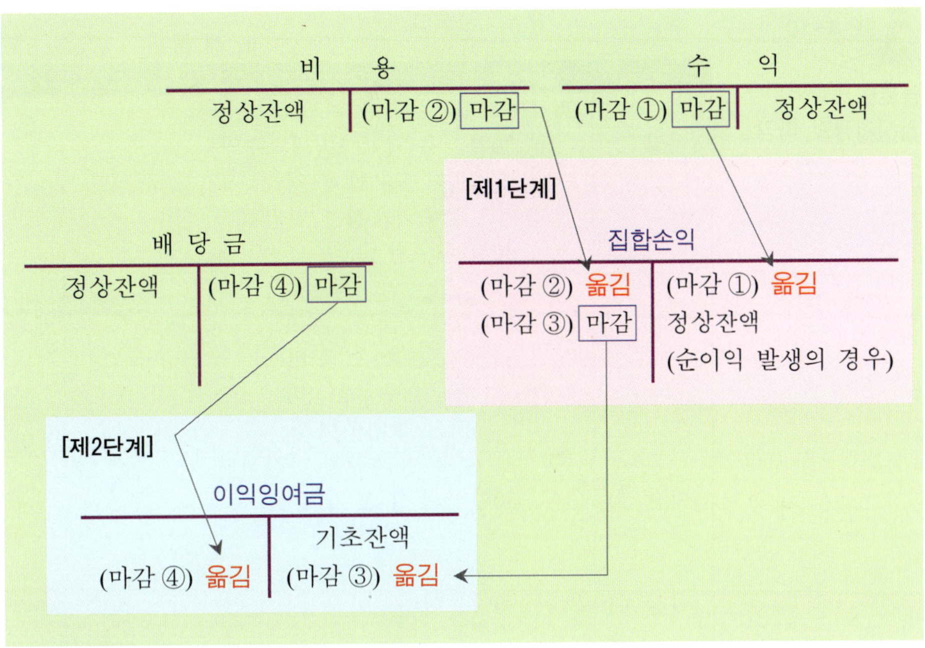

(마감 ③)	순이익이 발생했을 경우(수익이 비용보다 큰 경우) 〈표 4-9〉에서와 같이 집합손익계정의 대변에 정상잔액이 남게 되는데, 이때에는 집합손익계정의 대변잔액과 같은 금액을 차변에 기입하여 집합손익계정의 잔액을 ₩0으로 만들고, 같은 금액을 이익잉여금계정의 대변에 기입한다. 반면 순손실이 발생했을 경우에는 집합손익계정의 대변에 기입하고, 이익잉여금계정의 차변에 기입한다.
(마감 ④)	배당금계정에는 정상잔액이 차변에 남아 있으므로 그 배당금계정의 차변잔액과 같은 금액을 대변에 기입하여 배당금계정의 잔액을 ₩0으로 만들고, 같은 금액을 이익잉여금계정의 차변에 기입한다.

다음의 〈표 4-10〉은 글로벌세탁(주)가 9월 30일자로 임시계정을 마감하는 분개 및 이를 원장으로 전기하는 절차를 보여주고 있다. 먼저 수익과 비용 계정이 집합손익계정으로 마감된다(〈표 4-10〉에서 (마감 ①)과 (마감 ②)의 분개). 이로써 집합손익계정은 대변잔액 ₩138,000을 갖게 되는데, 이는 곧 9월 한 달 동안 글로벌세탁(주)의 수익이 비용보다 크다는 것, 즉 당기순이익이 ₩138,000 발생했음을 의미한다. 다음에 이 집합손익계정은 배당금계정과 함께 이익잉여금계정으로 마

글로벌세탁(주)
임시계정의 마감

분 개 장 제2면

	일 자	적 요	원면	차 변	대 변
	20×1년				
(마감 ①)	9월 30일	용 역 매 출(세탁수익)		960,000	
		집 합 손 익			960,000
		수익계정을 마감하다.			
(마감 ②)	30일	집 합 손 익		822,000	
		임 차 료			400,000
		급 여			300,000
		소 모 품 비			70,000
		운 송 비			50,000
		이 자 비 용			2,000
		비용계정을 마감하다.			
(마감 ③)	30일	집 합 손 익		138,000	
		이익잉여금			138,000
		집합손익계정을 마감하다.			
(마감 ④)	30일	이익잉여금		30,000	
		배 당 금			30,000
		배당금계정을 마감하다.			

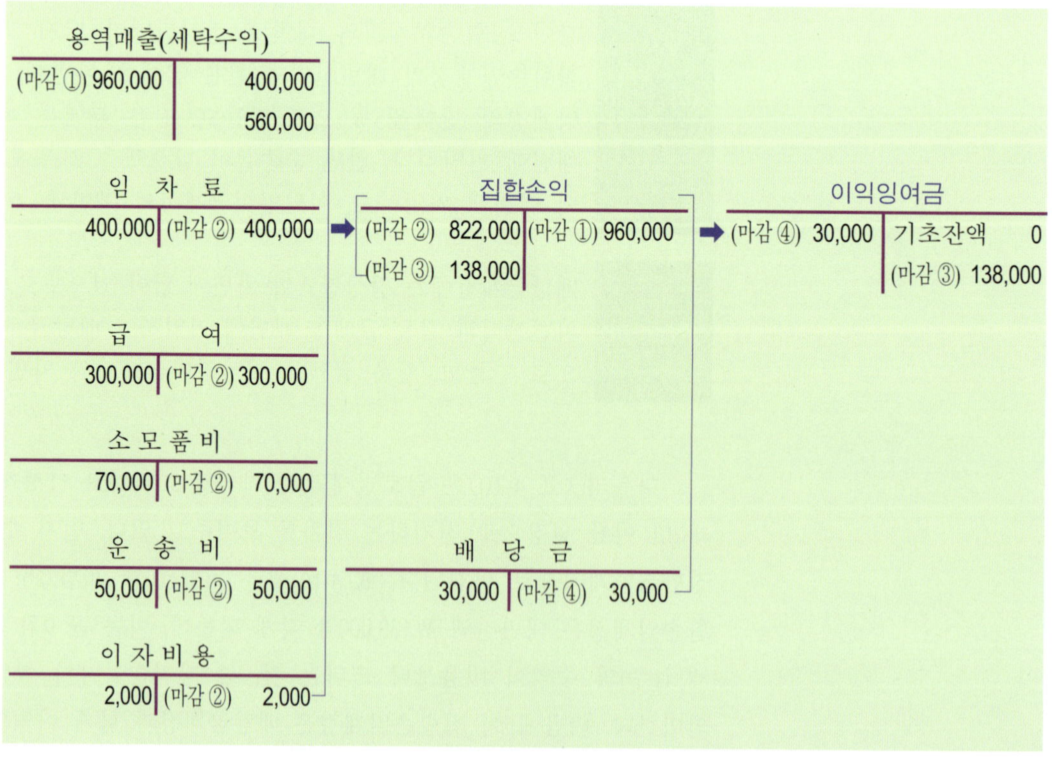

감된다(〈표 4-10〉에서 (마감 ③)과 (마감 ④)의 분개). 이익잉여금계정은 당기순이익에 의하여 ₩138,000만큼 증가하고, 배당금으로 인하여 ₩30,000만큼이 감소하기 때문에 이익잉여금의 당기 순증가분은 ₩108,000이 된다.

대부분의 기업은 1년에 한 번 보고기간말에 임시계정을 마감하는데, 이는 회계기간을 통상 1년으로 정하고 있기 때문이다. 그러나 본 예제에서는 예시의 목적상 회계순환과정이 1개월 만에 이루어지는 것으로 가정하고 9월말을 기준으로 마감절차를 실시하였다.

2. 장부의 마감

회계기간이 종료되면 다음 회계기간의 거래를 장부에 기록하기 위한 준비단계로서 장부의 마감절차를 수행한다. 마감분개로 인하여 임시계정의 잔액이 ₩0이 되면 사실상 장부의 마감절차는 완료된 것이다. 그러나 실무에서는 당해 회계기간과 다음 회계기간의 기록을 분명하게 구별하기 위해서 〈표 4-11〉에서 보여주듯이 분개장 및 원장의 각 계정에 대하여 다음과 같이 마감절차를 수행한다.

- 분개장의 차변합계와 대변합계를 계산하여 서로 일치하는지 확인하고, 그 밑에 두 줄을 그어 장부를 마감한다.
- 손익계정은 마감분개로 인하여 그 잔액이 집합손익계정으로 전기되었으므로 차변금액과 대변금액이 일치하게 된다. 차변합계와 대변합계를 기록하고, 그 밑에 두 줄을 그어 장부를 마감한다.
- 재무상태표계정은 차변 또는 대변에 잔액이 남게 되는데, 이 잔액은 다음 회계기간으로 이월된다. 현금계정과 같은 자산계정에는 차변에 잔액이 남게 되므로, 그 잔액만큼을 대변에 차기이월로 기록하여 차변합계와 대변합계를 일치하게 한 후 그 밑에 두 줄을 그어 장부를 마감한다. 일반적으로 차기이월에 해당하는 기입은 주의를 환기시키기 위하여 붉은색으로 기록하고 있으며, 차기이월금액만큼을 다음 회계기간의 개시일에 차기이월이 기록된 편의 반대편(현금계정의 경우에는 차변)에 전기이월로 기록한다. 부채 및 자본 계정의 차기이월은 차변에 기록되며, 달리 붉은색으로 기록하지 않는다.

물론 이상의 장부마감절차는 수작업으로 회계장부를 유지하는 경우에 적용

장부마감의 예

분개장의 마감

분 개 장 제2면

일 자	적 요	원면	차 변	대 변
~이전 생략~				
9월 30일	용 역 매 출(세탁수익)		960,000	
	집 합 손 익			960,000
	수익계정을 마감하다.			
30일	집 합 손 익		822,000	
	임 차 료			400,000
	급 여			300,000
	소 모 품 비			70,000
	운 송 비			50,000
	이 자 비 용			2,000
	비용계정을 마감하다.			
30일	집 합 손 익		138,000	
	이익잉여금			138,000
	집합손익계정을 마감하다.			
30일	이익잉여금		30,000	
	배 당 금			30,000
	배당금계정을 마감하다.			
			1,950,000	1,950,000

임시계정의 마감

용역매출(세탁수익) 계정번호 41

일 자	적 요	차 변	일 자	적 요	대 변
9월 30일	집합손익(마감)	960,000	9월 18일	현 금	400,000
			28일	현 금	400,000
				매출채권	160,000
		960,000			960,000

재무상태표계정의 마감

현 금 계정번호 11

일 자	적 요	차 변	일 자	적 요	대 변
9월 1일		300,000	9월 9일		50,000
10일		200,000	19일		50,000
18일		400,000	20일		300,000
28일		400,000	20일		30,000
			25일		30,000
			30일		400,000
			30일	차기이월	440,000
		1,300,000			1,300,000
10월 1일	전기이월	440,000			

하는 전통적 마감방법이다. 위와 같은 장부의 마감으로 인하여 다음 회계기간에 동일한 회계장부를 사용한다 하더라도 회계기록이 어디서부터 시작되고 있는지를 분명히 알게 되고, 특히 재무상태표계정의 경우 기초잔액이 얼마인지가 분명해진다는 이점이 있다. 새로운 회계장부를 이용할 경우, 다음 회계기간의 거래가 기록되기 전에는 분개장 및 임시계정에는 어떤 금액도 기재되어 있지 않으나, 재무상태표계정에는 전기이월액(기초잔액)이 이미 기재되어 있게 된다.

이렇게 장부의 정리가 모두 끝나게 되면 이제 다음 회계기간의 새로운 회계순환과정이 또다시 시작된다.

mark down **AI는 회계담당자를 대체할 수 있을까… 변화하는 환경 속 회계정보의 활용**

최근 생성형 AI의 등장으로 'AI로 인해 사라질 직업'에 대한 관심이 다시 한번 커지고 있다. 결론부터 말하자면 이런 예측은 이미 10년 전부터 반복돼 왔으며, 모두 현실화하지 않았다.

전문직에 대한 AI의 영향은 과거 연구에서 과장된 측면이 있었다. 예를 들어, 회계사 업무의 자동화 가능성이 94%에 달해 회계사라는 직업이 사라질 것이라는 예측을 하였다. 하지만 이는 회계사의 역할을 단순 회계처리 실무자로 보았기 때문이다.

필자는 AI가 회계전문가를 대체할 수 없다고 생각한다. 그 이유를 요약하면 다음과 같다.

첫째, AI는 과거 데이터를 학습하여 패턴을 찾아내는 데 강하지만, 미래의 불확실성을 해석하는 능력은 부족하다. 예를 들어, AI는 과거 데이터를 기반으로 회계부정(Fraud)의 가능성을 탐지할 수 있지만, 기업이 새로운 회계정책을 도입했을 때 그 영향을 분석하는 것은 쉽지 않다.

둘째, 회계정보는 단순한 숫자가 아니라, 기업이 선택한 전략과 의도를 담고 있다. AI가 기업의 숫자를 분석할 수는 있지만, 그 숫자에 담긴 기업의 의사결정과 이해관계자의 영향을 해석하는 것은 여전히 인간의 영역이다.

셋째, 최종적인 의사결정은 인간의 몫이다. AI는 강력한 분석도구이지만, 이를 해석하고 최종적인 의사결정을 내리는 것은 인간의 역할이다. 기업의 회계처리방법을 결정하는 과정에서 법적, 윤리적, 경제적 요소를 종합적으로 고려해야 하며, 이러한 과정에서 회계사의 판단력이 필수적이다. (일부 내용 요약)

(생생비즈, 이승환 칼럼니스트, 2025.3.18)

회계정보의 활용

변동액과 변동률의 분석

재무제표에 나타난 개별 항목은 대부분 그 자체만으로는 중요한 의미를 지니지 못한다. 각 항목별로 과거의 금액과 현재의 금액을 비교하고 그 변동방향 및 변동률의 크기를 분석함으로써 비로소 유용한 정보로서의 의미를 갖게 된다.

〈산식〉 변동액 = 당년도 금액 − 전년도 금액

변동률 = (당년도 금액 − 전년도 금액) / 전년도 금액

다음은 NAVER(주)의 최근 재무제표에서 발췌한 몇 가지 대표적인 항목들이다.

NAVER(주) 재무제표 항목 중의 일부 정보 (단위 : 백만원)

구 분	항 목	2024년	2023년	변동액	변동률
재무상태표	자 산	38,167,876	35,737,827	2,430,049	6.8%
	부 채	11,166,964	11,499,828	−332,864	−2.9%
	자 본	27,000,911	24,237,999	2,762,912	11.4%
손익계산서	영업수익(매출)	10,737,719	9,670,644	1,067,075	11.0%
	당기순이익	1,931,976	985,018	946,958	96.1%

* 반올림에 따른 오차 때문에 합계가 일치하지 않을 수 있음.

재무상태표 항목의 경우 2024년 자산은 약 38조 1,679억원으로 전년도에 비해 약 2조 4,300억원(6.8%) 증가하였다. 자산은 부채와 자본으로 구성되므로 자산의 증감원인은 부채와 자본의 증감으로 구분할 수 있다. 즉 2024년 부채증가율은 −2.9%이고 자본변동률은 11.4%로, 자산 증가는 주로 자본의 증가와 연관되어 있음을 알 수 있다.

NAVER(주)의 2024년 손익계산서 항목을 보면 영업수익은 10조 7,377억원(11.0%), 당기순이익은 1조 9,320억원(96.1%)으로 증가하였다. 당기순이익이 크게 증가한 것은 영업수익(매출액) 증가가 가장 큰 원인으로 보인다.

그런데 변동률 분석에서 주의해야 할 사항이 있다. 만약 전년도 금액이 음(−)의 금액이 되면 변동률 계산에서는 분모가 음수가 되어 변동률 자체가 무의미해질 수 있다. 순이익의 변동률을 계산할 때 전년도에 순손실이 발생하면 이러한 현상이 나타난다. 다른 하나는 전년도에 분모로 이용되는 금액이 매우 작을 때이다. 이때는 변동률 자체가 매우 커지므로 변동률의 해석에 특별히 주의해야 한다.

종합예제

수정후시산표 및 재무제표의 작성

제3장의 종합예제에서 사용한 유창영어주식회사의 예제를 계속해서 사용하기로 한다. 유창영어주식회사가 작성한 올해 6월 30일 현재 수정전시산표는 다음과 같다.

시 산 표

유창영어(주) 6월 30일 현재 (단위 : 원)

	차 변	대 변
현 금	₩3,680,000	
매출채권	2,400,000	
선급보험료	420,000	
특 허 권	14,400,000	
미지급금		₩10,000,000
선 수 금		300,000
자 본 금		10,000,000
용역매출(강의료수익)		3,400,000
수 리 비	300,000	
급 여	2,500,000	
합 계	₩23,700,000	₩23,700,000

위의 시산표는 올해 6월 1일에 설립된 유창영어주식회사에서 발생한 6월중의 모든 거래를 요약하고 있다. 그러나 유창영어주식회사는 6월중 아직 어떠한 수정분개도 하지 않았다. 유창영어주식회사의 회계연도는 정관의 규정에 따라 매년 6월 30일에 종료한다.

김성실 회계담당자는 6월 30일로 종료하는 회계연도의 재무제표를 작성하기 위하여 다음과 같은 결산수정에 관련된 추가정보를 확인하였다.

〈추가정보〉

(1) 보험료 ₩420,000은 1년 계약기간에 대해 6월초에 지급한 금액이다.

(2) 선수금 ₩300,000은 해외근무지사요원에 대한 어학연수비로서 3회분에 해당한다. 6월 29일에 예정대로 교육을 1회차 실시하였다.

(3) 특허권에 대한 6월분 상각비는 ₩200,000이다.

(4) 6월 25일에 지급한 강사에 대한 급여에는 7월분 ₩900,000이 포함되어 있는데, 지급시에는 6월분 급여와 구분없이 모두 급여계정으로 회계처리되었다.

(5) 6월의 광고비 미지급액이 ₩40,000이다.

요구사항

1. 재무제표 작성을 위한 보고기간말 수정분개를 하라.
2. 수정후시산표를 작성하라.
3. 당회계기간의 손익계산서를 작성하라.
4. 6월 한 달간의 자본변동표를 작성하라.
5. 6월 30일 현재의 재무상태표를 작성하라.
6. 마감분개를 하라. 보론

해답

1. 수정분개

	차변	대변
(1) 보 험 료	35,000	
선급보험료		35,000

선급보험료 중 6월분 보험료를 비용으로 계상하다.
(1년 보험료÷12개월=₩420,000÷12=₩35,000)

	차변	대변
(2) 선 수 금	100,000	
용 역 매 출		100,000

선수금 중 6월에 완료된 강의를 당기수익으로 계상하다.

	차변	대변
(3) 특허권상각비	200,000	
특 허 권		200,000

특허권에 대하여 6월분 상각비를 계상하다.

	차변	대변
(4) 선 급 급 여	900,000	
급 여		900,000

6월의 급여(비용)로 과대계상된 금액 중 차기분의 비용을 이연시키다.

	차변	대변
(5) 광 고 비	40,000	
미지급광고비		40,000

6월분 미지급광고비를 계상하다.

2. 수정후시산표

수정후시산표

유창영어(주)	6월 30일 현재	(단위 : 천원)
	차 변	대 변
현 금	₩3,680	
매 출 채 권	2,400	
선급보험료	385	
선 급 급 여	900	
특 허 권	14,200	
미 지 급 금		₩10,000
미지급광고비		40
선 수 금		200
자 본 금		10,000
용 역 매 출		3,500
급 여	1,600	
수 리 비	300	
특허권상각비	200	
보 험 료	35	
광 고 비	40	
합 계	₩23,740	₩23,740

3. 손익계산서

손익계산서

유창영어(주)	6월 1일부터 6월 30일까지	(단위 : 천원)
수 익 :		
용역매출(강의료수익)		₩3,500
비 용 :		
급 여	₩1,600	
수 리 비	300	
특허권상각비	200	
보 험 료	35	
광 고 비	40	2,175
당기순이익		₩1,325

4. 자본변동표

자본변동표

유창영어(주)	6월 1일부터 6월 30일까지		(단위 : 천원)
	자본금	이익잉여금	총계
6. 1	₩0	₩0	₩0
주 식 발 행	10,000		10,000
당기순이익		1,325	1,325
6. 30	₩10,000	₩1,325	₩11,325

5. 재무상태표

재무상태표

유창영어(주) 6월 30일 현재 (단위 : 천원)

자 산 :		부 채 :	
유동자산		미 지 급 금	₩10,000
현 금	₩3,680	선 수 금	200
매 출 채 권	2,400	미지급광고비	40
선급보험료	385	부채총계	₩10,240
선 급 급 료	900		
유동자산합계	7,365	자 본 :	
비유동자산		자 본 금	₩10,000
특 허 권	14,200	이익잉여금	1,325
비유동자산합계	14,200	자본총계	₩11,325
자산총계	₩21,565	부채와 자본총계	₩21,565

6. 마감분개 보론

(1) 용역매출(강의료수익)	3,500,000	
집 합 손 익		3,500,000
수익계정을 집합손익계정으로 마감하다.		
(2) 집 합 손 익	2,175,000	
급 여		1,600,000
수 리 비		300,000
특허권상각비		200,000
보 험 료		35,000
광 고 비		40,000
비용계정을 집합손익계정으로 마감하다.		
(3) 집 합 손 익	1,325,000	
이익잉여금		1,325,000
집합손익계정을 이익잉여금계정으로 마감하다.		

익힘문제

01 보고기간말에 수정절차가 도입되면 회계순환과정에는 어떤 변화가 오게 되는가?

02 수정분개를 하는 목적은 무엇인가? 발생기준의 의의와 관련시켜 답하라.

03 회계연도말에 필요한 네 가지 유형의 수정분개는 어떤 것인가? 각 유형의 예를 들어보라.

04 수정분개는 손익계산서계정과 재무상태표계정에 어떤 영향을 미치는가?

05 대호여행사는 주 5일 근무를 하는데 매주 금요일에 종업원의 급여로 ₩325,000씩 지급한다. 1월 25일이 금요일이라면, 1월 31일에 어떠한 수정분개를 해야 하는가?

06 위에서 만약 대호여행사가 1월 31일에 필요한 수정분개를 하지 않았다면, 이러한 수정분개의 누락이 (1) 1월의 손익계산서와 (2) 1월 31일 현재의 재무상태표에 어떠한 영향을 미치는가?

07 서울디자인(주)는 올해 7월 5일 사무용 소모품 ₩70,000을 현금으로 구입하였는데 12월 31일 결산시에 소모품을 조사한 결과 미사용분이 ₩20,000 남아 있음을 발견하였다. 12월 31일 결산시 수정분개를 하라.

(1) 소모품의 구입시 소모품 자산계정의 차변에 소모품 ₩70,000의 구입사실을 기록한 경우

(2) 소모품의 구입시 소모품비 비용계정의 차변에 소모품 ₩70,000의 구입사실을 기록한 경우

08 보고기간말에 마감분개가 필요한 계정의 종류에는 어떤 것이 있는가? 그 이유는 무엇인가? 보론

09 장부마감절차에서 이용되는 집합손익계정은 어떠한 기능을 하는가? 보론

10 다음의 계정들 중에서 집합손익계정의 차변에 마감될 수 있는 계정은 어느 것인가? 보론

배당금, 급여, 수수료수익, 미지급금, 현금, 광고비, 감가상각비, 매출채권

연  습  문 제

01 수정분개에 사용되는 계정(Ⅰ)

서울디자인(주)의 원장에는 다음과 같은 계정이 포함되어 있다. 수정분개에서 이와 같은 계정이 사용된다면 이러한 조정이 필요한 이유는 무엇인가?

(1) 미지급이자비용
(2) 선급보험료
(3) 특허권상각비
(4) 선수금

02 수정분개에 사용되는 계정(Ⅱ)

서울디자인(주)는 다음과 같은 보고기간말 수정사항이 있다. 이에 따라서 재무제표를 작성하기 이전에 필요한 수정분개를 하라.

(1) 은행에서 자금을 차입하였으나 보고기간말 현재 해당 차입금에 대한 이자비용 ₩300,000을 인식하지 않았다. 차입금은 다음 회계기간에 만기가 도래한다.
(2) 9월 1일에 1년분 자동차 보험료 ₩120,000을 지급하고 전액을 보험료비용으로 인식하였다. 보고기간말이 12월 31일이므로 해당 보험료에 대한 수정분개를 해야 한다.
(3) 회사는 4월 1일 ₩1,000,000을 지급하고 특허권을 취득하였다. 특허권의 내용연수는 5년이다. 12월 31일 보고기간말의 수정분개는?
(4) 회사는 ₩1,000,000을 받고 고객에게 단기용역을 제공하기로 했다. 보고기간말 현재 회사는 ₩700,000의 용역을 고객에게 제공했다. 회사는 고객에게 ₩1,000,000을 받을 때 전액 선수금으로 인식했다.

03 수정분개에 사용되는 계정(Ⅲ)

서울디자인(주)의 20×3년 보고기간말 수정전시산표에는 다음과 같은 계정이 포함되어 있다. 해당 계정에 대한 아래 설명을 참고하여 보고기간말의 수정분개를 하라. 보고기간말일은 12월 31일이다.

	차 변	대 변
선급보험료	₩120,000	
특 허 권	800,000	
이 자 비 용	400,000	
선 수 금		₩1,000,000
소 모 품 비	50,000	

(1) 보험료는 지급할 때 전액을 선급보험료(자산)로 인식한다. 회사는 4월 1일 1년분 보험료 ₩120,000을 지급하였다.
(2) 특허권은 20×1년초에 취득한 것으로 취득시 내용연수는 10년이다. 회사는 매년말 기간에 비례하여 상각하고 있다.

(3) 7월 1일 회사는 ₩5,000,000을 차입하고 1년분 이자비용 ₩400,000을 지급하고 모두 이자비용으로 인식하였다.
(4) 고객에게 받은 선수금 ₩1,000,000 중에서 고객에게 디자인서비스를 제공한 금액은 ₩800,000이다.
(5) 소모품을 취득할 때 전액을 소모품비(₩50,000)로 처리했다. 보고기간말 현재 회사에 남아 있는 소모품은 ₩25,000이다.

04 수정분개(I)

다음의 각 항목은 상호 독립적인 상황이다.

(1) 특허권에 대한 상각비용 ₩900,000의 계상을 누락하였다.
(2) 소모품계정의 기초잔액이 ₩870,000이었는데, 기말의 소모품재고액은 ₩320,000이었다. 당기중 추가로 구입한 소모품은 없다.
(3) 재무제표 작성일 현재 전화료 ₩95,000이 발생했으나, 아무런 통지도 받지 못했다.
(4) 당월 첫째 날에 3개월분 임차료를 선급하였는데 당시의 선행분개는 다음과 같았다. 당월말 재무제표를 현재 작성중이다.

임 차 료	900,000	
현 금		900,000

(5) 8개월 전에 천명보험회사는 고객과 1년만기 보험계약을 체결하고 당기보험료로서 ₩660,000을 받고 다음과 같이 분개하였다.

현 금	660,000	
용 역 매 출(보험료수익)		660,000

8개월 동안에 어떠한 수정분개도 이루어지지 않았다. 현재 연차재무제표를 작성중이다.
(6) 회계연도말 현재 급여 ₩740,000이 발생했으나 아직 지급하지 않았다.
(7) 회계연도말 현재 고객에게 제공한 용역대금 ₩200,000을 아직 청구하지 않았다.

분개장에 필요한 수정분개를 하라.

05 수정분개가 재무상태에 미치는 영향

다음의 수정분개가 자산, 부채 및 자본에 미치는 영향을 〈예〉와 같은 방법으로 설명하라.

〈예〉 소모품의 사용분에 대하여 수정분개하였다. 단, 구입시 소모품으로 회계처리하였다.
[답] 자본의 감소(소모품비) 자산의 감소(소모품)

(1) 선급보험료의 기간경과분에 대하여 수정분개하였다. 단, 현금지급시 선급보험료로 회계처리하였다.
(2) 기간 미경과분 보험료에 대하여 수정분개하였다. 단, 현금지급시 보험료로 회계처리하였다.
(3) 선수금의 용역제공분에 대하여 수정분개하였다. 단, 현금수취시 선수금으로 회계처리하였다.
(4) 용역 미제공분 매출에 대하여 수정분개하였다. 단, 현금수취시 용역매출로 회계처리하였다.
(5) 차기에 현금으로 지급할 당기분 이자비용에 대하여 수정분개하였다.
(6) 차기에 현금으로 수취할 당기분 임대료에 대하여 수정분개하였다.
(7) 사무용비품의 감가상각에 대하여 수정분개하였다.

06 재무상태표와 손익계산서 항목에 대한 보고기간말 수정사항의 영향

축제이벤트와 관련된 용역서비스를 제공하는 힙(주)는 보고기간말인 20×1년 12월 31일에 손익계산서와 재무상태표를 작성하는 과정에서 몇 개의 기말수정사항을 인식하지 못했다. 기말수정사항을 반영하면 재무상태표의 자산, 부채, 자본 그리고 손익계산서의 당기순이익이 얼마가 되는지 아래의 수정표를 작성하여 계산하라.

(1) 인식하지 못한 수정사항은 다음과 같다.
① 급여 미지급액이 ₩200,000 기록되지 않았다.
② 선수금으로 인식한 금액 중에서 ₩300,000에 대한 용역을 이미 제공했다.
③ 9월 1일 1년분 임차료 ₩1,200,000을 지급하고 전액을 비용으로 인식했다.
④ 보험료(비용)로 인식한 ₩600,000 중에서 아직 기간이 도래하지 않은 금액이 ₩200,000이다.
⑤ 차입금에 대한 이자비용 ₩50,000을 인식하지 않았다.

(2) 수정표

내 용	자 산	부 채	자 본	당기순이익*
수정전 잔액	₩20,000,000	₩5,000,000	₩15,000,000	₩400,000
수정 영향				
① 급여 항목				
② 선수금 항목				
③ 임차료 항목				
④ 보험료 항목				
⑤ 차입금 항목				
수정후 잔액				

* 자본에는 당기순이익이 포함되어 있음

07 수정분개 (Ⅱ)

청산프로야구팀은 매월 재무제표를 작성한다. 프로야구의 시즌은 3월에 시작되는데, 이 팀에서 발생한 거래는 다음과 같다.

(1) 청주시에 3월 1일에서 7월 31일까지 5개월간의 시립운동장 사용료로 현금 ₩1,050,000을 선급했다. 이 금액을 선급임차료계정의 차변에 기록하였다.
(2) 이 팀은 시즌중 치러질 여덟 차례의 경기에 대한 입장권 판매수입으로 현금 ₩2,080,000을 받았다. 당해 수입을 선수금(선수입장료)계정의 대변에 기록하였다. 3월중 청산프로야구팀은 세 차례의 경기를 가졌다.
(3) 청산프로야구팀은 팀선수들의 부상에 대비하기 위하여 보험에 가입하였다. 이 보험은 매분기의 초(1월 1일, 4월 1일, 7월 1일, 10월 1일)에 보험료를 지급하며, 지급할 때 선급보험료계정의 차변에 기록한다. 야구팀은 1월 1일에 ₩1,200,000의 보험료를 지급하였고 또 4월 1일에도 ₩1,200,000의 보험료를 지급하였다.

요구사항

비용과 수익을 해당 기간별로 적정하게 배분하기 위해 3월 31일에 필요한 위 (1)~(3)과 관련된 수정분개를 하라. 단 수정분개가 필요 없으면 '분개 없음'으로 표시하라.

08 수정분개 (Ⅲ)

선진경기(주)는 서울시로부터 자동차경주대회를 개최할 수 있는 면허를 받아서 매년 대회를 개최하고 있다. 이 기업의 수익은 대회입장권 판매수익과 경기장 내의 시설물에 대한 임대료수익으로 이루어진다. 이 기업이 사용하는 계정과목명은 아래와 같다.

선급임차료, 임차료, 선수입장료, 용역매출(입장료수익), 선급광고비, 미수임대료, 임대료수익, 광고비

5월중 다음과 같은 거래가 발생하였다.

5월 1일 : 임차료 ₩150,000을 현금으로 지급하였다. 임차료는 5월 1일부터 6개월분이다.
2일 : 한 시즌 동안 입장할 수 있는 자동차경주 입장권을 팔고, 총 ₩700,000의 현금을 받았다. 이번 시즌 중 자동차경주는 총 70일 열리는데 5월중에 20일, 6월중에 25일, 7월중에 25일이 열릴 것이다.
4일 : 이 회사는 매점 총판매액의 10%를 받는다는 조건으로 전영환 씨에게 경기장 내의 매점영업을 허용하는 계약을 하였다.
6일 : 5월의 20일간과 6월의 첫 10일간의 자동차경주에 대한 광고비로 ₩90,000을 지급하였다.
31일 : 5월중 매점의 총매출액이 ₩145,000이라고 보고되었다. 선진경기(주)는 총매출의 10%를 6월 10일에 시설물의 임대수익으로 받을 예정이다.

요구사항

필요한 경우 위의 거래를 분개하고, 회계연도말인 5월 31일에 요구되는 수정분개를 하라.

09 수정사항을 반영한 순이익 계산

신용수리(주)의 영업시작 첫달인 8월말 현재의 시산표는 다음과 같다.

시 산 표

신용수리(주)	8월 31일 현재	(단위 : 원)
	차 변	대 변
현 금	₩4,250,000	
소 모 품	2,600,000	
비 품	12,000,000	
미 지 급 금		₩1,200,000
선 수 금		700,000
차 입 금		4,000,000
자 본 금		10,000,000
용 역 매 출(수수료수익)		5,700,000
급 여	1,900,000	
수도광열비	400,000	
광 고 비	450,000	
합 계	₩21,600,000	₩21,600,000

이 회사의 회계담당자는 8월의 당기순이익을 ₩2,950,000으로 보고하는 손익계산서를 작성하였다. 이 금액은 용역수익 ₩5,700,000에서 급여, 수도광열비, 광고비 등의 총비용 ₩2,750,000을 차감하여 계산된 것이다. 그러나 다음의 사항을 고려하지 않았다.

(1) 비품에 대한 8월분 감가상각비는 ₩200,000이다(단, 감가상각비는 비품에서 직접 차감한다).
(2) 8월말 현재 소모품 ₩1,800,000이 남아 있다.
(3) 8월말 현재 8월분 급여 미지급액 ₩350,000이 기록되지 않았다.
(4) 선수금에 대하여 8월말 현재 ₩600,000의 용역이 제공되었다.
(5) 12월말에 상환예정인 차입금에 대한 8월분 이자 ₩250,000이 기록되지 않았다.

요구사항

1. 8월 31일에 필요한 수정분개를 하고, 각 수정분개가 자산, 부채, 자본 그리고 수익, 비용에 미치는 영향을 표시하라(증가, 감소).
2. 위의 수정분개를 반영하여 8월의 수정된 당기순이익을 계산하라.

10 수정사항 반영 전 계정과목의 잔액

대전(주)의 20×1년말 수정후시산표상의 몇 가지 계정과목과 금액은 다음과 같다. 보고기간은 20×1년 1월 1일부터 20×1년 12월 31일이다.

수정후시산표

대전(주) 20×1년 12월 31일 (단위 : 원)

	차 변	대 변
소 모 품	₩100,000	
보 험 료	700,000	
급 여	250,000	
미지급이자		₩56,000
소 모 품 비	350,000	
선급보험료	30,000	
미지급급여		70,000

요구사항

1. 소모품은 20×1년 추가로 ₩300,000을 구입했다. 회계기간중에 사용한 소모품비를 고려하면 20×1년 1월 1일의 소모품재고액은 얼마인가?
2. 보고기간중에 현금으로 지급한 보험료는 ₩650,000이다. 보고기간초의 선급보험료는 얼마인가?
3. 보고기간초에 미지급급여의 잔액은 ₩50,000이었다. 당기에 발생하여 지급한 급여 금액은 얼마인가?

11 수정분개의 추정

독도해상보험(주)의 올해 11월 30일 현재의 시산표는 다음과 같다.

계정과목	수정전시산표		수정후시산표	
	차 변	대 변	차 변	대 변
현 금	₩23,920		₩23,920	
매 출 채 권			3,400	
소 모 품	2,400		960	
특 허 권	16,720		16,280	
매 입 채 무		₩6,640		₩6,640
선 수 금		1,600		760
미지급급여				2,200
자 본 금		22,000		22,000
이익잉여금(11월 1일)		9,200		9,200
용 역 매 출(수수료수익)		15,600		19,840
급 여	12,000		14,200	
소 모 품 비			1,440	
특허권상각비			440	
	₩55,040	₩55,040	₩60,640	₩60,640

1. 위의 두 시산표(수정전과 수정후)를 비교하여 계정잔액의 변동에 관한 수정분개를 표시하라.
2. 각 수정분개가 자산, 부채 또는 자본에 미치는 영향을 회계등식의 관점에서 나타내라.

12 마감분개 보론

계룡(주)의 회계담당자가 개인적인 사정으로 장기간 결근함에 따라 명회계 씨가 올해 원장을 이용하여 마감분개를 하고 있다. 명회계 씨는 회계지식이 부족하기 때문에 그가 작성한 마감분개가 여러 가지 점에서 만족스럽지 못하다. 명회계 씨가 작성한 마감분개는 다음과 같다.

[분개 1] 대변잔액을 마감하기 위한 분개

계정	차변	대변
매　　출	136,800	
미지급금	12,800	
매입채무	43,200	
집합손익		192,800

[분개 2] 차변잔액을 마감하기 위한 분개

계정	차변	대변
집합손익	130,800	
급　　여		103,200
배 당 금		18,000
광 고 비		6,400
감가상각비		3,200

[분개 3] 집합손익계정을 마감하기 위한 분개

계정	차변	대변
자 본 금	62,000	
집합손익		62,000

요구사항

1. 위의 마감분개에서 발생한 오류를 지적하라.
2. 적정한 마감분개를 하라.

13 현금기준 대 발생기준

태양(주)는 골프용품 판매 및 수리를 목적으로 올해 7월초에 영업을 시작하였다. 12월말 현재 현금의 수취와 지급에 관한 자료는 다음과 같다.

현금수지표

태양(주)	12월 31일 현재	(단위 : 원)
	현금수취	현금지급
주식의 발행	₩160,000	
수리용비품의 구입		₩73,600
임차료의 지급		9,800
일간지 광고비의 지급		3,000
전기료의 지급		7,760
아르바이트생 급여의 지급		20,800
법인세의 납부		18,000
골프용품 수리용역대금의 수취	257,200	
소 계	₩417,200	₩132,960
현금잔액		284,240
합 계	₩417,200	₩417,200

〈추가정보〉

수리용비품의 6개월 감가상각비는 ₩7,360이다. 임차료는 월 ₩1,400이며, 지급시 전액 임차료로 기록하였다. 12월말 현재 아르바이트생에게 지급해야 할 급여 ₩3,360이 미지급된 상태로 남아 있다. 고객에게 이미 제공한 용역에 대하여 수취해야 할 금액은 ₩2,800이다.

1. 12월 31일에 필요한 수정분개를 하고, 각 수정분개가 자산, 부채 또는 자본에 미치는 영향을 표시하라(증가, 감소).
2. 7월 1일부터 12월 31일까지의 손익계산서를 작성하라.
3. 12월 31일 현재 재무상태표를 작성하라.

고급연습문제

14 회계순환 (I)

올해 4월 1일에 말끔청소(주)가 개업했다. 4월중의 거래는 다음과 같다.

4월 1일 : 액면 ₩5,000인 주식 3,000주를 액면금액으로 발행하고 현금으로 납입받아 영업을 시작하였다.
2일 : ₩4,000,000의 중고트럭을 현금으로 구입하였다.
2일 : 사다리, 발판, 그리고 다른 비품을 총 ₩1,800,000에 구입했는데, 그중에서 ₩1,000,000은 현금으로 지급하고, 잔액은 30일 후에 지급하기로 하였다.
3일 : 보험료 3년분 ₩720,000을 현금으로 지급하였다.
5일 : 소모품 ₩550,000을 외상으로 구입하였다.
5일 : 삼일건설(주)로부터 4, 5월의 두 달분 용역수수료 ₩200,000을 미리 받았다.
12일 : 4월중 미양건설(주)에 제공한 용역에 대한 수수료 ₩1,700,000을 청구하였다.
18일 : 미양건설(주)에 청구하였던 용역수수료 중에서 ₩1,300,000을 현금으로 회수하였다.
29일 : 4월분 트럭의 연료비 ₩60,000을 현금으로 지급하였다.
30일 : 4월분 신문광고비 ₩70,000을 현금으로 지급하였다.
30일 : 4월분 급여 ₩1,100,000을 현금으로 지급하였다.
30일 : 한라건설(주)에 4월분 용역수수료 ₩1,500,000을 청구하였다.

요구사항

1. 위의 거래를 분개장에 기록하라.
2. 계정과목표를 만들고 원장을 개설하라. 수정분개에 필요한 계정도 포함시켜라.
3. 원장으로 전기하라.
4. 시산표를 작성하라.
5. 아래의 정보를 이용하여 다음 계정에 대한 수정사항을 분개장에 기입하고, 이를 원장으로 전기하라.

보험료, 소모품비, 감가상각비(차량운반구), 감가상각비(비품), 용역매출

   (1) 4월분 보험료를 계상하다.
   (2) 4월 30일의 소모품재고는 ₩190,000이다.
   (3) 4월의 트럭과 비품 감가상각비는 ₩100,000과 ₩40,000이다(단, 직접상각법 이용).
   (4) 4월 5일에 선수된 용역수수료수익 중의 1/2만이 4월분 용역수수료수익이다.
6. 수정후시산표를 만들고, 아울러 손익계산서와 재무상태표를 작성하라.
7. 마감분개를 하라. 보론

15 회계순환(Ⅱ)

올해 1월 1일에 김승호 씨는 창고임대를 주요 영업활동으로 하는 카인창고(주)를 개업하였다. 이 기업은 매월 수정분개를 하며, 장부도 매월 마감하고 있다. 1월 31일의 수정전시산표와 수정분개에 필요한 정보는 다음과 같다.

시 산 표

카인창고(주) 1월 31일 현재 (단위 : 천원)

	차 변	대 변
현 금	₩8,990	
선급보험료	3,000	
소 모 품	405	
상 표 권	12,000	
매 입 채 무		₩9,000
선수임대료		1,350
자 본 금		10,000
용 역 매 출(임대료수익)		8,800
임 차 료	1,800	
판 매 비	135	
급 여	2,820	
합 계	₩29,150	₩29,150

〈추가정보〉

(1) 매월 보험료는 ₩300,000이다.
(2) 1월 31일 현재의 소모품재고는 ₩300,000이다.
(3) 1월 1일에 발행했던 어음에 대한 당월분 이자 ₩90,000을 아직 지급하지 않았다.
(4) 상표권에 대한 상각은 96개월 동안 매월 정액상각한다.
(5) A고객은 수개월분 임대료를 선급한다. 선수임대료 ₩1,350,000 중에서 1월중에 실현된 것은 ₩850,000이고 1월말 현재 ₩500,000은 아직 실현되지 않았다.
(6) B고객으로부터 받아야 할 1월분 창고임대료 ₩1,330,000이 아직 회수되지 않고 있다. 이 임대료수익은 아직 장부에 기록되지 않았으나, 2월중 회수가능한 것으로 예측된다.
(7) 종업원에 대한 1월분 급여 중 ₩1,500,000을 아직 지급하지 않았다.

요구사항

1. 위의 시산표와 추가정보를 이용하여 1월 31일에 필요한 수정분개를 하라.
2. 1월의 손익계산서를 작성하라.
3. 1월 31일의 재무상태표를 작성하라.
4. 1월말에 필요한 마감분개를 표시하라. 보론
5. 마감후시산표를 작성하라. 보론

16 수정분개(Ⅳ)

포근호텔(주)의 회계연도말은 매년 6월 30일이다. 다음은 올해 6월 30일 현재 수정분개를 위한 기초자료이다.

(1) 건물에 대한 1년분 감가상각비는 ₩14,125,000이다(직접상각법을 이용한다).
(2) 6월 1일에 12개월분 보험료 ₩3,600,000을 현금으로 지급하고, 이를 선급보험료계정으로 기입하였다. 6월 30일로 끝나는 회계연도에 배분될 올해 보험료는 ₩300,000이다.
(3) 6월 16일에 토지를 연간 ₩4,800,000에 임대하였다. 첫년도의 임대료는 계약일에 받고 선수임대료계정 대변에 기입하였다. 수정분개를 통하여 15일간의 임대료를 수익으로 계상하라. 수정분개는 15일간의 임대료가 선수임대료계정에서 차감되는 것을 보여주어야 한다.
(4) 공항으로부터 손님을 운송하기 위하여 소형버스 1대를 6월 19일부터 하루에 ₩30,000씩에 임차하였다. 아직 임차료를 지급한 적이 없으며 계정에도 기입하지 않았다.
(5) 포근호텔(주) 소유자산 중 액면금액 ₩25,000,000의 국채가 있다. 이 국채로부터 발생된 올해 이자가 ₩975,000으로 계산되었으나 아직 장부에 기입되지 않고 있다.
(6) 6월 1일에 은행으로부터 ₩100,000,000을 차입하였다. 여기에서 발생한 이자는 아직 지급하지도 않았고, 장부에 기입하지도 않았다. 6월 30일까지의 이자 발생분은 ₩1,200,000이다.
(7) 6월 30일에 포근호텔(주)는 7월 1일부터 사용할 트럭 1대를 한 달에 ₩300,000과 1마일당 ₩2,000의 임차료를 지급하는 조건으로 트럭 임대차계약을 체결하였다. 지급된 임차료는 없었으며, 장부에 기입하지도 않았다.
(8) 마지막 정규 급여지급일은 6월 28일이었다. 따라서 28일 이후의 급여 발생분 ₩3,300,000을 아직 지급하지 않았다.

요구사항

위 여덟 개 항목 중 수정이 필요한 거래에 대하여 수정분개하라.

17 수정금액의 계산

도서관광(주)는 관광객들을 위하여 몇 개의 섬을 순회하는 대형 관광선을 운행하고 있다. 이 기업은 매월말에 수정분개를 하고 계정을 마감한다. 6월 30일의 수정후시산표에 나타난 일부 자료는 다음과 같다.

선급임차료	₩4,500,000
선급보험료	900,000
선　　박	34,300,000
선 수 금	180,000

〈추가정보〉

(1) 6월 1일에 4개월분 사무실 임차료를 현금으로 미리 지급했다.
(2) 선급보험료는 1월 1일에 화재보험에 가입하고, 보험료 12개월분을 미리 현금으로 지급한 것이다.

(3) 선박의 취득원가는 ₩42,000,000이며, 잔존가치는 없다. 내용연수는 10년으로 추정된다(이 기업은 정액법을 이용하여 유형자산을 직접 상각한다).

(4) 선수금은 관광호텔까지의 운임으로 승객으로부터 승선권 1매당 ₩12,000씩의 현금을 받고 6월 1일 발행한 것이다. 6월 동안 35매의 승선권이 사용되었다.

요구사항

1. 다음을 계산하라.
   (1) 매월의 임차료
   (2) 12개월 화재보험의 최초 계약금액
   (3) 선박의 사용기간
   (4) 6월 1일에 발행된 승선권의 총매수
2. 6월 30일에 필요한 수정분개를 하라.

18 회계순환 (Ⅲ)

상호(주)는 중소회사에 기장대행업무를 수행해주고 있다. 대행업무는 컴퓨터를 임차하여 수행하고 수수료는 월간 정액으로 청구한다. 상호(주)는 매달 각 계정을 수정분개하고 마감한다. 9월 30일 현재 각 계정의 수정전 잔액은 다음과 같다.

	차 변	대 변
현 금	₩71,000	
매 출 채 권		
선급사무실임차료	28,800	
선급컴퓨터임차료	42,900	
소 모 품	3,000	
특 허 권	24,600	
매 입 채 무		₩24,000
미 지 급 금		8,000
미지급이자		
미지급급여		
선 수 금		114,000
자 본 금		50,000
이익잉여금(9월 1일)		44,980
배 당 금	12,000	
용 역 매 출(수수료수익)		15,000
사무원급여	5,040	
수리사원급여	60,000	
전 화 료	8,640	
사무실임차료		
컴퓨터임차료		
소 모 품 비		
특허권상각비		
이 자 비 용		
합 계	₩255,980	₩255,980

〈추가정보〉

(1) 선급사무실임차료계정의 잔액은 9월 1일에 선급한 8개월분 임차료이다. 9월분 임차료를 반영해야 한다.

(2) 9월분 컴퓨터임차료는 ₩39,600이다. 따라서 9월 30일 현재의 선급컴퓨터임차료 잔액은 ₩3,300이다.

(3) 9월 30일 소모품 미사용액은 ₩1,000이다.

(4) 특허권은 7년후 시효가 소멸된다. 9월의 특허권상각비는 ₩300이다.

(5) 미지급금과 관련하여 발생된 이자는 9월 30일 현재 ₩100이다.

(6) 선수금 중 ₩80,000은 9월중에 고객에게 용역을 제공하여 실현되었다.

(7) 9월중 고객에게 용역을 제공하여 ₩35,000의 수수료수익이 발생했으나 아직 고객으로부터 회수하지 않았다. 이 수수료를 청구하지도 않았고 기록하지도 않았다.

(8) 9월 30일 현재로 발생한 수리사원급여 ₩5,000을 지급하지 않고 있다.

요구사항

1. 9월의 수정후시산표를 작성하라.
2. 9월의 손익계산서와 자본변동표, 그리고 9월 30일 현재의 재무상태표를 작성하라.
3. 9월말 마감분개를 하라. 보론

사례연구

연말 수정분개를 통한 이익유연화

정바로 씨는 굴지의 글로벌 농약회사인 부농(주)에서 재무책임자(CFO)로 근무하고 있다.

올해 초에 국회에서는 회사가 판매하고 있는 몇 가지 품목의 제초제를 환경상의 이유로 판매금지하는 법안을 통과시켰고, 그 여파로 당년도의 회사매출이 급격히 감소하게 되었다. 이에 대응하여 회사의 연구개발팀은 기존 금지제품을 대체할 수 있는 새로운 물질의 제초제를 개발하는 데 성공하였고, 내년부터는 이를 상품화하여 판매할 준비를 갖추고 있다. 따라서 제품의 경쟁력이 더욱 보강됨으로써 내년도 부농(주)의 매출은 과거 어느 해보다 증가하리라고 회사측은 확신하고 있다. 즉 올해 매출과 이익 감소는 일시적인 현상이 될 것이 분명하다.

그럼에도 불구하고 부농(주)의 김분식 사장은 올해의 이익감소는 주가를 떨어지게 하는 요인이 될 것이고 이는 시장에서 부농(주)가 인수합병(M&A)의 타깃이 될 위험을 자초할 수도 있다고 판단하고 있다. 따라서 이러한 가능성을 사전에 차단하기 위해 김 사장은 정바로 씨에게 연말에 수정분개를 통하여, 수익은 가능한 한 조기에 인식하고 비용은 최대한 뒤로 미루어 인식하는 회계정책을 채택하도록 요구하였다. 김 사장은 “우리는 올해 수익이 필요한 해이고, 이연된 비용은 내년에 이익증가로 흡수가능하다. 어떻게든 올해의 주가하락만 막으면 내년에는 정상으로 되돌아올 것이다”라고 말한다.

정바로 씨는 한동안 고민하다 김 사장의 이러한 회계지침을 수용하기로 결정하고 다음 해 1월 중순이 지나서야 전년도 12월말 결산정리 사항의 일부로서 수정분개가 마치 연말에 정상적으로 이루어진 것처럼 몇 가지 조정사항을 장부에 반영하였다. 따라서 회사의 기업성과는 전년에 비해 크게 나빠지지 않은 것으로 보고되었다.

요구사항

1. 재무보고에 대한 이해관계자는 누구인가?
2. 김분식 사장의 요구에 대하여 회계적 관점에서 고려되어야 할 사항은 어떤 것이 있는가?
3. 정바로 씨의 결산정리 수정사항의 추가반영은 회계기준의 위반인가? 또한 비윤리적인 결정인가?

5 chapter

상품매매회사의 회계순환과정

제4장까지는 서비스 제공을 주요 영업으로 하는 용역회사를 예로 들어 회계처리절차를 설명하였다. 용역회사로는 금융회사, 통신회사, 호텔, 법률사무소, 병원, 항공사 그리고 우리가 예로 들었던 세탁소나 영어학원 등이 있다.

그러나 용역회사 이외에 제조회사나 상품매매회사도 있다. 제조회사는 원재료를 투입하여 사람과 기계의 힘을 빌려 제품을 생산하는 회사인데, 제조회사의 제품생산활동과 관련된 회계처리는 원가회계에서 다루고 있다. 상품매매회사는 상품을 사고파는 상거래 업무를 담당하는데, 백화점이나 소매상 등이 모두 여기에 포함된다. 상품매매회사에서는 고객에게 판매하기 위하여 상품을 구입하고 보관하며 진열 · 판매한다. 상품매매회사의 거래는 용역회사에 비교하여 상품의 구매와 판매절차가 필요하기 때문에 그 회계처리에도 비교적

OBJECTIVES

- 상품매매회사에서는 재고자산을 어떻게 관리하는가?
- 매출원가와 재고자산은 어떤 관계를 갖는가?
- 상품 매입과 매출 거래는 어떻게 기록하는가?

복잡한 개념들이 추가적으로 도입되어야 한다.

본장에서는 주로 상품매매회사의 회계처리절차를 중심으로 설명한다. 이에 대한 준비단계로서 이제까지 용역회사를 중심으로 설명했던 회계순환과정을 상품매매회사의 경우로 확장 적용한다.

먼저 본장에서는 일반적인 상품매매절차를 간략하게 기술하고, 상품매매회사에서 작성되는 손익계산서의 구성요소와 형식을 살펴보며, 상품거래의 매매조건과 거래의 기록방법 등을 설명한다. 그리고 매출액 및 매출원가의 계산방법, 상품매매회사의 수정분개 및 장부마감절차 그리고 재고자산의 회계처리방법 등에 대해서도 설명한다.

상품매매회사의 경영

OBJECTIVES

- 상품매매회사에서는 재고자산을 어떻게 관리하는가?
- 매출원가와 재고자산은 어떤 관계를 갖는가?

상품매매회사
제조완료된 완제품을 구입하여 이를 상품으로 고객에게 되파는 활동을 수행

제4장까지는 회계를 처음 공부하는 학생들이 회계를 쉽게 이해할 수 있도록 그 활동이 매우 단순한 용역회사를 예로 들어 회계처리절차를 설명하였다. 그러나 용역회사 이외에도 제품제조나 상품유통을 주요 활동으로 하는 회사도 있다.

제조회사는 원재료를 제조가공하여 제품을 생산하고 이를 판매하는 반면에, 상품매매회사는 이미 제조완료된 완제품을 구입하여 이를 상품으로 고객에게 되파는 활동을 수행한다. 상품매매회사의 예로는 종합상사나 백화점과 같이 규모가 큰 회사로부터 슈퍼마켓, 도매상이나 영세규모의 소매상에 이르기까지 그 종류가 매우 다양하다. 상품매매회사는 상품을 구입한 후 판매하기 전까지는 재고자산의 형태로 보유하게 되는데 이 때문에 회계처리의 내용이 용역회사보다 복잡하다. 본장에서는 상품매매회사의 회계처리를 다룬다. 먼저 상품매매회사의 경영활동과 특성에 대하여 알아본다.

1. 상품매매회사의 경영활동

영업주기와 현금흐름의 관리

용역회사와는 달리 상품매매회사는 상품을 구입하여 이를 소비자에게 판매하는 것을 주된 활동으로 한다. 상품매매회사의 활동은 [그림 5-1]의 영업주기과정으로 설명할 수 있다.

먼저 회사는 보유하고 있는 현금으로 상품을 구입한다. 구입한 상품은 판매되기 전까지 회사에서 보유하게 되는데 이를 재고자산(inventory)이라고 부른다. 보유중인 재고자산은 현금이나 외상으로 판매된다. 외상으로 판매된 경우 그 판매대금은 매출채권이라는 자산으로 전환되었다가 일정한 기간이 경과한 후 현금으로 회수된다. 회사는 이와 같이 지속적으로 상품을 구입하고 판매하는 절차를 반복하게 되는데 이러한 과정을 영업주기(operating cycle)라고 부른다.

영업주기
회사가 지속적으로 상품을 구입 및 판매하는 절차를 반복하는 과정

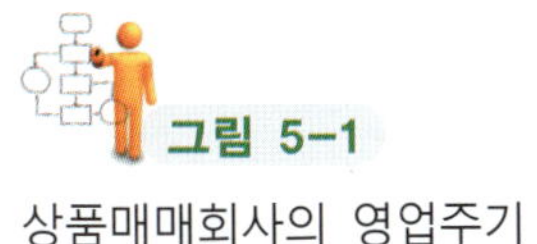

그림 5-1
상품매매회사의 영업주기

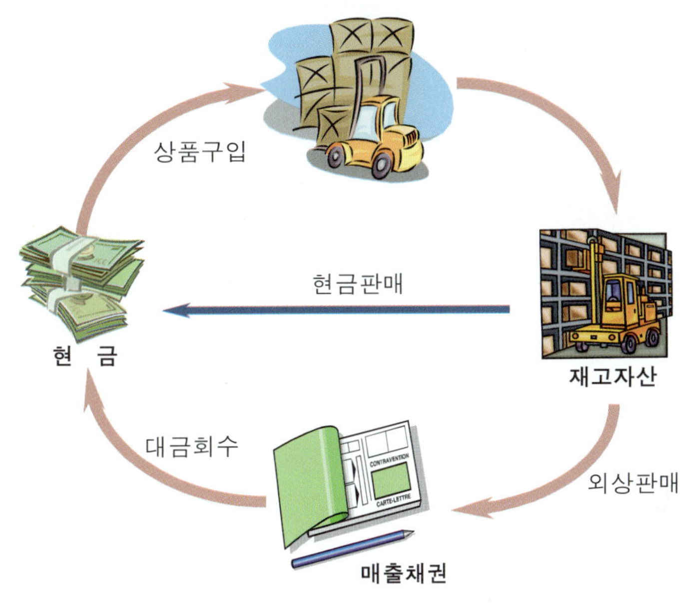

상품매매회사의 영업주기는 결국 현금으로부터 출발하여 다시 현금으로 회수되기까지의 평균기간을 말한다. 이러한 영업주기는 업종의 특성에 따라 큰 차이가 있다. 예를 들면 잡지사의 경우 잡지를 우송·배달하기 전에 정기구독료를 현금으로 미리 받는다든지, 전기회사의 경우 전력을 먼저 공급한 후 매달 전기요금을 회수하는 등 [그림 5-1]에 제시된 전형적인 영업주기와는 다소 다른 특징을 보인다.

회사는 상품을 현금으로 판매하든 외상으로 판매하든 간에 현금의 지출과 수입에 따르는 운영자금관리에 각별히 신경을 써야 한다. 만약 기업의 보유현금이 충분하지 않아서 외상거래대금이나 차입금을 제때에 변제하지 못하게 되면 신용을 잃게 되고 극단적으로 파산에 이를 수도 있다. 특히 상품을 외상판매한 경우에는 외상대금이 언제 회수될지를 잘 예측하여 현금흐름관리를 해야 한다. 또한 현금과 재고자산은 도난이나 부정에 민감한 자산이다. 현금과 재고자산은 다른 자산들에 비하여 이동이 쉬울 뿐만 아니라 거래가 빈번하며, 불법이라 하더라도 보유한 사람이 소유권을 주장하면 이를 부인하기가 힘들기 때문이다. 기업에서는 현금의 지급, 상품의 구입과 판매, 현금의 회수 등과 같은 거래는 일상적으로 빈번하게 이루어지므로 개별거래를 하나하나 감시하기가 어렵다. 따라서 기업은 특히 현금과 재고자산 관리에 대한 효과적인 내부통제 시스템이 필요하다.

2. 상품매매회사의 손익구조

매출원가
당기에 판매된 상품의 취득원가로서 매출에 대응되는 당기비용

상품매매회사의 순이익은 용역회사와 마찬가지로 수익에서 비용을 차감한 금액으로 결정된다. [그림 5-2]에서 보듯이 상품매매회사의 주된 수익은 상품을 판매함으로써 발생하는 매출액이며, 이때 판매된 상품의 취득원가를 뜻하는 매출원가(cost of goods sold)라는 비용이 발생한다. 이 매출원가는 영업활동에서 매우 크고 중요한 비중을 차지하기 때문에 상품매매회사의 손익계산서에서는 다른 비용항목과 구분하여 별도로 표시하고, 매출액에서 매출원가를 차감한 매출총이익도 별도로 표시한다.

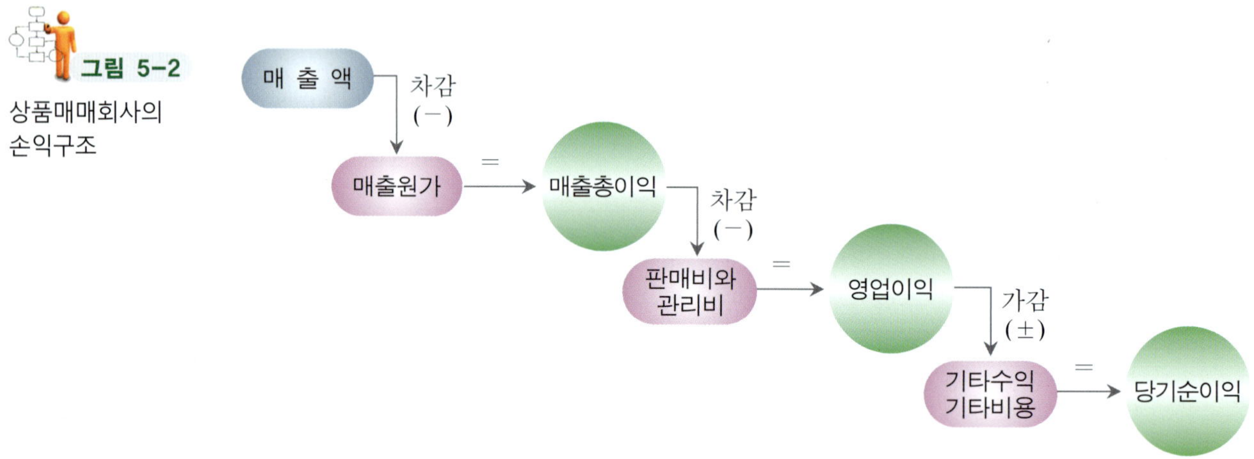

상품매매회사의 손익구조

상품매매회사의 손익계산서

손익계산서

스마트폰(주) 20×1년 1월 1일부터 20×1년 12월 31일까지 (단위 : 원)

매 출 액	₩50,000
매 출 원 가	30,000
매출총이익	₩20,000
판매비와관리비	18,500
영 업 이 익	₩1,500
기 타 비 용	300
당기순이익	₩1,200

〈표 5-1〉에는 휴대폰 전문매매회사인 스마트폰(주)의 손익계산서를 예시하고 있다. 비용은 간단하게 표시하기 위하여 매출원가와 판매비와관리비 및 기타비용으로 요약하여 표시하였다. 〈표 5-1〉의 손익계산서에서 스마트폰(주)는 원가 ₩30,000인 상품을 ₩50,000에 판매하였다는 것을 알 수 있다. 이로 인해 매출총이익은 ₩20,000이고, 매출총이익에서 판매비와관리비 ₩18,500을 차감하여 영업이익은 ₩1,500이다. 그리고 영업이익에서 기타비용 ₩300을 차감하여 당기순이익은 ₩1,200이다.

매출총이익의 적정성 여부는 일반적으로 매출총이익률을 참고하여 평가한다.

매출액에서 매출원가를 차감한 금액을 **매출총이익**(gross profit)이라고 하며, 이는 판매가격과 원가 간의 관계(마진율)를 보여주기 때문에 경영자나 투자자 모두에게 매우 중요한 정보를 제공한다. 매출액 대비 매출원가의 적정성 여부는 일반적으로 **매출총이익률**(gross profit rate 또는 gross margin)을 참고하여 평가한다. 매출총이익률은 매출총이익을 매출액으로 나누어서 구한다. 〈표 5-1〉의 예에서 스마트폰(주)의 매출총이익률은 40%(= ₩20,000/₩50,000)이다. 이 비율은 매출액 중에서 60%는 판매된 상품의 원가를 구성하고, 40%는 판매비와관리비 및 정상이윤을 보전하는 데 이용될 수 있는 여유(마진)를 나타낸다. 한 기업의 매출총이익률이 다른 회계기간, 다른 기업 또는 산업평균의 매출총이익률과 비교하여 만족스럽지 못한 수준이라면 경영자는 판매정책, 구매정책, 취급상품의 종류 또는 업종의 변경 등에 관한 새로운 의사결정을 고려해 보아야 할 것이다.

이제 [그림 5-3]을 통하여 매출원가와 재고자산의 관계를 알아보자. 재고자산계정은 전기에 팔

매출원가와 기말재고

고 남은 기초재고자산으로 시작하여 기중에 상품을 구매하면 증가하고, 판매하면 감소하며, 기말 현재 남은 상품이 기말재고자산이 된다. 스마트폰(주)의 예를 보면 스마트폰(주)가 기초에 ₩6,000의 상품을 보유하고 있었으며, 기중에 상품 ₩31,000을 추가로 구입했다고 할 때 판매가능한 재고자산은 기초재고자산과 당기매입액의 합계인 ₩37,000이 된다. 이때 상품을 판매한 만큼 재고자산이 감소하므로 ₩37,000에서 판매한 상품의 원가, 즉 매출원가 ₩30,000을 차감한 ₩7,000이 기말재고자산이 된다. 특정 기간에 상품매매회사에서 판매가능한 상품의 총액, 즉 판매가능액(cost of goods available for sale)은 상품의 기초재고액과 당기매입액을 합한 금액이다. [그림 5-3]에서는 판매가능액이 ₩37,000이다.

이 내용을 재고자산 T계정을 이용해서 표시해 보자. 먼저 기초에 보유하고 있는 상품은 재고자산계정의 차변에 기록되어 있다. 재고자산은 자산계정이므로 기초잔액은 차변에 나타나야 하기 때문이다. 당기중에 구입(매입)한 재고자산은 자산을 증가시키므로 재고자산계정의 차변에 기록되고, 판매(매출)한 재고자산은 재고자산을 감소시키므로 재고자산계정의 대변에 기록된다. 그러면 재고자산계정의 차변은 기초재고자산과 당기매입액을 나타내고, 대변은 판매한 재고자산이며, 둘의 차이는 기말에 남아 있는 재고자산 잔액, 즉 기말재고자산을 나타낸다. 이러한 내용은 〈표 5-2〉와 같이 재고자산계정에 기록된다.

재고자산계정의 증감

재고자산			
기 초 재 고	6,000	매 출 원 가	30,000
당기매입액	31,000		
기 말 재 고(차이)	7,000		

재고자산계정의 증감으로부터 재고자산과 매출원가의 관계를 다음과 같이 나타낼 수 있는데, 이는 [그림 5-3]에 표시된 내용과 같다.

기초재고자산 (6,000) + 당기매입액 (31,000) = 매출원가 (30,000) + 기말재고자산 (7,000)

3. 재고시스템의 선택과 매출원가

재고자산의 구입과 판매 그리고 기말재고자산의 결정을 위한 장부기록방법으로는 계속기록법과 실지재고조사법의 두 가지가 있다.

계속기록법
재고자산을 매입할 때뿐만 아니라 매출할 때에도 매번 재고자산 계정에 금액의 증감을 기록하므로 장부상으로 언제라도 재고자산 수량과 금액을 파악할 수 있는 방법

계속기록법(perpetual inventory system)은 재고자산을 매입할 때뿐만 아니라 매출할 때에도 매번 재고자산 계정에 금액의 증감을 기록한다. 따라서 장부상으로 언제라도 재고자산 수량과 금액을 파악할 수 있는 방법이다. 계속기록법은 실지재고조사법에 비하여 재고자산에 대한 정확하고 적시성 있는 정보를 제공해 줄 수는 있지만, 저가의 다양한 상품을 대량으로 취급하는 업종에서는 판매되는 상품의 수량과 원가를 매번 파악해야 하기 때문에 채택하기 어렵고 또 상대적으로 회계기록의 유지비용도 크다.

실지재고조사법
상품을 매입할 때에는 재고자산의 증가액을 기록하지만 매출할 때에는 재고자산의 감소액을 기록하지 않고, 회계기말에 실제로 남아 있는 재고자산을 조사하여 판매된 재고자산의 수량과 원가를 거꾸로 역산하는 방법

한편 실지재고조사법(periodic inventory system)은 회계기간중에 상품을 매입할 때에는 매번 재고자산의 증가액을 기록하지만 매출할 때에는 재고자산의 감소액을 즉시 기록하지 않는다. 따라서 회계기간중에는 재고자산의 실제 잔액을 장부상으로 파악할 수 없다. 대신 회계기말에 실제로 회사창고 등에 남아 있는 재고자산을 조사하고, 판매된 재고자산의 수량과 원가를 거꾸로 역산하는 방법이다. 실지재고조사법으로 재고자산을 관리하면 판매되는 재고자산의 원가(매출원가)를 판매할 때마다 파악할 필요가 없기 때문에 상대적으로 회계시스템이 간단하고 그 유지비용도 크지 않다.

최근에 들어서는 정보기술의 발전으로 인하여 계속기록법의 사용이 용이하게 되면서 많은 기업들이 재고 및 원가정보의 효율적 관리를 위하여 계속기록법을 사용하고 있다. 본장에서는 실무에서 널리 쓰이고 있는 계속기록법에 의한 회계처리를 설명하고, 실지재고조사법에 대한 회계처리는 보론 1에서 살펴본다.

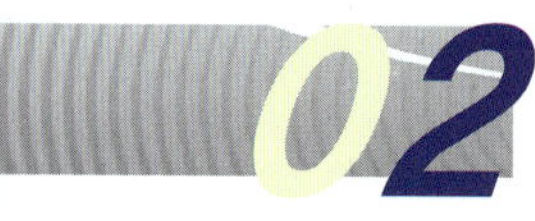

02 매입과 매출 거래의 기록

OBJECTIVES

- 상품 매입과 매출 거래는 어떻게 기록하는가?

1. 구매와 판매

상품이 판매되어 구매자에게 인도되면 이에 따른 현금의 수취 · 지급과 상관없이 판매거래와 구매거래가 각각 판매자와 구매자의 장부에 기록된다.

상품을 판매함으로써 발생하는 수익은 매출(sales)이라는 수익계정의 대변에 기록된다. 이때 현금을 받고 판매한 경우에는 현금계정의 차변에 기록하고, 만일 외상으로 판매했다면 해당 외상매출금을 매출채권계정의 차변에 기록한다. 판매 시에 재고자산은 감소하므로 재고자산계정의 대변에 기록한다.

판매되어 감소한 재고자산의 구입원가는 매출원가(cost of goods sold)라고 부

그림 5-4

재고자산의 판매

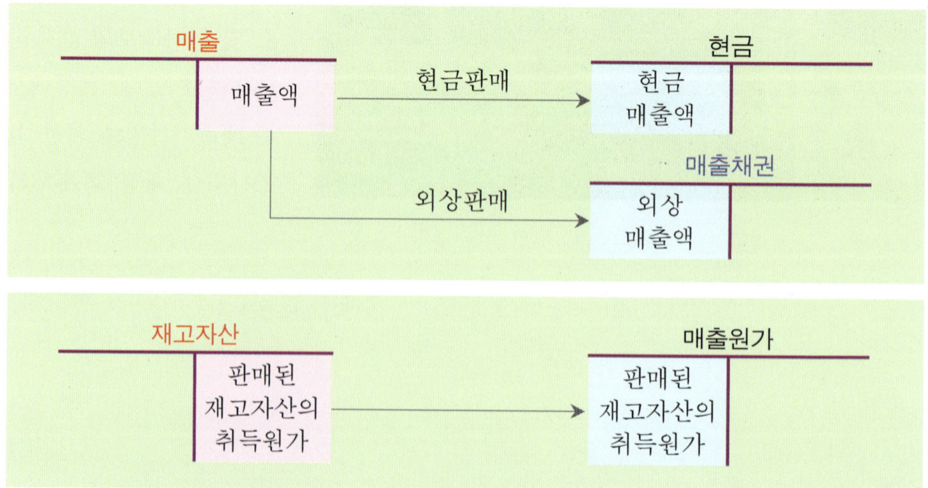

른다. 회계기록으로는 판매와 동시에 판매된 상품의 매출원가를 매출원가계정의 차변에 기록하고 감소한 재고자산의 원가를 재고자산(inventory)계정의 대변에 각각 기록한다. 이는 상품의 판매로 인하여 매출원가라는 비용이 발생하였고, 재고자산이라는 자산이 감소했다는 것을 나타낸다.

기업의 주된 영업활동과 관련된 상품이 판매되는 경우에만 매출계정에 기록한다.

그런데 주의할 점은 오직 기업의 주된 영업활동과 관련된 상품이 판매되는 경우에만 매출계정에 기록한다는 것이다. 마찬가지로 상품이 판매된 경우에만 그 비용을 매출원가로 인식한다. 상품이 아닌 다른 자산, 예를 들면 사무실비품을 처분했을 경우에는 매출계정이 아니고 직접 그 자산계정의 대변에 기록하여 해당 자산의 장부금액을 감소시킨다. 그리고 만일 현금을 받고 처분했다면 그 대가를 현금계정의 차변에 기록하고, 외상으로 처분했다면 매출채권계정이 아닌 미수금계정의 차변에 기록한다.

그림 5-5
일반자산의 매각

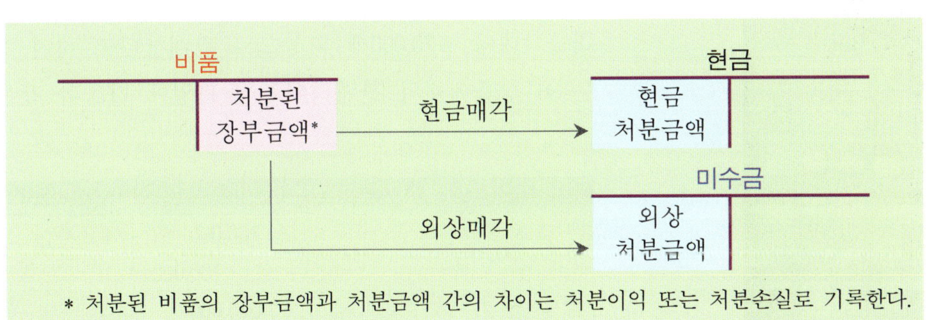

한편, 거래기록의 근거가 되는 증빙서류는 송장(invoice)이나 세금계산서이며, 금액도 여기에 표시된 가격을 기준으로 한다.[1] 송장가격은 표시가격에서 판매자가 거래상대방에 따라서 차별적 가격을 제시할 때 발생하는 거래할인(trade discounts) 및 상품을 다량으로 매매할 때 발생하는 수량할인(quantity discounts)을 차감한 후의 금액이다.

고객에게 판매할 목적으로 상품을 구입하면 재고자산이 증가하므로 그 구입원가를 재고자산계정의 차변에 기록한다. 이때 상대가 되는 대변에는 구입대금 지급조건이 현금 또는 외상이냐에 따라 각각 현금계정이나 매입채무계정을 이용한다. 주의할 점은 재고자산을 외상으로 구입한 경우에는 매입채무계정에 기록하지만 만일 기업에서 업무수행에 필요한 기타자산(예를 들면 사무용 PC, 비품 또는

1) 송장이란 판매자가 상품을 발송(선적)하면서 구매자에게 발행하는 상품매매서류이다. 상품의 매매와 관련된 모든 판매조건이 명시되는 중요한 서류이다. 실무계에서는 세금계산서를 송장 대신 주고받기도 하는데, 흔히 세무증빙자료로도 이용된다.

운반용차량 등)을 외상으로 구입했다면 매입채무계정 대신 미지급금계정의 대변에 기록하는 동시에 해당 자산의 차변에 기록한다.

그림 5-6 재고자산의 구입

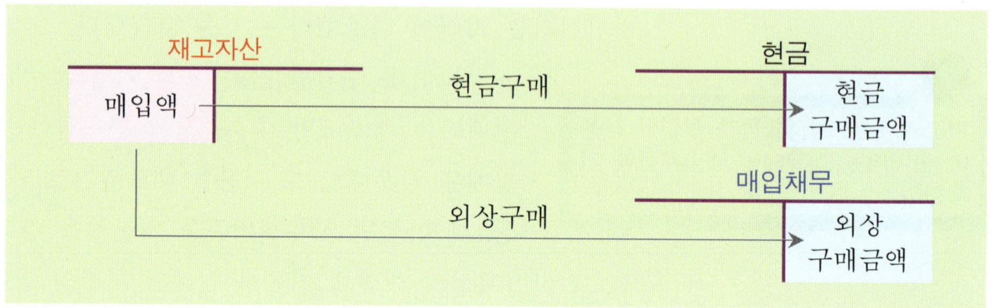

[실제거래의 예]

9월 11일 영우상사가 스마트폰(주)에 1대당 원가 ₩52,500인 모델AA 스마트폰 10대를 1대당 ₩70,000에 외상으로 판매했다고 하자. 영우상사와 스마트폰(주)에서는 이 상품매매와 관련하여 9월 11일에 다음과 같은 분개를 한다.

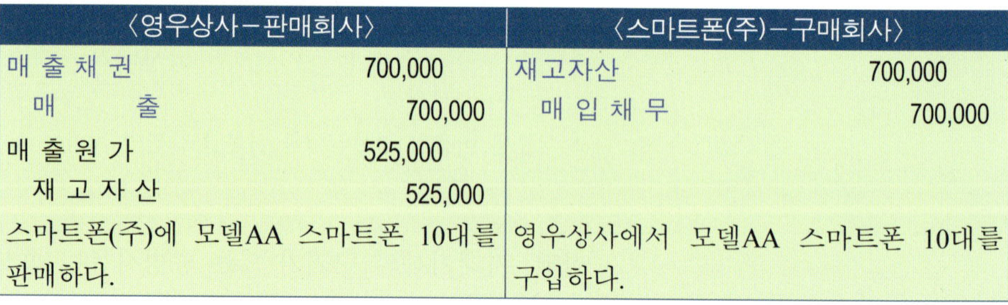

〈영우상사－판매회사〉			〈스마트폰(주)－구매회사〉		
매출채권	700,000		재고자산	700,000	
매　　출		700,000	매입채무		700,000
매출원가	525,000				
재고자산		525,000			
스마트폰(주)에 모델AA 스마트폰 10대를 판매하다.			영우상사에서 모델AA 스마트폰 10대를 구입하다.		

판매자인 영우상사는 두 종류의 분개를 기록하게 되는데, 하나는 외상매출에 관한 분개로서 매출채권계정의 차변과 매출계정의 대변에 기록한다. 다른 하나는 매출원가/재고자산에 관한 분개로서 재고자산을 판매함으로써 재고자산이 감소하고 매출원가가 발생하였다는 사실을 기록한다. 계속기록법에서는 매번 판매시점에 현금계정 또는 매출채권계정의 차변과 매출계정의 대변에 매출에 관하여 기록할 뿐 아니라, 매출원가계정의 차변과 재고자산계정의 대변에 원가를 기록해야 한다. 한편 구매자인 스마트폰(주)는 재고자산의 외상구입을 재고자산계정의 차변과 매입채무계정의 대변에 기록하면 된다.

2. 상품매매에 따른 운임

상품매매계약을 체결할 때 판매자와 구매자는 누가 상품의 운송을 책임질 것인가와 누가 운임을 부담할 것인가를 결정한다.

판매자가 선적을 완료한 이후부터 도착지까지의 운임과 보험료를 구매자가 모두 부담하는 국제무역조건 중 하나는 FOB(Free On Board)이며, 선적부터 도착까지의 과정에서 발생하는 운임과 보험료를 판매자가 모두 부담하는 국제무역조건에는 CIF(Cost, Insurance and Freight), DAP(Delivered at Place) 등이 있다.[2)]

표 5-3 상품매매에 따른 운임부담

조 건	운임부담자	운임의 처리
FOB	구매자	구매자의 재고자산 취득원가에 가산
CIF, DAP	판매자	판매자의 운송비로 계상

구매자가 매입상품에 대한 운임과 보험료를 부담한다면 이 운임은 상품의 취득원가에 가산시켜야 한다.

재고자산의 취득원가 = 구입가격 + 부대비용(운임, 보험료 등)

스마트폰(주)가 영우상사로부터 스마트폰을 구매할 때 발생한 운임 ₩50,000을 부담했다고 하면, 스마트폰(주)는 다음과 같은 분개를 한다.

재 고 자 산	50,000	
현 금 (또는 미지급운임)		50,000

영우상사로부터 매입한 스마트폰의 운임을 지급하다.

운임은 재고자산계정에 직접 가산하는 대신 매입운임(transportation-in)이라는 별도의 계정을 만들어 매입운임계정의 차변에 기록하기도 한다. 재고자산계정이 아닌 매입운임이라는 계정을 별도로 이용하는 경우라도 재고자산의 취득원가를

2) 국제상업회의소(International Chamber of Commerce)가 제정한 Incoterms 2020은 위험이전 시점, 비용부담 주체, 운송수단 등에 따라 11개 국제무역조건(international trade terms)을 규정하고 있으며 FOB, CIF, DAP는 그중 세 가지 조건이다. CIF와 DAP는 판매자가 운임을 부담한다는 점에서는 같으나 CIF는 선적시점에서, DAP는 도착시점에서 상품과 관련된 위험이 구매자에게 이전된다는 점에서 다르다.

계산할 때에는 재고자산의 매입운임을 가산해야 한다.

만약 판매자가 상품의 운임을 부담한다면, 판매자는 이를 운송비계정에 기록한다. 만일 판매자인 영우상사가 스마트폰(주)에 스마트폰을 판매할 때 발생한 운임을 부담했다고 하면 영우상사는 다음과 같은 분개를 한다.

운 송 비	50,000	
현 금 (또는 미지급운임)		50,000
스마트폰(주)에 판매한 스마트폰의 운임을 지급하다.		

이때 기록된 운송비는 상품판매와 직접적으로 관련하여 발생하는 다른 비용과 함께 판매비 또는 물류비로 분류된다.

요약하면 구매자의 재고자산 취득원가는 구입가격에 매입운임 등의 부대비용을 가산한 금액이며, 판매자의 매출액은 FOB조건의 가격(선적지에서 인도하는 가격)으로 계상하되, 만약 운임을 판매자가 부담하는 조건이라면 판매자가 이를 자신의 당기비용으로 계상한다.

3. 매출환입(매입환출)과 매출에누리(매입에누리)

매입에누리와 환출
➪ 구매자의 입장
매출에누리와 환입
➪ 판매자의 입장

대부분의 상품매매계약에서는 구입한 상품에 결함이 있거나 운송중에 파손된 경우 구매자가 그 상품을 판매자에게 되돌려 보낸다. 이와 같이 구입한 상품을 판매자에게 되돌려 보내는 것을 구매자의 입장에서는 매입환출(purchase returns)이라고 하고, 판매자의 입장에서는 매출환입(sales returns)이라고 한다. 구입한 상품을 되돌려 보냈을 때 구매자는 금액을 환급받거나 또는 원래의 송장가격에서 이를 차감한다. 만약 상품의 결함이 경미한 경우 구매자는 적당한 에누리(allowances)를 받는 조건으로 해당 상품을 그대로 인수하기도 한다.

매출환입이나 매입환출 또는 에누리가 발생하게 되면 판매자나 구매자는 이미 기록한 매출계정이나 재고자산계정에서 직접 차감하거나 매출에누리와 환입(sales allowances and returns)이나 매입에누리와 환출(purchase allowances and returns) 계정에 별도로 기록하기도 한다.[3] 별도로 관리하는 경우 구매자는 기말에 매입에누리와 환출을 재고자산으로부터 차감하여 재고자산순매입액을 계산한다.

앞의 예에서 스마트폰(주)가 영우상사로부터 구입한 스마트폰을 검수해 보니 그중에서 2개가 불량품인 것으로 밝혀져 이를 되돌려 보내고 9월 15일 영우상사는 그러한 반품을 승인하였다. 앞서 스마트폰의 1대당 취득원가는 ₩52,500이며 판매가격은 ₩70,000이었다. 이와 관련하여 영우상사와 스마트폰(주)는 다음과 같이 분개한다.

〈영우상사 – 판매회사〉			〈스마트폰(주) – 구매회사〉		
매출에누리와 환입	140,000		매입채무(또는 현금)	140,000	
매출채권(또는 현금)		140,000	재 고 자 산		140,000
재 고 자 산	105,000				
매 출 원 가		105,000			
스마트폰(주)로부터 모델 AA 스마트폰 2대가 반품되어 오다.			영우상사에 모델 AA 스마트폰 2대를 반품하다.		

매출에누리와 환입을 기록할 때 판매자인 영우상사는 앞에서 설명한 판매시점의 분개를 거꾸로 기록하면 된다. 매출에누리와 환입에 해당하는 금액만큼 매출채권과 매출이 감소할 것이므로 매출에누리와 환입계정의 차변(또는 매출계정의 차변)과 매출채권계정의 대변에 기록한다. 또한 매출에누리와 환입된 재고자산만큼 재고자산이 증가하고 매출원가는 감소하게 되므로 이를 재고자산계정의 차변과 매출원가계정의 대변에 기록한다.[4)]

한편 매입에누리와 환출을 기록할 때 구매자인 스마트폰(주)도 구매시점의 분개를 반대로 기록하면 된다. 매입에누리와 환출금액만큼 매입채무와 재고자산이 감소할 것이므로 매입채무계정의 차변과 재고자산계정의 대변에 기록한다.

판매자는 매출에누리와 환입계정 대신에 매출의 감소를 인식하기 위해서 매출계정의 차변에 직접 기록할 수도 있다. 하지만 직접 차감보다는 매출에누리와 환입계정을 별도로 관리하면, 총판매액과 더불어 반품 또는 에누리 금액도 따로 파악할 수 있다는 장점이 있다. 환입계정의 규모를 통하여 경영자는 상품에 대한 고객의 만족도나 운송방법의 효율성을 간접적으로 측정할 수 있게 된다.

3) 홈쇼핑으로 물건을 살 때 고객이 자주 반품을 하면 홈쇼핑업체는 그 고객을 바로 요주의 고객으로 분류하여 할인행사에 참여를 제한하는 등의 불이익을 주기도 한다.
4) 반품된 재고자산을 판매자가 정상적으로 판매할 수 있는지 여부에 따라 재고자산금액이 당초의 취득원가보다 낮아질 수도 있다.

4. 매출할인과 매입할인 - 매매대금의 결제조건

상품은 인도 즉시 현금만을 주고받는 조건으로 매매될 수도 있으나, 신용 있는 고객들과는 주로 외상으로 거래가 이루어진다. 외상거래에서는 약정된 신용조건에 따라 거래대금을 결제한다. 상품판매에 따른 현금의 회수를 촉진시키기 위하여 기업은 일상적 신용기간보다 짧은 할인기간(discount period)을 거래조건에 명시하고 이 할인기간 내에 대금을 지급하면 일정금액을 할인해 준다.

하나의 예로서 "1/10, n / 30"이라는 신용조건의 의미를 알아보자. 여기에서 "1/10"은 "할인율 / 할인기간"이라는 할인조건을 말하는데, 즉 구매자가 10일 이내에 대금을 지급하면 송장가격에서 1% 할인을 받을 수 있다는 것을 의미한다.[5] 한편 "n / 30"은 신용기간은 30일로서 30일 내에 송장가격에 해당하는 대금을 결제해야 한다는 것을 나타낸다. 이와 같이 송장가격에서 공제되는 현금할인액(cash discounts)을 판매자는 매출할인(sales discounts), 구매자는 매입할인(purchase discounts)으로 기록한다.

거래할인과 매입할인(매출할인)

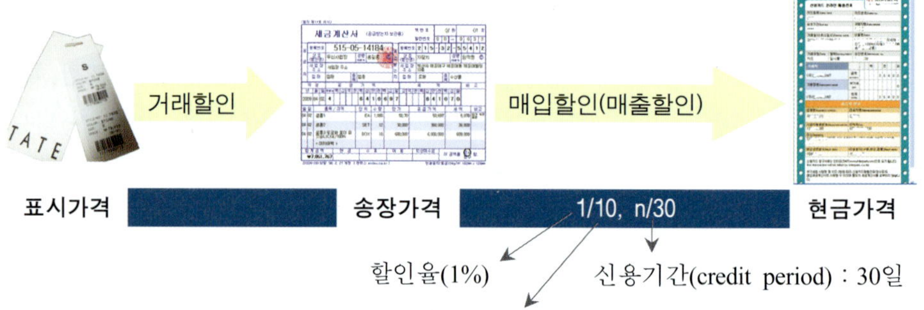

이제까지 다양한 종류의 할인을 예로 들어 가격결정방법을 설명하였는데 이를 [그림 5-8]에 요약하였다. 먼저 상품의 표시가격에서 거래할인 및 대량주문으로 인한 수량할인을 차감하면 송장가격이 되는데, 이 가격이 판매자의 손익계산서에는 총매출액으로 표시된다. 상품인도 후에 매출환입과 에누리가 발생하거나 신용조건에 따라서 매출할인(또는 현금할인)이 발생하면 그 금액을 차감하여 현금결제가격이 계산된다. 이 금액은 판매자의 손익계산서에 순매출액으로 표시된다.

5) 이러한 할인율은 결코 낮은 것이 아니다. 20일간의 이자율이 1%인 셈이므로 연이자율로는 무려 18.25%(=1%÷[20/365])나 되기 때문이다.

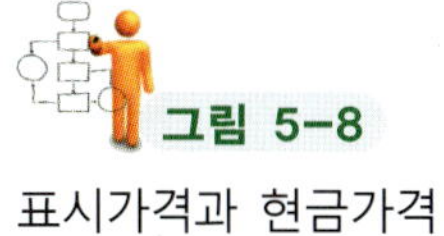

그림 5-8
표시가격과 현금가격

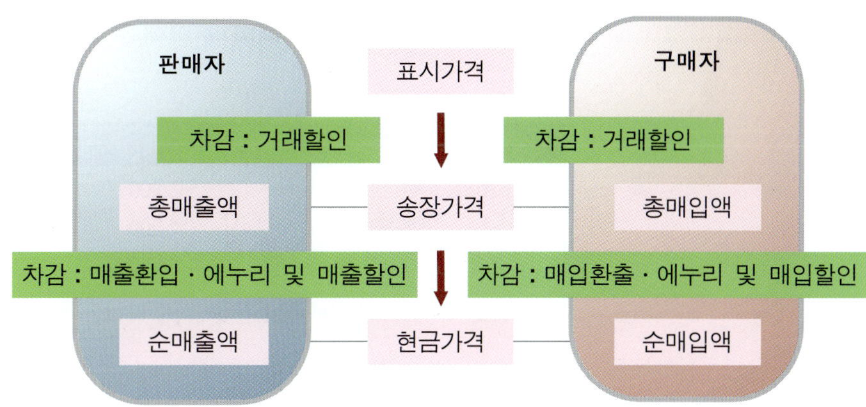

한편 구매자는 매입환출과 에누리 및 매입할인을 재고자산계정에서 직접 차감하여 재고자산의 순매입액을 계산한다.

앞의 영우상사와 스마트폰(주)의 거래를 다시 요약하면 다음과 같다.

거래내역 9월 11일에 영우상사는 스마트폰(주)에 모델 AA 스마트폰 10대를 1대당 ₩70,000(원가 ₩52,500)에 판매하였다. 그런데 스마트폰(주)는 2대의 스마트폰에 결함이 있는 것을 발견하고 이를 영우상사에 반송하였다. 대금지급조건은 2/10, n/30이다.

위의 거래에 따라 영우상사의 매출채권계정과 스마트폰(주)의 매입채무계정에는 ₩560,000(= ₩70,000 × 8대)이 표시된다. 대금지급조건이 2/10, n/30이므로 스마트폰(주)는 상품구매대금을 30일 이내, 즉 10월 10일까지 지급하면 된다. 만일 스마트폰(주)가 10월 10일에 상품구매대금을 지급했다면 다음과 같이 분개한다.

〈영우상사 – 판매회사〉			〈스마트폰(주) – 구매회사〉	
10월 10일 : 현 금	560,000		매 입 채 무	560,000
매 출 채 권		560,000	현 금	560,000
스마트폰(주)로부터 매출채권을 회수하다.			영우상사에 매입채무를 지급하다.	

만약 스마트폰(주)가 상품구매대금을 10일 이내(9월 20일까지)에 송금했다면 현금할인액은 ₩11,200(= ₩560,000 × 0.02)이므로 실제 현금지급액은 ₩548,800(= ₩560,000

－₩11,200)이 된다. 현금할인은 송장가격에서 구매자가 판매자에게 매입환출 등으로 반송한 상품금액을 제외한 금액을 기준으로 산출된다.

〈영우상사－판매회사〉		〈스마트폰(주)－구매회사〉	
9월 20일 : 현　　금	548,800	매 입 채 무	560,000
매 출 할 인	11,200	재 고 자 산	11,200
매 출 채 권	560,000	현　　금	548,800
스마트폰(주)로부터 매출채권을 회수하다.		영우상사에 매입채무를 지급하다.	

매출에누리와 환입계정 및 매출할인계정은 매출의 차감계정(contra revenue account)으로서 총매출액으로부터 동 금액을 차감하면 순매출액(net sales)을 알 수 있다. 반면에 매입에누리와 환출 및 매입할인은 매입채무를 감소시키는 동시에 재고자산을 감소시키므로 재고자산 총매입액으로부터 매입에누리와 환출 및 매입할인을 차감하여 재고자산 순매입액을 계산하고, 여기에 매입운임을 가산하면 재고자산의 취득원가를 계산할 수 있다.

예를 들면 〈표 5-4〉에서와 같이 영우상사가 총매출액 ₩700,000에서 매출에누리와 환입 ₩140,000 및 매출할인 ₩11,200을 차감하면 손익계산서에 표시할 순매출액은 ₩548,800이 된다. 한편 스마트폰(주)는 재고자산 총매입액 ₩700,000에서 매입에누리와 환출 ₩140,000과 매입할인 ₩11,200을 차감하면 재고자산 순매입액은 ₩548,800이 되고, 여기에 스마트폰(주)가 부담한 매입운임 ₩50,000을 가산하면 재고자산 취득원가가 ₩598,800이라는 것을 알 수 있다.

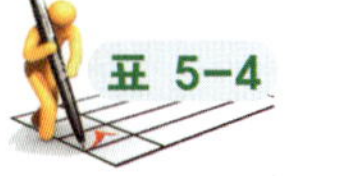

순매출액과 순매입액의 계산

〈영우상사－판매회사〉		〈스마트폰(주)－구매회사〉	
총매출액	₩700,000	재고자산 총매입액	₩700,000
(－)매출에누리와 환입	140,000	(－)매입에누리와 환출	140,000
(－)매 출 할 인	11,200	(－)매 입 할 인	11,200
순매출액	₩548,800	재고자산 순매입액	₩548,800
		(＋)매 입 운 임	50,000
		재고자산 취득원가	₩598,800

이상 상품매매거래와 관련하여 발생하는 여러 항목에 대한 회계처리를 요약하면 〈표 5-5〉와 같다.

상품매매거래시의 부수적인 항목 요약

구 분	발생원인	회계처리
매입운임	상품구매시의 운송비	구매자의 재고자산에 가산
매출운임	상품판매시의 운송비	판매자의 판매비로 계상
매출환입(매입환출)	매출(매입)후에 반품이 발생	매출(재고자산)에서 차감
매출(매입)에누리	상품의 결함 등으로 일정금액을 깎아주는 것	매출(재고자산)에서 차감
매출(매입)할인	매출채권(매입채무)을 현금할인 기간 내 결제할 경우 일정금액을 할인	매출(재고자산)에서 차감

03 상품매매회사의 회계순환과정

상품매매회사의 회계순환과정도 앞에서 설명했던 용역회사의 경우와 절차상의 근본적인 차이는 없다. 본장의 02 에서는 상품매매거래의 기록(분개 및 전기)에 대하여 언급한 바 있다. 여기에서 상품매매회사는 용역회사보다 영업활동이 더욱 복잡해지고, 이를 기록하기 위해서 새로운 계정과목들이 많이 소개되었다. 이제 상품매매회사의 회계순환과정 중에서 수정분개에 대하여 언급하고, 이를 반영하여 재무제표를 작성한다. 그리고 보론 2 에서 마감분개 절차를 다룬다.

1. 수정분개 및 수정후시산표의 작성

수정분개와 수정후시산표를 작성하기 전에 먼저 재고자산계정의 증감에 대하여 살펴보자. 예를 들어 스마트폰(주)의 기초재고는 ₩6,000, 당기매입액은 ₩31,000이며, 이 중에서 매출원가는 ₩30,000이라고 하자. 기말재고는 기초재고와 당기매입액에서 매출원가를 차감한 ₩7,000이다. 이를 재고자산 T계정으로 표시하면 〈표 5-2〉에서 나타냈듯이 다음과 같다.

재고자산

기초재고	6,000	매출원가	30,000
당기매입액	31,000		
기말재고	7,000		

〈표 5-6〉에 스마트폰(주)의 (수정전)시산표를 표시하였다. 이를 토대로 기말 수정사항을 반영하여 수정후시산표를 작성하는 과정을 살펴보자.

상품매매회사의 시산표

(수정전)시산표

스마트폰(주) 20×1년 12월 31일 현재 (단위 : 원)

	차 변	대 변
현 금	₩10,900	
매출채권	2,500	
선급보험료	3,000	
재고자산	7,000	
토 지	12,300	
매입채무		₩5,000
장기차입금		11,100
자 본 금		10,000
이익잉여금(1/1)		6,400
배 당 금	1,000	
매 출		50,600
매출에누리와 환입	400	
매출할인	200	
매출원가	30,000	
급 여	12,000	
광고선전비	1,600	
통 신 비	1,000	
수도광열비	1,200	
합 계	₩83,100	₩83,100

수정분개 사항

스마트폰(주)는 〈표 5-6〉의 (수정전)시산표에서와 같이 매출액이 ₩50,600, 매출에누리와 환입이 ₩400, 매출할인이 ₩200이다. 그러므로 순매출액은 ₩50,000(= ₩50,600 − ₩400 − ₩200)으로 계산되는데, 매출에누리와 환입 및 매출할인을 매출액에서 차감하기 위한 분개는 다음과 같다.

(수정 ①)	매　　　출	600	
	매출에누리와 환입		400
	매 출 할 인		200

추가로 두 가지 수정분개 사항을 가정한다. 아래 두 가지 수정분개는 상품매매나 용역의 회사유형에 관계없이 공통적으로 발생한다.

하나는 보험료에 관한 사항(수정분개 ②)이다. 20×1년 보험료 ₩3,000을 선급하고 선급보험료계정에 기록했는데, 이 중에서 20×1년 동안 ₩1,700이 기간경과로 인하여 소멸되었지만 아직 비용으로 인식되지 않았다. 다른 하나는 급여에 관한 사항(수정분개 ③)이다. 20×1년말 현재 종업원의 급여 ₩1,000이 발생했으나 급여지급일이 도래하지 않아서 미지급상태에 있다. 보험료와 급여에 대한 수정분개는 다음과 같다.

(수정 ②)	보　험　료	1,700	
	선급보험료		1,700
	선급보험료 중에서 당기분 보험료를 비용으로 계상하다.		

(수정 ③)	급　　　여	1,000	
	미지급급여		1,000
	당기에 발생했으나 아직 지급되지 않은 급여를 계상하다.		

이상의 세 가지 수정분개 내용을 〈표 5-6〉의 (수정전)시산표 잔액에 반영하면 〈표 5-7〉과 같은 수정후시산표가 작성된다.

표 5-7

상품매매회사의 수정후시산표

수정후시산표

스마트폰(주) 20×1년 12월 31일 현재 (단위 : 원)

	차 변	대 변
현 금	₩10,900	
매출채권	2,500	
선급보험료	1,300	
재고자산	7,000	
토 지	12,300	
매입채무		₩5,000
미지급급여		1,000
장기차입금		11,100
자 본 금		10,000
이익잉여금(1/1)		6,400
배 당 금	1,000	
매 출		50,000
매출원가	30,000	
급 여	13,000	
광고선전비	1,600	
통 신 비	1,000	
수도광열비	1,200	
보 험 료	1,700	
합 계	₩83,500	₩83,500

2. 상품매매회사의 재무제표 작성

일단 수정후시산표가 작성되면 이를 이용하여 재무제표를 쉽게 작성할 수 있다. 〈표 5-8〉과 〈표 5-9〉는 스마트폰(주)의 20×1년 손익계산서와 20×1년말 현재의 재무상태표를 보여주고 있다.

손익계산서

상품매매회사 손익계산서의 주요 항목은 매출액, 매출원가 및 판매비와관리비이다. 상품매매회사에서 가장 큰 수익은 고객에 대한 상품판매로부터 발생한 매출액이다.

판매비
판매활동과 직접 관련된 모든 비용(판매원급여, 광고선전비, 운송비 등)

관리비
기업의 주요 영업활동을 수행하는 데 소요되는 기타의 모든 관리비용(사무원급여, 임차료, 수도광열비 등)

다단계식 손익계산서
당기순이익에 이르기까지 이익을 몇 단계의 개념으로 구분하여 작성하는 손익계산서

상품매매회사의 주요 비용으로는 매출원가와 판매비와관리비를 들 수 있다. 여기에서 매출원가는 판매된 재고자산의 원가를 말하며 다른 비용과 구분하여 표시하는 것이 보통이다. 그리고 판매비란 판매활동과 직접 관련된 모든 비용(예를 들면 판매원급여, 광고선전비, 운송비 등)을 말하며, 관리비는 기업의 주요 영업활동을 수행하는 데 소요되는 기타의 모든 관리비용(예를 들면 사무원급여, 임차료, 수도광열비 등)을 지칭한다. 〈표 5-8〉에서와 같이 당기순이익에 이르기까지 이익을 몇 단계의 개념으로 구분하여 작성하는 손익계산서를 다단계식 손익계산서라고 한다.[6]

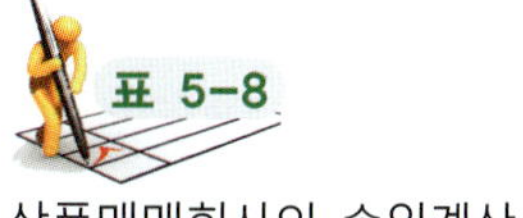

상품매매회사의 손익계산서

손익계산서

스마트폰(주)	20×1년 1월 1일부터 20×1년 12월 31일까지	(단위 : 원)
매 출 액		₩50,000
매 출 원 가		30,000
매출총이익		₩20,000
판매비와관리비		
급 여	₩13,000	
보 험 료	1,700	
광고선전비	1,600	
통 신 비	1,000	
수도광열비	1,200	18,500
당기순이익		₩1,500

재무상태표

상품매매회사의 손익계산서는 용역회사보다 더 복잡하고 구조가 달라지지만, 상품매매회사의 재무상태표는 재고자산, 매입채무 등 몇 개의 새로운 계정과목이 추가된다는 것을 제외하고는 용역회사의 재무상태표와 기본적으로 그다지 다르지 않다.

6) 더 상세한 다단계식 손익계산서 작성에 대한 자세한 내용은 제6장에서 다룬다.

상품매매회사의 재무상태표

재무상태표

스마트폰(주) 20×1년 12월 31일 현재 (단위 : 원)

〈자 산〉		〈부 채〉	
유동자산 :		유동부채 :	
현 금	₩10,900	매입채무	₩5,000
매출채권	2,500	미지급급여	1,000
선급보험료	1,300	유동부채합계	₩6,000
재고자산	7,000	비유동부채 :	
유동자산합계	₩21,700	장기차입금	11,100
비유동자산 :		부채총계	₩17,100
토 지	12,300	〈자 본〉	
비유동자산합계	₩12,300	자 본 금	₩10,000
		이익잉여금	6,900*
		자본총계	₩16,900
자산총계	₩34,000	부채와 자본총계	₩34,000

* 기초이익잉여금	₩6,400
(+) 당기순이익	1,500
(−) 배 당 금	(1,000)
기말이익잉여금	₩6,900

이 장의 요약

- 상품매매회사에서는 재고자산을 어떻게 관리하는가?
  - 재고자산의 금액결정과 장부기록을 위한 방법으로는 계속기록법과 실지재고조사법이 있다. 실무에서는 대부분 계속기록법을 이용하고 있다.
  - 계속기록법(perpetual inventory system)은 재고자산을 매입할 때뿐만 아니라 매출할 때에도 매번 재고자산계정에 금액의 증감을 기록한다. 이러한 계속적 기록으로 장부상의 재고자산 수량과 금액을 언제라도 파악할 수 있다.
  - 실지재고조사법은 회계기간중에 상품을 매입할 때에는 재고자산의 증가액을 기록하지만 매출할 때에는 재고자산의 감소액을 즉시 기록하지 않는다. 따라서 회계기간중에는 재고자산의 실제 잔액을 장부상으로 파악할 수 없고, 대신 회계기말에 실제로 회사창고 등에 남아 있는 재고자산을 조사하여 재고자산의 금액을 파악한다.

- 매출원가와 재고자산은 어떤 관계를 갖는가?
  - 매출원가와 재고자산의 관계를 표시하면 다음과 같다.

기초재고자산＋당기매입액＝매출원가＋기말재고자산

- 상품 매입과 매출 거래는 어떻게 기록하는가?
  - 상품을 구입하면 재고자산이 증가하므로 그 구입원가를 재고자산계정의 차변에 기록한다. 이때 상대가 되는 대변에는 구입대금지급조건이 현금 또는 외상이냐에 따라 각각 현금계정이나 매입채무계정을 이용한다.
  - 상품을 판매함으로써 발생하는 수익은 매출(sales)이라는 수익계정의 대변에 기록된다. 이때 현금을 받고 판매한 경우에는 현금계정의 차변에 기록하고, 외상으로 판매했다면 해당 외상매출금을 매출채권계정의 차변에 기록한다. 판매되어 감소한 재고자산의 구입원가는 매출원가라는 비용으로 인식하여 매출원가계정의 차변에 기록하고 감소한 재고자산은 재고자산계정의 대변에 기록한다.

실지재고조사법과 매출원가

앞에서 재고자산 관리방법으로 실지재고조사법과 계속기록법이 있다고 설명하였다. 계속기록법은 본문에서 설명하였고, 여기에서는 실지재고조사법에 관하여 알아본다.

실지재고조사법의 회계처리가 계속기록법의 회계처리와 가장 다른 점은 실지재고조사법에서는 상품의 판매나 구매에 따른 증감상황이 회계기간중에는 재고자산계정에 반영되지 않는다는 점이다. 즉, 회계기간중에 상품을 구매할 때에는 재고자산계정 대신에 매입계정을 사용하고 회계기말에 실사를 통하여 기말재고를 확인한 후에 수정분개를 통하여 재고자산과 매출원가를 확정한다.

상품을 ₩31,000만큼 외상으로 구매하면 매입계정의 차변과 매입채무계정의 대변에 다음과 같이 기록한다.

매　　입	31,000	
매입채무		31,000

또한 상품을 ₩50,000 외상으로 판매한 경우 기중에는 재고자산이나 매출원가 계정에 그 증감을 기록하지 않고, 매출에 관한 사실만을 다음과 같이 기록한다.

매출채권	50,000	
매　　출		50,000

한편 상품을 구매하면서 매입운임을 지급하면 매입계정에 직접 가산하거나 매입운임계정에 기록했다가 기말에 수정분개를 통해 매입계정에 가산한다. 그리고 매입에누리와 환출, 매입할인은 매입계정에서 직접 차감하거나 매입계정의 차감계정(contra purchase account)인 매입에누리와 환출계정, 매입할인계정에 기록했다가 기말에 수정분개를 할 때 매입계정에서 차감한다. 이때 순매입액은 총매입액으로부터 매입에누리와 환출, 매입할인을 차감한 금액이며, 당기에 매입한 재고자산의 취득원가는 순매입액에 매입운임을 가산한 금액이다. 실지재고조사법

을 채택하는 경우 기말 수정분개를 할 때 손익계산서에 기록되는 매출원가를 산출하는 과정을 거치게 된다.

수정분개 및 수정후시산표의 작성

실지재고조사법을 채택하고 있는 상품매매회사의 기말수정분개는 먼저 매출원가를 산출하는 것으로부터 시작한다. 만약 기업이 실지재고조사법으로 재고자산을 관리하면 회계기간중에는 회계자료에서 매출원가를 알 수 없다. 왜냐하면 매출시에 매출원가를 파악하여 기록하지 않기 때문이다. 따라서 재무제표를 작성하기 전 기말수정분개 단계에서 매출원가를 계산해야 한다.

스마트폰(주)는 재고자산 수량결정방법으로 실지재고조사법을 채택하고 있다고 하자. 〈표 5-10〉의 스마트폰(주)의 (수정전)시산표에 나타나는 재고자산금액은 기초재고자산이다. 왜냐하면 실지재고조사법을 채택할 경우 회계기간중에는

상품매매회사의 시산표 : 실지재고조사법

시 산 표

스마트폰(주) 20×1년 12월 31일 현재 (단위 : 원)

	차 변	대 변
현 금	₩10,900	
매 출 채 권	2,500	
선급보험료	3,000	
재 고 자 산(1/1)	6,000	
토 지	12,300	
매 입 채 무		₩5,000
장기차입금		11,100
자 본 금		10,000
이익잉여금(1/1)		6,400
배 당 금	1,000	
매 출7)		50,000
매 입6)	31,000	
급 여	12,000	
광고선전비	1,600	
통 신 비	1,000	
수도광열비	1,200	
합 계	₩82,500	₩82,500

7) 계산의 편의를 위하여 매출은 매출할인 차감 후의 순매출액으로, 그리고 매입은 매입운임과 매입할인 가감 후의 매입액으로 표시하였다. 만약 시산표에 총매출(매입)액으로 표시되어 있다면 매출(매입)할인 등을 총매출(매입)액에서 차감하는 수정분개를 한 번 더 추가하면 된다.

재고자산계정의 수정분개 및 매출원가 산출

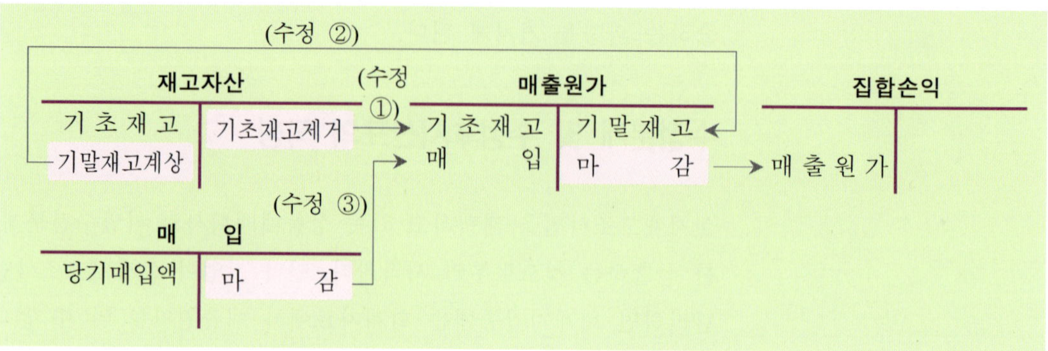

재고자산의 매입과 매출에 따른 증감을 바로 재고자산계정에 반영하지 않고, 재고자산을 구입할 때에는 매입계정에, 재고자산을 판매할 때에는 매출계정에만 기입하기 때문이다. 따라서 회계기말에는 재고자산계정을 기초금액 대신 실사에 의해 파악된 기말금액으로 수정하는 절차가 필요하다. 또한 회계기간중 재고자산을 판매할 때 기록하지 않았던 매출원가계정을 신설하여 매출원가를 새로 계산해야 한다. 이 과정을 알기 쉽게 그림으로 나타내면 〈표 5-11〉과 같다.

먼저 매출원가계정을 통해서 기초재고자산을 제거하고(수정분개 ①), 실사에 의해 파악된 기말재고자산을 계상하는 분개(수정분개 ②)를 한다. 이와 함께 매입계정을 매출원가로 대체시키는 분개(수정분개 ③)를 한다. 이러한 과정을 거치면 매출원가계정의 잔액은 「기초재고자산＋매입액－기말재고자산」으로 표시되며, 이 금액이 곧 당기의 매출원가가 된다.

그러면 실제로 분개를 통하여 스마트폰(주)의 매출원가를 결정해 보자. 기말실사를 통하여 파악된 기말재고자산은 ₩7,000이라고 하자. 한편 〈표 5-10〉에서 기초재고자산 ₩6,000, 당기매입액 ₩31,000임을 알 수 있다. 다음의 수정분개 ①, 수정분개 ② 및 수정분개 ③은 각각 〈표 5-11〉에 표시된 절차에 따라 이루어진 분개이다.

(수정 ①)	매 출 원 가	6,000	
	재 고 자 산 (1/1)		6,000
	기초상품재고액을 제거하고, 매출원가 계산에 산입하다.		

(수정 ②)	재 고 자 산 (12/31)	7,000	
	매 출 원 가		7,000
	기말상품재고액을 계상하고, 매출원가 계산에 산입하다.		

이상의 수정분개 ①과 수정분개 ②를 거치고 나면 재고자산계정에는 기초재고(₩6,000)가 제거되는 대신 기말재고(₩7,000)가 계상됨으로써 재무상태표에는 최종적으로 ₩7,000이 재고자산으로 보고된다.

한편 아래의 수정분개 ③은 임시계정인 매입계정(₩31,000)을 장부에서 제거(₩0)하는 동시에 손익계산서에는 매출원가계정(① ₩6,000－② ₩7,000＋③ ₩31,000)을 당기비용으로 계상하는 역할을 하게 된다.

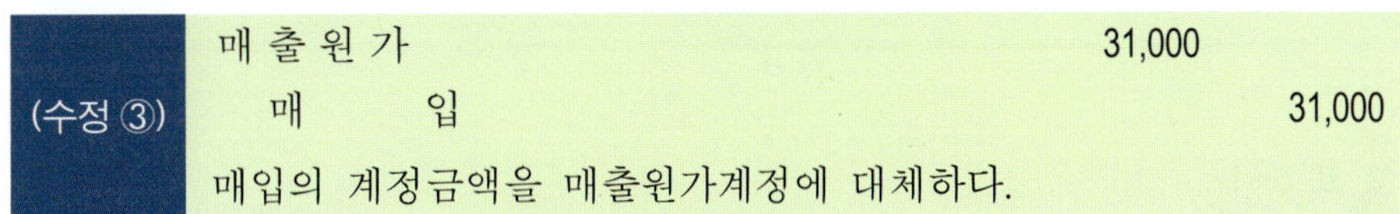

(수정 ③)	매 출 원 가	31,000	
	매 입		31,000
	매입의 계정금액을 매출원가계정에 대체하다.		

위의 수정분개를 재고자산계정과 매입계정, 그리고 매출원가계정에 전기하면 각 계정은 다음과 같이 표시된다.

재 고 자 산

기 초 재 고	6,000	(수정 ①) 매 출 원 가	6,000
(수정 ②) 매 출 원 가	7,000		

매 입

당 기 매 입	31,000	(수정 ③) 매 출 원 가	31,000

매 출 원 가

(수정 ①) 기 초 재 고(1/1)	6,000	(수정 ②) 기 말 재 고(12/31)	7,000
(수정 ③) 매 입	31,000		

이와 같이 상품매매회사는 결산시점에 매출원가계정을 설정하고 매출원가를 결정하는 모든 계정을 수정분개를 통해 집합시킨다. 이로써 매출원가계정의 잔액을 계산하면 매출원가(₩30,000)가 결정될 뿐만 아니라 재고자산계정도 기초재고(₩6,000)에서 기말재고(₩7,000)로 수정된다.

한편, 스마트폰(주)가 앞서 본문에서 설명한 바와 같이 다음과 같은 두 가지 수정분개 내용이 있다고 하면, 수정후시산표는 〈표 5-12〉와 같다. 이는 계속기록법하에서 작성된 수정후시산표인 〈표 5-7〉과 동일하다. 결과적으로 재고자산의 관리방법과 무관하게 기업의 손익계산서와 재무상태표는 동일하게 작성된다.

(수정 ④)	보 험 료	1,700	
	선급보험료		1,700
	선급보험료 중에서 당기분 보험료를 비용으로 계상하다.		

(수정 ⑤)	급 여	1,000	
	미지급급여		1,000
	당기에 발생했으나 아직 지급되지 않은 급여를 계상하다.		

상품매매회사의 수정후시산표 : 실지재고조사법

수정후시산표

스마트폰(주) 20×1년 12월 31일 현재 (단위 : 원)

	차 변	대 변
현 금	₩10,900	
매 출 채 권	2,500	
선급보험료	1,300	
재 고 자 산	7,000	
토 지	12,300	
매 입 채 무		₩5,000
미지급급여		1,000
장기차입금		11,100
자 본 금		10,000
이익잉여금(1/1)		6,400
배 당 금	1,000	
매 출		50,000
매 출 원 가	30,000	
급 여	13,000	
광고선전비	1,600	
통 신 비	1,000	
수도광열비	1,200	
보 험 료	1,700	
합 계	₩83,500	₩83,500

마감분개

마감분개절차에 대해서는 제4장의 보론에서 이미 설명한 바 있다. 상품매매회사의 마감절차도 이와 다름없이 제1단계로 모든 손익계산서계정을 집합손익계정으로 마감시키는 절차로부터 시작된다. 제5장에서 예로 든 스마트폰(주)의 경우 다음과 같은 마감분개를 해야 한다(마감분개의 각 계정과 계정잔액은 〈표 5-7〉의 수정후 시산표 중 손익계산서 항목을 참조한다).

	계정	차변	대변
(마감 ①)	매　　출	50,000	
	집 합 손 익		50,000
	매출액과 기타 대변잔액을 갖는 손익계산서계정을 집합손익계정으로 마감하다.		

	계정	차변	대변
(마감 ②)	집 합 손 익	48,500	
	매 출 원 가		30,000
	급　　여		13,000
	광고선전비		1,600
	통 신 비		1,000
	수도광열비		1,200
	보 험 료		1,700
	매출원가와 기타 차변잔액을 갖는 손익계산서계정을 집합손익계정으로 마감하다.		

앞의 두 마감분개가 수행된 후 이를 원장의 각 계정으로 전기한다. 원장의 집합손익계정은 다음과 같이 나타난다.

집합손익

차변		대변	
(마감 ②) 매 출 원 가	30,000	(마감 ①) 매　　출	50,000
(마감 ②) 급　　여	13,000		
(마감 ②) 광고선전비	1,600		
(마감 ②) 통 신 비	1,000		
(마감 ②) 수도광열비	1,200		
(마감 ②) 보 험 료	1,700		

집합손익계정의 순매출액 ₩50,000에서 매출원가 ₩30,000을 차감함으로써 매출총이익 ₩20,000이 산출된다. 여기에 기타 손익항목을 가감하면 집합손익계정은 대변잔액을 갖게 되어 결국 당기순이익은 ₩1,500으로 최종결정된다.

제2단계의 마감분개는 집합손익계정과 배당금계정의 잔액을 이익잉여금계정으로 마감시키는 분개로서, 스마트폰(주)의 경우 다음과 같이 분개한다.

(마감 ③)	집 합 손 익	1,500	
	이익잉여금		1,500
	집합손익계정을 이익잉여금계정에 대체하고 마감하다.		

(마감 ④)	이익잉여금	1,000	
	배 당 금		1,000
	배당금계정을 이익잉여금계정에 마감하다.		

위의 두 분개를 원장으로 전기하면 이익잉여금계정의 잔액은 기초이익잉여금 ₩6,400에 당기순이익 ₩1,500이 가산되고 배당금 ₩1,000이 차감되어 새로운 잔액 ₩6,900이 계산되는데, 이 금액이 〈표 5-9〉에서와 같이 기말의 재무상태표에 표시된 기말이익잉여금이 된다.

앞에서와 같은 마감분개를 원장의 각 계정에 전기한 후에는 모든 임시계정인 수익, 비용, 배당금 계정의 잔액은 ₩0이 되고, 오직 재무상태표계정인 자산, 부채, 자본 계정만이 기말잔액을 갖게 된다. 마감분개를 하고 이를 원장의 각 계정으로 전기한 후 차변과 대변이 일치하는지를 검증하기 위하여 마감후시산표를 작성할 수 있는데, 이 마감후시산표에는 오직 재무상태표계정만이 표시된다. 마감후시산표는 각자가 작성해 보자.

회계정보의 활용

매출총이익률

매출총이익률(gross profit rate; gross profit margin)은 매출총이익을 매출액으로 나누어 계산한다. 매출총이익은 매출액에서 매출원가를 차감한 것이므로 매출총이익률은 매출원가에 비하여 매출액(판매가격)이 어느 정도의 마진(여유)을 갖고 책정되었는지를 알려주는 지표이다.[8)]

매출총이익률에 관하여 상이한 판매전략을 구사하는 두 기업을 비교해 보자. 기업 A는 판매제품의 가격보다는 품질에 중점을 두는 기업이고, 기업 B는 품질보다는 가격경쟁력에 중점을 두는 기업이다. 기업 A는 좋은 품질의 상품을 높은 마진으로 판매하므로 매출총이익률이 상대적으로 높다. 반면에 기업 B는 제품의 품질을 다소 낮추는 대신에 가격경쟁력을 확보하는 박리다매전략을 취하므로 매출총이익률은 상대적으로 낮게 된다.

$$\langle 산식 \rangle \quad 매출총이익률 = \frac{매출총이익}{매\ 출\ 액}$$

소매유통을 하는 신세계와 이마트의 매출총이익률을 비교해 보자.

(단위 : 백만원)

회사명	내 용	2024년	2023년	변동액
신세계	매출총이익(A)	4,052,715	3,854,987	197,728
	매 출 액(B)	6,570,412	6,357,089	213,323
	매출총이익률(A/B)	61.68%	60.64%	1.04%
이마트	매출총이익(A)	9,041,139	8,744,167	296,972
	매 출 액(B)	29,020,896	29,472,248	−451,352
	매출총이익률(A/B)	31.15%	29.67%	1.48%

신세계의 매출액은 2024년에 6조 5,704억원으로 전년 대비 3%가량 증가하였고, 매출총이익도 1,977억원 증가하여 4조 527억원으로 매출총이익률(61.68%)이 전년 대비 1.04% 증가하였다. 이마트의 2024년 매출액과 매출총이익은 각각 29조 209억원, 9조 411억원으로 매출총이익은 2,970억원 증가하였으나 총매출액은 4,514억원 감소했다. 매출액이 감소했지만 매출총이익이 증가한 것은 매출액 수익성이 향상된 것으로 해석한다.

백화점은 판매마진이 높고 판매대리에 따른 수수료수익도 높아서 매출총이익률이 대체로 높은 편이다. 이마트는 판매마진이 낮은 대형마트의 특성도 있지만 소비침체와 타업체와의 경쟁심화 등으로 매출수익성이 높지 않다. 위 표를 보면, 고급상품을 판매하는 신세계와 생필품을 주로 판매하는 이마트의 매출총이익률이 크게 다른 것을 알 수 있다.

8) 매출총이익률을 흔히 마진율, 그리고 (1−매출총이익률)은 매출원가율이라고 부른다. 예를 들어 700원에 구입한 상품을 1,000원에 팔면 마진율은 30%, 매출원가율은 70%라고 말한다.

종합예제

상품매매회사의 회계순환과정

종로(주)의 9월 1일 현재의 재무상태표는 다음과 같다.

재무상태표

종로(주) 9월 1일 현재 (단위 : 천원)

자산	금액	부채 및 자본	금액
현 금	₩4,000	매입채무	₩8,000
매출채권	6,000	미지급급여	600
선급보험료	1,000	사 채	16,000
재고자산	4,000	자 본 금	10,000
토 지	20,000	이익잉여금	9,400
건 물	9,000		
	₩44,000		₩44,000

한편 종로(주)에서는 9월중 다음과 같은 거래 및 결산수정사항이 발생하였다. 단, 종로(주)는 재고자산을 계속기록법으로 기록하고 있다.

〈9월중의 거래〉

(1) 1일 상품 ₩16,000,000을 외상으로 매입하고 운임 ₩200,000을 현금으로 지급하다.
(2) 2일 비품 ₩2,000,000을 매입하면서 ₩1,000,000은 현금으로 지급하고 나머지는 외상으로 하다.
(3) 9일 거래처에 ₩10,000,000을 외상매출하다. 해당 상품의 취득원가는 ₩6,000,000이다.
(4) 15일 거래처에 ₩18,000,000을 현금매출하다. 해당 상품의 취득원가는 ₩10,000,000이다.
(5) 18일 9월 9일자 신용매출에 대해 ₩800,000의 반품(원가 ₩400,000)을 허용하다.
(6) 20일 9월 1일자 외상매입에 대해 2% 매입할인을 받고 나머지를 현금지급하다.
(7) 27일 급여 ₩1,000,000을 지급했는데 이 중 ₩600,000은 전월 미지급분이다.
(8) 30일 이달분 임차료 ₩400,000, 사무실운영비 ₩400,000을 지급하다.

〈결산수정사항〉

(9) 매출 관련계정을 매출계정으로 대체하다.
(10) 이달 말 시점의 미경과 선급보험료분은 ₩800,000임을 확인하다.
(11) 이달 중에 발생한 사채에 대한 미지급이자비용은 ₩800,000이다.
(12) 이달 중의 건물에 대한 감가상각비는 ₩200,000이다(단, 감가상각비는 건물에서 직접 차감한다).

요구사항

1. 위의 9월중 거래와 결산수정사항을 분개하라.
2. 위의 분개를 T-계정을 이용하여 각 원장으로 전기하라.
3. 9월 30일 현재의 수정후시산표를 작성하라.
4. 9월중의 손익계산서를 작성하라.
5. 9월 30일 현재의 재무상태표를 작성하라.
6. 필요한 마감분개를 하라. 본론 2

해답

1. 분개

〈9월중의 거래〉 (단위 : 천원)

일자	계정과목	차변	대변
(1) 9월 1일 :	재고자산	16,000	
	매입채무		16,000
	재고자산	200	
	현금		200
(2) 9월 2일 :	비품	2,000	
	현금		1,000
	미지급금		1,000
(3) 9월 9일 :	매출채권	10,000	
	매출		10,000
	매출원가	6,000	
	재고자산		6,000
(4) 9월 15일 :	현금	18,000	
	매출		18,000
	매출원가	10,000	
	재고자산		10,000
(5) 9월 18일 :	매출에누리와 환입	800	
	매출채권		800
	재고자산	400	
	매출원가		400
(6) 9월 20일 :	매입채무	16,000	
	현금		15,680
	재고자산		320
(7) 9월 27일 :	미지급급여	600	
	급여	400	
	현금		1,000
(8) 9월 30일 :	임차료	400	
	사무실운영비	400	
	현금		800

〈결산수정사항〉

일자	계정과목	차변	대변
(9) 9월 30일 :	매출	800	
	매출에누리와 환입		800
(10) 9월 30일 :	보험료	200	
	선급보험료		200
(11) 9월 30일 :	이자비용	800	
	미지급이자		800

(12) 9월 30일 : 감가상각비 200
건 물 200

2. T-계정으로 전기

(단위 : 천원)

현 금			
	4,000	(1)	200
(4)	18,000	(2)	1,000
		(6)	15,680
		(7)	1,000
		(8)	800

매출채권			
	6,000	(5)	800
(3)	10,000		

선급보험료			
	1,000	(10)	200

재고자산			
	4,000	(3)	6,000
(1)	16,200	(4)	10,000
(5)	400	(6)	320

비 품			
(2)	2,000		

건 물			
	9,000	(12)	200

매출원가			
(3)	6,000	(5)	400
(4)	10,000		

매출에누리와 환입			
(5)	800	(9)	800

급 여			
(7)	400		

임 차 료			
(8)	400		

사무실운영비			
(8)	400		

보 험 료			
(10)	200		

이자비용			
(11)	800		

감가상각비			
(12)	200		

매입채무			
(6)	16,000		8,000
		(1)	16,000

미지급급여			
(7)	600		600

미지급금			
		(2)	1,000

미지급이자			
		(11)	800

매 출			
(9)	800	(3)	10,000
		(4)	18,000

3. 수정후시산표의 작성

수정후시산표

종로(주) 9월 30일 현재 (단위 : 천원)

	차 변	대 변
현 금	₩3,320	
매출채권	15,200	
선급보험료	800	
재고자산	4,280	
비 품	2,000	
토 지	20,000	
건 물	8,800	
매입채무		₩8,000
미지급금		1,000
미지급이자		800
사 채		16,000
자 본 금		10,000
이익잉여금		9,400
매 출		27,200
매출원가	15,600	
급 여	400	
임 차 료	400	
사무실운영비	400	
보 험 료	200	
이자비용	800	
감가상각비	200	
합 계	₩72,400	₩72,400

4. 손익계산서의 작성

손익계산서

종로(주) 9월 1일부터 9월 30일까지 (단위 : 천원)

매 출 액		₩27,200
매 출 원 가		15,600
매출총이익		₩11,600
판매비와관리비		
급 여	₩400	
임 차 료	400	
사무실운영비	400	
보 험 료	200	
이 자 비 용	800	
감가상각비	200	2,400
당기순이익		₩9,200

5. 재무상태표의 작성

재무상태표

종로(주) 9월 30일 현재 (단위 : 천원)

〈자 산〉		〈부 채〉	
유 동 자 산 :		유 동 부 채 :	
현 금	₩3,320	매 입 채 무	₩8,000
매 출 채 권	15,200	미 지 급 금	1,000
선급보험료	800	미지급이자	800
재 고 자 산	4,280	유동부채합계	₩9,800
유동자산합계	₩23,600	비유동부채 :	
비유동자산 :		사 채	₩16,000
비 품	₩2,000	부채총계	₩25,800
토 지	20,000		
건 물	8,800	〈자 본〉	
비유동자산합계	₩30,800	자 본 금	₩10,000
		이익잉여금	18,600*
		자본총계	₩28,600
자산총계	₩54,400	부채와 자본총계	₩54,400

* 기초이익잉여금	₩9,400
(+) 당기순이익	9,200
기말이익잉여금	₩18,600

6. 마감분개 본론 2 (단위 : 천원)

	차변	대변
(1) 매 출	27,200	
집 합 손 익		27,200

대변잔액을 갖는 손익계산서계정을 집합손익계정에 대체하고 마감하다.

	차변	대변
(2) 집 합 손 익	18,000	
매 출 원 가		15,600
급 여		400
임 차 료		400
사무실운영비		400
보 험 료		200
이 자 비 용		800
감가상각비		200

차변잔액을 갖는 손익계산서계정을 집합손익계정에 대체하고 마감하다.

	차변	대변
(3) 집 합 손 익	9,200	
이익잉여금		9,200

집합손익을 이익잉여금에 대체하고 계정을 마감하다.

익힘문제

01 상품판매회사의 손익계산서와 용역제공회사의 손익계산서 간의 가장 큰 차이점은 무엇인가?

02 매출총이익이란 무엇인가? 매출총이익이 경영자에게 왜 중요한가?

03 부영(주)의 영업 첫 연도 매출원가는 ₩480,000이었고, 매출총이익률은 40%이다. 당기매출액은 얼마인가?

04 상품매매회사는 매출에누리와 환입계정을 사용한다.
(1) 이 계정이 사용되는 이유를 설명하라.
(2) 이 계정의 정상잔액이 나타나는 곳(차변 또는 대변)은 어디인가?

05 다음의 등식이 완성되도록 빈칸에 알맞은 말을 써넣어라.
(1) 당기매출액 − 매출원가 = (　　)
(2) 기초상품재고액 + 당기상품매입액 − 매입에누리와 환출 − 매입할인 + 매입운임 = (　　)
(3) 매출원가 + 기말상품재고액 = (　　)
(4) 매출원가 + 매출총이익 = (　　)
(5) 순이익 + 총비용 = (　　)

06 매입 및 매출에서 발생하는 운임은 손익계산서에서 어떻게 표시되는지를 설명하라.

07 매출원가를 계산하는 시기와 관련하여 실지재고조사법과 계속기록법의 가장 큰 차이점은 어디에 있는가?

08 자영(주)는 재고자산의 기록방법으로 실지재고조사법을 택하고 있으며, 재무제표는 매년말 작성하고 있다. 회계기간말에 작성된 수정전시산표에 나타나는 재고자산은 기초상품재고액인가 혹은 기말상품재고액인가? 그 이유는 무엇인가? 부록 1

09 기초상품재고액을 매출원가계정에 차변기입하고 재고자산계정에 대변기입하는 수정분개의 목적은 무엇인가? 부록 1

연습문제

01 매출원가 (I)

다음 A, B, C는 서로 독립적인 사례로서 기초재고자산, 당기매입액, 기말재고자산, 매출원가의 관계를 알아보는 문제이다. 빈칸에 적정한 금액을 기입하라.

	A	B	C
기초재고자산	₩100,000	₩200,000	(₩)
매 입 액	830,000	( )	450,000
판매가능액	( )	900,000	850,000
기말재고자산	( )	50,000	200,000
매 출 원 가	150,000	( )	( )

02 매출액과 매출총이익

다음은 대성(주)의 20×1년말 손익과 관련된 항목들이다. 대성(주)의 순매출액, 매출총이익, 당기순이익, 매출총이익률을 계산하라.

현금매출액	₩100,000	신용매출액	₩400,000
매 출 환 입	50,000	매 출 원 가	300,000
판매비와관리비	50,000		

03 상품매매거래의 회계처리

소리(주)는 고급 이어폰을 판매하고 있다. 4월 1일의 이어폰 재고는 30개인데 원가는 개당 ₩10,000이다. 4월 한 달 동안 다음과 같은 거래가 발생하였다.

4월 4일 이어폰을 개당 ₩12,000에 40개를 현금으로 구입하였다. 구입시에 운임으로 ₩30,000을 지급했다.

5일 고객에게 이어폰 20개를 외상으로 팔았다. 원가는 개당 ₩10,000이고 판매가격은 개당 ₩15,000이다.

8일 5일에 판매한 이어폰 중에서 품질에 문제가 있는 이어폰 2개가 환입되었다.

15일 고객에게 이어폰 10개(원가 개당 ₩10,000)를 개당 ₩14,000에 현금으로 판매하였다. 판매시 운송비로 ₩5,000을 지급하였다.

20일 고객에게 이어폰 20개(원가 개당 ₩12,000)를 개당 ₩15,000에 외상으로 판매하였다.

30일 추가적으로 판매비와관리비로 ₩20,000을 지급하였다.

요구사항

1. 4월의 거래를 분개하라.
2. 4월의 매출총이익과 당기순이익은 얼마인가?

04 신용조건

상품매매회사인 병수(주)의 4월 1일 표시가격 ₩2,400,000의 매출에 대한 거래할인율, 신용조건 및 실제 대금회수일자는 다음과 같다.

	거래할인율(%)	신용조건	대금회수일자
(1)	30	2/10, n/30	4월 8일
(2)	40	1/10, n/30	4월 15일
(3)	–	2/10, n/30	4월 10일
(4)	40	n/30	4월 28일

요구사항

위의 각각의 경우에 대하여 1. 총매출액으로 기록될 금액과 2. 실제의 대금회수액을 결정하라.

05 매입할인(Ⅰ)

성주(주)의 매입과 관련된 자료이다. 신용조건은 2/10, n/30이고 운임 및 보험료의 지급조건인 FOB와 CIF 조건은 다음과 같다. 한편, 성주(주)는 대금을 지급하기 전에 구입한 물품에 이상이 있어서 일부를 반품시키거나 에누리를 받았다.

	매 입 액	운임지급조건	운 임	반품과 에누리
(1)	₩600,000	FOB조건	₩40,000	₩100,000
(2)	1,000,000	CIF조건	70,000(판매자부담)	200,000
(3)	800,000	FOB조건	–	50,000
(4)	2,000,000	FOB조건	50,000	–

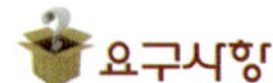
요구사항

위의 각각의 경우에 대하여 다음을 계산하라.

1. 할인기간 내에 상품의 구입대금을 지급하는 경우 현금할인액
2. 할인기간 내에 상품의 구입대금을 지급하는 경우 판매회사와 운송회사에 지급하는 총 현금지급액

06 상품매매거래의 분개 – 계속기록법

다음의 거래는 백두(주)와 한라백화점(주)의 3월중 거래이다.

3월 8일 : 백두(주)는 ₩3,200,000의 상품(원가 ₩2,500,000)을 2/10, n/30, FOB조건으로 한라백화점(주)에 판매하였다. 한라백화점(주)는 운임 ₩60,000을 현금으로 지급하였다.

12일 : 한라백화점(주)는 3월 8일 선적된 상품에 하자가 있다고 백두(주)에 통지하였다. 이에 대하여 백두(주)는 ₩400,000(원가 ₩312,500)의 반품을 승인하였다.

17일 : 백두(주)는 3월 8일의 매출에서 발생한 매출채권 전액을 현금으로 회수하였다.

요구사항

위의 거래를 백두(주)와 한라백화점(주) 각각의 입장에서 분개하라. 단, 백두(주)와 한라백화점(주)는 계속기록법을 사용하고 있다. 한편 한라백화점(주)는 매입을 송장가격으로 기록한다.

07 상품매매거래의 분개 – 실지재고조사법 보론 1

위 문제 06에서 백두(주)와 한라백화점(주)가 실지재고조사법을 사용한다고 가정하고 분개하라. 단, 두 회사 모두 판매 및 구매와 관련된 반품, 에누리, 할인, 운임에 대해 별도의 계정을 사용한다.

08 상품매매거래의 회계처리 오류 수정

회사의 재무부서에 새로 들어온 직원이 회계처리를 잘못하였다. 다음 오류를 보고 이 오류들을 수정할 회계처리(분개)를 하라.

(1) 회사는 소모품 ₩100,000을 외상으로 구입하였는데, 신입직원은 재고자산을 외상으로 구입한 것으로 잘못 알고 [(차) 재고자산 100,000 (대) 매입채무 100,000]으로 회계처리하였다.

(2) 회사는 재고자산을 취득할 때 운송비로 현금 ₩50,000을 지급했는데, 신입직원은 [(차) 운송비 50,000 (대) 현금 50,000]으로 기입하였다. 회사는 계속기록법을 사용하고 있다.

(3) 회사는 ₩300,000의 매출할인을 하였는데, 직원은 [(차) 매출 300,000 (대) 매출채권 300,000]으로 회계처리하였다. 동 매출은 이전에 회사가 신용매출을 한 것이다.

(4) 회사는 원가 ₩100,000의 재고자산을 판매가격 ₩150,000으로 외상매출하였는데, 신입직원은 [(차) 매출채권 150,000 (대) 매출 150,000]으로 회계처리하였다.

09 매출원가 (II)

다음 자료는 서로 독립적인 사례로서 매출원가의 산정에 필요한 항목이다. 빈칸에 적정한 금액을 기입하라.

	A	B	C	D
기초재고자산	₩3,750	₩1,800	₩15,000	(j)
재고자산 총매입액	22,500	16,200	(g)	₩682,050
매입에누리와 환출	900	(d)	4,350	(k)
재고자산 순매입액	(a)	15,600	120,750	667,950
매 입 운 임	1,950	(e)	9,600	33,600
재고자산 취득원가	(b)	18,450	(h)	(l)
판매가능액	27,300	20,250	(i)	742,950
기말재고자산	4,650	(f)	21,750	93,450
매 출 원 가	(c)	18,250	123,600	649,500

10 손익계산서 작성

다음은 윤아(주)의 20×1년도 회계정보이다. 이 자료를 참고하여 손익계산서를 작성하라(손익계산서의 매출액은 순매출액임을 기억할 것).

총 매 출	₩7,000,000	매 출 환 입	₩200,000
매 출 원 가	4,000,000	매 출 할 인	500,000
매출에누리	100,000	운송비(매출시)	600,000
판매관리비	50,000	보 험 료	30,000

11 손익계산서 항목들

수정전시산표에서 손익계산서와 관련된 부분

블루베리(주) 1월 1일부터 12월 31일까지 (단위 : 원)

	차 변	대 변
매 출		₩90,000
매출에누리와 환입	₩5,000	
매 출 할 인	1,000	
매 입	48,000	
매입에누리와 환출		2,000
매 입 할 인		500
매 입 운 임	400	
매 출 운 임	800	
기타 판매비와관리비	6,000	
이 자 비 용	3,000	
법인세비용	4,200	

블루베리(주)의 20×1년 12월 31일 현재 손익계산서와 관련된 수정전시산표 항목들은 위와 같다. 20×1년 1월 1일의 재고자산은 ₩30,000이고 실사를 통한 12월 31일의 재고자산은 ₩20,000이다.

요구사항

20×1년의 순매출액, 순매입액, 당기매입 재고자산 취득원가, 매출원가, 매출총이익, 영업이익, 당기순이익을 계산하라.

12 수정분개와 마감분개 보론

수정전시산표에서 손익계산서와 관련된 부분

핑그르스키(주) 1월 1일부터 12월 31일까지 (단위 : 원)

	차 변	대 변
재 고 자 산(1월 1일)	₩90,000	
매 출		₩409,000
매 입	271,000	
판 매 비	48,000	
관 리 비	36,000	
법인세비용	7,000	

핑그르스키(주)의 회계담당자 유리 양은 올해 12월 31일로 끝나는 회계연도의 수정전시산표를 작성하였다. 위의 금액은 수정전시산표 중에서 손익계산서와 관련된 부분이다. 올해 회사가 지급한 배당금은 ₩22,000이며, 12월 31일 실사를 통한 재고자산은 ₩81,000으로 확인되었다. 핑그르스키(주)는 재고자산을 실지재고조사법으로 기록하고 있다.

요구사항

1. 위의 자료를 이용하여 12월 31일에 필요한 수정분개와 마감분개를 하라. 단, 매출원가계정을 사용하여 수정분개한다. 보론 1 보론 2
2. 수정후시산표를 작성한 후, 그로부터 다단계식 손익계산서를 작성하라. 단, 매출원가의 계산내역을 손익계산서에 표시한다.

13 매출총이익률

가평(주)는 등산용품을 판매하는 소매기업이다. 다음은 가평(주)의 20×1년부터 20×4년까지 상품의 판매와 구매에 관한 자료이다. 이를 토대로 요구사항에 답하라.

	20×1년	20×2년	20×3년	20×4년
매 출 액		₩3,504,000	₩3,540,000	₩3,408,000
기말상품재고액	₩221,040	171,600	184,800	152,160
당기매입액		2,088,000	2,137,200	1,944,000

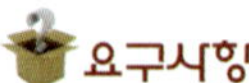

요구사항

1. 20×2년부터 20×4년까지 가평(주)의 매출원가를 계산하라.
2. 20×2년부터 20×4년까지 가평(주)의 매출총이익률을 계산하라.
3. 가평(주)의 CEO는 최근 매출액이 감소하는 추세를 걱정하고 있다. 하지만 CFO는 매출액 감소에도 불구하고 수익성은 향상되고 있으니 큰 걱정할 필요가 없다고 한다. 이러한 주장의 근거를 설명해 보라.

14 매입할인 (Ⅱ)

백두(주)는 7월중에 2/10, n/30의 신용조건으로 총 ₩4,400,000의 상품을 외상으로 매입하였다. 백두(주)는 현금할인의 혜택이 주어질 경우 모두 할인기간 내에 대금을 지급하는 것을 기본방침으로 하고 있다. 그러나 7월중에는 종업원이 휴가중이었기에 상품구입대금을 할인기간 내에 지급하지 못하였다.

요구사항

1. 7월중 매입에 대한 현금할인을 받지 못하여 이 기업이 추가적으로 부담해야 할 비용은 얼마인가?
2. 7월중 대금지급시기의 비효율성을 백두(주)의 경영자에게 주의를 환기시키기 위해 귀하가 제안할 수 있는 매입거래의 기록방법은 무엇인가?

고급연습문제

15 외상거래와 매출원가

다음은 영업개시 첫 달인 8월중 제비(주)의 상품매입 관련 거래이다. 이 기업의 회계방침은 모든 매입거래는 송장가격으로 기록하고, 할인기간 내에 외상매입대금을 지급하는 것이다. 회사는 계속기록법을 사용하여 재고자산 회계처리를 한다. 8월 1일의 상품재고액은 ₩10,000이라고 가정한다.

8월 1일 : 놀부(주)로부터 상품을 매입하다. 송장가격은 ₩30,000이고, 신용조건은 2/10, n/30이며 운임은 무료이다.

8일 : 흥부(주)로부터 ₩36,000의 상품을 2/10, n/30의 신용조건으로 구입하고 운임 ₩400을 현금으로 지급하다.

8일 : 놀부(주)로부터 매입한 송장가격 ₩3,000의 상품에 결함이 발견되어 이 상품을 반품하다.

10일 : 강남(주)에 상품을 외상판매하다. 매출금액은 ₩25,000이고 판매한 상품의 원가는 ₩20,000이다. 외상판매의 신용조건은 2/10, n/30이다.

18일 : 8월 8일 흥부(주)로부터 매입한 상품대금에서 현금할인액을 차감하고 전액 현금으로 지급하다.

25일 : 흥부(주)로부터 ₩22,800의 상품을 2/10, n/30의 신용조건으로 구입하다. 운임은 무료이다.

26일 : 강남(주)에 상품을 ₩20,000, 신용조건 2/10, n/30으로 외상판매하다. 판매한 상품의 원가는 ₩15,000이며, 운임 ₩300은 현금으로 지급하다.

30일 : 놀부(주)에서 8월 1일에 매입한 상품의 대금을 8월 8일의 반품을 차감한 후 전액 현금으로 지급하다.

31일 : 강남(주)로부터 10일과 26일 외상판매대금을 모두 회수하다.

요구사항

1. 위의 거래를 분개하라.
2. 8월말의 기말재고자산은 얼마인가?
3. 8월말 현재의 매입채무 잔액은 얼마인가?
4. 8월의 손익계산서에 계상될 매출원가를 계산하라.
5. 매출총이익은 얼마인가?

16 수정전시산표와 보고기간말 수정사항

다음은 신라(주)의 수정전시산표와 보고기간말 수정사항들이다.

수정전시산표

신라(주) 12월 31일 (단위 : 원)

계정과목	차 변	대 변
현 금	₩600,000	
매 출 채 권	1,800,000	
재 고 자 산	2,500,000	
선급임차료	600,000	
유 형 자 산	2,300,000	
매 입 채 무		₩3,200,000
자 본 금		2,000,000
이익잉여금		1,900,000
매 출		7,400,000
매 출 할 인	200,000	
매 출 원 가	4,300,000	
임 차 료	500,000	
급 여	1,700,000	
합 계	₩14,500,000	₩14,500,000

〈보고기간말 수정사항〉

(1) 매출할인계정을 매출계정으로 대체하다.

(2) 미지급급여 ₩50,000을 기록하지 않았다.

(3) 감가상각비 ₩250,000의 기록을 빠뜨렸다.

(4) 선급임차료 미경과분은 ₩400,000이다.

요구사항

1. 1월 1일부터 12월 31일까지의 손익계산서를 작성하라.
2. 12월 31일 현재의 재무상태표를 작성하라. 단, 유동·비유동을 구분표시하지 않는다.

17 손익계산서의 작성

다음은 올해 3월 31일로 종료되는 아니콜(주)의 3개월간의 1분기 손익계산서와 관련된 자료들이다.

매　　출	₩250,000	재 고 자 산(1월 1일)	₩97,000
매출에누리와 환입	5,000	재 고 자 산(3월 31일)	102,700
매 출 할 인	3,700	판매비와관리비	72,400
매 출 원 가	150,300	법인세비용	3,400

요구사항

1. 3개월 동안의 매출액을 계산하라.
2. 올해 1월 1일부터 3월 31일까지의 다단계식 손익계산서를 작성하라. 그러나 매출액과 매출원가는 각각 최종 계산된 금액으로만 표시하라. 또한 법인세비용은 법인세비용차감전이익이 산출된 후 별도로 표시되어야 한다.
3. 3월말에 필요한 수정분개 및 마감분개를 하라. 이 기업은 3개월 동안 배당을 하지 않았다. 보론 2

18 수정후시산표의 작성

태산도매(주)의 12월 31일 현재의 수정전시산표는 다음과 같다.

시 산 표

대신도매(주)　　12월 31일 현재　　(단위 : 원)

	차 변	대 변
현　　금	₩7,200	
매 출 채 권	40,500	
선급보험료	3,600	
소 모 품	3,200	
재 고 자 산	72,000	
특 허 권	40,000	
매 입 채 무		₩34,800
미 지 급 금		9,500
자 본 금		84,000
배 당 금	13,000	
매　　출		406,000
매출에누리와 환입	5,800	
매 출 할 인	7,300	
매 출 원 가	256,700	
급　　여	54,000	
임 차 료	20,000	
차량유지비	9,200	
수도광열비	1,800	
	₩534,300	₩534,300

다음은 12월 31일 현재로 이용가능한 결산정리 자료이다.

(1) 기간이 경과되지 않은 선급보험료는 ₩1,200이다.
(2) 소모품 잔액은 ₩2,100이다.
(3) 당기의 특허권상각비는 ₩8,000이다.
(4) 급여 ₩600이 미지급되었는데 위 급여에 반영되지 않았다.
(5) 수도광열비청구서 ₩140을 아직 장부에 기입하지 않다.

요구사항

위의 수정분개를 반영한 후의 수정후시산표를 작성하라.

19 종합문제 (I) : 상품매매회사의 회계순환

종로(주)의 9월 1일 현재의 재무상태표와 9월중의 거래 및 결산수정사항을 참고하여 물음에 답하라.

[재무상태표]

재무상태표

종로(주) 9월 1일 현재 (단위 : 원)

현 금	₩2,000,000	매 입 채 무	₩4,000,000
매 출 채 권	3,000,000	미지급급여	300,000
선급보험료	500,000	사 채	8,000,000
재 고 자 산	2,000,000	자 본 금	5,000,000
토 지	10,000,000	이익잉여금	4,700,000
건 물	4,500,000		
	₩22,000,000		₩22,000,000

[9월중의 거래 및 보고기간말 수정사항]

9월 1일 : 상품 ₩8,000,000을 외상으로 매입하다.
2일 : 비품 ₩1,000,000을 매입하면서 ₩500,000은 현금으로 지급하고 나머지는 외상으로 하다.
4일 : 토지 중 ₩2,000,000을 현금 ₩2,500,000에 처분하다.
9일 : 거래처에 원가 ₩3,000,000인 상품을 ₩5,000,000에 외상매출하다.
15일 : 거래처에 원가 ₩4,700,000인 상품을 ₩9,000,000에 현금매출하다.
18일 : 9월 9일자 신용매출에서 ₩400,000의 반품(원가 ₩200,000)이 있어서 이를 허용하다.
20일 : 9월 1일자 외상매입대금에 대해 매입에누리 ₩100,000을 받기로 하고, 잔액을 현금지급하다.
25일 : 사채 ₩1,000,000을 상환하다.
27일 : 급여 ₩500,000을 현금으로 지급했는데 이 중에서 ₩300,000은 전월 미지급분이다.
28일 : 이달분 임차료 ₩200,000, 사무실운영비 ₩200,000을 지급하다.
30일 : 이달말의 미경과보험료가 ₩400,000임을 확인하다.
30일 : 이달중에 발생한 사채에 대한 미지급이자비용은 ₩400,000이다.
30일 : 이달중의 건물과 비품에 대한 감가상각비는 각각 ₩225,000과 ₩100,000이다.
(단, 감가상각비는 건물과 비품에서 직접 차감한다)

30일 : 이달말의 미지급급여는 ₩400,000이다.
30일 : 매출 관련계정을 매출계정에 대체하다.

요구사항

1. 종로(주)가 계속기록법을 사용한다고 가정할 때 위의 거래를 분개하라.
2. 종로(주)가 실지재고조사법을 사용한다고 가정할 때 위의 거래를 분개하라. 단, 판매 및 구매와 관련된 반품, 에누리, 할인, 운임에 대해 별도의 계정을 사용하며, 매입 및 매출원가 관련 수정분개를 포함시켜라. 실사로 파악된 기말재고자산은 ₩2,400,000이다. 보론 1
3. 9월의 다단계식 손익계산서를 작성하라(제6장 양식 참조).
4. 9월 30일의 계정식 재무상태표를 작성하라.
5. 필요한 마감분개를 하라. 보론 2

20 종합문제(Ⅱ) : 상품매매회사의 회계순환

신나(주)의 8월 31일 현재 각 원장계정의 잔액은 다음과 같다.

현 금	₩1,000,000	장기차입금	₩300,000
재 고 자 산	800,000	자 본 금	1,250,000
선급보험료	100,000	이익잉여금	350,000

한편 9월중 신나(주)에서 다음의 거래가 발생하였다. 단, 신나(주)는 재고자산을 계속기록법에 의해 기록하고 있다.

9월 1일 : 화나상사에 원가 ₩400,000인 상품을 ₩620,000에 매출하고 대금을 현금으로 받다.
2일 : 사무용비품 ₩300,000을 매입하고 대금 중 ₩50,000은 현금으로 지출하고 잔액은 외상으로 하다.
7일 : 명수상사에서 상품을 ₩600,000에 외상으로 매입하고, 운임 ₩30,000을 현금으로 지급하다.
8일 : 불나상사에 원가 ₩600,000인 상품을 ₩900,000에 매출하고 대금 중 ₩400,000은 현금으로 받고 잔액은 외상으로 하다.
10일 : 금잔디(주)에 현금 ₩400,000을 대여하고 월말에 받기로 하다.
15일 : 불나상사로부터의 매출채권 ₩400,000에 대해 기간내 결제로 인한 2%의 매출할인을 허용하다. 나머지 금액 ₩392,000을 현금으로 받아 명수상사 매입채무의 일부를 상환하다.
20일 : 당월분 전기료 ₩16,000을 현금으로 지급하다.
25일 : 당월분 급여 ₩400,000을 현금으로 지급하다.
28일 : 당월분 임차료 ₩30,000을 현금으로 지급하다.
29일 : 금잔디(주)로부터 원금과 이자 ₩10,000을 현금으로 받다.
30일 : 화재가 발생하여 비품 일부가 소실되다. 손실액은 ₩100,000으로 추정된다.

요구사항

1. 위의 거래를 분개하라.
2. 분개한 거래를 원장으로 전기하라.
3. 9월 30일 현재의 수정전시산표를 작성하라.
4. 9월말에 다음과 같은 사실이 확인되었다.
   (1) 선급보험료 중 당월분 ₩20,000을 비용으로 기록하다.
   (2) 당월의 이자비용은 ₩40,000이나 이는 다음 달 5일에 지급할 예정이다.
   (3) 매출 및 매입 관련 계정에 대해 대체분개를 실시하다.
   위의 결산사항에 대하여 필요한 수정분개를 하고, 이를 원장으로 전기하라.
5. 9월 30일 현재의 수정후시산표를 작성하라.
6. 회계기준에서 허용하는 양식을 참고하여(제6장 본문),
   (1) 9월의 다단계식 손익계산서를 작성하라.
   (2) 9월 30일 현재의 재무상태표를 작성하라.
7. 필요한 마감분개를 하라. 보론 2

21 상품매매와 윤리적 판단

대학생인 김바람 씨는 댄스를 매우 좋아하여 한 달에 한 번 정도 친구와 나이트클럽에 간다. 김바람 씨는 나이트클럽에 갈 때 이름 있는 명품으로 옷치장을 하곤 하는데, 아르바이트로는 옷을 사기가 불가능하여 이를 해결하는 방법을 모색하였다. 김바람 씨가 생각한 것은 백화점에 오후 늦게 가서 비싼 옷을 신용카드를 이용하여 구입한 다음 친구들과 나이트클럽에서 춤을 즐기고 그 다음날 오전에 구입한 옷이 몸에 맞지 않다고 백화점에 가서 반품을 하는 것이다. 명품을 파는 옷가게는 고객이 구입한 제품이 마음에 들지 않거나 크기가 맞지 않다고 불평하는 경우 대부분 조건없이 반품을 허용하고 있다. 김바람 씨는 두 번이나 이 방법을 사용했는데 앞으로 계속 활용할 작정이다.

요구사항

1. 김바람 씨의 반품처리 취미에 대한 소견을 밝혀라.
2. 옷가게에서는 옷의 매출거래와 반품을 어떻게 회계처리해야 하는가?

22 회계정보의 활용 – 매출총이익률

다음은 두 홈쇼핑회사의 20×1년 부분손익계산서이다.

(단위 : 억원)

	A쇼핑	B쇼핑
매 출 액	₩10,863	₩10,177
매 출 원 가	1,156	2,751
매출총이익	9,707	7,426
판매비와관리비	8,294	6,303
영 업 이 익	1,413	1,123

이 자료를 이용하여 두 회사의 매출총이익률을 계산하라.

01 상품매매회사의 손익계산서

공주네(주)의 올해 요약손익계산서는 다음과 같다.

손익계산서

공주네(주)	1월 1일부터 12월 31일까지	(단위 : 원)
매 출 액		₩375,000
매 출 원 가		250,000
매출총이익		₩125,000
영 업 비 용		88,500
당기순이익		₩36,500

공주네(주)는 고객에게 표시가격의 25%만큼의 거래할인을 해주고 있다. 표시가격은 구입원가에 100%의 이윤을 가산(mark-up)한 금액이다. 공주네(주)의 사장은 매출액순이익률(=당기순이익/매출액)을 개선하기 위한 판매부장 한미모 양의 제안을 평가해 달라고 당신에게 부탁하였다. 판매부장의 제안은 다음과 같다. "나는 고객에 대해 거래할인을 25%가 아닌 30%만큼 해주어야 한다고 생각한다. 이렇게 거래할인을 높임으로써 매출수량은 내년에는 올해보다 30% 더 증가할 것이다. 이러한 매출수량의 증가를 달성하는 데 영업비는 단지 10%만이 증가할 것으로 예측된다."

요구사항

1. 공주네(주)의 매출액순이익률을 계산하라.
2. 만약 판매부장의 제안이 수락되고, 그의 예상이 맞는다면 공주네(주)의 매출액순이익률은 얼마가 될 것인지 계산하라. 판매부장 제안의 결과를 미리 보여줄 수 있는 손익계산서를 작성하여 이 계산을 뒷받침하라.
3. 판매부장의 제안에 대한 당신의 권고사항은 무엇인가?

02 판매단가, 판매수량 그리고 영업비용

3년전 한호 씨와 두호 씨 형제는 한두백화점(주)를 개점하였다. 영업개시후 첫 2년 동안은 사업이 꽤 양호했으나, 올해 영업결과는 상당히 실망스러웠다.

손익계산서

한두백화점(주)	1월 1일부터 12월 31일까지	(단위 : 원)
순 매 출 액		₩70,000,000
매 출 원 가		54,600,000
매출총이익		₩15,400,000
영 업 비 용 :		
판 매 비	₩10,000,000	
관 리 비	2,500,000	12,500,000
당기순이익		₩2,900,000

한호 씨는 문제가 상대적으로 낮은 매출총이익 때문이라고 믿고 있는 한편, 두호 씨는 높은 영업비용에 문제가 있다고 믿고 있다.

한호 씨는 매출총이익은 다음과 같은 전략수정을 통해서 증대될 수 있다고 생각하고 있다. ① 평균 판매가격을 17% 인상시킨다. 이로 인하여 판매수량이 감소할 것을 감안한다면 총 판매액은 단지 6%만 증가할 것이다. ② 구매는 대량구매를 하고, 가능하면 매입할인을 모두 받을 수 있도록 한다. 이러한 방침변경은 매출총이익을 3%만큼 증대시킬 것이다. 그러나 이러한 변화가 있더라도 영업비용에는 어떤 영향도 미치지 않을 것이라고 한호 씨는 생각하고 있다.

두호 씨는 다음과 같이 영업비용을 절감할 수 있다고 본다. ① ₩600,000에 달하는 판매원의 급여 중 1/2을 감축하고 대신 판매수당으로 매출액의 2%를 지급한다. ② 소매상으로의 상품배달을 1주일에 2번에서 1번으로 감소시킨다. 이는 올해 배달비용 ₩3,000,000 중의 45%를 감소시킬 것이다. 두호 씨는 이러한 변화가 매출에는 영향을 미치지 않을 것이라고 생각하고 있다.

한호 씨와 두호 씨가 당신에게 자문을 구하고자 한다.

요구사항

1. ① 한호 씨의 제안이 채택되었을 경우와 ② 두호 씨의 제안이 채택되었을 경우 예상되는 다음 해의 추정손익계산서를 작성하라.
2. 한호 씨와 두호 씨의 조언을 어떻게 평가하는가?
3. 한호 씨와 두호 씨의 제안 모두가 함께 채택되었을 경우 예상되는 다음 해의 추정손익계산서를 작성하라.

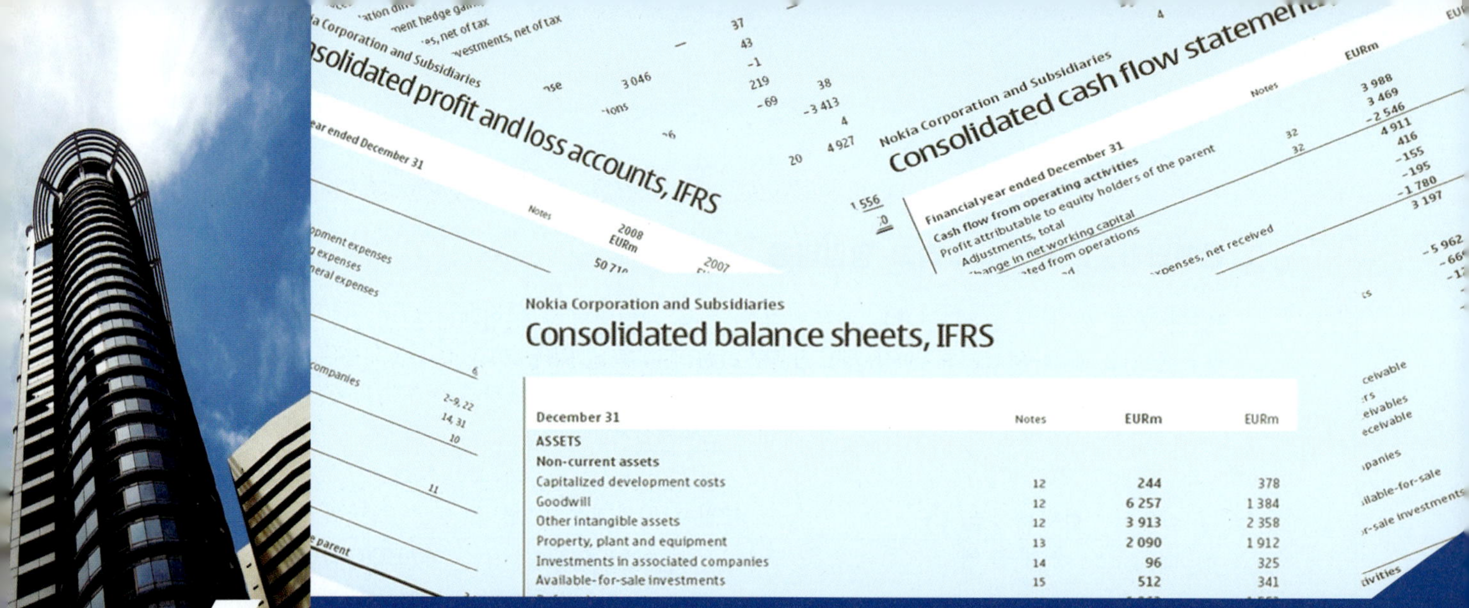

chapter 6

재무보고와 수익인식

제1장부터 제5장까지는 회계처리과정의 기능적 절차에 초점을 맞추어 설명하였다. 본장에서는 재무제표의 양대 기둥이라 할 수 있는 재무상태표와 포괄손익계산서의 작성 및 표시에 관한 일반원칙을 상세히 살펴보고, 현행 재무제표가 안고 있는 유용성과 한계점을 알아본다.

회계의 기본목적은 정보이용자의 의사결정에 유용한 정보를 제공하는 데 있다. 재무보고란 이와 같은 목적을 달성하기 위하여 재무정보의 전달과정에서 이용되는 일체의 수단 및 방법을 포괄적으로 일컫는 용어이다. 재무제표는 재무보고의 가장 핵심적인 수단으로서 재무상태표, 포괄손익계산서, 자본변동표, 현금흐름표 및 주석이 있다. 본장에서는 재무제표 중에서 재무상태표와 포괄손익계산서 그리고 주석에 대하여 주로 설명한다. 자본변동표는 제13장에서, 현금흐름표는 제14장에서 상세히 설명하고 있다.

재무상태표는 일정시점에 있어서 기업의 재무상태를 나타내는 정태적 재무제표로서, 기업이 통제하고 있는 경제적 자원, 채무 및 소유주지분에 관한 정보를 제공한다. 손익계산서는 일정기간 동안의 기업의 성과

OBJECTIVES

- 재무제표 작성의 일반원칙으로는 무엇이 있는가?
- 재무제표는 어떤 유용성과 한계점이 있는가?
- 재무상태표는 무슨 정보를 어떻게 제공하는가?
- 손익계산서는 무슨 정보를 어떻게 제공하는가?
- 손익계산서와 포괄손익계산서의 차이는 무엇인가?
- 수익은 언제, 어떻게 인식하는가?
- 기업의 공시제도로는 어떤 것이 있는가?

를 표시하는 동태적 재무제표로서, 기업의 재무성과 및 이익창출능력에 관한 정보와 경영자의 수탁책임 및 재무성과에 관한 정보를 제공한다. 손익계산서를 확장한 포괄손익계산서는 기존의 당기순손익 외에 기타포괄손익을 추가로 보고함으로써 소유주와의 거래 이외의 모든 순자산의 증감을 빠짐없이 표시하고 있다.

본장에서는 수익의 인식방법도 아울러 설명하고 있다. 수익의 인식이란 수익을 어느 회계기간의 실적으로 기록하느냐를 결정하는 것으로 손익계산서상의 기간이익 결정에 가장 중요한 내용이 된다.

오늘날에는 다양한 회계정보의 공시요구가 증가하고 있다. 연차재무제표의 공시 이외에도 기업은 다른 여러 가지 수단을 사용하여 다양한 재무정보를 제공하고 있다. 예를 들면 주석을 통하여 추가적으로 상세한 정보를 제공하고, 중간재무제표를 이용하여 적시성 있는 정보를 제공하기도 한다. 또한 공적으로 제공된 정보의 신뢰성을 높이기 위해 관련 법률에서는 일정규모 이상의 회사에 대하여 독립된 감사인에 의한 외부감사를 의무화하고 있다.

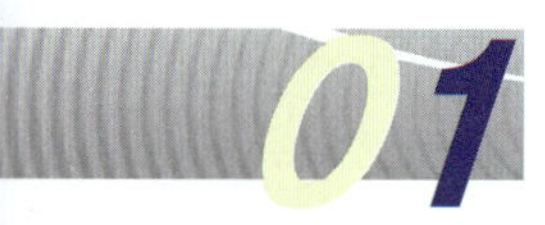

01 재무제표의 작성과 표시

OBJECTIVES

- 재무제표 작성의 일반원칙으로는 무엇이 있는가?
- 재무제표는 어떤 유용성과 한계점이 있는가?

1. 재무보고와 재무제표

회계의 목적은 기업의 이해관계자들이 경제적 의사결정을 내리는 데 유용하게 사용할 수 있는 정보를 제공하는 것이다. 그런데 기업의 이해관계자들은 매우 다양하므로 그들이 원하는 정보의 유형이나 정보를 이용하는 목적도 매우 다양하다. 예를 들면 은행이 자금을 대출할 때에는 대출자금의 회수가능성 평가를 위해 기업의 채무지급능력에 대한 정보를 필요로 한다. 일반 투자자가 주식을 사려 할 때에는 기업의 미래성장가능성을 평가하기 위해 기업의 수익성에 관한 정보를 원한다. 이렇게 기업의 이해관계자들이 요구하는 정보가 서로 다르기 때문에 기업이 개별 회계정보이용자들을 대상으로 그들이 원하는 특정 정보를 선별하여 제공하기란 현실적으로 불가능하다.

따라서 기업은 모든 이해관계자를 대상으로 공통적으로 사용할 수 있는 기본적이면서도 핵심적인 재무정보를 일반적으로 인정된 회계원칙에 따라 일정한 보고형식의 틀을 갖추어 정기적으로 제공한다. 이때 작성되는 재무보고서를 일반

그림 6-1

재무보고

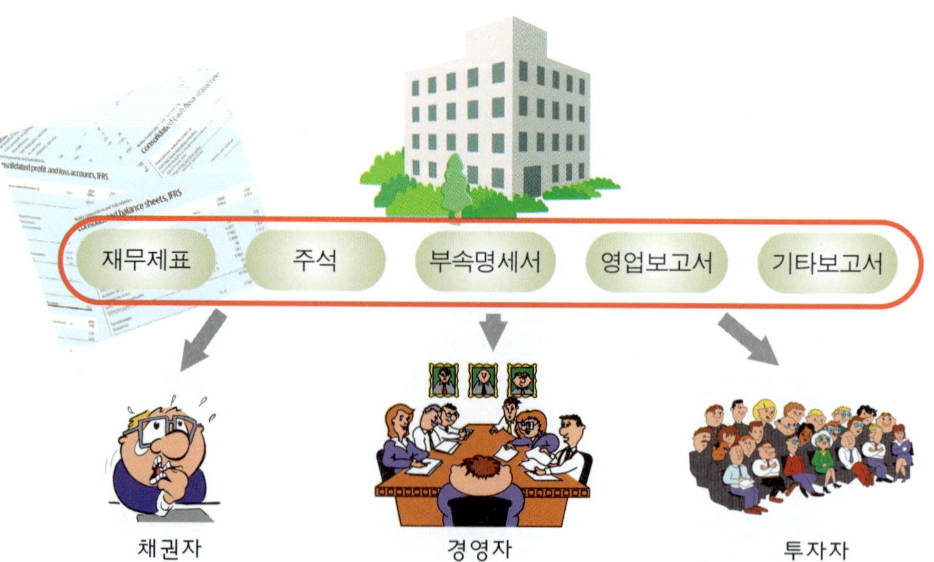

재무제표를 통하여 일반정보이용자가 접하기 쉽고 많은 사람들이 공통적으로 필요로 하는 핵심적인 정보들을 정형화시켜 제공함으로써 주기적으로 의사결정자들의 다양한 정보욕구를 상당부분 충족시킬 수 있다.

목적의 재무제표(general-purpose financial statements)라고 부른다. 국제회계기준에서는 기본 재무제표로서 재무상태표, 포괄손익계산서, 자본변동표 그리고 현금흐름표의 네 가지와 여기에 주석을 추가로 포함시킨다. 재무제표를 통하여 일반정보이용자가 접하기 쉽고 많은 사람들이 공통적으로 필요로 하는 핵심적인 정보들을 정형화시켜 제공함으로써 주기적으로 의사결정자들의 다양한 정보욕구를 상당부분 충족시킬 수 있다.

그런데 최근의 회계는 전통적인 재무제표의 작성에만 국한되지 않고, 정보이용자의 의사결정에 도움이 될 수 있는 다양한 재무정보를 포괄적으로 전달하는 것을 그 기본목표로 하고 있다. 따라서 종래의 재무제표보다 더 광범위한 용어로서 재무보고(financial reporting)가 사용되고 있다. 물론 재무제표는 재무보고의 가장 중추적이며 핵심적인 전달수단이다. 그러나 재무보고는 영업보고서, 재무분석보고서, 사회적 책임보고서, ESG 보고서[1) 등과 같이 계량화하기 어려운 질적인 정보까지를 서술적 형태로 필요할 때마다 수시로 전달하는 광범위한 보고수단과 영역을 모두 포함하는 포괄적 개념이다.

2. 재무제표 작성과 표시의 일반원칙

재무제표 작성 일반원칙
- 공정한 표시
- 계속기업
- 발생기준 회계
- 중요성과 통합표시
- 상계
- 보고빈도
- 비교정보
- 표시의 계속성

회계기준에서는 재무제표를 작성하고 표시할 때 따라야 하는 일반원칙으로서 다음과 같은 사항을 규정하고 있다.

공정한 표시

재무제표는 기업의 재무상태, 재무성과 및 현금흐름을 공정하게 표시(fairly present)해야 한다. 회계기준에 따라 재무제표가 작성되면 공정하게 표시된 재무제표로 본다.

1) ESG(environmental, social and governance) 보고서란 기업의 경영활동뿐만 아니라 환경, 사회, 지배구조에 관한 내용을 포함한 보고서이다. 기업이 환경문제에 어떤 공헌을 했는지, 빈곤이나 노동인권개선 등 사회문제를 해결하거나, 투명하고 건전한 지배구조를 가졌는지를 평가할 수 있도록 해준다. 최근 사회의 여러 분야에서 기업들로 하여금 ESG 보고서와 지속가능보고서를 공시하도록 권고하고 있다.

계속기업

경영자는 재무제표를 작성할 때 계속기업(going concern)으로서의 존속가능성을 평가해야 한다. 경영진이 기업을 청산하거나 경영활동을 중단할 의도를 가지고 있거나, 청산 또는 경영활동의 중단 외에 다른 현실적 대안이 없는 경우가 아니면 계속기업을 전제로 재무제표를 작성한다.

발생기준 회계

기업은 현금흐름정보를 제외하고는 발생기준(accrual basis) 회계를 사용하여 재무제표를 작성한다.

중요성과 통합표시

유사한 항목은 중요성(materiality) 분류에 따라 구분하여 표시한다. 상이한 성격이나 기능을 가진 항목은 구분하여 표시한다. 다만 중요하지 않은 항목은 성격이나 기능이 유사한 항목과 통합하여 표시할 수 있다.

상 계

회계기준에서 요구하거나 허용하지 않는 한 자산과 부채 그리고 수익과 비용은 상계(offset)하지 않는다.

보고빈도

전체 재무제표는 적어도 1년마다 작성한다. 재무제표 보고기간이 1년을 초과하거나 미달하면 그 이유와 금액의 비교가능성이 결여되어 있다는 사실을 공시한다.

비교정보

회계기준에서 달리 허용하거나 요구하는 경우를 제외하고는 당기 재무제표에 보고되는 모든 금액에 대해 전기 비교정보를 공시한다. 당기 재무제표를 이용하는데 목적적합하다면 서술형 정보의 경우에도 비교정보를 포함한다.

표시의 계속성

회계기준에서 표시방법의 변경을 요구하거나 다른 표시나 분류 방법이 더 적절한 것이 명백한 경우를 제외하고는 재무제표 항목의 표시와 분류는 매기 동일해야 한다.

3. 현행 재무제표의 유용성과 한계점

현대생활에서 재무정보에 대해 다양한 수요가 존재하고 있다는 사실은 재무제표의 정보가 경제적 의사결정에 유용하다는 증거이기도 하다. 하지만, 동시에 재무제표가 안고 있는 구조적인 한계점도 존재하는 것이 사실이다.

재무제표의 유용성

정보이용자에게 재무정보를 전달하는 가장 핵심적인 수단으로 이용되고 있는 현행의 재무제표는 다음의 측면에서 그 유용성이 인정된다.

첫째, 기업의 재무상태와 성과에 관한 다수의 중요한 핵심 재무정보들이 재무제표의 형식을 통해 정보이용자에게 제공됨으로써 그들의 합리적인 의사결정을 지원하고 있다. 아무런 정보가 없이 의사결정을 하는 것보다는 재무정보를 이용하여 의사결정을 하는 것이 개인적으로나 혹은 사회 전체적으로 볼 때 자원배분의 효율성을 증가시킨다. 다시 말해 기업에 의해 제공되는 재무정보는 정보이용자 개인은 물론 많은 경우 사회 전체적인 부(wealth)를 증가시키는 합리적 의사결정을 가능케 하기 때문에 그 사회적 부가가치 기능이 인정되는 것이다.

둘째, 재무제표에 의해 제공되는 재무정보는 기업을 둘러싸고 있는 다수 이해관계자의 이해조정을 위한 기초자료로서 활용된다. 재무제표의 작성을 위해 채택되고 있는 일반적으로 인정된 회계원칙은 공정성(fairness)을 기본지침으로 만들어졌으며, 외부감사제도도 이러한 공정성 여부를 확인하기 위해 마련된 제도적 감시장치이다. 따라서 어느 이해관계자집단에게도 치우치지 않는 공정한 재무정보는 이들간의 상호 이해관계를 조정하는 기능을 수행한다.

재무제표의 한계점

재무제표는 위에서 설명된 것처럼 유용한 정보를 제공하고 있지만 다음과 같은 한계점을 지니고 있다.

첫째, 현행 재무제표에서는 다수의 중요한 재무정보들이 생략되고 있는데 이는 의사결정에는 유용하지만 계량화하기 어려운 정보가 많이 있기 때문이다. 이러한 정보의 예로 기업의 인적자원에 관한 정보, 기업의 사회적 책임 이행에 관한 정보 및 미래의 불확실성에 관한 정보 등이 있다. 현행의 회계실무 등에서는 객관적인 자료에 의해 합리적 추정이 가능하다면 이를 계량화시켜 보고하고, 필요에 따라 주석이나 보충적 자료를 통해 공시하는 방향으로 유도되고 있다.

둘째, 원가배분, 회계추정 등과 같은 인위적 계산방법에 따른 자산평가나 이익측정 때문에 현행 재무제표에 의해 제공되는 많은 정보들이 실제의 재무상태와 성과를 제대로 반영하지 못하고 있다. 예를 들면 손익계산서에 의해 보고되는 당기순이익이 경제적인 이익개념과는 상당한 괴리가 있으며, 실생활에서 정보이용자가 체험하거나 관찰할 수 있는 이익개념과는 동떨어진 관념적 결과치로 간주되고 있다. 또한 원가배분의 자의성에 따른 재고자산가격의 결정, 각종 충당부채계정의 설정 등도 회계정보의 실용성이나 이해가능성을 저하시키는 요인으로 지적되고 있다.

셋째, 유형자산이나 무형자산의 취득원가를 결정하는 역사적 원가주의는 오늘날 물가변동의 상황에서 합리적 의사결정 목적에 적합하지 못하다는 비판을 받고 있다. 회계기준에서는 많은 경우 자산을 공정가치로 측정하도록 유도하고 있으나 아직도 상당부분 역사적 원가에 의한 자산측정을 선택할 수 있도록 허용하고 있다. 따라서 재무상태표에 표시되는 자산의 총계는 그 기업의 미래 용역잠재능력을 평가하는 데 도움을 주지 못하며, 오히려 총자산으로 표시된 금액이 각기 다른 구매력을 나타냄으로써 마치 소 두 마리와 닭 다섯 마리를 가축 일곱 마리로 표시하고 있다는 비난을 받고 있다.

따라서 재무제표를 통한 전통적인 정보전달 이외의 방법을 통해 이러한 한계점들을 보완해나갈 필요가 있다.

02 재무상태표

OBJECTIVES 

- 재무상태표는 무슨 정보를 어떻게 제공하는가?

재무상태표
일정시점 현재 기업실체가 통제하고 있는 경제적 자원인 자산과 경제적 의무인 부채 그리고 자본에 대한 정보를 제공하는 재무보고서

1. 재무상태표의 의의

재무상태표(statement of financial position)는 대차대조표(balance sheet)라고도 하는데, 일정시점 현재 기업실체가 통제하고 있는 경제적 자원인 자산과 경제적 의무인 부채 그리고 자본에 대한 정보를 제공하는 재무보고서이다.

재무정보이용자는 경제적 의사결정을 위해 그 기업의 재무건전성과 미래의 현금창출능력을 평가하고자 하는데, 기업의 재무상태표를 통하여 이러한 정보를

얻는다. 기업의 재무상태는 기업이 통제하는 경제적 자원, 기업의 재무구조, 유동성과 지급능력, 그리고 영업 환경변화에 대한 적응능력에 의해 영향을 받는다. 기업이 통제하는 경제적 자원과 이러한 자원을 조절할 수 있는 기업의 과거능력에 대한 정보는 기업의 미래 현금및현금성자산의 창출능력을 예측하는 데 유용하다. 아울러 재무구조에 대한 정보는 기업의 미래 자금차입수요에 대한 예측 및 미래이익과 현금흐름이 기업의 다양한 이해관계자들에게 어떻게 분배될 것인가를 예측하는 데 유용하다.

재무정보이용자는 경제적 의사결정을 위해 그 기업의 재무건전성과 미래의 현금창출능력을 평가하고자 하는데, 기업의 재무상태표를 통하여 이러한 정보를 얻는다.

또한 재무상태표는 기업이 더 많은 자금을 어떻게 성공적으로 조달할 수 있을지 예측하는 데 유용하며, 유동성과 지급능력에 대한 정보를 제공한다. 유동성과 지급능력에 대한 정보는 만기가 도래한 기업의 금융약정 이행능력을 예측하는 데 이용된다. 유동성(liquidity)은 가까운 미래기간의 금융약정 자원을 고려한 후의 현금가용성을 의미하며, 지급능력(solvency)은 만기가 도래하는 차기 이후의 금융약정 이행을 포괄하는 장기적인 현금가용성을 의미한다.

2. 재무상태표의 구조와 내용

자 산
=
부 채
+
자 본

재무상태표는 회계등식과 동일한 다음의 기본골격을 갖추고 있다.

자산 = 부채 + 자본

재무상태표는 계정식과 보고식의 두 가지 보고방법이 있다. 계정식이란 〈표 6-1〉과 같이 중앙을 중심으로 좌측에는 자산을, 우측에는 부채와 자본을 보고하는 방법이다. 한편 보고식이란 좌우의 구별이 없이 재무상태표 상단으로부터 자산, 부채 및 자본의 순서대로 연속표시하는 방법을 말한다. 실무에서는 일반적으로 보고식이 주로 사용되고 있지만 〈표 6-1〉은 책의 공간을 절약하기 위해서 계정식을 예로 들었다. 어떤 방식으로 보고하든 재무상태표는 위의 회계등식을 충족해야 한다.

재무상태표의 양식에는 〈표 6-1〉에서 보듯이 제일 윗부분에 "재무상태표"라는 이름을 쓰고 그 아래에는 재무상태를 표시하는 기준시점인 "20××년 ×월 ×일 현재"를 기재한다. 그리고 재무상태표가 나타내는 기업의 이름을 좌측 상단에 표시하고, 원, 천원 또는 백만원 등의 금액 단위를 우측 상단에 기재한다.

재무상태표의 예시 - 계정식

재무상태표

세계(주) 20××년 ×월 ×일 현재 (단위 : 천원)

자 산	금 액		부채 · 자본	금 액	
자 산			부 채		
유 동 자 산			유 동 부 채		
현금및현금성자산	₩10,000		매 입 채 무	₩16,500	
단기금융자산	4,100		단기차입금	11,200	₩27,700
매 출 채 권	9,650		비유동부채		
재 고 자 산	17,100	₩40,850	장기차입금	₩10,200	
비유동자산			사 채	6,000	
투 자 자 산			퇴직급여부채	20,000	36,200
장기금융자산	₩1,600		부채총계		₩63,900
투자부동산	7,050				
장기대여금	37,900	46,550	자 본		
유 형 자 산			자 본 금		₩10,000
토 지	₩47,400		자본잉여금		7,000
건 물	14,600		자 기 주 식		(1,000)
건설중인자산	9,000	71,000	기타포괄손익누계액		8,000
무 형 자 산			이익잉여금		
산업재산권	₩5,000		법정적립금	₩6,000	
영 업 권	7,000	12,000	임의적립금	9,000	
기 타 자 산			미처분이익잉여금	68,500	83,500
장기선급비용	₩1,000	1,000	자본총계		₩107,500
자산총계		₩171,400	부채와 자본총계		₩171,400

회계기준에서는 별도로 구분표시되어야 할 최소한의 분류항목(예 : 현금및현금성자산, 재고자산, 유형자산, 금융자산 등)을 명시하고 있으나, 재무제표의 양식, 표시되어야 할 항목의 순서나 형식은 규정하고 있지 않다. 다만, 자산은 유동자산과 비유동자산, 부채는 유동부채와 비유동부채를 구분하여 표시하도록 하고 있다.[2] 기업의 재무상태를 이해하는 데 목적적합한 경우에는 필요하다면 재무상태표에 항목, 제목 및 중간합계를 추가하여 표시할 수 있다.

2) 이러한 배열법을 유동성/비유동성법이라고 한다. 그런데 유동성 순서에 따라서 모든 자산(부채도 해당)을 배열하는 표시방법이 더욱 신뢰성 있고 목적적합한 정보를 제공하는 기업들도 있다. 이는 주로 은행과 같이 금융업에 종사하는 기업들인데, 이러한 기업들은 모든 자산과 부채를 유동성 순서에 따라 재무상태표에 표시할 수 있다.

자산
- 유동자산
- 비유동자산

자산
과거사건의 결과로 기업이 통제하고 있고 미래에 경제적 효익이 기업에 유입될 것으로 기대되는 자원

자 산

자산(assets)이란 과거사건의 결과로 기업이 통제하고 있고 미래에 경제적 효익이 기업에 유입될 것으로 기대되는 자원이다. 즉, 기업이 영업활동 혹은 기타의 목적을 달성하기 위하여 소유 또는 통제하고 있는 유형 및 무형의 재화, 용역 및 권리 등을 포함한 제반 경제적 자원을 말한다. 자산은 기본적으로 그 기업에 대하여 장래에 경제적 효익을 제공할 수 있는 잠재력을 보유하고 있으며 기업이 이를 소유하거나 통제할 수 있을 때에 한해 재무상태표에 계상될 수 있다.

자산은 최소한 유동자산과 비유동자산으로 구분하여 표시한다. 다양한 형태의 비유동자산을 함께 보유하는 경우에는 이를 다시 몇 개의 범주로 분류하여 표시하기도 한다. 〈표 6-1〉의 예에서는 비유동자산을 다시 투자자산, 유형자산, 무형자산, 그리고 기타자산으로 분류하여 표시하였다.

유동자산

유동자산(current assets)은 현금 또는 12개월 이내의 기간에 현금화되거나 사용되어 소모될 자산들을 가리킨다. 구체적으로는 ① 사용의 제한이 없거나 제한기간이 12개월 이내인 현금이나 현금성자산, ② 기업의 정상영업주기 내에 수익이 실현될 것으로 예상되거나, 판매 또는 자가소비 목적으로 보유하고 있는 자산(재고자산) 또는 ③ 단기매매 목적으로 보유하고 있는 주식이나 채권(단기금융자산) 또는 보고일로부터 12개월 내에 수익이 실현되거나 현금으로 회수될 것으로 예상되는 자산(매출채권) 등이 포함된다. 이 밖의 모든 자산은 비유동자산(non-current assets)으로 분류해야 한다.

자산의 분류에서 유동자산과 비유동자산의 분류를 엄격히 하는 이유는 기업의 유동성을 평가할 때 쉽게 그리고 비교적 단기간에 현금화되지 못하는 자산을 유동자산에 포함시켜 현금유동성을 실제보다 높게 잘못 보고할 위험이 있기 때문이다. 영업주기(operating cycle)는 영업활동을 위한 자산의 취득시점부터 그 자산이 현금이나 현금성자산으로 실현되는 시점까지 소요되는 기간이다. 예를 들어 업종에 따라 정상영업주기를 명확히 식별할 수 없거나, 12개월 이내에 실현되지 않더라도 재고자산이나 매출채권과 같이 정상영업주기의 일부로서 판매 또는 실현되는 자산(예 : 3년 숙성 위스키)은 유동자산으로 보고한다.

비유동자산

〈표 6-1〉에서 예시된 비유동자산의 주요 범주를 살펴보면 다음과 같다.

① 투자자산　투자자산(long-term investments)은 장기적인 투자수익을 목적으로 보유하는 채권 및 주식 등의 금융자산, 영업활동에 사용되지 않는 투자부동산(토지 및 건물), 특정 목적(퇴직급여, 설비확장, 채무상환)의 장기성 예금, 다른 기업에 대한 중대한 영향력 행사나 지배를 목적으로 장기간 보유하는 주식(관계기업투자주식 또는 종속기업투자주식)이 포함된다. 투자자산은 기업의 고유한 영업목적에 사용되지 않는다는 점에서 유형자산과 구분되며, 장기적으로 보유하고 있다는 점에서 단기투자 목적의 유동자산과도 구분된다.

② 유형자산　유형자산(property, plant and equipment)은 재화의 생산, 용역의 제공, 타인에 대한 임대 또는 자체적으로 사용할 목적으로 보유하는 물리적 형태가 있는 자산이다. 1년을 초과하여 사용할 것이 예상되는 자산으로 토지, 건물, 비품, 기계장치 및 건설중인자산 등을 포함한다.

③ 무형자산　무형자산(intangible assets)은 물리적 실체는 없지만 식별가능한 비화폐성자산으로서 특허권이나 실용신안권 등을 포함한 산업재산권, 저작권, 개발비, 영업권 등이 있다.

부 채

부채
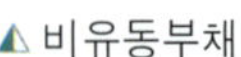
▲ 유동부채
▲ 비유동부채

부채
과거사건의 결과로 생긴 현재의 의무로서, 앞으로 기업이 가진 경제적 효익이 있는 자원의 유출을 통해 그 이행이 예상되는 의무

부채(liabilities)는 과거사건의 결과로 생긴 현재의 의무로서, 앞으로 기업이 가진 경제적 효익이 있는 자원의 유출을 통해 그 이행이 예상되는 의무이다. 즉, 기업이 제3자에게 금전이나 재화의 변제 또는 용역을 제공해야 하는 미래의 경제적 의무를 가리킨다. 따라서 기업이 의무이행을 위하여 미래에 자산을 사용하거나 용역을 제공하는 등 경제적 자원의 희생이 예상될 경우에는 이를 부채로 계상해야 한다. 부채는 유동부채와 비유동부채로 나누어 분류한다.

유동부채

유동부채(current liabilities)란 기업의 정상적인 영업주기 내에 결제가 예상되거나 보고일 후 12개월 내에 결제되어야 하는 부채로서 매입채무, 선수수익, 단기차입금 등을 포함한다.

비유동부채

비유동부채(non-current liabilities)란 1년 이후에 상환일이 도래하는 부채로서 장기차입금, 사채, 퇴직급여채무 등이 있다.

자본
- 자본금
- 자본잉여금
- 자본조정
- 기타포괄손익누계액
- 이익잉여금

자본
기업의 자산에서 모든 부채를 차감한 잔여지분, 즉 순자산으로서 자산에 대한 소유주의 잔여청구권

자 본

자본(equity)은 기업의 자산에서 모든 부채를 차감한 잔여지분, 즉 순자산으로서 자산에 대한 소유주의 잔여청구권을 말한다. 이는 소유주에 귀속되어야 할 몫을 나타내기 때문에 소유주지분이라고도 부른다. 자본은 회사의 형태에 따라 다르게 분류되지만 본장에서는 회사의 형태를 주식회사로 가정하고 자본을 분류한다.[3] 〈표 6-1〉에서는 자본을 자본금, 자본잉여금, 자기주식(자본조정), 기타포괄손익누계액 및 이익잉여금으로 분류하였다.

자 본 금

자본금(share capital)은 주주가 회사에 현금이나 현물자산으로 직접 투자한 자본 중 주식의 액면금액에 해당되는 금액이다.

자본잉여금

자본잉여금(share premium, contributed surplus 또는 additional paid-in capital)은 자본거래인 증자활동이나 감자활동 등의 거래에서 발생하는 잉여금을 말한다. 액면금액을 초과하여 납입된 투자금을 나타내는 주식발행초과금 등이 있다.

자본조정

〈표 6-1〉에서는 자기주식항목을 개별적으로 예시하였는데 자기주식은 자본조정에 포함되는 대표적인 항목이다. 여기에서 자본조정(capital adjustment)이란 자본거래 등에서 발생했으나 자본금, 자본잉여금, 이익잉여금 중 어느 항목에도 속하지 않는 항목으로서 궁극적으로는 자본의 특정 항목으로 가산 또는 차감되어야 할 임시적 항목을 포괄적으로 표현한 분류과목이다. 회사가 발행한 주식을 소각 또는 재매각하면서 발생한 손실, 임직원에게 상여금을 주기 위한 목적 등으로 임시

3) 본 교재에서는 자본을 자본금, 자본잉여금, 자본조정, 기타포괄손익누계액, 이익잉여금의 5가지로 분류하여 설명한다. 이는 비상장 외부감사기업의 회계기준을 정하고 있는 일반기업회계기준의 분류방법이다. 실무에서는 많은 기업들이 일반기업회계기준의 분류방법에 따르고 있다.

취득한 자기주식(treasury share) 등이 자본조정에 포함된다.

기타포괄손익누계액

기타포괄손익누계액(accumulated other comprehensive income)은 자산재평가이익, 기타포괄손익인식금융자산평가손익, 파생금융상품평가손익, 해외사업장의 외화재무제표환산손익 등의 누적잔액을 말하는데, 주로 자산평가에서 발생한 미실현손익의 성질을 가진 항목들이다. 누계액이 아닌 당기 발생액은 포괄손익계산서에서 당기손익에 반영하지 않고 기타포괄손익에 포함되어 당기총포괄손익을 결정하는 데 반영된다.4)

이익잉여금

이익잉여금(retained earnings)은 영업활동으로부터 벌어들인 순이익에서 주주에게 배당한 금액을 차감한 잔액으로서, 법률 혹은 정관 등에 의해 처분이 제한된 적립금과 제한이 없는 미처분이익잉여금으로 구성된다. 통상적으로 배당의 대상이 되는 이익잉여금은 미처분이익잉여금에 한정된다.

03 포괄손익계산서

OBJECTIVES

- 손익계산서는 무슨 정보를 어떻게 제공하는가?
- 손익계산서와 포괄손익계산서의 차이는 무엇인가?

포괄손익계산서
일정기간 동안 소유주와의 거래 이외의 모든 원천에서 자본이 증가하거나 감소한 정도와 그 내역에 관한 정보를 제공하는 재무보고서

1. 포괄손익계산서의 의의

기업은 일상적인 영업활동이나 부수적인 경영활동을 수행함으로써 손익을 발생시키게 되는데 그 내용을 손익계산서에 보고한다. 전통적으로 손익계산서에는 당기순손익이 마지막에 보고되었는데, 최근에는 당기순손익의 하단에 기타포괄손익항목을 추가하여 표시하는 포괄손익계산서를 작성하여 보고하고 있다. 포괄손익계산서(statement of comprehensive income)는 일정기간 동안 소유주와의 거래 이외의 모든 원천에서 자본이 증가하거나 감소한 정도와 그 내역에 관한 정보를 제공해준다. 여기에서 소유주와의 거래는 유상증자, 배당 또는 자기주식거래와

4) 기타포괄손익과 기타포괄손익누계액은 제10장과 제11장에서 일부 설명된다. 기타포괄손익 항목들은 회계처리시 자주 나타나는 항목들이 아니므로 주로 중급회계나 고급회계에서 다루게 된다. 이 항목들은 대부분 미실현손익의 성격을 갖고 있어서 당기순이익 결정에는 반영되지 않고 총포괄손익의 결정에 포함된다. 자세한 내용은 포괄손익계산서 양식을 참고하자.

같은 자본거래로서 이러한 거래를 제외한 모든 자본증감내용이 포괄손익계산서에 기록된다.

당기순이익은 흔히 당기 성과의 측정치로 사용되거나 투자수익률이나 주당이익과 같은 경영평가지표의 기초로 사용된다. 특히 수익성에 관한 정보는 일정기간 동안 경영자 또는 기업의 경영성과를 재무적으로 평가하는 데 도움을 준다. 경영성과 정보는 기업이 현재의 자원으로부터 앞으로 현금을 창출할 수 있는 재무적 능력을 예측하는 데 유용하다.

2. 포괄손익계산서의 구조

회계기준에서는 포괄손익계산서의 양식이나 항목 및 배열순서 등을 정하지 않고 있다. 다만 (매출)수익, 금융비용, 당기순손익, 총포괄손익 등과 같이 반드시 개별금액으로 나타내어야 할 최소한의 항목만을 정하고 있다.

〈표 6-2〉는 포괄손익계산서의 일반적인 양식을 나타내고 있다. 제일 윗부분에 '포괄손익계산서'라는 재무보고서의 이름을 쓰고 그 아래에는 보고기간을 표시하는 '20××년 ×월 ×일부터 20××년 ×월 ×일까지'를 기재한다. 그리고 포괄손익계산서가 나타내는 기업의 이름을 좌측 상단에 표시하고, 우측에 금액 단위를 기재한다.

포괄손익계산서는 제5장에서 배운 손익계산서와 같이, 먼저 매출액에서 매출원가를 차감하여 매출총이익을 계산한다. 그 다음에 기업의 판매비와 관리비를 차감해서 영업이익을 구한다. 판매비에는 판매수수료, 물류비용, 광고선전비 등 많은 세부항목들이 있는데 이를 재무제표 본문에 나열해도 되고, 판매비라는 계정으로 합산하여 표시하고 재무제표 주석에 공시해도 된다. 관리비도 급여, 대손상각비, 감가상각비 등 많은 세부항목들의 합계액이다. 영업이익 다음에는 금융수익과 금융비용이 표시된다. K-IFRS에서는 포괄손익계산서에 금융수익과 금융비용은 다른 항목들과 독립적으로 표시하도록 요구하고 있다. 금융수익은 대부분 이자수익과 금융상품수익이고, 금융비용은 이자비용이다. 그 다음으로는 따로 분류하기 어려운 기타수익과 기타비용이 표시된다. 이와 같은 수익과 비용 항목들을 가감하면 법인세비용차감전순이익이 계산되고 여기에 법인세비용을 차감하면 기업의 당기순이익이 산출된다.

당기순이익은 발생기준 회계원칙에서 한 줄로 표시되는 가장 중요한 기업의 성과측정치로 간주되고 있다. 당기순이익 아래에는 법인세비용차감 후의 기타포괄손익이 표시된다. 기타포괄손익은 대부분 미실현손익으로서 당기에 실현되지 않은 손익이라서 당기순이익에 반영하지 않고 따로 표시하는 것이다. 기타포괄손익 중에서 제10장에서는 자산재평가이익, 제11장에서는 기타포괄손익인식금융자산평가손익을 배운다. 포괄손익계산서의 마지막에는 당기총포괄이익이 산출된다. 당기총포괄이익은 자본거래를 제외한 당기순자산의 증가를 나타낸다.[5)]

포괄손익계산서는 두 부분으로 나누어 볼 수 있다. 하나는 매출액에서 시작하여 여러 수익과 비용을 가감한 당기순이익까지의 한 부분이고, 다른 한 부분은

포괄손익계산서의 예시

포괄손익계산서

세계(주) 20××년 ×월 ×일부터 20××년 ×월 ×일까지 (단위 : 천원)

과 목	제×(당)기	
매 출 액		₩23,000
매 출 원 가		16,000
매출총이익		₩7,000
판 매 비		
물류원가(운송비)	₩1,200	
판매원급여	2,050	3,250
관 리 비		
관리사원급여	₩1,700	
대손상각비	800	2,500
영 업 이 익		₩1,250
금 융 수 익		3,000
금 융 비 용		400
기 타 수 익		500
기 타 비 용		150
법인세비용차감전순이익		₩4,200
법인세비용		1,100
당기순이익		₩3,100
법인세효과후기타포괄손익		
토지재평가이익	₩650	
기타포괄손익인식금융자산평가이익	1,200	₩1,850
당기총포괄이익		₩4,950
주당순이익 : ₩1,350		

5) 당기총포괄이익 아래의 주당순이익은 당기순이익을 기업이 발행하여 유통하고 있는 보통주식수로 나눈 금액이다. 구체적인 계산방법과 내용은 제13장의 보론에서 소개된다.

당기순이익에서 기타포괄손익을 가감하여 산출된 당기총포괄이익까지의 부분이다. K-IFRS에서는 〈표 6-2〉와 같이 두 부분을 합쳐서 포괄손익계산서를 작성해도 되고, 이를 두 개의 별도의 표로 작성해도 된다고 규정하고 있다. 만약 두 개의 별도의 재무보고서를 만드는 경우에는 매출액부터 당기순이익까지의 부분은 '손익계산서'라고 부르고, 당기순이익부터 총포괄이익까지는 '포괄손익계산서'라고 부른다. 따라서 포괄손익계산서라는 이름으로 두 종류의 다른 재무보고서가 존재하므로 명칭을 사용할 때 주의해야 한다.[6)]

3. 포괄손익계산서의 구성요소

이익은 흔히 성과의 측정치로 사용되거나 투자수익률과 같은 재무분석의 자료로 사용된다. 이익의 측정과 직접 관련된 요소는 수익과 비용이다. 여기에서는 수익, 비용, 당기순이익, 그리고 기타포괄손익의 내용을 살펴본다.

수 익

수익
- 매출액
- 기타수익
- 금융수익

매출액
기업의 정상영업활동에서 발생한 제품, 상품, 용역 등의 총매출액에서 매출할인, 매출에누리와 환입을 차감한 금액

기타수익
정상영업활동 이외의 활동에서 발생하는 수익

수익(revenues 또는 income)은 자산의 증가 또는 부채의 감소에 따라 특정 회계기간 동안에 발생한 경제적 효익의 증가를 말한다. 크게 매출액, 기타수익, 금융수익으로 구분한다. 매출액(sales)은 기업의 정상영업활동에서 발생한 제품, 상품, 용역 등의 총매출액에서 매출할인, 매출에누리와 환입을 차감한 금액이다. 즉, 기업의 가장 중심적이면서도 중요한 영업활동과 관련하여 발생하며 재화를 판매하거나 용역을 제공한 대가로서 받는 수익을 말한다. 예를 들면 자동차판매회사는 자동차판매액을, 백화점은 상품판매액을, 운송회사는 승객 혹은 화물의 운송수입을 매출액으로 보고한다. 한편, 기타수익(other income)은 정상영업활동 이외의 활동에서 발생하는 수익으로서 배당금수익, 임대료수익, 유형자산처분이익 등이 여기에 속한다.

6) 본 교재에서는 특별한 언급이 없을 때에는 분리표시방식을 전제로 한다. 따라서 손익계산서라는 용어를 사용할 때에는 수익과 비용 및 당기순손익만을 표시하는 전통적인 손익계산서를 지칭하며, 포괄손익계산서라는 용어를 사용할 때에는 단일표시방식의 포괄손익계산서나 당기순이익에 기타포괄손익을 가감하여 총포괄손익을 표시하는 분리표시방식의 포괄손익계산서를 의미한다.

비용
- 매출원가
- 판매비
- 관리비
- 기타비용
- 금융비용
- 법인세비용

매출원가
당기에 판매된 제품이나 상품 등의 매출액에 대응되는 제조원가 또는 매입원가

판매비
제품, 상품과 용역의 판매활동 관련 비용과 물류원가

관리비
기업의 일반관리활동에서 발생하는 비용으로서 매출원가에 속하지 않는 정상영업활동비용을 포함

비 용

비용(expenses)은 자산의 사용 또는 부채의 증가에 따라 특정 회계기간 동안에 발생한 경제적 효익의 감소를 말한다. 매출원가, 판매비, 관리비, 기타비용, 금융비용, 법인세비용 등으로 구분한다. 매출원가(cost of sales)는 당기에 판매된 제품이나 상품 등의 매출액에 대응되는 제조원가 또는 매입원가를 말한다. 판매비(selling expenses)는 제품, 상품과 용역의 판매활동 관련 비용과 물류원가를, 그리고 관리비(administrative expenses)는 기업의 일반관리활동에서 발생하는 비용으로서 매출원가에 속하지 않는 정상영업활동비용을 포함한다. 판매원 및 관리사원의 급여, 감가상각비, 광고선전비, 여비교통비 등이 판매비 또는 관리비에 속한다. 금융비용(finance costs)과 기타비용(other expenses)은 정상영업활동 이외의 활동과 관련하여 발생하는 비용으로서 이자비용, 유형자산처분손실 등이 있다. 마지막으로 법인세비용(income tax expense)은 법인세비용차감전순이익을 기반으로 하여 관련 법령(법인세법)에 의해 과세될 금액을 산출한 것이다.

당기순이익

당기순이익은 발생기준 회계원칙을 적용하여 산출한 특정 보고기간 동안의 재무성과 측정치이다. 기업의 투자자나 채권자 및 일반이해관계자들은 당기순이익을 기업의 수익성을 나타내는 가장 중요한 성과측정치 중 하나로 간주하고 있다. 〈표 6-2〉와 같은 단계별 이익개념의 포괄손익계산서에서 당기순이익이 산출되는 과정을 살펴보면, 먼저 기업의 가장 중심적인 영업활동과 관련하여 발생한 이익, 즉 매출액에 매출원가를 대응시켜 매출총이익(gross profit)을 계산하고 여기에 다시 정상영업활동에서 발생하는 판매비와 관리비를 차감하여 영업이익(operating profit)을 구한다.[7)] 한편, 이로부터 기업의 주된 영업활동과 직접적인 관련 없이 발생하는 금융수익이나 기타수익 등을 가산하고 금융비용이나 기타비용을 차감하여 법인세비용차감전순이익(profit before income tax)을 산출하며, 여기에 법인세비용을 차감하여 당기순이익(profit)을 산출한다. 산출된 당기순이익은 보고기간말에 재무상태표의 이익잉여금에 대체된다.

7) 국제회계기준(IFRS)에서는 분류의 자의성 등을 이유로 영업이익의 표시를 강제하지 않고 있으나, 한국채택국제회계기준(K-IFRS)에서는 영업이익을 반드시 포괄손익계산서 본문에 포함시켜서 공시하게 하고 있다.

기타포괄손익

기타포괄손익
광의의 수익이나 비용의 정의에 해당되지만 당기순손익을 결정하는 데 반영하지 않는 수익과 비용

자본의 증가나 감소를 초래하며 광의의 수익이나 비용의 정의에 해당되지만 당기순손익을 결정하는 데 반영하지 않는 수익과 비용 항목이 있는데, 이를 기타포괄손익(other comprehensive income)이라 한다. 기타포괄손익의 예로는 유형자산의 재평가이익, 확정급여채무의 보험수리적손익, 해외사업장의 외화재무제표환산손익, 기타포괄손익인식금융자산평가손익, 파생금융상품평가손익 등이 있다. 기타포괄손익은 보고기간말에 재무상태표의 기타포괄손익누계액을 구성하는 각 기타포괄손익누계액의 항목으로 대체된다.

총포괄이익

총포괄이익은 포괄손익계산서에서 산출되는 최종 성과측정치로서 한 보고기간 동안 기업과 주주 간의 자본거래를 제외한 순자산의 증감액을 나타낸다. 학술적인 연구에 의하면, 당기순이익이 총포괄이익보다 기업 이해관계자들의 경제적 의사결정에 더 유용하게 사용되고 있다.

04 수익인식

OBJECTIVES 
- 수익은 언제, 어떻게 인식하는가?

1. 발생기준 수익인식

기업은 거래상대방인 고객과의 계약에 따라 재화나 용역을 제공하고 그 대가를 받는 활동을 통하여 수익을 창출한다. 이때 재화나 용역 제공의 대가로 받을 것으로 예상하는 금액을 수익으로 인식한다. 일상적인 거래에서 기업은 거래상대방에게 재화나 용역을 제공할 의무, 즉 수행의무를 지며, 거래상대방은 기업으로부터 재화나 용역을 제공받을 권리를 갖는다. 재화나 용역이 제공되면 기업은 그 대가를 받을 권리를 갖고, 거래상대방은 그 대가를 지급할 의무를 지게 된다. 물론 거래상대방이 지급조건에 따라 기업에 대가를 지급하면 거래가 마무리된다. 이러한 일련의 과정에서 언제, 어떻게 수익을 인식할 것인지를 살펴보자.

현금기준에서는 재화나 용역을 제공했는지 여부에 관계없이 대가를 받을 때 수익을 인식한다.

발생기준에서는 대가를 받았는지 여부에 관계없이 계약에 따라 재화나 용역을 제공하는 의무를 수행했을 때 수익을 인식한다.

제2장에서 수익과 비용을 인식하는 방법에 현금기준과 발생기준의 두 가지가 있으며, 현행 회계기준에서는 발생기준에 따라 수익과 비용을 인식한다고 하였다. 두 기준은 수익을 인식하는 시점에 차이가 있다. 현금기준(cash basis)에서는 재화나 용역을 제공했는지 여부에 관계없이 대가를 받을 때 수익을 인식하는 반면에 발생기준(accrual basis)에서는 대가를 받았는지 여부에 관계없이 계약에 따라 재화나 용역을 제공하는 의무를 수행했을 때 수익을 인식한다. 다만, 재화나 용역의 제공에 대한 대가의 회수가능성이 높아야 한다. 발생기준에서는 계약에 따른 재화나 용역의 제공이라는 의무의 이행을 수익인식에 있어서 가장 중요한 사건으로 본다.

mark down

수익인식기준의 5단계

현행 회계기준(기준서 제1115호 고객과의 계약에서 생기는 수익)에 의하면 기업이 수익을 인식할 때 다음의 5단계를 따르도록 되어 있다.

- 1단계 : 고객과의 계약 식별
- 2단계 : 수행의무의 식별
- 3단계 : 거래가격의 산정
- 4단계 : 계약 내 수행의무에 거래가격의 배분
- 5단계 : 수행의무 이행에 따른 수익인식

위의 수익인식기준 5단계를 다음의 예시를 통해 그 과정을 따라가 보자.

〈예시〉 핸드폰을 판매하는 A기업은 B고객과 핸드폰 판매 및 통신서비스(1년) 용역을 제공하는 계약을 체결했다. A기업은 핸드폰 판매 및 통신서비스 제공계약에 대하여 다음과 같이 수익을 인식한다.

- 1단계 : 고객과의 계약 식별
  기업은 핸드폰과 통신서비스 제공이라는 계약을 식별했다.
- 2단계 : 수행의무의 식별
  핸드폰 제공과 통신서비스 제공은 구별되는 재화와 용역이라고 판단했다. 따라서 수행의무는 핸드폰 제공과 통신서비스 제공이다.
- 3단계 : 거래가격의 산정
  계약 전체의 거래가격을 산정한다. 전체 거래가격은 120만원이다.
- 4단계 : 계약 내 수행의무에 거래가격의 배분
  전체 거래가격을 핸드폰 제공과 통신서비스 제공으로 배분한다. 배분기준은 개별 판매가격이다. 통신서비스 개별가격은 100만원, 핸드폰 개별 판매가격은 50만원이다. 따라서 거래가격은 다음과 같다.
  통신서비스 거래가격 : 120만원×100만원÷150만원=80만원
  핸드폰 거래가격 : 120만원×50만원÷150만원=40만원
- 5단계 : 수행의무 이행에 따른 수익인식
  계약시점에 핸드폰의 통제를 고객에게 이전했다. 즉 수행의무를 이행했다. 따라서 계약시점에 핸드폰에 배분된 거래가격인 40만원을 수익으로 인식한다.

(『한 눈에 보는 새 수익 기준서』, 2017, 한지명 저, W media 간행)

재화나 용역을 제공하는 기업의 수행의무는 단일 의무일 수도 있고, 복수 의무일 수도 있다.

재화나 용역을 제공하는 기업의 수행의무는 단일 의무일 수도 있고, 복수 의무일 수도 있다. 예를 들어 범용 프린터와 토너를 판매하는 기업이 있다고 하자. 기업이 범용 프린터 1대를 판매할 때 프린터에 토너를 장착하여 거래상대방에게 제공할 것이다. 이때 토너 제공은 별도의 수행의무에 해당하지 않고, 프린터 제공에 포함된 하나의 수행의무에 해당한다. 그러나 만일 기업이 범용 프린터 1대와 향후 3년간 토너를 제공하는 계약을 거래상대방과 맺었다면 프린터 제공과 토너 제공은 하나의 계약 내에서 별도로 구별되는 의무에 해당하며, 이 계약은 두 가지 수행의무로 구성된다. 따라서 프린터 판매에 따른 수익과 3년간 토너 제공에 따른 수익을 구분하여 회계처리한다. 복수의 수행의무로 구성된 패키지 판매가격이 개별 판매가격의 합계와 다르다면 개별 판매가격의 상대적 비율에 따라 패키지 판매가격을 배분하여 수익을 구분인식한다.

2. 재화나 용역의 제공 시점과 기간

기업이 거래상대방에게 재화나 용역을 제공한다는 것은 당초 기업이 갖고 있던 자산을 거래상대방에게 법적으로, 경제적으로 완전히 이전하였다는 것을 뜻한다.

앞에서 기업은 거래상대방에게 재화나 용역을 제공하는 의무를 수행했을 때 수익을 인식한다고 하였다. 그렇다면 재화나 용역이 언제 제공되었는지를 판단하는 일이 매우 중요하다. 기업이 거래상대방에게 재화나 용역을 제공한다는 것은 당초 기업이 갖고 있던 자산을 거래상대방에게 법적으로, 경제적으로 완전히 이전하였다는 것을 뜻한다. 제공된 재화나 용역에 해당하는 자산이 기업으로부터 거래상대방에게 이전된 시점을 판단하기 위해서 적용하는 기준으로는 다음과 같은 것들이 있다.

재화나 용역은 한 시점에 제공될 수도 있고, 여러 기간에 걸쳐 서서히 제공될 수도 있다.

① 기업이 자산(제공된 재화나 용역)을 고객에게 제공하고 대금을 받을 대금지급청구권이 있는가?
② 자산(제공된 재화나 용역)의 법적 소유권이 거래상대방(고객)에게 있는가?
③ 기업이 자산(제공된 재화나 용역)의 물리적 점유를 거래상대방에게 이전했는가?
④ 자산(제공된 재화나 용역)의 소유에 따른 위험과 보상이 거래상대방에게 있는가?
⑤ 거래상대방이 자산(제공된 재화나 용역)을 인수했는가?

위의 기준이 충족되면 기업이 거래상대방에게 재화나 용역을 이전한 것으로

본다. 대부분의 단순 교환거래에서는 위의 기준들이 동시에 충족된다.

그런데 재화나 용역은 한 시점에 제공될 수도 있고, 여러 기간에 걸쳐 서서히 제공될 수도 있다. 재화나 용역이 한 시점에 제공되는 경우에는 재화나 용역을 제공하는 시점인 인도시점 또는 판매시점에 수익을 인식한다. 그 이유는 이 시점에 기업의 자산이었던 재화나 용역이 거래상대방에게 이전되기 때문이다. 위의 기준에 따라 세부적으로 살펴보면 인도시점 또는 판매시점에 기업은 재화나 용역에 대한 지급청구권을 갖게 되는 한편 거래상대방은 재화나 용역을 인수하여 물리적으로 점유하게 되며 또한 재화나 용역의 법적 소유권 및 그에 따른 위험과 보상을 갖게 된다.

그러나 특수한 경우에는 재화나 용역의 인도시점에 위의 기준이 모두 충족되지 않을 수도 있다. 이러한 경우에는 거래의 특성에 따라 재화나 용역이 이전되는 시점을 그때마다 분석하여 결정해야 한다. 예를 들어 위탁매출이나 시용매출의 경우에는 판매과정이 복잡하여 어느 시점을 판매시점으로 결정해야 하는지 쉽지 않다.8)

재화나 용역이 여러 회계기간에 걸쳐 제공되면 기업이 거래상대방에게 재화나 용역을 이전하는 과정이 한 번에 일어나는 것이 아니라 서서히 점진적으로 일어난다. 재화나 용역이 여러 회계기간에 걸쳐 제공되는 대표적인 예로는 장기건설계약이 있다. 장기건설계약은 제공하는 재화나 용역, 대가 및 거래와 관련된 여러 조건들에 대하여 사전에 거래당사자간의 합의가 이루어지기 때문에 재화나 용역의 제공이 진행되는 과정에서 수익을 인식할 수 있다. 이때 수익은 회계기간별로 재화나 용역의 제공이 진행된 정도, 즉 진행률(progress)에 따라 인식한다. 이와 같이 수익을 인식하는 방법을 진행기준이라고 한다.

장기건설계약과 같은 예약매출은 수익을 건설공사의 완료시점에 일괄하여 인식하기보다는 건설공사의 진행 정도에 따라 여러 회계기간에 나누어 인식하는 것이 합리적인 기간별 경영성과 측정이 될 수 있다. 예를 들면 건설회사가 서울시와 한강에 다리를 건설하는 계약을 체결하였

8) 일반적으로 상품판매의 경우에는 인도기준을 적용하나 위탁매출의 경우에는 수탁자가 위탁품을 판매한 날, 시용매출은 매입자가 매입의사를 표시한 날에 수익을 인식한다. 제9장에서 상세히 설명한다.

진행기준
재화나 용역이 여러 회계기간에 걸쳐 제공되는 경우 회계기간별로 재화나 용역의 제공이 진행된 정도, 즉 진행률에 따라 수익을 인식하는 방법

고 다리를 건설하는 데 3년이 소요된다고 하자. 만약 이 건설회사가 인도기준으로 수익을 인식하면 공사가 끝나고 이를 거래상대방(서울시)에게 인도하는 시점에서 일시에 수익(매출)을 인식하게 된다. 그러면 공사기간인 처음 2년 동안에는 수익이 전혀 보고되지 않는 반면, 완성연도에 일시에 모든 수익이 기록되므로 기간별 경영성과를 왜곡시킬 수 있다. 따라서 장기간이 소요되는 건설계약과 같은 거래에서는 진행기준을 적용하는 것이 합리적이다.[9] 수익을 진행기준에 의해서 인식하면 비용도 관련 수익이 인식되는 보고기간에 인식한다.

[예제 6-1]에서는 건설계약의 진행률을 원가의 투입비율로 측정하고 진행기준으로 수익을 인식하는 예를 설명하고 있다.

예제 6-1 진행기준에 따른 수익인식

성일주식회사는 20×1년 7월 1일부터 2년간 댐을 건설하는 계약을 체결하고 공사를 진행하고 있다. 총계약수익은 ₩300,000, 총계약원가는 ₩240,000이다. 건설계약원가는 20×1년에 ₩72,000(30%), 20×2년에 ₩120,000(50%) 그리고 20×3년에 ₩48,000(20%)이 지출될 것으로 추정되었고, 또한 이는 실제 발생액과 일치하였다. 진행기준에 따라 각 연도에 인식되는 수익과 비용은 다음과 같다.

진행기준

	누적건설계약원가	누적건설계약진행률[1]	수 익	비 용	이 익
20×1년	₩72,000	30%	₩90,000[2]	₩72,000	₩18,000
20×2년	192,000	80	150,000[3]	120,000	30,000
20×3년	240,000	100	60,000[4]	48,000	12,000
			₩300,000	₩240,000	₩60,000

1) 누적건설계약진행률은 총건설계약원가에 대한 누적계약원가의 비율로 정한다. 따라서
   20×1년 : ₩72,000 ÷ ₩240,000 = 30%
   20×2년 : ₩192,000 ÷ ₩240,000 = 80%
   20×3년 : ₩240,000 ÷ ₩240,000 = 100%
2) ₩300,000 × 30% = ₩90,000
3) ₩300,000 × 80% − ₩90,000 = ₩150,000
4) ₩300,000 × 100% − ₩90,000 − ₩150,000 = ₩60,000

9) 한편 진행기준과는 달리 건설공사 등이 완성되어 제품의 인도 또는 용역의 제공이 완료되는 시점에서 수익을 인식하는 방법을 완성기준(completed contract method)이라고 한다.

이상에서 보는 바와 같이 진행기준은 수익창출활동이 여러 회계기간에 걸쳐 이루어지는 경우에 매 회계기간의 건설계약진행률에 따라서 수익이나 이익을 인식해 주기 때문에 회계기간별 경영성과를 더 충실하게 나타내 주는 방법임을 알 수 있다.

05 기업의 재무보고와 공시제도

OBJECTIVES
- 기업의 공시제도로는 어떤 것이 있는가?

재무제표의 작성과 공시에 관하여는 여러 차원의 제도적 규제장치가 있다. 재무정보는 공공재(public goods)의 성격을 갖고 있기 때문에 시장경제에만 의존할 경우 사회적으로 필요한 양보다 적게 공급되는 문제가 발생할 수 있다. 따라서 사회적으로 최적공급량에 이르는 수준의 정보가 제공될 수 있도록 보완적 장치가 필요하다. 물론 정보의 제공을 강제함에 따라 발생하는 추가적인 사회적 비용을 누가 부담하느냐의 문제가 대두된다.

1. 기업의 공시제도

기업환경이 복잡해지는 오늘날에는 다양한 회계정보에 대한 공시요구가 증가하고 있다. 우선 주요 법률에서 정하고 있는 회계정보의 작성 및 공시제도를 요약하면 〈표 6-3〉과 같다.

표 6-3
회계정보의 작성 및 공시제도

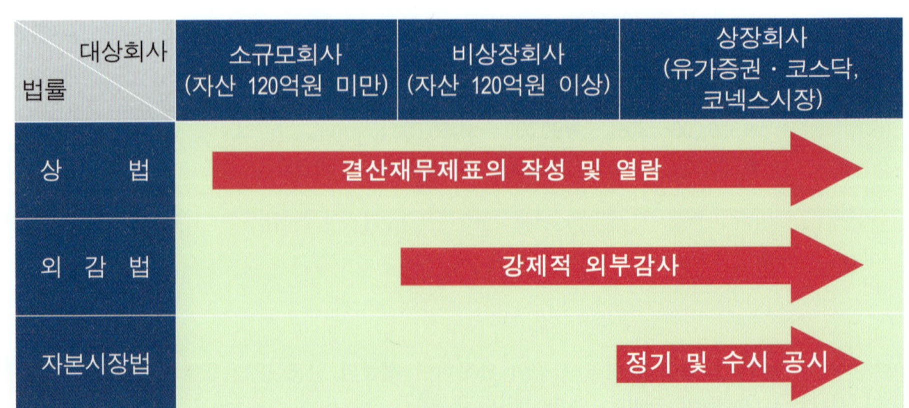

대상회사 / 법률	소규모회사 (자산 120억원 미만)	비상장회사 (자산 120억원 이상)	상장회사 (유가증권 · 코스닥, 코넥스시장)
상 법	결산재무제표의 작성 및 열람 →	→	→
외 감 법		강제적 외부감사 →	→
자본시장법			정기 및 수시 공시 →

우선 상법에서는 모든 회사에 대해 매결산기마다 재무제표를 작성하여 이사회의 승인을 얻도록 규정하고 있다. 상법은 상행위를 영위하는 모든 개인과 법인에 적용되며, 따라서 본 교재에서 주로 다루고 있는 모든 주식회사가 그 적용대상이 된다. 그러나 상법은 일반법이기 때문에 현실적으로는 회계 및 공시와 관련된 특별법이 제정되면 그 특별법이 우선 적용된다.

주식회사 등의 외부감사에 관한 법률(외감법)은 독립된 외부감사인으로 하여금 주식회사가 작성한 재무제표에 대해 회계감사를 실시하게 함으로써 회계처리의 적정성을 통해 기업 이해관계자를 보호하고 회사의 건전한 발전을 도모하는 법률이다. 특히 외감법에서는 재무제표의 종류, 준수되어야 할 기업회계기준, 외부감사인의 자격 및 회계감사기준 등을 규정하고 있다. 현재는 원칙적으로 상장회사와 직전 연도의 자산총액이나 매출액이 500억원 이상 되는 일정규모 이상의 주식회사와 유한회사는 외감법에서 정하는 바에 따라 기업회계기준에 따라 재무제표를 작성·공시하고 독립된 외부감사인에 의해 반드시 재무제표감사를 받도록 규정하고 있다.10)

아울러 외감법에는 재무제표를 작성하는 경영자와 이를 감사하는 감사인의 부정행위에 대한 엄격한 벌칙 조항과 손해배상 책임의무 규정을 함께 두고 있다.

마지막으로 자본시장과 금융투자업에 관한 법률(자본시장법)은 한국거래소에서 유가증권을 거래하고 있는 상장회사를 주요대상으로 제정된 법률이다. 자본시장법에서는 재무 및 회계에 관한 엄격한 공시규정을 구비함으로써 일반투자자 및 채권자에게 영향을 미칠 수 있는 중요한 기업 정보를 신속하고 공정하게 시장에 전달하도록 하고 있다.

자본시장법에서는 여러 유형의 유통시장 공시제도를 운영한다. 정기공시제도에서는 매사업연도 경과후 90일 이내에 감사를 마친 연차재무제표를 포함한 사업보고서를, 매반기 및 분기에는 경과후 45일 이내에 당기간의 재무제표를 공시하게 하고 있다. 또한 수시공시제도를 통해 장래계획, 잠정영업실적을 포함한 기업 내에서 발생하는 주요 경영사항을, 그리고 특수공시사항으로서 합병·분할·영업양수도 신고나 자기주식 취득 및 처분신고 등을 공시하게 하고 있다.

10) 비상장 주식회사나 유한회사는 직전 사업연도말에 자산총액이나 매출액이 500억원 이상일 경우, 또는 다음 기준 중에서 3가지 이상에 해당하지 않으면 외부감사대상이 된다.
① 자산 120억원 미만, ② 부채 70억원 미만, ③ 매출액 100억원 미만, ④ 종업원 수 100명 미만, ⑤ 사원 50명 미만(유한회사만 해당)

2. 완전공시와 주석

자금을 필요로 하는 정보제공자와 여유자금을 보유하고 있는 정보이용자 간의 정보불균형이 심할 경우 자본시장을 통한 자금흐름이 원활히 이루어지기 어려워지고, 자본주의 경제의 근간이 흔들릴 위험이 있다. 이러한 이유에서 회계기준은 정보제공자로 하여금 질적 및 양적으로 충분한 정보를 강제적으로 공시하도록 하여 정보제공자와 정보이용자 간의 정보불균형을 해소하기 위한 노력을 기울이고 있다.

재무제표 본문 내용에 추가하여 상세한 정보를 전달하기 위해서 우선 주석과 부속명세서 등이 이용된다. 이들은 재무제표의 본문에 표시하기 어려우나 이용자의 정보수요에 목적적합한 정보를 추가적으로 제공하는 역할을 한다. 국제회계기준에서는 특히 중요한 회계정책의 요약과 그 밖의 설명으로 구성된 주석의 기능을 크게 강조하여 각 기준서에서 주석의 기재사항을 상세히 정하고 있다.

주석
재무제표 전반 또는 재무제표상의 해당과목에 기호를 붙이고 별지에 동일한 기호를 표시하여 그 내용의 세부적 사항을 서술적으로 기재하는 방법

주석(footnotes)은 재무제표 전반 또는 재무제표상의 해당 과목에 기호를 붙이고 별지에 동일한 기호를 표시하여 그 내용의 세부적 사항을 서술적으로 기재하는 방법이다. 예를 들면 크게는 계속기업으로서 존속가능성에 영향을 미칠 수 있는 특정의 위험과 불확실성(예 : 극심한 장기 노사파업)이나 재무상태표에는 인식되지 않은 자원(예 : 매장광물의 발견)의 내용을 기술할 수 있다. 작게는 특정 금융자산과 관련하여 만기일과 이자율 및 회수위험, 임직원에 대한 주식옵션권리부여 및 행사의 세부내용이 포함될 수 있다.

주석은 재무제표 본문을 강조하거나 더욱 상세히 설명하기 위한 보충수단으로 이용되고 있지만 때로는 내용이 매우 전문적이어서 상당한 노력이 없이는 이해하기 어려운 경우도 있다. 그러나 여전히 본문에서 설명하기 어려운 많은 추가적 정보를 전달하는 기능을 갖는다.

POS-NP Pty. Ltd.	Coal trading	35,000,000	-	35,000,000	35,000,000
POSCO-Vietnam Processing Center Co., Ltd. (*2)	Steel service center	-	-	-	-
POSCO (Chongqing) Automotive Processing Center Co., Ltd. (*2,3)	Steel service center	-	-	-	-
Suzhou POSCORE Technology Co., Ltd. (*2)	Components manufacturing and sales	-	-	-	-
POSCO-JYPC Co., Ltd. (*3)	Steel service center	49,000	-	31,550	31,550
POSCO-Malaysia SDN. BHD. (*3)	Steel service center	27,000,000	16,200,000	-	16,200,000
POS-Minerals Corporation (*3)	Mine development and operation	100	-	100	100
POSCO (Wuhu) Automotive Processing Center Co., Ltd. (*2,3)	Steel service center	-	-	-	-

(*1) These subsidiaries are included in the consolidated financial statements as the controlling company of board of directors and others.

(*2) No shares have been issued in accordance with the local laws and regulations.

(*3) These subsidiaries are newly included in the consolidation.

최근에는 기업의 사회적 책임(corporate social responsibility)에 대한 관심이 증가하고 있다. 기업의 사회적 책임과 관련하여 현행 재무제표에 주석으로 나타낼 수 있는 정보는 다음의 예와 같이 매우 다양하다.

- 기업의 환경기준과 정책, 안전 및 사고에 관한 사항, 환경관련 투자액, 자원과 에너지의 소비량, 부산물 및 폐기물의 발생 및 처리 등에 관한 사항
- 종업원에 대한 복지정책, 사회에 대한 기여금의 내용
- 전문인력의 개발과 관련하여 발생한 신규채용비용, 교육훈련비용 및 이를 위해 사용하는 유형자산의 감가상각비 등에 관한 사항

부속명세서
재무제표의 계정과목 중에서 중요한 항목에 대하여 구체적인 세부내역을 기술한 보고서

한편 부속명세서(supporting schedules)는 재무제표의 계정과목 중에서 중요한 항목에 대하여 구체적인 세부내역을 기술한 보고서이다. 상법에서 정하고 있는 회계서류로서, 기업이 필요하다고 판단하면 특정 계정을 뒷받침하는 상세한 부속명세서를 작성할 수 있다.

3. 부문별 보고

부문
한 기업의 영업활동이 여러 지역에 걸쳐 있으면 지역별로 수익과 비용을 나누는 것, 또는 몇 개의 제품을 판매하고 있다면 개별 제품별로 수익과 비용을 나누는 것

기업의 영업활동이 점차 다양해지면서 투자자나 재무분석가는 기업의 재무제표에 나타나지 않는 좀더 상세한 정보를 제공할 수 있는 부문별 보고(segmental reporting)를 필요로 한다. 여기서 부문(segment)으로는 한 기업의 영업활동이 여러 지역에 걸쳐 있으면 지역별로 수익과 비용을 나누거나 만약 몇 개의 주요제품군을 판매하고 있다면 제품군별로 수익과 비용을 나누게 되는데, 기본적으로는 회사경영자가 경영관리목적에 따라 세분하고 있는 부문을 그대로 사용한다. 회계기준에서는 부문별 보고를 주석으로 상세히 공시하도록 요구하고 있다.

회계기준에서는 부문별 보고를 주석으로 상세히 공시하도록 요구하고 있다.

〈표 6-4〉에는 세계(주)의 부문별 손익계산서를 보여주고 있다. 이 회사는 보고부문을 사무용품과 자동차부품으로 나누어 정의하였다. 〈표 6-4〉에서 보면 사무용품 부문에 비하여 자동차부품 부문이 훨씬 수익성이 좋다는 것을 알 수 있

부문별 손익계산서

손익계산서

세계(주) 20××년 1월 1일부터 12월 31일까지 (단위 : 천원)

	전 체	보고부문 사무용품	보고부문 자동차부품
매 출 액	₩788,000	₩180,000	₩608,000
매 출 원 가	508,000	147,000	361,000
매출총이익	₩280,000	₩33,000	₩247,000
판매비와관리비	121,000	26,000	95,000
법인세비용차감전순이익	₩159,000	₩7,000	₩152,000
법인세비용	93,000		
당기순이익	₩66,000		

다. 만약 〈표 6-4〉와 같은 보고부문별 정보가 어떤 특정 보고부문이 기업 전체의 수익성, 위험, 성장잠재력에 어떠한 비중으로 영향을 미치고 있다는 사실을 알려 줄 수 있다면, 이는 재무정보이용자들이 기업의 미래현금흐름을 예측하는 의사결정 등에 유용한 정보로 이용될 것이다.

4. 중간재무보고

중간재무보고는 적시성 있는 중간재무제표의 제공을 통하여 정보의 유용성을 제고시킨다.

중간재무보고(interim reporting)란 1년보다 짧은 기간인 반기(6개월) 또는 분기(3개월)의 회계기간을 대상으로 수행되는 재무보고이다. 중간재무보고는 적시성 있는 중간재무제표의 제공을 통하여 정보의 유용성을 제고시킨다. 중간재무보고는 직전의 전체 연차재무제표를 갱신하는 정보를 제공하기 위하여 작성되기 때문에 새로운 활동이나 사건 및 환경의 보고에 중점을 두어야 하며, 이미 보고된 정보를 반복하는 수준이어서는 안 된다. 특히 다음과 같은 보충적 정보를 추가적으로 제공함으로써 이용자의 의사결정에 도움을 준다.

- 지난 연차보고서 공시 이후에 발생한 경영환경에 대한 보충적 정보
- 연말과 미래의 예측에 필요한 정보

• 기타 경영성과 평가, 경영통제 및 계획에 필요한 구체적인 정보, 특히 계절적 특성이 있는 경우 이에 대한 구체적인 정보

우리나라에서도 상장회사는 중간재무보고서로서 반기재무제표와 분기재무제표를 작성하고 있다. 회계기준에서는 중간재무정보로서 기업이 원하면 연차재무제표에서 정하는 방법에 따라 작성된 전체 재무제표와 완전한 주석을 포함할 수 있게 하고 있다. 그러나 최소한 요약재무상태표, 요약포괄손익계산서, 요약자본변동표, 요약현금흐름표, 그리고 연차재무제표 보고 이후 갱신내용이 상대적으로 중요하지 않은 주석사항을 제외한 선별적 주석을 포함시킬 것을 요구하고 있다.

5. 공인회계사의 감사보고

재무제표의 작성책임은 기업의 경영자에게 있다. 그런데 기업의 재무제표는 수많은 이해관계자들이 사용하므로 기업의 재무상태와 성과를 공정하게 나타낼 수 있어야 한다. 만약 재무정보가 올바르지 않다면 이해관계자들이 합리적인 의사결정을 내릴 수 없고, 나아가 사회의 자원배분도 비효율적으로 왜곡될 수 있으므로 국가적 부는 전체적으로 감소하게 된다. 따라서 기업의 재무제표가 그 기업의 재무상태나 성과를 적정하게 나타내고 있는가에 대한 사회적인 검증장치가 필요하게 된다. 주식회사 등의 외부감사에 관한 법률에서는 기업의 자산, 부채, 매출액, 종업원 수를 기준으로 일정규모 이상의 주식회사는 그들이 작성한 재무제표에 대하여 독립된 외부감사인(공인회계사)에 의한 외부감사를 받도록 규정하고 있다.

주권이 상장되었거나 일정규모 이상의 주식회사는 그들이 작성한 재무제표에 대하여 공인회계사에 의한 외부감사를 받아야 한다.

공인회계사는 기업의 재무제표를 감사하고 그 의견을 담은 감사보고서를 작성하게 된다. 이 감사보고서에는 기업의 재무제표가 일반적으로 인정된 회계원칙에 따라서 기업의 재무상태와 재무성과 및 현금흐름을 공정하게 표시하고 있는지의 여부에 대하여 전문직업인으로서의 감사의견이 표명된다. 감사의견(audit opinion)에는 다음과 같이 적정의견, 한정의견, 부적정의견, 그리고 의견거절의 네 가지 종류가 있다.

① 적정의견(unqualified opinion) 감사범위에 어떠한 제한도 받지 않았으며, 회계감사기준을 준수하여 감사를 실시한 결과 재무제표가 중요하게 왜곡표시되어 있지 않을 경우에 표명되는 의견이다.

② 한정의견(qualified opinion) 재무제표가 왜곡표시되거나 감사범위의 제한이 중요하지만 전반적이지는 않은 경우에 표명되는 의견이다.

③ 부적정의견(adverse opinion) 재무제표가 왜곡표시된 내용이 매우 중요하고 동시에 전반적인 경우에 표명되는 의견이다.

④ 의견거절(disclaimer of opinion) 감사범위가 제한되어 충분한 감사증거를 입수할 수 없고 이로 인하여 발견되지 못한 재무제표의 왜곡표시가 매우 중요하며 동시에 전반적인 경우에 표명되는 의견이다.

다음은 독립된 외부감사인에게 적정의견을 받은 감사보고서의 예시이다.

mark down **상장사 2.5% 감사의견 '비적정'… 2년 연속 비적정 법인 34곳**

금융감독원은 2024년 회계연도 결산을 마친 상장법인의 재무제표 감사내용을 분석한 결과, 전체 상장사 2,681개의 2.5%에 해당하는 66개사가 비적정 감사의견을 받았다고 발표하였다. 이 중 34개사는 2년 연속 비적정의견을 받은 법인으로 조사됐다.

비적정의견은 '한정', '부적정', '의견거절'을 포함한 카테고리로, 감사인이 재무제표 전반에 대하여 적정성을 확보할 수 없다는 판단을 의미한다. 66개사 중 '한정' 의견을 받은 기업이 8개사, '의견거절' 의견을 받은 기업이 58개사였다. '의견거절'은 감사인이 제대로 감사업무를 수행할 수 없었거나 기업 존립에 의문을 제기할 만한 사항이 중대한 경우 부여된다. 사유별로는 계속기업 불확실성, 기초재무제표 잔액과 종속 · 관계기업투자에 대한 감사범위 제한 등이 주요 사유였다.

적정의견 기업이더라도 감사인이 '계속기업 관련 중요한 불확실성'이 있다고 명시한 상장법인은 84개사(3.2%)에 달했는데, 금감원은 "계속기업 불확실성이 존재하는 경우 이용자들이 유의할 필요가 있다"고 설명했다.

한편 내부회계관리제도 감사의견이 '비적정'인 상장법인은 총 33개사(2.0%)로 "내부회계 감독강화와 기업의 개선 노력 등"으로 전년 대비 10개사 감소했다. 이 중 의견거절(감사범위 제한)은 22개사, 부적정(중요한 취약점 존재)은 11개사였다. 부적정 상장법인의 경우 금융상품 손상 · 평가, 종속 · 관계기업 손상 등 회계처리 관련 내부통제 미비가 주요 사유로 지적됐다. (뉴데일리, 2025.3.26 기사 요약)

독립된 감사인의 감사보고서

ABC주식회사
주주 및 이사회 귀중

감사의견

우리는 ABC주식회사의 재무제표를 감사하였습니다. 해당 재무제표는 20×2년 12월 31일과 20×1년 12월 31일 현재의 재무상태표, 동일로 종료되는 양 보고기간의 손익계산서, 포괄손익계산서, 자본변동표, 현금흐름표 그리고 유의적인 회계정책의 요약을 포함한 재무제표의 주석으로 구성되어 있습니다.

우리의 의견으로는 별첨된 회사의 재무제표는 회사의 20×2년 12월 31일과 20×1년 12월 31일 현재의 재무상태와 동일로 종료되는 양 보고기간의 재무성과 및 현금흐름을 한국채택국제회계기준에 따라, 중요성의 관점에서 공정하게 표시하고 있습니다.

감사의견근거

우리는 대한민국의 회계감사기준에 따라 감사를 수행하였습니다. 이 기준에 따른 우리의 책임은 이 감사보고서의 재무제표감사에 대한 감사인의 책임 단락에 기술되어 있습니다. 우리는 재무제표감사와 관련된 대한민국의 윤리적 요구사항에 따라 회사로부터 독립적이며, 그러한 요구사항에 따른 기타의 윤리적 책임들을 이행하였습니다. 우리가 입수한 감사증거가 감사의견을 위한 근거로서 충분하고 적합하다고 우리는 믿습니다.

핵심감사사항

핵심감사사항은 우리의 전문가적 판단에 따라 당기 재무제표감사에서 가장 유의적인 사항들입니다. (중략)

재무제표에 대한 경영진과 지배기구의 책임

경영진은 한국채택국제회계기준에 따라 이 재무제표를 작성하고 공정하게 표시할 책임이 있으며, 부정이나 오류로 인한 중요한 왜곡표시가 없는 재무제표를 작성하는 데 필요하다고 결정한 내부통제에 대해서도 책임이 있습니다. (중략)

재무제표에 대한 감사인의 책임

우리의 목적은 회사의 재무제표에 전체적으로 부정이나 오류로 인한 중요한 왜곡표시가 없는지에 대하여 합리적인 확신을 얻어 우리의 의견이 포함된 감사보고서를 발행하는 데 있습니다. 합리적인 확신은 높은 수준의 확신을 의미하나, 감사기준에 따라 수행된 감사가 항상 중요한 왜곡표시를 발견한다는 것을 보장하지는 않습니다. 왜곡표시는 부정이나 오류로부터 발생할 수 있으며, 왜곡표시가 재무제표를 근거로 하는 이용자의 경제적 의사결정에 개별적으로 또는 집합적으로 영향을 미칠 것이 합리적으로 예상되면, 그 왜곡표시는 중요하다고 간주됩니다. (중략)

이 감사보고서의 근거가 된 감사를 실시한 업무수행이사는 □□□입니다.

서울특별시 ×××구 ×××로 ×××
×××회계법인 대표이사 ×××

20×3년 2월 ××일

이 장의 요약

• 재무제표 작성의 일반원칙으로는 무엇이 있는가?
- 공정한 표시
- 계속기업
- 발생기준 회계
- 중요성과 통합표시
- 상계
- 보고빈도
- 비교정보
- 표시의 계속성

• 재무제표는 어떤 유용성과 한계점이 있는가?

〈유용성〉
- 합리적 의사결정을 지원함으로써 개인의 부(wealth)뿐만 아니라 자원배분의 효율성을 높여 사회 전체의 부를 증가시킨다.
- 공정성을 기반으로 이해관계자간의 잠재적 갈등을 조정하는 역할을 한다.

〈한계점〉
- 중요하지만 계량화하기 어려운 정보가 다수 생략된다.
- 원가배분이나 회계추정, 가치평가 등에 주관적 판단이 개입된다.
- 측정기준이 취득원가, 공정가치 등 다양하게 적용되어 이해가능성이 저하된다.

• 재무상태표는 무슨 정보를 어떻게 제공하는가?
- 특정 시점을 기준으로 그 기업의 재무적 상태에 관한 정보를 제공한다.
- (자산=부채+자본)의 형식으로 보고되며, 자산과 부채는 유동/비유동으로 구분하여 표시된다.

• 손익계산서는 무슨 정보를 어떻게 제공하는가?
- 일정기간 동안의 기업 또는 경영자의 재무적 성과에 관한 정보를 제공한다.
- (수익−비용=이익)의 형식으로 보고된다. 수익과 비용은 성격별 또는 기능별로 구분하여, 여러 단계의 이익(매출총이익, 영업이익, 당기순이익 등)이 표시된다.

• 손익계산서와 포괄손익계산서의 차이는 무엇인가?
- 손익계산서는 당기순이익까지를 보여주는 데 비하여, 포괄손익계산서는 당기순이익에 추가하여 기타포괄손익까지를 포함한 총포괄손익을 함께 보여주는 재무성과 보고서이다.
- 총포괄손익은 소유주와의 자본거래를 제외한 당기의 모든 손익거래(자본의 당기변동액−소유주와의 자본거래)에서 발생한 손익을 지칭하는데, 당기순이익 이외에 추가되는 주요 기타포괄손익으로는 자산평가에서 발생하는 미실현손익(예 : 자산재평가이익, 장기금융상품평가손익 등)이 대부분이다.

- 수익은 언제, 어떻게 인식하는가?
  - 수익은 거래상대방에게 판매목적으로 재화나 용역을 제공한 시점, 즉 발생기준에 따라 인식한다.
  - 다음의 5단계를 거쳐 처리한다(K-IFRS 1115).
    - 1단계 : 고객과의 계약 식별
    - 2단계 : 수행의무의 식별
    - 3단계 : 거래가격의 산정
    - 4단계 : 계약 내 수행의무에 거래가격의 배분
    - 5단계 : 수행의무 이행에 따른 수익인식
- 기업의 공시제도로는 어떤 것이 있는가?
  - 연차재무제표의 작성 및 공시
  - 상장회사의 주요 경영사항 수시공시
  - 상장회사 및 금융회사의 중간재무보고
  - 독립된 외부감사인의 감사보고서 외 다양

손익계산서에 포함되는 비용의 분류

손익계산서는 기업의 성과를 나타내는 재무보고서로서 모든 수익과 비용을 표시한다. 비용을 분류 표시할 때에는 두 종류의 방식을 선택적으로 적용할 수 있는데, 하나는 성격별 분류이고 다른 하나는 기능별 분류이다. 어느 분류방식으로 손익계산서를 작성할 것인지는 해당 기업의 역사적, 산업적 요인과 기업의 성격에 따라 다를 수 있다. 〈표 6-5〉에 성격별 분류와 기능별 분류에 따른 손익계산서를 예시하였다.

성격별 분류(classification by nature)는 당기의 손익에 포함되는 비용을 그 성격별로 분류하는 것을 말한다. 예를 들면 비용을 감가상각비, 원재료 사용액, 운송비, 종업원급여, 광고비 등으로 분류하여 표시하는 것이다. 반면에 기능별 분류(classification by function)는 비용을 구분할 때 매출원가, 물류원가, 관리비 등과 같이 그 기능별로 분류하는 것을 말한다.

손익계산서의 성격별 또는 기능별 분류

손익계산서 20××년 ×월 ×일부터 세계(주) 20××년 ×월 ×일까지 (단위 : 천원)		손익계산서 20××년 ×월 ×일부터 세계(주) 20××년 ×월 ×일까지(단위 : 천원)	
과 목 (성격별 분류)		과 목 (기능별 분류)	
매 출 액	₩23,000	매 출 액	₩23,000
기 타 수 익	3,500	기 타 수 익	3,500
(총 수 익)	₩26,500	(총 수 익)	₩26,500
제품과 재공품의 변동	₩9,000	매 출 원 가	₩16,000
원재료와 소모품의 사용액	6,500	판 매 비	3,250
종업원급여	3,000	관 리 비	2,500
운 송 비	1,200	금 융 비 용	400
기 타 비 용	2,600	기 타 비 용	150
(총 비 용)	₩22,300	(총 비 용)	₩22,300
법인세비용차감전순이익	₩4,200	법인세비용차감전순이익	₩4,200
법인세비용	1,100	법인세비용	1,100
당기순이익	₩3,100	당기순이익	₩3,100
주당순이익 : ₩1,350		주당순이익 : ₩1,350	

회계정보의 활용

공통형 재무제표

재무제표 항목은 화폐금액으로 표시되는데 기업의 특성과 거래가 다양하기 때문에 서로 다른 두 회사를 재무제표에 기록된 절대금액으로 직접 비교하기는 어렵다. 특정 항목(예를 들면, 자산총액 또는 매출액)에 대한 상대적 크기를 기준으로 재무제표 항목을 상호 표시하면 기업간 또는 기간별 비교가 쉽다는 장점이 있다. 이와 같이 재무제표 구성항목의 상대적 크기를 나타내는 수단으로 공통형 재무제표(common-size financial statements)가 널리 사용된다. 이 중에서 공통형 재무상태표는 자산총액을 100으로 했을 때 재무상태표의 각 구성항목의 비중을 표시하며, 공통형 손익계산서는 매출액을 100으로 했을 때 손익계산서의 각 구성항목의 크기를 나타낸다.

〈산식〉 $$\text{공통형 재무상태표 구성항목 비중} = \frac{\text{재무상태표 항목}}{\text{자산총액}}$$

$$\text{공통형 손익계산서 구성항목 비중} = \frac{\text{손익계산서 항목}}{\text{매 출 액}}$$

통신업에 속하는 SK텔레콤의 공통형 재무상태표를 기간별로 비교해 보자.

(금액단위 : 백만원)

재무상태표	SK텔레콤			
	2024년		2023년	
	금 액*	%	금 액*	%
유 동 자 산	7,476,682	24.5	6,585,602	21.9
투 자 자 산	4,246,360	13.9	3,629,208	12.0
유 형 자 산	12,617,394	41.3	13,006,196	43.2
무 형 자 산	4,267,364	14.0	4,936,146	16.4
기타비유동자산	1,907,455	6.3	1,962,075	6.5
자산총계	30,515,255	100.0	30,119,227	100.0
유 동 부 채	9,224,278	30.2	6,993,980	23.2
비유동부채	9,463,343	31.0	10,896,848	36.2
부채총계	18,687,621	61.2	17,890,828	59.4
자 본 금	30,493	0.1	30,493	0.1
기타불입자본	−11,954,936	−38.2	−11,828,644	−39.3
이익잉여금	22,976,127	75.3	22,799,981	75.7
기타자본구성요소	646,943	2.1	387,216	1.3
비지배지분	129,007	0.4	839,353	2.8
자본총계	11,827,634	38.8	12,228,399	40.6
부채와 자본총계	30,515,255	100.0	30,119,227	100.0

* 반올림에 따른 오차 때문에 합계가 일치하지 않을 수 있음.

SK텔레콤은 자산 대비 자본 비중이 2023년의 40.6%에서 2024년 38.8%로 소폭 감소하였다. 이익잉여금이 부채와 자본총계에서 차지하는 비중(75.3%)은 매우 높은 편이며, 기타불입자본의 금액이 매우 큰 마이너스값을 갖는 것은 동일지배하 사업결합시 제공한 이전대가와 취득한 순자산 장부금액 간의 차이가 매우 크기 때문이다. 2023년과 비교하였을 때 유동자산이 다소 증가하였으나(2.6%p) 여전히 비유동자산 비중이 유동자산 비중의 3배 이상을 차지하고 있다. 유동부채는 증가하고(7.0%p) 비유동부채는 감소하여(5.2%p) 비중이 거의 비슷하다.

재무제표의 작성

다음은 20×1년 12월 31일로 회계연도가 종료되는 온누리(주)와 관련된 자료이다.

(단위 : 천원)

매 출 액	₩2,550	법인세비용	₩240
매 출 원 가	1,510	이 자 수 익	150
이 자 비 용	72	자 본 금(1주당 금액 ₩5,000)	100
매 출 채 권	1,020	재 해 손 실	20
장기대여금	200	건 물	1,635
주식발행초과금	87	매 입 채 무	300
현금및현금성자산	340	사 채	800
토지재평가이익	140	단기차입금	150
재 고 자 산	375	미처분이익잉여금*	1,923
판 매 비	300	임 대 수 익	100
관 리 비	230	토지재평가잉여금	210

* 당기순이익 ₩428이 포함된 금액임.

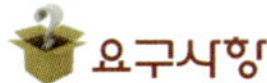

위의 자료에 의거하여 20×1년 온누리(주)의 다음 재무제표를 작성하라. 단, 포괄손익계산서는 다단계식으로 작성하고, 비용은 기능별 분류방식을 따른다.

1. 포괄손익계산서
2. 재무상태표

해답

1.

포괄손익계산서

온누리(주) 20×1년 1월 1일부터 20×1년 12월 31일까지 (단위 : 천원)

과 목		금 액
매 출 액		₩2,550
매 출 원 가		1,510
매출총이익		₩1,040
판 매 비		(300)
관 리 비		(230)
영 업 이 익		₩510
이 자 수 익		150
이 자 비 용		(72)
기 타 수 익		
임 대 수 익		100
기 타 비 용		
재 해 손 실		(20)
법인세비용차감전순이익		₩668
법인세비용		240
당기순이익		₩428
기타포괄손익		
토지재평가이익		140
당기총포괄이익		₩568
주당순이익 : ₩21,400*		

* ₩428,000÷(₩100,000/₩5,000)=₩21,400/주

2.

재무상태표

온누리(주) 20×1년 12월 31일 현재 (단위 : 천원)

자 산	금 액	부채 · 자본	금 액
유 동 자 산	₩1,735	유 동 부 채	₩450
현금및현금성자산	340	매 입 채 무	300
매 출 채 권	1,020	단기차입금	150
재 고 자 산	375	비유동부채	800
비유동자산	1,835	사 채	800
장기대여금	200	부채총계	1,250
건 물	1,635	자 본 금	100
		보통주자본금	100
		자본잉여금	87
		주식발행초과금	87
		기타포괄손익누계액	210
		토지재평가잉여금	210
		이익잉여금	1,923
		미처분이익잉여금	1,923
		자본총계	2,320
자산총계	₩3,570	부채와 자본총계	₩3,570

익힘문제

01 재무보고와 재무제표는 어떤 점에서 서로 차이가 있는가?

02 재무보고의 기본목적은 어디에 있는가? 경영자는 정보이용자의 정보욕구(information needs)를 충족시키기 위하여 구체적으로 어떤 유형의 정보를 제공하는가?

03 재무제표의 종류를 들고, 정태적 재무제표와 동태적 재무제표 중 어느 것에 속하는지를 밝혀라.

04 재무제표의 유용성과 한계점을 간략히 기술하라.

05 자산, 부채 및 자본의 개념을 간결하게 정의하라.

06 재무상태표의 작성기준으로서 1년 기준에 의한 유동/비유동 분류 원칙을 설명하라.

07 기업이 수익을 인식할 때 적용해야 할 5단계 절차를 설명하라.

08 기업이 거래상대방에게 재화나 용역을 제공하는 시점을 파악할 때 적용되는 기준을 설명하라.

09 재화나 용역이 여러 회계기간에 걸쳐 제공되는 경우에 수익은 어떻게 인식하는가?

10 재무제표의 작성과 공시를 규제하는 대표적인 법률로는 어떤 것이 있는가?

11 주식회사 등의 외부감사에 관한 법률에서는 누가 재무제표를 작성할 책임이 있으며, 이를 어길 경우 어떠한 책임을 묻고 있는가?

12 주석의 의미를 설명하라. 또한 기업이 재무제표 이외의 재무보고 수단으로 어떠한 것을 활용할 수 있는지 논하라.

13 중간재무보고서가 연차재무제표와 다른 어떤 특별한 정보를 제공할 수 있겠는가?

14 부문별 보고는 왜 필요한가?

15 재무제표의 작성책임은 누구에게 있으며 독립된 외부감사인에 의한 재무제표감사는 왜 필요한가?

16 감사의견의 종류를 설명하라.

01 재무상태표의 기본구조

삼청(주)의 20×1년 12월 31일 재무상태표 계정과목의 잔액은 다음과 같다.

매출채권	₩180,000	토지	₩2,300,000
현금및현금성자산	850,000	단기차입금	500,000
건물	1,350,000	장기대여금	300,000
매입채무	250,000	단기대여금	250,000
사채	1,500,000	재고자산	820,000
자본금	2,000,000	이익잉여금	?

요구사항

각 항목을 자산, 부채, 자본으로 분류하여 삼청(주)의 20×1년 12월 31일 자산, 부채 및 자본 총계를 각각 계산하고, 동 일자의 이익잉여금을 구하라.

02 재무상태표의 작성

혜화(주)의 20×1년 12월 31일 재무상태표 계정과목의 잔액은 다음과 같다.

현금및현금성자산	₩80,000	건물	₩570,000
단기대여금	50,000	비품	174,000
매출채권	150,000	토지	225,000
재고자산	350,000	미지급금	130,000
자본잉여금	125,000	기초이익잉여금	186,000
선급보험료	70,000	장기금융자산	150,000
매입채무	80,000	단기차입금	160,000
장기차입금	260,000	자본금	500,000
당기순이익	?	사채	300,000

요구사항

혜화(주)의 20×1년 12월 31일자 계정식 재무상태표를 작성하라. 당기순이익은 얼마인가?

03 손익계산서의 작성

독도(주)의 20×1년중의 수익과 비용 및 기타 관련자료는 다음과 같다.

판매원급여	₩90,000	대손상각비	₩8,000
매점임차료	30,000	광고선전비	15,000
재 해 손 실	20,000	소 모 품 비	5,000
매 출 액	390,000	운 송 비	13,000
수수료수익	8,000	이 자 수 익	8,000
관리사원급여	30,000	외화평가손실	2,500
보 험 료	16,000	이 자 비 용	12,000
매 출 원 가	130,000	법인세비용	14,000
유형자산처분이익	30,000		

요구사항

회계기준에서 허용하는 양식에 따라서 20×1년 12월 31일에 회계연도가 종료되는 독도(주)의 손익계산서를 작성하라. 단, 다단계식으로 작성하고 비용은 기능별 분류방식을 따른다.

04 수익의 인식기준 (I)

다음은 여러 기업들의 수익인식에 관한 설명이다. 기업들의 결산일은 모두 12월 31일이다.

(1) 20×1년말 수성(주)는 재고자산의 장부금액이 ₩1,000,000이다. 그런데 20×2년도에는 이 재고자산을 ₩1,200,000에 매출할 수 있을 것으로 확신하고 있고, 고객은 구매의사를 이미 밝혔다.

(2) 금성건설(주)는 20×1년도 총계약비용 ₩10,000,000에 건물을 지어주겠다고 거래처와 건설계약을 체결했다. 총건설원가는 ₩6,000,000이 소요될 것으로 추정하고 있다. 20×1년에 금성건설(주)가 ₩600,000의 건설비를 지출하고 공사대금으로 ₩700,000을 받았다. 20×1년에는 얼마의 이익을 인식해야 하는가?

(3) 화성(주)는 20×1년 12월 28일에 고객으로부터 ₩800,000의 거래주문을 받았다. 이 상품의 원가는 ₩700,000이다. 화성(주)는 FOB조건으로 이 상품을 20×1년 12월 29일 선적하였으며 20×2년 1월 4일에 고객의 창고에 도착하였다.

(4) 목성(주)는 20×1년 11월 13일에 달성(주)에 위탁판매를 의뢰하면서 ₩200,000의 재고자산을 발송했다. 달성(주)는 20×1년 12월 28일에 고객에게 매각했고, 20×2년 1월 5일에 목성(주)에 매각 사실을 알렸다. 그리고 매각대금은 20×2년 2월 1일에 목성(주)에 송금했다.

(5) 토성(주)가 20×1년 12월 1일에 액면금액으로 취득한 투자사채 ₩1,000,000은 액면이자율이 연 6%이다.

(6) 매크로소프트(주)는 문서작성용 소프트웨어 출시 10주년을 맞아 소프트웨어와 3년 업데이트 서비스를 패키지로 묶어 ₩120,000에 판매하였다. 소프트웨어와 3년 업데이트 서비스를 별도로 판매할 경우 각각 ₩100,000과 ₩50,000이다.

요구사항

위의 각 상황에서 어떻게 수익을 인식해야 하는가?

05 수익의 인식기준 (II)

다음의 각 항목은 모두 독립된 사례이다.

(1) 총계약수익 ₩1,000,000의 장기건설공사에 착수하였다. 총계약원가는 ₩720,000이 될 것으로 예상되는데, 이 중에서 ₩90,000은 당기에 발생하였다.

(2) 다음 회계연도에 ₩80,000에 판매하기로 하고, 고객으로부터 주문받은 기계에 대한 제작공정이 약 25% 진행되었다. 기계가 완성될 때까지의 총계약원가는 ₩56,000이다.

(3) 차기에 구입하여 역시 차기에 고객에게 인도될 상품에 대해 특별주문을 당기에 받았다. 이 상품의 구매가액은 ₩7,200이고 판매가액은 ₩9,800이다.

요구사항

각 항목에 대해 당기에 인식해야 할 수익액과 차기로 이연시켜야 할 수익액을 결정하라.

06 건설계약의 수익인식 (I)

한강다리(주)는 20×1년 7월 1일 서울시와 한강에 새로운 다리를 건설하는 건설계약을 체결하였다. 총건설계약수익은 ₩1,600,000이며 이 다리를 건설하는 데 필요한 건설계약원가는 ₩1,200,000으로 추정되었다. 당해 건설계약에서 실제로 발생한 누적계약원가는 다음과 같다.

	20×1년	20×2년	20×3년
건설계약누적원가	₩150,000	₩750,000	₩1,200,000

요구사항

1. 진행기준에 따라서 매년도 건설계약진행률(총계약원가 대비 현재까지 발생한 누적계약원가의 비율)을 계산하고, 매년도에 인식할 수익과 비용 그리고 건설계약이익(수익−비용)을 계산하라.
2. 완성기준에 따라서 수익을 인식하는 경우, 매년도에 인식할 수익과 비용 그리고 건설계약이익을 계산하라.
3. 수익인식기준으로서 진행기준과 완성기준 중 어느 것이 기업의 수익과 비용을 보다 적절하게 인식하는 방법인가?

고급연습문제

07 포괄손익계산서의 작성

다음은 가나(주)의 20×1년 손익 관련 계정이다.

(단위 : 천원)

금융자산처분이익	₩1,700	이 자 수 익	₩680
광고선전비	400	운 송 비	350
법인세비용	210	매 출 원 가	8,900
판매사원급여	2,200	감가상각비(운송트럭)	520
기타포괄손익인식금융자산평가손실	340	감가상각비(본사빌딩)	600
이 자 비 용	1,240	상가임차료	550
매 출	15,600	유형자산재평가이익	480
소 모 품 비	420	기 부 금	100
관리사원급여	1,800	배당금수익	240
대손상각비	380		

요구사항

회계기준에서 허용하는 양식에 따라 20×1년 12월 31일로 회계연도가 종료되는 가나(주)의 다단계식 포괄손익계산서를 작성하라.

08 건설계약의 수익인식 (Ⅱ)

20×1년 12월 1일에 혜성(주)는 신일(주)로부터 통신위성의 제작 및 설치의뢰를 받고 건설계약을 체결하였다. 위성의 설치는 20×3년 11월에 완료될 것으로 예정된다. 본 계약의 총계약수익은 ₩50,000,000이고, 추정총계약원가는 ₩40,000,000이다. 건설계약대금은 다음과 같이 지급하기로 약정되었다.

20×1년 계약시	₩5,000,000
20×2년 1/2 완성시	20,000,000
20×3년 완성시	20,000,000
20×4년 완성 후 90일	5,000,000

건설계약의 진척도는 추정총계약원가 중 실제로 발생한 비용의 비율에 따라 결정된다. 혜성(주)의 회계연도는 12월 31일로 종료된다. 다음과 같이 위성의 설치비용이 발생되고 지급되었다.

20×1년 12월	₩4,800,000
20×2년	23,200,000
20×3년	12,000,000

20×3년 11월 8일에 위성의 설치를 완료하였다.

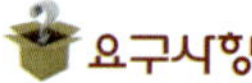

1. 수익을 현금기준에 의하여 인식한다면 각 연도에 보고될 혜성(주)의 건설계약이익을 계산하라.
2. 발생기준에 따라 각 연도에 보고될 혜성(주)의 건설계약이익을 (1) 진행기준과, (2) 완성기준에 따라 계산하라.
3. 기간손익을 계산하는 데 있어서 어느 방법이 보다 적절한가?

09 건설계약의 수익인식 (Ⅲ)

평화(주)는 20×0년말에 정부산하 원자로연구소로부터 총계약수익 ₩3,000,000 규모의 연구용 원자로 건설계약을 체결하였다. 동 공사는 20×1년초에 착공하여 20×7년에 완공할 예정이다. 계약조건에 따라 원자로연구소로부터 기대되는 현금수취액과 건설계약 예정원가는 다음과 같다.

연 도	현금수취액	건설계약 예정원가
20×0년말(계약체결시)	₩100,000	
20×1년	250,000	₩440,000
20×2년～20×6년	250,000/년	330,000/년
20×7년	1,400,000	110,000

매년 발생한 건설계약원가는 모두 현금으로 지급되었다고 가정한다.

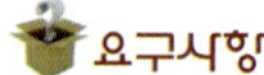

평화(주)가 연구용 원자로 공사와 관련하여 매년 보고할 건설계약이익을 (1) 현금기준, (2) 진행기준 및 (3) 완성기준에 따라 계산하라.

10 회계정보의 활용 – 공통형 재무상태표

종합예제에 나와 있는 온누리(주)의 20×1년 재무상태표를 이용하여 공통형 재무상태표를 작성하고, 유동자산과 비유동자산의 비중, 부채와 자본의 비중, 유동부채와 비유동부채의 비중 등에 대해 논하라.

11 회계정보의 활용 – 공통형 포괄손익계산서

종합예제에 나와 있는 온누리(주)의 20×1년 손익계산서를 이용하여 공통형 포괄손익계산서를 작성하고, 매출총이익률, 매출액영업이익률, 매출액순이익률 등에 대해 논하라.

12 수익인식과 경영윤리

미국에는 '어느 직업에 종사하는 사람의 평균수명이 가장 긴가?' 하는 난센스 퀴즈가 있다. 답은 변호사이다. 미국에는 변호사가 일을 한 시간만큼 변호사수수료를 받는 경우가 대부분이기 때문에 변호사는 변호사비를 많이 받기 위해서 일을 한 시간을 과장해서 부풀리고 돈을 청구한다고 하는 조크이다. 그래서 어떤 변호사가 일한 시간을 합해보니 살아 있는 날에 이미 120살이었다고 한다.

김&이 법무법인의 사장인 김사장 씨는 20×1년 12월초 사내 email 시스템으로 법무법인에 종사하는 변호사들에게 email을 보냈다. email의 내용은 20×1년의 수익이 저조하기 때문에 변호사비를 청구할 때, 업무를 위해서 오고 가는 교통시간을 가산하고, 쉬는 시간과 대기시간도 timesheet에 포함시킬 것을 지시했다. 그리고 20×2년 1월에 수행해야 할 업무에 해당하는 시간도 가급적 20×1년 12월의 업무시간으로 반영하여 변호사수수료를 청구할 때 가산할 것을 지시했다.

김사장 씨의 수익인식방법을 평가하라.

수익의 인식(현금기준 대비 발생기준)

태그노 씨는 여우에어로빅 교습소를 인수하려고 한다. 어느 날 태그노 씨가 당신을 찾아와서 여우교습소의 재무제표를 분석해 줄 것과 이 교습소를 인수해도 좋은가의 여부를 검토해 달라고 요청하였다. 여우교습소는 원장인 이정현 씨 소유의 개인기업으로 1년 전에 개업하였다. 여우교습소는 영업용 건물과 운동기구들을 모두 임차해서 사용하고 있다. 여우교습소의 모든 거래는 현금의 수입과 지출을 동반하며, 이정현 씨는 현금기준에 의해 거래를 기록한다. 이정현 씨는 연말에 현금기준으로 다음과 같이 재무상태표와 손익계산서를 작성했다.

손익계산서

여우교습소	20×1년 1월 1일부터 20×1년 12월 31일까지	(단위 : 천원)
수　　익		
회원입회금	₩150,000	
회원정기회비	30,000	₩180,000
비　　용		
임 차 료	₩18,000	
급　　여	52,000	
광 고 비	20,000	
잡　　비	15,000	105,000
순 이 익		₩75,000

재무상태표

여우교습소　20×1년 12월 31일 현재　(단위 : 천원)

자　　산		부채와 자본	
현　　금	₩25,000	자 본 금	₩25,000

이정현 씨는 여우교습소의 매각금액으로 ₩25,000,000을 제안하였다. 이에 대해 태그노 씨는 매우 긍정적인 반응을 보이며, “나는 여우교습소를 인수하기 위해서 현금 ₩25,000,000을 지급할 용의가 있으며, 많은 현금수입이 보장되는 수익성이 높은 사업을 갖게 될 것으로 기대한다”라고 말했다. 당신과 태그노 씨를 만난 자리에서 이정현 씨는 다음과 같이 말했다. “이 사업은 매우 유망하다. 영업 첫해에 ₩50,000,000을 인출했으며, 여우교습소는 현금보유액이 많고, 부채가 없어 유동성이 높은 학원이다.”

당신은 이정현 씨에게 회원입회금과 회원회비의 차이점에 대해 설명해 줄 것을 요청했다. 이정현 씨는 “여우교습소는 이 지역에서 독점상태에 있는 사설 교습소이기 때문에 회원만으로 운영된다. 올해에 우리는 유효기간이 5년인 회원권 500매를 발매했다. 회원권을 구입하고 회원이 되기 위해서는 선금으로 입회금 ₩300,000을 내고, 매월 ₩10,000씩 5년 동안 정기적으로 회비를 납부해야만 한다. 나는 선금으로 받은 입회금을 회원입회금 수익계정의 대변에 기록했고, 매달 받는 회원의 회비 ₩10,000을 회원정기회비 수익계정의 대변에 기록했다. 이렇게 모든 수익은 현금으로만 이루어지기 때문에 다른 학원들처럼 '서류상의 이익(조작된 이익)'은 존재하지 않는다"라고 대답했다.

당신은 이정현 씨에게 이러한 5년제 회원권이 언제 팔렸는지에 대하여 질문했다. 이정현 씨는 "이 회원들은 평균 6개월 정도 되었다. 회원들 중에 아무도 탈퇴할 사람이 없기 때문에 여우교습소는 남은 4년 6개월 동안 회원들로부터 월 회비를 계속 받을 수 있으므로 미래의 수익성이 보장된다. 여우교습소는 지난 6개월 동안 새로운 회원을 받아들이지 않았다. 그러므로 여우교습소는 광고를 계속할 필요가 없기 때문에 미래의 수익성이 더욱 높아진다"라고 대답했다.

요구사항

1. 여우교습소의 20×1년 재무제표는 현금기준에 의해 작성되었다. 여우교습소의 손익계산서와 재무상태표를 발생기준에 의해 다시 작성하라. 20×1년도 말 현재 회원으로부터 받은 회원입회금 중 실현된 것은 전체의 1/10에 불과하다는 사실을 명심하라(회원권 발매시 받은 회원입회금은 기간이 경과함에 따라 수익으로 실현되며, 회원이 탈퇴할 때 미실현된 회원입회금을 반환한다).
2. 다음 해 20×2년에 여우교습소의 회원 500명 중 탈퇴한 사람은 아무도 없으며, 새로운 회원가입도 없었다고 가정하라. 여우교습소의 다음 해에 기대되는 현금수입액은 얼마인가? 광고비는 더 이상 지출되지 않으나, 다른 비용은 동일하게 지출된다고 가정할 때, 20×2년에 예상되는 현금지출액은 얼마인가?
3. 1.과 2.에서 분석한 정보를 이용하여 태그노 씨에게 여우교습소를 ₩25,000,000에 인수해도 좋은지의 여부를 설명하되, 특히 이 사업이 ① 수익성이 있는지, ② 부채는 없는지, ③ 내년에 소유주가 충분한 여유현금을 배당으로 인출할 수 있는지 등을 자세히 설명하라.

제Ⅰ부 재무제표와 회계정보의 처리

제Ⅱ부 회계정보의 계정별 처리

제Ⅲ부 회계정보의 활용

PART 

회계정보의 계정별 처리

chapter 7

현금과 내부통제

이제까지 회계거래가 발생한 시점에서부터 재무제표가 작성되기까지의 흐름을 회계순환과정 전체의 관점에서 살펴보았고, 특히 상품매매회사의 회계순환과정에 대해서는 별도로 제5장에서 공부하였다.

이제 본장부터는 재무제표를 구성하고 있는 주요 계정과목별로 회계처리 및 보고절차에 대하여 설명하기로 한다. 각 계정과목별 회계처리의 문제를 학습하는 과정에서도 항상 전체적인 회계순환과정을 염두에 두고 거래의 기록에서부터 보고에 이르는 절차를 머릿속에 그리며, 지금의 회계처리가 전체적인 과정에서 어느 단계에 해당되는지를 생각해 보는 것이 도움이 될 것이다. 또한 현재 공부하고 있는 각 계정과목은 재무제표상에서 어떤 범주에 속하고 있는지를 종합적인 관점에서 조감하는 것도 큰 의미가 있으리라 생각된다.

본장에서는 자산 중 가장 유동성이 높은 현금및현금성자산에 관한 회계처리, 그리고 내부통제와 회계부정에 대하여 살펴보기로 한다. 현금및현금성자산에 관련해서는 기본적인 회계처리에 관한 문제뿐만 아니라

OBJECTIVES

- 기업에서 흑자도산은 왜 발생하는가?
- 현금및현금성자산에는 어떤 항목들이 포함되는가?
- 내부통제에는 어떤 기본원칙들이 구비되어야 하는가?
- 현금의 내부통제는 어떻게 이루어지는가?
- 은행계정조정표는 왜 필요하며 어떻게 작성하는가?
- 회계부정의 유형과 그 상호관계는 어떠한가?
- 부정위험의 3요소는 무엇인가?
- 부정예방을 위해 기업이 채택할 수 있는 정책은 무엇인가?

이를 안전하게 그리고 효율적으로 관리하기 위한 내부통제가 특히 중요한 관심사이다. 내부통제는 자산의 보호와 재무보고의 신뢰성을 확보하기 위해서 필요한 제도이다. 현금에 관한 내부통제방법으로는 은행의 이용, 온라인송금 및 인터넷뱅킹, 신용카드 사용 등이 있다. 한편 은행예금에 관한 중요한 내부통제방법의 하나로 은행계정조정표를 작성한다. 또한 현금관리 그리고 출납장부기록을 맡지 않는 독립적인 사람으로 하여금 정기적으로 은행계정조정표를 작성하게 함으로써 예금과 관련한 부정을 방지할 수 있고 회계기록의 정확성을 검증할 수 있다.

회계부정이란 자산의 횡령이나 부정한 재무보고를 총칭하는 개념이다. 회계부정을 초래하는 동기와 기회요인, 그리고 그 예방과 방지를 위한 절차들을 설명한다.

재무상태표

자 산	부 채
유동자산	유동부채
· 현금및현금성자산 · 단기금융자산 ⋮	비유동부채
	부채총계
비유동자산	**자 본**
투자자산	자본금
유형자산	자본잉여금
무형자산	기타포괄손익누계액
기타자산	이익잉여금
	자본총계
자산총계	**부채와 자본총계**

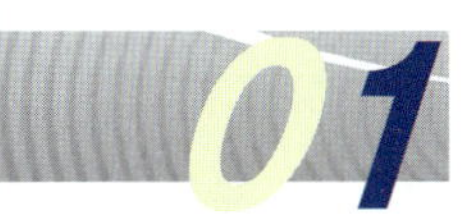

기업활동과 유동성

OBJECTIVES
• 기업에서 흑자도산은 왜 발생하는가?

기업이 도산이나 지급불능상태에 빠지지 않고 영업활동을 안정적으로 수행하기 위해서는 유동성이 높은 자산을 충분히 보유하고 있어야 한다. 왜냐하면 기업에서의 현금은 인체에서의 혈액과 같은 것으로, 사람의 몸에 피가 부족하면 생명이 위태롭듯이 현금의 순환이 원활하게 이루어지지 않으면 계속기업으로서의 존속이 어렵기 때문이다.

유동성
기업의 자산이 현금으로 얼마나 빠르게 전환가능한지의 정도

유동성(liquidity)이란 기업의 자산이 현금으로 얼마나 빠르게 전환가능한지의 정도를 말하는 것으로, 유동성이 높다는 것은 단기간 내에 현금으로 전환이 가능하다는 의미이다. 예를 들면 현금과 현금성자산은 유동성이 가장 높은 자산이다. 은행예금은 대금회수에 시간이 소요되는 매출채권보다 유동성이 높으며, 평균적으로 매출채권은 제품판매에 시간이 소요되는 재고자산보다 유동성이 높다.

현금과 현금성자산은 유동성이 가장 높은 자산이고, 은행예금은 매출채권보다 유동성이 높다.

경영자는 항시 기업의 유동성을 면밀히 관찰하여 일시적 지급불능상태에 빠지지 않도록 적정수준의 유동성을 유지할 책임이 있다. 기업이 보유하고 있는 자산의 유동성이 낮으면 기업은 적시에 대금을 지급하지 못하게 될 위험이 높고, 장기적으로는 채무를 원활히 변제하지 못하게 된다. 때로는 높은 순이익을 보고하는데도 불구하고 주주에게 배당금을 지급할 수 없는 상황이 발생하기도 한다. 우리가 주위에서 종종 보는 흑자도산이란 기업의 수익성은 양호하지만 충분한 자금을 확보하지 못해 기업이 지급능력을 상실함으로써 결국은 파산에 이르는 경우를 지칭하는 것이다.

경영자에게는 이익창출의 목표 이전에 기본적으로 계속기업을 유지할 책임이 있다.

투자자나 채권자가 기업에 대해 궁극적으로 관심을 갖는 부분은 기업의 미래현금흐름(future cash flow) 창출능력이다. 주주는 기업으로부터 받게 될 미래의 배당액에 관심이 있으며, 채권자는 자신이 자금을 대여한 기업이 원금과 이자를 미래에 충분히 갚을 수 있는 능력을 갖추고 있는지를 사전에 평가하고자 한다. 즉 이들은 기업의 현금흐름과 관련한 장·단기 유동성 및 미래의 지급능력에 대하여 궁극적인 관심을 갖고 있는 것이다.

기업의 미래현금흐름을 평가하는 데 유용한 정보는 현금흐름표로부터 얻을 수 있다. 현금흐름표는 재무상태표에 보고된 현금의 세부 변동내용을 영업활동, 투자활동 및 재무활동으로 구분하여 제공한다.[1] 정상적인 기업은 미래에 지속적으로 수익을 창출하기 위하여 설비투자(투자활동)가 필수적이다. 이에 필요한 현

금을 영업활동으로부터 조달하는 것이 가장 이상적이다. 만일 영업활동으로부터 충분한 현금을 조달할 수 없다면 차입 또는 유상증자 등 재무활동을 통하여 현금을 조달해야 한다. 하지만 유동성이 낮거나 미래전망이 좋지 않은 기업은 재무활동을 통한 현금조달에 어려움을 겪을 것이다.

[그림 7-1]에서는 부실(주)의 당기순이익과 영업활동 현금흐름을 비교함으로써 흑자도산의 실제 사례를 보여주고 있다.[2] 부실(주)의 20×1년부터 20×6년까지 당기순이익은 비교적 만족스러운 수준을 보여주고 있다. 그러나 영업활동 현금흐름은 20×4년까지 적자(−)이고 20×4년 이후에는 적자 폭이 급격히 증가하고 있어 부도가 발생하기 수년 전부터 현금부족이 심각했음을 알 수 있다.

부실(주)의 당기순이익과 영업활동 현금흐름의 비교

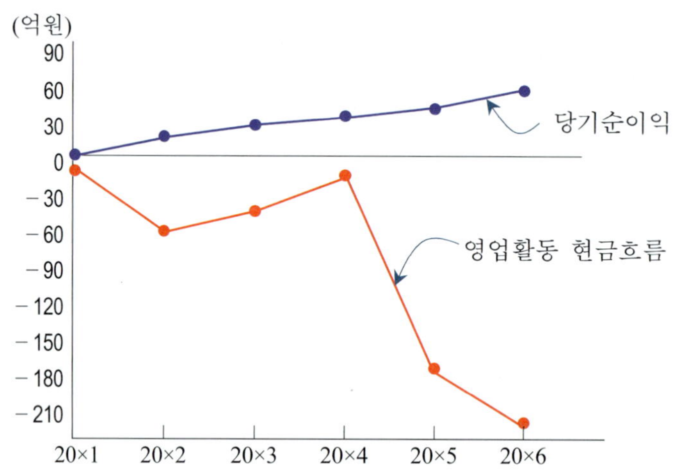

이익이 발생하는데도 현금흐름은 마이너스가 될 수 있는 이유는 다음 산식에서 보는 바와 같이 기본적으로 손익계산서의 당기순이익의 결정방법이 기업의 현금흐름과 일치하지 않기 때문이다.

손익계산서		재무상태표(현금)
수익	≠	현금유입액
−비용	≠	−현금유출액
당기순이익	≠	현금흐름(증감액)

1) 현금흐름표에 관한 자세한 내용은 제14장에서 다룬다.
2) 부실(주)는 2000년대 후반에 실제로 부도를 낸 유명 여성의류업체이다.

즉 당기순이익은 발생기준에 의해 결정되는 데 비해 현금흐름(증감액)은 현금기준에 의해 계산되기 때문이다. 따라서 기업의 경영자는 일상적인 경영활동 과정에서 이익관리뿐만 아니라 이와는 별도로 계속기업 유지를 위한 현금(유동성)관리에 각별한 주의를 기울여야 한다.

02 현금및현금성자산

OBJECTIVES 

• 현금및현금성자산에는 어떤 항목들이 포함되는가?

대표적 금융자산인 현금과예금, 그리고 각종 단기금융자산 및 기타의 현금성금융자산 등은 재무상태표에 유동자산의 일부로서 보고된다. 현금및현금성자산은 재무상태표에서 유동성이 가장 높은 자산이다.

1. 현금및현금성자산

현금은 통화인 지폐와 동전뿐만 아니라, 통화와 마찬가지로 사용할 수 있는 통화대용증권과 요구불예금을 포함한다.

실생활에서 '현금'이라 하면 주로 통화만을 지칭하는데, 회계에서의 현금은 좀더 넓은 의미로 사용되고 있다. 현금(cash)은 통화인 지폐와 동전뿐만 아니라, 통화와 마찬가지로 사용할 수 있는 타인발행수표, 배당증권, 지급일이 도래한 사채이자표 등의 통화대용증권을 포함한다. 그리고 당좌예금이나 보통예금같이 예입과 인출을 자유로이 할 수 있는 요구불예금도 현금에 포함시킨다. 당좌예금과 보통예금은 현금이 은행에 보관되어 있다는 점에서 차이가 있을 뿐, 유동성은 현금과 동일하다고 볼 수 있다.

현금성자산
현금의 단기적인 운용을 목적으로 취득한 유동성이 가장 높은 단기금융자산

현금성자산(cash equivalents)이란 현금의 단기적인 운용을 목적으로 취득한 유동성이 가장 높은 단기금융자산을 의미한다. 기업은 당장에 필요하지 않은 현금을 이러한 자산에 투자하여 추가로 수익을 얻을 수 있다. 현금성자산에 포함되려면 큰 거래비용 없이 현금으로 전환이 용이하고, 이자율의 변동에 따른 가치변동이 작아 특별한 위험부담 없이 현금과 거의 동일하게 사용할 수 있어야 한다. 예를 들면 취득당시 만기가 3개월 이내에 도래하는 채권이나 상환조건이 3개월 이내인 환매채, 신탁계약기간이 3개월 이내인 단기수익증권 등이 포함된다.

단기금융자산
단기예금, 단기대여금, 당기손익인식금융자산 등의 단기보유목적 금융자산을 총칭

한편 단기금융자산은 기업이 여유자금의 활용목적으로 보유하는 단기예금, 단기대여금, 당기손익인식금융자산 등 단기보유목적 금융자산을 총칭하는 개념이다. 금융기관이 취급하는 예금 중에서 기업이 단기적인 자금운용을 목적으로 하거나 결산일 현재 1년 내에 만기가 도래하는 정기예금·정기적금 또는 사용이 제한되어 있는 단기예금[3]은 유동자산으로서 단기금융자산에 포함시킨다. 또한 금융기관이 취급하는 정형화된 상품으로서 기업어음, 양도성 예금증서, 어음관리계좌 등도 단기적인 자금운용을 목적으로 하거나 보고기간말 현재 만기가 1년 내에 도래하는 경우에는 단기금융자산으로 분류한다. 다만 이러한 정형화된 금융상품의 경우에도 취득시 만기가 3개월 이내에 도래하여 유동성이 매우 높은 금융상품은 현금및현금성자산으로 분류한다.[4]

만약 만기가 1년 이내에 도래하지 않으면서 사용목적이 제한되어 있거나 혹은 일상적인 기업의 영업활동과정에서 지급수단으로 사용할 수 없는 예금은 유동자산으로 분류해서는 안 된다. 예를 들면 설비자산 증설을 위한 특수목적펀드, 사채상환 목적으로 설정된 적립기금, 자금차입에 대한 담보성격의 구속성예금(compensating balance) 등은 재무상태표에서 비유동자산 항목으로 분류함으로써 단기간 내에 현금으로 사용될 수 없는 자산임을 알린다.

mark down

대표적인 정형화된 단기금융상품은 다음과 같다.

- 기업어음(CP : commercial paper)은 기업이 단기적인 자금조달을 위해 발행하는 어음을 말하는데, 일반적으로 금융기관이 기업으로부터 수수료를 받고 투자자에게 매각한다.
- 양도성 예금증서(CD : certificate of deposit)는 정기예금에 대하여 은행이 발행하는 무기명 잔고증명서이다. 은행은 예금의 만기일에 예금증서 소지인에게 원금 및 약정이자를 지급한다. 이 증서는 예금의 만기일 이전에 유통시장에서 거래할 수 있는 금융상품이다.
- 어음관리계좌(CMA : cash management account)는 고객이 맡긴 예금을 투자금융회사가 어음이나 단기채권, 양도성 예금증서 등에 투자해서 수익을 올린 후 일정 수수료를 제하고 고객에게 돌려주는 금융상품이다.
- 환매조건부채권(RP : repurchase agreements)은 금융기관이 보유하고 있는 채권을 담보로 제공하고 투자자 등의 돈을 받아 다시 채권에 투자하는 형식의 금융상품이다. 금융기관은 투자자에게 일정기간이 경과한 후에 이자와 원금을 지급한다.
- 금전신탁(money in trust)은 고객의 일시적인 여유자금을 은행이 위탁받아 유가증권 등에 투자해서 그 실적을 배당형식으로 지급한다.

3) 당좌예금 개설을 위한 당좌보증금이나 기업이 은행차입을 하기 위하여 담보성격으로 예금상품에 가입한 경우에는 사용이 제한된 금융상품으로 분류된다.

4) 단기매매목적이라 할지라도 주식이나 신주인수권 등의 지분상품은 현금성자산에 포함하지 않는다. 지분상품은 상환만기가 없을 뿐만 아니라 단기적인 가치변동위험도 크기 때문이다.

2. 당좌예금과 당좌차월

당좌예금

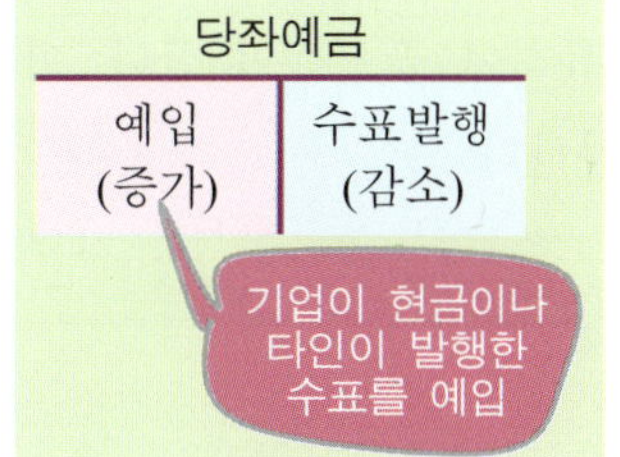

기업은 대금의 지급목적으로 수표나 어음을 발행하기 위해서는 은행과 당좌거래약정을 체결하고 당좌예금계좌를 개설해야 한다. 기업이 현금이나 타인이 발행한 수표를 은행에 예입시키면 당좌예금계정이 증가하고, 대금을 결제하기 위해 수표를 발행하면 당좌예금계정이 감소한다. 구체적인 회계처리과정을 살펴보면 [예제 7-1]과 같다.

예제 7-1 당좌예금의 회계처리

신나주식회사는 평화은행과 당좌거래약정을 체결하고 현금 ₩500,000을 예입시켰다.

(차) 당 좌 예 금*	500,000	(대) 현 금	500,000

신나주식회사는 영지상사로부터 상품을 ₩200,000에 매입하고 수표를 발행하여 대금을 지급하였다.

(차) 재 고 자 산	200,000	(대) 당 좌 예 금	200,000

신나주식회사는 청운상사에 상품을 ₩300,000에 매출하고 대금을 수표로 받아 평화은행에 예입시켰다.

(차) 당 좌 예 금	300,000	(대) 매 출	300,000

* 당좌예금은 재무상태표에서 현금및현금성자산에 포함되고, 유동자산으로 보고된다.

당좌차월

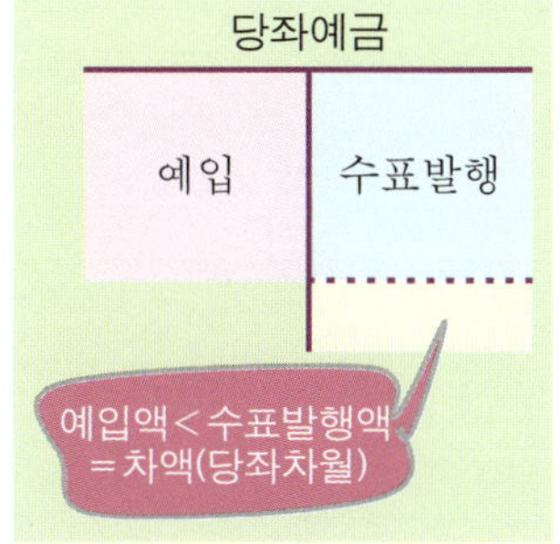

원칙적으로 기업은 당좌예금잔액의 한도 내에서만 수표를 발행할 수 있다. 그러나 일정액, 즉 사전에 약정된 당좌차월의 한도액까지는 잔액을 초과하더라도 거래은행이 이를 대신 지급해 주는 계약을 사전에 맺고 있는 경우는 잔액을 넘는 수표발행이 가능하다.

은행과 맺는 이러한 계약을 당좌차월(bank overdraft)계약이라고 한다. 당좌차월계약을 맺으면 당좌예금잔액이 일시적으로 음(−)이 되더라도 기업이 발행한 수표가 부도처리되는 것을 막을 수 있고, 기업의 신용도와 이미지가 실추되는 것을 방지할 수 있다. 대신 기업의 당좌예금계정은 대변에 음(−)의 잔액을 갖게 될 것이다.

물론 기업은 일정기간 내에 부족한 잔액을 보충하게 되지만, 만약 당좌예금 계정의 잔액이 음(−)인 상태에서 결산일을 맞게 되면 이 부족액은 사실상 은행으로부터의 단기차입금 성격을 가지므로 음(−)의 당좌예금을 제거하고 대신 이를 재무상태표의 유동부채항목인 단기차입금으로 재분류하여 공시해야 한다. 이때 계정잔액의 부족여부는 은행계좌별로 구분하여 파악한다.

mark down

당좌예금과 당좌거래

우리나라에서는 개인이 당좌예금계좌를 개설하는 경우는 드물고, 대부분 사업자나 기업들이 이 예금을 이용한다. 당좌예금(current deposit)이란 예금자가 수표 또는 어음을 발행하여 예금을 언제든지 자유로이 인출할 수 있는 요구불예금이다. 예를 들면 기업 A가 자신의 거래처인 A거래은행에 당좌예금을 했다면, A는 B거래처에서 물품을 구입하고 현금 대신에 수표나 어음을 발행하여 대금을 지급할 수 있다. B거래처는 A로부터 받은 수표나 어음을 자신의 B거래은행에 입금하게 되고, 이 B은행은 A의 거래은행으로부터 돈을 받게 된다.

만약 A가 자기의 당좌예금잔액보다 더 많은 액수의 수표나 어음을 발행했다면, A의 거래은행은 이를 지급하지 않을 것이고, 이에 따라 B거래처는 돈을 받을 수 없게 된다. 이 경우를 부도(不渡)라고 하고 해당 수표를 부도수표, 해당 어음을 부도어음이라고 부른다.

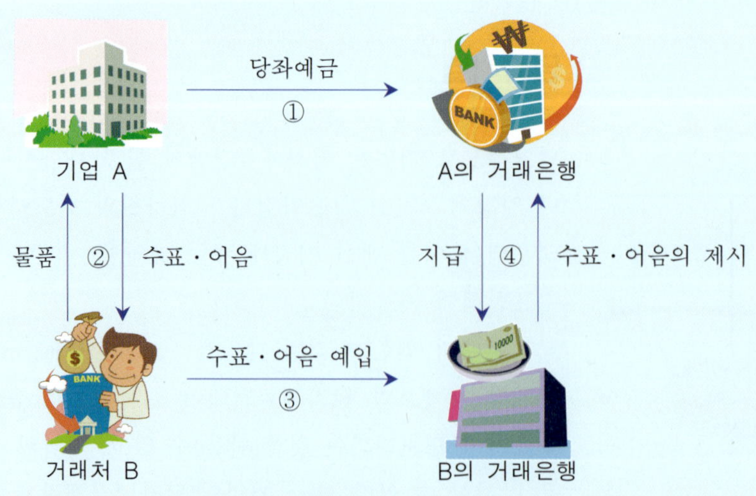

03 내부통제와 통제원칙

OBJECTIVES 

- 내부통제에는 어떤 기본 원칙들이 구비되어야 하는가?

회계담당자에게 주어지는 중요한 책무는 정확한 회계기록의 유지뿐만 아니라, 회사자산의 안전한 관리와 유지 그리고 회사의 경영정책과 방침이 달성될 수 있는 내부통제절차를 수립하고 운영하는 일이다.

1. 내부통제의 목적

내부통제
경영의 효율성, 회계기록과 재무보고의 신뢰성, 법규 및 회사방침의 준수, 그리고 기업의 위험관리를 위해서 기업이 채택하고 있는 모든 제도와 관리시스템

우리는 신문기사나 주위 사람들로부터 회사 돈과 관련된 횡령이나 부당유용 또는 회계부정에 관한 이야기를 종종 듣는다. 이러한 회계부정 사건들을 예방하기 위해서는 기업의 내부통제가 잘 구축되고 운영되어야 한다. 내부통제(internal control)란 경영의 효율성, 회계기록과 재무보고의 신뢰성, 법규 및 회사방침의 준수, 그리고 기업의 위험관리를 위해서 기업이 채택하고 있는 모든 제도와 관리시스템을 지칭한다.5)

내부통제의 목적은 구체적으로 다음과 같다.

① 회계기록과 재무보고의 신뢰성을 높인다. 이를 위해서는 의도적인 회계부정뿐만 아니라 의도하지 않은 회계오류가 발생할 가능성을 줄여야 한다.

② 경영의 효율성과 효과성을 유지하고, 기업의 유형·무형 자산이 도난·횡령·부당유용되지 않도록 안전하게 유지하고 보호한다.

③ 회사의 정책이나 경영지침의 이행 그리고 관련법규 준수를 통해 경영목적이 달성되도록 돕는다.

④ 기업에서 발생할 수 있는 제반 기회와 위험요인을 사전에 통제하고 관리한다.

회사의 내부통제 수준, 절차 및 기법은 회사영업의 성격이나 규모 등에 따라 달라진다. 2~3명의 직원으로만 운영되는 소규모 사업의 경우에는 사장이 종업원의 업무를 상시적으로 직접 관찰할 수 있는 기회가 많기 때문에 시스템에 의한

5) 위의 4가지 내부통제목적 중 신외감법에서는 특히 회계기록과 재무보고의 신뢰성 유지를 위해 일정규모 이상의 기업은 반드시 '내부회계관리제도'를 설계하여 운용할 것을 법규화하고 있다.

통제필요성이 크지 않을 것이다. 그러나 회사의 규모가 커지고 조직이 복잡해질수록 경영자는 권한을 하부로 위임해야 하기 때문에 시스템에 의해 조직적인 통제가 이루어질 수 있도록 내부통제체계들이 설계될 필요가 있다.

내부통제의 원칙
- 책임과 권한의 승인절차
- 적절한 업무분장
- 문서화 및 기록절차의 유지
- 자산 및 기록자료에 대한 접근제한
- 독립적인 내부검증

2. 내부통제의 원칙

내부통제가 부정과 오류를 사전에 예방하거나 발생 즉시 탐지하고, 회계기록의 정확성과 신뢰성을 유지하기 위해서는 몇 가지 기본원칙이 준수되어야 한다.

책임과 권한의 승인절차

특정 업무의 수행 그리고 거래가 적법하게 발생되기 위해서는 회사 내에 체계적인 업무승인절차가 수립되어야 한다. 한편 업무에 대한 책임과 권한의 승인절차는 개별 종업원별로 부여되어야 한다. 책임의 설정(establishment of responsibility)이 명확하지 않고는 그 업무의 승인근거는 무엇이며, 오류나 부정의 책임이 누구에게 있는지 물을 수 없다. 예를 들어 대형유통점의 슈퍼마켓 계산대에는 각 종업원마다 금전등록기에 딸린 현금출납서랍을 하나씩 가지고 있다. 이들은 일을 시작할 때 자신의 현금서랍을 가지고 시작하고 근무시간이 끝나면 자신의 현금서랍을 관리자에게 제출한다. 현금출납을 계산한 후 현금서랍에 현금이 부족하다면 해당 종업원이 부족액을 메꿔야 할 책임이 있다. 만약 하나의 현금서랍을 두 명이나 세 명의 종업원이 공동으로 관리한다면 부정이나 오류가 발생했을 때 누구에게 책임을 물을지 판단하기 어려울 것이다.

> 책임의 설정이 명확하지 않고는 그 업무의 승인근거는 무엇이며, 오류나 부정의 책임이 누구에게 있는지 물을 수 없다.

적절한 업무분장

적절한 업무분장(segregation of duties)은 이해충돌이 발생할 수 있는 관련 업무는 서로 다른 사람에게 맡김으로써 상호 견제와 균형을 유지하게 한다. 예를 들어 특정 실물자산을 보관하고 관리하는 종업원에게는 해당 자산과 관련된 회계기록 업무를 시키지 않아야 한다. 관련된 업무를 분장시키지 않으면 오류나 부정의 발생가능성을 높이게 된다. 구체적 사례를 들면 현금출납을 담당하는 사원이 현금출납장이나 매출채권장부를 기록하는 업무를 함께 맡는다고

> 이해충돌이 있는 업무를 분장시키지 않으면 오류나 부정의 발생가능성을 높이게 된다.

하자. 그는 고객으로부터 현금을 받고도 기록을 누락시키거나 반대로 회수된 매출채권을 미수액으로 장부에 남겨놓는 방법으로 현금을 횡령할 수 있을 것이다.

문서화 및 기록절차의 유지

어떤 거래나 사건이 발생했을 때 이러한 사실을 즉시 문서화(documentation)하면 해당 거래나 사건에 대한 분명한 사후적 증거가 기록으로 남게 된다. 예를 들어 슈퍼마켓의 현금계산대에서 일하는 종업원들은 고객이 현금이나 신용카드로 결제할 때마다 영수증을 주는데, 동일한 영수증의 사본(copy)이 금전등록기에 보관된다. 이 영수증 사본이 매출과 현금수입에 대한 증빙서류가 된다. 다른 예로 상품의 적송서류는 어떤 상품이 판매되었는지를 나타내고, 매출송장(sales invoice)은 매출금액이 고객에게 사실대로 청구되었는지를 알려주는 기능을 갖는다. 만약 종업원에게 적송서류나 매출송장에 자신의 이름이나 수령인의 이름을 서명하게 하면 해당 거래에 대한 책임소재를 명확히 할 수 있다.

어떤 거래나 사건을 즉시 문서화하면 해당 거래나 사건에 대한 분명한 사후적 증거가 남게 된다.

문서화를 할 때에 중요한 문서에 대해서는 일련번호가 사전에 부여되어 있어야 한다. 수표책과 같이 일련번호가 부여된 문서를 사용하면 동일한 거래를 기록할 때 빠뜨리거나 중복해서 기록할 가능성을 줄일 수 있다. 그리고 장부기록의 대상이 되는 문서는 가능한 한 신속하게 회계부서에 전달되도록 해야 한다. 이는

mark down

금감원 "내부회계관리제도 기준 의무 적용"… 결산 유의사항 당부

금융감독원은 내부회계관리제도 평가 · 보고기준 의무화 등 올해 결산을 앞두고 회사와 외부감사인이 재무제표 작성 · 공시와 기말감사 때 유의해야 할 사항을 안내했다. 2025사업연도부터 내부회계관리제도를 운영하는 모든 회사는 의무 적용되는 내부회계관리 평가 · 보고기준을 충실히 준수해야 한다. 회사는 내부회계 운영실태보고서에 횡령 등 자금부정을 예방 · 적발하기 위한 통제활동과 실태점검 결과를 의무적으로 공시해야 한다. 다만 금융회사를 제외한 자산 1천억원 미만 상장사와 대형 비상장사는 2026사업연도부터 적용할 수 있도록 유예하고 비상장중소기업은 면제된다. 외부감사인은 운영실태보고서가 내부회계관리 평가 · 보고기준에 따라 작성됐는지 평가하고 불완전하거나 부적절하다고 판단되면 그 사유를 감사보고서에 적는다.

기업은 자체 결산능력을 높여 경영진의 책임 아래 재무제표를 직접 작성해 법정기한 내 제출해야 한다. 외부감사인에 재무제표 대리 작성을 요구하거나 회계처리방법을 자문의뢰해서는 안 된다. 외부감사인은 회사 감사 전에 재무제표를 확인하고 회사가 제출의무를 위반한 경우 내부통제 미비점이 있는지를 살펴야 한다. 금감원은 지난 6월 선정해 예고했던 올해 재무제표 심사시 중점사항 회계이슈를 확인해 충분한 주의를 기울여달라고도 당부했다. 해당 이슈는 투자자 약정 회계처리, 전환사채 발행 및 투자 회계처리, 공급자금융 약정 공시, 종속 · 관계기업 투자주식에 대한 손상처리 등 네 가지이다. 또 외부감사인과 금융감독원에 관련 자료제출을 거부 · 지연 · 허위 제출하는 등 외부감사 · 감리를 방해하면 디지털감리기법 등을 통해 대응하고 적발시 엄정 조치하겠다고 경고했다. (SBS뉴스, 2025.12.22)

회계기록의 정확성과 신뢰성을 높일 수 있는 방법이다. 그리고 만약 동일한 문서의 사본을 여러 장 이용하는 경우에는 각 문서마다 색을 다르게 하면 중복사용이나 오류를 크게 줄일 수 있다.

자산 및 기록자료에 대한 접근제한

특정 자산이나 장부기록에 대한 접근을 제한하기 위해서 물리적, 기계적, 전자적 통제장치가 사용된다. 예를 들어 금고를 아무나 열지 못하게 비밀번호를 설정하여 잠가놓거나, 창고문을 열쇠로 잠그거나 경비원을 둔다든지, 특정 컴퓨터 프로그램이나 웹사이트에 들어가기 위해서는 ID와 password 또는 공인인증서를 입력하도록 한다. 그리고 의류점이나 신발점 또는 도서관 입구에는 무단으로 상품이나 책을 가지고 나가지 못하도록 전자장비가 설치되어 있는 곳이 많다. 이와 같은 접근제한(restrict access) 통제는 해당 자산에 대한 부당유용, 도난 등을 방지하고 자산이나 기록자료를 온전하게 보호할 수 있도록 해준다.

접근제한통제는 해당 자산에 대한 부당유용, 도난 등을 방지하고 자산이나 기록자료를 보호할 수 있게 해준다.

독립적인 내부검증

독립적인 내부검증
특정인이 한 일의 적정성이나 정확성을 회사 내부의 다른 사람이 독립적으로 검토 · 확인하는 절차

독립적인 내부검증(independent internal check)이란 특정인이 한 일의 적정성이나 정확성을 회사 내부의 다른 사람이 독립적으로 검토 · 확인하는 절차로서, 다음과 같이 실시하면 더욱 효과적이다.

① 독립적인 외부자료나 내부문서를 활용하여 정기적으로 검증을 실시하고, 경우에 따라서는 예고 없이 불시감사(surprise audit)를 병행한다.
② 해당 일상 업무를 관장하지 않는 독립적인 제3자가 검증을 실시한다.
③ 검증이나 확인결과를 담당자 수준 이상의 차상위 관리자에게 보고하고, 필요하면 상급자로 하여금 시정조치를 취하게 한다.

독립적인 내부검증의 간단한 예로는 슈퍼마켓의 계산대에서 하루 근무가 끝난 종업원이 현금서랍에 가지고 있는 현금수입금액과 금전등록기에 기록된 매출금액을 상위 관리자가 대조 · 확인하는 절차이다. 또 다른 예로는 회사장부의 은행잔액기록과 은행측의 회사잔액기록을 현금출납이나 기록업무를 담당하지 않는 사람이 비교 · 확인하여 두 잔액의 일치여부와 그 차이원인은 무엇인지 조사한다.

기타의 통제절차

효율적인 내부통제를 위한 다른 절차로는 다음과 같은 예가 있다.

① 체계적인 예산통제절차를 갖춘다.
② 맡은 업무에 대하여 종업원을 교육시키고 내부통제의 중요성을 인식시킨다.
③ 모든 임직원에 대하여 주기적으로 윤리규정을 준수하고 부정에 연루되지 않았다는 사실에 대해 서명하게 한다.
④ 맡은 직무를 주기적으로 순환하여 담당하게 한다. 또한 명령휴가를 주어 그 기간 동안 다른 종업원으로 하여금 해당 업무를 대신 수행하게 한다. 이 방법은 종업원의 부정이나 횡령 또는 오류를 예방할 수 있고, 대리업무 기간중에 다른 사람의 오류를 발견할 수 있도록 한다.

3. 내부통제의 한계

자산의 보호와 회계기록의 신뢰성을 높이기 위하여 내부통제를 도입하지만, 내부통제가 모든 부정이나 오류를 방지하거나 발견할 수는 없다. 완벽한 제도를 구축하기 위해서는 비용이 효익보다 월등하게 많이 들 수 있기 때문이다.

또한 대부분의 내부통제는 사람에 의해서 이루어지는데, 사람들은 실수할 수도 있고 착각할 수도 있다. 또한 종업원이 상위 관리자와 결탁하거나, 분장된 업무를 하는 종업원들끼리 공모함으로써 통제절차를 의도적으로 우회하는 환경에서는 내부통제가 효율적으로 작동할 수 없다. 따라서 최고경영진의 품격 높은 윤리철학 그리고 종업원의 준법정신과 윤리의식을 고양하기 위한 평소의 교육훈련과 기업의 윤리문화 유지정책이 매우 중요한 역할을 한다.

준법정신과 윤리의식을 고양하기 위한 평소의 교육훈련이 매우 중요하다.

04 현금에 대한 내부통제

OBJECTIVES
- 현금의 내부통제는 어떻게 이루어지는가?
- 은행계정조정표는 왜 필요하며 어떻게 작성하는가?

기업에서 현금은 유입과 유출이 빈번한 자산이다. 따라서 도난을 당하거나 부당하게 유용될 위험이 매우 높다. 경영자가 현금에 대한 내부통제를 특히 중요하게 다루게 되는 이유이다. 현금의 수취, 보관 및 지급과 관련한 몇 가지 내부통제의 절차들을 예시하면 다음과 같다.

1. 현금의 내부통제

은행의 이용

현금내부통제의 첫걸음은 가능한 한 회사의 모든 수입과 지출 거래를 은행을 통해 집행하는 것이다. 회사의 현금수입액은 은행계정을 통해 입금시키는 한편 지출을 원칙적으로 수표를 발행하여 지급하면, 은행 및 회사에 별개 기록이 이중으로 존재하기 때문에 부정과 오류의 발생가능성이 줄어든다. 또한 회사는 자체적으로 현금을 보유하지 않고도 은행을 통해서 자금을 관리하므로 현금도난의 위험이 그만큼 감소된다.

회사의 모든 수입과 지출 거래를 은행을 통해 집행하면 부정과 오류의 발생가능성이 줄어든다.

현금의 즉시 은행예입

현금을 기업 내에 보유하고 있으면 도난이나 분실의 우려가 있다. 경영자는 이를 방지하기 위하여 추가적인 노력이나 통제절차가 필요할 것이다. 따라서 기업은 모든 현금수취액을 승인된 종업원으로 하여금 즉시 혹은 당일 내에 은행에 입금하게 함으로써 기업 내에서의 현금노출기간을 최대한 단축시키고 기업에서는 예금기록만을 유지한다.

온라인 송금 및 인터넷뱅킹

최근에는 컴퓨터와 정보기술의 발달로 현금거래나 수표거래보다 온라인을 통한 무통장 입출금거래가 증가하고 있다. 온라인 입출금은 직접 현금을 다루지 않고, 거래당사자의 장부와 은행계정에 거래날짜와 금액 그리고 거래상대방에 대한 정보기록이 남기 때문에 효율적인 내부통제수단이 된다. 특히 인터넷뱅킹(internet banking)을 이용하여 전기료, 전화료, 통신비용 등을 납기 내에 자동적으로 지급할 수 있고, 종업원 급여나 보험료와 같이 정기적으로 일정한 금액을 지불하는 거래는 자동이체를 시킬 수도 있으며, 국세나 지방세와 같은 공과금도 손쉽게 납부할 수 있다. 또한 거래가 빈번한 기업과는 전자상거래를 통한 B2B 전자결제시스템을 이용할 수도 있다. 은행은 기업이 전자상거래를 통하여 구매할 때 지급보증의 역할, 매매보증의 역할과 전자결제의 역할을 수행한다.

은행을 이용한 상거래를 하면 종업원이 현금을 직접 다루지 않고, 보안인증서나 password 또는 OTP 등을 보유한 사전승인된 종업원만이 업무 집행을 하게 된다. 모든 자금거래가 회사와 은행에 이중으로 증빙이 남게 되어 효과적인 내부통제가 이루어진다. 또한 현금거래나 수표거래에서 발생하는 인건비나 수수료도 절감할 수 있다.

신용카드나 체크카드의 사용

요즈음은 신용카드나 체크카드의 사용이 보편화되고 있다. 현금을 가지고 다니지 않고 소액의 결제에도 신용카드나 체크카드를 사용하면 현금소지에 따르는 도난, 분실, 횡령 등의 위험을 예방할 수 있고, 승인된 카드소지자만이 거래대금을 결제할 수 있으며, 카드 영수증을 차후에 은행거래명세서와 대조해 볼 수 있다.

수표를 이용한 대금의 지급

수표를 통해 대금이 결제되면 은행에 지출기록이 남게 되므로 기업이 누구에게 대금을 지출했는지에 대한 증거자료가 제3자에 의해 확보된다. 한편 기업이 지출할 현금은 입금된 현금과 별개로 분리시켜 입출금을 따로 관리함으로써 수취된 현금이 즉시 현금지출로 이어짐으로써 입출금기록이 동시에 누락되는 오류를 방지해야 한다. 또한 수표의 발행을 통한 대금 지급은 반드시 승인을 받은 종업원만이 담당하게 해야 한다.

현금과 관련된 업무의 분장

현금과 관련하여 이해상충 위험이 있는 업무는 상호 견제가 가능하도록 적절히 분장되어야 한다. 예를 들면 현금출납담당자는 현금수입장의 기록업무를 담당하지 않도록 한다. 왜냐하면 만약 한 사람이 이 두 가지 업무를 동시에 수행한다면 고객으로부터 현금을 수령하고서도 고의로 현금수입장에 기록하지 않을 경우에 현금 실사를 하더라도 사실상 이러한 횡령을 적발하기 어렵기 때문이다. 따라서 현금의 수취업무와 장부기록업무를 분리하여 담당자 상호간에 업무의 견제를 통해 횡령위험을 낮춰야 한다.

마찬가지로 현금지출담당자는 현금지출 기록업무를 담당해서는 안 된다. 왜냐하면 현금을 부당하게 유용하고서도 적법한 절차를 거쳐 지출된 것으로 장부에 기록하는 경우에는 현금보유액과 장부잔액이 상호 일치하게 되므로 이러한 부정지출이 발견되기 어렵기 때문이다.

적절한 지출승인절차(대금지급의 정당성 및 적법성)

반드시 회사가 정하는 적절한 승인절차를 거친 정당한 금액만이 지출되도록 통제되어야 한다. 특히 대금지급을 뒷받침하는 회사보관 증빙서류에 반드시 "지급필"이라는 도장이나 취소펀치를 사용하여 원본을 파기시킴으로써 동일한 거래에 대하여 대금이 이중으로 지급되는 경우를 방지해야 한다.

정기적인 은행계정조정표의 작성

기업측의 당좌예금잔액과 은행측의 은행계정명세서에 기록된 잔액은 이론적으로 항상 일치해야 하지만 실무에서는 여러 가지 이유로 금액이 일치하지 않을 때가 많다. 기업은 두 가지 잔액의 일치여부를 확인하기 위한 은행계정조정표를 정기적으로 작성하여 차이가 발생하는 내역을 확인하고, 정상적인 기록시점의 차이 이외에 종업원의 자산횡령이나 회계부정에 의한 차이가 발생했는지를 검증한다.

내부통제 목적상 대부분의 자금유출입이 은행계정을 통해 이루어지기 때문에 회사는 주기적으로 은행계정 차이에 대한 검증 및 조정업무를 실시하며, 이는 매우 중요한 통제절차의 하나로 활용된다. 특히 이러한 확인업무는 은행예금의 입금과 인출업무를 담당하고 있지 않은 제3자에게 왜 차이가 발생하는지를 검증하게 함으로써 독립적인 입장에서 업무의 견제가 이루어지도록 한다. 은행계정조정표의 작성방법에 대해서는 별도의 제목으로 상세히 설명한다.

소액현금제도의 운용

기업은 일상적인 업무를 수행하는 과정에서 반드시 현금으로 지출해야 할 경우가 있다. 예를 들면 종업원이 간단한 사무용품을 구입하는 경우, 그때마다 매번 수표를 발행하거나 회사의 법인신용카드를 사용하는 것이 불편할 수 있다. 이러한 소액의 현금지출업무를 가장 효과적으로 관리할 수 있는 제도가 소액현금제도(petty cash system)이다. 이 방법은 회사의 예금계정에서 일정액을 인출하여 소액현금기금을 설정하고 이 기금을 통해서만 필요한 현금을 지출하도록 제한하는 제도이다.

소액현금제도
회사의 예금계정에서 일정액을 인출하여 소액현금기금을 설정하고 이 기금을 통해서만 필요한 현금을 지출하도록 제한하는 제도

소액현금제도 중에서 가장 대표적인 방법으로는 정액기금전도제도(imprest fund system)를 들 수 있다. 이는 기업이 사전에 승인된 일정규모의 금액을 소액현금기금으로 설정하여 관리하는 제도로서, 현금출납담당자는 이 기금을 통해 현금을 지출하되 현금시재액을 보충할 필요가 있을 때에는 현금지출시 받아두었던 지출영수증 보유금액만큼만을 당좌예금으로부터 인출한다. 따라서 현금출납담당자가 금고에 보관하고 있는 현금보유액과 현금지출영수증의 합계액을 조사하면 다음과 같이 언제나 사전에 설정한 일정기금액과 일치해야 할 것이다.

그러나 최근에는 은행의 이용 등 현금거래가 대폭 감소하고 있다. 더욱이 대부분의 회사들은 법인신용카드로 소액의 경비까지도 결제하기 때문에 소액현금제도의 중요성은 점차 감소하고 있다.

2. 은행계정조정표

은행계정조정의 필요성

기업은 현금과예금에 대한 내부통제의 필요성과 회계기말에 정확한 예금잔액을

은행과 기업 간의 당좌예금잔액에 차이가 발생하는 원인

- 미결제수표
- 미기록예금
- 미통지예금
- 은행수수료
- 이자수익 및 이자비용
- 부도수표
- 기장오류

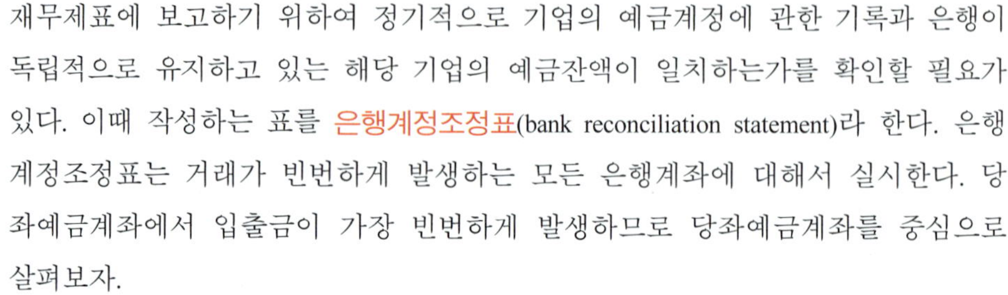

재무제표에 보고하기 위하여 정기적으로 기업의 예금계정에 관한 기록과 은행이 독립적으로 유지하고 있는 해당 기업의 예금잔액이 일치하는가를 확인할 필요가 있다. 이때 작성하는 표를 은행계정조정표(bank reconciliation statement)라 한다. 은행계정조정표는 거래가 빈번하게 발생하는 모든 은행계좌에 대해서 실시한다. 당좌예금계좌에서 입출금이 가장 빈번하게 발생하므로 당좌예금계좌를 중심으로 살펴보자.

은행에서 유지하고 있는 기업의 당좌예금잔액과 기업에서 유지하고 있는 당좌예금계정의 잔액은 서로 차이가 발생하는 경우가 흔히 있다. 이 차이는 대부분 기업의 회계장부에 당좌예금의 입·출금이 기록되는 시점과 은행에서 당좌예금이 실제 입·출금되는 시점이 달라서 발생하지만, 또한 당좌예금계정의 예입 및 인출 과정에서 종업원의 회계부정이나 기록오류가 개입되었을 가능성도 배제할 수 없기 때문에 제3자에 의한 독립적인 내부검증이 필요하다. 먼저 은행과 기업 간의 기록시점에 차이가 발생하는 원인들을 살펴보면 다음과 같다.

① 미결제수표(outstanding checks)　기업이 수표를 발행하여 대금을 지급하고 관련 당좌예금계정을 감소시키는 분개를 했으나 발행한 수표가 아직 은행에 지급청구되지 않은 경우가 있다. 이때 은행이 기록하는 당좌예금계정에는 기업이 발행한 수표가 아직 지급되지 않은 기록의 상태로 남아있으므로 은행의 당좌예금계정의 잔고가 과대계상되어 있다.

② 미기록예금(deposit in transit)　기업이 은행에 예입시키기 위하여 송금 혹은 예치시키고 당좌예금계정을 증가시키는 분개를 했으나 은행측의 당좌예금기록에는 아직 입금처리되지 않은 경우가 있다. 이는 은행의 업무마감시간 이후에 은행금고에 임시 예치하거나 혹은 타지역에서 송금되어서 거래은행에 아직 통지가 되지 않은 경우에 발생한다. 이러한 경우에는 은행의 예금잔고가 과소계상되어 있다.

③ 미통지예금(deposit by third parties)　거래처가 기업에 대금결제를 통보하지 않고 기업의 예금계좌에 온라인으로 혹은 직접 무통장 입금시킬 수 있다. 이 경우 은행계정에는 예금으로 기록되어 있으나 기업의 장부에는 아직 적절한 회계처리가 이루어지지 않은 상태이다. 따라서 기업의 당좌예금잔액이 과소계상되어 있다.

④ 은행수수료(bank service charges)　당좌거래 혹은 기타 용역을 제공한 대가로 은행이 기업에 일정 수수료를 부과하는 경우, 은행은 이 수수료를 기

업의 당좌예금계정에서 직접 차감하게 된다. 기업이 이러한 사실을 아직 통보받지 않은 시점에서는 기업의 당좌예금잔액이 차감되지 않은 상태로 남아 있다. 따라서 기업의 당좌예금잔액이 과대계상되어 있다.

⑤ 이자수익 및 이자비용(interest revenue or interest expense) 은행은 기말이 되면 기업의 예금 혹은 차입금에 대하여 이자를 계산하고 이를 즉시 기업의 당좌예금계정에 반영한다. 기업이 이러한 사실을 통보받지 못했을 경우에는 기업과 은행의 당좌예금잔액에 그만큼 차이가 발생하게 된다.

⑥ 부도수표(NSF check : Non-Sufficient Fund check) 거래처 등으로부터 받은 타인발행수표를 당좌예금계정에 예입시켰으나 수표발행인의 예금잔액이 부족하여 상대방 은행이 지급을 거절하고 수표를 반송해 올 경우 이는 부도수표로 분류된다. 이때 기업은 거래은행에 타인발행수표를 예입시킬 당시 당좌예금계정을 증가시키는 기록을 했으므로 이를 다시 취소시키는 분개, 즉 당좌예금계정을 감소시키는 분개를 해야 한다. 거래은행은 부도수표의 입금과 관련하여 이미 거래처의 당좌예금잔액을 감소시키는 기록을 했으나 기업이 아직 부도사실을 통보받지 못해 필요한 회계처리를 하지 않았을 경우에는 상호간에 차이가 발생한다. 이 경우 기업의 당좌예금잔액이 과대계상되어 있다.

은행과 기업 간의 당좌예금잔액에 차이가 발생하는 대부분의 원인은 기록 시점의 차이 때문이지만 기장오류 등으로 발생할 수도 있기 때문에 이를 조정해 주어야 한다.

은행계정조정표의 조정항목

	기업측 잔액	은행측 잔액
수정전 잔액	○○○	△△△
① 미결제수표		−
② 미기록예금		+
③ 미통지예금	+	
④ 은행수수료	−	
⑤ 이 자 비 용(또는 이자수익)	−(또는 +)	
⑥ 부 도 수 표	−	
⑦ 기 장 오 류*	+ 또는 −	+ 또는 −
수정후 잔액	×××	×××

* 기업측의 기장오류일 경우에는 기업이 잔액을 조정하지만, 은행측의 기장오류일 경우에는 은행이 잔액을 조정해야 한다.

⑦ 기장오류(entry error) 기업은 거래의 기록시 오류를 범할 수 있다. 예를 들면 ₩1,000,000의 입금을 ₩100,000으로 기록할 수 있다. 이러한 경우 기업측과 은행측의 당좌예금잔액은 일치하지 않는다.

은행계정조정표에서 기업측의 장부잔액이 조정되어야 하는 경우와 은행측의 잔액이 조정되어야 하는 경우를 요약해 보면 〈표 7-1〉과 같다.

은행계정조정표의 작성

은행은 기업의 요청에 따라 혹은 정기적으로 당기의 거래내역과 예금잔액을 명시한 은행계정명세서(bank statement)를 기업에 송부한다. 최근에는 기업이나 개인이 온라인이나 인터넷뱅킹을 이용하여 은행거래를 하는 비중이 증가하고, 거래내역도 통장정리기계나 인터넷으로 자료를 제공받을 수 있어서 은행계정명세서 조회의 상대적인 중요성도 줄어들었다.

기업에서는 은행계정명세서 잔액을 기업의 예금기록과 대조하고 그 일치여부를 확인하게 된다. 만약 상호간에 차이가 발생하는 경우에는 은행계정조정표를 작성하여 그 내용을 분석하고 필요한 수정분개를 실시한다. 이러한 은행계정조정업무는 현금예금출납담당자나 혹은 관련장부의 기록업무를 담당하지 않는 독립적인 제3자에 의해 실시되는 것이 바람직하다.

은행계정조정표에는 기업측 잔액과 은행계정명세서 잔액이 표시되어 있는데, 각각에 대해 차이의 내용을 조정하게 되면 수정후 잔액은 상호 일치하게 된다. [예제 7-2]에서는 은행계정조정표 작성의 구체적인 예를 들고 있다.

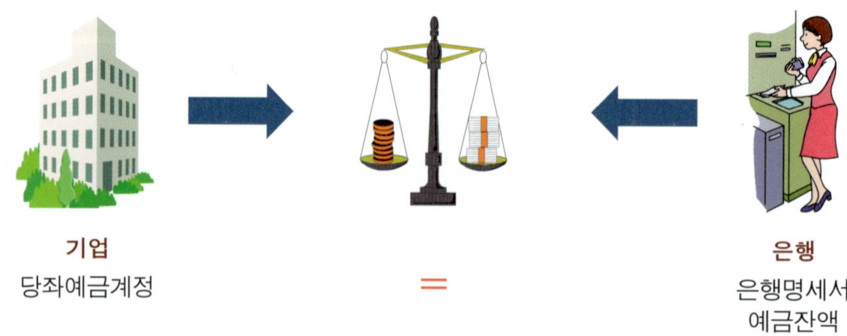

예제 7-2 은행계정조정표 작성

신나주식회사의 20×1년 6월 30일 현재 당좌예금계정과 관련한 자료는 다음과 같다.

은행계정명세서 잔액	₩50,000
신나주식회사 당좌예금잔액	41,800
차 액	₩8,200

회계담당자인 심냉철 씨는 차액 ₩8,200의 원인을 파악하는 과정에서 다음 사실들을 발견했다.

(1) 회사가 발행한 다음 두 장의 수표가 아직 당좌예금계정에서 인출되지 않았다.

수표번호	발 행 일	금 액
#629	6월 29일	₩3,000
#630	6월 30일	4,100

(2) 6월 30일 예입시킨 ₩3,100이 은행계정명세서에 입금으로 표시되지 않았다.

(3) A거래처의 명의로 ₩5,000이 은행계정명세서에 온라인으로 입금표시되어 있으나 회사에서는 모르고 있다. A거래처에 문의한 결과 전월의 외상매출에 대한 입금임을 확인했다.

(4) 6월 30일 은행측에서 당좌거래 수수료 ₩200을 부과하고 이를 당좌예금계정에서 차감했다.

(5) 전화료를 지급하기 위한 수표 #610의 발행액은 ₩850이었으나 신나주식회사의 회계담당자가 현금출납장에 이를 ₩600으로 잘못 기록하였음이 밝혀졌다.

(6) 6월 27일 예입시킨 ₩350의 B거래처 발행수표가 은행계정명세서에 부도로 처리되었다. 이 수표는 신나주식회사가 B거래처에 상품을 외상판매하고 받은 것으로 신나주식회사의 장부에는 아직 이러한 사실이 기록되지 않고 있었다.

은행계정조정표

신나(주) 20×1년 6월 30일 현재 (단위 : 원)

기업의 당좌예금잔액		₩41,800	은행계정명세서 잔액		₩50,000
가산 : (3) 미통지예금(A거래처)		5,000	가산 : (2) 미기록예금		3,100
차감 : (4) 은행수수료(당좌거래)	₩200		차감 : (1) 미결제수표		
(5) 기장오류(수표 #610)	250		수표 #629	₩3,000	
(6) 부도수표(B거래처)	350	(800)	수표 #630	4,100	(7,100)
수정후 잔액		₩46,000	수정후 잔액		₩46,000

따라서 20×1년 6월 30일 현재 신나주식회사의 당좌예금잔액과 거래은행의 정확한 예금잔액은 ₩46,000이다.

은행계정조정표 작성 후의 수정분개

현금과부족
현금보유액과 회계기록상에 나타난 금액이 상호 일치하지 않는 경우에 그 원인이 밝혀지기 전까지 임시적으로 기록하는 계정

은행계정조정표를 작성하는 과정에서 기업측의 잔액이 조정되어야 할 것으로 파악된 모든 항목에 대해서는 수정분개를 실시하여 기말에 재무상태표의 현금계정 잔액이 정확하게 보고되도록 해야 한다. 즉, 수정분개는 〈표 7-1〉의 항목 중 기업측의 잔액을 수정해야 할 항목인 미통지예금, 은행수수료, 기업측 기장오류 및 부도수표 등에 한하여 이루어진다. 만약, 조정 후에도 그 금액이 서로 일치하지 않을 경우에는 그 차이만큼을 현금과부족(cash over and short)계정으로 회계처리한다.6)

[예제 7-3]에 은행계정조정표 작성 후의 수정분개가 예시되어 있다.

예제 7-3 은행계정조정에 따른 수정분개

[예제 7-2]에 대하여 신나주식회사가 20×1년 6월 30일 현재 실시해야 할 수정분개를 구체적으로 살펴보면 다음과 같다.

(3)	(차) 당 좌 예 금	5,000	(대) 매 출 채 권	5,000
(4)	(차) 은행수수료	200	(대) 당 좌 예 금	200
(5)	(차) 전 화 료	250	(대) 당 좌 예 금	250
(6)	(차) 매 출 채 권	350*	(대) 당 좌 예 금	350

* 외상대금으로 수취한 수표가 부도가 나면 일단 매출채권계정을 복원시켜 놓고 거래처의 사정을 조회한다. 거래처가 지급능력이 없는 것으로 판명되면 대손처리해야 한다.

6) 현금보유액과 회계기록상의 금액이 상호 일치하지 않는 경우나 은행계정조정 후에도 차이가 조정되지 않는 경우에는 현금과부족(cash over and short)계정을 설정하여 이를 임시적으로 기록하되, 내부통제의 목적을 위해 과부족 발생의 원인을 계속 면밀하게 규명해야 한다. 불일치가 발생하는 원인이 단순한 기록의 실수가 아닌, 종업원의 횡령이나 부당유용 등 회계부정과 관련이 있을 수 있기 때문이다. 재무제표를 작성하는 보고기간말까지는 현금과부족의 원인을 파악해서 재무제표에는 현금과부족 계정이 회계장부에 나타나지 않도록 수정해야 한다.

05 회계부정과 경영윤리

OBJECTIVES 

- 회계부정의 유형과 그 상호관계는 어떠한가?
- 부정위험의 3요소는 무엇인가?
- 부정예방을 위해 기업이 채택할 수 있는 정책은 무엇인가?

내부통제가 잘 갖추어지지 않은 기업에서는 회계부정이 발생할 가능성이 높다. 회계부정(accounting fraud)이란 기업의 경영진이나 종업원 또는 제3자가 불법적이거나 부당한 이득을 얻기 위해 저지른 의도적인 자금유용이나 횡령뿐만 아니라, 재무제표의 금액이나 공시사항을 왜곡 또는 누락시키는 기만적 재무보고행위를 포함한다. 부정은 이를 저지르게 하는 동기나 압력이 존재하고 여기에 부정을 저지를 수 있는 기회가 주어졌을 때 실행된다. 예를 들면 경영진이나 종업원이 경제적 곤궁에 처했을 때 자산을 유용할 동기를 갖게 되며, 경영진에게 기대되는 목표이익의 달성이 어렵다고 판단될 때 부정한 재무보고의 동기가 발생한다. 그러나 이러한 동기가 존재하더라도 이를 예방하기 위한 기업의 내부통제시스템이 잘 갖추어져 있으면 그 실행의 기회는 쉽게 주어지지 않는다.

1. 회계부정의 유형

회계부정은 크게 자산의 횡령과 부정한 재무보고로 나눌 수 있다. 자산의 횡령(misappropriation of assets)이란 현금의 절취, 회사자산을 개인용도로 유용, 공급받지 않은 재화나 용역에 대한 대가의 부당 지급, 그리고 기타 자산의 절도를 말한다. 일반적으로 회사자산의 횡령은 자산의 절취나 유용을 수반한다. 이는 상위 경영진보다는 실무에 종사하는 종업원에 의해 더 빈번하게 이루어지고, 금액도 상대적으로 소액인 경우가 많다. 그러나 자산횡령의 금액이 크지 않다 하더라도 소규모 금액은 기간이 지날수록 커질 수 있다. 만약 자산횡령에 고위 경영진이 개입되면 조직에 대한 권한과 자산의 통제력을 악용하기 때문에 그 횡령규모가 매우 크고 반사회적인 경향을 띠게 되는 경우가 많다.

부정한 재무보고(fraudulent financial reporting)는 재무제표의 금액이나 공시사항을 의도적으로 왜곡 또는 누락시켜 재무제표이용자를 기만하는 것을 말한다. 예를 들어 당기의 보고이익을 늘리기 위해 차기의 매출액을 앞당겨 인식할 수 있고 자산을 실제보다 과대평가할 수도 있으며, 기업의 부채를 재무제표에 표시누락시킬 수도 있고, 소송이나 특수관계자와의 거래를 공시하지 않을 수도 있다.

표 7-2
부정의 유형

자산의 횡령	부정한 재무보고
① 입금액의 횡령 ② 물리적 · 지적 자산의 절도 ③ 공급받지 않은 재화나 용역에 대한 대가 지급 ④ 기업자산을 개인용도로 유용	① 재무제표 작성의 기초가 되는 회계기록이나 문서에 대한 조작, 위조 또는 변조 ② 사건이나 거래 또는 유의적 정보를 재무제표에 의도적으로 누락시키거나 허위로 기재 ③ 금액, 분류, 표시 또는 공시에 대한 회계원칙을 의도적으로 잘못 적용

이 두 가지 부정의 유형은 서로 결합해서 나타나기도 하고 때로는 독자적인 형태로 발생하기도 한다. 그러나 모두 투자자나 재무제표이용자에게 악영향을 미친다는 점에서는 동일하다. 회계부정을 유발할 수 있는 동기와 회계부정의 방법을 살펴보기로 하자.

mark down

금감원, 3년간 회계부정 214사 철퇴… "상장 유예하고 한계기업 퇴출"

화학 제품 제조 · 판매업을 영위하는 A사는 기업공개(IPO)를 준비하는 과정에서 매출을 부풀리기 위해 상업송장(CI)과 물품명세서(PL)에 실제보다 많은 수량과 높은 단가를 허위 기재했다. 금융당국은 회사와 대표이사를 검찰 고발하고 과징금을 부과하는 등 중조치했다. 제조업을 영위하는 B사는 4년 연속 영업손실에 따른 관리종목 지정을 피하고자 실제 상품 인도 없이 자금만 주고받는 방식으로 허위매출과 매출원가를 인식했다. 또 허위 재고자산 계상 사실을 은폐하기 위해 재고실사일에 재고자산을 대여받아 창고에 보관하다가 실사 후 매입처로 반환하기도 했다. 금융감독원은 상장폐지를 회피하기 위한 목적으로 분식회계를 한 B사에 대해 상장폐지절차가 개시되도록 했다. IPO 전후 기업과 한계기업 징후 기업에 대한 회계감독 강화 방침을 밝혔던 금융감독원이 회계심사 · 감리 결과 주요 조치 사례 14건을 공개했다.

금감원은 최근 3년간(2022~2024년) 총 458개사에 대해 재무제표 심사 · 감리를 실시했으며 그중 214개사가 제재 조치됐다. 이 중 52개사에 총 772억원의 과징금이 부과됐으며 22개사는 검찰고발 · 통보 조치를 받았다. 중대 회계 위반에 대해서는 역대 최대 과징금인 161억원을 부과하기도 했다. 설비 제작 사업 등을 영위하는 C사는 건설공사 관련 공사예정원가와 공사손실을 과소계상했고 해외 종속기업이 자본잠식 등으로 투자주식 손상차손이 발생했음에도 이를 인식하지 않았다.

최근 3년 심사 대상엔 IPO 예정 기업 22개사가 포함됐다. 이 중 증권선물위원회로부터 중조치 이상을 받은 3개사는 모두 상장 유예됐다. 그 밖에 IPO 직후 회계부정이 발견된 기업은 신속히 거래정지돼 추가 피해자가 발생하지 않도록 했다. 또 한계기업 등 재무적 위험 기업 31개사와 사회적으로 물의를 일으킨 기업 중 회계부정과 연관성이 높은 기업 12개사를 심사 · 감리 대상으로 선정했다. 심사 · 감리가 완료된 36개사 중 17개사에 대해 조치가 부과됐으며 이 중 7건은 중조치됐다. (뉴시스, 2025.5.27 기사 요약)

2. 부정위험요소

부정위험요소(fraud risk factors)란 [그림 7-2]와 같이 경영진이나 종업원이 부정을 행하게 하는 동기나 압력, 부정행위를 유인하는 기회나 사건, 그리고 부정행위에 대한 종업원의 태도나 합리화 가능성으로 나누어 볼 수 있다. 따라서 부정을 예방하고 통제한다는 것은 이러한 세 가지 요소를 어떻게 통합적으로 잘 관리하고 조치하느냐에 달려 있다.

그림 7-2
부정위험의 3요소

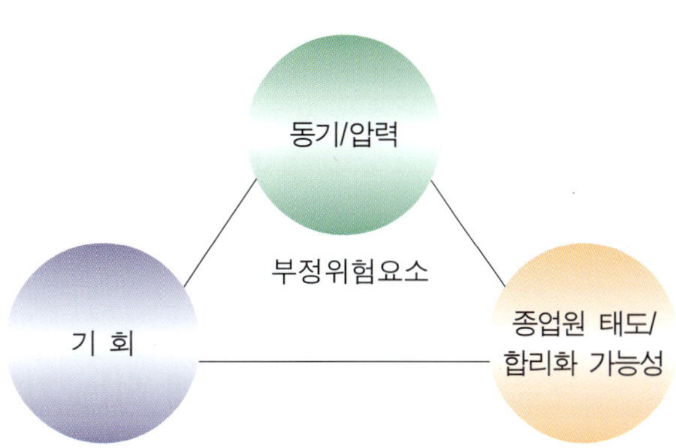

부정을 행하는 동기/압력

경영진이나 종업원이 부정한 재무보고를 저지르게 하는 동기 혹은 중압감으로서 부정 발생의 불씨 역할을 한다. 가장 많이 발생하는 예가 기업의 재무적 안정성이나 수익성에 대한 전망이 좋지 않을 때이다. 때로는 시장의 이익전망치, 은행의 대출약정기준 또는 주식옵션이나 상여금 기준을 맞추기 위해서도 이익조정을 시도한다. 자산횡령에 대한 동기는 자금담당 임직원의 개인적인 금융채무, 고용불안, 사치생활 등으로 금전적 욕구가 커질 때 증대한다.

[그림 7-3]은 미국의 부정조사연구기관인 Oversight Systems가 발표한 부정의 동기에 관한 설문자료이다. 주어진 목표달성을 위해서는 '무엇이든 해야 한다'는 중압감과 개인의 금전적 욕구가 가장 큰 동기요인으로 꼽히고 있다.[7]

7) *The 2007 Oversight Systems Report on Corporate Fraud*, Oversight Systems, Inc., 2007. 여기에서 합계가 100%를 초과하는 이유는 한 개의 부정에 여러 동기가 복합적으로 존재하기 때문이다.

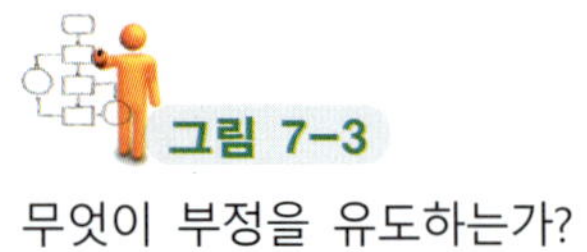

무엇이 부정을 유도하는가?

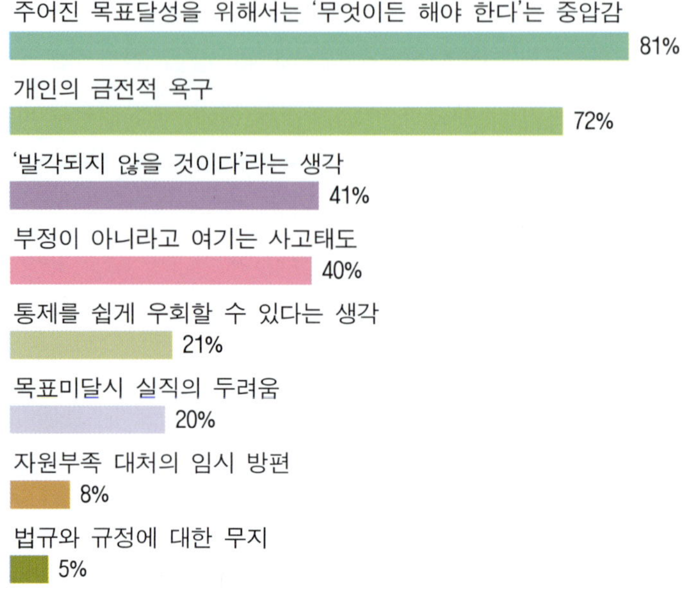

부정행위를 가능하게 하는 기회

부정한 재무보고의 기회는 어떤 상황의 특성이나 환경에 따라 증가될 수도 있고 억제될 수도 있다. 여기에서 기회란 화재를 예로 들자면 불쏘시개 또는 기름의 역할을 한다. 따라서 불씨(동기)에 불쏘시개(기회)가 결합됨으로써 대형 화재로 이어지게 될 요건이 구비되는 것이다. 예를 들어 다양하고 복잡한 고가의 재고자산을 보유하는 기업은 표준화된 품목만을 다루는 기업에 비해 재고자산평가와 관련한 부정한 재무보고가 이루어질 위험이 크다. 여기에 내부통제가 취약하고 지배기구의 감시가 효과적이지 않은 기업은 이익조정 시도가 실제로 적발될 기회가 낮아질 것이다.

자산횡령의 기회는 예를 들어 수표나 신용거래를 주로 하는 기업보다는 대량 혹은 빈번한 현금거래가 이루어지는 기업에서 증가한다. 환금성이 높은 자산이나 소유권 식별이 힘든 자산의 경우에도 자산횡령의 가능성은 높아진다.

종업원 태도/부정행위의 합리화 가능성

임직원의 정직한 태도와 건전한 윤리관은 부정의 가능성을 감소시킨다. 개인은 자신이 저지른 부정한 행위를 합리화하려는 속성이 있는데, 특정 상황에서의 합리화 가능성은 의식적이고 의도적으로 부정한 행위를 저지르는 개인의 태도나 윤리적 가치관 형성에 지대한 영향을 미친다. 부정행위의 예방 노력 및 발생에 대한 경영진의 태도, 특히 기업윤리와 내부통제에 대한 최고경영진의 관심, 그리고 교육훈련 및 보상제도는 임직원의 부정에 대한 자기합리화의 가능성을 감소시키는 결정적인 역할을 한다. 예를 들어 경영진이 기업의 주가변동에 과도한 집착을 보이면서 평소 회계보고시스템에 대한 신뢰를 보여주지 않았다 하자. 이러한 기업에서는 종업원의 재무보고 태도에 부정적 영향을 미치게 되어 진실한 보고가 이루어질 확률이 낮아질 뿐만 아니라, 회계분식의 규모도 대형화될 가능성이 증대된다.

3. 부정한 재무보고의 방법

재무제표이용자를 속이기 위해 고의적으로 이루어지는 부정한 재무보고(fraudulent accounting)는 일상적인 언어로는 분식회계(window dressed accounting)라고도 불린다. 이는 이익이나 자산의 과대계상만이 아니라 절세나 규제회피 등의 목적으로 기업성과를 축소보고하는 경우를 모두 포괄하는 개념이다. 한편 이익조정(earnings management)이란 용어도 자주 사용되는데, 이는 경영진이 의도하는 목표이익에 도달하기 위해 재무제표를 왜곡표시하는 행위를 말한다. 부정한 재무보고의 수단으로 경영진은 다음과 같이 다양한 방법을 사용한다.

수익의 과대계상

부정한 재무보고에서 가장 많이 사용되는 방법이 매출액의 과대계상이다. 이익조정의 대상으로 매출이 자주 사용되는 이유는 손익계산서 항목 중 가장 비중이 높아 작은 비율의 수익조정만으로도 큰 폭의 이익조정이 가능하기 때문이다. 일반적으로 가공의 수익을 계상하면서 관련 매출원가는 누락시키기 때문에 수익의 조정폭만큼 이익이 크게 조정될 수 있다. 또한 수익의 조기인식방법이 이익조정에 자주 이용되는 이유는 수익인식의 시기를 결정하는 기준이 회계적으로 복잡하고 논쟁의 여지가 있을 때가 많기 때문이다.

자산의 과대계상

매출을 과대계상할 때 상대계정과목으로 가공의 매출채권이 종종 사용되며, 매출원가를 줄여 보이기 위해 재고자산을 과대계상하는 경우가 있다. 매출채권이나 재고자산은 거래빈도가 많을 뿐만 아니라 금액과 형태도 다양하기 때문이다. 특히 해외 창고에 재고자산을 보관하거나 국내에서도 임대 혹은 보세창고를 활용하면 재고실사에 대한 전수조사를 수행하기가 현실적으로 어렵다는 점을 악용하기도 한다. 최근에는 투자자산이나 무형자산 비중의 증가로 인해 그 평가방법이 더욱 복잡해지면서 관련 자산의 과대계상으로 인한 부정한 재무보고가 발생할 가능성이 높아지고 있다.

비용의 과소계상

비용을 의도적으로 기록 누락하면 당기순이익은 과대계상되고 관련 부채는 과소계상된다. 또한 회계추정이나 기간배분 방법을 이용하여 계상하는 대손상각비, 감가상각비 등은 특정 기간에 의도적으로 과소계상할 수도 있다.

부채의 과소계상 또는 기록누락

비용을 과소계상할 때 가장 많이 사용되는 상대계정과목은 관련 부채의 과소계상 혹은 기록누락이다. 매입액 축소에 따른 매입채무의 과소계상, 미지급비용의 기재누락, 충당부채의 인식누락 등을 예로 들 수 있다. 한편 이익에는 영향을 미치지 않지만 부채비율을 줄이기 위해 자산과 부채를 동시에 누락하기도 한다. 예를 들어 동일거래처에 대한 채권과 채무를 상계하여 순액으로 보고하는 방법을 사용할 수 있다.

공시의 누락 또는 허위공시

최근 들어 필수적 공시를 누락시키거나 부적절한 형태의 공시로 부정한 재무보고를 시도하는 경우가 늘고 있다. 진행중인 중요한 소송사건, 담보로 제공된 자산, 관계회사에 대한 채무보증 등의 내용이 재무제표 본문에는 반영되지 않는다는 이유로 주석공시사항에서 누락시키기도 한다. 특히 국제회계기준의 도입에 따라 최근 주석공시의 요구량은 대폭 증가하였으나 이에 대한 경영진의 미흡한 대처로 잘못된 재무보고가 이루어질 가능성이 높아지고 있다.

4. 부정의 예방과 발견

부정은 사후적으로 발견하기 어려우므로 사전적으로 발생을 예방하거나 억제하는 데 초점을 맞추어야 한다. 기업의 윤리강령 캠페인 및 내부통제프로그램의 도입, 내부제보자 보호정책 및 부정 처벌에 대한 경영진의 의지표명, 부정예방 교육 및 훈련의 실시, 지배기구의 감시장치 강화 등이 효과적인 예방 및 억제 정책이 될 수 있다.

부정의 예방과 발견에 대한 책임은 일차적으로 기업의 이사회와 감사위원회 등의 지배기구와 경영진에게 있다. 경영진은 부정을 예방하고 적발하기 위해 지배기구의 감시하에 적절한 조직환경을 설계하고, 정직하고 윤리적인 기업문화를 유지하며 적절한 통제절차를 수립할 책임이 있다.

그림 7-4

부정의 발견경위

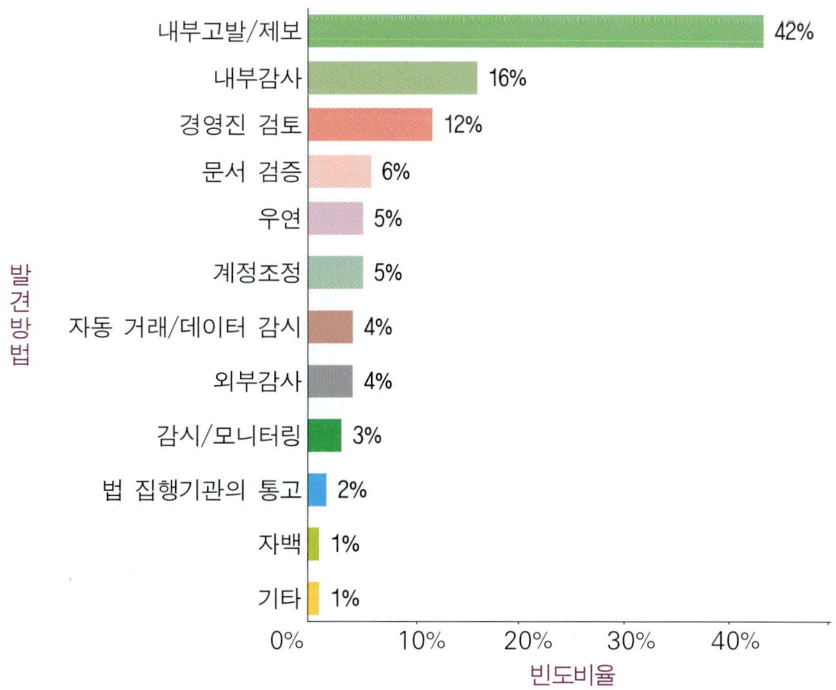

출처 : ACFE, Occupational Fraud 2022: A Report to the Nations, 2022, p.22.

[그림 7-4]는 국제적인 부정(fraud)조사기관이 연구한 부정의 발견경위를 보여주고 있다.

기업내부의 예방장치로는 특히 다음의 세 가지 요소가 주요 역할을 한다.

- 정직과 높은 수준의 기업윤리 문화
- 부정위험을 상시 통제하는 경영진의 노력
- 지배기구의 효과적인 감시장치

정직과 높은 수준의 기업윤리 문화

기업의 핵심가치를 근간으로 하는 반부정 윤리프로그램이 부정예방에 가장 효과적이라는 연구결과가 많이 나와 있다. 정직과 높은 윤리라는 핵심가치는 임직원에게 자긍심을 부여하는 행위지침이 되며, 개별직무를 수행하는 기본 덕목으로서 기업문화 창조에 이바지한다. 정직과 윤리의 문화가 정착되려면 다음의 요소가 뒷받침되어야 한다.

최고경영진의 기품

최고경영진과 이사회는 윤리적 행위를 기업의 최고 덕목으로 섬기는 기품을 솔선수범하여 보여줄 필요가 있다. 기업은 이러한 가치를 정립하고 공유하기 위해 통상 윤리헌장(code of business conduct)을 제정하여 운영하기도 한다.

긍정적인 작업환경의 조성

종업원은 무시당하거나 홀대를 받는다는 느낌보다는 긍정적인 사고를 갖고 있을 때 비리나 부정이 감소된다는 연구결과가 있다. 종업원의 윤리적 행동에 대해 사기를 높여주고, 상담제도를 운영하며, 발생하거나 의심되는 부정에 대한 내부제보자를 보호하고 장려하는 긍정적 작업환경이 조성되어야 한다.

성실한 종업원의 채용 및 승진

효과적인 통제시스템이 구축되어도 이를 운용하는 종업원이 통제절차를 우회한다면 내부통제가 효과적으로 작동될 수 없다. 따라서 성실한 종업원을 선발하기 위한 채용절차, 정직한 종업원이 승진과 보상에서 우대받는 인사정책이 뒷받침되어야 한다.

윤리교육과 훈련

모든 임직원이 기업이 기대하는 윤리적 행동지침을 준수할 수 있도록 지속적으로 교육이 이루어져야 하고, 정기적인 서약서 제출과 적절한 현장지도가 이루어져야 한다.

징계 및 상벌조치

기업의 행동강령을 위배하거나 비윤리적 행위가 발생하면 예외 없이 징계나 적절한 상응조치가 이루어져야 한다. 모든 임직원이 평소에 이러한 사실을 충분히 인지하고 있어야만 부정예방이나 억제효과가 달성될 수 있기 때문이다.

부정위험을 상시 통제하는 경영진의 노력

부정을 행했을 때 이를 숨길 수 있는 기회가 아예 없어지면 부정 발생가능성은 낮아질 수밖에 없다. 따라서 경영진은 기업 내에 존재하는 부정위험요소를 상시적으로 파악하고 이를 완화시키기 위한 조치를 취하며, 부정을 효과적으로 예방하고 적발할 수 있는 내부통제를 설계하고 운용할 책임이 있다.

부정위험요소의 파악

기회가 주어지면 그 어느 종업원도 부정행위에 가담할 수 있다는 사실을 바로 인식하는 데에서 부정감시장치가 효과적으로 시작된다. 따라서 경영진은 기업 내에서 발생가능한 부정위험요소를 체계적으로 파악하는 시스템을 갖추어야 한다.

부정위험요소의 완화

부정위험요소(동기, 기회, 태도)를 파악한 후에는 이들을 완화시키거나 제거하기 위해 업무절차나 제도를 개선하고 보완한다. 예컨대 은행에 대한 현금입금 업무는 외주경비용역으로 대체한다든지 특정 물품의 구매담당직원을 정기적으로 교체할 수도 있다.

부정예방목적의 내부통제 운용

부정예방을 위한 내부통제를 운용하고, 운용상태를 정기적으로 평가한다. 경영진은 부정예방장치의 효과적인 감시를 위해 내부감사를 실시하기도 하고, 감사위원회나 이사회 같은 독립적인 지배기구를 활용하기도 한다.

지배기구의 효과적인 감시장치

이사회나 감사위원회 등 기업의 지배기구는 경영진에 대한 감시를 통해 재무보고 적절성을 파악하고, 경영진 및 종업원의 부정위험 감시와 법규준수 등에 대해 적절한 통제가 실시되고 있는지 확인할 책임이 있다. 부정을 감시하는 최종 지배기구는 기업에 따라 다르나 통상적으로 이사회나 감사위원회가 이러한 역할을 담당한다. 특히 감사위원회는 내부감사팀 및 준법감시인 등의 도움을 얻어 일상적인 통제업무를 감시할 뿐만 아니라 경영진의 내부통제 무력화 가능성, 경영진의 부정위험요소 평가절차 및 운용에 대해 감시업무를 수행한다.

외부감사인의 부정적발책임

한편 기업의 재무제표를 감사하는 외부감사인에게도 일정 수준의 회계부정 발견에 대한 책임이 있다. 본질적으로 외부감사인의 재무제표감사 목적은 재무제표가 중요성의 관점에서 회계처리기준을 준수하여 공정하게 작성되었는지에 대해 감사인이 의견을 표명하는 데 있다. 이때 외부감사는 부정이냐 오류이냐 하는 그 자체에 관심이 있는 것이 아니라 이들로 인하여 재무제표가 어떻게 그리고 얼마나 왜곡표시되었는지에 대해 합리적 확신을 얻을 수 있도록 설계되어 있다.

따라서 부정과 오류의 발생에 대한 예방 및 방지 책임은 일차적으로 기업의 경영진에게 있다. 그러나 감사인은 이러한 부정과 오류에 대한 직접적 통제책임은 없다 하더라도, 그 발생위험을 효과적으로 관리하는 내부통제시스템이 기업 내부에 적절하게 설계되고 운용되는지를 확인할 책임이 있고, 또한 이들로 인해 야기되는 왜곡표시가 재무제표에 미치는 영향을 파악할 수 있도록 합리적 확신 수준하에서 감사증거를 수집하고 이에 합당한 감사의견을 표명할 책임을 진다.

이 장의 요약

• 기업에서 흑자도산은 왜 발생하는가?
 –흑자도산이란 이익이 발생하는데도 현금이 부족하여 기업이 도산하는 현상을 말한다.
 –순이익은 발생주의에 의해 계산되므로 현금유출입(현금기준)과는 무관하게 결정되기 때문이다. 즉 순이익 발생이 기업내 현금의 증가를 의미하지는 않는다.

• 현금및현금성자산에는 어떤 항목들이 포함되는가?
 –현금예금뿐만 아니라 현금과 동일하게 기업이 즉시 이용가능한 일부의 단기금융자산을 포함한다.
 –취득 당시 만기가 3개월 이내 도래하며 가치변동이 적고, 소액의 거래비용으로 현금전환이 용이한 채권, 환매채, 단기수익증권 및 일부 정형화된 단기금융상품을 포함한다.

• 내부통제에는 어떤 기본원칙들이 구비되어야 하는가?
 –책임과 권한의 승인절차
 –적절한 업무분장
 –문서화 및 기록절차의 유지
 –자산 및 기록자료에 대한 접근제한
 –독립적인 내부검증 등

• 현금의 내부통제는 어떻게 이루어지는가?
 –현금보유의 최소화 및 은행의 이용(인터넷뱅킹, 온라인 송금, 신용카드 이용, 수표발행 등)
 –현금 관련업무(승인, 지출, 기록 업무)의 분장
 –적절한 지출승인절차
 –정기적인 은행계정조정표의 작성
 –소액현금제도의 운영 등

• 은행계정조정표는 왜 필요하며, 어떻게 작성하는가?
 –현금거래보다는 은행을 이용한 거래가 증대됨에 따라, 은행거래에서 발생할 수 있는 오류와 부정에 대한 독립적 검증의 필요성이 증대하였다.
 –은행거래와 예금 장부기록에 관련이 없는 제3자가 독립적으로 은행으로부터 조회확인받은 예금잔액과 회사의 장부기록상 잔액에 대한 차이를 확인하여 그 원인을 상세하게 파악함으로써 장부기록의 오류 또는 입출금 과정상의 부정가능성을 검증하고 회계기말에 보고해야 할 정확한 예금잔액을 계산하기 위해 은행계정조정표를 작성한다.
 –은행과 기업의 예금잔액 불일치는 주로 은행과 기업의 기록시점 차이와 기장오류에 의해 발생하는데 예금잔액이 일치하도록 이러한 원인들을 조정해준다.

• 회계부정의 유형과 그 상호관계는 어떠한가?
 –자산의 횡령과 부정한 재무보고의 두 가지 유형으로 구분된다.

- 두 가지 요소는 각자 독립적으로 발생할 수도 있고, 때로는 결합하여 자산횡령과 이를 은폐하기 위한 부정한 재무보고의 장부기록이 동시에 나타날 수도 있다.

• 부정위험의 3요소는 무엇인가?
- 동기/압력
- 기회
- 종업원 태도/합리화 가능성

• 부정예방을 위해 기업이 채택할 수 있는 정책은 무엇인가?
- 정직과 높은 수준의 기업윤리 문화
- 부정위험을 상시 통제하는 경영진의 노력
- 지배기구의 효과적인 감시장치

유동비율

유동비율(liquidity ratio)이란 기업이 1년 이내에 현금으로 상환해야 하는 부채와 비교하여 1년 이내에 현금으로 전환이 예상되는 자산의 비율을 나타내는 지표로서, 1년 이내의 단기채무를 외부차입 없이 자체적으로 변제할 수 있는 능력을 나타낸다.

$$\langle 산식 \rangle \quad 유동비율 = \frac{유동자산}{유동부채}$$

유동비율이 2 : 1, 즉 200%라면 일반적으로 단기변제능력이 매우 좋은 것으로 평가한다. 왜냐하면 1년 이내에 갚아야 할 부채보다 두 배의 유동자산을 보유하고 있기 때문이다. 그러나 유동자산에 포함된 재고자산이나 매출채권이 1년 이내에 현금으로 전환되기 어렵다면 단기변제능력이 우수하다고 말할 수 없다.

(단위 : 백만원)

회사명	내 용	2024년	2023년
SK하이닉스	유동자산(A)	42,278,887	30,468,100
	유동부채(B)	24,965,444	21,007,810
	유동비율(A/B)	1.69	1.45
삼성전자	유동자산(A)	227,062,266	195,936,557
	유동부채(B)	93,326,299	75,719,452
	유동비율(A/B)	2.43	2.59

SK하이닉스의 유동비율은 2024년에 1.69로 2023년 대비 0.24 증가하였다. 이는 유동부채 증가(19%) 대비 유동자산 증가(39%)가 더 컸기 때문이다. 한편 삼성전자의 유동비율은 2023년 2.59에서 2024년 2.43으로 다소 감소하였다. 그럼에도 불구하고 유동부채의 2배 이상에 달하는 수준의 유동자산을 보유하고 있기 때문에 단기 유동성이 매우 양호한 수준이라고 할 수 있다.

여기서 한 가지 유의할 점은 유동비율이 높을수록 기업의 단기채무 상환능력은 좋게 평가되지만, 불필요하게 높은 경우에도 주의를 기울일 필요가 있다. 비록 기업의 유동성은 높을지 모르나 경영자가 유휴자금의 효율적인 활용처를 찾지 못하고 지나치게 보수적인 경영을 하고 있다는 점에서 비능률적인 자산운용으로 해석될 여지가 있기 때문이다.

은행계정조정표의 작성과 수정분개

20×1년 12월 31일 현재 은정주식회사의 총계정원장 중 당좌예금계정은 차변에 ₩18,434,300으로 표시되어 있다. 그런데 12월 31일자 거래은행측이 보내온 은행계정명세서의 잔액은 ₩19,726,400이다. 은정주식회사의 당좌예금계정 잔액과 거래은행의 회사측 잔액이 차이나는 이유는 다음과 같다.

(1) 12월 31일에 은정주식회사가 거래은행에 ₩2,145,400을 예입하였으나 은행계정명세서에는 아직 반영되지 않았다.

(2) 거래은행은 은정주식회사가 의뢰한 받을어음 ₩2,000,000을 12월중에 추심하였다. 은행은 추심수수료 ₩5,000을 차감한 회수금액을 은행계정명세서에 포함시켰다. 기업에서는 아직 추심에 대한 기록을 하지 않았다.

(3) 은정주식회사의 거래처인 현우주식회사의 발행수표 중 ₩450,000이 거래처 예금계좌의 잔액부족으로 부도처리되었다는 사실을 12월 31일이 되어서야 알게 되었다.

(4) 광고비 ₩869,100의 명목으로 발행한 수표 No.586을 회사가 분개과정에서 ₩896,100으로 잘못 기록하였다는 사실이 확인되었다.

(5) 은행으로부터 받은 수표지급명세와 기업의 기록을 비교한 결과, 다음의 수표들이 12월 31일 현재 미결제상태로 남아 있음을 확인하였다.

No.561	₩306,600	No.591	₩190,000
No.585	440,000	No.592	282,500
No.588	476,400	No.593	243,000

(6) 은행은 다른 기업이 부담해야 할 수표발행비용 ₩30,500을 잘못하여 은정주식회사 당좌계정에서 차감하였다.

(7) 은행은 은정주식회사의 차입금에 대한 지급이자 ₩42,500을 기업측 당좌계정에서 직접 차감하였다. 동 이자비용에 대해 기업에서는 아무런 기록도 하지 않았다.

요구사항

1. 20×1년 12월 31일 현재 은정주식회사의 은행계정조정표를 작성하라.
2. 20×1년 12월 31일 은행계정조정 후 수정분개를 하라.

해답

1. 은정주식회사의 은행계정조정표

은행계정조정표

은정(주)			20×1년 12월 31일 현재			(단위 : 원)
기업의 당좌예금잔액		₩18,434,300	은행계정명세서 잔액			₩19,726,400
가산 : (2) 어음추심액		2,000,000	가산 : (1) 은행미기록 예금			2,145,400
(4) 기 장 오 류		27,000	(6) 은행측 오류			30,500
차감 : (2) 추심수수료	₩5,000		차감 : (5) 미결제수표			
(3) 부 도 수 표	450,000			No.561	₩306,600	
(7) 이 자 비 용	42,500	(497,500)		No.585	440,000	
				No.588	476,400	
				No.591	190,000	
				No.592	282,500	
				No.593	243,000	(1,938,500)
수정후 잔액		₩19,963,800	수정후 잔액			₩19,963,800

2. 은행계정조정 후의 수정분개

(2) 추심수수료 차감 후의 어음추심액을 기록하다.

(차) 당 좌 예 금	1,995,000	(대) 받 을 어 음	2,000,000
이자비용(추심수수료)	5,000		

(3) 부도처리된 사실을 기록하다.

(차) 매 출 채 권	450,000	(대) 당 좌 예 금	450,000

(4) 광고비 기록의 오류를 수정하다.

(차) 당 좌 예 금	27,000	(대) 광 고 비	27,000

(7) 차입금에 대한 당기의 이자비용을 기록하다.

(차) 이 자 비 용	42,500	(대) 당 좌 예 금	42,500

익힘문제

01 효율적인 내부통제를 위한 대표적인 내부통제의 원칙들을 설명하라.

02 강원슈퍼마켓은 금전등록기 없이 영업을 하다가 새로 금전등록기 두 대를 설치했다. 슈퍼마켓에서는 두 명의 종업원이 현금계산대에서 일을 하고 있다. 금전등록기의 설치는 내부통제에 도움이 되는가?

03 인터넷뱅킹 계좌가 없는 사람은 은행에 가서 인터넷뱅킹 계좌를 개설해 보자. 은행에서는 본인확인을 위해서 어떠한 절차를 거치는가? 인터넷뱅킹을 하기 위해서 공인인증서, 보안카드 등이 필요한 이유는 무엇인가?

04 현금의 입출금을 다루는 일과 이를 기록하는 일은 독립성을 유지하기 위해 각기 다른 사람에게 부여하는 것이 좋은가? 아니면 전문성을 살리기 위해 한 사람이 담당하는 것이 좋은가?

05 현금성자산을 정의하고, 그 특성을 설명하라. 또한 현금성자산의 예를 세 가지 이상 들라.

06 현금성자산과 단기금융자산의 차이점은 무엇인가?

07 은행계정조정표를 작성하는 목적은 어디에 있는가?

08 기업에서 현금은 유입과 유출이 빈번한 자산이고 그 성격상 부당하게 유용하거나 도난당할 위험이 높다. 현금의 내부통제방법으로 대표적인 것을 세 가지 제시하라.

09 은행계정조정표의 조정항목 중에서 대표적인 것은 무엇인가?

10 회계부정을 유발할 수 있는 부정위험요소 세 가지에 대해 설명하라.

11 기업내부에서 회계부정을 예방 혹은 발견할 수 있는 장치로는 무엇이 있는가?

12 부정한 재무보고의 구체적 방법을 다섯 가지만 예시하라.

01 현금및현금성자산

드림테크(주)는 20×1년 12월 31일 기말에 회사의 금고를 조사하니 다음의 항목들이 있었다.

통　　화	₩600,000	만기가 도래한 국채이자표	₩15,000
타인발행수표	350,000	지급기일이 도래한 사채이자표	20,000
환매채(취득시 만기가 2개월)	400,000	당 좌 예 금	300,000
양도성 예금증서	120,000	2개월 후 만기인 정기예금	500,000

요구사항

1. 재무상태표에 표시할 현금및현금성자산은 얼마인가?
2. 현금및현금성자산으로 분류되지 않은 항목들은 재무상태표에 어떤 항목으로 개별표시되는가?

02 내부통제의 원칙 (I)

내부통제와 관련된 다음 각 경우를 읽고 물음에 답하라.

(1) 대부분의 극장에는 매표소에서 종업원이 일련번호가 부여된 표를 팔고, 다른 종업원이 문에서 표를 받는다. 같이 극장에 간 친구가 종업원 한 사람이 할 수 있는 일을 두 명이 나누어 한다고 하면서, 이는 자원의 낭비라고 지적했다.

(2) 방학 동안 양로원을 위한 자원봉사로 친구와 같이 양로원을 대신해서 모금활동을 하기로 했다. 지역주민들이 매우 협조적이어서 많은 돈을 모을 수 있었다. 그러나 양로원에 돌아와서 회계담당자에게 영수증을 원하는 지역주민에게만 영수증을 발부했다고 이야기했더니 회계담당자가 갑자기 화를 내었다.

요구사항

각 상황과 관련된 내부통제원칙은 무엇인가? 각 상황에 대한 의견을 말하라.

03 내부통제의 원칙 (II)

다음은 현대(주)의 내부통제와 관련된 내용들이다. 각 항목들이 내부통제에 적절한지 아니면 부적절한지 답하고 관련된 내부통제원칙을 간단히 써라(아래 제시한 양식을 이용하여 답할 것).

(1) 현금의 수입과 지출에 관한 업무를 맡고 있는 성실하고 유능한 사원이 휴일도 없이 업무를 전담하고 있어서 현금관리에 대한 전문성을 높이고 있다.
(2) 시간제 근무 종업원들은 자신이 일한 시간을 자신이 스스로 기록하여 재무부서에 제출하고 있다.
(3) 은행계정조정표는 현금관리와 관련이 없는 직원이 작성하고 있다.
(4) 판매부서의 현금수납 담당자들은 각자 자기의 현금서랍에서 현금을 출납하고 다른 담당자들의 현금서랍에서는 현금을 출납하지 못한다.

(5) 재고자산 관리는 고객에게 재고자산을 인도하는 일, 고객에게 대금을 청구하는 일, 고객으로부터 현금을 받는 일을 전문성과 효율성을 높이기 위해서 같은 직원이 담당하고 있다.

[답안양식]

번호	내부통제 적절/부적절	관련된 내부통제원칙
(1)		
(2)		
⋮		

04 현금관리와 내부통제

철저한(주)의 현금관리에 대한 다음 각 설명을 보고 어떠한 내부통제원칙이 적용되었는지 밝혀라.

(1) 카운터에서 일하는 모든 계산원들은 자신의 아이디와 패스워드로 로그인한 후 금전등록기를 사용하고 있으며 금전등록기에는 누가 사용하고 있는지 기록이 된다.
(2) 근무가 끝난 후 계산원들은 금전등록기에 있는 현금서랍을 관리자에게 제출하고 관리자는 금전등록기의 매출액과 현금서랍 속의 현금 및 신용카드영수증을 비교 확인한다.
(3) 모든 수표에는 일련번호가 붙어 있다.
(4) 매월말 기준으로 현금이나 예금에 관한 업무를 맡지 않은 종업원이 은행계정조정표를 작성하고 있다.
(5) 수표를 지급하는 종업원은 관리자로부터 수표 지급을 승인받아야 한다.

05 은행계정조정표 항목과 수정분개

다음의 사항 (a)~(f)는 은행계정조정표에 나타나는 〈보기〉 (1)~(4) 중 어느 항목에 포함되어야 하는가? 또한 기업에서 수정분개가 필요한 사항은 어느 것이며, 어떤 계정을 사용하여 수정분개하는가?

(a) 은행수수료
(b) 부도수표
(c) 미기록예금
(d) 미결제수표
(e) 다른 회사가 부담할 비용이 이 회사로 전가된 은행의 오류
(f) 회사의 외상거래대금으로 예금지출분개장에 ₩588,000이 기록되었다. 그러나 사실은 거래대금이 ₩858,000인 것을 잘못 기장함으로써 ₩270,000의 차이가 발생하였다.

〈보 기〉
(1) 은행계정명세서 잔액에 가산될 항목
(2) 은행계정명세서 잔액에 차감될 항목
(3) 기업의 당좌예금계정 잔액에 가산될 항목
(4) 기업의 당좌예금계정 잔액에 차감될 항목

06 기말의 예금계정잔액 계산

설악(주)는 월말에 거래은행으로부터 은행예금잔액이 ₩256,000이라는 통지를 받았다. 은행계정조정표에서 조정해야 할 항목은 미결제수표 ₩34,000, 은행수수료 ₩2,500, 미기록예금 ₩28,900, 거래처로부터 은행에 직접 입금된 미통지예금 ₩100,000과 부도처리되어 되돌아온 거래처 발행수표 ₩40,000이다.

요구사항

1. 설악(주)의 월말재무상태표에 표시되어야 할 적정한 예금잔액은 얼마인가?
2. 수정하기 전 회사장부에 기록된 예금잔액은 얼마인가?

07 은행계정조정표의 작성 (I)

개성(주)의 10월 한 달 동안 당좌예금계정의 증감내용은 다음과 같다.

기초잔액	₩164,000	현금예입액	₩640,000
기말잔액	176,000	현금인출액	628,000

10월 31일 은행계정명세서의 잔액은 ₩158,000이며, 은행으로부터 다음과 같은 정보를 통보받았다.

(1) 거래처에서 은행에 직접 예금한 금액	₩20,300
(2) 예금에 대한 이자	1,500
(3) 개성(주)가 거래처로부터 외상대금으로 받아 입금한 수표 중 부도처리된 것	23,800
(4) 은행수수료	800

(5) 10월 31일 현재 미기록예금과 미결제수표는 각각 ₩43,800과 ₩28,600이다.

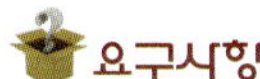

1. 10월 31일 현재 은행계정조정표를 작성하라.
2. 필요한 수정분개를 하라.

08 미기록예금과 미결제수표의 조정

다음은 충무(주)의 미기록예금과 미결제수표에 관한 정보이다.

〈사례 1〉 4월말 은행계정조정표에 따르면 미기록예금은 ₩28,500이었다. 충무(주)의 현금출납기록에 따르면 5월중 예입액이 ₩589,000인 데 반하여 은행계정명세서에는 5월중 수취액이 ₩518,500으로 기록되어 있다.

〈사례 2〉 4월말 은행계정조정표에 따르면 미결제수표는 ₩48,800이었다. 충무(주)의 현금출납기록에 따르면 5월중 수표발행액이 ₩435,500인 데 반하여 은행계정명세서에는 5월중 수표지급액이 ₩392,000으로 기록되어 있다.

요구사항

1. 〈사례 1〉에서 5월말 현재 미기록예금은 얼마인가?
2. 〈사례 2〉에서 5월말 현재 미결제수표는 얼마인가?

09 회계부정의 개념

다음은 부정의 개념과 특성에 관한 일반적인 설명이다.

(1) 부정위험요소가 있다고 해서 반드시 부정이 존재한다는 것은 아니지만, 부정이 발생하는 상황에서 자주 발견되는 요인이 바로 부정위험요소이다.

(2) 부정은 일반적으로 부정을 저지르려는 동기 또는 유도기회가 있어야 하지만, 그 두 가지가 동시에 요구되는 것은 아니다.

(3) 부정한 재무보고란 자산의 횡령을 말하는 것으로서 횡령의 효과로 말미암아 재무제표가 회계처리기준에 위배되는 현상을 말한다.

(4) 탄천회사 공장장은 생산작업과정에서 발생하는 폐품을 모았다가 일주일에 한 번씩 본인의 픽업트럭으로 반출하여 고물상에 처분하고 용돈으로 사용한다. 이는 누구에게도 손해를 끼치지 않았으므로 회계부정에 속하지 않는다.

(5) 탄천회사의 현금출납기록담당자는 다음 회계기간초에 입금예정인 금액을 당기말에 입금처리된 것으로 기록하였다. 이는 자산의 횡령에 해당하는 회계부정이다.

(6) 탄천회사의 가장 큰 매입거래처가 제공하는 현금할인혜택을 탄천회사의 자금담당자는 현금할인기간 내에 대금을 지급하고도 의도적으로 행사하지 않는다. 이 자금담당자는 가끔씩 거래처사장명의의 스키콘도를 무료로 이용하고 있다. 이는 부정한 재무보고로 분류되는 회계부정이다.

(7) 경영진은 내부통제를 통하여 부정을 예방하거나 적발할 책임이 존재하지만 이러한 내부통제는 고유한계가 존재하기 때문에 모든 부정을 다 예방하거나 적발할 수는 없다. 경영진은 합리적 범위를 벗어나는 부정이나 오류에 대해서는 책임을 지지 않는다.

요구사항

부정의 정의, 특성 및 책임에 대한 위의 설명 중 틀린 항목을 선택하고 그 이유를 서술하라.

10 내부통제환경이 부정한 재무보고 가능성에 미치는 영향

다음은 어떤 기업의 내부통제환경과 관련된 사항들이다.

(1) 기업이 등록되어 있는 증권시장에서 상장회사에 대한 시장규제가 매우 엄격하다.
(2) 기업이 속한 산업의 제품수요가 전반적으로 증가하는 추세에 있다.
(3) 최근 시장이자율의 변동이 심하다.
(4) 지분율이 35%인 최대주주가 경영진으로서 경영에 직접 참여한다.
(5) 내부감사보고서가 이사회에 직접 보고된다.
(6) 회계담당자의 인사이동이 빈번하다.
(7) 경영진은 감사인이 제시한 내부통제의 개선제안을 잘 받아들인다.
(8) 대표이사가 기본급여 없이 주식매입선택권으로만 보상받는다.
(9) 구매담당직원이 거래처로부터 고급선물을 수령한 사실이 제보되었다.

요구사항

위의 사례가 재무제표 왜곡표시의 발생가능성에 미치는 영향을 증가, 감소 또는 직접적인 영향 없음의 세 가지로 나누어 표시하라.

11 은행계정조정표의 작성 (Ⅱ)

20×1년 9월 30일 식스월드(주)의 거래은행에서 보내온 은행계정명세서와 기업의 당좌예금잔액은 각각 다음과 같다. 8월에는 미결제수표와 미기록예금이 없었으며 회사장부의 9월 1일 잔액은 8월말에 은행계정조정표를 통해 수정된 금액이다.

은행계정명세서

내 용	출 금	입 금	비 고	잔 액
9월 1일				₩400,000
6일	₩80,000		수표 #10	320,000
6일		₩130,000	수표	450,000
10일		55,500	수표	505,500
12일	116,000		수표 #11	389,500
16일		3,690	현금	393,190
20일	46,000		수표 #13	347,190
28일		78,000	수표	425,190
29일		170,000	미성(주) 어음	595,190
29일	3,400		수수료	591,790
9월 30일		1,200	이자	592,990

당좌예금계정

9월 1일	₩400,000	2일 #10	₩80,000
4일	130,000	6일 #11	116,000
8일	55,500	10일 #12	54,000
13일	112,000	18일 #13	46,000
16일	3,960	28일 #14	31,000
26일	78,000		
28일	95,000		
9월 30일 잔액	₩547,460		

은행계정명세서와 함께 거래은행에서 보내온 통지서와 두 계정의 잔액을 비교한 결과 다음과 같은 사실을 알 수 있었다.

(1) 9월 13일 식스월드(주)가 동성(주)에 상품을 판매하고 받은 수표 ₩112,000이 9월 29일 최종 부도처리되어 은행으로 돌아왔다.
(2) 9월 16일 판매대금 ₩3,690을 은행에 입금하면서 장부에 ₩3,960으로 잘못 기재하였다.
(3) 9월 29일 거래처인 미성(주)의 어음 ₩170,000이 은행에 입금되었고 은행은 추심수수료로 2%를 부과하였다.
(4) 9월 30일 예금에 대한 이자는 ₩1,200이다.

요구사항

1. 은행계정조정표를 작성하라.
2. 식스월드(주)에게 필요한 수정분개를 하라.
3. 은행과 기업에서 수정을 마친 다음 정확한 당좌예금잔액은 얼마인가?

고급연습문제

12 통제활동의 절차

회사의 내부통제활동으로 대표적인 다섯 개의 원칙이 있다.

(1) 책임과 권한의 승인절차(authorization of responsibility)
(2) 적절한 업무분장(separation of duties)
(3) 문서화 및 기록절차의 유지(documentation)
(4) 자산 및 기록자료에 대한 접근제한/물리적 통제(physical control)
(5) 독립적인 내부검증(independent internal check)

요구사항

1. 각 원칙에 대하여 개념을 설명하고,
2. 각 개념에 대한 사례를 각각 두 개씩 제시하라.

13 내부통제 – 간단한 사례

부산(주)의 사장은 수년전에 입사한 조카 김씨를 매우 신뢰하고 있다. 조카는 4년제 경영학과를 우수한 성적으로 졸업했을 뿐만 아니라 사장의 지시에 잘 따르고 있다. 사장은 조카에게 회사의 현금거래와 거의 모든 회계처리를 맡기고 있다. 조카는 직접 입출금을 관리하며 이에 대한 회계처리도 한다. 또한 은행입금과 중요한 지출업무에 대한 승인도 하고 있다. 사장은 자금사정이 좋지 않자 거래은행으로부터 자금을 차입하려고 한다. 은행은 돈을 빌려주기 이전에 회사에 외부감사를 받도록 요구하였다. 공인회계사 성실한 씨는 부산(주)를 감사하고 다음과 같은 사실을 밝혀내었다.

(1) 현금매출은 가끔씩 금전등록기에는 기록되어 있으나 현금수입장에는 기록되지 않았다.
(2) 회사의 경비지출 중에는 실제로 회사경비에 지출되지 않은 금액이 회사의 장부에서 지출되었고 가공의 지급증명서를 만들어 놓았다.
(3) 거래처로부터 회수된 외상매출금을 입금하지 않고 개인적으로 사용하였으며, 이를 매출환입 및 에누리로 회계처리하였다.

회사의 내부통제에는 어떠한 문제가 있으며, 성실한 씨는 사장에게 어떤 조언을 해야 하는가?

14 은행계정조정표의 작성 (Ⅲ)

다음은 송도(주)의 거래은행에서 보내온 은행계정명세서와 송도(주)의 당좌예금계정을 요약한 내용이다. 8월 이전에는 미기록예금 ₩18,000과 미결제수표 ₩24,000이 있었으며 당좌예금계정의 8월 1일 잔액은 7월 31일에 은행계정조정표를 통해 수정된 잔액이다.

은행계정명세서

내 용	출 금	입 금	비 고	잔 액
8월 1일 잔액				₩90,000
8월중의 예입액		₩69,000		159,000
8월중의 수표결제	₩73,000			86,000
기타	500		이자비용	85,500
8월 31일 잔액				₩85,500

당좌예금계정

8월 1일 잔액	₩84,000	수표발행	₩71,000
입 금	62,000		
8월 31일 잔액	₩75,000		

요구사항

1. 은행계정명세서에 있는 이자비용 ₩500은 송도(주)가 아직 장부에 기록하지 못한 것이다. 은행계정조정표를 작성하라.
2. 송도(주)는 회계처리를 해야 하는가? 필요한 사항을 조정할 회계처리는 무엇인가?
3. 은행계정조정 후 8월말의 당좌예금잔액은 얼마인가?
4. 송도(주)는 보통예금 ₩20,000, 금고 속에 보관중인 현금 ₩30,000, 소액현금 ₩10,000, 만기가 3개월 남은 정기적금 ₩40,000을 보유하고 있다. 8월말의 재무상태표에 표시할 현금및현금성자산은 얼마인가?

15 은행계정조정표의 작성(Ⅳ)

광주(주)의 당좌예금에 대한 다음 정보를 보고 물음에 답하라.

(1) 6월 30일 회사의 당좌예금계정 잔액은 ₩893,250이다.
(2) 은행계정명세서의 6월 30일 잔액은 ₩1,349,061이다.
(3) 은행계정명세서와 광주(주) 장부를 비교대조해 본 결과 다음 사실을 밝혔다.
- 부도수표가 ₩58,000인데 광주(주)에서는 알지 못했다.
- 은행에서 이자비용으로 ₩2,168을 차감하였는데 광주(주)에서는 알지 못했다.
- 기발행 미결제수표는 다음과 같다.

#111	₩22,500
#112	31,400
#113	450,000

(4) 마감시간이 경과한 후 은행에 전달하여 미기록된 예금은 ₩211,821이다.
(5) 자동이체를 시켜 놓은 임차료가 ₩157,500 차감되었는데 모르고 있었다.
(6) 은행에서 공주(주)에 입금시킬 돈을 이 회사에 잘못 입금시킨 금액이 ₩381,400이다.

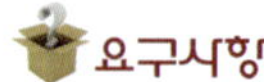

1. 은행계정조정표를 작성하라.
2. 광주(주)에 필요한 수정분개를 하라.
3. 은행측과 기업측의 수정을 마친 다음 정확한 당좌예금잔액은 얼마인가?

16 내부통제의 취약점

김통제 회계사는 (주)대충의 내부통제의 설계에 대한 이해를 얻기 위한 감사절차를 실시하고, 다음의 세 가지 통제절차에서 설계상의 취약점을 발견하였다.

(1) 고객주문서를 접수하면, 영업부서는 고객의 신용에 문제가 없는지 확인한 뒤, 판매지시서를 작성한다. 판매지시서에는 사전에 일련번호가 부여되어 있다.
(2) 회계부서는 필요하다고 판단되는 경우 매출채권에 대한 대손을 승인한다.
(3) 구매부서는 구매요청부서장이 승인한 구매요청서를 받으면, 요청된 물품을 최적의 조건으로 공급할 수 있는 공급업자를 선정하고, 사전에 일련번호가 부여된 구매주문서를 2부 작성하여, 검수부서와 구매요청부서에 각각 1부씩 송부한다.

취약점의 내용을 설명하고, 개선책을 제시하라.

17 회계부정과 경영진의 책임

다음은 회계부정에 관한 신문기사의 내용이다.

CJ그룹의 비자금 조성 및 탈세 의혹을 수사중인 검찰은 그룹 측이 미국과 인도네시아 등지에서 해외 비자금 수백억원을 조성·운용한 정황을 추가로 포착해 수사중이다. 검찰 등에 따르면 CJ그룹이 2008년 이후 최근까지 4~5년간 국외 투자 등을 가장해 해외에서 조성한 비자금 수백억원을 CJ미국법인으로 빼돌린 사실을 확인하고 정확한 규모와 사용처를 확인하고 있다. CJ그룹이 분식회계와 차명계좌 거래, 해외 페이퍼컴퍼니 등을 통해 조성한 국내외 비자금의 '운용 기지'로 미국법인을 활용한 사실은 검찰 수사에서 이번에 새롭게 확인된 것으로 알려졌다. 검찰은 CJ그룹 회장이 국내외 비자금 운용을 통해 510억원의 조세를 포탈하고, 1998년부터 2005년까지 CJ제일제당의 경비를 허위 계상하는 방법으로 600여억원을 횡령한 혐의가 있다고 보고 있다. 이 회장은 또 일본 도쿄의 빌딩 2채를 구입하는 과정에서 회사에 350여억원의 배임 등을 저지른 혐의에 대해서도 수사하고 있다. (연합뉴스, 2013.6.16)

요구사항

1. 회사의 경영자는 회계부정에 대한 책임이 있다. 경영자의 책임에 대하여 설명하라.
2. 회사의 재무제표를 감사하는 외부감사인도 회계부정에 대한 일부의 책임이 있다. 외부감사인의 책임에 대하여 설명하라.

18 현금수준과 윤리문제

대선상회는 번식물을 생산하는 중소기업이다. 이철수 씨는 이 회사의 회계담당자로서 원장기록을 책임지고 있다. 대전상회는 거래은행으로부터 상당한 금액을 대출받았는데 대출조건은 회계기말 기준으로 현금잔고가 ₩3,000,000 이상을 유지하는 것이다.

회계기말인 20×1년 6월 30일 이철수 씨는 대전상회의 6월 30일 현금잔고가 ₩1,000,000에 불과한 것을 알았다. 그날 오후, 회사의 경영자는 이철수 씨에게 오늘 은행계정을 마감하지 말고 이틀만 더 기다릴 것을 요구했다. 이 경영자는 거래처에 요구하여 ₩2,500,000의 수표를 보내도록 했다고 하였다. 거래처는 어제 우편으로 이 수표를 보냈고 7월 2일에 회사에 도착할 예정이다.

경영자는 이철수 씨에게 말하기를, 만약 6월 30일의 잔고가 ₩3,000,000이 되지 않으면 거래은행에서 빌린 돈을 바로 상환해야 되고, 그러면 회사는 부도가 발생할 것이라고 했다. 부도가 발생하면 경영자와 이철수 씨는 물론 회사의 모든 종업원들이 실직할지도 모른다.

이러한 경우 당신이 이철수 씨라면 어떤 결정을 내리겠는가?

19 회계정보의 활용 - 유동비율

다음은 자동차부품을 제조하는 두 회사의 20×1년 부분재무상태표이다.

(단위 : 억원)

	A회사	B회사
자 산	₩6,270	₩5,510
유 동 자 산	2,040	1,680
비유동자산	4,230	3,830
부 채	2,540	2,610
유 동 부 채	1,340	1,710
비유동부채	1,200	900

요구사항

1. 이 자료를 이용하여 두 회사의 유동비율을 계산하고 두 회사의 상대적 유동성을 논하라.
2. 유동비율이 200%일 때 유동자산과 유동부채가 같은 금액으로 증가한다면 유동비율은 어떻게 되는가? 다른 모든 조건이 동일할 경우 유상증자를 통해 현금을 조달받는다면 유동비율은 어떻게 되는가?

내부통제 – 입장료수입 및 현금 내부통제

문예진흥원에서는 지역주민을 위해 박물관을 운영하고 있다. 박물관이 개장되면 두 명의 검표직원이 정문에서 일반입장객인 비회원들로부터 ₩5,000의 입장료를 받는다. 회원은 회원카드를 제시하면 무료로 입장할 수 있다.

매일 일과가 끝나면 두 명 중 한 명이 그날 수금한 돈을 현금수납직원에게 인계한다. 현금수납직원은 검표직원 앞에서 현금을 확인한 후 현금을 금고에 보관한다. 매금요일 오후에 현금수납직원과 검표직원 중 한 명이 금고에 보관된 현금을 은행에 입금시키고 은행으로부터 입금확인증을 받는다. 이 입금확인증에 근거하여 매주 현금수입장에 기록하게 된다.

문예진흥원 이사회에서는 현금입장에 대한 내부통제를 개선할 필요가 있다고 보았다. 그러나 한 사람씩 들어갈 수 있도록 된 십자형 회전문의 설치나 입장권 판매대의 설치, 또는 다른 물리적 변경은 그 비용이 효익보다 크다는 것을 알았다. 그렇지만 입장권의 판매는 개선안에 포함되어야 한다고 보았다.

요구사항

당신은 문예진흥원의 이사회로부터 이 문제점의 해결을 의뢰받았다. 현 시스템의 취약점과 개선방안을 다음의 양식에 작성하라. 단, 현재의 직원 수를 변동하지 않고 그대로 유지한다고 가정한다.

취 약 점	개 선 방 안
〈예시〉 1. 입장인원을 확인하기 위한 문서화 통제절차가 수립되어 있지 않다.	1. 일련번호가 부여된 입장권을 입장료의 수령과 동시에 발행한다.

8 chapter 수취채권 및 지급채무

Summing up

영업활동을 수행하는 과정에서 여러 유형의 받을 권리와 지급해야 할 의무, 즉 일종의 수취채권과 지급채무가 발생한다. 가장 대표적인 채권과 채무로는 기업의 정상영업활동과 관련하여 재화와 용역을 공급하거나 매입하는 과정에서 발생되는 외상매출금과 외상매입금을 들 수 있으며, 이 이외에도 자금의 대여 혹은 차입이나 기타 사유로 인하여 각종의 수취채권과 지급채무가 발생한다.

단기수취채권계정으로는 유동자산에 속하는 외상매출금, 받을어음, 미수금, 단기대여금 등이 있으며, 장기수취채권계정으로는 투자자산에 속하는 장기대여금, 장기미수금 등이 있다.

한편, 단기지급채무계정으로는 대부분의 유동부채, 즉 외상매입금, 지급어음, 미지급비용, 단기차입금, 유동성장기차입부채 등이 포함되며, 장기지급채무계정으로는 장기차입금, 장기미지급금, 장기충당부채 및 퇴직급여채무와 같은 거의 모든 비유동부채가 포함된다.

OBJECTIVES

- 매출채권과 매입채무는 어떤 과정을 거쳐 발생하는가?
- 매출채권의 대손상각비는 언제 인식하는가?
- 매출채권의 대손충당금은 어떻게 설정하는가?
- 받을어음을 할인하면 어떻게 회계처리하는가?
- 단기채권과 단기채무로는 어떤 계정과목들이 있는가?

본장에서는 주로 단기수취채권과 단기지급채무를 설명하고, 장기지급채무는 제12장 비유동부채에서 다룰 것이다. 특히 일상적인 상거래에서 발생하는 외상매출금과 받을어음의 회계처리 및 평가와 관련된 내용을 상세히 다룬다.

수취채권과 지급채무는 동일한 거래에 대해 정반대의 입장에서 회계처리가 이루어진다. 재화나 용역을 공급하는 입장에서 보면 채권이 발생하고, 매입하는 입장에서 보면 채무가 발생하게 되므로 채무는 채권과 정반대의 입장에서 회계처리하면 된다. 본장은 주로 수취채권을 중심으로 설명할 것이므로, 그에 대칭되는 지급채무에 대해서 별도의 설명이 없는 경우에는 여러분 스스로가 그 회계처리를 반대입장에서 생각해보기 바란다.

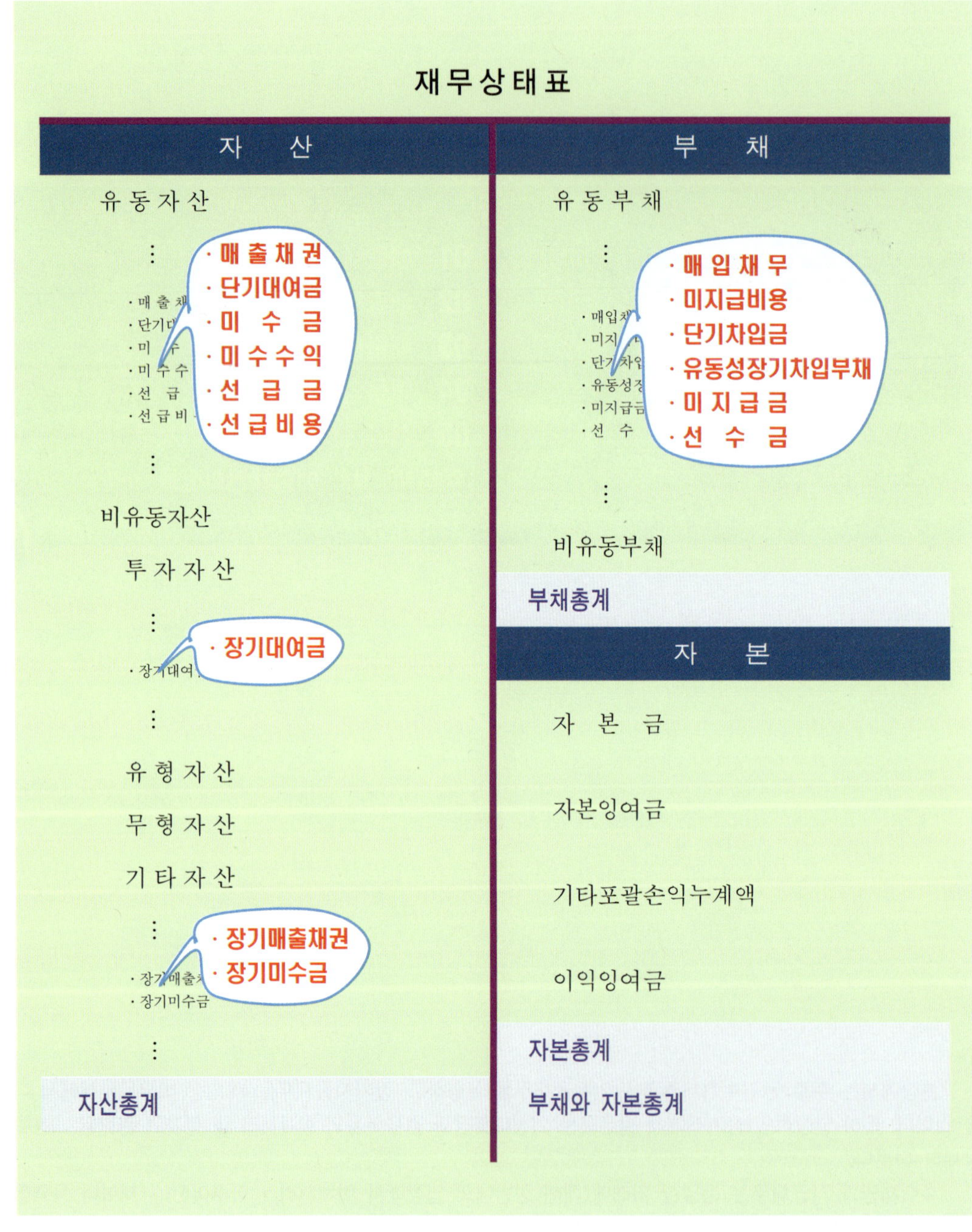
재무상태표
자 산
유동자산
· 매출채권
· 단기대여금
· 미 수 금
· 미수수익
· 선 급 금
· 선급비용
비유동자산
투자자산
· 장기대여금
유형자산
무형자산
기타자산
· 장기매출채권
· 장기미수금
자산총계
부 채
유동부채
· 매입채무
· 미지급비용
· 단기차입금
· 유동성장기차입부채
· 미지급금
· 선 수 금
비유동부채
부채총계
자 본
자 본 금
자본잉여금
기타포괄손익누계액
이익잉여금
자본총계
부채와 자본총계

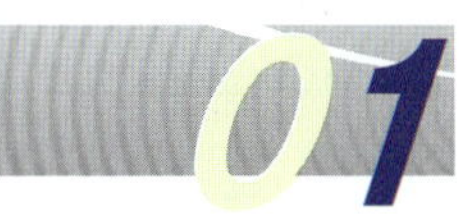

01 매출채권과 매입채무

OBJECTIVES 

- 매출채권과 매입채무는 어떤 과정을 거쳐 발생하는가?

수취채권
기업이 재화나 용역을 외상으로 판매하고 그 대가로 미래에 현금을 받을 수 있는 권리를 획득하는 경우에, 또는 다른 기업에 자금을 빌려주고 그 대가로 차용증서나 어음을 받는 경우에 발생하는 채권

지급채무
기업이 미래에 현금이나 재화 혹은 용역을 제공해야 할 의무

매출채권
일반적인 상거래에서 발생하는 채권

매입채무
일반적인 상거래에서 발생하는 채무

수취채권(receivables)이란 기업이 재화나 용역을 외상으로 판매하고 그 대가로 미래에 현금을 받을 수 있는 권리를 획득하는 경우에, 또는 다른 기업에 자금을 빌려주고 그 대가로 차용증서나 어음을 받는 경우에 발생하는 채권을 포괄적으로 지칭한다. 반면 지급채무(payables)는 기업이 미래에 현금이나 재화 혹은 용역을 제공해야 할 의무를 포괄적으로 지칭하는 개념이다.

수취채권 중에서도 특히 기업의 주된 정상영업활동과 관련하여 상품을 판매하거나 용역을 제공하는 과정, 즉 일반적인 상거래에서 발생하는 채권을 매출채권(trade receivables)이라 부르고, 지급채무 중에서 상품이나 원재료 등을 매입하는 과정, 즉 일반적인 상거래에서 발생하는 채무를 매입채무(trade payables)라고 한다. 매출채권을 세분하면 외상매출금(accounts receivable)과 받을어음(notes receivable)이 있으며, 매입채무로는 외상매입금(accounts payable)과 지급어음(notes payable)이 있다.

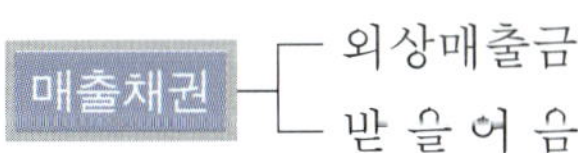

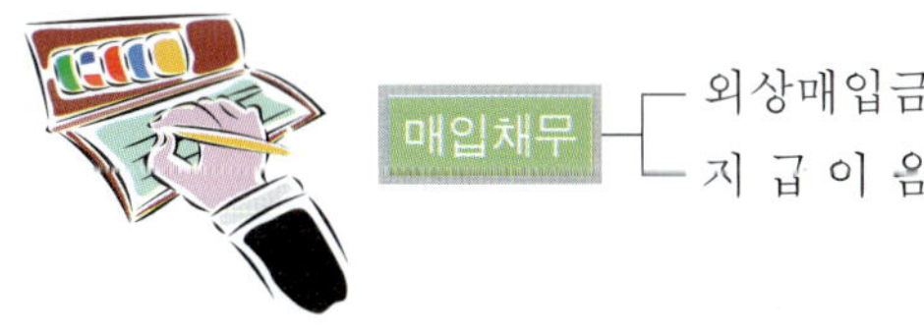

외상매출금이란 고객에게 외상으로 상품을 판매하거나 용역을 제공하여 발생하는 수취채권으로서 보통 30일에서 90일 이내에 회수한다. 외상매출금은 신용거래에서 발생하고, 서류로 채권을 확보하지 않으며, 회수기간이 짧기 때문에 대부분 이자가 붙지 않는다.

받을어음은 고객에게 상품을 판매하거나 용역을 제공하는 대가로 발생할 수도 있지만 외상거래처의 외상매출금의 회수촉진수단으로 사용되기도 하며, 제3자에게 돈을 빌려주고 이에 대한 증명서로서 어음을 받기도 한다.

외상매출금과 받을어음은 제3자로부터 사전에 약정된 금액의 현금을 받기로 하는 계약상의 권리이므로 대표적인 금융자산(financial assets)에 속한다. 이하에서는 외상매출금과 받을어음 또는 외상매입금과 지급어음을 세부적으로 구분해야 할 필요가 있는 경우를 제외하고는 일반적인 신용거래에 대해서 매출채권 또는 매입채무 계정을 사용하기로 한다.

매출채권이나 매입채무가 발생하는 분개는 상품매매회사의 회계처리를 다룬 제5장에서 이미 살펴본 바 있다. [예제 8-1]에서는 신용카드에 의한 외상매출을 예로 들어 매출채권의 기록과 회수에 관한 회계처리를 예시하고 있다. [예제 8-1]에서 신용카드 매출과 함께 발생하는 할인료는 수수료비용 또는 할인료라는 계정을 사용하고, 손익계산서에서는 일반적으로 영업비용(판매비)에 포함시킨다.

예제 8-1 신용매출

가나음식점의 단골 고객인 김치만 씨는 식사대 ₩80,000에 대하여 청아은행 신용카드를 사용하여 대금을 결제하였다. 이때 가나음식점의 분개는 다음과 같다.

(차) 매 출 채 권 　　─청아은행신용카드	80,000	(대) 매　　　출	80,000

가나음식점이 3일후 청아은행에 신용매출전표를 제시하고 3%의 할인료를 제외한 ₩77,600을 현금으로 받았다면 다음과 같은 분개를 한다.

(차) 현　　　금	77,600	(대) 매 출 채 권 　　─청아은행신용카드	80,000
수수료비용(할인료)	2,400		

매출채권의 평가

대손상각비
거래처가 파산하거나 고객의 채무불이행으로 기업이 매출채권을 받을 수 없게 되었을 때 발생하는 손상차손

기업이 보유하고 있는 외상매출금이나 받을어음과 같은 매출채권 중에는 장래 회수가 불가능함으로써 발생하게 되는 손상차손(대손)의 위험이 존재한다. 거래처가 파산하거나 고객의 채무불이행으로 기업이 매출채권을 받을 수 없게 되었을 때 발생하는 손상차손을 대손상각비(bad debts expenses)라고 한다. 회계처리시에는 계정과목으로 손상차손 또는 대손상각비 계정을 사용한다. 본서에서는 실무에서 주로 사용하는 대손상각비계정을 사용한다.

OBJECTIVES 

- 매출채권의 대손상각비는 언제 인식하는가?

1. 손상차손의 인식

기업이 고객에게 외상으로 제품을 인도하거나 용역을 제공하게 되면 매출채권이 발생한다. 매출채권은 발생당시에는 교환거래의 가격으로 기록되나, 회계기말에는 아직 미회수된 매출채권의 회수가능성을 평가하여 회수가 어려운 금액을 검토하여 손상차손(대손상각비)의 인식 여부를 결정해야 한다.

기업이 거래처에 신용매출을 허용하는 이유는 그 거래처가 일정기간 후에 대금을 지급할 능력이 있다고 판매당시에 판단했기 때문일 것이다. 그러나 시간이 지나면서 거래처의 신용등급이 달라지거나 신용위험에 변화가 생기게 되는 등 자산손상의 징후가 나타나면, 기업은 자산손상의 발생을 면밀히 검토한 후 손상차손의 인식 여부를 결정해야 한다. 그런데 손상차손이 발생한 객관적인 증거가 발견될 때마다 차변에 대손상각비라는 비용을 인식하고 대변에 매출채권을 인식하여 제거하는 직접상각법(direct write-off method)은 국제회계기준에서 허용되지 않는다.[1] 회계기준에서는 충당금설정법(allowance method)만 허용되며, 이는 회계기말에 향후 손상차손이 발생할 가능성이 있는 매출채권을 추정하여 차변에 손상차손 또는 대손상각비(bad debts expenses)라는 비용계정을, 대변에 손실충당금 또는 대손충당금(provisions for impairment losses)이라는 매출채권의 차감계정(contra account)[2]을 설정하는 일종의 수정분개방법이다.[3][4] 충당금설정법은 대손상각비를 당기수익에 보다 잘 대응시키고, 재무상태표상의 매출채권도 실현가능한 가치를 나타낸다는 측면에서 이용자의 의사결정에 보다 목적적합한 정보를 제공한다. 대손상각비는 일상적 상거래에서 발생하는 외상매출금이나 받을어음과 같은 매출채권과 관련하여 발생되면 관리비의 한 항목으로 보고하고, 기타의 수취채권(예를 들면 미수금, 대여금 등)으로부터 발생하면 영업외 항목인 기타의 금융비용으로 분류한다.

회계기말에 향후 손상차손이 발생할 가능성이 있는 매출채권을 추정하여 차변에 대손상각비(손상차손), 대변에 대손충당금(손실충당금)으로 수정분개하는 충당금설정법을 사용한다.

충당금설정법은 대손상각비를 당기수익에 보다 잘 대응시키고, 매출채권의 순실현가능가치를 보고한다는 측면에서 보다 목적적합한 정보를 제공한다.

한편, 매출채권을 직접 차감하지 않고 대손충당금이라는 차감계정을 사용하

1) 직접상각법이 허용되지 않는 이유는 첫째, 수익비용대응원칙에 위배될 가능성이 높고, 둘째, 재무제표상의 매출채권이 순실현가능가치(net realizable value)를 보여주지 못하고 과대계상될 수 있다는 큰 문제점이 있기 때문이다.

2) 어떤 계정이 독자적으로는 자산·부채·자본과 같은 독립적인 재무제표 요소항목을 구성하지는 못하나, 대신 관련 항목에 연계되어 부가(+) 혹은 차감(−)시키는 역할을 할 때 이를 평가계정(valuation account)이라 부른다. 평가계정에는 부가계정(+)과 차감계정(−)의 두 가지가 있다.

3) 재무제표를 작성하여 공시할 때에는 매출채권에서 대손충당금을 차감한 금액으로, 즉 순장부금액으로 표시할 수 있다. 이때에는 해당 매출채권과 대손충당금 금액을 구분하여 주석으로 공시해야 한다.

4) 계정과목은 대손상각비 대신 손상차손, 대손충당금 대신 손실충당금을 사용해도 된다.

면 매출채권의 원래 발생액뿐만 아니라 회수불가능할 것으로 추정되는 대손금액도 동시에 파악할 수 있는 장점이 있다. [예제 8-2]는 이에 관한 회계처리와 보고방법을 보여주고 있다.

예제 8-2 매출채권의 손상차손 인식과 보고

희망주식회사는 20×1년초에 영업을 개시하였으며, 대손충당금을 설정하는 방법으로 대손상각비를 계상하고 있다. 20×1년 12월 31일 매출채권의 잔액은 ₩300,000이었다. 채권회수담당자가 매출채권잔액의 손상차손을 검사한 결과 ₩13,000의 매출채권에 손상이 발생할 것으로 추정되었으며, 따라서 차기 이후에 회수가능한 금액은 ₩287,000이 될 것으로 추정하였다.
이와 관련한 희망주식회사의 20×1년말 분개는 다음과 같다.

(차) 대손상각비(또는 손상차손) 13,000 (대) 대손충당금(또는 손실충당금) 13,000

위의 수정분개를 반영한 희망주식회사 재무상태표에는 다음과 같이 보고된다.

부분재무상태표

희망(주)	20×1년 12월 31일 현재	(단위 : 원)
유 동 자 산		
⋮		
매 출 채 권	₩300,000	
대손충당금(또는 손실충당금)	(13,000)	₩287,000
⋮		

OBJECTIVES 

• 매출채권의 대손충당금은 어떻게 설정하는가?

2. 대손의 확정과 매출채권의 제거

기업은 미회수채권을 받기 위해서 여러 가지 노력을 한다. 전화를 하거나 편지를 보내거나 직접 찾아가기도 할 것이다. 그러나 거래처의 파산 등으로 외상매출금이나 받을어음을 받을 수 없다는 사실이 확인되면, 우리는 이를 대손이 확정되었다고 한다. 매출채권에 대해 대손이 확정되면 기업은 이미 계상한 대손충당금잔액의 범위 내에서 대손충당금을 줄이는 동시에 관련 매출채권을 제거하는 분개를 하면 된다.[5] 만약 매출채권의 대손확정액이 대손충당금잔액을 초과하면 초과액만큼을 대손상각비계정을 사용하여 당기의 비용으로 추가 계상해야 한다.[6] 이

5) 매출채권의 제거(derecognition)는 위와 같이 대손이 확정되거나 대금이 결제되거나 혹은 매각이나 양도가 이루어졌을 때 장부에서 관련 자산계정을 삭제하는 절차를 말한다.

6) 대손상각비계정을 사용하지 않고 대손충당금계정만 사용하여 회계처리할 수도 있다. 대손충당금계정만 사용할 경우 대손충당

에 관한 회계처리는 [예제 8-3]과 같다.

예제 8-3 대손의 확정과 매출채권의 제거

[예제 8-2]에서 희망주식회사의 20×1년말 대손충당금잔액은 ₩13,000이었다.

1) 대손확정액이 대손충당금잔액 이내인 경우

20×2년초에 고객 중의 하나인 절망주식회사의 파산으로 인하여 외상매출금 ₩10,000을 회수할 수 없다는 사실이 확정되었다. 희망주식회사는 다음과 같은 분개를 한다.

(차) 대손충당금	10,000	(대) 매출채권	10,000

2) 대손확정액이 대손충당금잔액을 초과한 경우

만약 위 예제에서 ₩20,000의 외상매출금을 받지 못할 것으로 확정되었다면, 희망주식회사는 다음과 같은 분개를 한다.

(차) 대손충당금	13,000	(대) 매출채권	20,000
대손상각비	7,000		

대손이 발생했을 때 대손확정액이 대손충당금잔액을 초과하지 않는 한, 매출채권에 대한 대손이 확정되었을 때의 회계처리 결과로 나타나는 매출채권의 장부금액은 대손확정 이전의 매출채권 장부금액과 일치한다. 그리고 매출채권이 장부에서 제거되더라도 손익계산서에는 당기의 비용이 추가로 계상되지 않는다. 즉 대손확정시의 매출채권 제거 회계처리가 재무상태표의 자본이나 손익계산서의 순이익에 전혀 영향을 미치지 아니한다. 그 이유는 매출채권과 관련되어 손상된 것으로 추정된 대손은 이미 대손충당금이 설정되는 보고기간에 비용(대손상각비)으로 보고되었기 때문이다. 따라서 대손확정시의 회계처리는 관련 매출채권과 이전 보고기간에 인식한 대손충당금을 동시에 장부에서 제거시키는 절차이다. [예제 8-3]의 1)에서 매출채권 ₩10,000이 대손으로 확정되었을 때 대손확정 전과 후의 매출채권 장부금액을 비교하면 〈표 8-1〉과 같다. 그러나 대손발생액이 이전에 설정된 대손충당금 잔액을 초과하면, [예제 8-3]의 2)에서와 같이 대손충당금이 전액 제거될 뿐만 아니라, 추가로 대손상각비를 인식하고 매출채권을 감소시키는 회계처리를 한다.

금의 잔액은 음(−)이 될 것이다. 그러나 어떤 방법을 사용하든 회계기말의 수정분개를 통해 당기에 인식하는 대손상각비 총액과 회계기말의 대손충당금 잔액은 동일하게 된다.

대손확정 전후의 매출채권 장부금액

대손확정 전(20×1년말)		대손확정 후(20×2년중)	
매 출 채 권	₩300,000	매 출 채 권	₩290,000
대손충당금	(13,000)	대손충당금	(3,000)
장 부 금 액	₩287,000	장 부 금 액	₩287,000

3. 대손확정으로 제거된 매출채권의 회수

매출채권이 회수되는 시점에서 대손확정 분개를 취소시키는 역분개를 해야 한다.

영업활동과정에서 대손이 확정되었다고 판단하여 장부에서 이미 제거된 매출채권이 나중에 회수되는 경우가 발생할 수도 있을 것이다. 당기 또는 당기 이전에 대손확정으로 제거했던 매출채권을 당기 또는 당기 이후에 회수하게 되는 경우에는 제거한 매출채권이 회수되는 시점에서 당연히 대손확정 분개([예제 8-3] 참조)를 취소시키는 역분개를 하고, 추가적으로 매출채권을 현금으로 회수하는 분개를 해야 한다. [예제 8-4]를 살펴보자.

예제 8-4 대손확정으로 제거된 매출채권의 회수

20×2년중 희망주식회사는 대손확정이라고 판단하여 장부에서 제거한 절망주식회사의 매출채권 ₩10,000을 추후에 현금으로 회수하게 되었다면 이때의 분개는 다음과 같다.

[대손확정분개의 역분개]

(차) 매 출 채 권	10,000	(대) 대손충당금 (또는 대손상각비*)	10,000

[현금회수의 분개]

(차) 현 금	10,000	(대) 매 출 채 권	10,000

또는 위의 [대손확정분개의 역분개]와 [현금회수의 분개]를 합하여 다음과 같이 일괄 분개할 수도 있다.

(차) 현 금	10,000	(대) 대손충당금 (또는 대손상각비*)	10,000

* 만약 대손충당금잔액의 부족으로 대손상각비계정을 이용하여 비용처리한 경우에 사용된다.

4. 매출채권의 손상평가방법

기업은 보유하고 있는 매출채권에 대하여 주기적으로 회수가능성의 여부를 평가하기 위하여 자산손상 검사(asset impairment test)를 실시한다. 거래처 지급능력의 악화, 신용등급 저하, 거래처 소재지역의 경제환경 악화, 고객의 사망 등으로 인해 매출채권의 손상 발생가능성이 예상되면 보고기간말에 이들 채권에 대해 손상차손(매출채권의 손상을 실무에서는 대손상각비라 부름)을 인식해야 한다.

만약 개별매출채권의 비중이 큰 경우에는 개별적으로 손상검토를 실시하나 그렇지 않을 경우에는 유사한 특성을 가진 매출채권을 집합적으로 묶어 손상차손을 파악할 수 있다. 실무에서는 매출채권을 최초 발생일 후 기간경과일을 기준으로 하여 몇 개의 집단으로 분류한 후 과거의 손상차손 경험에 근거하여 일정 손실률을 적용하는 방법을 자주 사용한다.

연령분석법
회계기말의 매출채권잔액을 각 매출채권의 회수기간 경과일수의 장단에 따라 몇 개의 집단으로 분류하는 연령분석표를 작성하고, 별도의 대손율을 적용하여 손상을 추정하는 방법

연령분석법(aging of accounts receivable method)은 회계기말의 매출채권잔액을 각 매출채권의 회수기간 경과일수의 장단에 따라 몇 개의 집단으로 분류하는 연령분석표(aging schedule)를 작성하고, 각각의 집단의 특성을 고려하여 별도의 대손율을 적용함으로써 당기말에 설정되어야 할 새로운 대손충당금의 잔액을 파악하는 방법이다. [예제 8-5]를 통하여 연령분석법에 의한 손상추정방법을 알아보자.

예제 8-5 연령분석법에 의한 매출채권의 손상검사(대손충당금 설정)

회계기말의 수정전 희망주식회사 매출채권의 잔액은 ₩350,000이고, 대손상각비 설정전 대손충당금잔액은 ₩20,000이다.

1) 희망주식회사는 대손충당금차감전 매출채권 ₩350,000을 기간경과된 연령별로 분류한 후 다음과 같이 손상추정액을 계산하였다.

회수기간 경과일수	매출채권	손상발생률(%)	손상추정액
정상회수일 미경과분	₩180,000	0.5	₩900
1~30일	100,000	5.0	5,000
31~90일	33,500	10.0	3,350
91~150일	10,000	40.0	4,000
151일 이상	26,500	80.0	21,200
합 계	₩350,000		₩34,450

위의 분석에 따라 새로운 기말대손충당금잔액은 손상추정액인 ₩34,450으로 표시되어야 한다. 그런데 재무상태표에 수정전 대손충당금잔액이 ₩20,000이 있으므로 그 차액 ₩14,450(=₩34,450−₩20,000)만을 대손충당금으로 추가로 설정하고 이 금액을 당기의 대손상각비로 계상한다. 따라서 희망주식회사는 다음과 같은 기말 수정분개를 한다.

(차) 대손상각비	14,450	(대) 대손충당금	14,450

2) 연령분석법에 의해 계산된 손상추정액이 수정전 대손충당금잔액보다 작은 경우에는 재무상태표의 수정전 대손충당금잔액을 연령분석법으로 새로 계산된 손상추정액으로 감소시키고 감소시킨 금액을 대손충당금환입계정을 사용하여 손익계산서의 당기수익에 포함시켜야 한다.
예를 들어 당기의 손상추정액이 ₩15,000이라면, 수정전 대손충당금잔액이 ₩20,000이므로 그 잔액을 ₩5,000만큼 감소시켜 새로 추정된 금액인 ₩15,000이 되도록 하고, 그 금액 ₩5,000을 환입한다. 이러한 회계처리로 대손충당금이 ₩5,000 감소하여 대손충당금잔액은 ₩15,000이 되고, 감소시킨 대손충당금 ₩5,000을 당기수익에 포함시킨다.

(차) 대손충당금	5,000	(대) 대손충당금환입	5,000

mark down **새 CEO 맞은 대형사는 목욕중… '빅 배스'**

회사도 새로운 출발 전 목욕을 하는 경우가 종종 있다. 특히 최고경영자(CEO)가 새로 부임한 회사라면 부실을 최대한 털어내려는 경향을 보인다.

"솔직히 말하자면 빅 배스(Big Bath)란 용어를 이사회와 소통할 때 사용하기도 했다." 최근 실적을 발표한 한 대형 증권사의 최고재무책임자(CFO)는 지난해 4분기에 충당금을 대규모로 쌓은 목적이 1년차 CEO의 빅 배스 때문이 아니냐고 묻자 이렇게 말했다. 빅 배스는 회사의 더러운 때를 한꺼번에 씻어낸다는 뜻이다. CEO 교체 초기에 행해지는 회계처리로, 직전 CEO 재임기간에 발생한 손실의 책임을 명확히 할 목적에서 진행된다. 초임 CEO가 더 이상 나빠질 게 없는 상태의 재무제표로 임기를 시작하면 향후에 실적을 개선하기도 유리하다.

거의 모든 증권사가 국내 부동산 프로젝트 파이낸싱(PF) 사업과 해외 상업용 부동산 투자에서 손실을 본 가운데 줄줄이 교체된 신임 증권사 CEO가 빅 배스를 고려하지 않기란 어려워 보인다. 전임 CEO가 재무상태표에 손실을 충분히 반영하지 않았을 경우엔 더욱 그렇다. 지난해 10대 증권사 중 미래에셋·한국투자·삼성·하나·메리츠·키움증권의 CEO가 교체됐다. 공교롭게도 이들 증권사는 지난 분기에 부실을 적극적으로 털어냈다.

때마침 타이밍이 좋다. 빅 배스 후에는 나빠진 실적 탓에 주가가 떨어지는 게 일반적인데, 저(低) 주가순자산비율(PBR) 테마를 타고 증권사 주가가 고공행진하고 있기 때문이다. 금융감독원은 아예 목욕탕으로 떠밀어주는 모습이다. 금감원장이 부실한 PF 사업장에서 발생한 손실을 전부 인식해 충당금을 쌓아야 한다고 강조하기 때문이다. (연합인포맥스, 2024.2.23 기사 편집)

이제까지의 설명을 요약하여 대손충당금계정의 변동원인을 분석해보면 〈표 8-2〉와 같다. 〈표 8-2〉에서 보듯이 대손충당금계정은 당기말의 대손충당금 설정액만큼 증가하게 되고 당기의 대손확정액(제거액)만큼 감소한다

대손충당금계정의 분석

대손충당금

차변		대변	
대손확정액(당기제거액)	×××	기 초 잔 액	×××
기 말 잔 액	×××	당기설정액(대손상각비)	×××
	○○○		○○○

03 매출채권의 매각

1. 외상매출금의 팩토링

외상매출금의 팩토링
▲ 외상매출금을 회수 이전에 외부 채권추심회사나 할부금융회사에 매각하는 방법

일반적인 경우에는 외상매출금이 만기일 이전에 현금으로 회수되고 장부에서 제거된다. 그러나 경우에 따라서는 기업의 외상매출금을 회수 이전에 외부 채권추심회사나 할부금융회사에 매각하기도 하는데 이를 외상매출금의 팩토링(factoring)이라고 한다.[7]

재고자산이나 유형자산을 매각하는 것은 쉽게 이해할 수 있어도 외상매출금을 매각하는 경우는 일상적으로 흔히 보는 거래는 아니다. 그러나 특히 장기의 할부외상매출금 등에 대해서는 금융시장에서 다른 자산과 마찬가지로 금융상품으로 취급하여 매각한다. 예를 들면 자동차를 소비자에게 장기할부 판매하고 그 외상매출금을 팩토링(캐피탈)회사에 매각하는 경우이다.

외상매출금을 매각하는 이유는 ① 회사가 현금을 즉시 필요로 하는 경우 또는 ② 외상매출금 회수에 시간이 오래 걸리거나 회수비용이 많이 들어 채권회수 전문금융회사에 맡기려 할 때이다.

7) 팩토링회사가 부실채권에 대한 상환청구권을 갖고 있다면 기업 입장에서는 외상매출금을 매각한 것이 아니라 외상매출금을 담보로 자금을 빌린 것과 같다. 이러한 경우는 외상매출금의 매각을 매각거래가 아닌 차입거래로 볼 수 있다. 본 교재에서는 팩토링회사에게 상환청구권이 없는 순수한 매각거래에 대해서만 설명한다.

그림 8-1
외상매출금의 팩토링

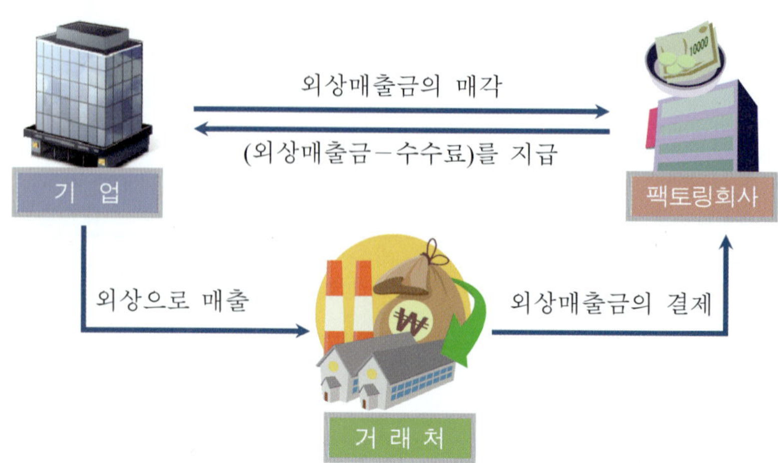

회사가 외상매출금을 매각할 때에는 매각하는 외상매출금의 일정비율을 팩토링회사에 수수료로 지급한다. 일반적으로 팩토링 수수료비용은 손익계산서에 기타비용으로 분류한다.

예제 8－6 외상매출금의 팩토링

만수기업은 갑작스러운 자금수요가 발생함에 따라 한국캐피탈에 외상매출금 ₩500,000을 매각하기로 하였다. 팩토링 수수료는 외상매출금 장부금액의 3%이다. 만수기업은 외상매출금의 매각으로 다음과 같은 회계처리를 한다.

(차)	현 금	485,000	(대) 외상매출금	500,000
	수수료비용	15,000		

2. 신용카드 매출

회사가 고객에게 신용카드를 결제수단으로 재화나 용역을 판매하는 것도 외상매출금 매각거래의 일종으로 볼 수 있다. 우리는 신용카드로 물건을 사기도 하고, 교통비도 지급하며, 미용실에서 서비스요금을 지불하기도 한다.

신용카드 거래에는 ① 신용카드회사, ② 고객, ③ 판매회사의 세 당사자가 거

래에 개입된다. 신용카드회사는 고객의 신용을 조사하여 신용카드를 발급하고, 고객은 이를 이용하여 재화와 용역을 구입한다. 판매자인 회사는 신용카드를 제시하는 고객에게 신용매출의 형태로 재화를 판매하며, 신용카드회사(또는 카드겸업은행)로부터 수수료를 제외하고 판매대금을 받는다. 이는 마치 회사가 고객에게 외상으로 물건을 판매하고 이 매출채권을 신용카드회사에 매각함으로써 수수료를 차감하고 현금을 받는 과정과 동일하다. 신용카드 수수료 비용은 일반적으로 손익계산서에 영업비용으로 분류한다. 신용카드 매출과 관련된 간단한 회계처리는 [예제 8-1]에서 이미 보여주었다.

mark down

한국 팩토링 시장 보고서 2025-2033

한국의 팩토링 시장은 기업 유동성 관리의 핵심 축으로 부상하며 2025년부터 2033년까지 연평균 5.51%의 견고한 성장세를 기록할 것으로 전망된다. 팩토링은 기업이 물건을 팔고 받은 매출채권을 금융기관에 매각해 즉시 현금화하는 서비스로, 최근 고금리 체제 속에서 담보 대출이 어려운 기업들에게 필수적인 자금조달수단이 되고 있다.

가장 큰 성장동력은 중소기업의 자금수요이다. 실물 담보가 부족한 중소기업들은 팩토링을 통해 운전자본을 확보하고 대금회수 지연 리스크를 효과적으로 관리하고 있다. 여기에 이커머스의 급성장과 공급망 금융(SCF)의 고도화가 맞물리며 시장의 규모를 더욱 키우고 있다. 기업들은 이제 단순히 현금을 확보하는 것을 넘어, 재무구조를 개선하고 신용위험을 외부에 전가하기 위한 전략적 도구로 팩토링을 활용하는 추세이다.

기술적 진보는 이러한 변화를 가속화하고 있다. 핀테크 플랫폼과 AI 신용평가시스템의 도입으로 복잡했던 심사절차가 간소화되었으며, 블록체인 기술은 채권의 중복 양도를 방지하는 등 거래의 투명성을 획기적으로 높였다. 이러한 디지털 전환은 소규모 사업자들까지 시장에 진입하게 만드는 금융 포용성을 실현하고 있다.

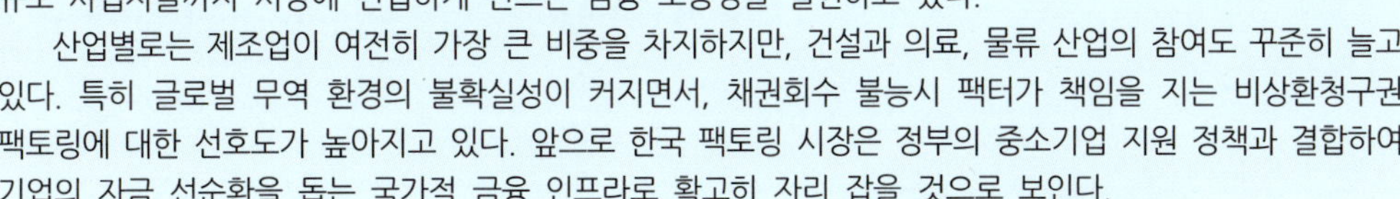

산업별로는 제조업이 여전히 가장 큰 비중을 차지하지만, 건설과 의료, 물류 산업의 참여도 꾸준히 늘고 있다. 특히 글로벌 무역 환경의 불확실성이 커지면서, 채권회수 불능시 팩터가 책임을 지는 비상환청구권 팩토링에 대한 선호도가 높아지고 있다. 앞으로 한국 팩토링 시장은 정부의 중소기업 지원 정책과 결합하여 기업의 자금 선순환을 돕는 국가적 금융 인프라로 확고히 자리 잡을 것으로 보인다.

(IMARC Group, 2024.11 보고서 요약)

04 어음의 회계처리

OBJECTIVES

• 받을어음을 할인하면 어떻게 회계처리하는가?

1. 받을어음과 지급어음

약속어음(promissory note)은 어음의 발행자(issuer)가 특정 수취인(payee) 또는 어음의 소지인(bearer)에게 미래의 지정된 날짜에 일정금액을 지급하겠다는 것을 서면으로 약속한 증서이다([그림 8-2] 참조).[8] 이 약속어음은 상거래에서 신용기간이 통상기간(30일에서 90일)보다 장기일 경우에 많이 이용된다.

기업은 재화나 용역을 제공한 대가로 약속어음을 받기도 하고 상품이나 원재료를 매입한 대가로 약속어음을 발행하기도 한다. 전자의 경우는 유동자산의 일부인 받을어음(note receivable), 후자는 유동부채의 일부인 지급어음(note payable)으로 불린다. 재무상태표에는 상거래에서 생긴 받을어음은 매출채권의 일부로, 지급어음은 매입채무의 일부로 보고된다. 물론 결산일로부터 1년 이후에 그 만기일이 도래하는 어음일 경우에는 장기매출채권 혹은 장기매입채무로 분류된다.

받을어음
재화나 용역 등을 제공한 대가로 약속어음을 받는 경우, 유동자산인 매출채권으로 보고

지급어음
상품이나 원재료를 매입하고 그 대가로 약속어음을 발행한 경우, 유동부채인 매입채무로 보고

받을어음을 인식하는 경우는 다음과 같다.

① 재화를 판매하거나 용역을 제공하고 외상 대신 거래상대방으로부터 어음을 받을 때

② 거래처가 외상매출금의 회수기간을 넘겨서 대신 어음증서를 받아두려 할 때

그림 8-2

약속어음의 양식

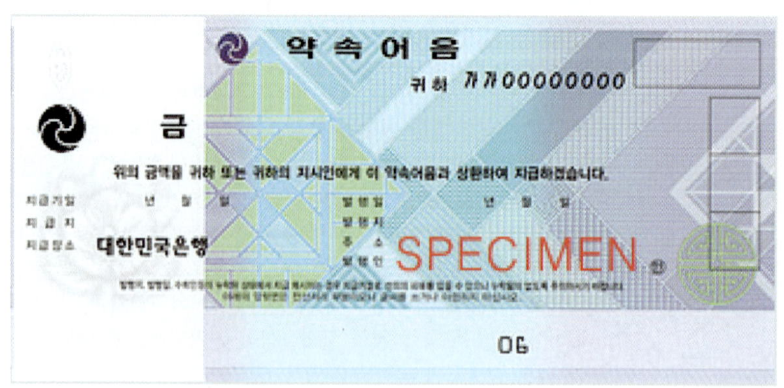

8) 오늘날에는 전자어음이 실물어음을 거의 대체하고 있다.

③ 다른 기업이나 개인에게 자금을 빌려주고 약속어음을 받을 때(이 경우 회계기록에는 매출채권계정이 아닌 대여금으로 처리한다)

이자부어음
발행인이 만기일에 액면금액 이외에 일정금액의 이자를 별도로 지급할 것을 약정하는 어음

무이자부어음
발행인이 만기일에 단지 액면금액만을 지급할 것을 약정하는 어음

한편, 어음은 그 권면에 이자가 표시되어 있느냐의 여부에 따라 이자부어음과 무이자부어음으로 나눌 수 있다. 이자부어음(interest bearing note)은 발행인이 만기일에 액면금액 이외에 일정금액의 이자를 별도로 지급할 것을 약정하는 어음이고, 무이자부어음(non-interest bearing note)은 발행인이 만기일에 단지 액면금액만을 지급할 것을 약정하는 어음이다. 따라서 무이자부어음의 액면금액은 보통 어음기간 동안의 이자가 포함된 금액으로 간주된다. 실무에서는 단기어음의 경우 이자부어음보다는 무이자부어음이 주로 사용된다.

이자부어음에서 이자율은 통상 연이자율로 표시되는데, 액면금액 ₩100,000, 이자율 12%, 90일 만기 약속어음의 발행인이 만기일에 지급해야 하는 이자는 다음과 같이 계산된다.

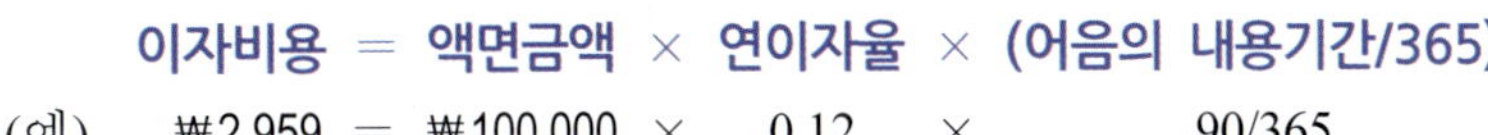

어음의 내용기간
어음발행일부터 어음만기일까지의 기간

어음의 내용기간(duration period)이란 어음발행일부터 어음만기일까지의 기간을 말하는 것으로 통상 날짜수로 표시된다.[9] 따라서 '90일 어음'이라 하면 내용기간은 어음발행일부터 어음의 만기가 되는 90일째 되는 날까지이다. 이자계산 시 1년은 365일이나 실무에서는 360일을 사용하기도 한다.

mark down

전자어음의 사용

우리나라는 2005년 9월부터 「전자어음법」에 근거하여 실물어음 대신 전자어음을 지급결제수단으로 사용하고 있다. 전자어음은 실물어음이 아닌 전자문서 형태로 작성하고 발행인, 수취인, 금액 등 어음정보가 전자어음 관리기관(금융결제원)의 전자시스템에 등록되어야 하며, 약속어음에 한정된다. 전자어음은 실물 약속어음과 법적인 효력이 동일하고, 어음의 발행, 배서, 권리행사, 소멸 등 모든 단계가 온라인으로 처리된다. 전자어음은 어음 거래의 투명화, 분실/도난 등 사고 예방, 어음 유통과 관리 비용의 절감, 어음제도의 폐해 보완 등 실물어음 대비 여러 가지 장점이 있다. 2009년 외부감사대상 주식회사는 전자어음으로만 약속어음을 발행하도록 의무화되었고, 2014년 6월에는 자산총액 10억원 이상 법인사업자가 어음을 발행하는 경우 전자어음을 이용하도록 법이 개정되었다. 전자어음의 만기는 2018년 5월부터 단계적으로 축소되어 2021년 5월 30일 이후 발행된 전자어음의 만기는 3개월을 초과할 수 없다.

9) 어음의 내용기간은 어음의 보유기간(holding period)과는 다른 개념이다. 보유기간이란 발행일이나 만기일에 관계없이 실제 기업이 어음을 보유하는 기간으로서 이자계산이나 할인료 계산에 중요한 기준이 된다.

〈만기에 받을 금액〉

무이자부어음 ⇒ 액면금액

이자부어음 ⇒ 액면금액 + 어음내용기간 동안의 이자

금융어음(기업어음)
자금을 융통할 목적으로 발행되는 어음

한편, 일반적 상거래와 관련하여 발행되는 상업어음(진성어음)과는 별도로 기업이 순수하게 자금을 융통할 목적으로 어음을 발행할 때에는 이를 금융어음 또는 기업어음이라고 한다. 금융어음을 발행하여 현금을 차입하는 경우에는 이를 상거래에서 발생하는 매입채무(어음수취인은 매출채권)계정과 구별하여 차입금(어음수취인은 대여금) 등과 같은 별도의 계정을 사용하여 재무상태표에 보고한다.

2. 어음의 발행과 수취

기업이 상품판매의 대가로서 거래처로부터 단기의 약속어음을 받았을 경우에는 이를 유동자산인 매출채권의 한 항목인 받을어음으로 기록하고, 어음을 발행하는 거래처는 이를 유동부채인 매입채무의 한 항목인 지급어음으로 기록한다. 이때 채권 혹은 채무로 기록하는 금액은 어음의 액면금액을 기준으로 기록한다.10) [예제 8-7]에 이에 관한 회계처리가 예시되어 있다.

판매자(어음수취인) ➜ 받을어음

구매자(어음발행인) ➜ 지급어음

예제 8−7 이자부어음의 발행과 수취

세계상사는 우주상사에 상품을 ₩100,000에 매출하고 우주상사가 발행한 90일 만기 이자부약속어음을 받았다. 어음의 연이자율은 12%이며, 만기시 이자는 별도로 받는다.
위 거래와 관련하여 세계상사와 우주상사는 다음과 같은 분개를 한다.

어음수취인(세계상사)		어음발행인(우주상사)	
(차) 받 을 어 음	100,000	(차) 재 고 자 산	100,000
(대) 매 출	100,000	(대) 지 급 어 음	100,000

10) 장기무이자부지급어음은 액면금액으로 기록하되, 이자해당액을 별도로 계산하여 현재가치할인차금이라는 평가계정(valuation account)으로 설정하고(제12장), 액면금액에서 차감하여 장부금액으로 보고한다. 지급어음의 액면금액과 현재가치할인차금은 주석으로 공시한다.

어음의 만기일 전에 결산일이 도래하면 수정분개를 통하여 결산일까지의 발생이자를 계산하여 당기의 이자수익(또는 이자비용)으로 인식한다.

받을어음도 외상매출금의 경우와 같이 매 회계기말에 손상 여부를 검토하여 필요하면 손상차손가능액을 대손상각비로 계상하고 이에 따른 대손충당금을 설정해야 한다.

3. 어음의 결제와 부도

결제금액
- 무이자부어음 : 액면금액
- 이자부어음 : 액면금액+이자수익

어음의 만기일이 도래하면 수취인 혹은 어음소지인은 자기의 거래은행에 어음의 추심을 의뢰하여 대금을 결제받는다. 무이자부어음일 경우에는 액면금액을, 이자부어음일 경우에는 액면금액과 만기까지의 이자를 동시에 받게 될 것이다. 어음결제에 관한 회계처리가 [예제 8-8]에 예시되어 있다.

예제 8－8 이자부어음의 결제

세계상사는 우주상사로부터 받은 상기 [예제 8-7]의 어음을 90일 후 만기일에 거래은행에 추심의뢰하였다. 어음이 정상적으로 결제되어 액면금액과 이자를 현금으로 받았다면 세계상사와 우주상사는 다음과 같은 분개를 할 것이다.

어음수취인(세계상사)		어음발행인(우주상사)	
(차) 현 금	103,000	(차) 지 급 어 음	100,000
		이 자 비 용	3,000*
(대) 받 을 어 음	100,000	(대) 현 금	103,000
이 자 수 익	3,000*		

* ₩100,000×0.12×90/360＝₩3,000

한편, 만기일에 어음을 추심의뢰하였으나 어음발행인의 지급불능으로 인하여 부도가 발생할 수도 있을 것이다. 부도가 발생하더라도 거래상대방이 발행한 어음을 자신이 소유한 경우에 대손으로 확정되기 전까지는 별도의 분개를 하지 않는다.[11]

11) 어음의 관리를 효율적으로 하기 위하여 받을어음계정과 별도로 부도어음계정을 설정할 수도 있다. 즉 부도어음이 발생하

재무상태표에는 외상매출금과 받을어음뿐 아니라 부도어음도 모두 함께 매출채권이라는 과목으로 보고한다.

재무상태표에는 외상매출금과 받을어음뿐 아니라 부도어음도 모두 함께 매출채권이라는 과목으로 보고한다. 만약 부도어음이 매출채권에 포함되어 있고 그 손상가능성이 있다면 회계기말에 매출채권의 손상검사를 하고 그에 따라 대손충당금을 추가 설정한다. 대손충당금이 증가하면 매출채권의 장부금액은 그만큼 감소될 것이다.

4. 받을어음의 할인

받을어음도 외상매출금과 같이 채권 자체를 금융회사에 매각할 수 있다. 이를 받을어음의 할인이라고 한다. 할인이라는 용어를 사용하는 것은 어음의 만기금액보다 낮은 금액으로 할인하여 매각하기 때문이다.

무이자부어음의 할인은 만기에 받게 되는 액면금액을 기준으로 하여 어음을 할인하는 시점부터 어음의 만기일까지의 기간 동안 일정률의 할인율을 적용하여 수수료를 계산하고 이를 액면금액에서 차감한 잔액을 대금으로 받게 된다. [예제 8-9]를 보자.

예제 8-9 무이자부어음의 할인

세계상사는 우주상사로부터 외상매출 결제대금으로 받은 90일 만기, 액면금액 ₩100,000인 무이자부어음을 발행일로부터 30일이 지난 후에 은행으로부터 연이자율 6% 조건으로 할인하고 할인료를 제외한 잔액을 현금으로 받았다. 이 경우에는 다음과 같은 분개를 하게 된다. 1년을 360일로 가정한다.

(차)	현 금	99,000	(대) 받 을 어 음	100,000
	수수료비용(할인료)	1,000*		

* ₩100,000 × 0.06 × 60/360 = ₩1,000

받을어음의 할인 또는 제거(derecognition)와 관련해서는 이를 매각거래로 보느냐 아니면 받을어음을 담보로 한 차입거래로 보느냐의 관점에 따라서 회계

면 이를 받을어음계정에서 차감하여 부도어음계정으로 대체시킨다. 이 경우에도 대손이 확정되기 전까지는 당연히 부도어음은 재무상태표에서 매출채권의 일부에 포함하여 보고하고, 보고기간말에 회수가능성을 평가하여 대손충당금을 추가로 설정한다.

처리가 달라지는 복잡한 문제가 있다. 이러한 회계처리는 중급재무회계에서 다룬다.

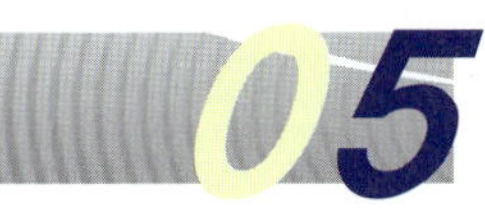

05 기타 단기채권과 단기채무

1. 대여금과 차입금

OBJECTIVES 

• 단기채권과 단기채무로는 어떤 계정과목들이 있는가?

자금을 융통할 목적으로 어음을 발행하는 경우에는 차입금 혹은 대여금 계정을 사용한다.

차용증서나 어음증서 등을 받고 현금을 대여했을 경우에는 이를 대여금계정(자산)에 기록하고, 현금을 차입했을 경우에는 차입금계정(부채)에 기록한다. 정상적인 상거래 과정에서 상품을 매매하고 어음을 수취하거나 발행하는 경우에는 매출채권(받을어음) 혹은 매입채무(지급어음) 계정을 사용하지만, 자금을 융통할 목적으로 어음을 발행하는 경우에는 차입금 혹은 대여금 계정을 사용한다. 이에 관한 회계처리가 [예제 8-10]에 예시되어 있다.

예제 8-10 대여금과 차입금의 회계처리

명명상사는 어음을 발행하여 백백상사로부터 2개월 만기로 현금 ₩500,000을 차입하였다. 연이자율은 12%이다. 한편, 2개월 후 명명상사는 원금과 이자를 계산하여 백백상사에 현금으로 상환하였다. 이때 명명상사와 백백상사는 각각 다음과 같은 분개를 한다.

어음발행인(명명상사)			어음수취인(백백상사)		
1. 차입시점의 분개 :					
(차) 현　　금	500,000		(차) 단기대여금	500,000	
(대) 단기차입금		500,000	(대) 현　　금		500,000
2. 상환시점의 분개 :					
(차) 단기차입금	500,000		(차) 현　　금	510,000	
이 자 비 용	10,000*		(대) 단기대여금		500,000
(대) 현　　금		510,000	이 자 수 익		10,000*

* ₩500,000 × 12% × 2/12 = ₩10,000

재무상태표일로부터 대여기간이 1년 이내인 경우에는 단기대여금 및 단기차입금으로 구분하고, 1년 이상인 경우에는 장기대여금 및 장기차입금으로 분류한다. 어음의 만기일 이전에 보고기간말일이 도래하면 수정분개를 통하여 보고기간말일까지의 발생이자를 당기의 이자수익(또는 이자비용)으로 계상해야 한다.

2. 미수금과 미지급금

일반적 상거래 이외의 거래에서 발생하는 채권과 채무는 미수금 혹은 미지급금 계정에 기록한다.

일반적 상거래와 관련해서 발생하는 채권과 채무에 대해서는 외상매출금이나 받을어음과 같은 매출채권 혹은 외상매입금이니 지급이음과 같은 매입채무계정을 사용하지만, 그 이외의 거래에서 발생하는 채권과 채무는 미수금 혹은 미지급금 계정에 기록한다.[12] 비유동자산이나 유가증권의 취득 혹은 처분과 관련하여 발생하는 채권과 채무를 그 대표적인 예로 들 수 있다. 1년 이내에 회수할 목적인 미수금은 유동자산으로 분류하고, 1년 이내에 지급해야 할 미지급금은 유동부채로 분류한다.

3. 미수수익과 미지급비용

당기에 실현된 수익이지만 아직 대가를 수령하지 못한 경우에는 미수수익으로 처리한다. 한편 미지급비용은 기간이 경과함에 따라 계속적으로 발생하는 비용에 대해, 당기에 발생한 비용이지만 아직 지급기일이 도래하지 않아 그 대가가 미지급 상태인 부채이다.

미수수익은 유동자산으로 분류하며, 미지급비용은 유동부채로 분류한다.

미수수익과 미지급비용은 보고기간말에 발생주의 개념에 따라 기록되지 않은 당기의 수익이나 비용을 인식하는 과정에서 주로 생성된다. 미수수익의 예로는 미수이자나 미수임대료 등이 있고 이들은 유동자산으로 분류한다. 미지급비용의 예로는 미지급급여나 미지급이자 등이 있고 이들은 유동부채로 분류한다.

12) '일반적 상거래'란 정관 등에서 정하는 회사의 사업목적을 위한 정상영업활동에서 발생하는 거래를 말한다. 예를 들면 상품이나 용역의 제공, 그리고 상품이나 원재료의 구입 등이 여기에 해당한다.

4. 선급금과 선수금

상품이나 원재료 등을 매입하거나 판매할 목적으로 인도가 이루어지기 이전에 대금의 일부를 먼저 지급하거나 받는 경우 등 '일반적 상거래'에서 발생한 채권이나 채무를 선급금 혹은 선수금이라 한다. 이 계정은 재화의 인도가 이루어지는 시점에서 적절한 계정으로 대체함으로써 소멸되기 때문에 엄밀한 의미에서 보면 수취채권 혹은 지급채무의 일부라고 보기는 어렵다.

선급금은 유동자산으로 분류하며, 선수금은 유동부채로 분류한다.

선급금은 앞으로 재화를 공급받을 수 있는 권리로서 유동자산으로 분류하며, 선수금은 재화를 공급해야 할 의무로서 유동부채로 분류한다.

5. 선급비용과 선수수익

수익과 비용의 대응개념에 비추어 볼 때 차기의 비용으로 인식되어야 하나 그 대가를 미리 지급한 경우에는 선급비용으로 보고한다. 반면에 기업이 일정기간 계속적으로 용역을 제공하기로 약정하고 수취한 수익 중 차기 이후에 속하는 금액이지만 그 대가를 미리 받은 경우에는 선수수익으로 기록한다. 선급보험료나 선급임차료 등이 선급비용의 대표적인 예로서 유동자산으로 보고되며, 선수이자나 선수임대료 등은 유동부채로 보고된다.

선급비용은 유동자산으로 보고되며, 선수수익은 유동부채로 보고된다.

6. 예 수 금

예수금은 궁극적으로는 제3자에게 지급해야 할 금액을 기업이 거래상대방(거래처나 종업원 등)으로부터 미리 받아 일시적으로 보관하는 경우에 사용되는 유동부채 계정이다. 예를 들면 상품을 판매할 때 고객이 부담할 세금을 일시적으로 원천징수하여 보관했다가 세무서와 같은 해당 기관에 대신 납부하는 부가가치세를 들 수 있다.[13]

또한 종업원에게 급여를 지급할 때에는 종업원이 부담하는 근로소득세나 건

13) 일부 예수금과 관련하여 유의할 사항은 예수금계정에 기록되는 소득세, 부가가치세, 연금, 건강보험료 등은 모두 종업원이나 소비자가 부담해야 할 금액이지 회사가 부담할 금액이 아니라는 점이다. 다만 회사는 관련법규나 징세기관의 편의에 따라 이 금액들을 실제부담자로부터 원천징수하고 이를 해당 기관에 대신 납부해야 할 책임만 부담한다.

강보험료 등을 기업이 미리 원천징수했다가 해당 기관에 대신 납부하게 되는데, 이때 유동부채의 일종인 예수금계정이 사용된다. 만약 금액이 큰 경우에는 소득세예수금, 주민세예수금, 부가가치세예수금 혹은 건강보험료예수금 등과 같이 별도계정을 설정하게 된다. 이에 관한 회계처리가 [예제 8-11]에 나타나 있다.

예제 8-11 예수금의 회계처리

삼봉기업은 9월의 총급여액 ₩21,200,000 중에서 다음과 같이 ₩1,200,000을 원천징수한 후 종업원에게 ₩20,000,000을 현금으로 지급하였다. 원천징수의 내역은 다음과 같다.

소 득 세 :	₩1,000,000
주 민 세 :	100,000
건강보험료 :	100,000

삼봉기업은 급여지급시점에서 다음과 같은 분개를 해야 한다.

(차)	급 여	21,200,000	(대)	현 금	20,000,000
				소득세예수금	1,000,000
				주민세예수금	100,000
				보험료예수금	100,000

삼봉기업이 10월중 소득세와 주민세 및 건강보험료를 해당 기관에 납부하였다면 다음과 같은 분개를 해야 한다.

(차)	소득세예수금	1,000,000	(대)	현 금	1,200,000
	주민세예수금	100,000			
	보험료예수금	100,000			

〈표 8-3〉에서는 단기수취채권과 단기지급채무에 관련된 계정을 일괄하여 정리하고 있다.

수취채권과
지급채무의 구분

발생원인	채권계정이나 채무계정의 명칭	
	채 권(유동자산)	채 무(유동부채)
(1) 일반적 상거래 :		
① 미수채권/미지급채무	외상매출금 받을어음	외상매입금 지급어음
② 선급채권/선수채무	선 급 금	선 수 금
(2) 일반적 상거래 이외 :		
① 미수채권/미지급채무	미수수익*	미지급비용*
② 선급채권/선수채무	선급비용	선수수익
(3) 재고자산 이외의 자산매매 :		
① 미수채권/미지급채무	미 수 금	미지급금
② 선급채권/선수채무	선 급 금	선 수 금
(4) 기 타 : 제3자에게 지급될 금액을 일시적으로 수취보관	–	예 수 금

* 주로 미기록된 수익과 비용을 당기말에 인식하는 결산과정에서 발생한다.

이 장의 요약

- 매출채권과 매입채무는 어떤 과정을 거쳐 발생하는가?
  - 매출채권은 기업의 주된 정상영업활동(일반적 상거래)과 관련하여 상품을 판매하거나 용역을 제공하는 과정에서 그 대가로 미래에 현금을 수취할 수 있는 권리를 획득할 때 발생한다.
  - 매입채무는 기업의 주된 정상영업활동(일반적 상거래)과 관련하여 상품이나 원재료 등을 매입하는 과정에서 그 대가로 미래에 현금을 지급할 의무가 생길 때 발생한다.

- 매출채권의 대손상각비는 언제 인식하는가?
  - 회계기말에 인식한다.
  - 회계기준에서 재무보고목적으로 허용하는 충당금설정법은 회계기말에 향후 손상차손이 발생할 가능성이 있는 매출채권을 추정하여 차변에 대손상각비, 대변에 대손충당금으로 분개하는 일종의 수정분개방법이다.

- 매출채권의 대손충당금은 어떻게 설정하는가?
  - 회계기말에 거래처 지급능력의 악화, 신용등급 저하, 거래처 소재지역의 경제환경 악화, 고객의

사망 · 행방불명 등으로 인한 매출채권의 손상 발생가능성을 추정하고 그 금액을 새로운 대손충당금으로 설정한다. 회계기말에 기록되는 대손충당금은 새로운 대손충당금에서 수정분개 전 잔액을 차감한 금액이다.

－실무에서 가장 많이 사용하는 대손충당금 설정방법은 연령분석법이다. 이는 회계기말의 매출채권 잔액을 회수기간 경과일수에 따라 몇 개의 집단으로 분류하고 과거의 경험이나 통계에 근거하여 각 집단에 대손율을 적용함으로써 새로운 대손충당금을 설정하는 방법이다.

• 받을어음을 할인하면 어떻게 회계처리하는가?

－무이자부어음을 할인하는 시점부터 만기일까지의 기간에 대해 일정률의 할인율을 액면금액에 적용하여 수수료를 계산하고 이를 액면금액에서 차감한 잔액을 현금으로 받게 된다.

－즉 차변에 현금과 수수료비용, 대변에 받을어음을 계상한다.

• 단기채권과 단기채무로는 어떤 계정과목들이 있는가?

－대여금(차입금) : 현금을 대여(차입)함으로써 발생하는 미래에 현금을 수취(지급)할 권리(의무)

－미수금(미지급금) : 일반적 상거래 이외의 거래에서 자산을 처분(취득)하면서 발생하는 미래에 현금을 수취(지급)할 권리(의무)

－선급금(선수금) : 현금을 미리 지급(수취)하여 미래에 재화나 용역을 공급받을 수 있는(공급해야 할) 권리(의무)

－미수수익(미지급비용) : 일반적 상거래 이외의 거래에서 당기에 실현된(발생한) 수익(비용)이지만 아직 대가를 수취(지급)하지 않아 발생하는 미래에 현금을 수취(지급)할 권리(의무)

－선급비용(선수수익) : 일반적 상거래 이외의 거래에서 미래에 비용(수익)으로 인식되어야 하나 현금을 미리 지급(수취)한 경우 발생

－예수금 : 제3자에게 지급해야 할 금액을 기업이 거래상대방으로부터 미리 받아 일시적으로 보관하는 경우에 발생

회계정보의 활용

매출채권회전율

회전율(turnover ratio)은 자산이 얼마나 효율적으로 운용되고 있는지를 나타내는 지표이다. 회전율이 높다는 것은 적은 자산으로도 활발한 경영활동을 통해 높은 수익을 창출한다는 뜻이다. 동시에 상대적으로 많은 자금이 특정 자산에 묶여 있지 않음을 의미한다.

매출채권회전율(accounts receivable turnover ratio)은 매출액을 평균매출채권으로 나누어 계산한다. 이는 매출채권이라는 자산의 투자효율성을 나타내며, 매출채권이 현금화되는 속도를 나타낸다.

$$\langle 산식 \rangle \quad 매출채권회전율 = \frac{매출액}{매출채권(평균)}$$

가령 연간 8회전하는 매출채권의 경우에는 45.6일(=365일/8회전) 만에 매출채권이 현금으로 회수된다는 평균회수기간의 의미를 갖는다. 따라서 회전율이 높을수록 대금회수기간이 짧아지게 되고, 자금이 매출채권에 잠겨 있는 기간이 줄어들어 효율적인 신용정책이 이루어졌음을 뜻한다.

(단위 : 백만원)

회사명	내 용	2024년	2023년
SK하이닉스	매 출 액(A)	66,192,960	32,765,719
	매출채권평균(B)	9,809,640	5,893,164
	매출채권회전율(A/B)	6.75	5.56
삼성전자	매 출 액(A)	300,870,903	258,935,494
	매출채권평균(B)	40,135,233	36,184,478
	매출채권회전율(A/B)	7.50	7.16

2024년에 SK하이닉스와 삼성전자의 매출채권회전율은 전년 대비 다소 증가하여 각각 6.75회와 7.50회였고 삼성전자의 매출채권이 보다 더 효율적으로 운용되고 있음을 보여준다. 즉 SK하이닉스의 신용판매 후 현금회수기간이 평균 54일(=365일/6.75회)인 반면 삼성전자는 49일(=365일/7.50회)로 나타났다. 기업간 현금회수기간이 다른 이유는 기업의 제품별 신용판매정책이 다르거나, 해외 주요 고객들의 지역별 상거래관습이 서로 다르기 때문일 수도 있으며, 매출채권의 할인이나 양도정책이 다르기 때문이기도 하다.

매출채권에 대한 회계처리

탐라(주)는 가구를 판매하는 중소규모의 기업이다. 8월중 매출채권과 관련한 거래는 다음과 같다. 한편, 이 회사는 매출채권의 자산손상 회계처리에 대해서 충당금설정법을 사용하고 있으며, 8월 1일 현재 대손충당금 잔액은 ₩500이다. 탐라(주)는 8월말에 재무제표를 작성한다.

8월 1일 : 액면이자율 15%, 90일 만기인 어음을 발행하고 서울은행으로부터 ₩48,000을 차입하다.
8일 : 순공자 씨에 대한 외상매출금 ₩420의 대손이 확정되어 장부에서 제거했다. 단, ₩420은 전 회계기간에 발생한 매출이다.
10일 : 세기인테리어 사무실에 ₩15,000인 가구를 외상으로 판매하다. 가구의 제조원가는 ₩10,000이다. 운반비 ₩200은 판매자 부담조건으로 현금으로 지급하다.
13일 : 세기인테리어 사무실로부터 가구판매대금으로 만기 60일, 이자율 8%, 8월 11일 발행 이자부어음을 받다.
16일 : 업무용 토지를 ₩92,000에 구입하고, 현금 ₩20,000과 만기 60일, 이자율 9%의 지급조건으로 액면 ₩72,000의 어음을 발행하여 지급하다.
25일 : 8월중에 대손확정으로 장부에서 제거한 외상매출금 ₩325을 현금으로 받다.
29일 : 관계회사인 중문(주)에 신용카드로 판매한 8월중의 매출액 ₩14,800을 기장하다. 가구의 원가는 ₩9,000이다.
30일 : 중문(주)에 대한 매출채권에 대하여 신용카드회사로부터 5% 할인료를 제외한 나머지 금액을 현금으로 받다.
31일 : 연령분석법을 통해 파악된 매출채권의 손상추정액은 ₩1,285이다.

요구사항

8월중에 발생한 위의 거래를 각각 분개하고 8월 31일에 필요한 수정분개를 하라.

해답

탐라(주)는 8월중 다음과 같은 분개를 하게 될 것이다.

일자	차변	금액	대변	금액
8월 1일	(차) 현 금	48,000	(대) 단기차입금*	48,000

* 자금의 차입목적으로 발행한 90일 만기 금융어음이므로 단기차입금계정을 사용한다.

일자	차변	금액	대변	금액
8일	(차) 대손충당금	420	(대) 외상매출금	420
10일	(차) 외상매출금	15,000	(대) 매 출	15,000
	매 출 원 가	10,000	재 고 자 산	10,000
	운 반 비	200	현 금	200
13일	(차) 받 을 어 음	15,000*	(대) 외상매출금	15,000

* 외상매출금과 받을어음은 모두 매출채권이다. 따라서 매출채권 총금액은 변하지 않는다.

날짜	차변	금액	대변	금액
16일	(차) 토 지	92,000	(대) 미 지 급 금*	72,000
			현 금	20,000

* 정상적인 상거래에서 발생한 어음이 아니고 비유동자산의 매입과정에서 발생했으므로 매입채무계정 대신 미지급금계정을 사용하여 재무상태표에 보고한다.

날짜	차변	금액	대변	금액
25일	(차) 외상매출금	325	(대) 대손충당금	325
	(차) 현 금	325	(대) 외상매출금	325
29일	(차) 외상매출금	14,800	(대) 매 출	14,800
	매 출 원 가	9,000	재 고 자 산	9,000
30일	(차) 현 금	14,060	(대) 외상매출금	14,800
	신용카드수수료	740*		

* ₩14,800 × 0.05 = ₩740

날짜	차변	금액	대변	금액
31일	(차) 대손상각비	880	(대) 대손충당금	880*

* 분개 전 대손충당금 잔액은 ₩500 − ₩420 + ₩325 = ₩405이므로 대손충당금과 대손상각비로 계상해야 할 금액은 ₩1,285 − ₩405 = ₩880이다.

한편 탐라(주)는 8월말에 차입금과 매출채권에서 발생한 이자비용과 이자수익에 대하여 다음과 같은 수정분개를 하게 될 것이다.

날짜	차변	금액	대변	금액
31일	(차) 이 자 비 용	600	(대) 미지급이자	600*

* 8월 1일 발행된 지급어음 : ₩48,000 × 0.15 × (1/12) = ₩600

날짜	차변	금액	대변	금액
31일	(차) 미 수 이 자	67	(대) 이 자 수 익	67*

* 8월 10일 발행된 받을어음 : ₩15,000 × 0.08 × (1/12) × (2/3) = ₩67

날짜	차변	금액	대변	금액
31일	(차) 이 자 비 용	270	(대) 미지급이자	270*

* 8월 16일 발행된 지급어음 : ₩72,000 × 0.09 × (1/12) × (1/2) = ₩270

01 외상매출금과 받을어음은 어떤 차이가 있는가?

02 국내외적으로 통용되는 우대신용카드를 사용하는 특별회원에게만 신용판매를 허용하는 정책이 판매회사에 유리한 점은 무엇인가?

03 현금거래만을 하는 만나식당에서 국제적인 신용카드를 가진 고객에 한해서 외상거래를 허용하는 새로운 정책을 실시하였다. 그 결과 매출은 크게 증가하지 않는 반면 많은 기존의 단골 고객들이 신용카드를 이용하기 시작했다. 새로운 정책이 만나식당에 과연 유리한 정책인지를 설명하라.

04 회계기말마다 보유하고 있는 매출채권에 대해 손상검사를 실시하고 대손충당금을 설정하는 회계처리를 해야 한다. 대손충당금 설정방법에 대하여 설명하라.

05 회계원리를 같이 수강하고 있는 친구는 회사가 충당금설정법으로 대손충당금을 인식한 후, 다음 회계기간에 실제로 대손이 확정되어도 매출채권의 순장부금액이 변하지 않는다는 것을 이해하지 못하고 있다. 어떻게 설명할 수 있는가?

06 외상매출금의 팩토링이란 무엇이며, 회사는 주로 어느 경우에 이러한 팩토링을 활용하게 되는가?

07 상품매입의 대가로 발행하는 지급어음과 자금을 융통하기 위해서 회사가 발행하는 지급어음은 재무상태표에 동일한 계정으로 보고되는가?

08 종업원의 급여에 대한 근로소득세 및 주민세는 결국 누가 부담하게 되는가? 또한 이러한 세금을 세무당국에 납부해야 할 책임은 누구에게 있는가? 한편, 회사는 종업원으로부터 원천징수한 세금을 어떻게 기록해야 하는가?

09 미수수익과 미지급비용을 비교하여 정의하고 각각의 예를 들어라.

10 어음의 부도에 대한 회계처리를 설명하라.

11 회계기준에서는 매출채권의 손상차손에 대한 재무보고목적의 회계처리방법으로 충당금설정법만 허용하고 직접상각법은 허용하지 않는다. 그 이유가 무엇인지 설명하라.

01 매출채권과 매출할인

서적 도매상인 갤럭시 서적에서 올해 7월중 다음 거래가 발생하였다. 갤럭시 서적은 재고자산을 계속기록법에 따라서 회계처리하고 있다.

(1) 7월 1일 소매상인 동명서림에 원가가 ₩2,040,000인 신학기 교재를 ₩3,400,000만큼 외상으로 판매하다. 외상판매조건은 2/10, n/30이다.
(2) 7월 5일 동명서림에서 신학기 교재 중 ₩600,000을 반품하다. 반품된 교재의 원가는 ₩360,000이다.
(3) 7월 10일 동명서림으로부터 매출채권 ₩1,800,000을 받다.
(4) 7월 15일 동명서림으로부터 나머지 매출채권을 받다.

요구사항

7월 1일부터 7월 15일 사이에 발생한 거래를 분개하라.

02 외상매출금과 받을어음의 거래

스마트(주)에서 올해 5월부터 7월 중 다음과 같은 거래가 발생하였다. 한편 스마트(주)는 재고자산을 계속기록법에 따라서 회계처리하고 있다.

5월 7일 : ₩22,000에 취득한 상품을 ₩30,000에 판매했다. 고객으로부터 신용카드를 받아 계산했는데 이 신용카드는 결제시에 바로 스마트(주)의 은행계좌에 결제금액이 입금된다. 신용카드수수료는 4%이다.

5월 10일 : ₩12,000에 취득한 상품을 ₩18,000에 판매하면서 고객으로부터 신용카드를 받아 결제했다. 이 신용카드로부터는 결제후 이틀이 지나야 스마트(주)의 은행계좌에 입금된다. 신용카드수수료는 3%이다.

5월 12일 : 5월 10일에 판매한 상품에 대한 결제금액이 은행계좌에 입금되었다.

6월 1일 : 소년시대(주)에 ₩40,000에 취득한 상품을 ₩50,000에 매출하고 6월 1일이 발행일인 받을어음을 받았다. 이 어음의 기간은 30일이며 액면이자율은 연 6%이다.

7월 1일 : 6월 1일에 소년시대(주)에 매출하고 받은 받을어음이 정상적으로 결제되었다. 받을어음의 원금과 한 달간 이자를 받았다.

요구사항

위의 연속된 거래를 회계처리하라.

03 외상매출과 매출채권의 장부금액

대구상점은 매출채권 자산손상 회계처리에 대해 충당금설정법을 사용하고 있다. 다음은 대구상점의 재무자료이다. 단, 연초 매출채권은 장부금액으로 표시되어 있다.

연초 재고자산	₩70,000	연초 매출채권	₩40,000	매출채권 회수액	₩65,000
연중 대손상각 확정액	7,000	연말 재고자산	60,000	현금매출액	30,000
재고자산 순매입액	80,000	매출총이익	40,000	연말 대손상각비 설정액	6,000

요구사항

1. 1년간 외상매출액은 얼마인가?
2. 연말의 매출채권 장부금액은 얼마인가?

04 대손충당금 설정 및 환입

서아(주)의 이번 회계연도 동안 매출액은 ₩4,000,000, 매출환입과 에누리는 ₩200,000이고 회계연도말 현재 매출채권의 잔액은 ₩600,000이다.

(1) 서아(주)는 연도말 매출채권의 10%가 손상이 될 것으로 평가하고 있다. 연도말 수정전 대손충당금 잔액이 ₩40,000일 경우 대손충당금 설정 또는 환입에 관한 회계처리를 하라.
(2) 서아(주)는 연도말 매출채권의 5%가 손상이 될 것으로 평가하고 있다. 연도말 수정전 대손충당금 잔액이 ₩0일 경우 대손충당금 설정에 관한 회계처리를 하라.
(3) 서아(주)는 연도말 매출채권의 3%가 손상이 될 것으로 평가하고 있다. 연도말 수정전 대손충당금 잔액이 ₩40,000일 경우 대손충당금 설정 또는 환입에 관한 회계처리를 하라.

05 매출채권의 평가 – 대손확정의 회계처리

강릉상회의 20×1년말 재무상태표에는 매출채권 ₩780,000과 대손충당금 ₩84,000이 기록되어 있다. 그런데 20×2년 1월 24일 오래된 거래처의 하나인 영랑상회가 도산함으로써 매출채권 ₩30,000을 회수하지 못하게 되었다는 사실이 확정되었다.

(1) 매출채권 ₩30,000을 회수하지 못하게 되었을 때에는 어떤 회계처리를 하는가?
(2) ① 영랑상회의 도산 직전과 ② 영랑상회의 도산으로 매출채권을 회수하지 못하여 이에 대한 회계처리를 실시한 후에 강릉상회의 매출채권의 장부금액은 얼마인가? 서로 비교하라.
(3) 영랑상회의 사장이 20×2년 7월말에 나타나서 과거에 지급하지 못한 매출채권 중에서 ₩20,000을 현금결제했다면 어떤 회계처리를 하는가?

06 연령분석법에 의한 매출채권 손상검사(Ⅰ)

영산(주)는 20×1년 12월 31일에 매출채권계정을 각 연령별로 묶고 과거의 경험에 의한 손상발생률을 적용하여 다음의 연령분석표를 작성하였다.

회수기간 경과일수	매출채권	손상발생률
결제일 미경과분	₩140,000	2%
30~ 60일	24,000	4
61~120일	9,000	10
121~180일	3,000	20
181일 이상	2,000	40

요구사항

1. 20×1년 12월 31일 수정전 대손충당금 잔액이 ₩1,200인 경우 20×1년 12월 31일에 손상검사한 대손을 계상하기 위한 수정분개를 하라.
2. 20×1년 12월 31일 수정전 대손충당금 잔액이 ₩7,000인 경우 20×1년 12월 31일에 손상검사한 대손을 계상하기 위한 수정분개를 하라.
3. 20×2년 한 거래처의 파산으로 인하여 ₩500을 받을 수 없어 대손이 확정되었을 때 이를 분개하라.

07 외상매출금의 팩토링과 신용카드 매출

(1) 속초(주)는 올해 3월 1일 외상매출금 중에서 ₩300,000을 금융회사인 동해캐피탈(주)에 매각하고 현금을 받았다. 동해캐피탈(주)는 수수료비용으로 외상매출금 장부금액의 3%를 요구한다. 속초(주)와 동해캐피탈(주)의 회계처리를 하라.

(2) 코디회사는 완구판매회사이다. ₩700,000에 취득한 완구를 올해 7월 3일 ₩1,000,000에 판매하였으며 구매자는 강남은행 발행 신용카드로 결제하였다. 7월 3일 저녁 강남은행은 2%의 수수료를 차감한 잔액을 코디회사의 은행계정에 입금하였다. 코디회사와 강남은행의 회계처리를 하라.

08 받을어음에 대한 회계처리

도매업을 주로 하는 두만(주)는 고객들에게 매출 후 30일간의 대금지급기간을 허용한다. 만약 30일 안에 갚지 못하면 고객은 이자부약속어음을 발행하여 대금을 지급해야 한다. 다음은 최근 3개월 동안에 발생한 거래들이다(단, 매출할인은 없다). 발생이자는 1년을 360일로 가정하여 계산한다.

3월 17일 : 송인(주)에게 ₩80,000에 취득한 상품을 n/30 조건으로 ₩96,000에 판매했다.

4월 16일 : 송인(주)로부터 3월 17일 거래의 대금으로 60일 만기인 액면 ₩96,000의 어음을 받았다(연이자율은 8%).

6월 15일 : 송인(주)로부터 이자를 포함한 어음대금을 현금으로 수취하였다. 발생이자는 어음을 받았을 때부터 계산하기로 한다.

6월 25일 : 송인(주)에게 30일 만기, 이자율 12%, 액면 ₩72,000의 어음을 받고 현금을 대여하였다.

요구사항

1. 위 거래를 분개하라.
2. 이 회사의 결산일은 6월 30일이다. 기말에 필요한 수정분개를 하라.

09 지급어음에 대한 회계처리

위 문제 08에서 송인(주)의 입장에서 거래를 분개하라. 송인(주)의 결산일 역시 6월 30일이다.

10 받을어음의 이자계산

다음 네 가지 받을어음에 관한 내용을 보고 빈칸에 알맞은 만기일, 원금, 연간이자율, 그리고 총이자비용을 계산하라.

발행일	기간	만기일	원금	연간이자율	총이자비용
5월 1일	60일	? (1)	₩100,000	9%	? (2)
7월 10일	30일	? (3)	150,000	? (4)	₩1,250
8월 20일	3달	? (5)	200,000	11%	? (6)
9월 30일	90일	? (7)	? (8)	6%	4,800

11 받을어음의 할인

세계상사는 우주상사로부터 외상매출금 결제대금으로 받은 90일 만기, 액면금액 ₩2,000,000의 무이자부어음을 발행일로부터 60일이 지난 후에 은행으로부터 연이자율 6%의 조건으로 할인하고 할인료를 제외한 잔액을 현금으로 받았다.

요구사항

받을어음 할인과 관련한 회계처리를 하라.

12 받을어음과 대손상각

(주)만우스포츠는 9월 15일 아령 세 박스를 판매하고 받을어음을 받았다. 이 받을어음은 이자부어음으로서 액면금액 ₩500,000, 연이자율 12%, 어음기간 60일 조건이다.

요구사항

1. 이 어음의 만기일은 언제인가?
2. 만기일에 받을어음의 원금과 이자를 받았다고 가정하고 회계처리하라.
3. 만기일까지 받을어음의 원금과 이자를 회수하지 못하였다. 그러나 (주)만우스포츠는 거래처로부터 받을어음과 이자를 확실하게 곧 회수할 것으로 평가하고 있다.
4. 만기일에 이 어음의 회수가능성이 없어서 대손확정하고 장부에서 제거하였다. (주)만우스포츠의 대손충당금 잔액은 ₩300,000이었다. 회계처리하라.

13 외상매출금, 차입금, 미수금의 회계처리

대치(주)의 외상매출금, 차입금, 미수금 등에 관한 내용이다.

7월 10일 : 외상매출금 중에서 ₩2,000의 대손이 발생하다. 대치(주)의 현재 대손충당금 잔액은 ₩30,000이다.
20일 : 자금이 부족해서 강북은행으로부터 ₩300,000을 차입하고 60일 만기, 연이자율 10%의 어음을 발행해 주었다.
8월 20일 : 소유하고 있던 ₩200,000의 받을어음을 금융기관에 수수료 4%를 지급하고 할인받았다.
22일 : 스마트(주)에 원가가 ₩80,000인 상품을 ₩120,000에 신용매출했다. 신용조건은 3/10, n/30이다.
9월 1일 : 스마트(주)로부터 외상매출금을 받았다.
18일 : 강북은행에 7월 20일 발행하였던 어음을 상환하였다.
20일 : 소유하고 있던 토지 ₩1,000,000을 이부동 씨에게 매각하고 ₩400,000은 현금으로 받고 나머지는 3일 후 지급하기로 한 무이자부어음으로 받았다.
23일 : 이부동 씨로부터 어음을 상환받았다.

요구사항

각 날짜에 따른 회계처리를 하라.

14 채권 및 채무 관련 계정들

홍국(주)는 여러 가지 자동차부품을 판매하는 회사이다. 다음은 여러 가지 채권 및 채무와 관련된 거래들이다.

(1) 홍국(주)는 자동차수리업체에 자동차부품을 외상으로 판매하였다.
(2) 홍국(주)는 그동안 판매사원들이 사용하던 빌딩을 부국(주)에 매각하였는데, 매각대금 중 일부는 이틀 후에 받을 것이다.
(3) 홍국(주)는 컴퓨터나라(주)로부터 새로 출시되는 컴퓨터를 5일 후 인도받기로 하고 매각대금을 미리 지급하였다.
(4) 홍국(주)는 사무용비품을 구입하였는데, 구입대금을 3일 후에 지급하기로 하였다.
(5) 홍국(주)는 본관 건물 2층에 있는 사무실을 임대해주면서 2년치 임대료를 미리 받았다.
(6) 홍국(주)는 자동차부품 생산에 필요한 특수 반제품을 오토파트(주)에 주문하고 대금의 일부를 미리 지급하였다.
(7) 홍국(주)는 아직 만기가 되지 않은 이자부받을어음을 보유하고 있는데, 회계기말에 어음의 이자에 대해 인식하였다.
(8) 홍국(주)는 카파트(주)라는 자동차부품제조회사로부터 자동차부품을 구입하고 60일 만기 어음을 발행해주었다.
(9) 홍국(주)는 소유하고 있는 빌딩에 대해 매년 손해보험을 들고 있는데, 1년치 보험료를 미리 지급하였다.

(10) 홍국(주)는 은행으로부터 단기자금을 차입하면서 30일 만기 어음을 발행해주었다.
(11) 홍국(주)는 12월달에 발생한 전기료를 비용으로 인식하였다. 전기료는 1월초에 지급될 예정이다.
(12) 홍국(주)는 새나라자동차(주)에 자동차부품을 4일 후에 공급하기로 하고 대금을 미리 받았다.
(13) 홍국(주)는 재고관리를 효율적으로 하는 새로운 컴퓨터시스템을 개발하였는데, 이 시스템에 대한 수요가 많아서 선주문을 받고 대금을 미리 받았다.

요구사항

각 거래를 기록하기 위해 사용해야 할 채권 및 채무 관련 계정은 무엇인가? 아래 보기에서 선택하라.

외상매출금, 외상매입금, 받을어음, 지급어음, 대여금, 차입금, 미수금, 미지급금, 미수수익, 미지급비용, 선급금, 선수금, 선급비용, 선수수익

15 예수금의 기록

만경(주)는 상품 A를 ₩660,000에 현금판매하였고 상품 B를 ₩920,000에 외상판매하였다. 상품 A의 판매금액에는 부가가치세 10%가 포함되어 있으며, 상품 B의 판매금액에는 부가가치세 10%와 개별소비세 5%가 포함되어 있다. 부가가치세와 개별소비세는 소비자가 부담하는 세금이며, 만경(주)는 이를 원천징수하여 다음 달에 세무서에 납부할 책임이 있다.

요구사항

1. 당기수익, 즉 매출계정으로 기록되어야 할 금액은 얼마인가?
2. 만경(주)는 위의 거래를 어떻게 회계처리할 것인가? (단, 매출원가와 관련된 분개는 생략한다)

고급연습문제

16 매출채권 손상차손의 회계처리

다음은 종로상사의 대손에 대한 내용이다.

(1) 결산일인 20×1년 12월 31일 매출채권 잔액은 ₩1,500,000이고, 대손충당금 잔액은 ₩4,000이며, 손상추정률은 매출채권 잔액의 3%이다.
(2) 20×2년 4월 20일 전기발생채권에서 대손이 ₩20,000 발생하다.
(3) 20×2년 8월 15일 당기발생채권에서 대손이 ₩10,000 발생하다.
(4) 20×2년 11월 14일 전기발생채권에서 대손이 ₩25,000 발생하다.
(5) 20×2년 12월 31일 매출채권 잔액은 ₩1,800,000이고, 손상추정률은 매출채권 잔액의 2.5%이다.

요구사항

위의 거래를 분개하라.

17 매출채권과 대손상각

강남(주)는 이번 회계기간 동안 총매출액이 ₩5,000,000이었고, 이 중에서 외상매출액이 80%였다. 외상매출액 중에서 기중에 ₩2,000,000은 회수했고, 매출환입과 에누리가 ₩100,000, 매출할인이 ₩400,000 발생했다. 회계기간초의 매출채권 잔액은 ₩800,000이었고 대손충당금은 ₩60,000이었다. 매출채권 중에서 대손이 되어 제각(제거)한 금액은 ₩50,000이 발생했는데 그중에서 ₩30,000은 기중에 다시 받을 수가 있었다. 회계기간말에 매출채권의 회수가능성을 평가하니 ₩70,000은 대손충당금을 설정해야 될 것으로 보인다.

요구사항

1. 매출, 매출환입과 에누리, 매출할인, 매출채권의 회수에 관한 회계처리를 하라.
2. 기중에 발생한 대손상각과 상각채권의 추심에 관한 회계처리를 하라.
3. 기말의 대손충당금 설정에 관한 회계처리를 하라.

18 매출채권의 손상차손 추정

다음은 여수기업의 20×1년말과 20×2년말의 재무상태표에 표시된 재무정보이다.

	20×1년말	20×2년말
매출채권	₩80,000	₩90,000
대손충당금	7,000	4,000
장부금액	₩73,000	₩86,000

요구사항

1. 20×2년 한 해 동안 ₩9,000의 매출채권을 대손확정처리하였다면 20×2년말 손익계산서에 보고되는 대손상각비는 얼마인가?
2. 20×2년 한 해 동안 ₩2,000의 매출채권을 대손확정처리하였다면 20×2년말 손익계산서에 보고되는 대손상각 관련 손익은 얼마인가?

19 부도어음과 대손확정

국제상사는 20×1년 9월 1일에 글로벌상사에 상품을 ₩150,000에 매출하고 글로벌상사가 발행한 90일 만기 이자부약속어음을 받았다. 어음의 연이자율은 6%이며, 만기시 이자는 별도로 받는다. 국제상사가 20×1년 11월 30일에 글로벌상사로부터 받은 이자부어음을 만기일에 추심의뢰한 결과 부도가 발생하였다는 통지를 받았다. 국제상사의 상기 부도어음에 대하여 글로벌상사에 수차례에 걸쳐 직접 상환요청을 했으나 파산으로 인하여 장래에 그 회수가능성이 없다고 판단하고 대손을 확정하였다.

요구사항

1. 만일 국제상사가 매출채권에 대한 대손충당금 잔액이 충분한 경우에는 부도어음의 대손확정에 대하여 어떠한 회계처리를 해야 하는가?
2. 대손에 대한 회계처리를 한 다음 기대와 다르게 글로벌상사로부터 부도어음을 이자와 함께 회수하였다면 국제상사는 어떠한 회계처리를 해야 하는가?

20 연령분석법에 의한 매출채권 손상검사(Ⅱ)

성룡기업의 20×1년 12월 31일 매출채권 잔액에 대한 손상발생 여부를 검사하기 위해 회사가 작성한 연령분석표를 보고 물음에 답하라. 손상검사로 인한 수정분개 전에 성룡기업의 장부에는 대손충당금의 대변잔액이 ₩15,000 있었다. 성룡기업은 대손확정처리 분개시 대손충당금 잔액 한도 내에서만 대손충당금을 감소시키는 방법을 사용한다.

고객명	매출채권	회수기간 미경과	회수기간 경과일수			
			1～30	31～60	61～90	90일 이상
A	₩40,000	₩30,000	₩8,000	₩2,000		
B	60,000	60,000				
C	100,000	30,000	60,000	10,000		
기 타	276,000	150,000	20,000	30,000	₩36,000	₩40,000
합계	₩476,000	₩270,000	₩88,000	₩42,000	₩36,000	₩40,000
손상발생률		1%	3%	5%	10%	50%

요구사항

1. 20×1년 12월 31일 결산일에 매출채권의 대손충당금 설정에 대한 분개를 하라.
2. 20×2년도의 다음 사건에 대한 회계처리를 하라.
   ① 3월 1일 : 20×1년의 매출채권 중에서 ₩20,000이 대손확정되다.
   ② 10월 9일 : 20×2년의 매출채권 중에서 ₩20,000이 대손확정되다.
   ③ 12월 1일 : 3월 1일에 대손확정되어 제거시킨 매출채권 중에서 ₩5,000을 다시 회수하다.
3. 20×2년말에 새롭게 추정된 대손충당금이 ₩30,000일 경우 손상추정액을 계상하기 위한 수정분개를 하라. 20×2년에 인식한 총대손상각비는 얼마인가?

21 매출채권 관련 거래의 영향

명성회계사무소는 회계부정을 조사해주는 회계서비스업을 하고 있는 회사이다. 20×1년말 외상매출금 계정잔액은 ₩400,000이고 다음 회계처리가 이루어지기 전의 대손충당금 잔액은 ₩45,000이다.

요구사항

1. 20×1년에 발생한 다음 거래를 회계처리하라.
   ① 거래처에 ₩300,000의 회계서비스 용역을 제공하고 용역대금을 청구하다.
   ② 전년도의 매출채권 중에서 ₩25,000이 대손확정되다.
   ③ 대손확정된 금액 중에서 ₩5,000이 회수되다.
   ④ 매출채권 ₩30,000을 회수하다.
   ⑤ 현금이 급히 필요해서 매출채권 ₩500,000을 한신팩토링(주)에 4%의 할인율로 매각하다.
   ⑥ 20×1년말 새롭게 추정된 대손충당금은 ₩40,000이다.

2. 다음은 1.의 각 거래가 매출채권의 장부금액과 당기순이익에 어떠한 영향을 미치는지를 알기 위한 표이다. 빈칸에 증가, 감소, 영향 없음을 기재하라.

거 래	매출채권 장부금액	당기순이익
①		
②		
③		
④		
⑤		
⑥		

22 회계정보의 활용 – 매출채권회전율과 매출채권 평균회수기간

A회사와 B회사의 매출액과 연평균매출채권 금액은 아래와 같다. 물음에 답하라.

		20×1년	20×2년
A회사	매출액	₩60,000	₩84,000
	매출채권평균	4,000	10,000
B회사	매출액	70,000	80,000
	매출채권평균	2,000	1,500

1. 각 회사의 20×1년과 20×2년의 매출채권회전율을 계산하라.
2. 각 회사의 20×1년과 20×2년의 매출채권 평균회수기간을 구하라.
3. 매출채권 회수에 어느 기업이 더 효율적인가?
4. 어느 기업이 매출채권에 대한 손상차손이 클 것으로 예상되는가?

23 매출채권의 평가와 윤리적 판단

하나 양은 청소년이 즐겨입는 청바지를 파는 옷가게의 점원이다. 이 옷가게의 주인은 다른 일로 바빠서 하나 양에게 점포의 관리를 대부분 맡기고 있다. 옷가게 주인은 옷판매를 촉진하기 위하여 하나 양에게 월급 이외에 매월 순이익에서 5%를 보너스로 지급하고 있다. 하나 양은 매월말 순이익을 예상해 보고 순이익이 너무 적게 나는 경우 옷가게의 회계담당자인 친구 두나 양에게 결산수정사항을 조금 변경할 것을 요청하곤 한다. 이번 달에도 옷 판매의 실적이 나빠서 하나 양은 두나 양에게 매출채권의 손상추정액을 줄여줄 것을 부탁하였다.

1. 매출채권의 손상추정액이 줄어들면 순이익과 총자산에 어떠한 영향을 주는가?
2. 하나 양의 행동은 정당하다고 볼 수 있는가?
3. 가게 주인이 어떠한 내부통제원칙을 사용하면 이와 같은 불합리한 일을 방지할 수 있겠는가?

01 신용정책의 변경과 추정손익계산서

전자부품 및 장비를 중간판매하고 있는 갬방(주)의 최종 손익계산서는 다음과 같다. 이 회사의 사장 서남문 씨는 회사의 성장률이 둔화된 것에 유감을 표시하면서 앞으로 판매광고의 증가와 신용정책의 확대가 실질적으로 총매출을 증가시키리라 믿고 있다.

갬방(주)의 20×1년 손익계산서는 다음과 같다.

손익계산서

갬방(주) 20×1년도 1월 1일부터 20×1년도 12월 31일까지 (단위 : 원)

			순매출액비율(%)
매 출 액		₩580,000	(100)
매 출 원 가		377,000	65
매출총이익		₩203,000	35
판매비와관리비			
판 매 비(대손비용차감전)	₩145,000		25
관 리 비	29,000		5
대손상각비	5,800	179,800	1
당기순이익		₩23,200	4

특히, 서남문 씨는 다음의 두 가지 방법을 병행할 경우 다음 연도에는 총매출액을 35% 정도 신장시킬 수 있으리라 확신한다.

(방법 1) 매출에누리 비율을 높인다. 상품의 평균판매가격이 감소되더라도 매출수량은 증가할 것이다.

(방법 2) 더 많은 고객에 대해 신용매출을 허용한다.

갬방(주)의 회계담당이사인 김냉철 씨는 서남문 씨의 계획이 손익계산서에 미치는 효과를 다음과 같이 분석하였다.

(1) 매출총이익 : 총매출액 대비 매출에누리 비중을 현재의 2%에서 3%로 증가시키고 평균상품가격을 약간 내림으로써 매출총이익률이 35%에서 33.33%로 감소될 것이다.

(2) 매 출 할 인 : 일부의 소매상에게 총매출의 2/3에 해당하는 금액을 2/15, n/30의 조건으로 지금까지 판매해오고 있다. 할인대상 소매상의 수를 증가시키더라도 총매출액 대비 매출할인 비중은 과거 수준으로 유지될 것이다.

(3) 판 매 비 : 대손비용을 제외한 판매비는 순매출액의 25%로 유지된다.

(4) 대 손 비 용 : 수년 동안 매출액의 1% 수준을 유지하였으나 신용정책의 확대는 대손비용을 매출액의 2%까지 증가시킬 것이다.

(5) 관 리 비 : 매출증가에 관계없이 고정되어 있다.

요구사항

1. 서남문 씨의 제안과 회계담당이사인 김냉철 씨의 분석에 따라 20×2년의 추정손익계산서를 작성하라.
2. 서남문 씨의 제안이 채택되어야 하는지를 판단하라.

02 매출채권 직접상각법과 충당금설정법의 사례비교

갑·을 두 회사는 가전제품 판매업체로서 원가의 50%를 이익으로 가산한 가격으로 제품을 판매하고 있다. 고객은 현금구입을 하거나 혹은 36개월 할부구입을 할 수 있다. 단, 할부판매가격은 이자를 고려하여 현금판매가격의 130%로 책정하고 있다. 영업 첫해인 20×1년의 두 회사 각각의 요약손익계산서는 다음과 같다.

	갑(주)	을(주)
매 출	₩387,000	₩288,000
매 출 원 가	(210,000)	(192,000)
매출총이익	₩177,000	₩96,000
이 자 수 익	0	10,000
판매비와관리비	(63,000)	(60,000)
당기순이익	₩114,000	₩46,000

갑(주)는 할부판매시 판매가격에 포함된 이자수익 해당액을 모두 당기에 인식한다. 당기의 할부매출에 포함된 이자수익 해당액 ₩72,000 중 ₩59,100은 아직 회수되지 않았다.

한편, 갑(주)는 손상채권에 대하여 직접상각법을 사용하고 있는데, 올 한 해에는 ₩2,100의 매출채권을 상각하였다. 그러나 기말 매출채권 잔액 중 손상이 발생한 것으로 추정되는 ₩37,200에 대해서 당기에 대손으로 회계처리하지 않았다.

을(주)는 할부매출채권에서 이자 해당액을 차감한 금액으로 당기매출액을 기록하고 할부금을 회수하는 기간 동안에 걸쳐 이자수익을 인식한다. 손상채권은 충당금을 설정하여 처리하며, 기말에 ₩11,100을 손상이 발생한 것으로 추정하였다.

요구사항

1. 을(주)에서 처리하는 방법으로 갑(주)의 요약손익계산서를 재작성하라(단, 문제에 있는 손익계산서의 계정과목을 사용하되 그 계산근거를 표시하라).
2. 귀하가 재작성한 손익계산서와 갑(주)에서 작성한 손익계산서를 비교하고, 어느 것이 재무보고의 관점에서 볼 때 보다 더 나은 방법인지 설명하라.
3. 수정 후에도 두 회사의 이익에서 서로 차이가 발생하게 되는 가장 중요한 원인은 무엇인가? 이익이 적게 보고된 회사에 대하여 미래의 경영성과를 제고시키기 위해 당신이 권하고 싶은 올바른 방법이 있다면 어떤 것인가?

chapter 9

재고자산

재고자산은 기업의 정상적인 영업활동과정에서 판매 또는 제조를 목적으로 보유하고 있는 자산을 말한다. 상품매매회사의 재고자산은 대부분 상품으로 구성되어 있으며, 제조기업의 재고자산은 제품, 재공품 및 원재료 등으로 구성되어 있다. 재고자산은 1년 또는 정상영업주기 이내에 최종소비자에게 판매되는 항목으로서 유동자산으로 분류한다.

어떤 항목을 재고자산으로 분류할 것인지는 그 기업의 주된 영업활동이 무엇이냐에 따라 달라진다. 예를 들면, 토지의 경우 일반기업이 공장을 건설하기 위해 매입한다면 이는 비유동자산 중의 유형자산으로 분류될 것이다. 그러나 부동산매매업을 하는 기업이 판매목적으로 토지를 매입한다면 이는 재고자산으로 분류되어야 할 것이다. 물론 토지의 용도가 일상적인 판매 이외의 것이면 부동산매매기업도 비유동자산 중에서 유형자산 혹은 투자자산으로 분류해야 한다.

재고자산이 기업에서 특히 중요하게 다루어지는 이유는 기업의 총자산에서 차지하는 비중이 클 뿐만 아니라, 재고자산의 평가액은 당기순이익 결정에 직접적인 영향을 미치기 때문이다. 상품이 판매되면 판매가격 기준으로 "매출"이라는 수익을 발생시키며, 동시에 상품의 취득원가는 "매출원가"라는 비용으로 전환된다.

OBJECTIVES

- 누구의 재고자산으로 기록해야 하는가?
- 재고자산의 취득원가는 어떻게 결정하는가?
- 재고자산의 구입가격이 서로 다를 때 매출원가와 기말재고자산 금액을 어떻게 결정하는가?
- 재고자산의 저가평가는 왜 필요한가?
- 재고자산의 오류는 당기순이익에 어떤 영향을 주는가?
- 계속기록법과 실지재고조사법의 차이는 무엇인가?

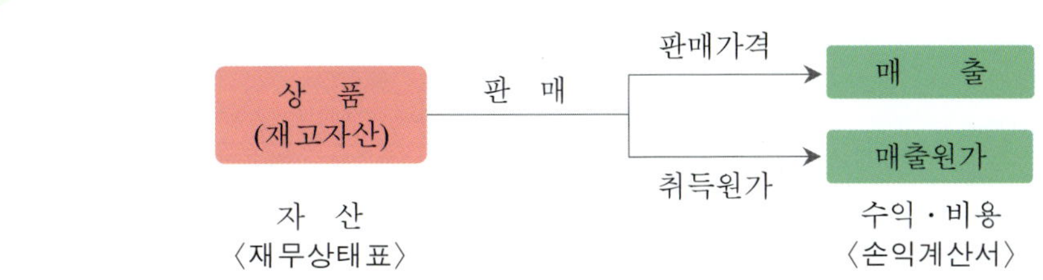

재고자산의 평가는 매출원가와 직접적으로 관련되어 있으며, 매출원가가 손익계산서에서 차지하는 비중이 매우 크기 때문에 재고자산에 대한 회계처리가 특히 중요하다.

재무상태표에 계상되는 재고자산의 장부금액은 결국 "수량×단가"에 의해서 결정된다. 본장에서는 먼저 상품매매회사를 중심으로 재고자산의 수량결정문제 그리고 원가결정방법을 구체적으로 살펴보고, 재고자산과 관련된 기타의 평가문제도 설명하기로 한다.

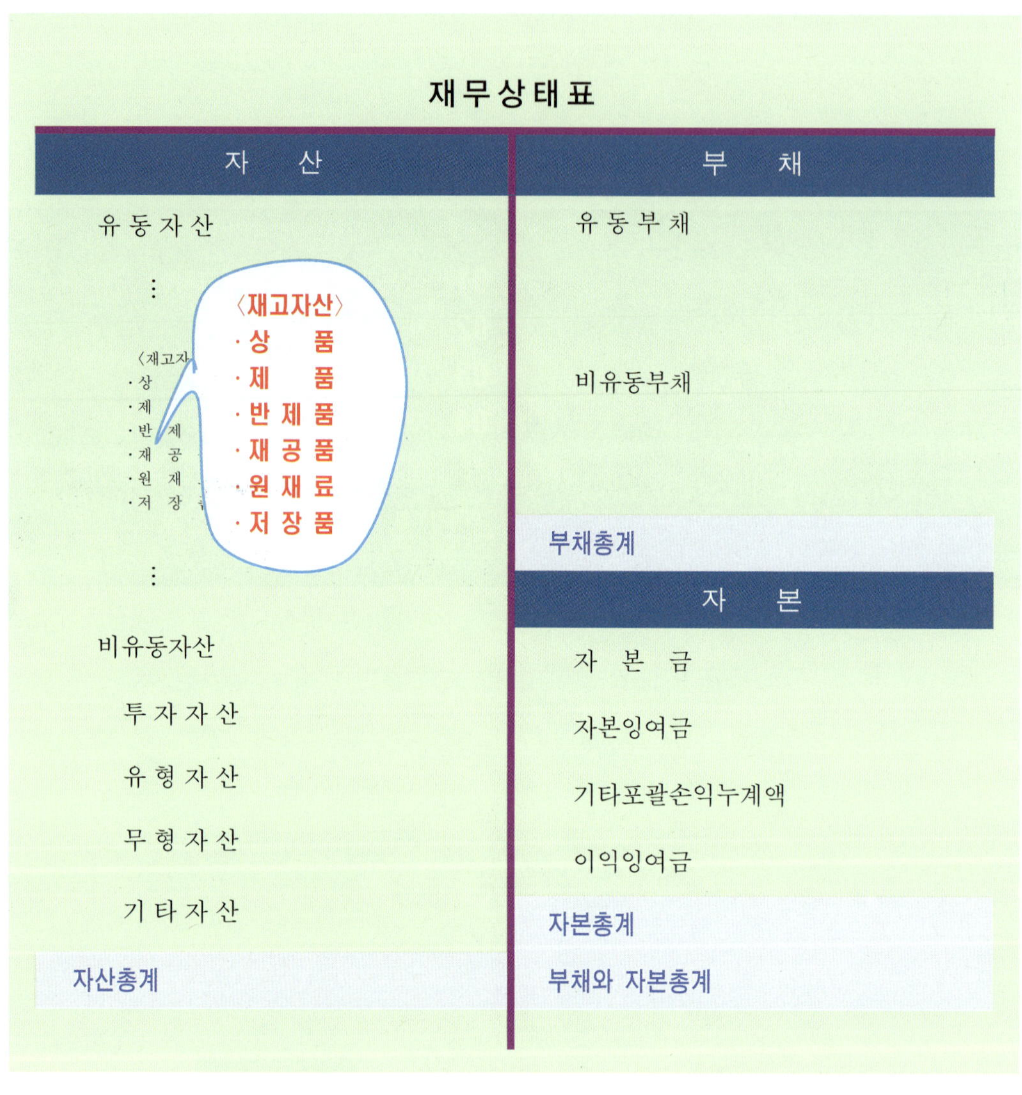
재무상태표
자 산
부 채
유동자산
〈재고자산〉
·상 품
·제 품
·반제품
·재공품
·원재료
·저장품
비유동자산
투자자산
유형자산
무형자산
기타자산
자산총계
유동부채
비유동부채
부채총계
자 본
자 본 금
자본잉여금
기타포괄손익누계액
이익잉여금
자본총계
부채와 자본총계

상품매매회사의 재고자산

OBJECTIVES 

• 누구의 재고자산으로 기록해야 하는가?

재고자산
기업의 정상영업활동과정에서 생산 또는 판매를 목적으로 보유하고 있는 자산

기업의 정상영업활동과정에서 생산 또는 판매를 목적으로 보유하고 있는 자산을 재고자산(inventory)이라고 한다. 재고자산은 기업이 어떤 종류의 사업을 하느냐에 따라서 다르다. 예를 들어 회계법인이나 학원 또는 이동통신 등과 같은 서비스업은 무형의 서비스를 제공하므로 재고자산을 보유하지 않는다. 반면에 자동차나 가전제품을 생산하는 제조회사는 완성품인 제품, 생산중인 재공품, 생산을 위한 원재료 등의 재고자산을 갖게 된다. 그리고 백화점이나 편의점과 같이 도·소매업에 종사하는 상품매매회사는 판매활동을 위해서 재고자산을 소유하게 되는데, 이를 상품(merchandise)이라고 부른다.

재고자산은 유동자산으로 분류한다.

재고자산은 1년 또는 정상영업주기 이내의 기간에 제품생산에 사용되거나 최종소비자에게 판매되는 것으로서, 유동자산으로 분류한다. 본장에서는 상품매매회사의 재고자산을 중심으로 설명할 것이다.

mark down 기업의 종류와 재고자산

기업의 종류	재고자산
회계법인	서비스업이므로 재고자산이 없음
은 행	은행서비스업은 재고자산이 없음
백 화 점	여러 가지 상품
차량제조회사	원재료, 재공품, 제품(차량)
서 점	책
과 수 원	사과, 배 등의 과일

■ 재고자산의 수량과 소유권

도·소매업에 종사하는 대부분의 기업들은 최소한 회계보고기간말에 한 번은 재고자산의 수량을 조사한다. 계속기록법을 채택한 기업들은 장부의 재고자산 금액을 언제나 파악할 수 있지만 장부에 기록된 수량과 실제 존재하는 수량 간에 차이가 있는가를 확인하기 위해 대부분 보고기간말에 실제 재고조사를 병행실시한다. 한편, 실지재고조사법을 채택한 기업들은 실제로 회사창고 등에 남아 있는 재고자산을 조사하여 재무상태표에 표시되어야 할 재고자산을 확정하고, 이를 근거로 역산(기초재고+당기매입액−기말재고)하여 손익계산서의 매출원가를 구한다. 이에 대해서는 제5장에서 자세히 설명하였다.

재고자산의 수량을 파악하는 과정은 두 단계로 이루어진다. 첫 단계에서는 보유하고 있는 재고자산의 실제 수량을 조사하고, 둘째 단계에서는 보유하고 있는 재고자산의 실제 소유권을 확인한다.

재고자산의 수량 파악

창고 등에 있는 재고자산의 수량을 세거나, 무게를 재거나, 또는 측정하는 것을

mark down **유통업계, AI로 재고관리 최적화… 품절 없는 유통 실현**

유통공급망에서 재고관리가 필수적인 가운데, 업계에서는 인공지능(AI)을 활용한 재고관리 혁신에 나서고 있다. 비즈니스인사이더에 따르면 전통적으로 유통기업들은 재고 확보, 물류관리, 소비자행동 분석을 개별적으로 진행해왔다. 하지만 AI는 이러한 과정을 통합해 변화하는 환경에 빠르게 대응할 수 있도록 지원한다.

실제로 타깃(Target), 홈디포(Home Depot), 월마트(Walmart) 등 대형 유통업체들은 AI 기반 시스템을 도입해 수요를 예측하고, 품절 문제를 사전에 방지하는 데 집중하고 있다. 타깃은 자체 개발한 '인벤토리 레저'(Inventory Ledger) 시스템을 통해 매장 내 재고 변화를 실시간으로 추적하고, AI를 활용해 제품이 품절되기 전에 사전 대응하고 있다. 이 시스템은 공급 리드타임, 운송비용, 현재 재고, 소비자 수요 등의 데이터를 분석해 최적의 재고관리전략을 제안한다. 타깃은 AI 기반 재고관리를 전체 제품군의 40% 이상으로 확대했으며, 이는 2년 전 대비 두 배 이상 증가한 수준이다. 홈디포는 2023년 AI 기반 앱 '사이드킥'(Sidekick)을 도입해 직원들이 빠르게 제품을 찾아 진열할 수 있도록 지원하고 있으며, 월마트는 AI 알고리즘을 활용해 지역별 맞춤형 재고관리를 강화하고 있다. 예를 들어, 따뜻한 지역 매장에는 수영용품을, 추운 지역에는 스웨터를 자동 배치해 판매 효율을 극대화한다.

매체에 따르면 향후 10년 내로 AI는 재고관리에서 더욱 강력한 역할을 할 것으로 예상된다. 매장을 직접 방문하지 않아도 AI가 품절을 감지하고, 자동으로 재주문을 진행하는 수준까지 발전할 가능성이 크다. 또한, AI가 인플레이션 같은 거시경제 변화를 반영해 소비 패턴을 예측하고, 재고전략을 자동 조정하는 단계까지 진화할 가능성도 있다.

(디지털투데이, 2025.6.4)

재고자산의 실사
창고 등에 있는 재고자산의 수량을 세거나, 무게를 재거나, 또는 측정하는 것

재고자산의 실사(實査)라고 한다. 많은 기업들은 재고자산의 실사에 상당한 시간과 노력을 투입한다. 최근에는 바코드나 스캐닝 장비가 큰 도움이 되지만, 재고자산의 종류가 많고 같은 품종이라도 가격이 다른 품목이 많은 백화점이나 도·소매상들에게 재고실사는 중요한 일 중의 하나이다. 정확한 재고자산의 수량파악을 위해서는 재고자산의 이동이 없는 기간을 선택하여 실사를 하는 것이 바람직하다.

재고자산의 실사과정에서 오류나 부정을 줄이기 위해서 다음과 같은 내부통제원칙을 적용한다.

정확한 재고자산의 수량파악을 위해서는 재고자산의 이동이 없는 기간을 선택하여 실사를 하는 것이 바람직하다.

① 재고자산의 보관과 관리 책임을 맡지 않은 사람이 실사를 한다.
② 재고자산이 실제로 존재하는지, 상태가 어떤지 등을 확인해야 한다. 즉 상자 속에 제품이나 상품이 규정된 수량대로 담겨 있는지, 파손되거나 진부화되지 않았는지 조사한다.
③ 다른 종업원에 의한 2차 실사를 실시하여 1차 실사의 결과와 비교한다.
④ 모든 재고실사표(inventory tag)에는 일련번호를 부여하여 통제한다.
⑤ 재고수량검사가 끝날 때 감독자는 모든 재고자산이 누락없이 조사되었는지, 이중으로 계상되지 않았는지 확인한다.

재고실사가 완료되면 각 재고자산은 해당 재고자산실사표에 정확한 수량을 기재한다. 이후에 각 재고자산의 단가가 결정되면 재고자산의 수량에 단가를 곱하여 재고자산의 장부금액이 결정된다.

재고자산의 소유권 확인

어떤 항목이 재고자산에 포함되느냐의 여부는 원칙적으로 누가 그 재고자산에 대한 법적 소유권(legal title)이나 통제권(control)을 갖고 있으며, 더 궁극적으로는 누가 자산의 보유에 따른 경제적 효익(benefit)과 위험(risk)을 부담하고 있느냐를

기준으로 결정된다. 재무상태표일 현재 ① 기업이 자체 혹은 외부 창고나 생산공정 중에 실제 보유하고 있으며 동시에 ② 법적 소유권을 갖고 있는 상품, 제품 및 원재료 등은 당연히 그 기업의 기말재고자산에 포함되어야 할 것이다. 여기에서는 두 가지 중 하나를 충족하지 못한 특수한 경우의 재고자산에 관한 내용을 살펴보기로 한다.

미착상품

미착상품
현재 운송중에 있는 매입상품

미착상품(goods in transit)은 현재 운송중에 있어 구매자에게 아직 도착하지 않은 매입상품을 말한다. 국내에서 원재료와 상품을 매입하는 경우에는 그 배송기간이 비교적 짧기 때문에 미착상품에 대한 회계처리가 크게 문제되지 않는다. 그러나 해외로부터 이를 구입할 때에는 상품이나 원료가 구매되었지만 아직 운송중에 있는 경우가 종종 있기 때문에 구매자의 재고자산에 포함시킬 것인가 혹은 판매자의 재고자산으로 남겨놓을 것인가 하는 문제가 발생한다.

▲ FOB : 구매자의 재고자산
▲ DAP : 판매자의 재고자산

재고자산의 소유권 문제는 원칙적으로 어느 시점에서 상품에 대한 위험과 책임이 판매자로부터 구매자에게 이전되느냐에 따라 결정된다. 국제무역조건이 FOB인 경우에는 상품운송에 따른 위험과 책임이 선적시점에서 구매자에게 이전되므로 운송중인 상품은 구매자의 재고자산으로 보고되어야 하며, DAP인 경우에는 상품운송에 따른 위험과 책임이 도착지에서 구매자에게 이전되므로 운송중인 상품은 판매자의 재고자산으로 보고되어야 한다.[1)]

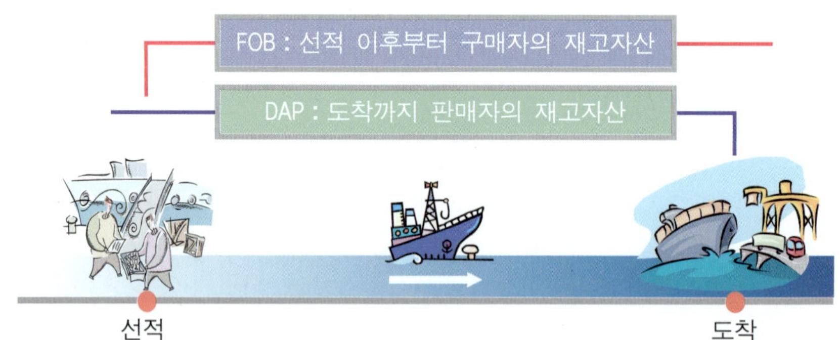

1) 또 다른 국제무역조건인 CIF는 판매자가 운임과 보험료를 부담하지만 선적시점에서 위험과 책임이 구매자에게 이전되므로 운송중인 상품은 구매자의 재고자산이 된다.

위탁상품
위탁자가 수탁자에게 판매를 위탁하기 위하여 발송한 상품

▲ 위탁상품 :
위탁자의 재고자산

위탁상품

위탁상품(consigned goods)은 위탁자가 수탁자에게 판매를 위탁하기 위하여 발송한 상품을 말하는데, 위탁자는 이를 적송품이라고 부르기도 한다. 비록 수탁자가 기말에 위탁상품을 실제 보관하고 있더라도 위탁상품에 대한 소유권은 위탁자에게 속한다. 수탁자는 위탁자를 대신하여 이를 관리하고 있을 따름이다. 따라서 위탁상품은 위탁자의 재고자산으로 보고되어야 하며, 수탁자는 이를 자신의 재고자산에 포함시키지 않고 단지 비망기록(memorandum)으로만 유지한다.

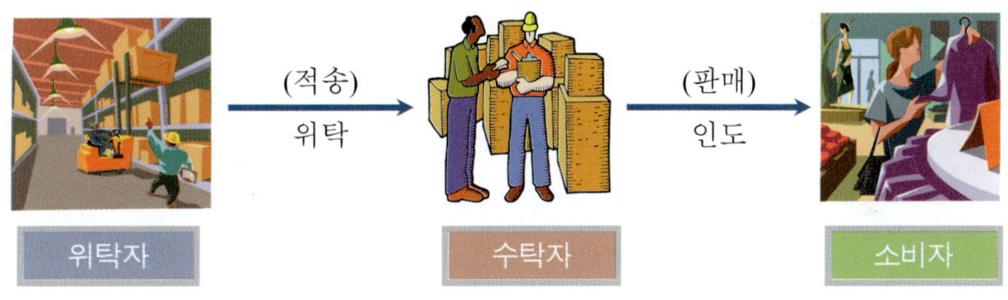

한편 수탁자가 최종소비자에게 상품을 판매하고 이를 위탁자에게 보고하면 위탁자는 수탁자가 판매한 시점에서 수익을 인식하고 해당 재고자산을 비로소 자신의 재고자산에서 제외시켜야 한다.

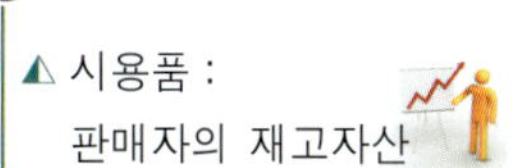
▲ 시용품 :
판매자의 재고자산

시 용 품

시용판매(sales on approval)는 소비자에게 상품을 인도하되, 소비자가 이를 시험적으로 사용해 본 뒤 마음에 들어 매입하겠다는 최종 의사표시를 하면 판매가 성립되는 판매방식이다. 이때 비록 소비자에게 상품이 인도되었다고 하더라도 소비자가 매입의사표시를 하지 않는 한 시용품은 판매자의 재고자산으로 보고되어야 한다. 즉 판매자는 소비자가 매입의사를 표시한 날을 기준으로 재고자산에서 제외시키는 동시에 매출로 인식하게 된다.

▲ 할부판매상품 :
소유권에 관계없이 판매시점에 수익이 인식된 것으로 보아 재고자산에서 제외

할부판매상품

할부판매(installment sales)란 할부계약에 의거하여 판매대금을 일정기간 동안 분할해서 지급하는 것을 조건으로 판매하는 방식을 말한다. 할부판매의 경우에는 통상적으로 마지막 할부금 지급이 완료되기 전까지는 그 상품의 법적 소유권을 판매자가 보유한다. 그러나 경제적 실질이라는 측면에서 보면 소비자가 할부구입한 상품을 실제로 사용하고 있으며 그 상품과 관련된 경제적 효익이나 위험은

사실상 소비자에게 모두 이전되었다고 볼 수 있다. 예를 들면 성능이 개량된 상품이 미래에 보다 싼 가격으로 유통될 때 소비자가 입게 될 경제적 손실위험은 할부구입자가 부담한다. 따라서 할부로 상품이 판매된 경우에는 상품의 법적 소유권이 누구에게 있느냐에 관계없이 판매시점에 수익이 실현된 것으로 보아 판매자의 기말재고자산에서 제외시켜야 한다.

02 재고자산과 매출원가

재고자산의 회계처리에서 중요한 문제는 재무상태표에 표시될 기말재고자산의 장부금액을 올바로 결정하고, 손익계산서에 기록될 당기의 매출원가를 정확하게 산정하는 것이다.

매출원가와 기말재고자산

재고자산과 매출원가는 상호 밀접한 관계가 있다. 〈표 9-1〉에서 보듯이 재고자산계정은 기초재고로 시작하여 당기매입액만큼 증가하며, 매출한 만큼 감소하고 나머지는 기말재고로 남게 된다. 결국 재고자산계정의 차변은 판매가능한 금액을 나타내며, 여기에서 대변에 기록된 판매된 상품의 취득원가(매출원가)를 차감하면 판매되지 않고 남아 있는 기말재고자산이 된다.

기말재고와 매출원가

재고자산			
기초재고	×××	매출원가	×××
매 입 액	×××		
기말재고	×××		

즉, 재고자산계정을 구성하는 항목간에는 다음과 같은 관계가 성립한다.

기초재고액 + 당기매입액 = 매출원가 + 기말재고액

따라서 손익계산서의 매출원가가 결정되면 재무상태표의 기말재고가 자동

계산되고, 반대로 그 역의 관계도 성립한다.

계속기록법의 회계처리

재고자산을 관리하는 방법으로는 실지재고조사법과 계속기록법이 있다. 실지재고조사법(periodic inventory system)에서는 기중에 재고자산을 구입할 때 입고기록만 하고 판매할 때에는 출고기록을 하지 않기 때문에 기말재고자산은 실사에 의해서만 파악하게 된다. 따라서 이러한 실지재고조사법은 상대적으로 단위당 원가가 작고 입고 및 출고가 빈번한 상품을 취급하는 작은 회사, 예를 들면 소규모의 도·소매상의 경우에 적절한 방법이다. 그러나 실지재고조사법은 출고시점에 재고감소를 기록하지 않고 회계기말에 일괄적으로 재고자산 실지재고조사를 통하여 출고액을 역산하므로 평소의 회계처리는 간편하지만 기중에는 재고자산 계정 잔액과 매출원가를 즉시 파악할 수 없다는 단점이 있다.

전산재고관리시스템은 재고자산에 대한 전체적인 정보를 신속하게 갱신시킴으로써 최근에는 많은 회사가 계속기록법을 사용한다.

최근에는 많은 회사들이 전산화된 재고관리시스템을 이용하여 계속기록법으로 재고자산을 관리한다. 전산재고시스템에서는 어떤 상품이 얼마에 구입되었는지, 어떤 상품이 몇 개 판매되었고, 무슨 상품이 재고자산으로 남아 있는지를 신속하고 정확하게 알 수 있다. 뿐만 아니라 많은 전산재고관리시스템은 재고자산과 관련된 정보를 매출채권이나 매출정보와도 연계시켜서 그때그때마다 재고자산에 대한 전체적인 정보, 즉 증가, 감소 및 잔액에 대한 자료를 신속하게 갱신시키고 있다. 우리가 백화점이나 슈퍼마켓에 가면 바코드가 붙은 상품을 구입하는데, 점원이 계산대에서 바코드를 스캔하면 자동적으로 재고자산계정에서 차감되고 매출액(수익)이 계산된다. 전산재고시스템은 특정 재고자산이 부족하면 필요한 수량을 매입하도록 구매부서에 자동으로 연계시켜주며 어떤 재고자산이 너무 많으면 구매시기를 조정하는 기능을 갖기도 한다.

계속기록법(perpetual inventory system)이라는 명칭은 장부에서 재고자산계정을 계속적으로 갱신한다는 데서 연유한다. 재고자산계정을 계속적으로 갱신하기 위해서는 ① 상품을 구입할 때 "재고자산"계정의 차변에 기입하며, ② 상품을 판매할 때는 "재고자산"계정의 대변에 기록하는 동시에 "매출원가"계정의 차변에 기입한다. 즉 기업이 계속기록법을 채택하고 있는 경우에는 재고자산을 구매하거나 판매할 때마다 그 증감을 재고자산계정에 기록하는데, 판매로 인하여 감소된 재고자산은 매출원가라는 비용으로 전환된다.

[예제 9-1]을 통하여 계속기록법에 의한 회계처리를 살펴보기로 하자.2) [예제 9-1]에서 기초재고액은 ₩720이고, 당기에 재고자산 ₩2,880을 매입했으며, 이 중에서 ₩2,640을 판매하였다. 이때 기말재고액은 ₩960(기초재고액+당기매입액-매출원가)이 된다.

상품매입의 경우 재고자산계정의 차변에 기록하고, 동시에 현금계정(현금매입) 또는 매입채무계정(외상매입)의 대변에 기록한다. 그리고 상품매출의 경우 매출을 기록하는 분개와 매출원가를 기록하는 분개를 한다. 즉, (1) 현금계정(현금매출) 또는 매출채권계정(외상매출)의 차변과 매출계정의 대변에 매출금액을 기록하는 동시에 (2) 매출원가계정의 차변과 재고자산계정의 대변에 매출원가금액을 기록한다.

한편 [예제 9-1]에서는 장부에 기록된 기말재고자산은 ₩960이지만 실사결과 확인된 재고자산이 ₩840이므로 ₩120의 차이가 발생하였다. 이때 장부에 기록된 재고자산과 실제 재고자산의 수량차이로 인한 금액차이를 재고자산감모손실이라고 한다. 이러한 수량차이는 보관과정에서의 자연적인 감모와 멸실 등 정상적인 영업활동과정에서 발생하면 매출원가에 가산한다. 즉 매출원가계정의 차변과 재고자산계정의 대변에 기록하면 된다. 그러나 만약 화재나 도난과 같은 비정상적인 손실이 발생하였으면 이는 영업외비용인 기타손실로 기록한다.

한편 수량의 차이에 의한 재고자산감모손실은 후술되는 가격의 하락으로 인해 발생하는 재고자산평가손실과는 구분되는 계정이다. 재고자산의 효율적인 관리를 위해서는 계속기록법이든 실지재고조사법이든 최소한 회계기말에는 재고자산의 실사를 통하여 기말재고자산의 실제 금액을 확인하는 내부통제절차가 필요하다.3)

---

2) 제5장에서 이미 설명되었지만 회계처리의 복잡성 및 내용의 중요성을 고려하여 이 부분만을 다시 설명하기로 한다. 단 매출원가계정을 별도로 사용하는 기업의 경우를 가정한다.

3) 실지재고조사법만을 사용하는 기업의 경우에는 기말재고의 실사에서 파악된 수량이 재무상태표에 보고되고 판매가능액과의 차이는 역산하여 모두 매출원가에 계상되므로 재고자산감모손실은 자동적으로 매출원가의 일부로 산입된다. 반면에 계속기록법만을 사용하고 실제로 재고조사를 하지 않는다면 감모손실이 확인되지 않으므로 그 손실이 재무제표에 반영되지 않을 것이다. 이렇게 되면 재무상태표에는 기말재고자산이 감모손실만큼 과대계상되며, 손익계산서에는 당기순이익이 확인되지 않은 감모손실만큼 과대계상되는 결과를 초래할 것이다.

따라서 계속기록법을 채택하고 있는 기업이라 할지라도 실무적으로는 기말재고조사를 실시하고, 기말재고 실사시의 실제수량과 차이가 나는 재고자산감모손실을 파악하여 매출원가에 가산시키는 결산조정분개를 실시한다.

예제 9-1 계속기록법하의 회계처리

하나상사의 5월중 상품의 매입 및 매출과 관련된 자료는 다음과 같다.

	수 량	단 가	금 액
기초재고	6	₩120	₩720
당기매입	24	120	2,880
당기매출	22	200(판매가)	4,400
기말재고*	8	120	960

* 실지재고조사결과 실제 기말재고자산이 ₩840(=7×₩120)으로 확인되었다.

하나상사가 계속기록법을 사용하는 경우에 어떠한 회계처리를 하게 되는지를 각 단계별로 살펴보면 다음과 같다. 단, 회사는 재고자산감모손실을 매출원가에 포함시키는 회계처리를 하고 있다.

1. 상품매입시

(차) 재 고 자 산	2,880	(대) 현 금	2,880

2. 상품매출시

〈매 출〉

(차) 현 금	4,400	(대) 매 출	4,400

〈매출원가〉

(차) 매 출 원 가	2,640	(대) 재 고 자 산	2,640

3. 기말재고가 ₩840으로 확인된 경우

(차) 매 출 원 가 (재고자산감모손실)	120	(대) 재 고 자 산	120

03 재고자산의 원가결정

OBJECTIVES 

- 재고자산의 취득원가는 어떻게 결정하는가?
- 재고자산의 구입가격이 서로 다를 때 매출원가와 기말재고자산 금액을 어떻게 결정하는가?

회계기말의 재고자산을 조사하여 금액을 결정할 때에는 일반적으로 재고자산 수량에 재고자산의 단가(단위당 가격)를 곱해서 산출한다.

기말재고자산 = 기말재고자산 수량 × 기말재고자산 단가

기말재고자산의 수량과 재고자산의 소유권에 관해서는 01 에서 살펴보았다. 여기에서는 기말재고자산의 단가결정방법에 대하여 알아보자.

1. 재고자산의 원가결정방법

재고자산은 원칙적으로 취득원가로 기록된다. 취득원가(acquisition costs)는 재고자산을 매입 또는 제조하기 위하여 지출된 대가를 포함할 뿐만 아니라 판매 혹은 제조가능한 장소로 이동시키는 데까지 소요되는 모든 매입부대원가를 가산하여 결정한다. 따라서 취득원가에는 매입가격뿐만 아니라 매입상품과 관련된 운반, 취급, 보관을 위한 지출비용 및 보험료와 제반 세금도 포함되어야 한다.[4)]

재고자산의 취득원가 = 매입가격 + 부대원가

한편, 재고자산의 단가(원가)결정 문제란 회계기간중 여러 차례에 걸쳐서 다른 가격으로 구입한 재고자산을 판매했을 때 판매된 재고자산의 단가를 어느 가격으로 볼 것인가, 그리고 보고기말에 기업에 남게 되는 재고자산의 단가를 어느 가격으로 할 것인가를 결정하는 문제이다.

재고자산의 원가결정방법으로는 개별법, 평균법, 선입선출법, 후입선출법이 있다.

재고자산의 원가결정방법으로는 개별법, 평균법, 선입선출법, 그리고 후입선출법이 있는데, 회사는 성격이 다른 재고자산에 대해서 서로 다른 원가결정방법을 적용할 수 있지만 일단 어떤 방법을 선택하면 특별한 사유가

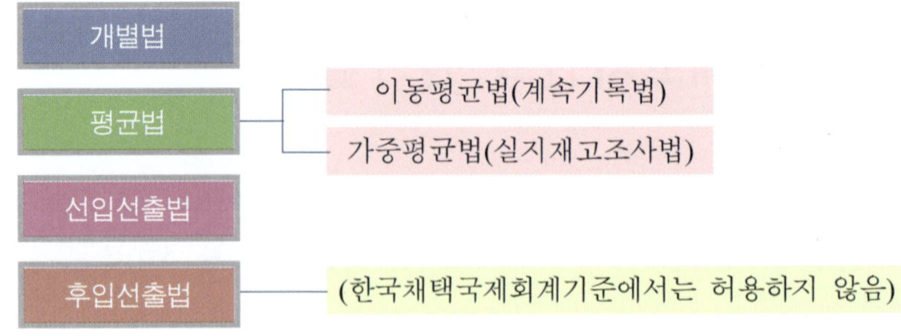

4) 제조업의 경우 재고자산의 제조 또는 건설에 장기간이 소요되는 경우(일반적으로 1년 이상)에 재고자산의 제조 또는 건설에 사용된 차입금의 이자비용(차입원가) 및 기타 이와 유사한 금융비용도 그 자산의 취득원가에 포함하여 계상한다.

재고자산의 원가결정 관련자료

새나라주식회사에서 5월중 재고자산 매입 및 판매와 관련하여 발생한 자료는 다음과 같다.

	수 량	×	단 가	=	금 액
기 초 재 고(5/1)	6		₩100		₩600
당 기 매 입 :					
5/10	10		110		1,100
5/15	10		130		1,300
5/26	4		150		600
판매가능액	30				₩3,600
당 기 매 출 :					
5/12	12		?		?
5/25	10		?		?
기 말 재 고(5/30)	8		?		₩ ?

발생하지 않는다면 그 방법을 계속 사용해야 한다.[5] 일관성 있게 회계원칙을 적용하면 회계정보의 기간별 비교가능성이 높아진다. 기업이 어느 회계기간에는 선입선출법을, 다른 회계기간에는 평균법을 적용하면 재고자산이나 매출원가를 회계기간간에 비교하는 것이 의미가 없을 것이다.

한국채택국제회계기준에서는 후입선출법의 사용을 금하고 있다.

한국채택국제회계기준에서는 후입선출법의 사용을 허용하지 않고 있으나 기업은 세무목적으로는 후입선출법을 사용할 수 있다. 여러 가지 재고자산 원가결정방법의 특성이나 장·단점을 이해하여 특정 기업에 가장 잘 부합되는 재무보고를 선택할 필요가 있다.

〈표 9-2〉의 새나라주식회사 자료를 예로 들어 재고자산 원가결정방법을 살펴보기로 한다.

실물흐름에 따른 원가결정방법(개별법)

개별법
개별상품 각각에 대하여 단위당 원가를 파악하여 상품을 하나하나 개별적으로 파악하는 방법

실물흐름(physical flow)에 따른 기말재고자산의 원가결정방법을 채택하는 것이 개별법이다. 개별법(specific identification method)은 개별상품 각각에 대하여 단위당 원가를 파악하여 실제로 매출된 상품과 기말재고자산의 상품을 하나하나 개별적으로 파악하는 방법이다. 즉, 모든 상품에 그 원가에 해당하는 꼬리표를 붙인 것처

5) 기업은 ① 한국채택국제회계기준(K-IFRS)에서 회계정책의 변경을 요구하는 경우, ② 회계정책의 변경을 반영한 재무제표가 특정 거래, 기타 사건 또는 상황이 재무상태, 재무성과 또는 현금흐름에 미치는 영향에 대하여 보다 신뢰성 있고 더 목적적합한 정보를 제공하는 경우에 회계정책을 변경할 수 있다.

럼 매출된 상품과 기말재고 상품을 개별적으로 식별하여 그 금액을 계산하는 방법이다. 이 방법은 상품의 단위당 원가뿐만 아니라 취득, 보유, 매출상황을 정확하게 알 수 있을 때 적용할 수 있는 방법이다.

개별법은 서로 대체하여 판매될 수 없는 재고자산이나 특정 프로젝트별로 생산되는 제품 또는 서비스의 원가결정에 주로 사용된다. 예를 들면 고가의 모피제품이나 귀금속 또는 주문생산을 하는 선박이나 항공기에 적용할 수 있다.

〈표 9-2〉에서 만약 5월중 판매된 22개의 상품이 실제로 단가 ₩100인 기초재고에서 4개와 단가 ₩110인 5월 10일 매입분 및 단가 ₩130인 5월 15일 매입분에서 각각 9개씩이 판매되었다고 하면 기말재고액 및 매출원가는 〈표 9-3〉과 같이 결정된다.

개별법에 의한 기말재고자산

		판매가능상품			판 매	기말재고자산		
		수 량	단 가	금 액	수 량	수 량	단 가	금 액
기 초 재 고		6	₩100	₩600	4	2	₩100	₩200
매 입 :	5/10	10	110	1,100	9	1	110	110
	5/15	10	130	1,300	9	1	130	130
	5/26	4	150	600	–	4	150	600
		30		₩3,600	22	8		₩1,040

판매가능액	₩3,600
(−)기말재고액	1,040
매 출 원 가	₩2,560

개별법은 원가흐름과 실물흐름이 일치하며 수익과 비용이 정확하게 대응된다.

개별법은 원가흐름과 실물흐름이 일치하며 수익과 비용을 개별적으로 대응하여 손익에 반영시킨다는 점에서는 우수한 방법이라고 할 수 있다. 그러나 상품의 수량과 종류가 많고 거래가 빈번한 경우에는 개별상품에 대한 원가를 파악하는 것이 실무적으로 번거롭고 때로는 사실상 불가능할 수도 있다. 또한 경영자가 의도적으로 보고이익을 조작하기 위해 개별법을 악용할 소지도 있다. 예를 들면 당기에 높은 이익을 보고하고자 할 때에는 재고상품 중 의도적으로 구입가격이 낮은 상품의 순서대로 골라서 판매하려고 할 것이기 때문이다.

원가흐름가정에 따른 원가결정방법

실물흐름에 따른 재고자산 원가결정방법의 한계점 때문에 재고자산의 실물흐름에 관계없이 재고자산의 원가흐름에 대한 일정한 가정을 통하여 매출된 상품의 원가(매출원가)와 남아 있는 기말상품의 원가(재고자산)에 대한 상호관계를 파악하는 방법이 있는데, 이를 원가흐름가정(cost flow assumption)에 따른 재고자산 원가결정방법이라고 한다. 원가흐름가정에 따른 재고자산 원가결정방법에는 평균법, 선입선출법, 후입선출법 등이 있다.

평 균 법

평균법을 적용할 경우에 계속기록법하에서는 상품을 취득할 때마다 새로운 평균을 계산하는 이동평균법을, 실지재고조사법하에서는 사후적으로 총평균을 사용하는 가중평균법을 적용하게 된다.

이동평균법
상품을 취득할 때마다 재고자산의 수량과 금액을 직전까지 기록된 재고자산의 수량과 금액에 더하여 계산된 평균원가를 기말재고자산의 단가로 가정하는 방법

이동평균법(moving average method)에서는 상품을 취득할 때마다 수량 및 금액을 직전까지 기록된 재고수량 및 금액(누계기준)에 더하여 새로운 평균원가를 구

이동평균법에 의한 기말재고자산 (계속기록법下)

	이동평균법			
	수 량	단 가	금 액	
기 초 재 고(5/1)	6	@₩100	₩600	
매 입(5/10)	10	110	1,100	
재 고	16	@₩106.25	₩1,700	
매 출(5/12)	(−)12	106.25	1,275	(매출원가)
재 고	4	@₩106.25	₩425	
매 입(5/15)	10	130	1,300	
재 고	14	@₩123.21	₩1,725	
매 출(5/25)	(−)10	123.21	1,232	(매출원가)
재 고	4	@₩123.21	₩493	
매 입(5/26)	4	150	600	
기 말 재 고(5/30)	8	@₩136.63	₩1,093	

기말재고액	₩1,093
(+)매 출 원 가	2,507*
판매가능액	₩3,600**

* 5/12 매출분 ₩1,275 + 5/25 매출분 ₩1,232

** 기말재고액과 매출원가는 별도로 결정되고, 그 합계는 판매가능액과 같아진다.

하여 사용한다. 따라서 직전 매출 이후에 추가로 구입한 재고자산이 있으면 새로운 평균원가를 계산해야 한다. 새나라주식회사의 자료(〈표 9-2〉)에서 이동평균법에 의해 매출원가와 기말재고를 계산하면 〈표 9-4〉와 같다.

평균법은 특히 대량생산을 하거나 유류와 같은 동일 물질의 상품이 상호 혼합보관되는 경우에 좋은 평가방법이다. 그러나 재고자산의 구입원가가 달라질 때마다 새로운 평균원가를 계산해야 하는 번거로움이 있다.

선입선출법

선입선출법
실물흐름과 관계없이 먼저 매입된 상품이 먼저 매출된 것으로 가정하는 방법

선입선출법(first-in, first-out method : FIFO method)은 실물흐름과 관계없이 먼저 매입된 상품이 먼저 매출된 것으로 가정하는 방법이다. 따라서 기말재고자산은 가장 최근에 매입된 가격으로 표시되는 데 비하여 매출원가는 가장 오래전에 매입된 가격으로 손익계산서에 반영된다.

선입선출법은 식료품이나 의류와 같이 장기간 보관할 때 품질이 저하되거나 기능이 진부화되는 재고자산의 경우에 적합하다. 왜냐하면 이들을 재고자산

선입선출법에 의한 기말재고자산 (계속기록법下)

	판매가능상품			매 출			매출후 재고	
	수 량	단 가	금 액	일 자	수 량	금 액	수 량	금 액
기 초 재 고	6	₩100	₩600	5/12	6	₩600		
매 입(5/10)	10	110	1,100	5/12	6	660	4	₩440
	16		₩1,700		12	₩1,260	4	₩440
5/12 매출후 재고	4	₩110	₩440	5/25	4	₩440		
매 입(5/15)	10	130	1,300	5/25	6	780	4	₩520
	14		₩1,740		10	₩1,220	4	₩520
5/25 매출후 재고	4	₩130	₩520					
매 입(5/26)	4	150	600					
기 말 재 고	8		₩1,120					

기 말 재 고	₩1,120*
(+)매 출 원 가	2,480*
판매가능액	₩3,600

* 기말재고액과 매출원가는 별도로 결정되고, 그 합계는 총판매가능액과 같아진다.

선입선출법은 장기간 보관할 때 품질이 저하되거나 기능이 진부화되는 재고자산의 경우에 적합하다. 그러나 과거의 원가가 현행의 수익에 대응되어 수익과 비용 간에 균형이 이루어지지 않는다는 문제점이 있다.

으로 보유하고 있는 대부분의 기업들은 오래된 상품을 먼저 판매하려고 하는 성향이 있으므로 실물흐름과 원가흐름이 일치할 가능성이 높아지기 때문이다. 또한 선입선출법은 최근의 가격, 즉 시가나 공정가치에 근접한 기말재고자산으로 재무상태표에 표시된다는 점에서 그 타당성이 인정된다.

그러나 매출원가는 과거의 구입가격으로 표시되고 매출액은 현행의 판매가로 보고되기 때문에 과거의 원가가 현행의 수익에 대응되어 수익과 비용 간에 균형이 이루어지지 않는다는 문제점이 있다. 또한 가격이 상승하는 인플레이션 기간에는 낮은 매출원가가 계산되어 상대적으로 높은 당기순이익이 보고되는 경향이 있으므로 보수적인 회계처리 관점에서 보면 바람직하지 못하다는 비판도 제기되고 있다.

〈표 9-5〉는 계속기록법하에서 선입선출법을 가정하여 새나라주식회사의 매출원가와 기말재고액을 계산하는 과정을 보여주고 있다. 그러나 보론에서 보여주듯이 선입선출법의 경우에는 계속기록법하에서 계산된 매출원가와 기말재고액이 실지재고조사법하에서 계산된 것과 항상 동일하다. 따라서 선입선출법을 이용한 매출원가와 기말재고액은 계산과정이 복잡한 계속기록법 대신 실지재고조사법을 가정하여 계산하면 된다.

후입선출법

후입선출법
실제 물량흐름과는 관계없이 가장 최근에 매입된 상품이 먼저 매출된 것으로 가정하는 방법

후입선출법(last-in, first-out method : LIFO method)은 실제 물량흐름과는 관계없이 가장 최근에 매입된 상품이 먼저 매출된 것으로 가정하는 방법이다. 따라서 기말재고자산은 오래전에 매입된 가격으로 표시되는 데 비하여, 매출원가는 최근에 매입된 가격으로 손익계산서에 반영된다. 계속기록법을 채택하는 기업에서는 상품이 매출될 때마다 그 시점을 기준으로 당시에 보유하고 있는 상품 중 가장 최근에 매입한 상품이 판매된 것으로 간주한다.

새나라주식회사의 자료를 이용하여 계속기록법하에서 후입선출법의 매출원가와 기말재고를 계산하면 〈표 9-6〉과 같다. 이때 〈표 9-6〉에서 보는 바와 같이 5월 25일에 5월중의 마지막 판매가 이루어졌다면 5월 26일에 매입한 단가 ₩150의 상품은 5월의 매출원가 계산에 포함되지 않고, 대신 5월의 기말재고액 계산에 포함된다.

후입선출법의 형태로 실물흐름이 이루어지는 경우가 극히 드물어 국제회계

표 9-6

후입선출법에 의한 기말재고자산 (계속기록법下)

	판매가능상품			매 출			매출후 재고	
	수 량	단 가	금 액	일 자	수 량	금 액	수 량	금 액
기 초 재 고	6	₩100	₩600	5/12	2	₩200	4	₩400
매 입(5/10)	10	110	1,100	5/12	10	1,100		
	16		₩1,700		12	₩1,300	4	₩400
5/12 매출후 재고	4	₩100	₩400				4	₩400
매 입(5/15)	10	130	1,300	5/25	10	₩1,300		
	14		₩1,700		10	₩1,300	4	₩400
5/25 매출후 재고	4	₩100	₩400					
매 입(5/26)	4	150	600					
기 말 재 고	8		₩1,000					

기 말 재 고	₩1,000*
(+)매 출 원 가	2,600*
판매가능액	₩3,600

* 기말재고액과 매출원가는 별도로 결정되고, 그 합계는 총판매가능액과 같아진다.

기준에서는 자의적 사용에 따른 재무성과나 재무상태의 왜곡을 방지하고자 후입선출법을 허용하지 않고 있다. 그러나 석탄이나 건축재료 등이 야적되어 있는 경우에는 최근에 반입된 재고가 먼저 판매 혹은 사용될 가능성이 높아 재고자산의 실물흐름이 오히려 후입선출법의 가정과 더 일치할 수도 있다.

후입선출법은 구입가격이 상승할 때에는 기말재고자산이 낮은 가격으로 평가되어 기업의 재무상태 측면에서 보수적 회계처리로 인한 내실화를 기할 수 있다는 장점이 있다. 또한 수익과 비용이 모두 현행원가에 근접하게 보고됨으로써 선입선출법에 비하여 수익과 비용 간에 균형이 적절히 이루어진다는 점에서 그 논리적 타당성이 인정될 수 있다.[6] 그러나 무엇보다도 인플레이션 기간에 기업이 후입선출법을 선호하는 가장 크고 직접적인 이유는 세무상의 절세효과를 기대할 수 있다는 점 때문이다. 법인세비용은 보고된

인플레이션 기간에 기업이 후입선출법을 선호하는 가장 직접적인 이유는 세무상의 절세효과 때문이다.

6) 후입선출법은 현행 매출가격과 재고자산의 과거구입가격이 대응됨으로써 발생할 수 있는 선입선출법하의 가공이익(paper profit, phantom profit 또는 inventory profit)을 제거시킬 수 있다.

법인세비용차감전순이익을 기초로 하여 결정되므로 선입선출법보다는 후입선출법을 사용할 경우에 당기순이익을 적게 보고할 수 있으며, 따라서 기업이 실제 현금으로 납부하는 법인세액을 초기에는 그만큼 절감하게 되는 것이다.

후입선출법의 단점으로는 재고자산의 일반적인 실물흐름과는 맞지 않는 가정이라는 점과 시간이 경과할수록 재무상태표에 표시된 재고자산금액이 공정가치를 반영하지 못하게 된다는 점이다.

2. 원가결정방법의 상호비교

이제까지 설명된 원가흐름가정에 따른 세 가지의 재고자산 원가결정방법에 대하여 새나라주식회사의 예제를 기준으로 계산된 매출총이익을 〈표 9-7〉에 요약하였다.

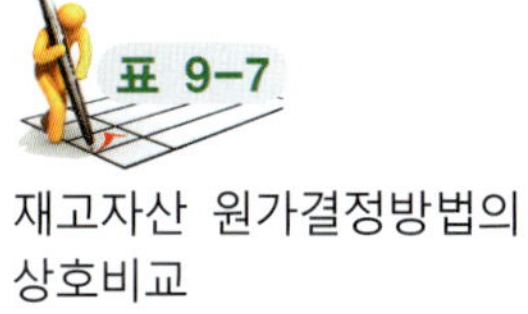

재고자산 원가결정방법의 상호비교

	재고자산원가 결정방법		
	이동평균법	선입선출법	후입선출법
매 출	₩4,400	₩4,400	₩4,400
매출원가	2,507	2,480	2,600
매출총이익	₩1,893	₩1,920	₩1,800
* 이동평균법 대비 증가(감소)이익	—	₩27	(₩93)

새나라주식회사의 경우와 같이 재고자산의 취득원가가 상승할 때 후입선출법에서 가장 작은 ₩1,800의 매출총이익을 보고하였으며, 선입선출법에서는 가장 큰 ₩1,920의 매출총이익을 보고하고 있다. 일반적으로도 세 가지 방법 중 인플레이션하에서는 후입선출법이 가장 보수적인 회계처리방법이며, 선입선출법이 가장 많은 순이익을 보고하게 된다. 평균법은 어느 극단의 경우를 취하지 않고 항시 선입선출법과 후입선출법의 범위 사이에서 순이익이 결정된다.

한편 법인세효과를 무시한다면 어떠한 재고자산 원가결정방법을 사용하든간에 그 기업의 실제 현금흐름은 항시 같다는 사실에 유의할 필요가 있다.[7] 왜냐하면 어느 방법을 택하든 현금유출액은 당기에 상품매입을 위해 실제 지출한 금액 ₩3,000이며, 현금유입액은 상품을 매출하고 그 대가로 실제 받는 금액 ₩4,400

7) 법인세를 고려하면 재고자산 원가결정방법에 따라서 현금흐름이 달라진다. 법인세비용차감전순이익이 클수록 법인세가 증가할 것이므로 선입선출법의 적용시에 법인세가 가장 크고 후입선출법 적용시에 법인세가 가장 작다.

기업의 경제적 실질은 동일하나 어떠한 원가흐름을 가정하느냐에 따라 그 기업의 보고이익은 서로 다를 수 있다.

뿐이기 때문이다. 즉 기업의 실제 현금흐름 및 경제적 실질은 동일하나 회계담당자가 어떠한 원가흐름을 가정하느냐에 따라 그 기업의 보고이익은 서로 다를 수 있다는 것이다. 따라서 정보이용자는 기업이 보고한 이익에 대하여 그 질(quality)을 평가하고 그에 맞게 해석할 필요가 있는 것이다.

재무상태표에는 재고자산 금액이 선입선출법에서는 ₩1,120, 후입선출법에서는 ₩1,000으로 표시된다. 재고자산 가격이 지속적으로 상승할 때에는 선입선출법으로 재고자산의 원가를 결정하는 방법이 재고자산 장부금액을 가장 크게, 후입선출법이 가장 작게 표시한다. 왜냐하면 선입선출법은 먼저 구입한 재고자산부터 판매한다고 가정하므로 낮은 가격으로 먼저 구입된 재고자산이 더 일찍 판매되고 높은 가격으로 나중에 구입된 재고자산이 기말재고자산으로 남게 되기 때문이다. 기말재고자산이 비교적 가장 최근의 구입가격으로 표시되기 때문에 선입선출법 하에서는 기말재고자산이 공정가치(fair value)에 가장 가깝게 평가되는 장점이 있다. 이에 반하여 후입선출법은 재고자산 가격이 상승하는 경우에는 재고자산 금액이 가장 보수적으로 표시되는 한계점이 있다. 이는 재고자산 금액이 과거의 낮은 단가로 구입한 재고자산으로 결정되기 때문이다.

재고자산의 원가결정방법이 매출원가, 당기순이익 및 기말재고자산에 미치는 영향을 〈표 9-8〉에 비교하였다.

재고자산 원가결정방법과 매출원가
(기말재고자산 : 구입가격 상승시)

원가결정방법	매출원가	당기순이익	기말재고자산
선입선출법(FIFO)	작다	크다	크다
평균법(Average Method)	중간	중간	중간
후입선출법(LIFO)	크다	작다	작다

결국 회계의 기본목적은 재무정보이용자의 의사결정에 도움이 될 수 있는 정보를 제공하는 데 있으므로, 어떠한 방법이 그 기업의 경제적 실질을 가장 충실하게 대변해 줄 수 있고 또한 이용자 의사결정에 도움이 될 수 있을 것인가를 전문적인 지식과 합리적인 판단에 따라 결정해야 할 것이다.

3. 재고자산의 원가추정방법

지금까지 살펴본 개별법, 평균법, 선입선출법, 후입선출법은 재고자산의 실제 취득원가를 이용해서 원가를 결정하는 방법이었다. 그런데 기업은 필요에 따라서 재고자산을 취득원가를 기준으로 평가하는 대신에 임시로 추정원가를 사용하는 경우가 있다. 재고자산을 추정에 의해서 계산하는 것이 편리한 업종은 백화점이나 슈퍼마켓과 같이 상품의 종류가 많고 가격이 다양하며, 판매가격(정찰가격표시)을 기준으로 재고자산을 보관·관리하는 것이 일상화되어 있는 업종이다. 그리고 기업에서 약식으로 중간재무결과를 추정하거나 또는 기타 목적상 임시적으로 재무제표를 작성해야 할 경우, 이 시점에서 원가를 기준으로 재고실사를 하는 것보다는 판매가격을 기준으로 재고자산 원가를 역추정하는 것이 바람직할 때가 있다. 또한 화재보험 등에 가입하기 위하여 개략적인 기말재고액을 파악하거나 재해발생으로 재고자산이 소실되어 실사가 불가능한 경우 보험청구를 위해 재고손실액을 산정할 수도 있다. 이때 주로 사용되는 방법으로 소매재고법과 매출총이익법이 있다.8)

임시목적의 재무제표를 작성해야 할 경우, 재고실사보다는 추정의 방법이 더 효율적일 때가 있다.

회계기준에서는 원가율이 유사하고 품종이 다양한 상품을 주로 매출가격기준으로 보관·관리하는 유통업체에서 다른 원가추정방법을 사용하기 어려운 경우에는 정규 재무보고목적으로 소매재고법의 사용을 허용하고 있다.

소매재고법

소매업을 전문으로 하는 백화점이나 슈퍼마켓과 같은 유통업의 경우 재고자산을 정찰판매가기준으로 관리하는 경우가 많기 때문에 모든 기말재고를 원가기준으로 파악하는 것이 오히려 더 번거로울 수가 있다. 대부분 이러한 유형의 기업은 개별상품에 정찰가격표를 미리 붙여 창고에 보관하고 매장에 진열하고 있으며, 기업의 장부에는 구입한 상품의 매입원가 이외에도 여기에 일정률을 가산하여 미리 결정한 매출(소매)가격을 동시에 표시하고 있다.

따라서 이러한 기업은 전기에 계산된 매출가격기준 기초재고자산에 매출가격기준 당기매입액을 가산하여 매출가격기준의 판매가능액을 파악하고 이로부터

8) 회계기준에서 원가추정방법의 하나로 인용되는 매출총이익법은 재무보고 목적으로 허용하지 않는다. 매출총이익법은 과거의 평균매출총이익률 등을 기초로 하여 먼저 당기의 매출원가를 추정한 후 추정매출원가로부터 기말재고자산금액을 역산하는 방법이다. 즉 당기의 매출액에서 추정매출총이익을 차감한 금액이 추정매출원가가 된다. 추정매출원가가 계산되면 이를 당기의 판매가능액(기초재고자산+당기매입액)으로부터 차감하여 기말재고자산금액을 산출한다.

매출가격기준의 매출원가에 해당하는 당기의 매출액을 차감함으로써 매출가격기준의 기말재고자산을 파악할 수 있다.

이와 같이 매출가격으로 파악된 기말재고자산에 원가율을 곱함으로써 원가기준의 기말재고자산을 계산할 수 있는데, 이러한 방법을 소매재고법(retail inventory method) 또는 매출가격환원법이라 한다. 이때 원가율(cost-to-retail ratio)은 원가기준 판매가능액을 매출(소매)가격기준 판매가능액으로 나누어 계산한다.

소매재고법
매출가격으로 파악된 기말재고자산에 원가율을 곱함으로써 원가기준의 기말재고자산을 계산하는 방법

소매재고법에 의해 기말재고를 산출하는 절차를 요약하면 〈표 9-9〉와 같다.

소매재고법의 기말재고자산 산출공식

원가기준 기말재고자산 = 매출가격기준 기말재고자산 × 원가율

단, 매출가격기준 기말재고자산 = 매출가격기준 판매가능액 − 당기매출액

$$원가율 = \frac{원가기준\ 판매가능액}{매출가격기준\ 판매가능액}$$

또한 기업은 실사를 통해 기말재고를 개별상품에 부착된 정찰가격표에 의해 매출가격기준으로 파악하고 여기에 단순히 원가율을 곱함으로써 기말재고를 원가기준으로 파악할 수 있다. 이 경우 기말재고의 취득원가를 일일이 조사하지 않고 기말재고의 정찰가격만 파악하면 되기 때문에 많은 시간과 노력을 줄일 수 있다는 것이 소매재고법의 특징이다.

원가율이 70%로 계산된 만물백화점의 [예제 9-2]를 통하여 매출가격기준 기말재고자산이 ₩300,000이었을 경우 원가기준 기말재고자산이 ₩210,000으로 산출되는 과정을 살펴보기로 한다.

예제 9-2 소매재고법에 의한 기말재고자산 평가

소매재고법을 사용하고 있는 만물백화점의 5월중 재고자산 관련자료는 다음과 같다.

	원가기준	매출가격기준
기초재고자산	₩140,000	₩220,000
당기매입액	700,000	980,000
판매가능액	₩840,000	₩1,200,000

이 경우 만물백화점의 5월중 원가율은 다음과 같이 산출된다.

$$원가율 = \frac{₩840,000}{₩1,200,000} = 70\%$$

당기의 매출액이 ₩900,000이라고 할 때 원가기준의 기말재고자산은 다음과 같이 추정된다.

매출가격기준 기말재고자산 = 매출가격기준 판매가능액 − 당기매출액
= (₩220,000 + ₩980,000) − ₩900,000 = ₩300,000

원가기준 기말재고자산 = 매출가격기준 기말재고자산 × 원가율
= ₩300,000 × 0.7 = ₩210,000

04 재고자산의 평가와 오류수정

OBJECTIVES

- 재고자산의 저가평가는 왜 필요한가?
- 재고자산의 오류는 당기순이익에 어떤 영향을 주는가?

1. 저가평가

이제까지 설명된 재고자산의 수량 및 단가 결정방법에 따라 평가된 기말재고자산은 어느 방법을 선택하든간에 취득원가로 표시된다. 그러나 만약 회계기말에 재무제표를 작성하는 시점에서 재고자산의 순실현가능가치가 취득원가보다 하락했을 경우에는 순실현가능가치를 기준으로 재고자산을 다시 평가해야 한다. 재고자산은 물리적으로 손상되거나 진부화될 수도 있고 판매가격이 하락할 수도 있다. 순실현가능가치(net realizable value)는 재고자산의 추정판매가격에서 판매시까지 정상적으로 발생하는 추정판매비용을 차감한 금액이다.[9)]

	추정판매가격
−	추정판매부대원가
	순실현가능가치

순실현가능가치 = 추정판매가격 − 추정판매부대원가

이렇게 취득원가와 순실현가능가치 중 낮은 금액으로 재고자산을 평가하는 방법을 저가기준(lower of cost or market : LCM)이라 하는데, 보수적 회계처리가 적용되는 대표적인 예라 할 수 있다.[10)] 순실현가능가치와 취득원가의 차액은 재고자산평가손실(loss from decline in value of inventory)로서 손익계산서에 당기비용으로

저가기준
취득원가와 순실현가능가치 중 낮은 금액으로 재고자산을 평가하는 방법

9) 제조업에 종사하는 기업의 재고자산은 순실현가능가치를 재고자산의 추정판매가격에서 예상 추가완성원가와 판매비용을 차감하여 계산한다.
10) 제10장과 제11장에서 각각 설명하는 유형자산과 투자자산의 손상차손도 저가기준 평가와 동일한 개념이다.

처리하고, 재무상태표의 재고자산은 순실현가능가치까지 감액시킨다.[11] 이때 기업은 일반적으로 평가계정의 일종인 재고자산평가충당금계정(allowance to reduce inventory to market)을 사용하여 대변기입하고, 이를 재무상태표에서 재고자산의 차감계정으로 표시한다.

저가기준 = Min(취득원가, 순실현가능가치)

예제 9-3 저가기준에 의한 재고자산평가방법

신나주식회사는 선입선출법으로 기말재고자산의 원가를 평가한 결과 ₩1,120으로 판명되었다. 한편, 동 재고자산과 유사한 기능을 가진 신제품이 최근에 저렴한 가격으로 개발되어 시판됨에 따라 기말시점에서 동 재고자산의 판매가격이 ₩750으로 하락하게 되었다. 제품의 추정판매비는 ₩30이다. 이 경우 신나주식회사가 저가기준으로 재고자산을 평가하면 다음과 같은 회계처리를 하게 된다.

(차) 재고자산평가손실	400*	(대) 재고자산평가충당금	400

* 순실현가능가치 = ₩750 − ₩30 = ₩720
재고자산평가손실 = ₩1,120 − ₩720 = ₩400

이때 재무상태표에 기말재고자산은 다음과 같이 표시된다.

재 고 자 산	1,120	
재고자산평가충당금	(400)	720

재고자산은 매 회계기간말에 순실현가능가치를 검토한다. 만약 후속기간에도 순실현가능가치를 평가하여 장부금액이 순실현가능가치보다 높다면 그 차액을 재고자산평가손실로 인식해야 한다.

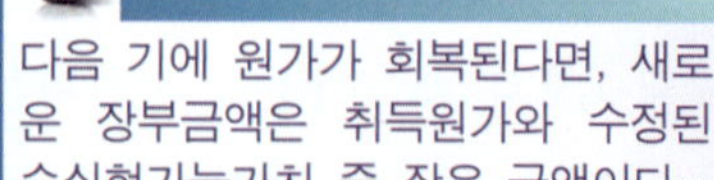

다음 기에 원가가 회복된다면, 새로운 장부금액은 취득원가와 수정된 순실현가능가치 중 작은 금액이다.

한편 재고자산의 감액을 초래했던 상황이 다음 기말에 해소되거나 경제상황의 변동으로 순실현가능가치가 상승했다면 장부의 재고자산평가충당금을 초과하지 않는 범위 내에서 평가손실을 환입한다. 그 결과 새로운 장부금액은 취득원가와 수정된 순실현가능가치 중 작은 금액으로 표시된다.

재고자산의 저가평가는 재고자산 항목별로 적용하는 것이 원칙이다. 그러나 경우에 따라서는 서로 유사하거나 관련 있는 재고자산 항목들을 통합하여 그룹

11) 정상적인 영업활동과정에서 발생하는 재고자산평가손실은 당기의 매출원가에 가산하는 방법으로 비용처리한다.

별로 적용하는 것이 적절할 수 있다. 예를 들면 유사한 목적 또는 용도를 갖고, 동일한 지역에서 생산 판매되며, 실무적으로 동일한 제품군으로 간주하는 재고자산들이다. 하지만 종류가 다른 모든 재고자산을 통합하여 한꺼번에 저가평가하는 총계기준은 허용되지 않는다.

2. 재고자산의 오류

재고자산의 회계처리에 오류가 발생하면 이는 해당 회계연도뿐만 아니라 다음 회계연도에도 영향을 미친다. 우선 기말재고자산의 계산과정에서 오류가 발생하면 이는 해당 연도 재무상태표의 유동자산 및 자본(이익잉여금)에 영향을 미치며 동시에 손익계산서의 매출원가, 매출총이익 및 당기순이익에 영향을 미친다. 또한 당기의 기말재고자산은 차기의 기초재고자산이 되기 때문에 다음 연도에는 동일한 금액만큼 반대방향으로 영향을 미치게 된다.

재고자산의 오류에 관한 예를 설명하기 위해서 〈표 9-10〉에서 매출원가를 (기초재고액+당기매입액−기말재고액)으로 세분하여 보여주고 있다. 이 표에서 제1기에 기말재고자산이 ₩10,000만큼 과대계상되었을 때 그 오류는 제1기 및 제2기의 매출원가 계산에 영향을 미친다.

〈표 9-10〉에서 제1기의 기말재고자산이 ₩130,000에서 ₩140,000으로 잘못 계산됨에 따라 매출원가가 ₩10,000만큼 과소계상되어 매출총이익(당기순이익)이 ₩10,000만큼 과대계상되었다. 이 경우 제2기에는 기초재고자산이 ₩10,000만큼 과대계상된 결과로서 동 기간의 매출원가는 ₩10,000만큼 과대계상되었고 매출총

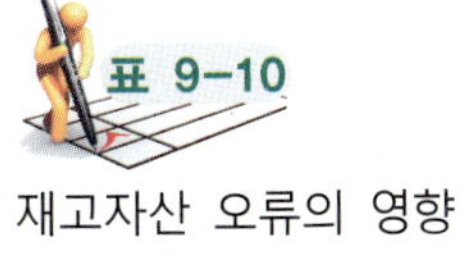

재고자산 오류의 영향

(단위 : 천원)

	정확한 경우				오류의 경우			
	제 1 기		제 2 기		제 1 기		제 2 기	
매 출 액		₩800		₩1,000		₩800		₩1,000
매 출 원 가 :								
기초재고액	₩200		₩130		₩200		₩140	
당기매입액	500		660		500		660	
기말재고액	(130)	570	(100)	690	(140)	560	(100)	700
매출총이익		₩230		₩310		₩240		₩300
과대(과소)계상액						+10		−10

표 9-11

재고자산오류와 매출원가 및 당기순이익의 관계

	이번 회계연도		다음 회계연도	
	매출원가	순이익	매출원가	순이익
재고자산 과대평가	과소평가	과대평가	과대평가	과소평가
재고자산 과소평가	과대평가	과소평가	과소평가	과대평가

이익(당기순이익)은 ₩10,000만큼 과소계상되는 결과를 초래하게 된다. 따라서 두 회계기간을 모두 종합해 보면 손익계산서의 당기순이익 합계액에 미치는 오류효과는 자동적으로 상쇄된다. 그리고 제2기말 재무상태표의 기말재고자산과 이익잉여금은 정확한 금액으로 표시된다.[12] 이와 같이 제1기의 순이익에 반영된 오류가 제2기의 순이익에 반대방향으로 영향을 미치게 되어 서로 상쇄시키는 결과를 가져오는 유형의 오류를 자동조정오류(counter-balancing error) 또는 자동상쇄오류라고 한다.

자동조정오류
제1기의 순이익에 반영된 오류가 제2기의 순이익에 반대방향으로 영향을 미치게 되어 서로 상쇄시키는 결과를 가져오는 유형의 오류

자동조정오류는 2개 연도에 걸쳐 그 오류가 상쇄되어 2차연도말 기준으로는 재무상태표의 재고자산과 이익잉여금이 자동으로 바르게 표시되므로 별 문제가 되지 않는다는 생각은 옳지 않다. 왜냐하면 회계담당자는 순이익을 기간별로 적정하게 평가하고 보고해야 할 의무가 있기 때문이다. 경영자, 투자자 및 채권자와 같은 많은 정보이용자들은 해당 기간의 순이익에 관한 정보를 중요시하고 있으며, 또한 과거의 기간별 순이익에 대한 추세분석을 통하여 의사결정을 하는 경우가 많기 때문이다. 비록 오류가 상쇄된 후의 재무상태는 다음 기말시점에서 정확하게 표시된다 할지라도 특정 기간의 재고자산에 오류가 발생하면 2개 연도의 기간별 순이익에 관한 추세분석을 왜곡시키는 결과를 초래하게 된다.

자동조정오류라 할지라도 특정 기간의 재고자산에 오류가 발생하면 2개 연도의 기간별 순이익에 관한 추세분석을 왜곡시키는 결과를 초래하게 된다.

12) 제2기말 재무상태표의 이익잉여금은 제1기와 제2기의 당기순이익을 합한 것이므로 제1기 당기순이익의 과대계상액은 제2기 당기순이익의 과소계상액과 서로 상쇄된다.

이 장의 요약

- 누구의 재고자산으로 기록해야 하는가?
  - 누구의 재고자산에 포함되어야 하느냐의 여부는 원칙적으로 누가 재고자산에 대한 법적 소유권과 통제권을 갖고 있으며, 더 궁극적으로는 누가 자산의 보유에 따른 경제적 효익과 위험을 부담하고 있느냐를 기준으로 결정한다.
  - 미착상품은 판매조건이 FOB일 경우에는 구매자의 재고자산이고 DAP일 경우에는 판매자의 재고자산으로 기록한다.
  - 위탁상품은 수탁자가 소비자에게 상품을 판매하기 전까지는 위탁자의 재고자산으로, 시용품은 소비자가 매입의사를 표시하기 전까지는 판매자의 재고자산으로 기록한다.
  - 할부판매상품은 판매시점에 판매자의 재고자산에서 제거한다.

- 재고자산의 취득원가는 어떻게 결정하는가?
  - 재고자산의 취득원가는 매입 또는 제조하기 위하여 지출된 대가와 판매 또는 제조가능한 장소와 상태로 이르게 하는 데 발생한 모든 부대원가를 포함한다.
  - 상품매매회사의 경우 매입가격뿐만 아니라 모든 매입부대원가, 즉 매입상품과 관련된 운반, 취급, 보관을 위한 지출비용 및 관세, 세금, 보험료 등도 포함하여 결정된다.

- 재고자산의 구입가격이 서로 다를 때 매출원가와 기말재고자산 금액을 어떻게 결정하는가?
  - 실물흐름에 근거하여 실제 매출된 상품의 취득원가는 매출원가로, 기말에 남아 있는 상품의 취득원가는 기말재고자산으로 기록하는 것(개별법)이 가장 이상적이다.
  - 그러나 상품의 종류와 수량이 많고 매입 및 매출 거래가 빈번한 경우 개별법 사용은 거의 불가능하며, 따라서 실무에서는 주로 원가흐름을 가정한 방법을 사용한다.
  - 선입선출법(후입선출법)은 먼저(나중에) 매입된 상품이 먼저 매출된 것으로 가정하여 매출원가와 기말재고자산의 금액을 결정하며, 평균법은 가중평균단가를 계산하여 매출원가와 기말재고자산의 금액을 결정한다.
  - 한편 상품의 종류가 많고 가격이 다양하며 판매가격을 기준으로 재고자산을 관리하는 것이 일상화되어 있는 소매업의 경우 매출가격기준으로 기말재고자산을 파악한 후 기말재고자산과 매출원가를 추정하는 소매재고법을 사용할 수 있다.

- 재고자산의 저가평가는 왜 필요한가?
  - 재고자산이 물리적으로 손상·진부화되거나 판매가격 하락 등 여러 가지 이유로 순실현가능가치가 취득원가보다 낮아질 수 있다. 이때 재무상태표상의 취득원가를 순실현가능가치로 감액시키지 않는다면 재고자산이 과대평가될 것이다.
  - 따라서 재고자산의 저가평가는 수익과 자산을 과대평가되지 않도록 하는 보수적 회계처리와 일관된다.

• 재고자산의 오류는 당기순이익에 어떤 영향을 주는가?
  – 기말재고자산의 과대평가는 당기 매출원가의 과소평가, 당기순이익의 과대평가로 연결된다.
  – 아울러 차기 기초재고자산의 과대평가, 차기 매출원가의 과대평가, 차기 순이익의 과소평가로 연결된다.
  – 순이익의 당기 과대계상분과 차기 과소계상분은 상쇄되어 차기말 이익잉여금은 바르게 표시된다.

• 계속기록법과 실지재고조사법의 차이는 무엇인가?
  – 계속기록법은 계속적인 구매 및 매출원가 기록을 통해 장부상의 재고자산 금액과 수량을 언제든지 파악할 수 있는 방법이며, 따라서 재고자산에 대한 정확하고 적시성 있는 정보를 제공한다. 회계기말에 실제 재고조사를 병행 실시하면 재고자산감모손실을 파악할 수 있다.
  – 실지재고조사법은 회계기말에 실제 재고자산을 조사하여 기말재고자산을 확정하고 이를 근거로 매출원가를 계산하는 방법이다. 장부상 기말재고자산을 알 수 없으므로 재고자산감모손실이 얼마인지 파악할 수 없고, 재고자산감모손실은 자동적으로 매출원가의 일부로 산입된다.
  – 개별법과 선입선출법의 경우 계속기록법과 실지재고조사법하에서 산출되는 매출원가와 기말재고자산 금액은 동일하다. 반면 후입선출법과 평균법의 경우 계속기록법과 실지재고조사법하에서 산출되는 매출원가와 기말재고자산 금액은 다를 수 있다.

실지재고조사법에 의한 회계처리

OBJECTIVES

- 계속기록법과 실지재고조사법의 차이는 무엇인가?

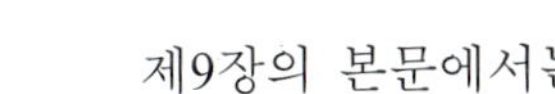

1. 실지재고조사법의 회계처리

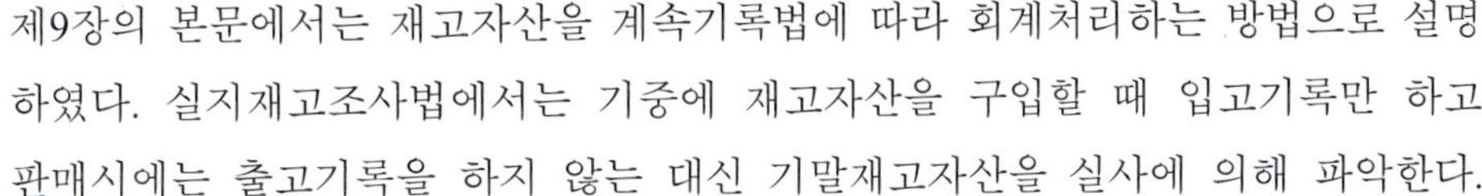

제9장의 본문에서는 재고자산을 계속기록법에 따라 회계처리하는 방법으로 설명하였다. 실지재고조사법에서는 기중에 재고자산을 구입할 때 입고기록만 하고 판매시에는 출고기록을 하지 않는 대신 기말재고자산을 실사에 의해 파악한다. 따라서 이러한 실지재고조사법은 상대적으로 단위당 원가가 작고 입고 및 출고가 빈번한 상품을 취급하는 작은 회사, 예를 들면 소규모의 도·소매상의 경우에 적절한 방법이다. 그러나 실지재고조사법은 회계기말에 재고자산의 실제 재고액을 조사하므로 재고자산 계정잔액과 매출원가를 수시로 파악할 수 없다는 단점이 있다.

실지재고조사법은 회계기말에 재고자산의 실제 재고액을 조사하므로 재고자산 계정잔액과 매출원가를 기중에 수시로 파악할 수 없다.

기업이 실지재고조사법(periodic inventory system)을 채택하고 있는 경우에는 회계기말에 기업이 보유하고 있는 재고자산을 일괄적으로 실사(實査)하고 수량을 파악한 후 수량에 단가를 곱하여 재무상태표의 기말재고자산으로 보고한다. 그리고 이를 통하여 당기의 매출원가를 다음과 같이 역산한다.

〈계산공식〉	매출원가	=	기초재고액	+	당기매입액	−	기말재고액
〈정보원천〉			(전기말 장부)		(매입관련 계정들)		(실사)

위 식에서 기초재고액은 전기말의 장부(혹은 수정전시산표)에서 확인되고, 당기매입액은 매입관련 계정들로부터 파악되며, 기말재고는 회계기말 실사에 의해 결정된 금액을 이용한다.

[예제 9-4]를 통하여 실지재고조사법에 의한 회계처리를 살펴보기로 하자.[13]

13) 제5장의 보론 1 에서 이미 설명되었지만 회계처리의 복잡성 및 내용의 중요성을 고려하여 이 부분만을 다시 설명하기로 한다. 단, 매출원가계정을 별도로 설정하는 경우를 가정한다.

예제 9-4 실지재고조사법하의 회계처리

하나상사의 5월중 상품의 매입 및 매출과 관련된 자료는 다음과 같다.

	수 량	단 가	금 액
기초재고	6	₩120	₩720
당기매입	24	120	2,880
당기매출	22	200(판매가)	4,400
기말재고*	8	120	960

* 기말에 실지재고조사를 통하여 파악된 금액이다.

하나상사가 실지재고조사법을 사용하고 기말결산시 매출원가계정을 설정하여 매출원가를 계상하는 경우에 어떠한 회계처리를 하게 되는지를 각 단계별로 살펴보면 다음과 같다.

1. 상품매입시

(차) 매 입	2,880	(대) 현 금	2,880

2. 상품매출시

〈매 출〉

(차) 현 금	4,400	(대) 매 출	4,400

〈매출원가〉

— 분개 없음 —

3. 기말결산시의 수정분개

(분개 ①) 기초재고자산을 매출원가계정으로 대체(매출원가 증가)

(차) 매 출 원 가	720	(대) 재 고 자 산(기초)	720

(분개 ②) 기말재고자산을 매출원가계정으로 대체(매출원가 감소)

(차) 재 고 자 산(기말)	960	(대) 매 출 원 가	960

(분개 ③) 매입계정을 매출원가계정으로 대체(매출원가 증가)

(차) 매 출 원 가	2,880	(대) 매 입	2,880

* (분개 ①)부터 (분개 ③)까지 전기하면 매출원가계정의 차변잔액 ₩2,640이 산출된다.

4. 장부마감시

(차) 집 합 손 익	2,640	(대) 매 출 원 가	2,640

[예제 9-4]에서 기초재고액은 ₩720이고, 당기매입액은 ₩2,880이며 기말재고액은 ₩960이므로 당기의 매출원가는 ₩2,640(기초재고액+당기매입액−기말재고액)

으로 계산된다.

실지재고조사법에서는 상품의 매입시 차변에 재고자산이나 상품계정 대신 매입계정을 사용한다는 점에 유의할 필요가 있다. 매입계정은 엄밀히 말하면 자산계정이나 손익계정이 아니며, 매출원가 계산을 위해 설정된 임시계정으로서 기말수정분개를 거치고 나면 그 계정잔액은 ₩0이 된다.

실지재고조사법하에서는 기말결산시 매출원가를 [예제 9-4]와 같은 수정분개를 통하여 계산한다. 이 기말수정분개는 복잡하게 보일 수도 있으나, 그 원리를 이해하면 간단하다. 재고자산과 관련한 기말수정분개의 목표는 ① 실사에 의해 파악된 기말재고를 재무상태표에 재고자산으로 계상하고, ② 매출원가를 계산하여 손익계산서의 당기비용으로 처리하는 것이다.

우선 목표 ①과 관련하여 다음의 (분개 ①)과 (분개 ②)를 실시해야 한다.

(분개 ①)	재고자산계정에 있는 장부의 기초재고자산을 제거시키기 위한, 즉 잔액을 ₩0으로 만들기 위해서 아래와 같은 분개가 필요하다.			
	(차) 매 출 원 가	720	(대) 재 고 자 산(기초)	720

실지재고조사법에서는 상품의 매입이나 매출시 재고자산계정에 가깁분개를 하지 않으므로 수정전시산표에 나타나는 재고자산계정은 기초재고자산액으로 표시되어 있다. 이를 실사에 의해 파악된 기말재고자산으로 대체하기 위하여 대변에 재고자산계정을 기록하여 우선 재고자산계정(기초)을 ₩0으로 만드는 분개가 필요한 것이다. 한편 기초재고자산은 당기의 매출원가를 계산하는 데 필요하므로 차변에는 매출원가계정을 기록하여 대체한다(매입계정 혹은 집합손익계정으로 대체할 수도 있다). 〈표 9-12〉의 재고자산계정과 매출원가계정에서 (1)을 참고하면 된다.

(분개 ②)	실사에 의해 파악된 기말재고자산을 재무상태표에 자산으로 표시하기 위해서 아래와 같은 분개가 필요하다.			
	(차) 재 고 자 산(기말)	960	(대) 매 출 원 가	960

(분개 ①)에 의해 재고자산의 재무상태표 계정잔액은 ₩0이 되었으므로 이제는 (분개 ②)를 통하여 실사에서 파악된 실지재고조사액을 재무상태표의 기말재고자산으로 계상하는 것이다. 기말재고자산은 또한 당기의 매출원가를 계산하는 데

필요하므로 (분개 ①)과 마찬가지로 대변에는 매출원가계정을 사용하여 대체한다. 〈표 9-12〉의 재고자산계정과 매출원가계정의 (2)에서 이를 확인할 수 있다.

이상의 (분개 ①)과 (분개 ②)가 완료되면 기말재무상태표에 표시되는 재고자산계정은 실사에 의해 파악된 기말재고자산으로 대체된다.

다음 단계로서 손익계산서에 매출원가를 계상하기 위한 목표 ②와 관련하여 (분개 ③)을 실시한다.

(분개 ③)	임시계정인 매입계정을 제거하여 잔액을 ₩0으로 만들고, 이를 매출원가계정으로 대체시키는 아래와 같은 분개가 필요하다.			
	(차) 매 출 원 가	2,880	(대) 매 입	2,880

이상과 같이 (분개 ③)을 완료하면 매출원가계정에서는 차변에 잔액이 생기는데 이 잔액 ₩2,640이 바로 매출원가이다. 이 잔액은 매출원가계정에서 「기초재고+당기매입－기말재고」의 공식에 의해 계산되는 매출원가와 동일하다.[14] 〈표 9-12〉의 (3)에서 확인할 수 있다.

이상의 세 가지 분개를 거치면 매입계정, 재고자산계정, 매출원가계정은 각각 〈표 9-12〉와 같이 표시될 것이다.

재고자산계정의 기말수정분개

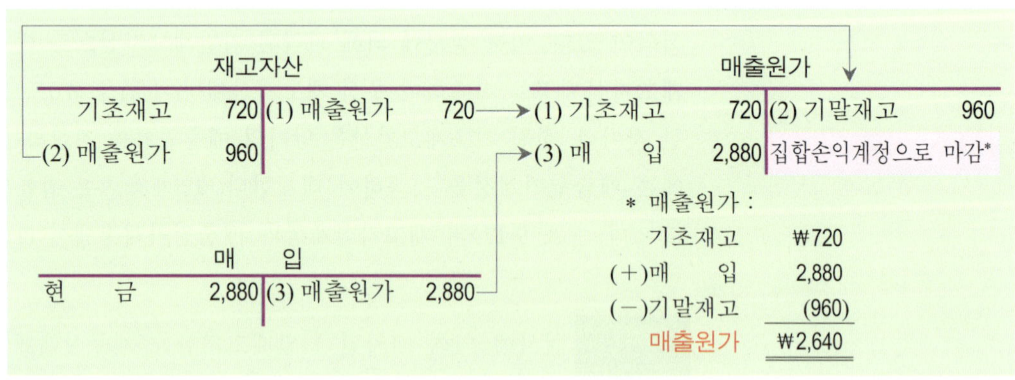

실지재고조사법만을 사용하는 기업의 경우에는 기말재고의 실사에서 파악된 수량이 재무상태표에 보고되고 판매가능액과의 차이는 역산하여 모두 매출원가에 계상되므로 재고자산감모손실은 자동적으로 매출원가의 일부로 산입된다. 반면에

14) 당기순이익을 계산하고 장부를 마감하기 위해서는 모든 수익 및 비용계정들을 집합손익계정으로 대체하는 마감분개가 최종적으로 필요하다. 마감분개에서는 (분개 ①, ②, ③)을 통해 계산된 매출원가가 집합손익계정으로 대체될 것이다.

계속기록법만을 사용하고 실제로 재고조사를 하지 않는다면 감모손실이 확인되지 않으므로 그 손실이 재무제표에 반영되지 않을 것이다. 이렇게 되면 재무상태표에는 기말재고자산이 감모손실만큼 과대계상되며, 손익계산서에는 당기순이익이 확인되지 않은 감모손실만큼 과대계상되는 결과를 초래할 것이다.

예제 9-5 실지재고조사법과 계속기록법의 회계처리 비교

하나상사에서는 5월중 상품의 매입 및 매출과 관련하여 다음과 같은 자료가 발생되었다.

	수 량	단 가	금 액
기초재고(5/1)	6개	₩120(구입가)	₩720
당기매입	24개	120(구입가)	2,880
당기매출	22개	200(판매가)	4,400

하나상사가 실지재고조사법을 사용하는 경우와 계속기록법을 사용하는 경우에 어떠한 회계처리를 하게 되는지를 각 단계별로 비교해보면 다음과 같다.

실지재고조사법			계속기록법		
1. 상품매입 : 매 입	2,880		재 고 자 산	2,880	
현 금		2,880	현 금		2,880
2. 상품매출 : 현 금	4,400		현 금	4,400	
매 출		4,400	매 출		4,400
〈매출원가〉 - 분개 없음 -			매 출 원 가	2,640	
			재 고 자 산		2,640
3. 기말결산 :					
1) 기말재고가 ₩960으로 확인된 경우 :					
① 매 출 원 가	720				
재 고 자 산(기초)		720			
② 재 고 자 산(기말)	960		- 기말수정분개 없음 -		
매 출 원 가		960			
③ 매 출 원 가	2,880				
매 입		2,880			
* 매출원가는 ₩2,640(=₩720+2,880−960)이 됨.					
2) 기말재고가 ₩840으로 확인된 경우 :					
① 매 출 원 가	720				
재 고 자 산(기초)		720	매 출 원 가	120	
② 재 고 자 산(기말)	840		(재고자산감모손실)		
매 출 원 가		840	재 고 자 산		120
③ 매 출 원 가	2,880				
매 입		2,880			
* 매출원가는 ₩2,760(=₩720+2,880−840)이 됨.					

2. 실지재고조사법하에서 기말재고액 및 매출원가의 결정

실지재고조사법을 사용할 경우에도 재고자산의 매입단가가 변동하면 기말재고액과 매출원가를 결정하기 위하여 재고자산 원가결정방법 중 하나를 선택하지 않으면 안 된다.

개 별 법

개별법의 경우에는 실지재고조사법에 의해서 산출되는 기말재고액과 당기의 매출원가는 계속기록법과 항상 동일하게 계산된다. 왜냐하면 어느 방법에서나 실물흐름을 기준으로 계산하기 때문이다.

평 균 법

실지재고조사법하에서 평균법을 적용할 경우에는 회계기간중 판매가능액을 수량으로 나누어 계산된 평균단가를 기말재고자산의 단가로 가정하는 가중평균법(weighted average cost method) 또는 총평균법을 적용하게 된다.

새나라주식회사의 예제에서는 〈표 9-13〉에서 보는 바와 같이 판매가능액이 ₩3,600이고 판매가능 재고자산의 수량이 30개이므로 가중평균단가가 ₩3,600/30인 ₩120으로 계산되었으며, 따라서 기말재고액은 ₩960(=₩120×8)으로 평가된다.

가중평균법에 의한 기말재고자산 (실지재고조사법下)

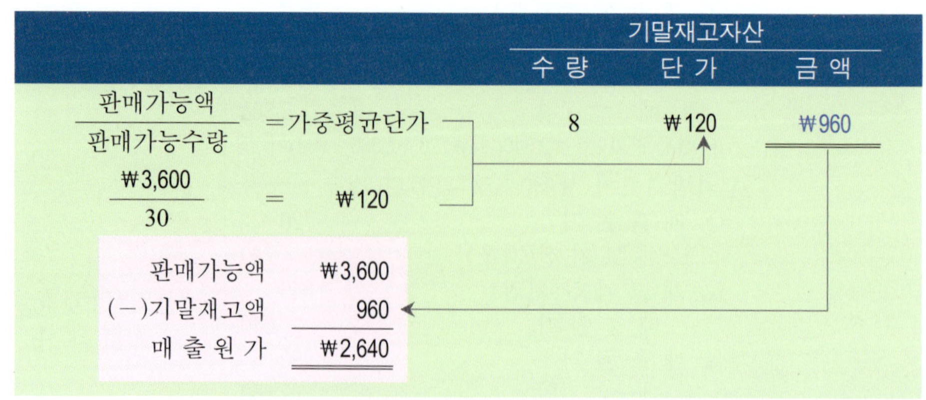

가중평균법은 계산이 매우 단순하여 실무적으로 적용하기 편리한 방법이다.

가중평균법은 계산이 매우 단순하여 실무적으로 적용하기 편리한 방법이다.

그러나 회계기말에 한 번만 해당 회계연도 전체 기간의 가중평균단가를 계산하기 때문에 기말 이외의 시점에서는 재고자산의 원가를 알 수 없다는 단점을 가지고 있다.

선입선출법

선입선출법의 경우에는 계속기록법이나 실지재고조사법의 사용여부에 관계없이 기말재고액과 당기의 매출원가는 항상 동일하게 계산된다. 왜냐하면 어느 방법에서든지 가장 먼저 구입한 상품이 먼저 판매된 것으로 가정되므로 두 방법 모두 가장 최근에 매입한 상품의 순서대로 기말재고로 남아 있기 때문이다. 선입선출법을 가정하여 새나라주식회사의 5월말 기말재고자산을 계산하면 〈표 9-14〉와 같다.

선입선출법에 의한 기말재고자산 (실지재고조사법下)

	판매가능상품			판 매	기말재고자산		
	수 량	단 가	금 액	수 량	수 량	단 가	금 액
기 초 재 고	6	₩100	₩600	6			
매 입 : 5/10	10	110	1,100	10			
5/15	10	130	1,300	6	4	₩130	₩520
5/26	4	150	600	–	4	150	600
	30		₩3,600	22	8		₩1,120

판매가능액	₩3,600
(−)기말재고액	1,120
매 출 원 가	₩2,480

후입선출법

후입선출법
실제 물량흐름과는 관계없이 가장 최근에 매입된 상품이 먼저 매출된 것으로 가정하는 방법

후입선출법(last-in, first-out method : LIFO method)은 실제 물량흐름과는 관계없이 가장 최근에 매입된 상품이 먼저 매출된 것으로 가정하는 방법이다. 따라서 기말재고자산은 과거에 매입된 가격으로 표시되는 데 비하여, 매출원가는 최근에 매입된 가격으로 손익계산서에 반영된다. 재고자산 관리방법으로 계속기록법을 채택한 경우에는 〈표 9-6〉과 같이 가장 최근에 구입한 재고자산의 단가를 판매시마다 확인해야 하지만, 실지재고조사법을 채택한 경우에는 회계기말에 사후적으로 한

꺼번에 기말재고자산과 매출원가를 파악하므로 판매시마다 가장 최근에 구입한 재고자산을 확인하지 않아도 된다. 후입선출법을 가정하여 새나라주식회사의 5월말 기말재고자산을 계산하면 〈표 9-15〉와 같다.

후입선출법에 의한 기말재고자산 (실지재고조사법下)

	판매가능상품			판 매	기말재고자산		
	수 량	단 가	금 액	수 량	수 량	단 가	금 액
기 초 재 고	6	₩100	₩600	–	6	₩100	₩600
매 입 : 5/10	10	110	1,100	8	2	110	220
5/15	10	130	1,300	10			
5/26	4	150	600	4			
	30		₩3,600	22	8		₩820

판매가능액	₩3,600
(−)기말재고액	820
매 출 원 가	₩2,780

회계정보의 활용

재고자산회전율

재고자산 관리가 얼마나 효율적으로 이루어지고 있는지를 파악하기 위해 재고자산회전율(inventory turnover ratio)을 지표로 사용한다. 상품매매회사의 재고자산회전율이 높다는 것은 상품을 구매한 후 판매가 빠르게 이루어져서 재고자산을 낮은 수준으로 유지하면서도 일정액의 매출을 달성할 수 있음을 뜻한다. 제조기업의 경우에는 적은 원재료와 재공품 재고를 보유하면서도 일정생산량이 제조되고 제품의 판매 역시 빠르게 이루어져서 평균 보유재고를 낮게 유지하면서도 일정액의 매출이 달성될 수 있음을 의미한다.

재고자산회전율이 낮으면 비효율적 재고관리로 인해 그만큼 기업의 운영자금이 재고자산에 잠겨 있다는 의미가 된다. 이 경우 경영자는 판매부진에 따른 재고자산의 적체나 장기재고에 따른 상품의 진부화 가능성에 유의해야 한다. 재고자산은 매출원가와 밀접하게 관련되어 있기 때문에 재고자산회전율 계산시 매출원가가 분자에 사용되지만 다른 자산회전율과 마찬가지로 매출액이 분자에 사용되기도 한다.

〈산식〉 $\text{재고자산회전율} = \dfrac{\text{매출원가}}{\text{재고자산(평균)}}$

(단위 : 백만원)

회사명	내 용	2024년	2023년
SK하이닉스	매출원가(A)	34,364,814	33,299,167
	재고자산평균(B)	13,397,298	14,572,683
	재고자산회전율(A/B)	2.57	2.29
삼성전자	매출원가(A)	186,562,268	180,388,580
	재고자산평균(B)	51,690,370	51,906,870
	재고자산회전율(A/B)	3.61	3.48

2024년 SK하이닉스의 재고자산회전율은 연간 2.57회로서 약 142일(=365일/2.57회) 생산분의 제품을 평균재고로 유지하고 있는 반면, 삼성전자의 재고자산회전율은 3.61회로서 약 101일(=365일/3.61회)의 생산량을 평균재고로 보유하고 있다. 이는 SK하이닉스와 삼성전자의 재고보유기간이 각각 4.7개월, 3.3개월 정도 된다는 의미로서 삼성전자의 재고자산 투자효율성이 다소 높다고 볼 수 있다.

한편 2024년 재고자산회전율을 전년도와 비교해보면, SK하이닉스와 삼성전자 모두 재고자산은 전년 대비 소폭 감소한 반면 매출원가는 3% 정도 증가하여 재고자산의 투자효율성이 증가하였다. 이는 재고관리나 유통정책의 효율성이 전년 대비 향상되었음을 의미한다.

재고자산의 원가결정방법과 매출원가의 계산

스피커를 생산하는 소리(주)의 재고자산에 대한 한 해 동안의 기록은 다음과 같다. 단, 소리(주)는 계속기록법을 채택하여 재고자산 회계처리를 한다.

	수량(개)	단 가	금 액
기 초 재 고(1/1)	900	@₩100	₩90,000
당기매입 : 3/ 3	600	110	66,000
7/ 7	800	120	96,000
10/22	1,040	130	135,200
판매가능액	3,340		₩387,200
당기매출 : 4/ 6	700		
8/10	1,200		
10/25	600		
기 말 재 고(12/31)	840		

요구사항

1. 다음의 재고자산 원가결정방법을 사용하여 기말재고자산액과 당기 매출원가를 산출하라.
   ① 이동평균법
   ② 선입선출법
   ③ 후입선출법
2. 어느 방법이 기말재고자산을 기말의 공정가치에 가장 가깝게 표시하는가?
3. 소리(주)가 이동평균법으로 재고자산의 원가를 결정한다고 가정한다. 기말재고자산을 평가하니 순실현가능가치가 ₩100,000이었다. 어떠한 회계처리를 해야 하는가?
4. 만약 재고자산을 저가로 평가하여 재고자산의 장부금액을 감소시킨 후에 재고자산의 시장가치가 다시 증가하였다. 이때 재무제표를 작성해야 할 필요가 있다면 재고자산의 장부금액을 증가시키는가?

해답

1. ① 이동평균법

4/ 6 평균단가 : (₩90,000 + ₩66,000) ÷ (900 + 600) = ₩104
매출원가 : 700 × ₩104 = ₩72,800   재고액 : 800 × ₩104 = ₩83,200

8/10 평균단가 : (800 × ₩104 + ₩96,000) ÷ (800 + 800) = ₩112
매출원가 : 1,200 × ₩112 = ₩134,400   재고액 : 400 × ₩112 = ₩44,800

10/25 평균단가 : (400 × ₩112 + ₩135,200) ÷ (400 + 1,040) = ₩125
매출원가 : 600 × ₩125 = ₩75,000   재고액 : 840 × ₩125 = ₩105,000

매출원가 = ₩72,800 + ₩134,400 + ₩75,000 = ₩282,200
기말재고 = 840 × ₩125 = ₩105,000 (또는 ₩387,200 − ₩282,200 = ₩105,000)

② 선입선출법

일 자	매입 수 량	매입 단 가	판매 수량	재 고	매출원가
1/ 1	900	@₩100			
3/ 3	600	110		900@₩100+600@₩110	
4/ 6			700	200@₩100+600@₩110	700@₩100
7/ 7	800	120		200@₩100+600@₩110+800@₩120	
8/10			1,200	400@₩120	200@₩100+600@₩110+400@₩120
10/22	1,040	130		400@₩120+1,040@₩130	
10/25			600	840@₩130	400@₩120+200@₩130
	3,340		2,500	₩109,200	₩278,000

매출원가=(700×₩100)+(200×₩100+600×₩110+400×₩120)+(400×₩120+200×₩130)

=₩278,000

기말재고=840×₩130=₩109,200 (또는 ₩387,200−₩278,000=₩109,200)

* 선입선출법의 경우 계속기록법과 실지재고조사법에서 구한 매출원가와 기말재고액은 같다. 즉 회계기말에 840개(=매입수량 3,340−판매수량 2,500)의 재고가 남아 있는데, 이는 가장 최근에 매입된 재고자산이다. 따라서 10월 22일에 매입된 840개가 기말재고로 남아 있다고 가정한다(물론 매출원가를 먼저 계산할 수도 있다. 즉 총 2,500개가 판매되었는데 먼저 매입된 재고자산이 먼저 판매된다고 가정하므로 기초재고 900개, 3월 3일 매입된 600개, 7월 7일 매입된 800개와 10월 22일 매입된 1,040개 중 200개가 판매된 것이다).

③ 후입선출법

일 자	매입 수 량	매입 단 가	판매 수량	재 고	매출원가
1/ 1	900	@₩100			
3/ 3	600	110		900@₩100+600@₩110	
4/ 6			700	800@₩100	600@₩110+100@₩100
7/ 7	800	120		800@₩100+800@₩120	
8/10			1,200	400@₩100	800@₩120+400@₩100
10/22	1,040	130		400@₩100+1,040@₩130	
10/25			600	400@₩100+440@₩130	600@₩130
	3,340		2,500	₩97,200	₩290,000

매출원가=(600×₩110+100×₩100)+(800×₩120+400×₩100)+600×₩130=₩290,000

기말재고=400×₩100+440×₩130=₩97,200 (또는 ₩387,200−₩290,000=₩97,200)

2. 세 방법 중에서 선입선출법이 기말재고자산을 기말의 공정가치에 가장 가깝게 표시한다. 선입선출법에 의한 재고자산은 ₩109,200이고, 이동평균법은 ₩105,000, 그리고 후입선출법은 ₩97,200이다. 보고기말에 가까운 10월 22일의 재고자산 단가는 ₩130이므로 선입선출법이 가장 시가(₩109,200＝840×@₩130)에 근사한 재고자산의 장부금액을 표시하고 있다. 이는 선입선출법은 먼저 입고된 재고자산부터 판매된다고 가정하므로 기말에 남는 재고자산은 가장 최근에 매입된 가격으로 평가되기 때문이다.

3. 재고자산의 장부금액은 순실현가능가치와 취득원가 중에서 낮은 금액으로 평가한다. 이를 재고자산의 저가평가라고 한다. 재고자산의 순실현가능가치가 ₩100,000이고 이동평균법으로 평가한 재고자산의 취득원가가 ₩105,000이므로 재무제표에 표시되는 재고자산의 장부금액은 ₩100,000으로 수정해주어야 한다. 따라서 ₩5,000(＝₩105,000－₩100,000)만큼을 재고자산평가손실로 계상하고, 이를 당기비용으로 처리한다.

   (차) 재고자산평가손실 5,000 (대) 재고자산평가충당금 5,000

4. 재고자산의 감액을 초래했던 상황이 해소되거나 경제상황의 변동으로 순실현가능가치가 상승했다면 최초 장부금액을 초과하지 않는 범위 내(재고자산평가충당금)에서 평가손실을 환입한다. 그 결과 새로운 장부금액은 취득원가와 수정된 순실현가능가치 중 작은 금액이 된다. 재고자산의 저가평가는 회계에서 보수적인 회계처리방법의 대표적인 것이다. 회계정보의 특성 중에서 신중성(prudence)과도 일맥상통하는 회계처리이다.

익힘문제

01 노헤어 모자점은 모자 한 상자를 도매상으로부터 구입하고 ₩3,900,000을 지불하였다. 모자 한 상자의 원래 가격은 ₩4,000,000인데 대량구매로 인하여 도매상이 ₩100,000을 할인해 주었다. 노헤어 모자점은 모자 한 상자의 운송비로 ₩50,000을 지불하였고, 운송보험료로 ₩10,000을 지출하였으며, 모자 구매를 위해서 출장을 간 직원의 여비로 ₩20,000을 지불하였다. 노헤어 모자점은 이 모자 한 상자의 취득원가를 얼마로 결정해야 하는가?

02 백제기업은 위탁판매를 위하여 20×1년 12월 30일에 제품 X를 신라기업으로 운송하였다. 이 제품을 신라기업이 20×2년 1월 10일에 고객에게 판매하였다. 20×1년 12월 31일에 이 제품 X를 연도말 재고자산에 포함시켜야 하는 것은 어느 기업인가?

03 재고자산의 회계처리방법으로서 계속기록법과 실지재고조사법의 차이점은 무엇인가? 또한 상대적으로 비용이 많이 드는 방법은 어느 것인가? 식당, 약국, 대규모 슈퍼마켓, 자동차 판매업, 가전제품 판매업의 경우에 어느 방법을 사용하는 것이 보다 실용적인가?

04 회계원리를 수강하는 배우리 양은 재고자산의 원가배분방법은 해당 재고자산의 물리적 흐름과 일치하는 방법이 되어야 한다고 주장한다. 이 주장이 적절한가를 답하라.

05 재고자산의 원가결정방법 중에서 다음에 해당하는 방법은 무엇인가?
① 실제 재고자산의 물적 흐름과 일치하는 방법
② 판매가능 재고자산은 모두 동일하다고 가정하는 방법
③ 가장 최근에 구입한 재고자산이 가장 먼저 팔린다고 가정하는 방법
④ 식료품이나 의류업체의 실제 재고자산의 물적 흐름과 유사한 방법

06 이희창 씨는 자신이 경영하는 화랑의 기말 소장품을 일제히 조사·정리하려고 한다. 이씨가 소유하고 있는 그림들은 모두 종류가 서로 다른 것으로 가격도 매우 고가이다. 이씨가 재고자산 원가결정방법으로 사용할 수 있는 가장 적절한 방법은 어느 것인가? 또 그 이유는 무엇인가?

07 선입선출법과 후입선출법 중 어느 방법이 다음 경제하에서 기말재고자산과 당기순이익이 더 크게 결정되는가?
(1) 인플레이션 경제
(2) 디플레이션 경제

08 디스카운트 소매백화점은 올해 판매가능 재고자산의 소매가격을 ₩2,400,000으로 조사하였다. 이 재고자산의 원가는 소매가격의 75%이다. 올해 전체 매출액은 ₩2,000,000이다. 소매재고법에 의한 기말재고자산의 원가는 얼마인가?

09 태양(주)는 20×1년의 기말재고자산을 ₩7,000만큼 과대계상하였다. 이러한 회계처리가 ① 20×1년의 순이익, ② 20×2년의 순이익, ③ 20×1년과 20×2년의 순이익의 합에 어떠한 영향을 주는가? 단, 법인세비용은 없다고 가정한다.

10 평균법으로 재고자산의 단가를 계산하여 재고자산의 원가를 결정하는 방법이 실지재고조사법과 계속기록법에 있어서 차이가 나는 이유는 무엇인가? 토론

11 기업이 재고자산을 계속기록법으로 관리하면 회계연도말에 매출원가를 계산하는 수정분개가 필요 없다. 실지재고조사법을 채택하는 경우에는 어떠한가? 토론

12 재고자산 원가결정방법으로 후입선출법을 허용하지 않는다. 그 이유가 무엇이라고 생각하는가? 실제 재고자산의 물적 흐름이 후입선출법과 유사한 기업의 예를 들어라.

13 재고자산의 구입단가가 계속 증가하고 있다면 다음의 각 물음에 가장 알맞은 재고자산 원가결정방법은 무엇인가?

① 매출에 대해 가장 최근의 구입원가를 대응시켜 매출총이익을 산출하는 방법
② 재무상태표에 가장 보수적인(낮은) 재고자산 금액이 나타나는 방법
③ 재무상태표에 가장 최근의 현행원가로 평가된 재고자산 금액이 나타나는 방법
④ 절세(tax savings)에 가장 유리한 방법

14 회계기말에 재고자산은 취득원가와 순실현가능가치 중 낮은 금액으로 평가되어 기록되는 저가법을 따른다. 저가법의 근거는 무엇이고 순실현가능가치가 취득원가보다 낮게 되는 이유는 무엇인가?

연습문제

01 기말재고자산에 포함되는 상품

만선해운(주)는 12월 31일 현재 상품 A~G에 대해 다음과 같은 정보를 가지고 있다.

(1) 상품 A는 만선해운(주)가 매입한 상품으로 취득원가는 ₩60,000이다. 12월 28일 FOB조건으로 구입하였으며, 내년 1월 2일 회사에 도착할 예정이다.

(2) 상품 B는 만선해운(주)가 고객에게 12월 30일 매출한 원가 ₩40,000의 상품으로서 내년 1월 3일 고객에게 도착할 예정이며 역시 FOB조건이다.

(3) 원가 ₩80,000의 상품 C는 12월 29일에 DAP조건으로 거래처에 판매되어 현재 운송중에 있으며 내년 1월 2일 거래처의 창고에 입고될 예정이다.

(4) 만선해운(주)는 취득원가 ₩50,000의 상품 D를 DAP조건으로 구입했는데, 원래 12월 31일에 도착할 예정이었으나 항만노조의 파업으로 이틀 후인 1월 2일에 회사의 창고로 운반될 예정이다.

(5) 만선해운(주)의 창고에는 12월 31일 현재 ₩10,000의 상품 E가 있는데, 상품 E는 한선(주)가 만선해운(주)에게 판매를 위탁한 물품이다.

(6) 12월 30일 만선해운(주)는 원가 ₩30,000의 상품 F를 거래처에 시용품으로 인도하였다. 거래처는 매입의사를 1월 15일까지 알려주기로 하였다.

(7) 12월 29일 만선해운(주)는 원가 ₩70,000의 상품 G를 6개월 무이자할부로 고객에게 판매하였다.

12월 31일 현재 만선해운(주)가 실사를 통해 파악한 창고에 보유하고 있는 모든 물리적 재고자산은 총 ₩360,000이다.

요구사항

만선해운(주)는 12월 31일 재무상태표에 재고자산을 얼마로 표시해야 하는가? 각 상품에 대해서 누구의 재고자산인지 논하라.

02 재고자산의 취득원가

(1) 굿카(주)는 자동차 수입판매업체이다. 회사는 최신형 럭셔리 스포츠카를 수입해서 판매하였다. 굿카(주)는 이 차를 ₩50,000에 FOB조건으로 구매하면서 운송비로 ₩500, 수입관세로 ₩1,000을 지불하고 세관창고 보관비용으로 ₩100을 지불했다. 그리고 운송도중의 위험을 보상할 수 있도록 운송보험료를 ₩700 지불했다. 자동차를 인수한 이후에는 판매를 위한 광고비를 ₩1,000 지출했고 판매담당사원에게 판매수수료로 ₩3,000을 지불했다.

(2) 설비(주)는 공작기계를 수입해서 판매하는 회사이다. 최근 외국에서 이 공작기계를 ₩10,000에 수입하면서 운송비로 ₩1,000, 관세로 ₩2,000을 지불했다. 운송조건은 FOB조건이었다. 공작기계를 수입한 후에 이 기계의 하자를 발견하고 판매처에 연락해서 ₩3,000을 할인받기로 하고 수입금액 ₩10,000에서 ₩3,000을 차감한 ₩7,000만 지급할 예정이다. 이 공작기계는 하자를 보완하고자 ₩2,000만큼 수리비를 들여서 수리했다.

요구사항

굿카(주)의 스포츠카와 설비(주)의 공작기계에 대한 취득원가는 얼마인가?

03 재고자산의 원가결정방법 (I)

코코아(주)는 신제품인 스마트폰 X를 판매하고 있다. 이 스마트폰은 5″의 유기발광 다이오드를 선택해서 소비자들의 인기가 높다. 스마트폰의 구입가격은 그날그날 조금씩 차이가 있다. 다음은 코코아(주)의 스마트폰 구입 및 매출 정보이다. 코코아(주)는 계속기록법으로 재고자산을 관리하고 있다.

일 자	내 용	매 입			매 출		
		수 량	단 가	총 액	수 량	단 가	총 액
5월 1일	월초 재고자산	100	₩10,000	₩1,000,000			
5일	매입	60	11,000	660,000			
8일	매출				100	₩18,000	₩1,800,000
10일	매입	140	12,000	1,680,000			
15일	매출				150	18,000	2,700,000
17일	매입	200	13,000	2,600,000			
20일	매출				180	18,000	3,240,000

요구사항

1. 이동평균법에 의한 5월말 재고자산과 5월의 매출원가 및 매출총이익을 구하라.
2. 선입선출법에 의한 5월말 재고자산과 5월의 매출원가 및 매출총이익을 구하라.
3. 후입선출법에 의한 5월말 재고자산과 5월의 매출원가 및 매출총이익을 구하라.
4. 재고자산의 원가결정방법에 따른 기말재고자산, 매출원가 및 매출총이익의 상대적 크기를 비교하라. 만약 기술의 급격한 발전으로 스마트폰의 구입단가가 하락한다면 재고자산의 원가결정방법에 따른 기말재고자산, 매출원가 및 매출총이익의 상대적 크기는 어떻게 될 것인지 논하라.
5. 위의 세 방법 중 어느 것이 재무상태표의 기말재고자산금액을 공정가치에 가깝게 나타낼 수 있는가? 또 어느 방법이 손익계산서의 매출원가를 공정가치에 가깝게 나타낼 수 있는가?

04 재고자산의 원가결정방법 (Ⅱ)

성우(주)는 USB드라이브를 판매하고 있다. USB드라이브 시장의 경쟁이 치열하고 관련 기술의 급격한 발전으로 USB드라이브의 구매단가는 지속적으로 하락하고 있다. 다음 성우(주)의 재고자산에 관한 자료를 보고 각 방법에 따른 기말재고자산과 매출원가를 구하라. 성우(주)의 결산일은 12월 31일이다.

날 짜	내 용	수 량	단 가	총 액
1월 1일	기초재고자산	100	₩64	₩6,400
3월 15일	매 입	200	58	11,600
8월 20일	매 입	300	52	15,600
10월 10일	매 출	550		
11월 30일	매 입	200	50	10,000
12월 20일	매 출	150		
				₩43,600

요구사항

1. 계속기록법-이동평균법
2. 계속기록법-선입선출법
3. 계속기록법-후입선출법
4. 실지재고조사법-가중평균법 보론
5. 실지재고조사법-선입선출법 보론
6. 실지재고조사법-후입선출법 보론

05 소매재고법 (I)

화려한 옷(주)는 화려한 여성복과 남성복을 판매하고 있다. 의류의 특성상 종류와 크기가 다양하고 제품의 가격도 매우 다르다. 화려한 옷(주)의 경영자는 재고자산 회계처리방법으로 소매재고법을 사용하고 있다. 재고자산 및 매출액 관련 자료는 다음과 같다.

내 용	여성복	남성복
기초재고자산(원가기준)	₩120,000	₩100,000
당기매입액(원가기준)	380,000	260,000
매 출 액	650,000	450,000
기초재고자산(매출가격기준)	175,500	155,000
당기매입액(매출가격기준)	605,750	445,000

소매재고법을 이용하여 여성복과 남성복의 기말재고자산 및 매출원가를 구하라.

06 재고자산의 저가평가 (I)

다우리(주)는 도매업에 종사하고, 재고자산평가는 저가기준을 적용하고 있다. 다음 자료는 올해 12월 31일 다우리(주)의 재고자산 기록에서 발췌한 것이다.

상 품	재고수량	단위당 취득원가	단위당 추정판매가격	단위당 추정판매비
A	1,100	₩3,200	₩4,000	₩300
B	1,500	3,500	3,600	200
C	900	2,300	2,200	100

요구사항

1. 다우리(주)의 재고자산평가손실은 얼마인가?
2. 다우리(주)는 결산일인 12월 31일에 얼마의 재고자산을 재무상태표에 표시해야 하는가? 1월 1일 기초재고자산이 ₩8,000,000이고, 한 해 동안의 매입액이 ₩46,000,000이라면 매출원가는 얼마인가?
3. 다우리(주)가 재고자산을 실지재고조사법에 의해서 파악할 경우 〈**요구사항**〉 2.의 정보를 이용하여 매출원가를 구하는 회계기말의 수정분개를 보여라.
4. 위의 자료는 계속기록법을 사용하는 다우리(주)의 장부상에 기록된 재고자산이라고 가정하자. 기말실사를 병행하여 재고자산의 수량을 파악한 결과 상품 A의 재고수량은 1,100개가 아닌 1,050개, 상품 B의 재고수량은 1,500개가 아닌 1,480개, 상품 C의 재고수량은 900개가 아닌 870개임을 알게 되었고 수량에 차이가 나는 이유가 분실, 도난, 횡령, 재해손실, 파손 또는 증발 때문인지는 파악할 수 없었다. 손실을 반영하는 회계처리를 하라. 만약 기말실사를 병행하지 않아서 손실을 파악하지 못했다면 재무상태표의 재고자산과 손익계산서의 당기순이익에 어떤 영향을 미치겠는가?

07 재고자산의 오류

다음은 두나(주)에서 4개년간 발생한 영업자료이다.

	기 간			
	20×1년	20×2년	20×3년	20×4년
기초상품재고액	₩36,000	₩24,000	₩30,000	₩22,000
순 매 입 액	50,000	74,000	45,000	39,000
판매가능액	₩86,000	₩98,000	₩75,000	₩61,000
기말상품재고액	24,000	30,000	22,000	23,000
매 출 원 가	₩62,000	₩68,000	₩53,000	₩38,000

두나(주)는 기말재고자산 계상시 다음과 같은 오류가 있었음을 알게 되었다.

기 간	기말재고의 오류
20×1년	₩4,000 과대계상
20×2년	3,000 과소계상
20×3년	2,000 과대계상

요구사항

1. 기말재고자산의 오류가 없었다면 두나(주)의 각 연도 매출원가는 얼마인가? 기말재고자산의 오류가 각 연도 매출원가에 미치는 영향은 어떠한가?
2. 다른 모든 조건이 일정할 경우 기말재고자산의 오류가 20×4년말의 이익잉여금에 미치는 영향은 어떠한가?

08 소매재고법(Ⅱ)

해태백화점은 재고자산 회계처리방법으로 소매재고법을 사용하고 있다. 재고자산 및 매출액 관련 자료는 다음과 같다.

내 용	원가기준	매출가격기준
기초재고자산	₩233,500	₩467,000
순 매 입 액	1,059,800	2,282,000
매 입 운 임	136,180	−
매 출 액	−	2,435,000

요구사항

해태백화점의 기말재고자산 및 매출원가를 구하라.

고급연습문제

09 회계연도말 재고자산의 장부금액 결정

사무용품을 판매하는 이브닝글로리(주)의 외부감사를 맡고 있는 김철저 공인회계사는 재고자산과 관련된 다음의 각 경우를 재검토하고자 한다. 각 경우에 회계처리가 적절하게 이루어졌는지 밝히고, 정확한 기말재고자산 장부금액을 계산하라. 현재 이브닝글로리(주)의 재고자산은 ₩1,000,000으로 표시되어 있다. 이브닝글로리(주)의 결산일은 12월 31일이다.

(1) 창고에 보관중인 사무용품 중에는 판매목적이 아닌 제품 ₩100,000이 있다. 이 제품들은 다음 해에 이브닝글로리(주)가 회사의 소모품으로 사용할 예정이다. 기말재고자산에는 이 제품들이 포함되어 있지 않다.

(2) 이브닝글로리(주)가 위탁판매를 하기 위하여 거래처에 보낸 제품 ₩200,000이 기말재고자산에 포함되어 있다. 이 제품은 다음 해에 판매될 것으로 추정되고 있다.

(3) FOB조건으로 구입한 상품 ₩100,000이 기말재고자산에 포함되어 있다. 이 상품은 12월 23일에 선적되어 지금 운송중에 있으며 다음 회계연도초인 1월 3일에 회사에 도착할 예정이다.

(4) 유행이 지난 재고자산이 ₩30,000 포함되어 있다. 이 재고자산은 유행을 많이 타는 제품으로 판매하기 어려울 뿐만 아니라 회사에서도 사용하지 못할 것으로 보인다. 영업직원들은 폐기해야 한다고 하지만 회사의 경영자는 재작년에 실제로 ₩30,000을 지급하고 취득한 것이라서 재고자산에 포함시켜야 한다고 생각한다.

(5) 재고자산에 포함된 사무용 복사기 중에는 판매목적이 아니고, 회사의 영업활동에 현재 사용중인 것이 ₩100,000 포함되어 있다.

(6) 이브닝글로리(주)는 12월 29일에 판매가격 ₩20,000, 원가 ₩13,000인 재고자산을 중국에 있는 베타문구점에 판매하고 이를 FOB조건으로 우송하였다. 이 재고자산은 베타문구점에 다음 해 1월 2일에 도착했지만, 베타문구점은 주문과는 전혀 다른 제품이 도착했다고 연락하면서 물건을 반송하겠다고 밝혔다. 이 재고자산은 기말재고자산에 포함되어 있다.

(7) 12월 28일 영국의 카드팩토리(주)는 DAP조건으로 이브닝글로리(주)가 주문한 상품을 선적하였다. 송장가격은 ₩40,000이며 1월 5일에 이브닝글로리(주)에 도착할 예정이다. 이브닝글로리(주)는 이 상품을 기말재고자산에 포함하지 않았다.

(8) 12월 15일 이브닝글로리(주)는 거래처에 ₩20,000의 시용품을 보냈다. 거래처는 내부 검토를 거쳐 구매여부를 1월 15일쯤 알려주기로 하였다. 시용품은 기말재고자산에 포함되어 있지 않다.

(9) 이브닝글로리(주)는 12월 27일 대만에 있는 별별문구점에 ₩35,000의 상품을 DAP조건으로 판매하여 같은 날 선적하였다. 대만의 경우 배송이 일주일 정도 걸려서 1월 4일에 별별문구점에 도착할 것으로 보인다. 이브닝글로리(주)는 이 상품을 기말재고자산에 포함하지 않았다.

10 재고자산의 원가결정방법 (Ⅲ)

닉텐도 게임기를 팔고 있는 게임전문점 게임나라(주)의 6월초 재고자산과 6월중의 게임기 구입내역은 다음과 같다. 선풍적인 인기를 끌고 있는 닉텐도 게임기의 구입단가는 6월중에만 여러 번 구입단가가 인상되었다. 게임나라(주)는 6월에 500대의 게임기를 팔았는데 6월 10일에 200대를 팔았고, 25일에 300대를 판매하였다.

날 짜	내 용	수 량	단 가
6월 1일	월초 재고자산	150	₩40
5일	구입	100	45
12일	구입	150	50
20일	구입	200	60
30일	월말 재고자산	100	

요구사항

1. 게임나라(주)가 재고자산을 계속기록법에 따라 회계처리한다면 평균법, 선입선출법, 후입선출법에 의한 6월말의 재고자산과 6월중의 매출원가는 각각 얼마인가?
2. 게임나라(주)가 재고자산을 실지재고조사법에 따라 회계처리한다면 평균법, 선입선출법, 후입선출법에 의한 6월말의 재고자산과 6월중의 매출원가는 각각 얼마인가? 보론
3. 계속기록법과 실지재고조사법의 기말재고자산과 매출원가를 비교하라.
4. 평균법을 사용할 때 적용되는 평균단가가 단가의 단순평균이 아닌 이유는 무엇인가?
5. 게임나라(주)의 소유주가 가급적 법인세를 적게 내고자 한다면 어떠한 원가결정방법이 적절한가?

11 재고자산의 원가결정방법 (Ⅳ)

핑클(주)는 7월 1일 기초재고로 단가 ₩56인 상품을 1,300개 소유하고 있다. 핑클(주)가 판매하는 상품은 기술발전에 따른 진부화 가능성이 있다. 7월중 매입 및 매출거래는 다음과 같다.

	단 가	매입수량	매출수량
7월 3일			500
8일	₩58	1,200	
13일			1,500
19일	62	1,600	
23일	64	900	
28일			1,800

요구사항

1. 핑클(주)가 계속기록법을 이용할 경우 다음의 각 평가방법에 따라 7월 3일, 7월 13일 및 7월 28일 판매분의 개별 매출원가와 7월중 매출원가총액 그리고 7월말 기말재고자산을 계산하라.
   (1) 선입선출법
   (2) 후입선출법
   (3) 이동평균법
2. 핑클(주)가 실지재고조사법을 이용할 경우 다음의 각 평가방법에 따라 7월중 매출원가와 7월말 기말재고자산을 계산하라. 보론
   (1) 선입선출법
   (2) 후입선출법
   (3) 가중평균법
3. 다음의 경우 귀하는 세 가지 평가방법 중 어느 재고자산평가방법을 사용하겠는가? 그 이유를 밝혀라.
   (1) 개별상품의 실제흐름을 반영한다.
   (2) 회계기간 동안 법인세비용을 최소화시킨다.
   (3) 회계기간 동안 당기순이익을 극대화시킨다.

12 재고자산 원가결정방법의 선택

45인치 LCD TV를 판매하고 있는 용산전자(주)는 재고자산평가방법으로 선입선출법을 선택할 것인지 후입선출법을 선택할 것인지를 결정해야 한다. 최근 LCD 패널 가격이 계속 하락하면서 TV 가격도 하락하여 재고자산평가방법에 따라서 회사의 순이익도 차이가 날 것으로 예상한다. 용산전자(주)는 재고자산 회계처리방법으로 실지재고조사법을 사용하고 있다. 기초재고자산 및 금년에 매입한 재고자산과 관련한 자료는 아래와 같다.

날 짜	내 용	수 량	단 가	총 액
1월 1일	기초재고자산	50	₩7,500	₩375,000
3월 1일	구입	90	7,000	630,000
5월 1일	구입	70	6,500	455,000
11월 30일	구입	80	5,500	440,000
		290		₩1,900,000

용산전자(주)는 올 한 해 동안 총 260대의 LCD TV를 판매하였으며 매출액은 ₩3,000,000이고 일반판매관리비는 ₩400,000이다.

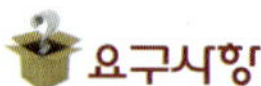

요구사항

1. 선입선출법과 후입선출법으로 재고자산의 원가를 결정할 때 당기순이익은 각각 얼마인가?
2. 어느 원가결정방법이 용산전자(주)의 기말재고자산 장부금액을 적정하게 반영하고 있는가?
3. 어느 원가결정방법이 용산전자(주)의 순이익을 적정하게 잘 나타내고 있는가?
4. 어느 원가결정방법이 용산전자(주)의 현금흐름을 증가시키는가?
5. 두 방법에 의한 매출총이익률을 계산하라. 어느 방법이 더 매출총이익률을 크게 계산하는가?
6. 만약 법인세를 고려하는 경우 용산전자(주)가 현금흐름을 중시한다면 어느 원가결정방법이 적절하겠는가?

13 재고자산의 저가평가(Ⅱ)

이미지(주)는 PC 부품을 자체 제작하기도 하고 다른 회사에서 구입하여 판매하기도 한다. 이미지(주)의 20×1년 12월 31일 재고자산 자료를 보고 물음에 답하라.

		단위당 금액		
	재고수량	취득원가	추정판매가	추정판매비
상 품	400	₩1,200	₩1,500	₩100
제 품	700	900	1,000	200
반 제 품	300	500	500	50
원 재 료	200	150	100	–

요구사항

1. 이미지(주)의 20×1년 12월 31일 재고자산평가손실을 구하고, 이에 대한 분개를 하라. 재고자산 장부금액은 얼마인가?
2. 이미지(주)는 20×2년 2월 20일 갑작스런 기업합병과 관련한 통보를 받고 20×2년 2월 20일자의 재무상태표를 작성하게 되었다. 재고자산에 관한 다른 자료는 변하지 않았으나 상품의 추정판매가격이 ₩1,500에서 ₩1,600으로 증가하였고, 제품의 추정판매가격은 ₩1,000에서 ₩1,050으로 상승하였다. 재고자산평가와 관련된 분개를 하고, 재고자산의 장부금액을 구하라.
3. 위 〈요구사항〉 2.에서 제품의 추정판매가격이 ₩1,000에서 ₩1,150으로 상승하였다고 가정하자. 재고자산평가와 관련된 분개를 하고, 재고자산의 장부금액을 구하라.

14 재고자산오류의 수정

창원(주)는 재고실사를 통한 회계자료를 조사하는 중에 20×1년 12월 31일에 재고자산을 ₩100,000 과소계상했고, 20×2년 12월 31일에는 재고자산을 ₩200,000 과대계상했음을 알아냈다. 창원(주)의 재고자산평가와 관련이 있는 재무제표 항목들의 금액은 다음과 같다(단, 각 연도별 수정전 기말이익잉여금은 전년도말 수정후 이익잉여금과는 무관하고, 법인세는 없다고 가정한다).

	20×1년	20×2년	20×3년
매 출 원 가	₩800,000	₩900,000	₩700,000
순 이 익	100,000	120,000	130,000
	20×1년 12월 31일	20×2년 12월 31일	20×3년 12월 31일
재 고 자 산	₩1,000,000	₩1,200,000	₩1,300,000
이익잉여금	3,000,000	3,500,000	3,200,000

요구사항

수정후의 매출원가, 순이익, 재고자산, 이익잉여금을 구하여 다음 표를 작성하라.

〈수정후〉	20×1년	20×2년	20×3년
매 출 원 가			
순 이 익			
	20×1년 12월 31일	20×2년 12월 31일	20×3년 12월 31일
재 고 자 산			
이익잉여금			

15 재고자산 회계처리와 관련된 윤리적 의사결정

래이니어 전자상점은 노트북 컴퓨터를 구입하여 판매하고 있다. 최근 노트북 컴퓨터는 매우 판매가 잘되어 소유주인 김인주 씨는 매우 기분이 좋다. 그런데 정부에서는 내년에는 소득세율을 대폭 올리겠다고 발표했다. 올해의 소득세율은 25%인데 내년에는 35%로 예상된다. 김인주 씨는 가능한 한 세금을 적게 내는 방법이 무엇인가를 골똘히 생각하다가 재고자산 회계처리방법을 이용하면 가능할 것으로 생각했다. 그는 올해는 가능한 한 순이익을 많이 내고 내년에는 적게 내어 절세할 방법을 찾고 있는 것이다.

며칠 생각 끝에 김인주 씨는 이번 회계기간말일 이틀 전에 노트북 컴퓨터를 대량으로 구입하기로 결정했다. 김인주 씨는 외부감사인인 당신에게 이러한 회계처리방법을 자랑했다. 현재 래이니어 전자상점은 재고자산의 원가결정방법으로 선입선출법(FIFO)을 사용하고 있다. 노트북 컴퓨터의 구입가격은 점차 하락하고 있다. 그러나 경쟁업체와의 경쟁으로 매출단가도 비슷한 비율로 하락하고 있다.

요구사항

1. 김인주 씨는 왜 회계기간말일에 노트북 컴퓨터를 대량 구입하기로 결정하였나? 금년도와 내년도 순이익에 미치는 영향에 대해서 논하라.
2. 회계전문가인 귀하는 재고자산의 원가결정방법을 변경하여 순이익을 조정할 수 있는가?

16 재고자산의 원가결정과 윤리적 판단

아라비아(주)는 정유회사이다. 이 회사는 과거로부터 재고자산의 원가결정방법으로 가중평균법을 사용하고 있다. 그 이유는 정유의 특성상 선입선출법이나 후입선출법이 타당하지 않다고 판단되었기 때문이다. 그런데 최근 이스라엘과 팔레스타인 간의 분쟁으로 중동지역의 정세가 좋지 않아서 원유가격이 급등하고 있고, 국내의 시장상황도 좋지 않아 이번 회계기간에 아라비아(주)가 약 100억원의 순손실을 낼 것으로 전망되고 있다.

이에 아라비아(주)의 경영자는 회계담당 이사인 당신에게 재고자산평가방법을 가중평균법에서 선입선출법으로 바꿀 것을 제안하였다. 만약 재고자산평가방법을 가중평균법에서 선입선출법으로 변경하게 되면 아라비아(주)는 500억원의 당기순이익을 낼 수 있다. 경영자는 재고자산평가방법의 변경은 회사에 실질적인 현금흐름에 영향을 주지도 않으면서 순이익을 내게 하여 주식가격을 안정화시킬 수 있고 회사의 대외 이미지도 좋게 할 수 있다고 설명하고 있다.

요구사항

1. 재고자산 원가결정방법이 변경되면 순이익이 변하는 이유를 설명하라.
2. 회계담당자로서 귀하의 의견을 밝혀라.

17 회계정보의 활용 – 재고자산회전율

다음은 두 홈쇼핑회사의 부분재무상태표와 부분손익계산서이다.

(단위 : 억원)

부분재무상태표

	A쇼핑		B쇼핑	
	20×1년말	20×2년말	20×1년말	20×2년말
유동자산 :				
현금및현금성자산	₩1,922	₩1,935	₩296	₩848
매출채권	5,274	4,998	445	2,877
재고자산	268	290	347	760
기타유동자산	86	112	6,875	4,615

부분손익계산서

	A쇼핑	B쇼핑
	20×2년	20×2년
매출액	₩11,044	₩10,431
매출원가	3,029	1,291
매출총이익	8,015	9,140
판매비와관리비	6,656	7,887
영업이익	1,359	1,253

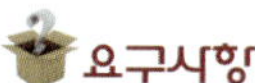

요구사항

이 자료를 이용하여 두 회사의 재고자산회전율을 계산하라.

재고자산의 취득원가와 당기순이익

전리라 씨는 유럽산 수입자동차를 취급하는 대풍기업의 최고경영자이다. 현재 이 회사는 두 대의 이탈리아제 자동차를 보유하고 있는데, 색상을 제외하고는 두 차의 다른 차이점은 없다. 그러나 구입시점의 환율차이 때문에 빨간색 차는 ₩13,300,000, 흰색 차는 ₩12,000,000을 지급하고 수입하였다. 판매가는 모두 ₩18,000,000으로 동일하다.

이 회사는 재고자산을 개별법으로 평가하고 있다. 재고자산카드를 통하여 두 차의 원가차이를 알게 된 영업담당자 김불출 씨는 고객과 빨간색 차에 대하여 판매상담을 하는 과정에서 전리라 씨에게 다음과 같은 의견을 제시하였다.

"내가 빨간색 차를 ₩18,000,000에 판매하면 매출총이익은 ₩4,700,000이 된다. 그러나 내가 빨간색 차에 대하여 상담하고 있는 고객에게 흰색 차를 ₩500,000 할인하여 판매한다면 매출총이익은 ₩800,000이 늘어난 ₩5,500,000이 될 것이다. 나에게 상여금으로 ₩400,000을 지급해도 회사의 이익은 ₩400,000이 증가하지 않겠는가?"

요구사항

1. 두 대의 차를 모두 ₩18,000,000에 판매할 경우의 매출액, 매출원가 및 매출총이익을 계산하라.
2. 김씨의 의견대로 가격을 달리하여 판매할 경우 〈요구사항〉 1.의 물음에 답하라.
3. 귀하가 이 회사의 최고경영자라면 김씨의 제안을 받아들이겠는가?

10 chapter

유형자산 및 무형자산

제10장은 비유동자산 중에서 유형자산, 무형자산, 그리고 보론에서는 생물자산과 광물자원의 회계처리를 설명한다.

유형자산은 기업이 고유의 영업목적을 달성하기 위하여 장기 사용목적으로 보유하고 있는 실물형태의 자원이다. 유형자산은 판매목적이 아니라 기업내부에서 영업 및 생산 활동에 사용할 목적으로 장기 보유한다는 점에서 재고자산이나 투자자산과는 다르며, 실물형태를 갖추고 있다는 점에서 무형자산과 구별된다.

유형자산과 관련된 회계처리문제는 크게 다섯 가지로 나누어 생각할 수 있다.

(1) 유형자산의 취득 : 자산의 취득과 관련된 측정문제, 즉 자산의 분류 및 취득원가의 결정문제이다.

(2) 유형자산의 보유 : 자산의 사용기간 동안에 그 유지 및 개선과 관련하여 지출된 금액을 자산의 원가에 포함시키느냐 혹은 당기의 비용으로 처리하느냐 하는 문제이다.

(3) 유형자산의 상각 : 한정된 내용연수를 갖고 있는 자산에 대하여 그 사용기간 동안 자산의 사용원가를 기간수익에 합리적으로 배분시켜 비용으로 인식하는 문제이다.

(4) 유형자산의 평가 : 최초로 자산이 취득원가로 인식된 이후에는 원가모형과 재평가모형 중에서 하나의 방법으로 기말자산을 평가할 수 있다.

(5) 유형자산의 처분 : 자산을 폐기하거나 혹은 처분했을 때 이와 관련하여 발생하는 처분손익을 어떻게 인식하느냐 하는 문제이다.

OBJECTIVES

- 유형자산의 취득원가는 어떻게 결정하는가?
- 자본적 지출과 수익적 지출의 차이는 무엇인가?
- 유형자산의 감가상각비는 어떻게 계산하는가?
- 원가모형과 재평가모형의 회계처리는 어떻게 다른가?
- 무형자산에는 어떠한 종류가 있는가?

한편 무형자산은 기업이 장기간 영업 또는 생산 활동에 이용할 목적으로 보유하고 있으며, 물리적 형태는 없지만 식별이 가능한 자산으로는 특허권, 프랜차이즈, 개발비 등이 있다. 한편 개별적으로 식별가능하지 않은 자산으로는 영업권이 있다. 대부분의 무형자산은 특정 기업이 소유함으로써 독점적 이용권리를 누리거나 타기업보다 양호한 초과수익을 올릴 수 있는 법률적 혹은 경제적 권리를 화폐액으로 표시한 것이다. 유형자산과는 달리 특정 기업에 대한 미래경제적 효익의 실현에 불확실성이 존재한다는 점이 특징이다.

생물자산은 살아 있는 동물이나 식물로서 가축, 수산물, 농산물 그리고 임산물 등을 포함한다. 생물자산은 취득원가 대신 순공정가치로 평가하며, 감가상각을 하지 않는 특징이 있다. 광물자원은 지하에 매장되어 있는 석탄, 철, 석유 등으로서 그 회계처리의 논점은 탐사와 평가에 지출한 금액을 당기의 비용으로 처리할 것인가, 자산화할 것인가에 있다. 자산화하는 경우에는 이를 탐사평가자산으로 인식하게 된다.

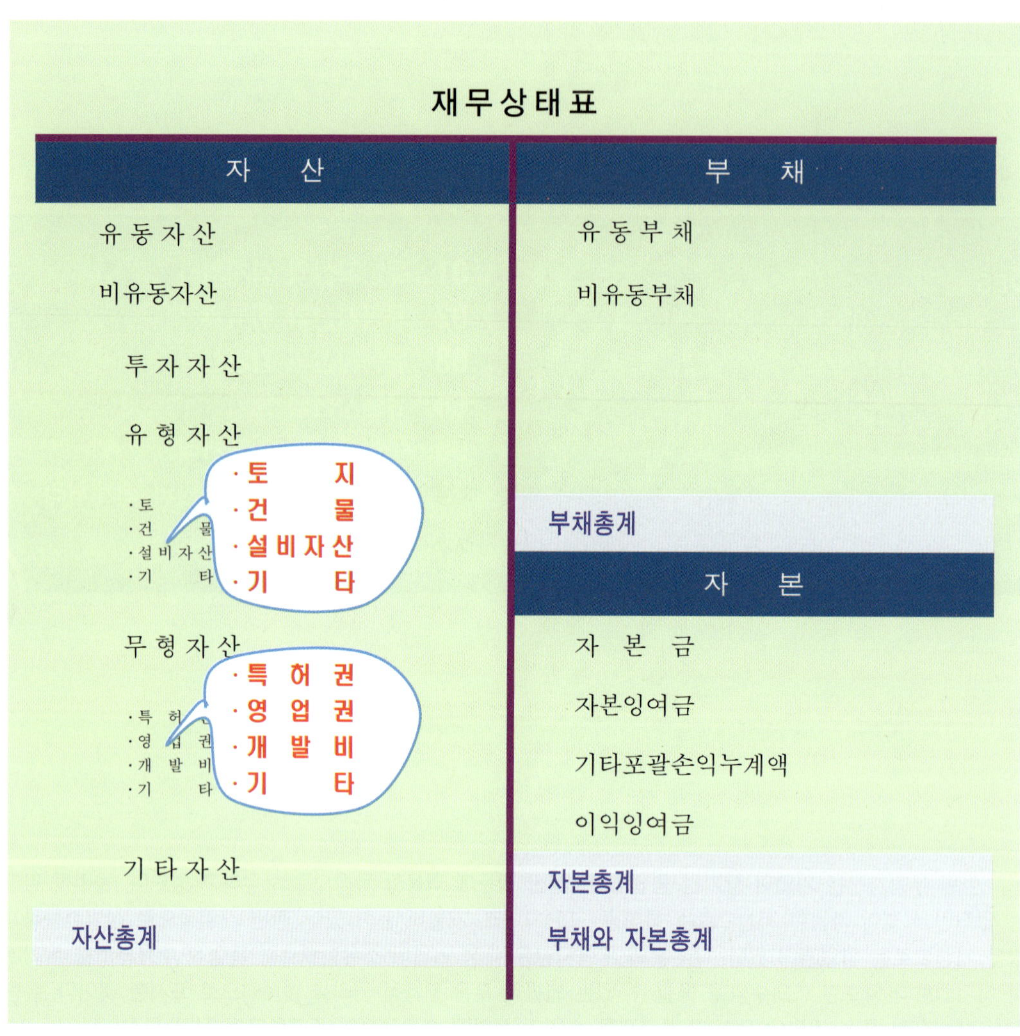
재무상태표
자 산
부 채
유동자산
비유동자산
투자자산
유형자산
·토 지
·건 물
·설비자산
·기 타
무형자산
·특 허 권
·영 업 권
·개 발 비
·기 타
기타자산
자산총계
유동부채
비유동부채
부채총계
자 본
자 본 금
자본잉여금
기타포괄손익누계액
이익잉여금
자본총계
부채와 자본총계

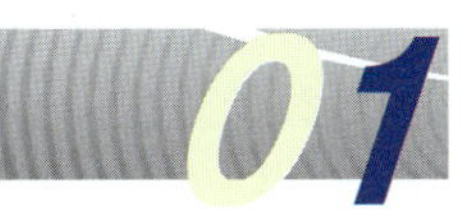

01 유형자산의 회계처리

유형자산
기업이 영업활동에 사용하기 위하여 보유하는 물리적 형태가 있는 자산으로서, 한 회계기간을 초과하여 사용할 것으로 예상되는 자산

유형자산(property, plant and equipment)은 기업이 영업활동에 사용하기 위하여 보유하는 물리적 형태가 있는 자산으로서, 한 회계기간을 초과하여 사용할 것으로 예상되는 자산을 말한다. 이때 기업의 영업활동이란 재화의 생산과 판매, 용역의 제공 또는 자체 사용목적 등을 모두 포함한다. 대표적인 유형자산으로는 토지, 건물, 기계장치 등이 있다. 유형자산으로 인식되기 위해서는 첫째, 자산으로부터 발생하는 미래경제적 효익이 기업에 유입될 가능성이 높을 것과 둘째, 자산의 원가를 신뢰성 있게 측정할 수 있을 것 등의 요건을 충족시켜야 한다.

유형자산과 관련된 회계처리 논점
- 유형자산의 취득
- 유형자산의 보유
- 유형자산의 상각
- 유형자산의 평가
- 유형자산의 처분

[그림 10-1]에서 보는 것처럼 유형자산과 관련된 회계처리문제는 다음과 같이 크게 다섯 가지로 나누어 생각할 수 있다.

(1) 유형자산의 취득원가 결정과 관련된 문제이다. 유형자산은 재고자산이나 다른 자산들과는 달리 취득 및 설치시에 여러 가지 부대비용과 시간이 소요되므로 취득원가의 측정이 쉽지 않다.

(2) 유형자산을 사용하고 있는 동안 유형자산에 대하여 추가적인 지출이 발생할 수 있는데, 이 경우 이러한 지출을 자산의 원가에 포함시키느냐 아

그림 10-1 유형자산의 회계처리 논점

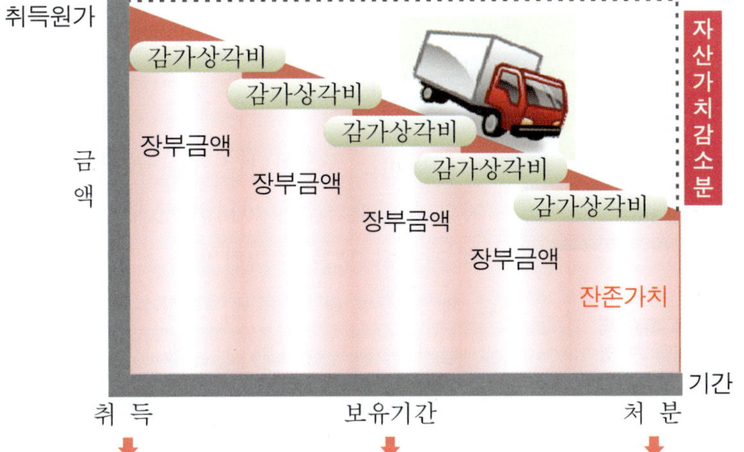

〈회계논점〉 (1) 취득원가의 결정 (2) 유지 및 개량을 위한 지출 (5) 처분손익의 인식
(3) 자산사용원가의 기간배분
(4) 자산의 평가방법 선택

니면 당기의 비용으로 처리할 것이냐의 문제가 있다.

(3) 유형자산은 한정된 수명을 가지고 있어서 유형자산의 사용기간 동안 그 원가를 합리적으로 배분하여 감가상각비라는 비용을 인식해야 한다.

(4) 자산이 최초로 취득원가로 기록된 이후에는 원가모형과 재평가모형 중에서 하나의 방법을 선택하여 평가할 수 있다. 원가모형은 자산을 원가로 평가하고 재평가모형은 공정가치로 평가한다.

(5) 유형자산의 내용연수가 끝나거나 사용중에 처분했을 때 이와 관련하여 발생하는 회계처리방법을 알아야 한다.

02 유형자산의 취득과 보유

OBJECTIVES 

- 유형자산의 취득원가는 어떻게 결정하는가?
- 자본적 지출과 수익적 지출의 차이는 무엇인가?

유형자산은 최초에 취득원가(acquisition costs)로 인식한다. 취득원가는 취득시점에서의 경제적 가치를 가장 객관적으로 나타내는 척도이기 때문이다.

유형자산의 취득원가는 자산을 매입 혹은 제작하기 위해 소요되는 직접원가뿐만 아니라 당해 자산을 기업이 본래 의도한 용도로 사용가능케 하기 위해 지출된 모든 부대원가를 포함한다. 자산유형별 또는 취득형태별로 취득원가를 계상하는 데 있어서 유의해야 할 사항을 살펴보기로 한다.

1. 토 지

유형자산은 최초에 취득원가를 기준으로 인식한다.

취득원가
당해 자산의 구입원가 혹은 제작원가와 자산을 사용할 수 있도록 준비하는 데 직접 관련된 모든 지출을 포함한 원가

토지(land)는 공장이나 사무실을 짓는 장소로 사용된다. 토지의 취득원가는 토지의 구입가격뿐만 아니라 본래 의도한 용도로 사용이 가능하도록 하기 위하여 지출된 모든 부대원가까지 포함한다. 예를 들어 토지의 구입가격과 취득관련 세금, 등록세, 인지세, 중개수수료 등을 모두 포함한다. 뿐만 아니라 건물부지로 토지를 취득했다면 건물을 짓기 위해 필요한 토지의 정지작업이나 배수시설에 소요된 지출까지도 토지 원가에 가산한다. 만약 새로운 건물을 짓기 위하여 낡은 건물이 딸린 토지를 구입했다면 기존 건물을 철거하기 위한 모든 지출까지도 토지의 원가에 포함해야 한다.

2. 건 물

기업의 영업활동에 사용하는 건물은 본사사옥, 공장건물, 영업소, 창고 등 다양하다. 건물(building)의 취득원가도 다른 자산과 마찬가지로 건물을 본래 의도대로 사용가능한 상태까지 만들기 위해 지출한 모든 금액을 포함한다. 이러한 지출로는 건물구입비, 세금, 중개수수료뿐만 아니라, 건물을 취득할 때 취득목적에 맞게 리모델링했거나 지붕이나 바닥의 수리, 전기배선이나 하수도 설비를 위해서 지출한 금액까지를 모두 포함한다.

기존 건물을 구입하지 않고 건설회사로 하여금 새로운 건물을 짓게 한 경우도 있다. 이러한 때에는 건설회사에 지급하는 건축비용뿐만 아니라 건축설계사에게 지급한 건축설계비용과 기타 부대원가까지 건물의 취득원가에 포함한다. 충분한 자금이 없어서 은행에서 돈을 빌려서 건물을 건설할 경우에는 당해 차입금에 대하여 완공시점까지 건설기간 중에 발생한 이자비용(차입원가)을 건물의 취득원가에 산입한다. 그러나 이러한 이자비용도 건물이 완공된 후부터는 더 이상 건축원가와는 관계없으므로 건물의 취득원가에 산입하지 않고 해당 기간의 금융비용으로 처리한다.

3. 설비자산

설비자산(equipment)은 기업의 영업활동에 사용되는 자산이다. 예를 들면 기계설비, 사무용가구와 비품, 트럭이나 승용차, 컴퓨터 등과 같은 자산들을 가리킨다. 설비자산의 취득원가도 구입가격에 운임, 운송중의 보험료 등 여러 부대원가를 합해서 결정한다. 기계의 경우에는 취득하여 설치하는 과정에 지출된 조립비, 설치비, 시험운전비까지 취득원가에 포함시킨다.

그러나 설비자산을 취득한 후에 해당 자산의 유지를 위해 지출하는 연간 보험료나 차량의 수리비와 같은 지출은 취득원가에 가산하지 않고 당기의 수선비용으로 처리한다. 왜냐하면 이러한 지출은 설비자산의 미래경제적 효익을 증가시키지 않고 정기적 관리를 위해 소요되는 일상 지출들이기 때문이다.

예제 10-1 유형자산의 취득원가

다음 토지와 건물의 취득원가를 계산해보자.

서울냉동(주)는 올해 3월중 냉동창고를 짓기 위해서 오래된 건물이 있는 토지 3,000평을 ₩1,000,000에 구입하였다. 이 토지 위의 오래된 건물을 철거하는 데 ₩300,000이 들었고, 철거시 수거한 폐자재를 ₩100,000에 팔았다. 토지의 취득에는 중개수수료 ₩50,000, 각종 세금 ₩20,000이 지출되었다. 토지 취득 후에는 건물을 신축하였는데, 건설회사에 ₩2,000,000을 지급하고, 취득세로 ₩300,000을 납부하였다. 이 건물의 취득자금을 마련하기 위해 서울냉동(주)는 은행에서 자금을 차입하였으며, 건설기간 중에 발생한 이자비용으로 ₩100,000을 지출하였다.

토지의 취득원가		건물의 취득원가	
구입가격	₩1,000,000	건설회사에 지급한 건설원가	₩2,000,000
순철거비	200,000*	취득세	300,000
중개수수료	50,000	이자비용의 자본화	100,000
각종 세금	20,000	합 계	₩2,400,000
합 계	₩1,270,000		

* 철거비용 ₩300,000 − 폐자재 판매액 ₩100,000 = ₩200,000

4. 장기할부조건의 구입과 일괄구입

장기할부조건으로 구입했을 경우 취득원가는 현재가치를 기준으로 결정한다.

자산을 취득하기 위하여 현금을 일시에 지급하지 아니하고 자산을 장기할부조건으로 구입했을 경우에는 당해 자산의 공정한 가치를 기준으로 하거나, 당해 채무로 인해 미래 지급할 총액을 적정한 이자율로 할인한 현재가치를 취득원가로 계상해야 한다. 따라서 이때의 취득원가는 현금으로 매입했을 때 지급해야 하는 사실상의 시장가격, 즉 현재가치(present value)를 기준으로 결정한다.[1]

한편 여러 종류의 유형자산을 일괄매입(lump-sum purchase)함으로써 개별 유형자산의 매입가격이 표시되어 있지 않을 경우에는 일괄지급한 총원가를 개별 유형자산의 공정가치 혹은 감정가격에 비례하여 배분시키는 방법으로 개별 유형자산의 취득원가를 결정한다.

1) 현재가치의 개념 및 계산방법은 제12장에서 상세히 설명된다.

5. 증여 및 무상취득

자산의 취득원가
증여 및 무상 : 취득한 자산의 공정가치

증여 및 무상으로 자산을 취득하는 경우에 취득원가주의 개념을 엄격히 적용한다면 자산을 취득하기 위해 지급한 금액이 없으므로 그 원가는 ₩0으로 기록해야 할 것이다. 그러나 재무상태표가 기업의 자산가치를 적절히 표시할 수 있어야 한다는 관점에서 보면, 증여 및 무상으로 취득된 자산이라 할지라도 기업에 미래경제적 효익(future economic benefit)을 제공할 것으로 기대되는 경제적 자원이기 때문에 이에 상당하는 가격으로 평가하여 자산의 취득가치를 계상해야 한다. 따라서 이 경우에도 취득한 자산의 공정가치를 기준으로 하여 취득원가를 결정한다.[2]

6. 유형자산 유지를 위한 지출

유형자산을 취득하여 사용하고 있는 기간중에도 그 자산과 관련된 여러 가지 지출, 즉 수선・유지비용, 개선비용, 확장・증설비용 및 이전비용 등이 발생할 수 있다. 이때 발생하는 지출을 당해 자산의 취득원가에 가산할 것인가 혹은 당기의 비용으로 처리할 것인가 하는 문제가 발생한다.

자산을 취득한 후에 발생하는 지출은 그 지출이 당해 자산의 원래 성능이나 내용연수를 증가시키는 경우에는 자본화하여 미래기간에 배분하고, 그렇지 않은 경우에는 당기비용으로 처리한다.

자산을 취득한 후에 발생하는 지출은 그 지출이 당해 자산의 원래 성능이나 내용연수를 증가시키는 경우에는 이를 자본화하여 미래기간에 배분하고, 그렇지 않은 경우에는 발생시점에서 당기비용으로 처리하는 것이 일반적인 실무지침이다. 두 회계처리 중 어떤 방법을 선택하느냐에 따라 기간별 손익에는 상반된 영향을 미치게 된다.

자본적 지출

자본적 지출
유형자산 취득 또는 완성 후에 이루어진 지출이 해당 자산의 성능을 향상시켜 미래경제적 효익을 실질적으로 증가시키는 지출

자본적 지출(capital expenditure)이란 유형자산 취득 또는 완성 후에 이루어진 지출이 해당 자산의 성능을 향상시켜 미래경제적 효익을 실질적으로 증가시키는 지출을 말한다. 자본적 지출로 처리한다는 의미는 지출금액을 해당 자산의 원가에

2) 이때 대변에 기록되는 계정은 자산수증이익으로서, 손익계산서상에는 기타수익으로 보고한다.

가산한다는 의미이다. 그리고 자본적 지출은 지출이 발생한 시점부터 시작하여 해당 자산의 내용연수 동안 감가상각한다. 자본적 지출로 분류되는 대표적인 유형으로는 다음의 세 가지를 들 수 있다.

자본적 지출은 내용연수 동안 감가상각한다.

새로운 공정의 채택 또는 생산능력의 증대

기존 생산설비에 새로운 기계장치를 추가시켜 새로운 공정을 채택하거나 생산능력을 증가시키는 경우에는 이를 자본적 지출로 처리해야 한다. 기존 건물을 증축하는 시설확장도 자본적 지출이다.

원가절감 또는 품질향상

기계장치의 성능개선이나 재배치 혹은 보조장치의 부착 등으로 조업능률이 원래 수준보다 증가되거나 혹은 제공되는 용역의 질(quality of service)이 실질적으로 향상되는 경우에는 이를 자본적 지출로 처리한다. 예를 들면 농수산물 운송트럭에 에어컨시설을 부착시킨다든지 혹은 기존 포장기계에 새로운 접착기술을 응용한 보조장치를 추가시켜 시간당 포장능력을 향상시키는 경우를 들 수 있다.

내용연수 또는 잔존가치의 연장

유형자산에 대한 대폭적인 수선 등을 통하여 실질적인 경제적 내용연수를 연장시키는 경우도 자본적 지출에 해당된다. 또한 자산의 잔존가치를 실질적으로 증가시키는 지출도 여기에 포함될 수 있을 것이다.

수익적 지출

수익적 지출
유형자산으로부터 당초 예상되었던 성능수준을 회복하거나 유지하기 위한 지출로서, 당기비용으로 처리

수익적 지출(income expenditure)이란 유형자산으로부터 당초 예상되었던 성능수준을 회복하거나 유지하기 위한 지출로서, 당기비용으로 처리한다. 실무적으로는 자본적 지출인지 수익적 지출인지 명확히 구분되지 않을 경우에는 보수적인 관점에서 수익적 지출로 처리한다. 수익적 지출로 분류되는 대표적인 유형은 다음과 같다.

수선 · 유지를 위한 경상적인 지출

기업이 처음에 내용연수를 추정할 경우에는 일정수준의 수선 및 유지와 관련된 지출을 전제로 하고 있으므로 이러한 지출이 없이는 원래의 내용연수가 유지되

지 못할 것이다. 이와 같이 처음에 추정된 내용연수와 서비스의 질 혹은 조업능력을 유지시키거나 원상회복을 위해 지출되는 경상적인 비용은 당기의 수익적 지출로 처리한다. 예를 들면 건물의 도색, 파손된 유리와 소모품의 대체, 마모된 자산의 원상복구 등을 들 수 있다.

일정금액 이하의 소액지출

비록 관련지출의 경제적 효익이 차기에까지 영향을 미친다 할지라도 그 금액이 재무제표에 중대한 영향을 미치지 못하는 소액일 경우에는 이를 자본적 지출로 처리한다 하더라도 큰 의미가 없을 것이다. 이 경우에는 중요성(materiality)의 기준에 따라 당기의 비용으로 처리한다. 나사, 못 혹은 사무용소모품의 구입을 예로 들 수 있다.

03 유형자산의 감가상각

OBJECTIVES
- 유형자산의 감가상각비는 어떻게 계산하는가?

1. 감가상각의 의의

감가상각의 의의 및 필요성

토지를 제외한 모든 유형자산은 시간의 경과나 사용에 따라 일정기간 후에는 그 효용가치가 소멸되어 기업에 더 이상 경제적 효익 제공의 기능을 상실하게 된다.[3] 따라서 기업은 자산의 취득원가를 일정한 방법에 의해 유형자산의 사용기간 동안에 배분시킴으로써 자산의 재무상태표 장부금액을 감소시킴과 동시에 그 금액을 당기의 비용으로 처리하게 되는데, 이를 감가상각(depreciation)이라고 한다. 즉, 감가상각은 유형자산의 취득원가에서 잔존가치를 차감한 감가상각대상금액(또는 감가상각가능원가, depreciable costs)을 그 자산의 내용연수 동안 체계적인 방법에 의하여 각 회계기간으로 배분시키는 절차를 말한다.

감가상각
자산의 취득원가에서 잔존가치를 뺀 감가상각대상금액을 사용기간 동안에 체계적이고 합리적인 방법으로 배분하는 절차

감가상각이라는 회계처리절차가 필요한 이유는 크게 두 가지 관점에서 살펴볼 수 있다.

3) 토지라도 채석장이나 매립지 같이 사용가능한 기간이 한정되어 있는 경우에는 감가상각을 실시한다. 그리고 토지와 건물을 동시에 취득할 때에는 토지와 건물이 서로 분리가능한 자산이므로 별개의 자산으로 분리하여 회계처리한다.

그림 10-2
유형자산과 감가상각

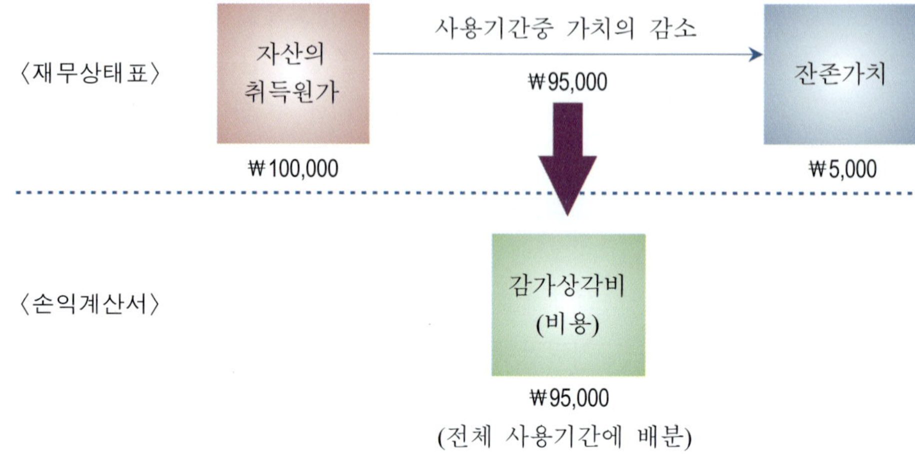

감가상각의 필요성

- 재무상태표의 관점 : 기말자산의 장부금액은 당기에 감소된 가치를 차감한 후의 순액으로 표시되어야 한다.
- 손익계산서의 관점 : 유형자산의 사용대가로서의 감가상각비도 원가에 포함시켜 비용으로 인식해야 한다.

우선 재무상태표의 관점에서 보면 자산은 매입시점에서 취득원가로 평가되었으나, 사용 혹은 기간의 경과에 따라 그 가치가 감소하여 처분시점의 잔존가치에 접근해 간다. 따라서 기말재무상태표상 자산의 장부금액은 당기에 감소된 가치를 차감한 후의 순액(net amount)으로 표시되어야 한다.

손익계산서의 관점에서 보면 당기의 수익을 창출하기 위해 희생된 모든 원가는 당기의 비용에 포함시켜야 한다. 제품을 판매하기 위하여 투입된 광고비와 판매원급여가 비용으로 처리되는 것과 마찬가지로 생산설비나 판매설비를 사용한 대가로서의 감가상각비도 제품이나 용역의 원가에 포함시켜 비용으로 인식해야 하는 것이다. 이상의 논의는 [그림 10-2]와 같이 요약될 수 있다.

가치감소의 발생원인

유형자산의 가치가 감소하는 원인은 크게 두 가지로 나누어볼 수 있다.

물리적 마모

사용 또는 시간의 경과에 따라 물리적으로 마모 또는 훼손된다.

기능적 진부화

비록 물리적 상태는 양호하다 할지라도 기술의 혁신 혹은 새로운 발명품의 출현으로 인하여 유형자산의 경제적 혹은 기능적 가치가 감소되는 경우를 말한다.

또한 환경의 변화 등으로 유형자산의 사용가치가 감소되는 부적합(inadequacy)의 상황도 발생할 수 있다. 구형 컴퓨터나 폐쇄된 탄광의 골조시설 등이 그 좋은 예이다.

감가상각의 회계처리와 보고방법

자산은 사용하거나 시간의 경과에 따라 가치가 감소하지만, 가치의 감소를 객관적이고 신뢰성 있게 회계적으로 측정하기는 쉽지 않다. 감가상각비는 과거에 이미 발생한 취득원가의 금액을 자산의 내용연수 동안 체계적인 방법으로 배분하여 인식하되, 상각되지 않고 남아 있는 잔여금액을 장부금액으로 보고한다. 따라서 감가상각 후의 장부금액이 자산의 공정가치를 나타내는 것은 아니며, 감가상각비가 객관적인 자산가치의 감소분 측정치임을 의미하지도 않는다.[4)]

감가상각누계액
자산의 취득원가 중 비용으로 계상되어 현재까지 소멸된 원가를 누계해둔 숫자

당기의 감가상각액이 결정되면 차변에는 감가상각비(depreciation expense)라는 비용을 인식하고, 대변에는 관련 자산의 차감계정(contra-asset account)인 감가상각누계액(accumulated depreciation)에 기록한다. 이와 관련하여 주의할 점은 공장 및 생산설비와 관련하여 발생하는 감가상각비는 제조원가로 분류되어 제품판매에 따라 손익계산서의 매출원가에 포함되며, 관리 및 판매활동과 관련된 감가상각비는 판매비 및 관리비의 일부로 보고된다는 것이다. 한편 감가상각누계액은 해당 자산의 원가에서 차감하여 자산의 장부금액(book value 또는 carrying amount)을 계산하고 이를 재무상태표에 표시한다.

공장 및 생산설비 관련 감가상각비는 제조원가로 분류되며, 관리 및 판매활동 관련 감가상각비는 판매비 및 관리비의 일부로 보고된다.

감가상각누계액은 자산의 취득원가 중 비용으로 계상되어 현재까지 소멸된 원가(expired cost)의 누계액이며, 결국은 차변의 관련자산 취득원가에 대한 차감항목으로 표시하기 위한 평가계정(valuation account)에 불과하다. 따라서 감가상각누계액은 현금이나 적립금과는 아무런 관계가 없고, 새로운 자산을 취득할 때 대금지급수단으로 실제 사용될 수 있는 별도의 자금을 의미하지 않는다. 감가상각누계액은 통상 재무제표 주석에 공시하고 재무제표에는 원가에서 감가상각누계액을 차감한 장부금액을 표시하고 있다.

4) 이러한 이유 때문에 원가법을 사용하는 기업이라도 회계기말에는 제4절에서 설명하는 바와 같이, 감가상각 후의 장부금액을 공정가치와 비교하여 공정가치가 하락하였으면 차액만큼 손상차손을 인식하는 회계처리를 해야 한다.

예제 10-2 감가상각의 회계처리

새맛기업은 20×1년초에 기계장치를 ₩331,000에 매입하였다. 20×1년의 감가상각비는 ₩30,000으로 결정되었다. 이때 새맛기업은 다음과 같은 분개를 하게 된다.

(차) 감가상각비	30,000	(대) 감가상각누계액	30,000

한편 기계장치와 관련한 새맛기업의 20×1년말 재무상태표는 다음과 같이 기계장치의 장부금액이 ₩301,000으로 표시될 것이다.

〈유형자산〉		
기 계	₩331,000	
감가상각누계액	(30,000)	₩301,000

감가상각의 결정요소
- 취득원가
- 잔존가치
- 내용연수
- 감가상각방법

2. 감가상각비의 결정요소

당기의 감가상각비를 결정하는 요소로는 ① 취득원가, ② 잔존가치, ③ 내용연수 및 ④ 감가상각방법 등이 있다. 취득원가는 이미 설명했으며 감가상각방법은 추후 설명되므로 여기에서는 잔존가치와 내용연수의 추정에 대해서만 설명하기로 한다.

잔존가치와 내용연수는 자산을 처분하거나 폐기하는 시점에 가서야 정확히 알 수 있다. 그러나 회계담당자는 기간별 감가상각액을 결정하기 위해서 자산의 취득시점에 미리 잔존가치와 내용연수를 추정해야 하는데, 이와 같이 미래에 발생할 불확실한 사항을 회계처리를 위해 사전에 추정하는 절차를 회계추정(accounting estimates)이라고 한다. 잔존가치와 내용연수는 매 회계기간말 재검토하고, 상황의 변화로 인해 발생한 새로운 추정치가 종전 추정치와 다르다면 회계추정의 변경절차를 취한다.

회계추정
미래에 발생할 불확실한 사항을 회계처리를 위해 사전에 추정하는 절차

잔존가치

잔존가치(residual value)란 자산의 내용연수가 종료되는 시점에서 그 자산의 예상처분금액에서 예상처분비용을 차감한 금액을 말한다.

잔존가치
자산의 내용연수가 종료되는 시점에서 그 자산의 예상처분금액에서 예상처분비용을 차감한 금액

감가상각대상금액

	취득원가
−	잔존가치
	감가상각대상금액

유형자산은 내용연수 동안 취득원가에서 잔존가치를 차감한 금액만큼의 경제적 가치가 소멸되기 때문에 최초의 감가상각대상금액은 취득원가에서 잔존가치를 차감한 금액이어야 한다.

감가상각대상금액 = 취득원가 − 잔존가치

내용연수

내용연수
자산의 예상사용기간 또는 자산으로부터 획득할 수 있는 생산량

내용연수(useful life)란 일반적으로 자산의 예상사용기간을 말하는데, 자산의 예상사용기간 또는 자산의 활용으로 인한 기대 생산량(사용량) 등의 단위로 표시한다. 유형자산의 내용연수는 가치감소 발생의 원인, 즉 물리적 마모와 기능적 진부화를 모두 고려하여 물리적 내용연수와 기능적 내용연수 중에서 보다 짧은 기간으로 추정해야 한다. 동일한 유형자산이라 할지라도 기업에 따라 그 내용연수가 서로 다를 수 있다는 점에 유의할 필요가 있다.

유형자산의 내용연수는 물리적 내용연수와 기능적 내용연수 중에서 보다 짧은 기간으로 추정한다.

3. 감가상각방법

유형자산의 감가상각방법은 자산의 미래경제적 효익이 소비되는 행태를 반영한 합리적인 방법이어야 한다. 그 종류로는 정액법, 정률법 및 생산량비례법 등이 있다. 새로 취득한 유형자산에 대한 감가상각방법은 기존의 동종 또는 유사한 유형자산에 대한 감가상각방법과 일관되게 적용해야 한다. 일단 채택한 감가상각방법은 계속 적용해야 하지만 매 회계연도말 재검토하여 자산에 내재된 미래경제적 효익이 예상되는 소비행태나 경제상황에 중요한 변동이 있다면 이를 반영하기 위하여 새로운 감가상각방법으로 변경할 수 있다. 감가상각방법을 상호 비교하기 위하여 [예제 10-3]의 자료를 공통적으로 이용하기로 한다.

예제 10-3 여러 가지 감가상각방법의 비교를 위한 자료

나래기업은 제과류를 생산·판매하는 기업이다. 나래기업은 제품의 운송을 위해 취득원가가 ₩20,000,000인 트럭을 20×1년초에 구입하였다. 트럭의 내용연수는 4년으로 추정되며, 4년후 트럭의 잔존가치는 ₩2,000,000이 될 것으로 예측하고 있다.

정 액 법

정액법
매기간 동일한 금액을 상각하는 방법으로서 균등액상각법이라고도 부름

(취득원가 − 잔존가치)
× 1/내용연수
감가상각비

정액법(straight-line method)은 매기간 동일한 금액을 상각하는 방법으로서 균등액상각법이라고도 부른다. 건물과 같이 감가상각대상인 유형자산의 경제적 효익이 시간의 경과에 따라서 일정하게 소비되는 경우에 적합한 감가상각방법이다. 정액법하에서의 매기 감가상각비는 다음의 공식에 의해 결정된다.

$$\text{감가상각비} = (\text{취득원가} - \text{잔존가치}) \times \frac{1}{\text{내용연수}}$$

나래기업의 매기 감가상각비를 정액법으로 계산하면 〈표 10-1〉과 같다. 이 표에서 감가상각누계액은 취득시점부터의 감가상각비를 누적합계한 금액으로, 취득원가에서 감가상각누계액을 차감하면 장부금액이 계산된다.

표 10-1
정액법에 의한 감가상각

(단위 : 천원)

연 도	감가상각비 계산	감가상각비	감가상각누계액	장부금액
				₩20,000
20×1	(₩18,000 × 1/4)	₩4,500	₩4,500	15,500
20×2	(₩18,000 × 1/4)	4,500	9,000	11,000
20×3	(₩18,000 × 1/4)	4,500	13,500	6,500
20×4	(₩18,000 × 1/4)	4,500	18,000	2,000
		₩18,000		

정액법은 매년 일정액이 비용처리되므로 손익에 미치는 영향도 매 기간 동일하다.

정액법은 계산이 매우 단순하여 사용하기 편리한 방법이며, 매년 일정액이 비용처리되므로 손익에 미치는 영향도 매 기간 동일하다.

정 률 법

체감잔액법
감가상각 초기에는 많은 금액이 상각되고 기간이 경과함에 따라 상각액이 점차 감소하는 감가상각방법
· 정률법
· 연수합계법

체감잔액법(declining balance method)이란 감가상각 초기에는 많은 금액이 상각되고 기간이 경과함에 따라 상각액이 점차 감소하는 감가상각방법을 총칭하는 개념으로서, 대표적으로 정률법, 이중체감법 그리고 연수합계법이 있다. 초기에는 유형자산의 생산능률이나 서비스의 질이 높지만 사용시간이 경과할수록 설비의 노후화 등으로 그 능률이 저하되는 기계장치나 설비자산의 경우 체감잔액법을 적용하는 것이 수익과 비용의 대응이라는 관점에서 볼 때 보다 바람직할 것이다.

체감잔액법을 이용하면 유형자산의 사용과 관련하여 발생하는 총비용은 매년 거의 비슷하게 계상된다.

또한 [그림 10-3]에서 보는 바와 같이 유형자산의 유지와 관련하여 발생하는 수선유지비는 시간이 경과함에 따라 점차 증가하게 될 것이다. 따라서 체감잔액법을 이용하면 유형자산의 사용과 관련하여 발생하는 총비용, 즉 감가상각비와 수선유지비의 합계액은 매년 거의 비슷한 수준으로 계상된다는 점이 그 특징이다.

정률법에서는 유형자산의 기초장부금액에 매기간 동일한 감가상각률을 적용한다.

체감잔액법 중 하나인 정률법(fixed-percentage-of-declining-balance method)에서는 유형자산의 기초장부금액에 매기간 동일한 감가상각률을 적용한다. 정률법하에서 감가상각누계액 차감 후의 장부금액은 매년 감가상각액만큼 감소하게 되므로 초기에 많은 금액이 상각되고 기간이 경과함에 따라 상각액이 점차 감소하게 된다. 정률법하에서의 매기 감가상각비는 다음의 공식에 의하여 결정된다.[5]

그림 10-3

체감잔액법에 의한 감가상각비와 수선유지비

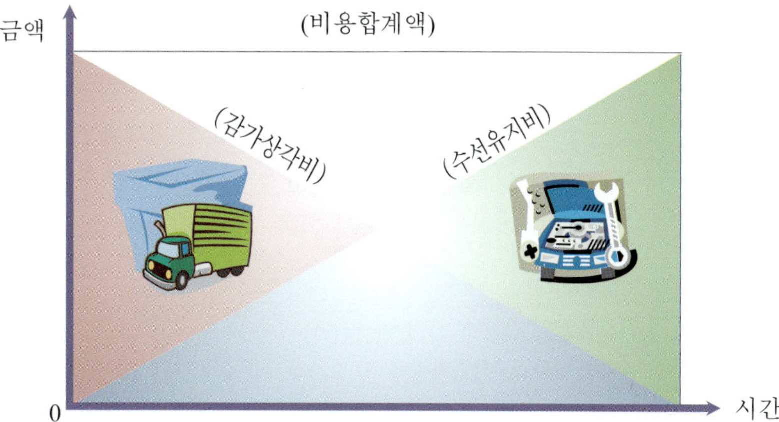

	장부금액
×	감가상각률
	감가상각비

감가상각비 = 장부금액 × 감가상각률

단, 감가상각률 $=1-\sqrt[n]{\dfrac{\text{잔존가치}}{\text{취득원가}}}$ n : 내용연수

위의 공식에서 최초 장부금액은 잔존가치 차감 전의 금액이라는 점에 유의할 필요가 있다. 왜냐하면 이미 잔존가치를 고려하여 감가상각률을 결정했기 때문이다. 나래기업의 매기 감가상각비를 정률법으로 계산하면 〈표 10-2〉와 같다.

표 10-2

정률법에 의한 감가상각

(단위 : 천원)

연 도	감가상각비 계산 (기초장부금액×상각률*)			감가상각누계액	장부금액
					₩20,000
20×1	(₩20,000 × 0.438)	=	₩8,760	₩8,760	11,240
20×2	(₩11,240 × 0.438)	=	4,923	13,683	6,317
20×3	(₩6,317 × 0.438)	=	2,766	16,449	3,551
20×4	(₩3,551 × 0.438)	=	1,551**	18,000	2,000
			₩18,000		

* 상각률 $= 1-\sqrt[4]{\dfrac{2,000,000}{20,000,000}} = 0.438$

** 잔존가치가 ₩2,000,000이 되도록 반올림 등의 숫자차액을 마지막 연도에 모두 조정한다.

생산량비례법

생산량비례법
내용연수를 기준으로 하지 않고 생산량 혹은 사용량에 비례하여 감가상각비를 계산하는 방법

생산량비례법(units-of-production method)은 내용연수를 기준으로 하지 않고 생산량 혹은 사용량에 비례하여 감가상각비를 계산하는 방법이다. 삼림 · 유전 혹은 광산과 같은 천연자원(natural resources)이나 광물자원(mineral resources)의 경우에는 그 가치가 벌목량 혹은 채광량에 비례하여 감소되므로, 추정 총생산량에 대한 당기의 실제 생산량 비율을 기준으로 감가상각비를 계산함으로써 수익과 비용을 합리적으로 대응시킬 수 있게 된다.[6)]

5) 정률법하에서의 감가상각률은 다음과 같이 산출된다.
취득원가를 C, 내용연수를 n, 잔존가치를 S, 감가상각률을 d라고 할 때 n년말 감가상각후 장부금액은 $C(1-d)^n$이므로 이 금액이 바로 잔존가치가 된다. 즉, $C(1-d)^n=S$, 따라서 $d=1-\sqrt[n]{\dfrac{S}{C}}$이 된다.
잔존가치가 0이면 상각률이 1이 되는 문제가 생기는데, 이때에는 합리적으로 잔존가치를 결정해서 사용한다.

6) 광물자원 또는 천연자원을 생산량비례법에 의해 상각할 때에는 일반적인 감가상각(depreciation)이라는 용어와 구별하기 위하여 감모상각(depletion)이라는 표현도 사용한다.

	(취득원가 - 잔존가치)
×	당기 실제생산량 / 추정 총생산량
	감가상각비

생산량비례법에서 감가상각비를 계산하기 위한 공식은 다음과 같다.

$$\text{감가상각비} = (\text{취득원가} - \text{잔존가치}) \times \frac{\text{당기 실제생산량}}{\text{추정 총생산량}}$$

나래기업의 감가상각액을 생산량비례법으로 계산하면 다음과 같다.

만약 나래기업의 경우에 트럭 내용연수 동안의 총주행가능거리를 200,000km라고 추정하였다고 하자. 20×1년의 실제 주행거리가 50,000km이었다고 하면, 당기의 감가상각비는 다음과 같이 계산된다.

$$\text{감가상각비} = (₩20,000,000 - ₩2,000,000) \times \frac{50,000\text{km}}{200,000\text{km}}$$
$$= ₩4,500,000$$

예에서 보는 바와 같이 만약 유형자산의 가치가 주행거리 이외에 작업시간이나 생산량에 비례하여 감소할 경우에도 적절한 기준단위를 설정하여 그 사용 정도에 따라 감가상각액을 계상할 수 있다.

mark down

"AI 기술주 이익 부풀렸다"… '빅쇼트' 마이클 버리 또 경고

2008년 글로벌 금융위기를 예견했던 영화 '빅쇼트'의 실제 모델 마이클 버리가 이번에는 인공지능(AI) 열풍의 핵심 기업들을 겨냥했다. 그는 미국의 주요 클라우드 및 AI 인프라 기업들이 감가상각비용을 축소해 인위적으로 이익을 부풀리고 있다고 주장했다.

버리는 자신의 SNS에 "AI 하이퍼스케일러 기업들이 자산의 사용 수명을 과도하게 길게 잡아 감가상각비를 줄이고 있다"며 "이는 현대 회계에서 가장 흔한 이익 부풀리기 수법 중 하나"라고 비판했다. 하이퍼스케일러 기업이란 초대규모(하이퍼스케일) 데이터센터와 클라우드 인프라를 운영하는 글로벌 IT 기업을 뜻한다.

그는 "엔비디아의 칩과 서버처럼 2~3년 주기로 교체되는 장비를 대거 구입하면서도, 오히려 자산의 수명을 연장하는 식으로 회계처리하고 있다"고 지적했다. 이런 회계방식은 단기적으로 기업의 순이익을 부풀려 보이게 하지만, 실제 현금흐름에는 도움이 되지 않는다는 설명이다.

버리는 이 같은 감가상각 축소 규모가 2026년부터 2028년까지 약 1,760억 달러에 달할 것이라고 추정했다. 특히 오라클과 메타의 이익이 2028년 기준 각각 27%, 21% 과대계상될 수 있다고 주장했다. 기업은 회계기준(GAAP)에 따라 자산의 가치하락 속도에 맞춰 매년 감가상각비를 비용으로 인식하지만, 자산의 수명을 실제보다 길게 설정할 경우, 매년 반영되는 감가상각비가 줄어들어 이익이 부풀려지는 효과가 생긴다.

버리는 올해 초부터 "AI 투자 열풍이 1990년대 말 닷컴 버블을 연상시킨다"고 경고해왔다. 그는 최근 분기 보고서에서 엔비디아와 팔란티어 주식에 대한 풋옵션(하락 베팅)을 대규모로 보유중인 사실을 공개했다.

(한국경제신문, 2025.11.12 기사 요약)

4. 유형자산의 처분

유형자산의 처분과 관련된 회계처리 문제는 크게 두 가지로 요약될 수 있다.

첫째, 기업이 더 이상 유형자산을 보유하고 있지 않기 때문에 해당 자산의 취득원가와 감가상각누계액을 전부 장부에서 제거시켜야 한다. 이때는 처분시점까지의 감가상각비를 계상하고 또한 처분시점의 감가상각누계액으로 감가상각누계액의 잔액을 갱신한 후에 그 금액을 장부에서 제거시킨다.

유형자산처분손익은 손익계산서에 당기손익으로 보고한다.

둘째, 취득원가에서 감가상각누계액을 차감한 처분시점의 장부금액과 처분금액 간에 차이가 발생할 때 그 차액은 유형자산처분손익(gains or losses on disposal of fixed assets)으로서 손익계산서에 당기의 기타손익으로 보고한다.

이에 관한 회계처리가 [예제 10-4]에 나타나 있다.

예제 10-4 유형자산의 처분손익

[예제 10-3]과 관련하여 나래기업은 20×1년초에 트럭을 구입하여 정액법으로 감가상각해오고 있다. 그런데 20×4년의 6월말에 사용중인 트럭을 현금 ₩5,000,000을 받고 처분하였다. 20×4년초에 트럭과 관련하여 장부상에 표시되어 있는 금액은 다음과 같다.

취 득 원 가	₩20,000,000
감가상각누계액	13,500,000*
장 부 금 액	₩6,500,000

$* \ (₩20,000,000 - ₩2,000,000) \times \frac{3년}{4년} = ₩13,500,000$

나래기업은 처분과 관련하여 다음과 같은 두 가지 분개를 해야 한다.

① 20×4년 처분전 6개월분의 감가상각 계상

(차) 감가상각비	2,250,000*	(대) 감가상각누계액	2,250,000

* ₩4,500,000(연간 감가상각비)×6/12=₩2,250,000

② 트럭의 처분 및 처분손익 계상

(차) 현 금	5,000,000	(대) 트 럭	20,000,000
감가상각누계액	15,750,000*	유형자산처분이익	750,000

* 트럭과 그 차감계정인 감가상각누계액을 장부에서 제거한다. 취득시점부터 처분시점까지의 감가상각누계액은 다음과 같이 계산한다.

20×4년초 감가상각누계액 ₩13,500,000+20×4년 6개월분 감가상각비 ₩2,250,000=₩15,750,000

〈참고〉 만약 위의 예에서 나래기업의 트럭을 현금 ₩2,000,000을 받고 처분했다면 ₩2,250,000의 처분손실을 인식한다.

(차)	현금	2,000,000	(대) 트럭	20,000,000
	감가상각누계액	15,750,000		
	유형자산처분손실	2,250,000		

또한 미래경제적 효익을 더 이상 기대할 수 없어 유형자산을 폐기하게 될 때에는 장부에서 제거(derecognition)시키는 회계처리가 필요하다. 이때 유형자산의 폐기에 따라 발생하는 손익은 손익계산서상에 기타손익으로 보고한다.

04 유형자산의 평가

OBJECTIVES 

- 원가모형과 재평가모형의 회계처리는 어떻게 다른가?

원가모형
구입가격에 부대원가를 더하고 또한 여기에 보유중에 발생한 자본적 지출을 합하여 유형자산의 원가를 결정하는 방법

재평가모형
원가모형과 다르게 유형자산을 공정가치로 평가하는 방법

공정가치
합리적인 판단력과 거래의사가 있는 사람들간에 자산이 거래될 때 결정된 가격으로, 일반적으로 활성화된 시장에서 형성된 시장가격과 같은 금액

유형자산을 처음 취득한 때에는 취득원가로 측정하여 기록한다. 취득원가는 취득 당시 해당 자산의 공정가치를 반영한 것으로 볼 수 있다. 그런데 일단 취득원가로 기록한 이후에는 원가모형이나 재평가모형 중에서 어느 한 방법을 선택하여 평가할 수 있다. 원가모형(cost model)이란 앞서 우리가 살펴본 대로 구입가격에 부대원가를 더하고 또한 여기에 보유중에 발생한 자본적 지출을 합하여 유형자산의 원가를 결정하는 방법이다. 한편 재평가모형(revaluation model)이란 원가모형과 다르게 유형자산을 공정가치로 평가하는 방법이다. 공정가치(fair value)란 합리적인 판단력과 거래의사가 있는 사람들간에 자산이 거래될 때 결정된 가격으로, 일반적으로 거래가 활성화된 시장에서 형성된 시장가격과 같은 금액이다.

예를 들어 20×1년초에 ₩100,000에 취득한 토지를 소유하고 있는데 20×4년말에 토지의 공정가치가 ₩150,000이 되었다고 하자. 만약 원가모형으로 토지를 평가하면 재무상태표에 토지의 장부금액이 ₩100,000으로 표시되고, 재평가모형을 따르면 토지가 ₩150,000으로 표시된다. 재평가모형은 유형자산을 공정가치로 평가함으로써 유형자산의 경제적 실질을 잘 나타내기 때문에 투자자의 경제적 의사결정에 보다 목적적합한 회계정보를 제공할 수 있다는 장점이 있다.[7]

7) 기업이 일단 재평가모형을 적용한 이후에는 다시 원가모형으로의 평가방법 환원을 허용하지 않는다. 계속 일관성 있는 평가모형을 사용하게 함으로써 이익조정 목적의 회계변경을 방지하고자 하는 것이다.

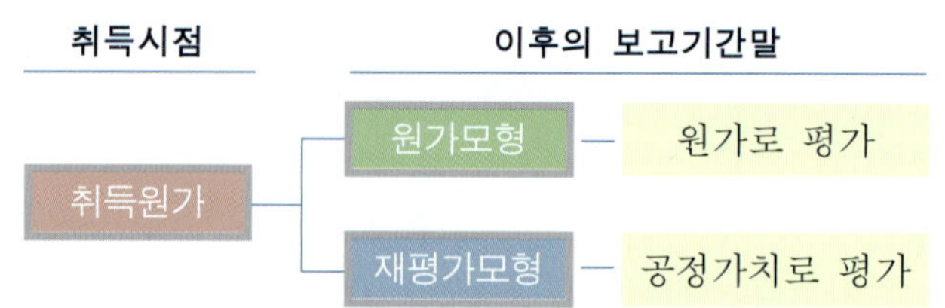

기업이 재평가모형을 채택하는 경우에는 개별 자산이 아닌 해당 분류의 자산 전체에 대하여 재평가모형을 적용한다. 즉 토지, 기계장치, 차량운반구, 비품 등과 같이 어느 한 종류의 유형자산 분류 속에서 해당 분류에 속하는 모든 개별 자산들에 대해서는 동일한 모형을 적용해야 한다. 예를 들어 기계장치가 A, B, C, 세 기계로 구성되어 있는 경우 기계장치 A에 대해서는 재평가모형을 적용하면, B와 C는 원가모형을 적용할 수는 없고 기계장치라는 자산분류 전체에 대해 동일한 재평가모형을 적용해야 한다.

1. 원가모형과 손상차손

기업이 원가모형을 선택하면 원칙적으로 공정가치 변동으로 인한 자산의 평가손익은 인식하지 않는다. 그러나 유형자산을 취득한 이후 유형자산의 가치가 크게 감소되고 단기간 내에 회복될 수 없다면 원가모형이라 하더라도 유형자산의 장부금액을 감소시키고 이를 손상차손(impairment loss)으로 인식해야 한다.[8]

회수가능액
자산의 순공정가치와 사용가치 중에서 큰 금액

순공정가치
공정가치에서 해당 자산을 당장 처분할 경우의 처분부대원가를 차감한 금액

사용가치
자산이 벌어들일 미래현금흐름을 현재가치로 환산한 금액

기업은 손상차손을 계산함에 있어서 해당 유형자산을 현재 시점에 처분한다면 예상되는 미래현금흐름액과 앞으로 계속 사용한다면 얻을 수 있는 사용가치를 비교하여 회수가능액을 결정한다. 회수가능액(recoverable amount)은 자산의 순공정가치와 사용가치 중에서 큰 금액이다. 순공정가치(net fair value)란 공정가치에서 해당 자산을 당장 처분할 경우의 처분부대원가를 차감한 금액을 말하고, 사용가치(value in use)란 자산이 앞으로 벌어들일 미래현금흐름을 현재가치로 환산한 금액을 의미한다.

손상차손 = 장부금액 − 회수가능액
회수가능액 = max(순공정가치, 사용가치)

8) 회계기준에서는 원가모형이라 하더라도 공정가치가 하락하면 손실(손상차손)은 당기손익에 반영하되, 반면 가치가 원래의 원가보다 상승하더라도 이익(평가이익)은 인식하지 않는 보수적 회계처리방법을 규정하고 있다. 이는 제9장에서 살펴본 재고자산의 저가평가와 동일한 개념이다.

만약 회수가능액이 장부금액에 미달하는 경우에 그 차액을 유형자산손상차손(loss on impairment)이라는 비용항목으로 인식한다. 동시에 같은 금액만큼 손상차손누계액이라는 자산의 차감계정을 사용하여 해당 자산의 장부금액을 회수가능액으로 감소시킨다. 이때 재무상태표상 유형자산의 장부금액은 취득원가에서 감가상각누계액 및 손상차손누계액을 차감한 후의 순액으로 표시된다.

한편 손상차손 인식 후 감가상각비는 원래의 취득원가나 수정전의 장부금액이 아니라 당기말에 수정된 장부금액(회수가능액)을 기준으로 새롭게 계산해야 한다.

취득원가
− 감가상각누계액
− 손상차손누계액
유형자산의 장부금액

유형자산의 장부금액 = 취득원가 − 감가상각누계액 − 손상차손누계액
(회수가능액)

그러나 차기 이후에 만약 해당 유형자산의 가치가 다시 회복되어 새로 계산된 회수가능액이 이미 하향조정된 장부금액을 초과하는 경우에는 그 초과액을 유형자산손상차손환입이라는 당기이익 항목으로 처리하고 그 초과액만큼 장부금액을 상향조정한다. 다만 상향조정할 자산의 장부금액은 과거기간에 손상차손을 인식하지 않았더라면 현재 기록되어 있을 장부금액(감가상각 후의 금액)을 초과하여 증가시킬 수는 없다. 즉, 손상차손누계액의 범위 내에서만 환입할 수 있다.

손상차손과 관련된 회계처리의 예를 [예제 10-5]를 통해 살펴보자.[9]

예제 10-5 손상차손에 관한 회계처리

나래기업이 소유하고 있는 토지의 장부금액은 ₩48,000,000이다. 20×1년말에는 부동산 시세가 하락하여 토지의 회수가능액이 ₩30,000,000이라고 평가되었다. 그런데 20×3년도말에 이 토지의 회수가능액이 ₩58,000,000으로 회복되었다. 이에 대한 회계처리는 다음과 같다.

〈20×1년말〉

(차) 토지손상차손	18,000,000	(대) 토지손상차손누계액	18,000,000

20×1년말 재무상태표상에 토지는 장부금액인 ₩30,000,000으로 표시된다.

토지	₩48,000,000	
토지손상차손누계액	(18,000,000)	₩30,000,000

9) [예제 10-5]는 감가상각대상 자산이 아닌 토지를 예로 들었다. 감가상각대상자산에 관한 손상차손 회계처리는 [종합예제 2]를 참고하자.

20×3년말에는 토지의 공정가치가 ₩58,000,000이 되지만 토지의 장부금액을 증가시킬 수 있는 최대의 금액은 최초의 장부금액 ₩48,000,000이다. 따라서 토지손상차손환입액은 ₩18,000,000이다.

〈20×3년말〉

(차) 토지손상차손누계액	18,000,000	(대) 토지손상차손환입	18,000,000

20×3년말 재무상태표에는 토지손상차손누계액이 전액 환입되어 잔액이 없으므로 토지의 장부금액은 ₩48,000,000으로 표시된다. 이때 회수가능액이 비록 ₩58,000,000이라고 하더라도 원가모형에서는 손상차손 인식 전의 장부금액인 ₩48,000,000을 초과하여 환입할 수는 없다는 점에 유의한다.

2. 재평가모형과 공정가치 평가

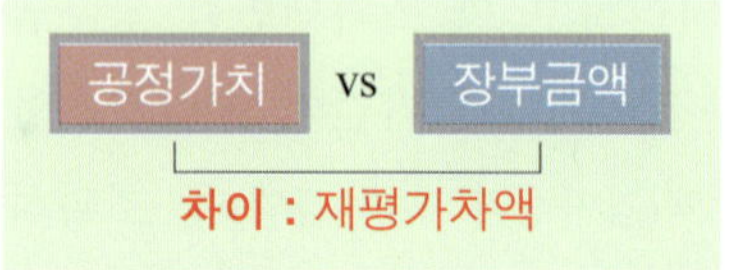

기업이 재평가모형을 적용할 때는 보고기간말에 공정가치로 평가한다. 이때 공정가치와 기존의 장부금액 간에 차이가 발생하면, 이 차이를 재평가차액(revaluation difference)이라고 부른다.

공정가치가 장부금액보다 큰 경우

공정가치 > 장부금액 ⇒ 재평가증가액

공정가치가 장부금액보다 크면 재평가로 인하여 자산을 공정가치로 평가하므로 장부금액이 증가하게 된다. 공정가치와 장부금액의 차이는 재평가증가액(revaluation increment)이라고 한다. 회계처리는 차변에 해당 자산의 장부금액을 증가시키고, 대변에는 자산재평가이익을 기록한다. 자산재평가이익은 포괄손익계산서에서 기타포괄손익으로 보고된다. 자산재평가이익은 당기손익에 포함시키지 않음에 주의해야 한다. 한편 보고기간말에는 마감분개를 통하여 자산재평가이익을 자본항목인 기타포괄손익누계액 중에서 자산재평가잉여금(asset revaluation reserve)으로 대체한다.

(차) 유 형 자 산	×××	(대) 자산재평가이익 (기타포괄이익)	×××

보고기간말의 마감분개에서는 다음과 같이 회계처리하여, 기타포괄손익에 인식된 자산재평가이익을 재무상태표의 기타포괄손익누계액으로 대체한다.

(차) 자산재평가이익 (기타포괄이익)	×××	(대) 자산재평가잉여금 (기타포괄손익누계액)	×××

재평가모형에 따른 회계처리의 예를 들어보자.

예제 10-6 자산재평가이익의 회계처리

신영의료(주)는 20×1년초 의료기계를 ₩100,000에 구입했다. 의료기계의 내용연수는 10년이고 잔존가치는 없으며 정액법으로 감가상각을 한다. 20×1년말에는 1년간 감가상각이 계상되어 감가상각누계액이 ₩10,000(=₩100,000×1년/10년)이고 장부금액은 ₩90,000(=₩100,000−₩10,000)이다. 그런데 20×1년 12월 31일 이 의료기계의 공정가치가 ₩120,000으로 증가했다. 신영의료(주)는 의료기계를 재평가법으로 회계처리하기로 했다.

이 경우, 신영의료(주)는 우선 재평가 직전에 기록되어 있던 20×1년말 장부상의 감가상각누계액을 전액 제거하여, "0"으로 만든다.[10] 그 다음에 재평가차액을 유형자산원가에 가산(차감)시키는 회계처리를 한다.

(차) 감가상각누계액	10,000*	(대) 의 료 기 계	10,000

* 재평가 직전 장부상 감가상각누계액을 제거하고 의료기계의 장부금액을 ₩90,000으로 감소시킨다.

(차) 의 료 기 계	30,000	(대) 자산재평가이익 (기타포괄손익)	30,000*

* 의료기계를 ₩30,000 증가시켜서 ₩90,000으로 감소된 의료기계의 장부금액을 ₩120,000으로 증가시킨다. 그리고 자산재평가이익 ₩30,000을 인식한다.

이러한 회계처리로 의료기계의 장부금액은 ₩90,000에서 ₩120,000으로 증가하게 된다. 그리고 자산재평가이익 ₩30,000은 포괄손익계산서의 기타포괄손익에 반영되고, 궁극적으로는 마감분개를 통해 재무상태표의 기타포괄손익누계액에 포함된다.[11] 한편, 다음 기부터는 새로 평가된 재평가액(공정가치)을 기준으로 감가상각을 실시한다.

재무상태표에서 자산재평가 회계처리 전후의 장부금액을 비교해보자.

---

10) K-IFRS에서는 자산재평가시에 기존의 감가상각누계액을 모두 제거하고 자산을 공정가치로 평가하는 방법 이외에, 자산의 원가와 감가상각누계액을 비례적으로 수정하는 방법도 허용하고 있다. 비례적 수정방법을 채택하면, 장부금액의 1/3만큼 공정가치가 증가했으므로 원가와 감가상각누계액 각각 1/3의 금액을 증가시킨다. 이러한 회계처리로 재평가이익이 ₩30,000, 재평가 후의 장부금액이 ₩120,000 산출된다.

(차) 의 료 기 계	33,333	(대) 감가상각누계액	3,333
		자산재평가이익	30,000

장부금액은 (₩100,000+₩33,333−₩10,000−₩3,333)=₩120,000이다.

11) 재평가 이후연도의 회계처리는 좀 복잡해질 수 있다. 당기의 공정가치 변동으로 자산의 장부금액이 증가하는 경우, 과거기간의 자산재평가에서는 (공정가치가 장부금액보다 작아서) 관련자산의 재평가손실을 인식했을 수 있다. 이러한 경우에는 당기 재평가증가액 중에서 이전에 인식한 재평가손실만큼은 당기의 이익으로 처리해야 한다. 이는 이전 기간의 손실로 이미 인식한 금액을 당기에 다시 반전시켜야 하는 회계처리이므로 해당 금액을 기타포괄손익이 아닌 당기손익으로 처리하는 것이다. 물론 그 금액을 초과하는 재평가증가액은 기타포괄손익으로 인식한다.

	재평가 전	재평가 후	차 액
의 료 기 계	₩100,000	₩120,000	₩20,000
감가상각누계액	(10,000)	0	10,000
장 부 금 액	₩90,000	₩120,000	₩30,000

공정가치가 장부금액보다 작은 경우

공정가치 < 장부금액 ⇒ 재평가감소액

만약 공정가치가 하락하여 장부금액보다 작아지면 재평가로 인하여 자산의 장부금액이 감소하고 재평가감소액(revaluation decrement)이 발생한다. 이 경우에는 일반적으로 차변에 자산재평가손실을 기록하고 대변에는 해당 자산을 기록하여 자산의 장부금액을 감소시킨다. 자산재평가손실은 손익계산서의 비용항목으로 반영하여 당기순이익을 감소시킨다. 재평가증가액은 당기손익에 반영하지 않고 기타포괄이익으로 보고하는 반면, 재평가감소액은 당기손실로 반영하는 회계처리는 당기순이익을 가급적 작게 보고하려는 보수적 회계처리를 따르기 때문이다.

(차) 자산재평가손실 (당기비용)	×××	(대) 유 형 자 산	×××

mark down **자산재평가의 목적과 부채비율**

자산재평가의 목적은 여러 가지이지만 기업의 부채비율을 줄이려는 의도가 크다. 예를 들어 A기업의 자산이 1,000억원, 부채가 800억원, 자본이 200억원인데, 자산 중에서 토지가 많고 부동산가격이 크게 올라서 이를 재평가하면 200억원의 재평가차익이 생긴다고 하자. 재평가 전후의 간단한 재무상태표는 다음과 같다.

재평가 전 재무상태표

자 산	1,000억원	부 채	800억원
		자 본	200억원

부채비율 400%

재평가 후 재무상태표

자 산	1,200억원	부 채	800억원
		자 본	400억원

부채비율 200%

위와 같이 자산재평가로 기업의 실질적인 경제적 가치는 변화가 없지만, 장부상으로 부채비율이 400%에서 200%로 급감했다. 투자자나 채권자들은 기업가치를 평가할 경우에 자산재평가로 인한 장부상의 숫자 변화에 주의해야 한다. 그리고 우리나라에서 자산재평가의 또 다른 중요한 목적은 기업의 총자산을 증가시켜서 몸집(총자산)을 크게 보이게 하는 이유도 있다.

하지만 일단 자산재평가를 하면 해당 자산은 계속 공정가치로 평가해야 하고, 이러한 공정가치 평가는 번거로울 뿐만 아니라 재평가에 따르는 비용도 발생하기 때문에 대부분의 기업은 재평가법보다 원가법에 따라서 유형자산 회계처리를 하고 있다.

예제 10-7 자산재평가손실의 회계처리

충남병원은 20×1년초에 ₩100,000을 지급하고 CT 촬영기를 구입하였다. 20×1년말 재무제표를 작성하는 시점에서 이 CT 촬영기의 감가상각누계액은 ₩10,000이고, 공정가치는 ₩70,000이다. 20×1년말에 재무보고를 하고자 하는 경우, 기존의 감가상각누계액을 수정하여 자산재평가에 대한 회계처리를 하면 다음과 같다.

(차) 감가상각누계액	10,000*	(대) CT 촬영기	10,000

* 20×1년말까지 누적된 감가상각누계액을 제거하고 같은 금액만큼 장부금액을 감소시킨다.

(차) 자산재평가손실 (당기손익)	20,000*	(대) CT 촬영기	20,000

* 자산을 공정가치 ₩70,000으로 감소시키기 위하여 대변에 CT 촬영기 ₩20,000을 인식하고, 동 금액을 재평가손실로 인식한다.

20×1년말 공정가치 ₩70,000－20×1년말 장부금액 ₩90,000＝재평가손실 ₩20,000

이러한 회계처리로서 재무상태표상의 CT 촬영기의 장부금액은 ₩70,000이 되고, 감가상각누계액은 다시 "0"에서 시작하게 된다. 자산재평가손실 ₩20,000은 손익계산서에서 당기비용으로 반영된다.[12] 이후로는 새로운 장부금액 ₩70,000을 기준으로 감가상각비를 계산한다.

유형자산을 재평가법에 따라서 공정가치로 평가한 후에 자산을 매각하면 해당 자산과 관련된 자산재평가잉여금이 재무상태표의 자본항목에 남아 있게 된다. 이 자산재평가잉여금은 자산매각시에 전액을 이익잉여금으로 대체할 수 있다. 그러나 자본구성요소인 기타포괄손익누계액에 있는 자산재평가잉여금을 이익잉여금으로 대체하여도 자본총액에는 영향이 없다. 자본의 구성항목간의 금액이 변화한 것이기 때문이다.

12) 당기의 공정가치 변동으로 자산의 장부금액을 감소시켜야 하는 경우, 과거기간의 재평가시에 (공정가치가 장부금액보다 커서) 발생한 자산재평가이익(재평가잉여금)이 재무상태표에 존재할 수 있다. 이때에는 재평가감소액을 한도로 차변에 기타포괄손실을 인식하여 기존의 기타포괄손익누계액에 남아 있는 자산재평가잉여금을 먼저 상쇄(감소)시키고, 그런 이후에도 재평가차액이 남으면 이 잔액을 손익계산서에 당기의 자산재평가손실로 인식한다.

05 무형자산의 회계처리

OBJECTIVES 

• 무형자산에는 어떠한 종류가 있는가?

무형자산
물리적 실체는 없지만 법률적 또는 경제적으로 미래경제적 효익을 제공하는 비화폐성자산

기업의 자산 중에는 물리적 형태는 없지만 영업활동에 사용하기 위하여 보유하는 무형의 자산들이 있다. 예를 들어 특허권, 프랜차이즈, 라이선스, 저작권 등이다. 이와 같이 물리적 실체는 없지만 법률적 또는 경제적으로 미래경제적 효익을 제공하는 비화폐성자산을 무형자산(intangible assets)이라고 한다. 대부분의 무형자산은 특정 기업이 독점적 이용권리를 누리거나 타기업보다 초과수익을 얻을 수 있는 법률적 혹은 경제적 권리를 화폐액으로 표시한 것이다. 따라서 유형자산과는 달리 미래경제적 효익을 실제로 실현시킬 것인지에 대해서는 어느 정도의 불확실성이 존재한다는 특성이 있다.

1. 무형자산의 취득과 상각

무형자산은 유형자산과 같이 자산을 취득하기 위하여 직접 지출한 원가뿐만 아니라 기업이 당해 자산을 본래 의도한 용도로 사용가능하게 하기 위하여(to be ready for its intended use) 지출한 모든 원가를 가산하여 취득원가를 결정한다. 따라서 외부로부터 유상으로 취득한 무형자산은 당해 자산의 매입원가뿐만 아니라 취득과 관련하여 발생한 모든 부대원가, 즉 취득수수료 및 제세공과와 법률비용 등을 포함하여 취득원가로 계상해야 한다. 그러나 기업 내부에서 자가창출한 무형자산은 미래의 경제적 효익에 대한 실현이 불확실하고 또한 취득원가의 추정이 매우 어렵기 때문에 특별한 경우를 제외하고는(예 : 개발비) 자산으로 인식하지 않는다.

유형자산의 경우에는 감가상각이라는 용어를 사용하지만 무형자산의 경우에는 상각이라는 용어를 사용한다.

무형자산도 유형자산과 같이 기간의 경과 또는 사용으로 인하여 그 가치가 점차 감소하는 것이 일반적이므로 상각을 실시한다. 그런데 유형자산의 경우에는 감가상각(depreciation)이라는 용어를 사용하지만 무형자산은 상각(amortization)이라는 용어를 사용하여 유형자산과 구별하고 있다.

무형자산의 내용연수가 유한하다면 내용연수 동안 무형자산을 상각한다.

무형자산의 상각은 무형자산의 내용연수가 유한한지 아니면 일정기간으로 한정할 수 없는지에 따라서 다르다. 내용연수가 유한하다면 그 내용연수 동안 무형자산을 상각한다. 그러나 내용연수가 불확실하거나 특정 연한을 결정할 수 없으면 이를 비한정 내용연수(indefinite life)를 갖는

무형자산으로 분류하고 상각하지 않는다. 대신에 매 회계연도말에 자산이 손상되었는지 반드시 검토하고 손상된 경우에는 손상차손을 인식해야 한다. 무형자산의 상각액이나 상각누계액은 주석에 공시하고 재무제표 본문에는 대부분 장부금액으로 표시하고 있다.

한편, 무형자산을 재무상태표에 최초로 인식한 이후에는 유형자산과 같이 원가모형이나 재평가모형을 선택하여 자산을 평가할 수 있다.

예제 10-8 무형자산의 취득과 상각

신통제약회사는 새로운 항생물질을 개발하고 있다. 회사는 장기적이고 안정적인 수익을 확보하기 위하여 특허권을 신청할 예정이다. 항생물질에 대한 특허권을 얻기 위하여 직접적으로 지출한 금액은 ₩10,000,000이다. 그리고 특허권을 출원하여 ₩400,000의 제반 수수료를 지급한 후 등록을 마쳤다. 특허권의 효력은 특허권법에 의해 20년 동안 지속되나 경쟁회사의 기술개발 등을 고려하면 앞으로 8년 이후에는 보다 효과적인 항생물질이 개발될 것으로 예측된다. 이와 관련하여 특허권 취득연도에 신통제약회사는 다음과 같은 분개를 해야 한다.

〈특허권 개발완료 시점의 분개〉

(차)	선 급 금	10,000,000	(대) 현 금	10,000,000

〈취득시점의 분개 : 회계연도초〉

(차)	특 허 권	10,400,000	(대) 현 금	400,000
			선 급 금	10,000,000

〈상각시점의 분개 : 회계연도말〉

(차)	특허권상각비	1,300,000*	(대) 특 허 권	1,300,000

* ₩10,400,000(취득원가) ÷ 8(내용연수) = ₩1,300,000

2. 무형자산의 종류

특 허 권

특허권
발명품을 제조, 운용할 수 있는 권리

특허권(patent)이란 발명품의 제조 또는 운용을 위해 사용할 수 있는 권리로서, 특허청에 출원하여 등록한다. 특허권은 기업이 일정기간 동안 독점적·배타적으로 이용할 수 있는 법적 권리로서 그 등록이 완료되거나 3자로부터 취득되면 재무상태표에 무형자산으로 계상할 수 있다.

특허권은 법적 권리로서 그 등록이 완료되거나 3자로부터 취득되면 재무상태표에 무형자산으로 계상할 수 있다.

특허권의 취득원가는 해당 권리를 얻을 때까지 직접적으로 지출한 원가를 합산하여 결정한다. 특허권은 법률상의 권리이므로 법률이 보장하는 기간을 내용연수로 정하고 이 기간 동안 상각할 수 있다. 그러나 기술의 발전이나 특허권이 진부화되어 실제 경제적 내용연수 기간이 더 짧으면 그 짧은 기간을 상각연수로 정한다.

저 작 권

저작권
문학이나 학술 또는 예술의 범위에 속하는 창작물인 지적재산권에 대하여 저자 또는 제작자가 출판, 재생 또는 판매할 수 있는 배타적이고 독점적인 권리

저작권의 권리는 저작자가 죽은 뒤 70년까지 보호하도록 되어 있다. 따라서 이 기간을 최대가능 내용연수로 볼 수 있다.

저작권(copyright)이란 문학이나 학술 또는 예술의 범위에 속하는 창작물인 지적재산권에 대하여 저자 또는 제작자가 출판, 재생 또는 판매할 수 있는 배타적이고 독점적인 권리이다. 이러한 저작물에는 시, 소설, 음악, 무용, 연극, 회화, 공예, 사진, 컴퓨터프로그래밍 등 그 종류가 다양하다. 저작권의 권리는 저작자가 죽은 뒤 70년까지 보호하도록 되어 있다. 따라서 저작권은 이 기간을 최대가능 내용연수로 볼 수 있다. 저

mark down **하이브-JYP의 너무 다른 '영업권'이 말해주는 '하나가 된다는 것의 어려움'**

하이브의 2023년말 기준 ROE는 6.6%에 불과한 반면 JYP는 30%에 달한다. 순이익은 하이브 1,835억원, JYP 1,055억원으로 하이브가 좀더 많다. 하이브의 순이익이 더 많은데 ROE가 크게 떨어지는 건 분모(Equity)가 훨씬 크기 때문이다. 재무상태표를 보면 전반적으로 하이브가 JYP보다 덩치가 크다. 자산이 거의 10배 차이가 나는데, 무엇보다 '영업권'이 확 다르다. 하이브의 영업권은 1조 7,000억원으로 자산의 32%에 달하는 데 비해 JYP는 300억원 정도로 자산의 5%에 불과하다.

자산에 영업권이 많다는 건 그만큼 인수합병을 많이 해서 회사를 키웠다는 의미이다. 하이브는 2020년 상장을 앞두고 여러 레이블(음반 회사)을 잇달아 인수했다. 상장심사에서 중요한 요건 중 하나인 매출 안정성 때문이다. 특정 매출원에 지나치게 의존하면 기업의 영속적인 성장에 의문이 붙기 마련이다. 하이브 역시 BTS에 대한 매출 의존도가 상당히 높다는 게 약점이었다. 결과적으로 2019년 187억원가량이던 영업권이 1년 새 1,649억원으로 껑충 뛰었고, 이후에도 공격적인 국내외 기업 인수합병을 계속 진행하여 1조 7,000억원까지 늘어난 것이다. 하이브의 이러한 행보는 BTS 이후의 성장동력을 확보하기 위한 선택이었다. 하지만 영업권은 해당 레이블들의 실적이 기대치에 미치지 못할 경우 한꺼번에 자산가치를 깎아내는 '손상차손' 리스크를 안고 있어, 향후 하이브의 순이익에 변동성을 줄 수 있는 양날의 검과 같다.

반면 JYP는 외부 기업 인수보다는 자체 연습생 육성 시스템과 사내 프로듀싱 역량을 강화하는 내실 중심의 유기적 성장전략을 고수해 왔다. 이로 인해 장부상 영업권 규모가 매우 작으며, 아티스트 재계약금과 같은 무형자산을 일정한 기간에 걸쳐 나누어 비용으로 처리하는 보수적이고 안정적인 회계방식을 유지하고 있다. 이는 하이브와 같은 폭발적인 외연 확장 속도는 느릴 수 있으나, 갑작스러운 대규모 손실가능성이 낮아 재무적 투명성과 건전성 측면에서 시장의 신뢰를 얻는 요인이 된다.

결론적으로 두 기업의 영업권 차이는 단순히 숫자의 차이가 아니라, '자본력을 동원한 파괴적 혁신(하이브)'과 '시스템을 통한 안정적 수익창출(JYP)'이라는 서로 다른 성공 방정식을 상징한다고 볼 수 있다.

(헤럴드경제, 2025.1.18 기사 요약)

작권의 시효가 만료되면 물론 권리는 없어지게 된다.

상호와 상표

상호
영업에 관해서 자기를 표시하는 이름

상표
자기의 상품을 타인의 상품과 구별되게 하기 위해서 상품에 부착하는 이름

상호란 영업에 관해서 자기를 표시하는 이름이다. 예를 들면 삼성전자, LG화학, 카카오, Naver 등 우리 주위에는 많은 기업들의 상호를 볼 수 있다. 상표는 자기의 상품을 타인의 상품과 구별되게 하기 위해서 상품에 부착하는 이름으로서, 예를 들어 자동차의 경우 제네시스나 벤츠, 휴대전화의 경우 갤럭시나 아이폰 등을 말한다. 요즘은 상호와 상표를 구별하지 않고 총칭하여 브랜드 네임(brand name)이라고도 부른다.

회사가 브랜드 네임을 외부에서 유상으로 취득하면 그 취득원가를 재무상태표에 무형자산으로 인식한다. 그러나 Google, Microsoft 또는 삼성과 같이 내부적으로 탄생시켜 자체 개발시킴으로써 경제적 가치를 창출시킨 상표가치는 그 경제적 가치가 매우 크다 할지라도 실제 취득원가를 발생시키지 않았거나 미래경제적 효익을 신뢰성 있게 측정하기 어렵기 때문에 당해 회사의 재무상태표에서는 무형자산으로 인식하지 않는다.

> 자체 개발 상표가치는 그 경제적 가치가 매우 크다 할지라도 실제 취득원가를 발생시키지 않았거나 미래경제적 효익을 신뢰성 있게 측정하기 어렵기 때문에 당해 회사의 재무상태표에서는 무형자산으로 인식하지 않는다.

상호나 상표는 일반적으로 비한정 내용연수를 가지므로 상각하지 않는다. 법적 권리가 종료되더라도 다른 특별한 이유가 없는 한 등록갱신을 해서 계속하여 법적 권리를 유지할 것이기 때문이다. 다만 객관적으로 자산가치의 손상이 발생했다고 판단되면 기말에 그 금액을 추정하여 손상차손으로 계상한다.

프랜차이즈와 라이선스

프랜차이즈
특정 상품이나 용역을 일정한 지역 내에서 독점적으로 사용하여 영업할 수 있도록 하는 권리

라이선스
특정 기술이나 지식을 일정기간 동안 이용하기로 한 것

프랜차이즈(franchise)는 특정 상품이나 용역을 일정한 지역 내에서 독점적으로 사용하여 영업할 수 있도록 하는 권리이다. 맥도날드, 교촌치킨, BBQ, 파리바게뜨 등이 대표적인 프랜차이즈이다. 라이선스(licence)란 특정 기술이나 지식을 일정기간 동안 이용하기로 한 권리를 말하며 보통 소프트웨어 라이선스나 기계장치 등의 구입에 부수하여 구입하는 라이선스가 있다. 프랜차이즈와 라이선스도 다른 무형자산과 같이 최초 인식시에는 취득원가로 인식한다. 그리고 권리가 보장되는 기간 동안 상각한다.

개 발 비

기업은 국내 및 국제 경쟁에서 유리한 위치를 확보하기 위해 끊임없는 연구개발활동을 수행한다. 그러나 이러한 활동에 따른 모든 지출을 그대로 무형자산으로 계상할 수 있는지는 의문이다. 해당 지출에 따른 경제적 효익이 어느 시점부터 얼마나 실현될 것인지를 결정하기가 어렵기 때문이다. 회계기준은 이와 같은 어려움을 최소화하기 위하여 연구개발활동을 연구단계와 개발단계로 구분하여 이 중에서 구체적인 제품개발과 연결시켜 개발단계에서 발생한 지출에 한하여 일정 요건을 충족하면 무형자산으로 계상하는 것을 허용하고 있다.

연구단계에서 발생한 지출(연구비)은 발생한 기간의 비용으로 처리한다.

개발단계에서 발생한 지출 중 일정 요건을 모두 충족하는 부분은 무형자산으로 계상한다.

연구단계와 개발단계를 명확히 구분하기는 쉽지 않다. 일반적으로 연구단계(research phase)에 속하는 활동에는 새로운 지식을 얻고자 하는 활동이나 연구결과를 탐색, 평가, 최종선택 및 응용단계의 일반적 연구활동 등이 포함된다. 연구단계에서는 미래경제적 효익을 창출할 무형자산의 존재를 입증할 수 없기 때문에 이때 발생한 연구비는 당기의 비용으로 처리한다. 한편 개발단계(development phase)에 속하는 활동으로는 특정 시제품과 관련하여 생산 전 시작품이나 모형의 설계, 제작 및 시험, 새로운 기술과 관련된 공구 등의 설계, 소규모 시험공장의 건설 등이 있

mark down **기업가치 제고를 위한 지식재산 비재무정보 공시 활성화의 필요성**

최근 글로벌 산업 지형이 급격히 변화하면서 기업가치를 결정짓는 핵심 요소가 과거의 토지, 건물, 설비 같은 유형자산에서 지식재산(IP), 기술력, 인적 자본과 같은 무형자산으로 이동하고 있다. 그러나 현재 우리가 사용하는 전통적인 회계시스템은 이러한 무형자산의 가치를 재무제표에 충분히 담아내지 못하고 있다. 대부분의 무형자산 투자가 자산이 아닌 당기비용으로 처리되기 때문이다. 이로 인해 투자자들은 기업의 실제 혁신 역량이나 미래 성장잠재력을 정확히 파악하기 어렵고, 결과적으로 우량한 기술력을 가진 기업조차 시장에서 제대로 된 평가를 받지 못하는 '정보의 불일치' 현상이 심화되고 있다.

이러한 문제를 해결하기 위해 보고서는 지식재산(IP)에 대한 비재무적 공시를 대폭 강화해야 한다고 강조한다. 단순히 기업이 보유한 특허의 개수나 연구개발비 총액을 나열하는 수준을 넘어, 해당 지식재산이 기업의 경영전략과 어떻게 맞물려 있는지, 그리고 실제로 어떤 수익을 창출하고 있는지를 구체적으로 공개해야 한다는 것이다. 이미 일본과 싱가포르 등 주요국은 기업 거버넌스 지침이나 별도의 공시 프레임워크를 통해 무형자산 정보를 투자자에게 투명하게 제공하도록 제도화하고 있다.

결론적으로 보고서는 한국 자본시장의 고질적인 문제인 '코리아 디스카운트'를 해소하기 위해 무형자산 공시의 활성화가 필수적이라고 제언한다. 기업이 자사의 무형적 가치를 전략적으로 입증하고 투자자가 이를 신뢰할 수 있는 데이터로 확인하게 될 때, 비로소 자본의 효율적인 배분이 이루어지고 기업가치 제고(Value-up)가 가능해지기 때문이다. 이는 결국 기업과 투자자 모두가 윈윈(Win-win)할 수 있는 자본시장 선진화의 핵심 동력이 될 것으로 기대된다. (자본시장연구원 정희철, 2025.7.21 보고서 요약)

다. 개발단계에서 관련 개발비를 특정 제품과 연관시켜 식별할 수 있으며 그에 따른 미래경제적 효익의 창출을 입증할 수 있는 지출은 개발비라는 항목의 무형자산으로 인식한다. 한편 무형자산 인식요건을 충족하지 못한 개발비 지출액은 경상개발비라는 항목으로 당기 비용처리한다.

이상 연구개발활동에 관한 지출의 회계처리를 요약하면 [그림 10-4]와 같다.

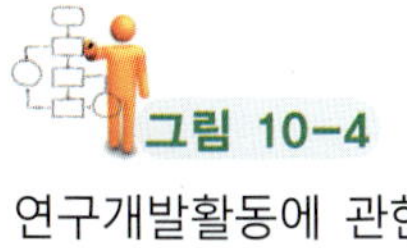

연구개발활동에 관한 지출의 회계처리

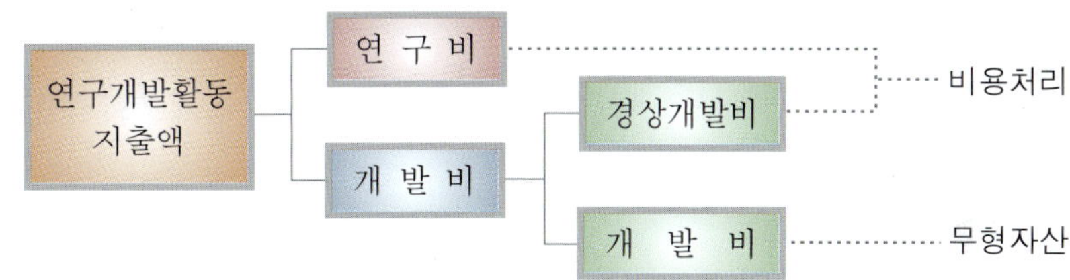

3. 영 업 권

영업권
한 기업이 동종 산업의 다른 기업에 비하여 정상수익률 이상의 이윤을 획득할 수 있는 초과이윤 창출능력, 즉 초과수익력을 화폐가치로 표시한 것

영업권(goodwill)은 한 기업이 동종 산업의 다른 기업에 비하여 정상수익률 이상의 이윤을 획득할 수 있는 초과이윤 창출능력, 즉 초과수익력(earning power of excess return)을 화폐가치로 표시한 것이다. 영업권을 발생시키는 요인으로서는 고정 단골고객의 확보, 유리한 점포위치, 안정된 자금조달원, 독과점의 지위, 우수한 인력확보 등 여러 가지가 있을 수 있다.

영업권은 다소 추상적이고 주관적인 개념이기 때문에 실무적으로 그 가치를 측정하기 어렵다. 따라서 합병이나 영업양수와 같은 사업결합(business combination)의 경우에 기업이 실제 그 대가를 지급하고 유상으로 취득한 부분만을 무형자산으로 인정하도록 규정하고 있다. 따라서 합병시의 영업권 계산은 취득대가로 인수자가 지급한 금액에서 피인수기업의 모든 식별가능한 순자산(자산−부채)의 공정가치를 차감하여 결정한다. 기업이 자가창출한 영업권은 유상으로 취득한 것이 아니므로 이를 무형자산으로 인정하지 않는다.

영업권은 정기상각을 실시하는 않는 대신, 매 보고기간말에 손상여부를 검토하여 손상차손을 인식한다.

영업권은 내용연수를 결정하기 어려운 비한정 내용연수를 가진 무형자산이다. 따라서 상각을 하지 않고 매 보고기간말에 손상여부를 검토하여 손상차손을 인식한다. 영업권에 관한 회계처리는 [예제 10-9]와 같다.

예제 10-9 영업권의 취득과 상각

신나자동차회사는 팔팔부품제조회사를 매입하여 합병하고자 한다. 합병제안 당시의 팔팔부품제조회사의 재무상태표는 다음과 같다. 모든 자산과 부채는 공정가치로 평가되어 있다.

재무상태표

팔팔부품제조회사 합병일 현재

제 자 산	25,000,000	제 부 채	23,000,000
		자 본	2,000,000

신나자동차회사가 ₩2,400,000을 현금으로 지급하고 팔팔부품제조회사를 합병했다면, 합병시에 신나자동차회사는 다음과 같은 분개를 해야 한다.

(차)	제 자 산	25,000,000	(대)	제 부 채	23,000,000
	영 업 권	400,000		현 금	2,400,000

이 장의 요약

- 유형자산의 취득원가는 어떻게 결정하는가?
  - 유형자산의 구입 또는 제작원가뿐만 아니라 자산을 본래 의도한 용도로 사용할 수 있도록 준비하는 데 직접 관련된 모든 비용을 포함한다.
  - 즉 구입·제작과 관련된 관세, 세금, 보험료와 자산의 사용을 위해 필요한 운송비, 설치비, 전문가·중개업자 수수료 등을 포함한다.
- 자본적 지출과 수익적 지출의 차이는 무엇인가?
  - 자본적 지출 : 생산능력 증대, 원가절감, 품질향상, 내용연수나 잔존가치 연장 등 유형자산으로부터의 미래경제적 효익을 증가시키는 지출을 말하며 유형자산의 원가에 가산한다.
  - 수익적 지출 : 수선, 유지 등 유형자산의 원래 성능수준으로 회복하거나 유지하기 위한 지출을 말하며 당기비용으로 처리한다.
- 유형자산의 감가상각비는 어떻게 계산하는가?
  - 유형자산의 내용연수 동안 감가상각대상금액을 체계적이고 합리적인 방법으로 배분한다.
  - 정액법은 감가상각대상금액(취득원가－잔존가치)을 내용연수로 나누어 매기 동일 금액의 감가상각비를 계산하는 방법이고, 정률법은 기초장부금액에 일정한 감가상각률을 곱하여 초기에 많이 상각

하고 후기에 적게 상각하는 방법이다.

– 생산량비례법은 추정된 총생산량(사용량) 대비 실제 생산량(사용량)을 각 기간의 감가상각률로 하고 이를 감가상각대상금액에 곱하여 감가상각비를 계산한다.

• 원가모형과 재평가모형의 회계처리는 어떻게 다른가?

– 원가모형은 취득시에 기록된 취득원가로 계속해서 평가하는 것을 말하며 장부금액은 취득원가에서 감가상각누계액과 손상차손누계액을 차감한 금액이다.

– 재평가모형은 공정가치로 평가하는 것을 말하며 재평가 이후의 장부금액은 계상된 공정가치에서 감가상각누계액과 손상차손누계액을 차감한 금액이다.

– 재평가시 공정가치가 장부금액보다 크다면 재평가이익을 기록해주는데, 기본적으로 재평가이익은 기타포괄손익에 포함되며 회계기말에 재평가잉여금으로 마감된다. 반대로 공정가치가 장부금액보다 작다면 재평가손실을 기록해주는데, 기본적으로 재평가손실은 당기손익에 포함되며 궁극적으로 이익잉여금을 감소시킨다.

• 무형자산에는 어떠한 종류가 있는가?

– 영업권 : 독립적 항목으로서의 식별가능성이 없는 부분의 집합체로서 초과이윤 창출능력을 가진 것이다. 자가창출된 영업권은 무형자산으로 인식되지 않으며, 취득한 영업권만 무형자산으로 인식하고 이는 기업인수금액에서 피인수기업의 순자산공정가치를 차감한 금액이다.

– 개발비 : 개발단계에서 관련 개발비를 특정 제품과 연관시켜 식별할 수 있으며 그에 따른 미래경제적 효익의 창출을 입증할 수 있는 지출은 개발비라는 무형자산으로 인식될 수 있다.

– 이 밖에 특허권, 저작권, 취득한 상호와 상표, 프랜차이즈와 라이선스 등을 무형자산으로 계상할 수 있다.

생물자산과 광물자원의 회계처리

1. 생물자산의 회계처리

생물자산(biological assets)이란 농림어업활동과 관련된 살아 있는 동물이나 식물을 말한다. 농림업, 축산업이나 어업에 종사하는 회사는 생물자산을 보유하고 있다.

생물자산	수확물	수확후 가공품
양	양모	양탄자
포도나무	포도	포도주
젖소	우유	치즈
돼지	돈육	소시지, 햄
벼	쌀	쌀 가공품
조림지의 나무	벌목된 나무	원목, 목재

생물자산이 미래경제적 효익의 유입가능성이 높고 자산의 공정가치나 원가를 신뢰성 있게 측정할 수 있을 때에는 재무제표에 자산으로 인식한다. 그런데 다른 종류의 자산과 다르게 생물자산은 최초 생산 혹은 취득시부터 공정가치(fair value)에서 추정매각부대원가(point of sale costs)를 차감한 순공정가치(net fair value)로 측정하여 보고한다. 여기에서 매각부대원가란 중개인이나 판매상에게 지급하는 수수료, 양도나 판매시의 세금 등을 말한다. 매 보고기간말에 측정한 순공정가치가 이전 보고기간말보다 증가 또는 감소한 경우에는 그 차액을 당기손익에 반영한다.

예제 10-10 생물자산의 회계처리

캠벨(주)는 큰 포도원을 운영하고 있다. 20×1년초 포도원에 심어져 있는 포도나무의 장부금액은 ₩1,000,000이었는데, 20×1년말에는 공정가치가 ₩1,100,000으로 추정되었다. 만약 캠벨(주)가 이 포도나무를 판매한다면 공정가치의 1%만큼 매각부대비용이 든다. 20×1년말 생물자산인 포도나무에 대한 회계처리는 다음과 같다.

(차) 포 도 원	89,000	(대) 포도원평가이익	89,000

20×1년말 공정가치	₩1,100,000	
매각부대비용(1%)	11,000	
순공정가치		₩1,089,000
20×1년초 장부금액		1,000,000
순공정가치의 증가액		₩89,000

포도나무는 매 보고기간말에 순공정가치로 평가하고 직전 보고기간말의 순공정가치와의 차이를 평가손익으로 인식한다. 직전 보고기간말에도 순공정가치로 측정되었을 것이므로 장부금액이 바로 순공정가치이다. 만약 20×1년말의 공정가치가 ₩900,000으로 측정되었다면 20×1년말의 회계처리는 다음과 같다. 계산방법은 위와 같다.

(차) 포도원평가손실	109,000	(대) 포 도 원	109,000

2. 광물자원의 회계처리

광물자원
지하에 매장되어 있는 석탄, 구리, 원유, 가스 등

광물자원(mineral resources)이란 지하에 매장되어 있는 석탄, 구리, 원유, 가스 등을 가리킨다. 광물자원은 일반 자산들과는 다르게 생산이 진행됨에 따라 물리적으로 자산의 양이 감소하는 특성이 있다. 즉, 사람들에 의한 채굴활동으로 자산의 매장량이 차츰 줄어든다. 그리고 광물자원은 자연의 복원활동이 아니면 재생될 수 없는 특성도 갖고 있다.

광물자원은 그 탐사와 평가활동에 지출된 거액의 금액을 비용처리하느냐 아니면 자산화하여 탐사평가자산으로 인식하느냐 하는 회계처리가 문제이다. 비용으로 처리하면 당기순이익이 감소할 것이나, 원가에 포함하면 당기손익과 관계없이 탐사평가자산(exploration and evaluation assets)의 금액을 증가시킨다.

탐사평가자산의 원가 중 다음 금액은 자산의 취득원가에 포함시킨다.

① 광물자원을 탐사할 수 있는 권리의 취득
② 지형학적, 지질학적, 지구과학적 연구
③ 탐사를 위한 시추와 굴착
④ 표본채취 및 기술적 실현가능성과 상업화가능성에 대한 평가

탐사평가자산에 대한 채굴이나 추출활동으로 광물자원이 감소되거나 소진되는 때에는 학술적으로 감모상각(depletion)이라는 용어를 사용한다.13) 탐사평가자산의 감모상각은 일반적으로 생산량비례법을 따른다. 즉, 취득원가에서 잔존가치를 차감한 금액인 감모상각대상금액을 추정총생산량에 대한 당기의 실제 생산량의 비율만큼 감모상각으로 인식한다.

단위당 감모상각비 = (총원가－잔존가치) ÷ 추정총생산량 또는 매장량
당기 감모상각비 = 단위당 감모상각비 × 당기 생산량

예제 10-11 광물자원의 감모상각

함경(주)는 20×1년중에 두만강 지역의 석탄 탐사권을 ₩10,000,000에 취득하고 탐사와 평가활동에 ₩5,000,000을 지출하였다. 추가적으로 석탄광의 실현가능성과 상업화가능성에 대한 평가용역에 ₩2,000,000을 지출하였다. 용역보고서에 따르면 이 지역에는 백만톤의 개발가능한 석탄이 매장되어 있고 잔존가치는 ₩1,000,000이다. 함경(주)는 20×1년중에 석탄을 십만톤 채굴하여 시장에 판매하였다. 당기에 인식할 감모상각비는 다음과 같이 계산된다.

총원가＝탐사권의 취득＋탐사와 평가활동 지출액＋평가용역
＝₩10,000,000＋₩5,000,000＋₩2,000,000＝₩17,000,000

당기 감모상각비＝(₩17,000,000－₩1,000,000)÷백만톤×십만톤
＝₩1,600,000

만약 채굴한 석탄이 판매되지 않고 기업에 남아 있는 경우에는 해당 감모상각비를 비용으로 인식하지 않고 유동자산 중의 재고자산으로 대체하여 인식한다. 그리고 나중에 이 재고자산이 판매되면 해당 재고자산의 원가를 비용(매출원가)으로 인식한다.

13) 그러나 실무와 회계기준에서는 감가상각과 감모상각을 구별하지 않고 '감가상각'이라는 용어를 사용하고 있다.

유형자산회전율

유형자산회전율(PPE asset turnover ratio)은 유형자산에 투자된 ₩1당 얼마나 많은 매출액을 달성했는지를 측정하기 위한 지표이다. 즉 건물, 차량운반구, 기계장치 등과 같은 유형자산을 얼마나 효율적으로 사용하여 매출액을 창출했는지를 보여주는 투자효율성 지표라고 할 수 있다. 일반적으로 유형자산회전율이 높을수록 일정한 유형자산을 활용하여 높은 매출액을 달성했다는 의미이고, 유형자산회전율이 낮다면 유형자산이 효율적으로 이용되고 있지 못하거나 과대투자되었음을 의미한다. 그러나 영업규모에 비해 유형자산투자가 부진한 경우에도 이 비율이 높게 나타날 수 있으므로 해석에 유의할 필요가 있다.

분모인 유형자산을 계산할 때에는 영업활동에 사용되고 있지 않은 '건설중인자산'을 제외하는 것이 일반적이다. SK하이닉스와 삼성전자의 유형자산회전율을 비교해 보자.

$$\langle \text{산식} \rangle \quad \text{유형자산회전율} = \frac{\text{매 출 액}}{\text{유형자산(평균)}}$$

(단위 : 백만원)

회사명	내 용	2024년	2023년
SK하이닉스	매 출 액(A)	66,192,960	32,765,719
	유형자산평균(B)	56,431,164	56,466,691
	유형자산회전율(A/B)	1.17	0.58
삼성전자	매 출 액(A)	300,870,903	258,935,494
	유형자산평균(B)	196,600,736	177,650,825
	유형자산회전율(A/B)	1.53	1.46

2024년 SK하이닉스의 유형자산회전율은 1.17회인 반면, 삼성전자는 1.53회로 더 높았다. 이는 두 기업의 생산제품의 차이가 크기 때문이다. SK하이닉스는 대부분 고정자산이 많이 투자되어야 하는 반도체 생산에 주력하는 반면, 삼성전자는 반도체뿐만 아니라 가전, 휴대폰, 디스플레이 패널 등도 생산하기 때문이다. 그럼에도 불구하고 유형자산 투자금액은 삼성전자가 더 효율적으로 운용하고 있다고 볼 수 있다.

유형자산회전율은 유형자산 투자 증가 대비 매출 증가가 더 높으면 그 비율이 높아질 수 있다. SK하이닉스는 2023년에 비해 유형자산에 큰 변동이 없었으나 전반적인 반도체 업황 개선으로 매출이 2배 이상 증가하면서 유형자산회전율도 2배 이상 증가하였다. 삼성전자 역시 타 사업부문 매출의 소폭 증가 또는 감소에도 불구하고 DRAM, NAND Flash 등의 DS(Device Solutions) 부문 매출액이 66.8% 증가하면서 총매출액 증가율(16%)이 유형자산 증가율(11%)을 초과하여 유형자산회전율이 소폭 증가하였다.

01 유형자산의 취득원가와 감가상각비의 계산

강남주식회사는 여러 가지 원가를 하나의 계정으로 통합 기록하기 위하여 '유형자산'이라는 총괄적인 계정을 사용하고 있다. 당해 연도의 '유형자산계정'은 다음과 같은 항목들을 포함하고 있다.

〈차 변〉

1월 10일	건물이 포함된 부지를 현금으로 구입하다.	₩200,000
2월 4일	매입한 건물부지에서 구건물을 철거한 비용지출액	8,000
9월 30일	신축건물이 완성되어 그 비용을 지급하다.	560,000
9월 30일	신축건물과 관련된 기타의 부대비용을 지급하다.	18,000
차변합계		₩786,000

〈대 변〉

12월 4일	구건물에서 나온 폐기품을 매각하다.	₩3,000
12월 31일	신축건물에 대하여 1년분 감가상각비로 유형자산계정 잔액(취득원가)의 총액 4%를 감가상각하다. 감가상각은 월할을 기준으로 한다. 차변의 계정과목항목은 감가상각비이다.	31,320
대변합계		₩34,320
12월 31일	기말의 '유형자산'계정 잔액(차변－대변)	₩751,680

요구사항

1. 강남주식회사가 사용하고 있는 회계처리방법과 관련하여 오류를 지적하라.
2. 당회계연도의 12월 31일 현재 오류를 정정하기 위해 필요한 분개를 하라. 단, 신축건물의 내용연수는 25년이고 정액법으로 감가상각한다. 또한 취득연도에는 월할기준으로 상각한다. 아직 장부는 마감되지 않았다고 가정한다.

해답

1. (1) 비상각자산인 토지와 상각자산인 건물을 통합하여 하나의 계정에 기록하였다.
   (2) 토지와 건물을 합한 총액을 기준으로 건물 감가상각비를 계상하였다.
   (3) 감가상각비 1년분을 모두 인식하였다.
   (4) 건물에 대한 차감계정인 감가상각누계액계정을 사용하지 않고, 차변의 유형자산 금액에서 직접 차감하는 방법을 사용하였다.
2. 다음과 같은 오류의 수정분개가 필요하다.

(차)	토 지	205,000	(대)	유 형 자 산	751,680
	건 물	578,000		감가상각누계액－건물	5,780
				감가상각비	25,540

[계산과정]

(1) 취득원가는 다음과 같이 계산한다.

	건 물	토 지
건물부지		₩200,000
구건물철거비용		8,000
폐기품매각대금		(3,000)
신건물건축비용	₩560,000	
건물신축부대비용	18,000	
	₩578,000	₩205,000

(2) 감가상각비의 오류액은 다음과 같이 계산한다.
감가상각비 : ₩578,000 × 0.04 × 3/12 = ₩5,780
감가상각비 초과계상분 : ₩31,320 − ₩5,780 = ₩25,540

02 유형자산의 손상차손과 손상차손환입

부산제철(주)는 20×1년 1월 1일에 원가 ₩11,000, 내용연수 10년, 잔존가치 ₩1,000인 기계를 취득하였으며 정액법으로 감가상각한다. 동 유형자산의 회수가능액이 20×2년 12월 31일에는 ₩7,200으로 추정되었으며, 다시 20×4년 12월 31일에는 ₩8,000으로 회복된 것으로 추정되었다. 부산제철(주)가 20×1년 1월 1일부터 20×4년 12월 31일까지의 감가상각과 손상차손에 대해 필요한 분개를 하라.

해답

(1) 20×1년 1월 1일(자산의 취득)

(차) 기 계 장 치	11,000	(대) 현 금	11,000

(2) 20×1년 12월 31일(감가상각비 인식)

(차) 감가상각비	1,000	(대) 감가상각누계액	1,000*

* 감가상각비 = (취득원가 − 잔존가치)/내용연수 = (₩11,000 − ₩1,000)/10년 = ₩1,000

(3) 20×2년 12월 31일(감가상각비 인식)

(차) 감가상각비	1,000	(대) 감가상각누계액	1,000

(4) 20×2년 12월 31일(손상차손의 인식)

(차) 손 상 차 손	1,800*	(대) 손상차손누계액	1,800

* 손상차손 = 장부금액 − 회수가능액 = (₩11,000 − ₩1,000 × 2년) − ₩7,200 = ₩1,800

(주) 재무상태표에 장부금액은 다음과 같이 표시된다.

기 계 장 치	₩11,000	
감가상각누계액	(2,000)	
손상차손누계액	(1,800)	₩7,200

(5) 20×3년 12월 31일(손상차손 인식 후의 감가상각)

(차) 감가상각비	775*	(대) 감가상각누계액	775

* 감가상각비=(₩7,200－₩1,000)/8년=₩775

(주) 재무상태표에 장부금액은 다음과 같이 표시된다.

기 계 장 치	₩11,000	
감가상각누계액	(2,775)	
손상차손누계액	(1,800)	₩6,425

20×4년 12월 31일에 기계장치의 장부금액이 새로운 회수가능액으로 회복되면 그만큼 당기손익으로 손상차손환입을 인식하고 기계장치의 장부금액을 증가시켜준다. 단, 증가시켜주는 기계장치의 장부금액은 원래 이 기계장치가 손상되지 않았다고 가정하고 20×4년 12월 31일에 인식할 장부금액을 상한으로 한다.

(6) 20×4년 12월 31일(감가상각 및 손상차손환입의 인식)

(차) 감가상각비	775	(대) 감가상각누계액	775
(차) 손상차손누계액	1,350*	(대) 손상차손환입	1,350

* 회복액=회수가능액－손상차손 후 장부금액=₩8,000－(₩7,200－₩775×2년)=₩2,350

환입액=손상차손 전 감가상각 후 장부금액(환입한도액)－손상차손 후 장부금액

=(₩11,000－₩1,000×4년)－(₩7,200－₩775×2년)=₩1,350

환입한도액은 ₩7,000이다. 따라서 손상차손환입액은 ₩1,350이다.

(주) 재무상태표에 장부금액은 다음과 같이 표시된다.

기 계 장 치	₩11,000	
감가상각누계액	(3,550)	
손상차손누계액	(450)	₩7,000

03 유형자산의 자산재평가

부산제철(주)는 20×1년 1월 1일에 원가 ₩11,000, 내용연수 10년, 잔존가치 ₩1,000인 기계를 취득하였으며 정액법으로 감가상각한다. 회사는 20×2년 12월 31일에 기존의 원가법에서 재평가법으로 회계처리를 수정하였다. 재평가시에 기존의 감가상각누계액은 전액 제거한 후 공정가치로 평가한다.

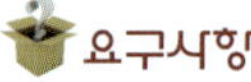

1. 20×2년 12월 31일 기계장치의 공정가치가 ₩13,000이다. 감가상각과 재평가에 관한 회계처리를 하라.
2. 만약 20×2년 12월 31일 기계장치의 공정가치가 ₩7,500이라면, 20×2년 12월 31일에 재평가와 관련된 어떠한 회계처리가 행해져야 하는가?
3. 20×2년 12월 31일 기계장치의 공정가치가 ₩13,000이었고 재평가 회계처리를 했는데, 20×3년 12월 31일에 이 기계장치를 현금 ₩12,000을 받고 처분했다. 기계장치 처분시 재평가잉여금은

이익잉여금으로 대체한다. 이에 관한 회계처리를 하라.

해답

1. 20×1년 1월 1일(자산의 취득)

(차) 기 계 장 치 11,000 (대) 현 금 11,000

20×1년 12월 31일(감가상각비)

(차) 감가상각비 1,000 (대) 감가상각누계액 1,000

20×2년 12월 31일(감가상각비)

(차) 감가상각비 1,000 (대) 감가상각누계액 1,000

20×2년 12월 31일(재평가 회계처리)

(차) 감가상각누계액 2,000 (대) 기 계 장 치 2,000

(차) 기 계 장 치 4,000 (대) 자산재평가이익(기타포괄손익) 4,000 *

* 재평가차액 ₩4,000＝공정가치 ₩13,000－기계장부금액(₩11,000－₩2,000)

기타포괄이익으로 인식된 자산재평가이익은 포괄손익계산서의 기타포괄손익 부분에 반영되어 총포괄손익에 영향을 주게 된다. 그리고 회계연도말 마감분개를 통하여 기타포괄손익누계액으로 대체된다. 기타포괄손익누계액의 계정과목은 자산재평가잉여금으로 바꾸어도 될 것이고, 그대로 자산재평가이익으로 두어도 관계없다. 다만, 그 항목이 기타포괄손익인지 기타포괄손익누계액인지만 명확하게 구분하면 된다.

2. 20×2년 12월 31일(재평가 회계처리)

(차) 감가상각누계액 2,000 (대) 기 계 장 치 2,000

(차) 자산재평가손실(당기손익) 1,500 (대) 기 계 장 치 1,500 *

* 재평가차액 ₩1,500＝공정가치 ₩7,500－기계장부금액(₩11,000－₩2,000)

3. 20×3년 12월 31일(감가상각비)

(차) 감가상각비 1,500 (대) 감가상각누계액 1,500 *

* 감가상각비＝(연도초 공정가치 ₩13,000－잔존가치 ₩1,000)/8년＝₩1,500

20×3년 12월 31일(기계장치의 처분과 기타포괄손익누계액의 대체)

(차) 현 금 12,000 (대) 기 계 장 치 13,000

감가상각누계액 1,500 기계장치처분이익 500

(차) 자산재평가잉여금 4,000 (대) 이익잉여금 4,000

익힘문제

01 자본적 지출과 수익적 지출의 차이점은 무엇인가?

02 만약 자본적 지출을 수익적 지출로 잘못 처리한 경우 그해의 당기순이익은 과소계상되겠는가 아니면 과대계상되겠는가? 또한 그해 이후의 당기순이익에는 어떠한 영향을 미치는지 설명하라.

03 김석두 회계담당자의 다음 문장을 비평하라.
"우리 회사는 지금 새로운 고정자산을 구입하려 하는데 그 대금의 지급에는 별 어려움이 없을 것이다. 왜냐하면 새로운 고정자산의 구입가격은 ₩80,000인데 현재 우리의 감가상각누계액계정에는 그 두 배에 해당하는 금액이 계상되어 있기 때문이다."

04 다음의 문장이 뜻하는 바를 설명하라.
"물가가 상승하는 기간에 기업은 적절한 감가상각비용을 인식할 수 없게 된다. 그 이유는 물가상승시 기업이 보고하는 당기순이익은 일반적으로 과대계상되는 결과를 초래하기 때문이다."

05 유형자산의 가치감소에 따른 손상차손은 어떻게 회계처리하는가?

06 원가모형과 재평가모형을 설명하라. 회계정보가 투자자의 의사결정에 적합한 정보를 제공하기 위해서는 어느 모형에 의한 자산평가가 더 적합한가?

07 자가창출된 영업권은 무형자산으로 기록하지 못하도록 규정하고 있다. 그 이유는 어디에 있다고 생각하는가?

08 재무상태표의 무형자산 중 하나인 영업권이란 무엇인가? 영업권의 상각에 대한 한국채택회계기준은 무엇인가?

09 사마(주)는 몇 해 전 봉룡(주)의 열쇠고리제작과 관련한 상표권을 ₩120,000에 구입하였다. 이에 대하여 사마(주)의 소유주들은 열쇠고리상표권에 대한 상각을 상표권법의 최대허용기간인 10년을 기준으로 매년 ₩12,000씩 모두 정액상각해야 한다고 주장하고 있다. 이에 대한 귀하의 의견을 제시하라.

10 무형자산의 상각은 일반적으로 자산의 차감계정인 상각누계액계정을 사용하지 않고 해당 무형자산을 직접 감소시킨다. 그 이유는 어디에 있다고 생각하는가?

11 개발비는 어느 경우에 당기의 기간비용으로 직접 처리하지 않고 대신 무형자산으로 보고할 수 있는가?

12 생물자산의 평가는 일반 유형자산과 다르다. 생물자산의 평가방법을 설명하라. 그리고 생물자산은 감가상각을 하는가? 보론

13 광물자원이 일반 유형자산과 다른 특징이 무엇인가? 광물자원의 상각방법은 무엇인가? 보론

연습문제

01 토지의 취득원가

도곡(주)는 사옥을 건설하기 위하여 3월중 토지를 매입하였다. 토지 매입과 사옥건설을 위하여 지출된 금액은 다음과 같다.

토지의 현금가격	₩2,000,000
토지 구입을 위한 변호사 자문비용	100,000
부동산 회사에 지급한 중개수수료	200,000
토지 구입시 부담하기로 한 미지급재산세	5,000
토지 정지비용	300,000
새건물 건설 계약금	100,000
토지 위의 구건물 철거비	150,000
철거된 구건물로부터의 폐품 판매수익	3,000
금년도 토지재산세	6,000

요구사항

토지의 취득원가는 얼마인가?

02 기계의 취득원가

한영상사는 9월에 새로운 포장기계를 구입하였다. 아래의 원가자료는 포장기계의 구입 및 설치와 관련하여 발생한 것이다.

송 장 가 격	₩20,000
취 득 세	1,000
매입에누리	400
운 송 비	500
운송기간중 기계의 보험료	100
설 치 비	900
기계시험가동비	300
조업중 종업원이 행한 기계수선유지비	200

요구사항

포장기계의 취득원가를 구하라.

03 자산의 일괄구입, 무상취득과 장기할부조건 구입

다음 세 가지 경우에 자산의 취득원가를 계산하라.

요구사항

1. 올해 1월중 삼우(주)는 건물이 있는 토지를 ₩1,500,000에 일괄구입했다. 취득당시에 건물의 공정가치는 ₩900,000이고, 토지의 공정가치는 ₩1,100,000이다. 그리고 일괄구입시에 추가적으로 부동산중개수수료 ₩20,000, 취득세 ₩30,000이 소요되었다. 건물과 토지의 취득원가는 각각 얼마인가?
2. 삼우(주)는 회사의 대주주로부터 건물을 증여받았다. 대주주는 반대급부를 바라지 않았다. 삼우(주)는 이 건물을 사회적으로 좋은 목적에 사용하기로 했다. 건물의 시가는 ₩1,000,000이다.
3. 삼우(주)는 향후 3년 동안 매년 ₩1,000,000씩 총 ₩3,000,000을 지급하는 조건으로 기계장치를 구입하였다. 구입시점에서 기계장치의 현금매입가는 ₩2,700,000이며 운송비 및 설치비로 ₩150,000을 지출하였다.

04 자본적 지출과 수익적 지출

새맛기업은 20×1년초에 기계장치를 ₩430,000에 매입하였다. 내용연수는 5년이며, 내용연수말의 잔존가치는 ₩30,000으로 예상된다. 새맛기업은 감가상각방법으로 정액법을 사용하고 있다. 한편, 20×3년초에 기계장치에 대하여 ₩90,000을 지출하였는데, 이 중 ₩60,000의 지출로 인해 기계장치의 생산능력이 증대될 것으로 기대되며, ₩30,000의 지출은 현재의 성능수준을 유지하기 위한 지출로 예상된다. 이러한 지출로 인해 내용연수와 잔존가치의 변동은 없다. 새맛기업의 결산일은 12월 31일이다.

요구사항

20×3년초와 20×3년말의 회계처리를 하라.

05 여러 가지 감가상각방법

20×1년 1월 2일 청룡(주)는 열쇠생산에 필요한 절삭기를 구입하였다. 이 기계의 원가는 ₩90,000이다. 내용연수는 4년 혹은 총 500,000개를 절삭할 수 있을 것으로 예상되며, 내용연수말의 처분가치는 ₩4,000으로 추정된다. 청룡(주)의 결산일은 12월 31일이다.

요구사항

다음 각각의 감가상각방법에 따라 향후 4년간의 감가상각액을 연도별로 계산하라.

1. 정액법
2. 정률법(상각률 $= 1 - \sqrt[4]{\frac{4,000}{90,000}} \fallingdotseq 0.54$)
3. 이중체감법(정액법 상각률의 2배를 정률로 적용하는 체감잔액법의 하나)
4. 생산량비례법(매기 실제 절삭량은 110,000개, 125,000개, 175,000개, 90,000개임)

06 유형자산의 손상차손

제주병원은 20×1년말 현재 장부금액 ₩900,000(취득원가 ₩1,200,000, 감가상각누계액 ₩300,000)의 X-ray 기계를 갖고 있다. 그런데 장비기술의 발달로 제주병원이 가지고 있는 X-ray 기계가 진부화되어 20×1년말 현재 순공정가치가 ₩400,000에 불과하다. 제주병원이 이 X-ray 기계를 계속 사용할 경우 그 사용가치는 ₩500,000이다. 제주병원의 결산일은 12월 31일이다.

요구사항

20×1년말 현재 이 X-ray 기계의 장부금액은 얼마가 되어야 하는가? 20×2년의 감가상각비는 얼마인가? 단, 20×1년말 이 X-ray 기계의 잔여내용연수는 5년이고 잔존가치는 ₩100,000으로 추정되며, 정액법으로 상각한다.

07 토지의 재평가

토지를 재평가모형으로 평가하는 나래기업은 20×1년초에 토지를 ₩48,000,000에 취득하였다. 20×1년말에 부동산 시세가 하락하여 토지의 공정가치가 ₩30,000,000으로 평가되었다. 나래기업의 결산일은 12월 31일이다.

요구사항

1. 20×1년말의 회계처리를 하라.
2. 20×2년말에 동 토지의 공정가치가 ① ₩45,000,000이 되었을 경우와 ② ₩50,000,000이 되었을 경우의 회계처리를 각각 하라.

08 상각자산의 재평가 (I)

종로(주)는 20×1년 1월 1일 설비자산을 ₩100,000에 취득하였다. 설비자산의 내용연수는 5년이고 잔존가치는 없으며 감가상각방법은 정액법을 채택하고 있다. 종로(주)는 이 설비자산을 재평가모형에 따라서 측정하는데 20×2년 12월 31일의 공정가치가 ₩96,000이었다. 종로(주)의 결산일은 12월 31일이다.

요구사항

20×2년 12월 31일에 설비자산의 재평가와 관련한 모든 회계처리를 하라. 단, 재평가 회계처리시 기존의 감가상각누계액은 전액 제거한다.

09 유형자산의 처분 (I)

삼청(주)는 원가 ₩600,000의 경운기를 20×1년 1월 1일에 매입하여 운행하고 있다. 삼청(주)는 경운기에 대해 정액법을 이용하여 감가상각해 오고 있으며, 내용연수는 8년, 잔존가치는 ₩72,000으로 추정하였다. 삼청(주)는 경운기를 20×7년 8월 31일에 처분하였다. 삼청(주)의 결산일은 12월 31일이다.

경운기의 처분일에 필요한 모든 분개를 하라. 단 감가상각은 월할기준에 따라 행한다.

1. ₩182,000의 현금을 받고 경운기를 매각한 경우
2. ₩142,000의 현금을 받고 경운기를 매각한 경우
3. 경운기가 고장이 나서 더 이상 사용할 수 없으며 중고로 매각할 수도 없어 단순히 폐기처분한 경우

10 유형자산과 무형자산의 재무제표 공시

광수(주)의 재무제표 보고기간말에 유형자산과 무형자산에 관한 재무정보는 다음과 같다.

- 건물의 취득원가 ₩1,100,000, 건물 감가상각누계액 ₩100,000, 건물 손상차손누계액 ₩200,000
- 기계장치 취득원가 ₩500,000, 기계장치 감가상각누계액 ₩300,000
- 토지의 취득원가 ₩2,000,000(재평가 전의 원가임), 토지재평가잉여금 ₩500,000
- 최초 인식시의 영업권금액 ₩800,000, 최초 인식 이후 영업권 손상차손누계액 ₩200,000
- 최초 인식시의 특허권금액 ₩400,000, 최초 인식 이후 특허권 상각누계액 ₩100,000

요구사항

이 정보를 참고하여 재무상태표에 유형자산과 무형자산을 어떻게 공시하는지 표시하라.

11 무형자산의 상각

명륜상사는 특허권을 취득하고 이에 대한 회계처리를 하려고 한다.

(1) 명륜상사로부터 당년 4월 1일 특허권을 ₩5,000,000에 구입하고 대금은 수표를 발행하여 지급하였으며, 등록에 필요한 비용 ₩200,000은 별도로 현금지급하였다.

(2) 상기 특허권을 결산기말인 12월 31일에 상각하였다(특허권의 내용연수는 10년이며 월할기준으로 상각한다).

위 거래에 대해 회계처리를 하라.

12 무형자산의 회계처리 (I)

사당(주)의 특허권 및 석유채굴권과 관련한 정보는 아래와 같다. 사당(주)의 결산일은 12월 31일이다.

(1) 20×1년 7월 1일에 특허권을 ₩300,000에 취득하고 ₩50,000만큼의 취득부대비용을 지출했다. 특허권은 정액법으로 월할상각하며 내용연수는 10년, 잔존가치는 ₩0으로 추정하였다.

(2) 20×2년 4월 1일에 독도 앞바다에 대한 석유채굴권을 ₩2,000,000에 취득했다. 이 지역에는 약 100,000배럴의 석유가 매장되어 있을 것으로 추정되었는데 20×2년도에 20,000배럴의 석유를 채굴했다. 석유채굴권은 생산량비례법으로 상각한다.

요구사항

1. 20×1년 특허권과 관련된 모든 회계처리를 하라.
2. 20×2년 석유채굴권과 관련된 모든 회계처리를 하라.

13 생물자산의 회계처리 보론

남광과수원(주)는 넓은 토지 위에 여러 가지 과수를 재배하고 열매를 시장에 판매하고 있다. 남광과수원(주)의 사과나무와 사과생산에 관한 정보는 다음과 같다. 올해초에 남광과수원(주)가 소유하고 있는 사과나무의 순공정가치(공정가치－판매부대비용)는 ₩4,000,000으로 평가된다. 올 한 해 동안 수확한 사과의 공정가치는 ₩1,000,000인데, 사과를 판매하기 위하여 중개상과 판매상에게 지급한 수수료가 ₩100,000이고, 시장까지 사과를 운송한 비용이 ₩150,000이다. 올해말 사과나무의 순공정가치는 ₩4,300,000으로 측정되었다.

요구사항

1. 남광과수원(주)의 사과나무와 사과재배활동으로 인한 올해의 손익을 계산하라.
2. 생물자산을 순공정가치로 평가하는 이유는 무엇인가?

14 광물자원의 회계처리 보론

광석(주)는 20×1년초에 ₩440,000을 투자하여 광산을 취득하고 ₩360,000만큼의 탐사평가비용을 지출하였다. 이 광산에서는 8,000톤의 균질한 광물을 추출할 수 있을 것으로 추정하고 있다. 광석(주)는 20×1년 동안 500톤의 광물을 채굴하였다. 광물을 모두 추출한 후에는 광산의 경제적 가치는 없다고 가정한다.

요구사항

1. 광물자원의 취득원가는 얼마이며, 20×1년의 감가상각(감모상각)을 회계처리하라.
2. 만약 20×1년에 채굴한 500톤의 광물 중에서 100톤은 시장에 판매하지 못하고 광석(주)가 소유하고 있다면 100톤의 광물은 재무제표에 어떻게 보고되는가?

고급연습문제

15 장기할부매입시의 자산 취득원가

쏘쿨기업은 현금매입가격이 ₩300,000인 아이스크림 기계를 20×1년 7월 1일부터 3년간 매월말 ₩10,000씩 총 ₩360,000을 지급하는 조건으로 할부매입하였다. 한편 쏘쿨기업은 기계의 취득과 관련하여 부대원가로 다음과 같이 현금을 지급하였다. 아이스크림 기계의 취득원가를 구하고 회계처리하라. 쏘쿨기업의 결산일은 12월 31일이다.

매 입 운 임	₩4,000
취득 및 등록세	6,000
설 치 비	18,000
시험운전비	3,000
부대원가 합계	₩31,000

16 여러 가지 감가상각방법과 유형자산의 처분 – 기중에 구입한 자산의 감가상각

(주)한성은 최근에 기계장치를 3대 구입하였다. 각 기계장치는 수익창출형태가 서로 다르기 때문에 감가상각방법을 달리하고 있다. 세 기계장치의 감가상각에 관한 정보는 다음과 같다.

기계장치	취득시점	취득원가	잔존가치	내용연수	감가상각방법
A	20×1. 10. 1	₩780,000	₩40,000	5년	정액법
B	20×1. 4. 1	800,000	80,000	8년	정률법
C	20×1. 11. 1	540,000	60,000	10,000시간	생산량비례법

(주)한성의 결산일은 12월 31일이며 정률법에서의 상각률은 $1-\sqrt[8]{\frac{80,000}{800,000}} \fallingdotseq 0.25$이고 기계장치 C의 실제 사용시간은 20×1년 1,000시간, 20×2년 3,000시간이었다. 기계장치에 대한 감가상각은 월할기준으로 한다.

요구사항

1. 각 기계장치에 대해 20×1년 12월 31일과 20×2년 12월 31일에 계상해야 할 감가상각비를 계산하라.
2. (주)한성은 재무상태가 악화되어 기계장치를 20×3년 6월 30일에 모두 매각하기로 결정하였으며, 기계장치 A는 ₩550,000, 기계장치 B는 ₩400,000, 기계장치 C는 ₩270,000에 처분하였다. 20×3년의 기계장치 C 사용시간은 2,000시간이다. 처분시점의 회계처리를 하라.

17 감가상각 요소의 변경

감상(주)는 20×1년 1월 1일에 내용연수가 5년, 잔존가치가 ₩50,000으로 추정되는 기계를 ₩550,000에 구입하여 정액법으로 감가상각하고 있다. 그런데 3년간 사용한 후 20×4년초에 이 기계의 상태를 점검한 결과 앞으로도 4년은 충분히 더 사용할 수 있다고 보아 총내용연수를 7년(본래 추정했던 5년보다 2년이 증가)으로 추정하였다. 또한 앞으로 4년 이후의 잔존가치는 취득시 추정했던 ₩50,000이 아닌 ₩60,000이 될 것으로 추정을 변경하였다.

요구사항

1. 감상(주)가 처음 기계를 취득했을 때 내용연수를 5년이 아니고 7년, 잔존가치를 ₩50,000이 아닌 ₩60,000으로 회계처리했다면 취득 이후 3년째말인 20×3년말에는 두 방법에 의한 감가상각누계액이 얼마나 차이가 나는가?
2. 감상(주)가 20×4년초에 새롭게 추정한 내용연수와 잔존가치를 이용하여 감가상각을 실시하면 20×4년의 감가상각비는 얼마가 되는가? (20×4년초에 기계장치의 순장부가액을 기준으로 감가상각을 할 것)

18 재평가된 자산의 처분

문제 08의 자료를 그대로 활용한다. 추가로 종로(주)는 20×4년말에 해당 설비자산을 ₩25,000에 처분하였다.

요구사항

1. 처분시점인 20×4년말에 해당 설비자산과 관련된 모든 회계처리를 하라.
2. 처분시점인 20×4년말에 해당 설비자산과 관련된 재평가잉여금 전부를 이익잉여금으로 대체하는 회계처리를 하라.

19 상각자산의 재평가(Ⅱ)

성균회사는 20×1년초에 기계장치 1대를 ₩10,000에 구입하였다. 동 기계장치의 내용연수는 5년이고, 잔존가치는 없으며 감가상각방법은 정액법이다. 성균회사는 기계장치에 대하여 재평가모형을 이용하여 회계처리하고 있으며 연도말 A회사의 기계장치의 공정가치는 다음과 같다. 성균회사의 결산일은 12월 31일이다.

20×1년말	20×2년말
₩11,000	₩5,000

요구사항

1. 회사는 재평가모형의 회계처리방법으로 기존의 감가상각누계액을 전액 제거하는 방법을 채택하고 있다. 20×1년말과 20×2년말에 필요한 모든 회계처리를 하라.
2. 재평가 회계처리시에 기계장치의 원가와 감가상각누계액을 비례적으로 수정하는 방법으로 회계처리하라.

20 유형자산의 처분(Ⅱ)

유형자산의 처분 및 제거와 관련된 다음 두 가지 상황이 발생하였다.

(1) A회사는 3년간 사용한 승용차를 폐차하였다. 이 승용차의 취득원가는 ₩200,000이고 잔존가치는 ₩20,000이며 내용연수는 3년이었다. 승용차에 대한 감가상각누계액은 ₩180,000이고 폐차비용 ₩10,000을 현금으로 지출하였다.

(2) B회사가 사옥으로 사용하고 있는 건물은 작년말에 감가상각이 완료되었다. 이 건물의 취득원가는 ₩1,000,000이고 내용연수는 30년, 잔존가치는 ₩100,000이다. 작년말까지 계상한 감가상각누계액은 ₩900,000이다. 사옥은 감가상각이 완료되었으나 B회사는 여전히 사옥으로 사용하고 있다.

위의 각 상황에 대해 각각 회계처리를 하라.

21 무형자산의 회계처리(Ⅱ)

무산(주)는 20×1년 무형자산과 관련하여 다음과 같은 거래를 하였다. 무산(주)의 결산일은 12월 31일이다.

4월 1일 : 상표권을 ₩1,000,000에 취득하였다. 상표권의 법적 권리 부여기간은 10년이다.
7월 1일 : 특허권을 ₩200,000에 취득하였으며 내용연수는 4년으로 추정하였다.
8월 1일 : 기업인수시 피인수기업의 순자산공정가치보다 ₩3,000,000을 더 지급하였다.
9월 1일 : 프랜차이즈 권리금으로 ₩400,000을 지급하였으며 프랜차이즈의 만기는 20×9년 12월 31일이다.
12월 31일 : 연구비 ₩10,000과 개발비 ₩20,000을 지출하였는데 개발비 ₩20,000 중 ₩15,000은 무형자산 인식요건을 충족하였다.

각 날짜에 필요한 분개와 20×1년 12월 31일의 수정분개를 하라. 20×1년말 재무상태표에 표시된 각 무형자산의 장부금액은 얼마인가?

22 사업결합과 영업권 인식

20×1년도말 현재 상전(주)와 벽해(주)의 재무상태표는 다음과 같다. 상전(주)는 벽해(주)를 합병하고자 합병대가로 ₩12,000,000의 대금을 수표로 지급하였다. 벽해(주)의 자산과 부채의 장부금액은 공정가치와 같다고 가정한다.

재무상태표

상전(주) 20×1년 12월 31일 (단위 : 원)

차변	금액	대변	금액
현 금	₩13,000,000	매 입 채 무	₩6,000,000
매 출 채 권	4,000,000	단기차입금	5,000,000
단기대여금	3,000,000	자 본 금	35,000,000
재 고 자 산	8,000,000		
건 물	15,000,000		
비 품	3,000,000		
	₩46,000,000		₩46,000,000

재무상태표

벽해(주) 20×1년 12월 31일 (단위 : 원)

차변	금액	대변	금액
현 금	₩1,000,000	매 입 채 무	₩5,000,000
매 출 채 권	4,000,000	단기차입금	6,000,000
단기대여금	2,000,000	자 본 금	11,000,000
재 고 자 산	5,000,000		
건 물	8,000,000		
비 품	2,000,000		
	₩22,000,000		₩22,000,000

1. 상전(주)가 사업결합시에 인식해야 하는 영업권을 계산하고 이를 분개하라.
2. 사업결합 후의 재무상태표를 작성하라. 단, 상전(주)의 매출채권 중에는 벽해(주)에 대한 매출채권 ₩500,000이 포함되어 있고, 벽해(주)는 상전(주)에 ₩1,000,000을 대여하고 있다.

23 회계정보의 활용 – 유형자산회전율과 총자산회전율

형우전자(주)의 재무상태표상의 총자산은 20×1년초 2,200억원, 20×1년말 2,800억원이고, 유형자산은 20×1년초 1,000억원, 20×1년말 1,500억원이며, 순매출액은 20×1년 2,800억원, 20×2년 3,000억원이다. 유형자산에 '건설중인자산'은 포함되어 있지 않다.

형우전자(주)의 20×1년도 유형자산회전율과 총자산회전율은 얼마인가?

24 감가상각과 윤리적 의사결정

회사는 20×1년초에 새로운 기계를 도입하여 생산량을 증가시킬 계획을 갖고 있다. 이를 위해서는 새 기계장치를 도입해야 하는데 자금이 부족하다. 회사가 은행에 자금을 빌리기 위하여 대출담당자를 만나자 그는 자금을 빌려주는 대신 회사가 총자산을 ₩2,550,000 이상 반드시 유지할 것을 조건으로 내세웠다. 20×1년초 현재의 총자산은 ₩2,500,000이다. 만약 이 금액의 총자산을 유지하지 못하면 구입한 기계장치를 회수하고 앞으로 대출을 해줄 수 없다고 하였다. 회사의 소유주이자 사장은 회계담당자인 당신에게 은행의 요구에 맞도록 회계처리할 수 있도록 하라고 지시하였다. 회사의 사장은 감가상각은 유형자산의 내용연수 동안 균등하게 처리된다고 생각하고 있다.

이 기계에 대한 감가상각방법은 아직 정해지지 않았다. 그러나 회사에서 사용하고 있는 기존의 유사한 기계들은 정률법으로 감가상각하고 있다. 이 기계의 취득원가는 ₩90,000이고 내용연수는 4년이며 잔존가치는 ₩10,000으로 추정한다. 그리고 이 기계는 새로운 형태의 제품을 만들어내므로 시장에서 고객의 반응을 아직 판단하기 어렵다. 따라서 기계도입 첫해에는 신제품을 약 4,000개밖에 생산할 수 없을 것이고, 내용연수 전체로는 32,000개를 생산할 수 있을 것으로 추정된다(내용연수 4년의 정률법 감가상각에서 상각률은 50%라고 가정한다).

요구사항

1. 정액법, 정률법, 생산량비례법으로 기계장치를 감가상각한다면 20×1년의 감가상각비는 각각 얼마인가? 어느 감가상각방법이 사장의 경영목적에 맞는가?
2. 〈요구사항〉 1.에서 사장의 경영목적에 맞는 감가상각방법을 채택하는 것이 윤리적인가를 평가하라. 이 감가상각방법은 일반적으로 인정된 회계처리방법이라고 볼 수 있는가?

25 자본적 지출과 윤리적 판단

칠성(주)는 이번 회계연도에 본사 사옥에 대한 수리를 하였다. 수리 내용은 기존의 엘리베이터가 낡아서 새 것으로 대체하고, 창고로 쓸 목적으로 간이건물을 한 동 짓고, 건물의 외관은 보기 좋도록 페인트 칠을 다시 하였다.

그런데 회계기말에 칠성(주)의 경영자는 순이익이 대폭 감소할 것으로 예상하고 순이익을 증가시킬 수 있는 방법을 모색하고 있다. 칠성(주)의 순이익이 하락하면 주식가격이 하락할 뿐만 아니라 은행에서 돈을 차입할 때도 이자를 더 지급해야 하는 문제점이 있다. 이에 따라서 칠성(주)의 경영자는 본사 사옥에 대한 모든 수리비를 자본적 지출로 처리하고자 한다.

요구사항

1. 칠성(주)의 수리 내용은 어떻게 회계처리하는 것이 적정한가?
2. 자본적 지출을 수익적 지출로 회계처리하면 순이익과 총자산에 어떠한 영향을 주게 되는가?
3. 칠성(주) 경영자의 결정은 타당한가?

01 감가상각방법의 선택

백수(주)와 백조(주)는 거의 모든 점에서 유사한 회사이다. 다만 감가상각방법으로 백수(주)는 정액법을 사용하며, 백조(주)는 정률법을 사용하고 있다(단, 정률법은 정액법 상각률의 두 배를 상각률로 적용한다고, 즉 이중체감법을 사용한다고 가정한다).

20×1년 1월 2일 두 회사는 다음과 같은 고정자산을 취득하였다.

자 산	원 가	잔존가치	내용연수
건 물	₩320,000	₩20,000	40년
설 비	110,000	10,000	10년

20×1년, 20×2년, 20×3년도의 감가상각비가 반영된 당기순이익은 다음과 같다. 법인세는 없다고 가정한다.

	20×1	20×2	20×3	합 계
백수(주)	₩84,000	₩88,400	₩90,000	₩262,400
백조(주)	68,000	76,000	82,000	226,000

20×3년 12월 31일 백수(주)와 백조(주)의 재무상태표는 거의 비슷한 수준이다. 그러나 백조(주)는 현금보유액이 더 많고, 유동비율이 높은 것으로 나타났다.

백지(주)는 이 중 한 회사를 매입할 계획을 가지고 있으므로, 당신에게 자문을 요청해왔다.

요구사항

1. 3년간 두 회사의 연간 및 합계 감가상각액을 산정하라.
2. 〈요구사항〉 1.에서 백조(주) 역시 정률법 대신 정액법을 사용할 경우 3년간 당기순이익과 그 합계액을 산정하라.
3. 백지(주)는 어느 회사를 매입해야 하는가? 그 이유를 설명하라.

02 감가상각과 현금흐름

개인기업인 광호사는 필름을 개발하고 제조하는 회사인데, 부근의 큰 백화점의 일부를 임차하여 사용하고 있다. 필름을 개발하는 데는 고가의 대형기계가 사용된다. 광호사의 소유주인 장광호 씨는 요즈음 건강이 좋지 않아 이 기업을 다른 사람에게 양도하고 일선에서 물러나고자 한다. 광호사의 매월의 통상적인 손익계산서는 다음과 같다.

수　　익 :		
용 역 매 출(수수료수익)		₩8,900,000
영 업 비 용 :		
급　　여	₩1,600,000	
임 차 료	1,850,000	
소 모 품 비	920,000	
감가상각비-기계	1,510,000	
잡　　비	460,000	6,340,000
당기순이익		₩2,560,000

수수료는 필름이 개발된 시점에 즉시 현금으로 받는다. 급여, 임차료, 소모품비, 그리고 잡비는 매월 현금으로 지급된다. 장광호 씨의 설명에 의하면, 기계는 12개월 전에 현금으로 구입하였으며, 5년이 경과된 후에 더 효율적인 기계로 대체되어야 현재의 생산능력을 유지할 수 있기 때문에 상각기간을 5년으로 정하고 있다. 그러나 새로운 기계를 구입하지 않고 현재의 기계를 그대로 사용한다면, 생산력이 다소 떨어지더라도 총 10년 정도는 사용할 수 있다.

당신의 친구인 김규영 씨가 광호사를 인수하기 위해 장광호 씨와 협상중에 있다. 김규영 씨는 인수가액 전액을 현금으로 지급할 수 있을 정도로 충분히 현금을 보유하고 있지 않다. 장광호 씨는 김규영 씨에게 인수가액 중 잔액은 앞으로 18개월 동안 매월 ₩2,500,000씩 지급하는 것을 약속하는 어음으로도 받을 수 있는데 매월 기업이 영업이익에서 이를 상환할 수 있는 자금을 조달할 수 있을 것이라고 말하였다. 김규영 씨가 당신에게 상담을 의뢰해왔다. 그는 장광호 씨가 제시한 인수액은 매우 합리적인 것이고, 이러한 조건이 자기사업을 할 수 있는 아주 좋은 기회라고 생각하고 있다. 그러나 그는 매월의 영업이익에서 ₩2,500,000의 상환자금을 조달할 수 있을지를 걱정하고 있다.

김규영 씨는 "이와 같은 상황에서 영업을 할 경우 매월의 상환금차감후 잔여영업이익은 약 ₩60,000에 불과하여 자기 가족들의 생활에 필요한 월생계비 ₩1,200,000을 영업이익으로부터 조달할 수가 없다"라고 말한다. 또한, 김규영 씨는 감가상각비에 대해서도 의문점을 제시하고 있다. 그는 이러한 감가상각비용을 언제, 누구에게, 어느 기간 동안 계속하여 지급해야 하는지를 이해하지 못하고 있는 것이다.

요구사항

1. 김규영 씨에게 감가상각비의 본질에 대해 설명하라(가능하면 언제 감가상각비용이 발생되고, 그 효과는 어떤 것이며, 이러한 비용이 매월의 현금지출을 수반하는지에 관해서도 설명하라).
2. 김규영 씨에게 매월 기업이 창출해낼 수 있는 현금이 얼마나 되는지를 설명하라. 이 금액으로 장광호 씨에 대한 매월의 상환금 ₩2,500,000과 김규영 씨의 생계비 ₩1,200,000을 충당할 수 있는지를 설명하라.
3. 김규영 씨에게 기계대체를 위한 자금지출의 필요성에 대해 설명하라. 먼저 언제 이러한 지출이 실제로 발생하는 것이며, 김규영 씨가 이 비용의 지출금액과 지출시기에 대하여 어떻게 통제할 수 있는가를 간단히 설명하라.

11 chapter

금융자산 및 관계기업투자주식

금융상품이란 거래당사자 일방에게는 금융자산을 발생시키고 동시에 다른 거래상대방에게 금융부채나 지분상품을 생성시키는 계약을 의미한다. 따라서 금융상품 거래에서는 금융자산과 금융부채가 동시에 발생한다. 본 교재에서는 금융자산과 관련하여 제7장에서 현금및현금성자산을, 제8장에서는 수취채권을 설명하고, 제11장에서는 주로 지분형 유가증권인 주식과 투자자산을, 그리고 제12장에서는 채무형 유가증권인 사채를 설명하고 있다.

증권형 금융자산은 상각후원가측정금융자산과 공정가치측정금융자산(① 당기손익인식금융자산과 ② 기타포괄손익인식금융자산)으로 분류한다. 모든 금융자산과 금융부채는 최초 취득시에는 공정가치로 측정해서 인식하지만, 취득시점 이후에는 상각후원가나 공정가치로 측정해서 인식한다. 만약 계약상의 현금흐름을 수취할 목적으로 보유하고, 계약조건대로 원금과 이자만을 수취하는 경우의 금융자산은 상각후원가로 측정한다. 그 이외의 금융자산은 모두 보고기간말에 공정가치로 측정한다.

공정가치로 평가하더라도 단기매매목적으로 보유하느냐 그렇지 않느냐에 따라서 당기손익인식금융자산

OBJECTIVES

- 금융자산의 종류에는 어떠한 것들이 있는가?
- 상각후원가측정금융자산의 평가방법은 무엇인가?
- 공정가치측정금융자산 중 당기손익인식금융자산과 기타포괄손익인식금융자산의 평가손익을 인식하는 방법은 어떻게 서로 다른가?
- 관계기업투자주식은 어떻게 회계처리하는가?
- 투자부동산은 어떻게 회계처리하는가?

과 기타포괄손익인식금융자산으로 다시 구분한다. 당기손익인식금융자산의 공정가치변동액은 손익계산서의 당기손익에 포함시키고 재무상태표에는 이익잉여금으로 반영한다. 반면 기타포괄손익인식금융자산의 평가손익은 포괄손익계산서의 기타포괄손익에 포함시키고 재무상태표에는 기타포괄손익누계액으로 반영한다.

한편 기업은 다른 회사에 유의적인 영향력을 행사하기 위하여 다른 회사가 발행한 주식을 취득하는 경우가 있는데, 이러한 주식을 관계기업투자주식이라고 한다. 실무에서는 다른 회사가 발행한 주식을 20% 이상 취득한 경우에는 특별한 반증이 없는 한 유의적인 영향력을 행사한다고 보고 있다. 관계기업투자주식은 피투자기업의 순자산 변동에 연계시켜 보유주식의 금액을 조정하는 지분법으로 회계처리한다. 이때 발생하는 관계기업투자손익은 해당 기간의 손익계산서에 당기손익으로 반영된다. 한편 피투자기업의 의결권 있는 주식을 보유하여 실질지배력이 있는 경우에는 투자기업은 자신과 피투자기업을 하나의 경제실체로 보아 연결재무제표를 작성해야 한다. 한국채택국제회계기준에서는 실질지배력을 주식소유비율로 정하고 있지 않으나, 실무적으로는 50%를 초과해서 보유하면 실질지배력이 있다고 보고 있다.

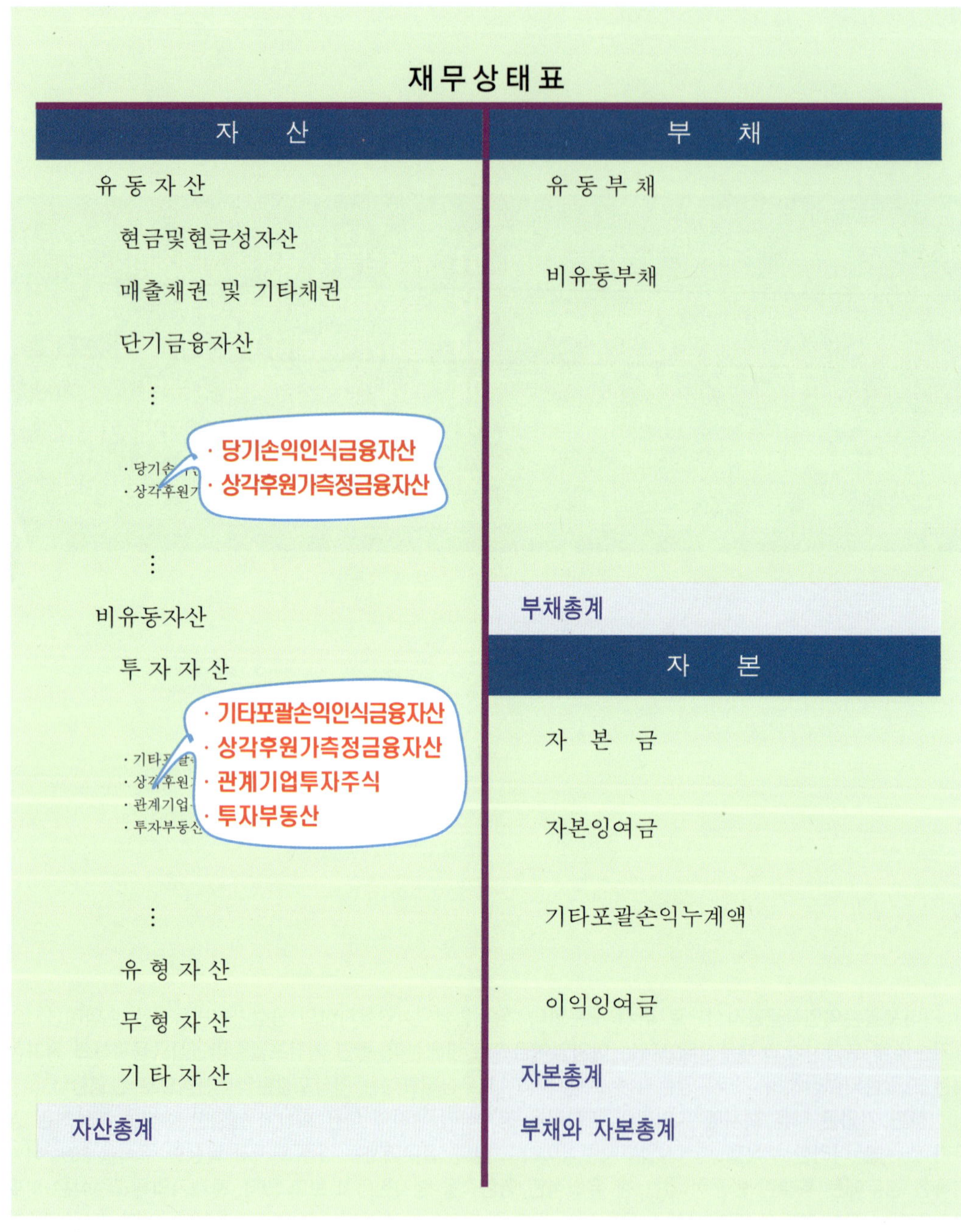
재무상태표
자 산
부 채
유동자산
현금및현금성자산
매출채권 및 기타채권
단기금융자산
· 당기손익인식금융자산
· 상각후원가측정금융자산
비유동자산
투자자산
· 기타포괄손익인식금융자산
· 상각후원가측정금융자산
· 관계기업투자주식
· 투자부동산
유형자산
무형자산
기타자산
자산총계
유동부채
비유동부채
부채총계
자 본
자본금
자본잉여금
기타포괄손익누계액
이익잉여금
자본총계
부채와 자본총계

금융상품의 분류와 회계처리

OBJECTIVES 

- 금융자산의 종류에는 어떠한 것들이 있는가?
- 상각후원가측정금융자산의 평가방법은 무엇인가?

금융상품(financial instruments)은 거래당사자 한쪽에는 금융자산을 발생시키고 동시에 다른 거래상대방에게는 금융부채나 지분증권(자본)을 발생시키는 계약에서 비롯된 모든 상품을 말한다. 예를 들어 돈을 빌리는 계약의 경우에 빌려주는 쪽은 대여금이라는 금융자산(financial assets)이 발생하고, 빌리는 쪽은 차입금이라는 금융부채(financial liabilities)를 부담하게 된다. 가장 전형적인 금융자산은 현금과 현금성자산이다. 이 외에도 금융상품으로는 주식이나 채권과 같은 유가증권, 대여금 및 차입금 등이 포함된다. 그러나 최근 들어서는 이러한 전형적인 본원(primary)금융상품 거래뿐만 아니라 선물(futures), 선도(forward), 스왑(swap)과 같은 파생상품 거래가 급속하게 증가하고 있다. 파생상품(derivatives)[1)]이란 외환이나 예금 또는 주식과 같은 기초자산에서 파생되어 만들어진 상품으로서 환율, 이자율, 주가 등에 따라서 그 가치가 변동한다. 근래에는 그 종류나 형태가 매우 다양한 파생상품들이 등장하게 됨에 따라 일반인이 이해하기 어려워지고 또한 이러한 금융상품의 회계처리가 점점 복잡해지고 있다.

1. 금융상품의 분류

금융상품을 물리적 형태별로 분류하면 ① 현금및현금성자산, ② 대여금 및 수취채권(차입금 및 지급채무), ③ 증권형 금융상품으로 대별할 수 있다.

현금및현금성자산

금융상품 중 가장 전형적인 항목은 제7장에서 설명했던 현금및현금성자산이다. 물론 여기에는 자국의 화폐로 표시되는 현금및현금성자산뿐만이 아니라 외국환 및 외화예금자산도 포함된다.

1) 2008년부터 본격적으로 시작된 세계적 금융위기도 미국의 부동산담보부(mortgage)채권에 기초한 파생상품의 가치폭락에서 시작되었다. 미국 금융산업의 중심지인 월가(Wall Street)나 영국의 런던국제금융시장 등을 비롯하여 세계 금융시장은 새롭고 복잡한 파생상품을 계속 만들어 내고 있다.

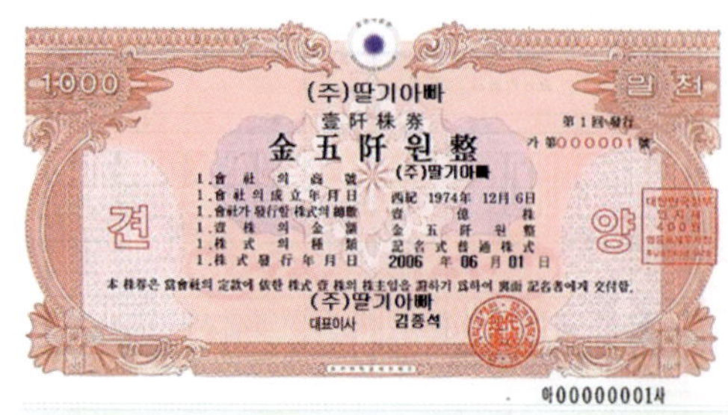

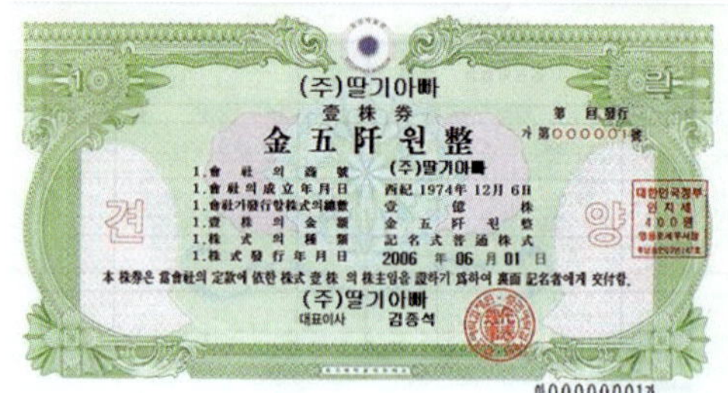

대여금 및 수취채권(차입금 및 지급채무)

수취(지급)금액이 확정된 채권을 말한다. 외상매출금이나 받을어음, 대여금(또는 외상매입금, 지급어음, 차입금) 등이 대표적인 예이다. 이는 본서의 제8장에서 관련 회계처리를 이미 다루었다.

증권형 금융상품

주식이나 채권(사채 또는 공채)과 같이 유가증권 형태를 갖고 있는 금융상품이다. 투자상품으로서의 주식과 채권은 그 성질이 서로 다르다. 주식은 그 소유자가 회사에 대한 경영참여권을 가지며 배당금을 받을 수 있다. 상장주식의 경우에는 한국거래소를 통하여 매매가 가능하다. 반면 채권은 경영참여권이 없고 배당금도 받을 수 없다. 그러나 채권은 계약상 만기일에 만기원금을 받고 일정기간마다 이자를 받는다. 주식과 같은 금융상품을 지분증권형 금융상품(investment in equity securities) 또는 주식형 금융상품이라고 부르고, 채권을 채무증권형 금융상품(investments in debt securities) 또는 채권형 금융상품이라고도 부른다.

자금을 조달하는 기업의 입장에서 지분증권형 금융상품의 발행은 자본으로 기록되는 반면, 채무증권형 금융상품은 부채로 기록된다. 물론 이러한 금융상품을 취득한 기업은 이를 금융자산으로 기록한다.

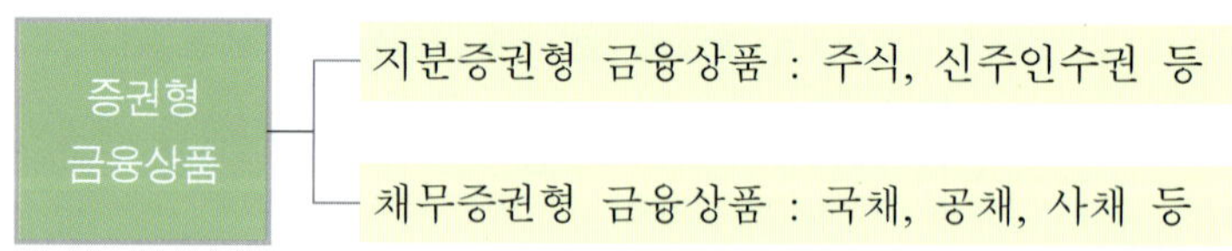

2. 금융자산의 분류와 회계처리

금융상품의 회계처리는 물리적 형태의 분류에 따라 정해지는 것이 아니라 그 금융상품의 특성과 금융상품을 보유하는 기업의 의도(사업모형, business model)에 따라 다르게 결정된다. 금융자산은 크게 ① 상각후원가측정금융자산과 ② 공정가치측정금융자산으로 분류한다.

그림 11-1

금융자산의 분류

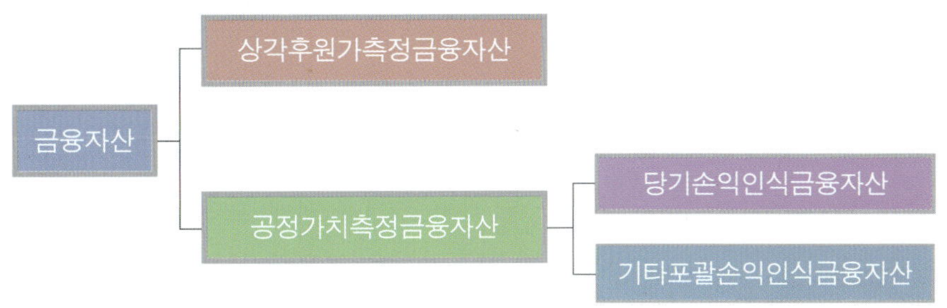

상각후원가측정금융자산

기업이 원금과 이자만을 받을 목적으로 금융자산을 취득하여 보유하고 있으면 상각후원가측정금융자산(financial assets measured at amortized costs)으로 분류한다. 구체적으로 다음 두 가지 조건을 모두 만족하는 금융자산이 이에 해당된다.

mark down

업비트 투자자보호센터, "기업회계 내 가상화폐 영향력 증가"

금융감독원이 오는 2025년중 재무제표 중점 점검 대상 회사를 선정하고 가상화폐 회계처리 심사를 진행할 수 있다는 진밍이 제기됐다. 금융감독원은 지난주 가상화폐 회계처리를 기업 재무제표 중점 점검 사항으로 선정한 바 있다. 금융감독원은 가상화폐 회계처리의 적정성을 확보하기 위해 토큰 발행 기업의 자의적인 수익 및 자산 과대계상을 금지할 방침이다. 과대계상은 자산의 가치를 부풀려 회계장부에 기록하는 것을 뜻한다. 과대계상 금지의 핵심은 '주석공시'다. 업비트 투자자보호센터는 가상화폐 발행기업이 향후 자체적으로 보관중인 토큰을 임의적으로 자산으로 인식할 수 없게 되며 '주석공시'를 통해 내역을 공개해야 할 것이라고 설명했다.

가상화폐를 단순히 보유중인 업체의 경우 취득 목적에 따라 재고자산, 무형자산, 금융상품인지를 분류하고 취득원가 및 결산일 평가(최초 및 후속 측정) 과정을 거쳐야 할 것으로 파악됐다. 거래소 등의 사업자는 가상화폐 통제권 여부에 따라 고객 위탁 가상화폐를 자산 또는 부채로 인식해야 할 것으로 전해진다. 업비트 투자자보호센터는 "금융감독원은 오는 2025년중 회계이슈별 대상 회사를 선정하고 재무제표 중점 심사를 실시할 것으로 예상된다"라며 "금융감독원이 처음으로 가상화폐 회계처리 내용을 이슈로 선정한 만큼 기업회계에 미치는 영향에 대해 주목하고 있음을 알 수 있다"라고 말했다.

한편 금융위원회의 경우 최근 금융정보분석원(FIU), 금융감독원과 함께 대체불가토큰 가상자산 판별 가이드라인을 발표했다. 일정요건을 갖춘 대체불가토큰(NFT)은 '가상자산이용자보호법' 적용대상에서 제외하겠다는 것이 금융위원회의 입장이다. 다만, 형식만 대체불가토큰이며 실질은 가상자산일 경우 '가상자산이용자보호법'이 적용될 방침이다. 대체불가토큰의 법적 성격은 주요국의 규율체계와 유사하게 '자본시장법'과 '가상자산이용자보호법' 순서로 검토될 예정이다. 특정 대체불가토큰의 법적 성격은 '자본시장법'상 증권인지 확인 후 '가상자산이용자보호법'상 가상자산인지 검토를 거칠 것으로 파악됐다. 대체불가토큰이 가상자산에 해당할 수 있는 주요 예상 요건으로는 대규모 시리즈 발행, 분할가능에 따른 고유성 약화, 특정 재화나 서비스 내 직·간접적인 지급수단, 불특정인간 가상자산 매개 교환가능 여부가 있었다.

(경향게임스, 2024.6.17 기사 편집)

① 금융자산의 계약조건에 따라 앞으로 특정일에 원금과 원금잔액에 대한 이자지급만으로 구성된 현금흐름이 발생한다.

② 기업이 금융자산을 보유하는 목적(사업모형)은 계약에서 정하는 현금흐름(contractual cash flows)의 수취이다.

이 두 가지 조건을 쉽게 요약하면, 기업이 특정일에 원금과 이자를 받을 목적으로만 금융자산을 보유한다는 의미이다. 만기보유를 목적으로 취득한 사채가 그 대표적인 예이다. 또한 만기에 현금을 받을 목적으로 빌려준 대여금이나 상품매출에서 발생한 수취채권도 포함된다.

상각후원가측정금융자산은 금융자산을 최초에 취득한 이후에 상각후원가로 측정하여 재무상태표에 보고한다. 상각후원가(amortized costs)란 취득원가를 기준으로 평가하되, 해당 자산의 명목금액과 현재가치가 다를 경우에 그 차이를 이자수익(부채의 경우는 이자비용)에서 조정하는 방법으로 매기 그 차이를 상각처리한 후의 원가를 말한다.[2] 이에 관하여는 제12장에 있는 사채의 회계처리에서 상세히 설명한다. 상각후원가측정금융자산은 영문약자를 이용하여 AC금융자산이라고도 한다.

그런데 금융자산을 특정 현금흐름 수취목적뿐만 아니라 투자차익 실현목적으로 언제라도 매도할 의도가 있거나 혹은 전환권이 추가로 결합되어 있는 전환사채와 같은 복합상품의 경우에는 상각후원가측정모형을 사용할 수 없다. 그리고 증권의 특성상 지분증권형 금융자산은 상각후원가측정금융자산으로 분류되지 않는다.

공정가치측정금융자산

상각후원가측정금융자산으로 분류하지 않는 금융자산은 공정가치측정금융자산으로 분류한다. 즉, 기업이 계약조건에 따라 원리금을 받을 목적이 아니라 투자차익을 목적으로 주식이나 채권을 취득하면 공정가치측정금융자산으로 분류한다. 성격상 주식과 같은 지분증권형 금융자산은 모두 공정가치측정금융자산으로 분류한다.

공정가치측정금융자산(financial assets at fair value)은 보고기간말에 공정가치로 측정하여 재무상태표에 표시한다. 공정가치(fair value)란 거래가 활성화된 시장에서 형성되어 공시되는 가격이다. 금융자산을 공정가치로 평가하면 경제적 실질가

2) 상각후원가측정금융자산은 보고기간말에 공정가치가 장부금액과 차이가 있어도 평가손익을 인식하지 않는다.

치를 잘 나타낼 수 있어서 투자자에게 유용한 정보를 제공할 수 있다.

금융자산을 공정가치로 평가하면 공정가치의 변동으로 인하여 대부분의 경우에 장부금액과 차이가 발생한다. 그리고 이러한 공정가치의 변동에 따라서 발생한 평가이익 또는 평가손실을 (포괄)손익계산서에 어떻게 반영하는가에 따라서 공정가치측정금융자산을 당기손익인식금융자산과 기타포괄손익인식금융자산의 두 가지 유형으로 나눈다.

당기손익인식금융자산

대부분의 지분증권형 금융자산 및 단기매매를 목적으로 취득한 채무증권형 금융자산을 당기손익인식금융자산(financial assets at fair value through profit or loss)으로 분류한다. 금융자산을 공정가치로 평가함에 따라서 발생하는 평가손익은 손익계산서의 당기손익에 반영한다. 처분시 발생하는 처분손실도 당기손익에 반영시킨다.

당기손익인식금융자산은 영문약자를 이용하여 FVPL금융자산이라고도 하고, 실무에서는 당기손익-공정가치측정금융자산이라는 계정과목 이름으로 쓰인다.

기타포괄손익인식금융자산

지분증권형 금융자산이지만 단기매매 목적이 아닌 경우에는 예외적으로 최초 인식시점에 기타포괄손익인식금융자산(financial assets at fair value through other comprehensive income)으로 분류할 수 있다. 이렇게 분류된 경우에는 공정가치와 장부금액의 차이로 발생하는 평가손익은 당기손익이 아닌 기타포괄손익으로 인식해야 한다.

기타포괄손익인식금융자산은 영문약자를 이용하여 FVOCI금융자산이라고도 하고, 실무에서는 기타포괄손익-공정가치측정금융자산이라는 계정과목 이름으로 쓰인다.

채무증권형 금융자산도 계약상의 원리금 수취목적 이외에 매각을 통해서 투자수익을 얻을 목적으로 취득한 경우에는 기타포괄손익인식금융자산으로 분류한다. 물론 평가손익은 기타포괄손익으로 인식한다.[3)]

〈표 11-1〉에서 금융자산의 회계처리목적별 분류와 측정방법, 그리고 재무상태표 및 (포괄)손익계산서에서의 표시방법을 요약하고 있다.

3) 기타포괄손익인식금융자산으로 분류된 채무증권의 처분손익은 당기손익으로 인식한다. 이를 포괄손익의 재순환조정(recycling)이라고 하는데, 이는 해당 채무증권의 평가로 인하여 누적된 기타포괄손익을 제거하고 이를 당기손익으로 인식함을 의미한다. 그러나 기타포괄손익인식금융자산으로 선택지정된 지분증권을 처분했을 때에는 평가손익을 당기손익으로 재순환시키는 회계처리를 할 수 없다. 따라서 관련 평가손익은 기타포괄손익누계액으로 그대로 남게 된다. 다만 기타포괄손익누계액을 자본의 다른 구성항목, 예를 들어 이익잉여금으로 대체시키는 회계처리를 할 수는 있다.

금융자산의 회계처리 목적별 분류

금융자산의 분류	대표적인 예시	재무상태표 측정방법	손익계산서 인식항목	회계원리 교재
상각후원가측정금융자산	· 만기보유목적의 사채, 대여금, 수취채권	상각후원가	이자수익, 이자비용	제8장, 제12장
공정가치측정금융자산 당기손익인식금융자산	· 대부분의 주식과 단기매매목적으로 보유하는 채권	공정가치	당기손익	제11장
기타포괄손익인식금융자산	· 단기매매목적이 아닌 일부 주식 · 현금흐름 수취와 매매목적이 동시에 존재하는 사채	공정가치	기타포괄손익	제11장

02 금융자산의 취득과 보유

금융자산을 취득하여 최초로 인식할 때에는 공정가치로 측정한다.

금융자산은 취득시점에 공정가치(fair value)로 측정하여 인식한다. 일반적으로 취득시점의 거래가격을 나타내는 취득금액은 공정가치를 대변하는 것으로 본다. 하지만 취득금액과 공정가치가 다르다면 공정가치로 평가하여 인식해야 한다.

금융자산을 취득하는 과정에서 매입수수료, 중개수수료, 양도세 및 인지세 등과 같은 거래부대원가(transaction costs)가 발생한다. 이러한 거래부대원가는 당기손익인식금융자산의 경우에는 당기비용으로 처리하지만, 그 이외의 금융자산은 공정가치에 가산하여 자본화시킴으로써 취득시 최초의 장부금액으로 인식한다.4)

예제 11-1 금융자산의 취득

별나주식회사는 20×1년 11월 5일에 주당 액면금액 ₩5,000인 A회사 주식 10주를 주당 ₩60,000에 매입하였다. 매입부대비용으로 매입수수료 ₩20,000을 현금지급하였다.

4) 당기손익인식금융자산은 대부분이 단기매매목적의 금융자산으로서 당해 기간에 그 매매손익이 실현될 것이므로, 취득시점에 부대원가를 자본화시키지 않고 당기비용으로 처리한다.

〈A회사 주식을 당기손익인식금융자산으로 분류하는 경우〉

(차)	당기손익인식금융자산*	600,000	(대)	현 금	620,000
	매입수수료	20,000			

〈A회사 주식을 기타포괄손익인식금융자산으로 분류하는 경우〉

(차)	기타포괄손익인식금융자산*	620,000	(대)	현 금	620,000

* 당기손익인식금융자산과 기타포괄손익인식금융자산의 계정과목 이름은 실무에서 그 성격을 나타내는 다른 계정과목명으로 표시할 수 있다. 예를 들면 단기금융자산, 장기금융자산 또는 단기매매금융자산, 단기투자유가증권과 같은 계정과목명을 사용할 수 있다. 그러나 회계처리방법은 회계기준의 원래 분류목적에 따라 당기손익인식금융자산이나 기타포괄손익인식금융자산에서 정하는 방법에 따라야 한다.

[예제 11-1]과 같이 별나주식회사가 A회사 주식을 취득한 경우에는 A회사 주주총회의 결의에 따라서 배당금을 받을 수 있다. 별나주식회사는 배당금을 받았을 때 손익계산서에 배당금수익(dividend revenue)을 인식한다. 만약 별나주식회사가 주식이 아닌 사채를 취득했다면 일정기간마다 사채이자를 받게 된다. 사채이자는 손익계산서에 이자수익(interest revenue)으로 인식한다.

금융자산을 보유하는 기업은 보고기간말이 되면 동일 형태의 금융자산이라 하더라도 재무상태표에 유동자산인지 비유동자산인지를 구분 표시해야 한다. 처분이나 회수기일이 보고기간말일을 기준으로 1년 이내이면 유동자산으로 분류하고, 이를 초과하면 비유동자산으로 구분한다.

mark down

공정가치지정권

금융자산의 회계불일치(accounting mismatch)를 감소시킬 수 있는 경우에 기업은 상각후원가측정금융자산이나 기타포괄손익인식금융자산이라 하더라도 최초의 인식시점에 한해서 이들을 당기손익인식금융자산으로 지정(designate)할 수 있다.[5] 이는 금융자산의 성격이 계약상 일정시점마다 이자를 받고 만기에 원금을 받는 금융자산의 경우에도 이 자산을 최초에 취득하는 시점에 그 자산의 공정가치 변동을 당기손익으로 인식할 수 있는 당기손익인식금융자산으로 분류하는 회계처리를 허용하고 있는 것이다. 이를 당기손익공정가치지정권이라 부른다. 다만 한번 지정하면 이를 취소할 수 없다. 회계기준은 가능한 모든 금융자산을 공정가치로 측정하고 그 공정가치의 변동액을 당기손익에 반영하는 회계처리방법을 권장하고 있는 것이다.

5) 회계불일치를 감소시킨다는 것은 동일 형태의 자산에 대해 서로 다른 기준으로 자산을 측정하고 인식하는 불일치를 통일시킨다는 의미이다. 예를 들면, 위험회피회계에서 동일한 거래에서 발생한 금융상품인데도 불구하고 위험회피의 수단이 되는 상품은 당기손익인식으로 처리하고 위험회피의 대상이 되는 상품은 상각후원가로 측정하는 경우에는 회계불일치가 발생한다. 이때에는 당기손익인식금융상품으로 통일시켜 측정함으로써 상호간 측정불일치를 해소시킬 수 있다.

예제 11-2 금융자산의 보유

[예제 11-1]의 자료를 그대로 이용하여 별나주식회사가 20×1년 11월 30일 A회사로부터 주당 ₩1,000, 즉 총 ₩10,000의 현금배당이 확정되어 이를 현금으로 받았다면 다음과 같은 회계처리를 한다.*

(차) 현 금	10,000	(대) 배당금수익	10,000

* 배당금수익의 경우에 투자자는 배당을 받을 권리와 금액이 확정되는 시점에 배당금수익을 인식한다. 우리나라에서는 일반적으로 정기주주총회에서 배당을 확정의결한다. 한편 공정가치측정금융자산으로 분류되는 지분증권형 금융자산(주식)의 경우에는 이와 같이 회계처리하지만, 후술되는 관계기업투자주식으로 분류되는 지분증권은 [예제 11-6]과 같이 지분법 회계처리를 따라야 한다.

만약 별나주식회사가 20×1년 7월 1일에 거래부대비용 없이 A회사가 발행한 액면 ₩600,000의 채무증권(사채)을 액면금액과 같은 금액으로 취득하였다고 하자.* 이 사채의 표시이자율이 연 4%이며, 이자지급은 매년 6월말이라고 하면 20×1년말에 다음과 같이 이자수익을 인식한다.

(차) 미 수 이 자	12,000	(대) 이 자 수 익	12,000**

* 채무증권은 회사가 이를 취득한 목적에 따라서 상각후원가측정금융자산이나 공정가치측정금융자산으로 분류할 수 있다. 그러나 어떠한 분류가 되었든 위와 같이 이자수익을 인식한다.

** 사채액면금액 ₩600,000 × 연이자율 4% × 1/2 = ₩12,000

03 공정가치측정금융자산의 평가

OBJECTIVES 

- 공정가치측정금융자산 중 당기손익인식금융자산과 기타포괄손익인식금융자산의 평가손익을 인식하는 방법은 어떻게 서로 다른가?

공정가치
공정가치의 측정일에 시장참여자의 정상거래에서 자산을 매도하면서 수취하거나 부채를 상환하면서 지급하게 되는 금액

모든 금융자산은 그 유형에 관계없이 취득시에는 공정가치로 평가한다. 공정가치(fair value)란 "공정가치의 측정일에 시장참여자의 정상거래에서 자산을 매도하면서 수취하거나 부채를 상환하면서 지급하게 되는 금액"이라고 다소 어렵게 정의되고 있다. 여기서 시장참여자란 합리적인 판단력과 거래의사가 있는 매도자와 매입자를 의미하고, 정상거래란 통상적이고 관습적인 거래활동을 말한다. 금융자산 중에서 상장된 주식의 경우에는 한국거래소에서 거래되는 주식가격을 의미하고, 채권은 금융시장에서 형성되는 시장가격을 말한다. 공정가치가 형성되기 위해서는 한국거래소와 같은 활성시장(active market)이 형성되어 있어야 한다. 이러한 시장에서는 공정가치가 공시(publicly announced)되고 있어 쉽게 얻을 수 있다. 만약 활성시장이 없다면 다른 공정가치 자산평가기법을 이용하여 간접적으로 평가결정

한다. 예를 들면 실질적으로 동일한 다른 금융자산의 공정가치를 이용하는 간접평가방법이나 현금흐름할인법 등이 사용될 수 있다.

취득시점 이후에는 금융자산의 분류기준에 따라 공정가치측정대상은 공정가치로 평가하고, 상각후원가측정대상은 상각후원가로 평가한다. 본장에서는 공정가치측정대상 금융자산의 회계처리를 주로 살펴보고, 상각후원가측정금융자산의 상각후원가측정방법은 제12장의 제3절 사채에서 설명한다. 공정가치측정금융자산은 당기손익인식금융자산과 기타포괄손익인식금융자산으로 나누어진다.

1. 당기손익인식금융자산

당기손익인식금융자산평가손익
당기손익인식금융자산의 장부금액과 공정가치의 차이

당기손익인식금융자산(당기손익-공정가치측정금융자산)은 주로 주식과 단기매매차익의 목적으로 보유하는 사채로서, 취득 이후의 보고시점에 공정가치의 변동으로 장부금액과 공정가치가 차이 나면 그 차이를 평가손익으로 인식하여 당기손익에 포함한다. 이 평가손익은 그 성격상 미실현보유손익(unrealized holding gains or losses)의 일종이다. 왜냐하면 당기손익인식금융자산을 재무보고시점에서 매각하면 공정가치를 받을 수 있지만, 아직 보유하고 있는 상태이므로 그 손익이 실현되지 않았기 때문이다. 전통회계에서는 원칙적으로 미실현손익을 당기손익에 반영하지 않는다. 그러나 예외적으로 당기손익인식금융자산평가손익의 경우에는 단기간 내에 손익이 실현될 것으로 보고 당기손익에 반영하고 있다.

당기손익인식금융자산의 평가손익은 당기손익에 반영한다.

만약 당기손익인식금융자산의 기말 공정가치평가액이 평가직전 장부금액보다 상승하면 그 차이를 당기손익인식금융자산평가이익으로 계상하는 동시에 금융자산의 장부금액을 직접 증가시킨다. 반면에 기말 공정가치평가액이 평가직전 장부금액보다 하락하면 그 차이를 당기손익인식금융자산평가손실로 계상하고 금융자산의 장부금액을 감소시킨다. 이때 서로 다른 금융상품에서 발생하는 평가손실과 평가이익은 상계시키지 않고 각각 총액으로 보고한다.

(1) 장부금액 < 공정가치평가액
(차) 당기손익인식금융자산 (대) 당기손익인식금융자산평가이익

(2) 장부금액 > 공정가치평가액
(차) 당기손익인식금융자산평가손실 (대) 당기손익인식금융자산

예제 11－3 당기손익인식금융자산의 평가

별나주식회사가 20×1년 11월 5일 취득한 A회사 주식은 취득후 당기손익인식금융자산으로 분류되어 20×2년 12월 31일 현재에도 별나주식회사가 그대로 보유하고 있다. 동 주식의 공정가치가 각 연도말에 다음과 같이 변화했다고 하면 별나주식회사는 20×1년 및 20×2년 보고기간말에 다음과 같은 수정분개를 해야 한다.

	취득시의 공정가치	공정가치	공정가치
	20×1. 11. 5	20×1. 12. 31	20×2. 12. 31
A회사 주식	₩600,000	₩580,000	₩610,000

20×1년 11월 5일 : A회사 주식을 공정가치대로 ₩600,000에 취득했다.

(차) 당기손익인식금융자산 600,000 (대) 현 금 600,000

20×1년말 : A회사 주식의 공정가치가 하락했으므로 ₩20,000의 평가손실을 계상하고 장부금액을 감소시켜야 한다.

(차) 당기손익인식금융자산평가손실 20,000* (대) 당기손익인식금융자산 20,000

* 20×1년말 (포괄)손익계산서의 당기손실로 인식되고, 당기순이익을 감소시킨다. 20×1년의 당기순이익은 보고기간말의 마감분개를 통하여 20×1년말 재무상태표의 이익잉여금으로 대체된다.

20×2년말 : A회사 주식의 장부금액이 ₩580,000인데 ₩610,000으로 공정가치가 증가하여 ₩30,000의 평가이익을 계상한다.

(차) 당기손익인식금융자산 30,000 (대) 당기손익인식금융자산평가이익 30,000

2. 기타포괄손익인식금융자산

기타포괄손익인식금융자산 평가손익
기타포괄손익인식금융자산의 평가직전 장부금액과 공정가치 간의 차이

기타포괄손익인식금융자산(기타포괄손익-공정가치측정금융자산)을 공정가치로 평가하는 경우 평가직전 장부금액과 공정가치 간의 차이는 기타포괄손익인식금융자산평가손익으로 회계처리하는데, 이는 당기손익인식금융자산평가손익의 경우와 마찬가지로 미실현보유손익이다. 그런데 기타포괄손익인식금융자산의 미실현보유손익은 당기손익인식금융자산평가손익과는 달리 당기손익 항목이 아니고 기타포괄손익(other comprehensive income) 항목으로 분류한다. 따라서 손익계산서의 당기순이익을 결정할 때에는 포함시키지 않고, 포괄손익계산서의 총포괄손익을 계산할 때에 반영한다. 아울러 재무상태표에는 이익잉여금에 반영하지 않고 대신 기타포괄손익누계액에 포함시킨다.[6] 기타포괄손익인식금

기타포괄손익인식금융자산의 미실현보유손익은 당기손익 항목이 아니고 기타포괄손익 항목이다.

융자산은 당기손익인식금융자산과 달리 단기차익매매를 주된 목적으로 보유하는 상품이 아니기 때문에 그 공정가치변동액이 당기 재무성과에 직접 영향을 미치지 않도록 하자는 것이다. 만약 이를 당기손익에 반영하게 되면 장기 보유하면서 매도계획을 갖고 있는 금융자산으로부터 발생하는 공정가치변동액이 당기순이익에 큰 영향을 미치게 된다.

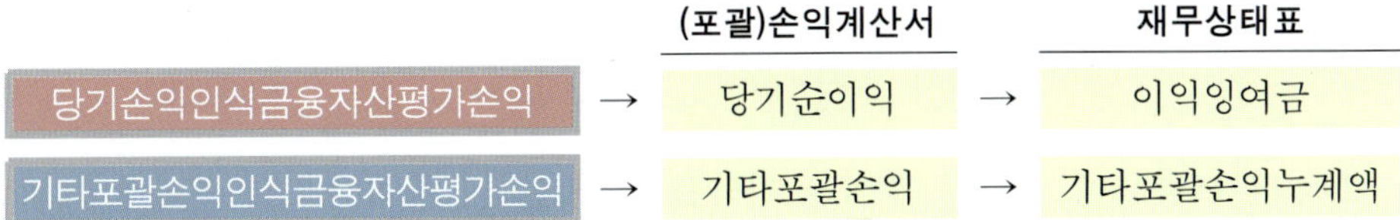

기타포괄손익인식금융자산의 기말 공정가치평가액이 평가직전 장부금액보다 상승하면 그 차이를 기타포괄손익인식금융자산평가이익으로 계상하고 금융자산의 장부금액을 직접 증가시킨다. 반면에 기말 공정가치평가액이 평가직전 장부금액보다 하락하면 그 차이를 기타포괄손익인식금융자산평가손실로 계상하고 금융자산의 장부금액을 감소시킨다. 이러한 회계처리는 당기손익인식금융자산의 경우와 동일하지만 평가이익과 평가손실은 당기손익 항목이 아니고 기타포괄손익 항목으로 분류된다는 점이 다르다.

mark down

금융자산의 제거와 양도

기업이 보유하고 있는 금융자산은 타인에게 양도 또는 처분할 수 있다.[7] 이 경우 양도하는 금융자산의 장부금액과 양도금액 간에 차이가 발생하면 양도(또는 처분) 이익이나 손실을 인식한다.

- 당기손익인식금융자산 : 당기손익인식금융자산의 양도손익은 손익계산서의 당기손익으로 인식한다.
- 기타포괄손익인식금융자산 : 기타포괄손익인식금융자산은 양도시점에 공정가치로 평가하여 장부금액을 수정하고 평가손익(기타포괄손익)을 인식한다. 그러면 일반적으로 양도대가와 공정가치가 일치할 것이다. 그런데 채무형 금융자산의 경우 해당 자산의 평가손익누적액(기타포괄손익누계액)을 제거할 때 당기손익으로 재분류하여 인식한다.[8] 이러한 회계처리를 재순환조정(recycle)이라고 하는데, 이는 기타포괄손익누계액을 당기손익으로 재분류하여 인식한다는 의미이다. 그러나 기타포괄손익인식금융자산으로 선택지정된 지분형 금융자산의 경우에는 양도시점까지의 해당 금융자산의 평가손익누적액을 당기손익으로 재순환조정하지 않고 기타포괄손익누계액에 그대로 두거나, 자본의 다른 항목인 이익잉여금으로 직접 대체시킨다. 따라서 이 경우에는 양도차액이 당기순이익에 영향을 미치지 못한다.

6) 보고기말의 마감분개에서 당기손익 항목들은 집합손익계정을 통하여 재무상태표의 이익잉여금에 대체된다. 마찬가지로 기타포괄손익은 마감분개에서 재무상태표의 기타포괄손익누계액에 대체된다. 이익잉여금으로 보고되면 이는 배당가능항목으로 분류되는 반면, 기타포괄손익누계액으로 반영되면 배당가능금액의 계산에서 제외된다. 즉 미실현손익으로 구분시켜 사외유출을 제한시키기 위한 회계처리로서 기업의 현금흐름 의사결정에 매우 중요한 영향을 미친다.
7) 금융자산의 현금흐름에 관한 권리가 소멸(expire)했거나 권리를 양도(transfer)했을 때 금융자산을 장부에서 제거한다.
8) 기타포괄손익을 제거하여 당기손익에 반영하면 이익잉여금은 증가하나 자본총액은 변하지 않는다.

예제 11-4 기타포괄손익인식금융자산의 평가

별나주식회사가 20×1년 11월 5일 취득한 A회사 주식은 취득시점에 기타포괄손익인식금융자산으로 지정하여 인식하고 20×2년 12월 31일 현재에도 별나주식회사가 그대로 보유하고 있다. 동 주식의 공정가치가 다음과 같이 변화했다고 하면 별나주식회사는 20×1년말과 20×2년말에 적절한 수정분개를 해야 한다.

	취득시의 공정가치	공정가치(시가)	
	20×1년	20×1년말	20×2년말
A회사 주식	₩600,000	₩580,000	₩610,000

20×1년 11월 5일 : A회사 주식을 기타포괄손익인식금융자산으로 분류하여 취득하다.

(차) 기타포괄손익인식금융자산 600,000 (대) 현 금 600,000

20×1년말 : A회사 주식의 공정가치가 하락했으므로 ₩20,000만큼의 평가손실을 계상하고 장부금액을 감소시켜야 한다.

(차) 기타포괄손익인식금융자산평가손실 20,000* (대) 기타포괄손익인식금융자산 20,000
(기타포괄손익)

* 20×1년 포괄손익계산서의 기타포괄손익에 포함하고, 보고기간말 마감분개를 통하여 20×1년말 재무상태표의 기타포괄손익누계액에 기록된다.

20×2년말 : 20×2년말에는 20×1년말에 비하여 A회사 주식의 공정가치가 상승했으므로 기타포괄손익인식금융자산평가이익을 계상한다.

(차) 기타포괄손익인식금융자산 30,000 (대) 기타포괄손익인식금융자산평가이익 30,000*
(기타포괄손익)

* 20×2년말 재무상태표상에 보고되는 A회사 주식의 기타포괄손익누계액은 동일 주식에서 발생한 전년도말의 A회사 주식의 기타포괄손익누계액(평가손실누계액 ₩20,000)을 상계한 후의 순잔액(평가이익누계액 ₩10,000)으로 보고되어야 한다. 따라서 실무적으로는 잔액 상계를 위해 다음의 마감분개가 추가적으로 필요하다. 동일한 채권이나 주식에서 발생한 평가손익은 상계처리하지만, 서로 다른 채권이나 주식에서 발생한 평가손익은 상계처리하지 않는다.

(차) 기타포괄손익인식금융자산평가이익 20,000 (대) 기타포괄손익인식금융자산평가손실 20,000
(기타포괄손익누계액) (기타포괄손익누계액)

04 관계기업투자주식과 지분법

OBJECTIVES

• 관계기업투자주식은 어떻게 회계처리하는가?

1. 관계기업투자주식의 의미

기업이 다른 회사가 발행한 주식을 취득하는 목적은 크게 두 가지로 나누어 볼 수 있다.

하나는 소극적 투자대상(passive investments)으로서 자금의 여유가 있을 때 다른 회사 주식을 취득하여 단기 또는 장기 투자수익을 얻고자 하는 경우이다. 이 때는 해당 투자주식을 당기손익인식금융자산으로 분류하고 회계처리한다.9)

다른 하나는 적극적 투자대상(active investments)으로서 다른 기업의 경영권과 관련하여 유의적인 영향력을 행사하려는 목적으로 주식을 취득한다. 이러한 목적으로 취득하는 주식을 관계기업투자주식(investment in associates)이라고 분류하고, 그 회계처리는 지분법(equity method)을 따른다.

관계기업
투자기업이 피투자기업에 대하여 유의적인 영향력을 가지고 있는 피투자기업

유의적인 영향력
투자기업이 피투자기업의 재무정책과 영업정책에 관한 의사결정에 참여할 수 있는 능력. 피투자기업의 의결권 있는 주식을 20% 이상 보유하고 있는 경우 유의적인 영향력을 행사할 수 있는 것으로 본다.

유의적인 영향력(significant influence)이란 투자기업이 피투자기업의 재무정책과 영업정책에 관한 의사결정에 유의적으로 참여할 수 있는 능력이다. 예를 들어 피투자기업의 이사회에 참여할 수 있거나 배당정책 등의 결정에 관여할 수 있는 영향력을 말한다. 일반적으로 투자기업이 직접 또는 간접으로 피투자기업의 의결권 있는 주식을 20% 이상 보유하고 있는 경우에는 유의적인 영향력을 행사할 수 있는 것으로 본다.10)

더욱 적극적인 투자기업은 피투자기업 경영에 유의적인 영향력을 우회적으로 행사하는 것에 만족하지 않고 피투자기업의 경영권을 직접적으로 지배・통제하기를 원한다. 이와 같은 직접적인 지배・통제는 피투자기업의 의결권 있는 주식을 충분히 보유하여 피투자기업에 대하여 실질적인 지배력을 가질 때 가능하다.11) 이 경우 투자기업을 지배회사(parent company)라 하고, 피투자기업을 종속회사(subsidiary company)라 부른다. 회계기준에서는 어느 정도의 주식을 소유해야 실질지배력이 있다고 계량

9) 단기매매목적이 아닌 경우 최초 인식시점에서 기타포괄손익인식금융자산으로 지정할 수 있다. 다만 지정된 이후 취소할 수 없으며, 인식된 기타포괄손익도 당기손익으로 재순환시킬 수 없다.

10) 20% 이상의 주식을 보유해도 유의적인 영향력이 없을 때에는 지분법 회계처리를 하지 않으며, 20% 미만의 주식을 보유해도 유의적인 영향력이 있을 경우에는 지분법 회계처리를 한다.

11) 투자기업은 피투자기업에 관여함에 따라 변동이익에 노출되거나 변동이익에 대한 권리가 있고, 피투자자에 대한 자신의 힘으로 변동이익에 영향을 미치는 능력이 있을 때 피투자자를 지배(실질지배력)한다고 본다.

그림 11-2

취득한 주식의 회계상 분류

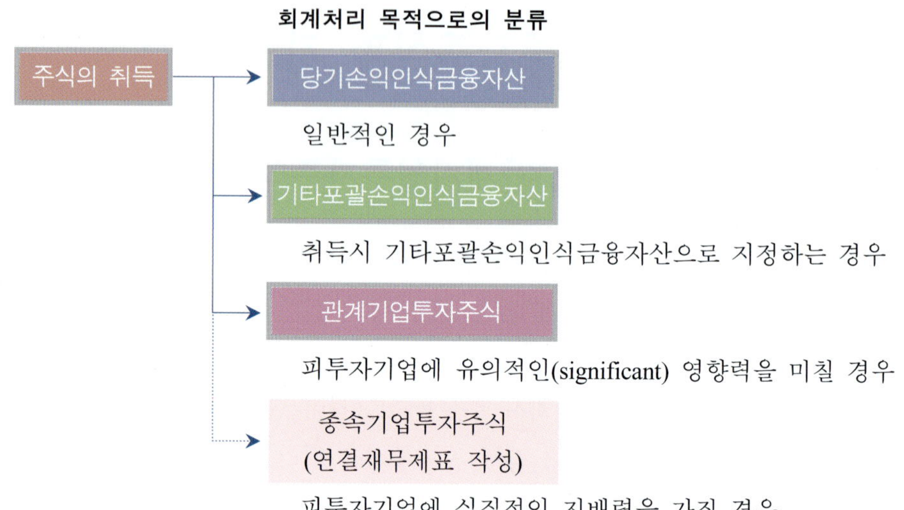

지배회사와 종속회사 두 기업의 재무정보는 하나의 경제실체로서 연결하여 보고될 때 더욱 유용한 정보가 될 것이다.

연결재무제표
지배·종속관계에 있는 여러 기업의 재무정보를 하나의 경제실체의 입장에서 작성·보고하는 재무보고서

적으로 정하고 있지는 않으나 일반적으로 실무에서는 지배회사가 종속회사의 의결권 있는 주식의 50%를 초과하여 보유하면 실질적인 지배력이 있다고 보고 있다.[12)]종속회사에 대한 투자는 종속기업투자주식이라는 계정을 사용한다. 지배회사가 실질적인 지배력을 가지면 두 기업의 재무정보는 개별적으로 보고되는 것보다는 하나의 경제실체로서 연결하여 보고될 때에 더욱 유용한 정보가 제공될 수 있을 것이다. 이와 같이 지배·종속관계에 있는 여러 기업의 재무정보를 하나의 경제실체 입장에서 작성·보고하는 재무보고서를 연결재무제표(consolidated financial statements)라고 한다. 국제회계기준위원회에서는 이러한 연결재무제표를 기준으로 회계기준을 제정하고 있고, 우리나라의 사업보고서 등 공시자료도 연결재무제표를 중요시하고 있다. 연결재무제표의 작성방법은 회계원리의 수준을 넘는 주제로서 고급회계에서 상세히 다룬다.

12) 50%를 초과해서 주식을 소유해도 실질지배력이 없는 경우에는 연결재무제표를 작성하지 않으며, 50% 미만을 소유해도 실질지배력이 있으면 연결재무제표를 작성해야 한다.

2. 관계기업투자주식의 회계처리

투자주식의 취득

관계기업투자주식은 구입금액에 주식매입과 관련하여 지출한 수수료, 증권거래세 등의 부대원가를 가산하여 취득원가를 측정한다.

예제 11-5 관계기업투자주식의 취득

전국적인 판매망을 갖고 있는 아이스크림 제조회사인 은하주식회사는 20×1년초에 지구주식회사의 발행주식 25%에 해당하는 주식 100주를 주당 ₩4,900에 매입하고 매입수수료 ₩10,000을 현금으로 지급하였다. 은하주식회사는 지구주식회사 주식의 매입으로 지구주식회사에 대하여 유의적인 영향력을 가지게 되었다. 이와 관련하여 다음과 같은 분개를 한다.

(차) 관계기업투자주식	500,000	(대) 현 금	500,000

지분법의 회계처리

관계기업투자주식은 취득 이후에는 지분법으로 회계처리한다. 즉 공정가치측정금융상품(주식)의 경우에는 당기의 공정가치변동액과 배당금수익만큼을 당기투자손익으로 회계처리하는 반면, 관계기업투자주식은 시장에서의 공정가치변동액과는 관계없이 관계회사에서 보고한 당기순이익 발생액만을 투자손익으로 회계처리하는 방법을 따른다.[13)]

지분법
투자주식을 최초에 원가로 인식하고, 취득시점 이후 발생한 피투자기업의 순자산변동액 중 투자기업의 지분을 해당 투자주식에 가감하여 보고하는 회계처리 방법

따라서 지분법(equity method)에서는 투자주식을 최초에 취득원가로 인식하고, 취득시점 이후부터는 피투자기업의 순자산변동액 중 투자기업의 지분에 해당하는 금액을 투자주식에 가감하여 보고하는 회계처리를 한다. 예를 들어 피투자기업이 당기에 순이익을 보고하면 피투자기업의 순자산가치는 그만큼 증가하므로 순이익 중 투자기업의 지분율만큼 관계기업투자이익(share of associates' profit)을 계상하는 동시에 관계기업투자주식의 장부금액을 증가시킨다. 피투자기업이 순손

13) 배당금수익의 관점에서만 보면 공정가치측정금융상품(주식)은 배당금을 받을 권리가 확정되었을 때 수익을 인식하는 반면, 지분법에서는 배당금의 수취여부와 관계없이 피투자기업에서 발생한 순이익에 대한 투자기업의 지분상당액을 투자수익으로 본다. 따라서 지분법 회계처리가 보다 발생기준에 충실한 회계처리로 볼 수 있다.

관계기업투자주식은 최초 취득 이후에는 지분법으로 회계처리하며, 관계기업투자이익과 투자손실은 당기손익에 반영한다.

실을 보고하면 피투자기업의 순자산가치가 그만큼 감소하므로 순손실 중 투자기업이 부담해야 하는 지분만큼 관계기업투자손실(share of associates' loss)을 계상하고 동시에 관계기업투자주식의 장부금액을 감소시킨다. 물론 관계기업투자이익과 투자손실은 투자기업의 당기손익으로 반영시킨다.

한편 피투자기업으로부터 배당금을 수령하게 되면 이 배당은 피투자기업의 이익잉여금과 이에 따른 순자산가치를 감소시키므로(즉 투자자산의 회수를 의미하므로), 수령한 배당금만큼 관계기업투자주식의 장부금액을 감소시켜야 한다.

(1) 피투자기업의 순이익 보고

(차) 관계기업투자주식	(대) 관계기업투자이익 (또는 지분법이익)

(2) 피투자기업의 순손실 보고

(차) 관계기업투자손실 (또는 지분법손실)	(대) 관계기업투자주식

(3) 배당금의 수령

(차) 현 금	(대) 관계기업투자주식

예제 11-6 지분법의 회계처리

은하주식회사는 20×1년초에 지구주식회사 발행주식의 25%인 100주를 부대원가를 포함한 금액으로 주당 ₩5,000에 매입하여 지구주식회사에 대하여 유의적인 영향력을 행사할 수 있게 되었다. 20×1년말 지구주식회사는 당기순이익 ₩400,000을 보고하였다. 한편 동 일자에 지구주식회사는 주주에게 배당금 ₩120,000을 지급하였다. 은하주식회사는 투자주식과 관련하여 다음과 같은 분개를 한다.

〈주식 취득시점〉	(차) 관계기업투자주식	500,000	(대) 현 금	500,000
〈순이익 보고시점〉	(차) 관계기업투자주식	100,000	(대) 관계기업투자이익	100,000*
	* ₩400,000×25%(지분율)=₩100,000			
〈배당금 수령시점〉	(차) 현 금	30,000	(대) 관계기업투자주식	30,000*
	* ₩120,000×25%(지분율)=₩30,000			

[참고] 만약 취득한 주식이 관계기업투자주식이 아니고, 공정가치측정금융상품(주식)인 경우에는 배당금을 받을 때 [예제 11-2]와 같이 배당금수익으로 인식한다.

[예제 11-6]에서 보듯이 지분법에서는 피투자기업이 순이익을 보고했을 때 순자산가치의 증가에 따라 순이익 중에서 지분율에 해당되는 ₩100,000만큼 관계기업투자주식을 증가시키고, 동일한 금액을 손익계산서에 관계기업투자이익(지분법이익)으로 기록한다. 배당금을 수령했을 때에는 피투자기업의 순자산가치가 감소함에 따라서 지분율에 해당되는 ₩30,000만큼 관계기업투자주식을 감소시킨다. 결과적으로 20×1년말 재무상태표상 관계기업투자주식계정의 기말잔액과 손익계산서상 수익은 다음과 같다. 아래 비교목적으로 제시된 공정가치측정법에서는 기말에 지구주식회사의 공정가치가 ₩550,000이었다고 가정한다.

mark down

금감원 "생보업계, 2025년 결산부터 '일탈회계' 중단해야"

금융감독원이 삼성생명 등 국내 생명보험사들에 예외적으로 인정해줬던 '일탈회계'를 더 이상 허용하지 않겠다는 결론을 내렸다. 금감원과 회계기준원은 1일 'K-IFRS 질의회신 연석회의'를 열고 유배당보험계약 관련 배당금 지급의무를 기존 방식(계약자지분조정, 부채계상)으로 처리해 온 관행을 중단하고, K-IFRS 제1117호 보험계약기준에 따라 원칙대로 회계처리해야 한다는 회신을 생명보험협회에 전달했다.

금감원은 IFRS17이 정착단계에 진입한 만큼 일탈회계를 극히 예외적으로 허용하는 요건을 충족한다고 보기 어렵다는 점을 근거로 들었다. 특히, 기존 회계처리가 재무제표 이용자의 이해를 더 높인다는 확신이 약화됐고, 한국의 IFRS 전면 도입국 위상을 훼손할 수 있다는 의견 또한 판단에 반영됐다. 이에 따라 생보사들은 2025년말 결산부터 일탈회계를 중단해야 한다. 기존 수치를 단순히 바꾸는 '오류 정정'이 아닌 회계정책 변경에 해당하는 만큼 24년 재무제표도 IFRS17 기준에 맞춰 재작성해 비교표시해야 한다. 다만 과거 일탈회계 처리를 문제 삼아 감리할 계획은 없다고 밝혔다. 금감원은 "과거에 회계기준을 위반한 것이 아니므로 심사 · 감리대상에 해당하지 않는다"고 밝혔다.

소급적용도 받지 않는다. 금감원장은 이날 기자간담회에서 "혼란을 방지하기 위해 소급적용은 하지 않는 것으로 정리했다"고 밝혔다. 보험계약자에도 직접적 영향은 없을 것으로 보인다. 금감원은 "계약자 배당은 실현이익 발생시 지급하는 것으로, 회계표시 변경이 계약자 보호에 직접적으로 미치는 영향은 없다"고 설명했다.

한편, 삼성화재의 자기주식 소각으로 삼성생명의 삼성화재 지분율이 15%를 초과하면서 지분법 회계를 적용해야 하는 것 아니냐는 지적과 관련해 금감원은 "삼성화재 지분율(15.43%)이 20% 미만이므로 유의적 영향력을 명백하게 제시하는 경우에 한해 지분법 회계처리가 가능하다"는 입장을 밝혔다. 이어 "유의적 영향력은 의사결정기구 및 정책결정과정 참여 등 모든 사실관계를 종합적으로 고려해 판단할 사항"이라고 덧붙였다.

(이투데이, 2025.12.1 기사내용 수정)

〈재무상태표〉	지분법	공정가치측정법
취 득 원 가	₩500,000	₩500,000
(+) 20×1년 순이익	100,000	–
(−) 20×1년 배당금	30,000	–
공정가치변동액	–	50,000
20×1년말 관계기업투자주식	₩570,000	₩550,000
〈포괄손익계산서〉		
관계기업투자이익	₩100,000	₩50,000
배당금수익	–	30,000
당기순이익에 미친 영향	₩100,000	₩80,000

[예제 11-6]에서 지구주식회사의 순자산(자본) 중에서 은하주식회사의 지분해당액은 다음의 그림과 같이 변동했다. 은하주식회사의 피투자기업(관계기업)인 지구주식회사의 재무상태표와 연결시켜서 투자주식의 변동내역을 잘 파악할 수 있을 것이다.

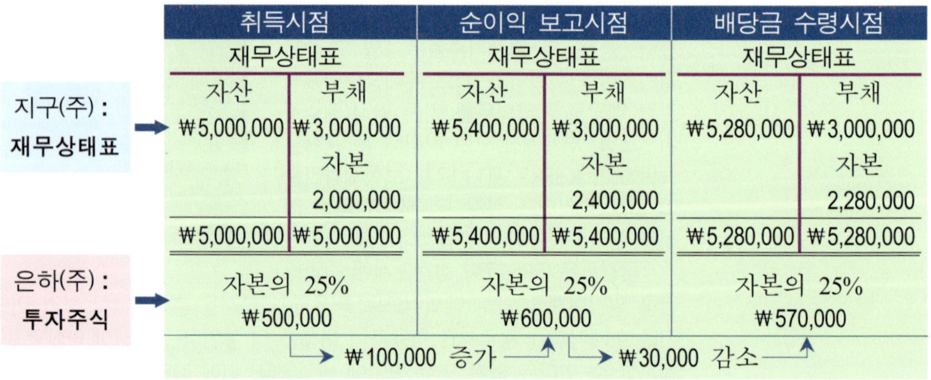

	취득시점		순이익 보고시점		배당금 수령시점	
	재무상태표		재무상태표		재무상태표	
	자산	부채	자산	부채	자산	부채
지구(주) : **재무상태표** →	₩5,000,000	₩3,000,000	₩5,400,000	₩3,000,000	₩5,280,000	₩3,000,000
		자본		자본		자본
		2,000,000		2,400,000		2,280,000
	₩5,000,000	₩5,000,000	₩5,400,000	₩5,400,000	₩5,280,000	₩5,280,000
은하(주) : **투자주식** →	자본의 25% ₩500,000		자본의 25% ₩600,000		자본의 25% ₩570,000	

→ ₩100,000 증가 → ₩30,000 감소

이 장의 요약

• 금융자산의 종류에는 어떠한 것들이 있는가?

–금융자산은 계약상의 특성과 보유하는 의도(사업모형, business model)에 따라서 분류하는데, 크게 ① 상각후원가측정금융자산과 ② 공정가치측정금융자산으로 분류한다.

–공정가치측정금융자산을 공정가치로 평가하면 대부분의 경우에 장부금액과 차이가 발생한다. 이러한 차이로 인하여 평가이익 또는 평가손실이 발생하는데, 이를 (포괄)손익계산서에 어떻게 반영하는가에 따라서 당기손익인식금융자산과 기타포괄손익인식금융자산의 두 가지 유형으로 나눈다.

• 상각후원가측정금융자산의 평가방법은 무엇인가?

–계약에 따라서 기업이 원금과 이자만을 받을 목적으로 취득, 보유하고 있으면 상각후원가측정금융자산(financial assets measured at amortized costs)으로 분류한다.

–상각후원가측정금융자산은 최초에 취득한 이후에 상각후원가로 측정하여 재무상태표에 보고한다. 상각후원가(amortized costs)란 취득원가를 기준으로 평가하되, 해당 자산의 명목금액과 현재가치가 다를 경우에 그 차이를 이자수익(부채의 경우는 이자비용)에 조정하는 방법으로 매기 그 차이를 상각처리한 후의 원가를 말한다.

–상각후원가측정금융자산은 보고기간말에 공정가치로 평가하지 않으며, 따라서 평가손익을 인식하지 않는다.

• 공정가치측정금융자산 중 당기손익인식금융자산과 기타포괄손익인식금융자산의 평가손익을 인식하는 방법은 어떻게 서로 다른가?

–당기손익인식금융자산은 보고기간말에 장부금액과 공정가치 간의 차이인 평가손익을 손익계산서의 당기손익에 반영한다.

–기타포괄손익인식금융자산은 공정가치와 장부금액의 차이로 발생하는 평가손익을 당기손익이 아닌 기타포괄손익으로 인식한다. 따라서 기타포괄손익인식금융자산의 평가손익은 당기순이익에 영향을 주지 않는다.

• 관계기업투자주식은 어떻게 회계처리하는가?

–관계기업투자주식은 취득 이후부터 지분법으로 회계처리한다.

–지분법(equity method)은 투자주식을 최초에 취득원가로 인식하고, 취득시점 이후부터는 피투자기업의 순자산변동액 중 투자기업의 지분에 해당하는 금액을 투자주식에 가감하여 보고하는 회계처리 방법이다.

–예를 들어, 피투자기업이 당기에 순이익(순손실)을 보고하면 순이익(순손실) 중 투자기업의 지분율만큼 관계기업투자이익(손실)을 계상하는 동시에 관계기업투자주식의 장부금액을 증가(감소)시킨다. 한편 피투자기업으로부터 배당금을 수령하게 되면 이 배당은 피투자기업의 순자산가치를 감소시키므로 수령한 배당금만큼 관계기업투자주식의 장부금액을 감소시킨다.

투자부동산 및 기타의 장기투자자산

OBJECTIVES 

• 투자부동산은 어떻게 회계처리하는가?

투자부동산
기업이 임대수익이나 시세차익 또는 두 가지 모두를 얻기 위하여 보유하고 있는 토지나 건물과 같은 부동산

대표적인 기타의 장기투자자산으로는 투자부동산과 보증금 등이 있다.

투자부동산(investment property)은 기업이 임대수익이나 시세차익 또는 두 가지 모두를 얻기 위하여 보유하고 있는 토지나 건물과 같은 부동산을 말한다. 하지만 기업이 재화의 생산이나 용역의 제공 또는 일반관리의 목적에 사용하거나 정상영업과정에서 판매하기 위하여 보유하고 있는 자산은 투자부동산이 아닌 유형자산 또는 재고자산으로 기록한다.

투자부동산은 최초 인식시점에서는 취득원가로 측정하고, 그 이후에는 원가모형과 공정가치모형 중 하나를 선택하여 평가한다. 만약 회사가 원가모형을 선택한 경우에는 유형자산과 마찬가지로 원가를 기준으로 감가상각을 실시한다. 그리고 자산의 손상이 발생하여 장부금액보다 회수가능성이 낮아지는 경우에는 손상차손을 당기손익에 반영한다.

투자부동산은 최초 인식시점에 원가로 측정하고, 그 이후에는 공정가치모형과 원가모형 중 하나를 선택하여 평가한다.

만일 회사가 공정가치모형(fair value model)을 선택하면 유형자산의 재평가와는 회계처리방법에 다른 점이 있다. 유형자산의 재평가 회계처리는 공정가치의 변동으로 재평가이익이 발생하면 이를 기타포괄이익으로 인식한다. 그런데 유형자산과는 달리 투자부동산의 평가손익은 기타포괄이익으로 처리하지 않고 당기손익에 반영한다. 그 이유는 영업활동에 사용되어 수익창출활동에 공헌하는 유형자산과는 달리 투자자산은 직접적인 투자이익을 얻을 목적으로, 즉 임대수익뿐만 아니라 시세차익을 위해서 보유하므로 자산가치의 변동을 당기의 손익으로 바로 인식하는 것이 사업모형(business model)상보다 합리적이기 때문이다.

보증금
▲ 전세권
▲ 전신전화가입권
▲ 임차보증금
▲ 영업보증금

한편 보증금이란 전세권 · 전신전화가입권 · 임차보증금 및 영업보증금을 말한다. 여기서 전세권이란 타인의 부동산을 사용할 수 있는 권리이며, 전신전화가입권은 특정한 전신 또는 전화를 소유하는 권리, 임차보증금이란 타인 재산의 임차 권리를 위해 지급한 보증금을 말하며, 영업보증금이란 영업을 목적으로 제공한 거래보증금이나 입찰보증금 등을 의미한다. 이 보증금은 계약 만료시 원금을 돌려받을 수 있기 때문에 일종의 장기수취채권에 해당한다.

Practical Use

회계정보의 활용

금융자산과 관련 금융수익

삼성전자는 반도체, 휴대폰 등 전자제품을 생산하여 판매하는 기업이다. 회사는 유휴자금이 있으면 국채나 공채 또는 다른 회사의 주식을 취득하여 자금을 효율적으로 운용한다. IFRS 9호에서는 증권형 금융자산을 당기손익-공정가치측정금융자산(당기손익인식금융자산), 기타포괄손익-공정가치측정금융자산(기타포괄손익인식금융자산), 상각후원가측정금융자산 그리고 관계기업투자주식으로 분류하고 있다.

삼성전자의 2023~2024년 재무제표에 나와 있는 금융자산 및 관련 손익항목(수취채권 제외)을 살펴보자.

〈삼성전자 연결재무상태표〉

	2024년		2023년	
금융자산의 종류	십억원	금융자산 대비 %	십억원	금융자산 대비 %
현금및현금성자산	53,705	39.21%	69,081	61.09%
단기금융상품	58,909	43.01%	22,691	20.06%
당기손익-공정가치측정금융자산	1,176	0.86%	1,458	1.29%
기타포괄손익-공정가치측정금융자산	10,581	7.73%	7,481	6.61%
상각후원가측정금융자산	–	–	608	0.54%
관계기업투자주식	12,592	9.19%	11,767	10.41%
금융자산 합계	136,963	26.62%	113,086	24.80%
총 자 산	514,532	100%	455,906	100%

〈삼성전자 연결손익계산서〉

(단위 : 십억원)

구 분	2024년	2023년
배당금수익	135	164
이자수익	4,819	4,358
관계기업투자(지분법)이익	751	888
기타포괄손익-공정가치측정금융자산평가손익	2,300	1,481
총포괄손익	51,296	18,837

삼성전자의 총자산에서 금융자산이 차지하는 비중은 2024년 26.6%, 2023년 24.8%로서, 그 비중이 매우 높은 편이다. 금융자산 중 가장 비중이 높은 것은 단기금융상품으로서 2024년 43%에 이른다. 한편 2024년 증권형 금융자산 중에서는 기타포괄손익-공정가치측정금융자산(7.7%)과 관계기업투자주식(9.2%)이 금융자산에서 17% 비중을 차지하고 있으며, 당

기손익-공정가치측정금융자산(0.9%)은 상대적으로 비중이 낮다. 일반 기업과 달리 그룹지주회사 성격을 띠고 있어 관계기업투자주식의 규모가 12.6조원으로 꽤 많다.

관계기업투자주식은 지분법 회계처리를 적용하여 보고기간말에 피투자기업의 당기순손익을 평가하여 관계기업투자이익과 관계기업투자손실을 계상하게 된다. 삼성전자의 2024년 연결손익계산서에 보고된 관계기업투자이익이 7,510억원이다. 즉 총포괄이익 51조 2,960억원 중에서 7,510억원은 삼성전자의 영업활동이 아닌 피투자기업 보고이익 중 삼성전자의 투자지분 해당액이다.

종합예제

01 금융자산의 취득과 평가

제주(주)는 귤 통조림을 제조 및 판매하는 회사이다. 다음은 20×1년중에 일어난 거래이다.

1. 1 서귀포(주)의 보통주 200주를 주당 ₩6,000에 취득하였다. 서귀포(주)의 발행주식수는 20,000주이다.

12. 28 서귀포(주)로부터 주당 ₩400의 배당금을 수령하였다.

12. 31 서귀포(주)의 보통주 시가는 주당 ₩6,500이다.

요구사항

제주(주)가 취득한 서귀포(주)의 주식을 (A) 당기손익인식금융자산으로 분류할 경우와 (B) 기타포괄손익인식금융자산으로 선택지정할 경우에 대하여 다음 물음에 답하라.

1. 제주(주)의 입장에서 위 거래를 분개하라.
2. 제주(주)의 20×1년말 재무상태표의 자산부분의 변화와 20×1년 포괄손익계산서에 위 거래가 어떻게 보고되는지 설명하라.

해답

(A) 당기손익인식금융자산으로 분류할 경우

1. 거래분개

일자	차변	금액	대변	금액
1. 1	(차) 당기손익인식금융자산	1,200,000	(대) 현 금	1,200,000
12. 28	(차) 현 금	80,000	(대) 배당금수익	80,000
12. 31	(차) 당기손익인식금융자산	100,000	(대) 당기손익인식금융자산평가이익 (당기손익)	100,000

2. 부분재무상태표와 부분포괄손익계산서

부분재무상태표

유 동 자 산	
당기손익인식금융자산 ₩1,300,000	

부분포괄손익계산서

기 타 수 익	
배당금수익	₩80,000
당기손익인식금융자산평가이익	100,000

(B) 기타포괄손익인식금융자산으로 선택지정할 경우

1. 거래분개

일자	차변	금액	대변	금액
1. 1	(차) 기타포괄손익인식금융자산	1,200,000	(대) 현 금	1,200,000
12. 28	(차) 현 금	80,000	(대) 배당금수익	80,000

12\. 31 (차) 기타포괄손익인식금융자산 100,000 (대) 기타포괄손익인식금융자산평가이익 100,000
(기타포괄손익)

2. 부분재무상태표와 부분포괄손익계산서

부분재무상태표

유동자산 또는 투자자산		기타포괄손익누계액	
기타포괄손익인식금융자산	₩1,300,000	기타포괄손익인식금융자산평가이익	₩100,000

부분포괄손익계산서

기 타 수 익	
배당금수익	₩80,000
기타포괄손익	
기타포괄손익인식금융자산평가이익	100,000

* 포괄손익계산서의 기타포괄손익 항목인 기타포괄손익인식금융자산평가이익은 회계기말에 자본의 기타포괄손익누계액 항목인 기타포괄손익인식금융자산평가이익으로 마감된다.

02 관계기업투자주식과 지분법 회계처리

20×1년 1월 1일 강릉(주)는 속초(주)의 의결권 있는 보통주식 40%를 ₩10,000,000에 취득하였고 그로 인하여 20×1년 동안 강릉(주)는 속초(주)의 경영에 유의적인 영향력을 행사하였다. 속초(주)는 20×1년에 ₩3,000,000의 당기순이익을 보고하였으며, ₩1,000,000의 배당금을 지급하였다.

요구사항

1. 강릉(주)의 입장에서 20×1년에 필요한 모든 분개를 하라.
2. 강릉(주)의 20×1년말 재무상태표와 20×1년 손익계산서에 위 거래가 어떻게 보고되는지 설명하라.

해답

1. 거래분개

취 득 시	:(차) 관계기업투자주식	10,000,000	(대) 현 금	10,000,000
순이익 보고시	:(차) 관계기업투자주식	1,200,000	(대) 관계기업투자이익	1,200,000
배당금 수령시	:(차) 현 금	400,000	(대) 관계기업투자주식	400,000

2. 부분재무상태표와 부분손익계산서

부분재무상태표

투 자 자 산		
관계기업투자주식	₩10,800,000	

부분손익계산서

기 타 수 익	
관계기업투자이익	₩1,200,000

익힘문제

01 기업은 현금 대신에 현금으로 취득한 금융자산을 보유하는 경우가 많다. 기업이 채권이나 주식을 보유하는 이유는 무엇인가?

02 채권은 기간 경과에 따라서 이자를 받을 수 있지만 주식은 배당을 하지 않을 수도 있다. 그럼에도 불구하고 주식을 보유하는 이유는 무엇인가?

03 다른 회사가 발행한 주식과 자기회사가 발행한 주식은 증권거래소에 상장되어 있으면 모두 증권시장에서 구입할 수 있다. 자기회사가 발행한 주식을 취득할 수 있는가? 이는 자산인가?

04 증권형 금융자산은 여러 가지 기준으로 분류할 수 있다. 회계처리 목적으로는 증권형 금융자산을 상각후원가측정금융자산과 공정가치측정금융자산(① 당기손익인식금융자산, ② 기타포괄손익인식금융자산)으로 분류한다. 각각의 특성을 설명하라.

05 당기손익인식금융자산과 기타포괄손익인식금융자산은 회계기말에 공정가치로 평가한다. 이 금융자산들을 공정가치로 평가할 때 나타나는 평가이익이나 평가손실은 어떻게 회계처리하는가? 만약 이들 평가손익이 서로 다르게 회계처리된다면 그 이유는 무엇일까?

06 금융자산의 취득시에는 취득원가로 인식하는가? 아니면 공정가치로 인식하는가? 만일 취득과정에서 거래부대원가가 발생하면 어떻게 회계처리하는가?

07 상각후원가측정금융자산의 공정가치가 변화하였다. 그러나 회계담당자는 기말에 상각후원가측정금융자산을 공정가치로 평가하지 않고 있다. 그 이유는 무엇인가?

08 회사는 상각후원가측정금융자산이라도 금융자산의 취득시에 당기손익인식금융자산으로 회계처리할 수 있다. 이를 공정가치지정권이라고 한다. 이에 대하여 설명하라.

09 당기손익인식금융자산과 기타포괄손익인식금융자산의 평가손익이 발생하면 이를 당기손익에 반영시키는지 기타포괄손익에 반영시키는지에 따라서 자본총액에 어떠한 영향을 주는가?

10 피투자기업에 유의적인 영향력을 미치는 경우 해당 투자주식은 지분법으로 회계처리한다. 어떠한 경우에 '유의적인 영향력'을 가진다고 보는 걸까?

11 지분법 회계처리를 설명하라.

12 많은(주)와 적은(주)는 올해의 당기순이익이 ₩100,000으로 동일하다. 그런데 많은(주)는 ₩70,000의 관계기업투자이익을, 적은(주)는 ₩10,000의 관계기업투자이익을 보고하였다. 많은(주)와 적은(주)의 경상적인 영업성과는 같다고 볼 수 있는가?

13 지분법 회계처리에서 피투자기업으로부터 받은 배당금을 이익으로 인식하지 않는 이유를 설명하라.

14 A회사는 B회사 주식을 80% 취득하여 실질적인 지배를 하고 있다. A회사는 재무제표 작성시에 B회사를 포함하여 하나의 재무제표로 작성하고자 한다. 그 이유는 무엇인가?

15 금융자산 이외의 투자자산으로서 투자부동산과 보증금에 대하여 설명하라. 토론

01 당기손익인식금융자산(주식)의 회계처리

(주)북산은 (주)능남의 의결권 있는 보통주식을 구입하였다. 구입과 관련된 자료는 다음과 같다.

20×1. 11. 1 보통주식 400주를 구입(주당 공정가치 ₩12,000)하였다.
20×1. 12. 31 보통주식의 주당 공정가치는 ₩18,000이다.
20×2. 7. 30 보통주식 200주를 처분하였다. 처분시 주당 공정가치는 ₩15,000이다.
20×2. 12. 31 보통주식의 주당 공정가치는 ₩20,000이다.

요구사항

(주)북산이 위 주식을 당기손익인식금융자산으로 분류한 경우 각 날짜에 필요한 분개를 하라. 20×2년 말 재무상태표와 20×2년 포괄손익계산서에 어떻게 표시되는지 보여라.

02 당기손익인식금융자산과 기타포괄손익인식금융자산(주식)

20×1년중 도봉(주)는 노원(주) 주식의 일부를 취득하였다. 노원(주)의 총발행주식수는 50,000주이고 액면금액은 ₩5,000이다.

20×1. 1. 2 도봉(주)는 8,000주의 주식을 주당 ₩12,000에 취득하였고 매입수수료로 ₩150,000을 지급하였다.
20×1. 12. 31 노원(주)는 주당 ₩1,000의 현금배당을 결의하고 지급하였다.
20×1. 12. 31 현재 노원(주) 주식의 시가는 주당 ₩9,000이다.

요구사항

1. 도봉(주)가 동 주식을 당기손익인식금융자산으로 분류했을 때, 필요한 모든 분개를 하라. 20×1년 12월 31일 분개가 끝난 후 재무상태표에 표시되는 금융자산 관련 계정과 그 잔액은 얼마인가? 또한 20×1년의 포괄손익계산서에는 어떻게 표시되는가?
2. 도봉(주)가 동 주식을 기타포괄손익인식금융자산으로 선택지정했을 때, 필요한 모든 분개를 하라. 20×1년 12월 31일 분개가 끝난 후 재무상태표에 표시되는 금융자산 관련 계정과 그 잔액은 얼마인가? 또한 20×1년의 포괄손익계산서에는 어떻게 표시되는가?

03 지분형 금융자산과 채권형 금융자산(Ⅰ)

(1) 사당자동차(주)는 20×1년초에 주당 ₩10,000을 주고 주식 20주를 취득했다. 이 주식은 회사가 단기 매매 목적으로 구입하여 당기손익인식금융자산으로 분류한다. 20×1년말에 주당 공정가치가 ₩9,000으로 하락하였고, 주당 ₩300의 배당금을 받았다.

(2) 사당자동차(주)는 20×1년초에 액면금액 ₩200,000의 사채를 액면금액과 같은 금액으로 취득하였다. 이 사채의 연이자율은 3%이고 매년말에 이자를 지급한다. 사당자동차(주)는 이 사채를 상각후원가측정금융자산으로 분류한다.

요구사항

1. (1)의 경우 20×1년도에 필요한 회계처리를 하라.
2. (2)의 경우 20×1년도에 필요한 회계처리를 하라.
3. (2)에서 20×1년말에 사채의 공정가치가 ₩220,000으로 증가했다면 20×1년말에는 어떠한 분개가 필요한가? 20×2년도에는 사채의 공정가치 변화로 인하여 사채이자가 변동하는가?

04 지분형 금융자산과 채권형 금융자산(Ⅱ)

(1) A상회(주)는 20×1년초 주당 액면금액 ₩10,000, 공정가치 ₩15,000인 주식 10주를 공정가치로 취득하면서 매입수수료로 ₩2,000을 지급하였다. A상회(주)는 20×1년말에 배당금으로 ₩3,000을 받았다. A상회는 이 주식을 당기손익인식금융자산으로 분류한다.

(2) B상회(주)는 20×1년초에 액면금액 ₩150,000인 사채를 액면금액과 동일한 금액을 지급하고 취득하면서 매입수수료로 ₩2,000을 지급하였다. 이 사채의 연이자율은 2%이며 연말에 이자를 지급한다. B상회(주)는 이 사채를 당기손익인식금융자산으로 분류한다.

요구사항

1. A상회(주)와 B상회(주)의 20×1년도 회계처리를 하라. 단, 주식은 연말에 공정가치가 주당 ₩16,000이고, 사채는 연말 공정가치가 ₩160,000이다.
2. B상회(주)가 20×1년초에 취득한 사채를 기타포괄손익인식금융자산으로 분류했다고 가정하고 20×1년도의 분개를 하라. 단, 20×1년말의 공정가치는 ₩160,000이다.

05 당기손익인식금융자산(사채)의 회계처리

벌교(주)는 20×1년초에 3년 만기 액면금액 ₩100,000, 액면이자율 연 5%의 사채를 ₩100,000에 취득하였다. 이 사채를 취득한 목적은 기업의 단기자금운용을 위한 것이다.

요구사항

1. 20×1년초 사채의 취득에 관련된 분개를 하라.
2. 20×1년말 사채의 이자발생과 관련된 회계처리를 하라. 이자는 지급 전이다.
3. 20×2년초에 20×1년 동안의 이자를 받았다. 이에 관련된 분개를 하라.
4. 20×2년초에 사채를 ₩102,000에 매각하였다. 이에 관련된 분개를 하라.

06 금융자산의 특성과 평가손익

여러가지(주)는 여유자금으로 몇 가지의 주식과 채권에 투자했다. 다음의 각 금융자산에 대하여 20×1년말에 공정가치를 반영하여 평가손익을 인식하는지 답하라. 그리고 이 평가손익은 여러가지(주)의 당기손익에 영향을 주는가?

금융자산	장부금액(20×1. 12. 1)	공정가치(20×1. 12. 31)
A	₩100,000	₩105,000
B	1,250,000	1,300,000
C	300,000	330,000
D	150,000	130,000
E	400,000	480,000

- 금융자산 A : 20×1년 12월 1일에 취득한 단기매매목적의 채권이다(평가손익 인식에 이자수익은 무시한다).
- 금융자산 B : 20×1년 12월 1일에 취득한 W기업의 주식인데 여러가지(주)가 W기업에 영향력을 행사할 목적으로 취득하였다.
- 금융자산 C : 채권에 투자한 것으로 여러가지(주)는 만기까지 이 채권을 소유해서 보유기간 동안 원리금을 받을 예정이다.
- 금융자산 D : 여러가지(주)가 주식에 투자한 것으로 기업이 단기매매할 목적으로 취득한 것이다.
- 금융자산 E : 장기적인 보유를 목적으로 취득한 주식으로서 평가손익이 기업의 영업성과에 포함되지 않기를 바라고 있다.

07 주식투자와 배당금

성현(주)는 20×1년 3월 10일 장기투자를 목적으로 영창상사의 보통주 1,500주를 ₩57,000,000에 매입하였다. 회계기말인 20×1년 12월 31일에 영창상사 주식의 공정가치는 취득시와 마찬가지로 주당 ₩38,000이었으며 20×1년의 당기순이익은 ₩6,000,000이었다. 20×2년 1월 28일 영창상사는 주주총회에서 주당 ₩1,500의 현금배당을 결의하였고 20×2년 2월 15일 배당금을 지급하였다. 영창상사의 총발행주식수는 7,500주이다.

요구사항

성현(주)가 영창상사에 대하여 유의적인 영향력을 행사하기 위하여 주식을 취득한 경우와 단순한 투자목적으로 주식을 취득한 경우로 나누어 각 날짜에 필요한 거래를 분개하라.

1. 주식의 취득시점
2. 회계기말(20×1년 12월 31일)
3. 배당금의 결의
4. 배당금의 수령

08 관계기업투자주식의 회계처리

양천(주)는 금천(주)의 경영에 유의적인 영향력을 행사할 목적으로 보통주 일부를 취득하였다. 금천(주)의 총발행주식수는 50,000주이며 액면금액은 ₩5,000이다. 두 회사의 결산일은 모두 12월 31일이다. 20×1년중에 일어난 거래는 아래와 같다.

1. 10　금천(주)의 보통주식 20,000주를 주당 ₩25,000에 취득하였다.
12. 31　금천(주)는 당기순이익 ₩80,000,000을 보고하였다.
12. 31　금천(주)는 주당 ₩1,000의 현금배당을 의결하고 지급하였다.
12. 31　금천(주) 주식의 시가는 주당 ₩22,000이다.

요구사항

1. 양천(주)는 취득한 주식을 어떤 방법으로 평가해야 하는가?
2. 양천(주)에 필요한 모든 분개를 하라.
3. 20×1년말 양천(주)의 재무제표에 금천(주)의 주식투자와 관련된 손익 및 투자주식이 어떻게 보고되는지 보여라.

고급연습문제

09 당기손익인식금융자산의 회계처리

태백(주)는 20×1년에 일시적인 자금운용 목적으로 두 차례 주식을 취득하고 이를 당기손익인식금융자산으로 분류하였다.

11월 20일 : 고려(주)의 주식 400주를 주당 ₩38,000에 취득하고 수수료 ₩100,000을 지급했다.
12월 16일 : 경동(주)의 주식 300주를 주당 ₩81,000에 취득하고 수수료 ₩120,000을 지급했다.
12월 27일 : 고려(주)로부터 주당 현금 ₩1,250을 배당받았다.
12월 31일 : 공정가치를 나타내는 시가는 고려(주)의 주식이 주당 ₩39,000이었고 경동(주)의 주식은 ₩76,000이었다.

한편, 20×2년의 자료는 다음과 같다.

1월 26일 : 고려(주)의 주식 전부를 주당 ₩40,000에 매각하였다.

요구사항

다음 각 시점에서 필요한 사항을 분개하라.
1. 주식의 취득
2. 고려(주)로부터 배당금 수령
3. 20×1년 12월 31일 금융자산의 평가
4. 20×2년 고려(주) 주식의 매각

10 기타포괄손익인식금융자산의 회계처리

다음은 자유(주)에서 20×1년과 20×2년 중에 발생한 거래이다.

〈20×1년〉

1월 1일 : 장기투자목적으로 명승(주)의 보통주식 1,000주를 주당 ₩46,200에 취득하고 기타포괄손익인식금융자산으로 선택지정하였다. 이 지분으로는 명승(주)의 경영에 유의적인 영향력을 미칠 수 없다.
10월 1일 : 장기투자목적으로 일호(주)의 보통주식 2,000주를 주당 ₩68,400에 취득하고, 아울러 재용(주)의 보통주식 1,500주를 주당 ₩80,000에 취득하고, 모두 기타포괄손익인식금융자산으로 선택지정하였다. 양 회사에 대한 투자지분을 소유하더라도 각 회사에 유의적인 영향력을 행사하지 못한다.
11월 9일 : 일호(주)로부터 주당 ₩800의 현금배당을 받았다.
12월 31일 : 현재 명승(주)와 일호(주)의 주당 시장가치는 각각 ₩48,000과 ₩28,000이며 재용(주)는 ₩41,000이다.

〈20×2년〉

2월 4일 : 재용(주)는 주주총회에서 주당 ₩1,200의 현금배당을 의결하고 4월 2일 지급하기로 하였다.

4월 2일 : 재용(주)로부터 주당 ₩1,200의 현금배당을 받았다.

12월 31일 : 현재 보유하고 있는 주식의 주당가격은 다음과 같다.

명승(주) : ₩49,000 일호(주) : ₩30,000 재용(주) : ₩38,000

각 날짜별로 기타포괄손익인식금융자산과 관련된 모든 거래를 분개하라.

11 공정가치측정법과 지분법의 비교

송파(주)의 총발행주식수는 10,000주이다. 20×1년 1월 10일 서초(주)는 송파(주) 주식의 일부를 주당 ₩15,000에 취득하였다. 20×1년말 송파(주)는 ₩20,000,000의 당기순이익을 보고하였고, 주당 ₩1,200의 현금배당을 지급하였다. 20×1년 12월 31일 송파(주) 주식의 시가는 주당 ₩18,000이다.

[상황 A] 서초(주)가 송파(주)의 보통주 1,000주를 취득하였다.

[상황 B] 서초(주)가 송파(주)의 보통주 1,500주를 취득하였다. 단 서초(주)는 동 주식을 기타포괄손익인식금융자산으로 선택지정하였다.

[상황 C] 서초(주)가 송파(주)의 보통주 3,000주를 취득하였다.

요구사항

1. 각 상황에서 서초(주)는 어떤 방법으로 회계처리해야 하는가? 그 이유를 설명하라.
2. 각 상황에서 다음의 경우 서초(주)에 필요한 회계처리를 하라.
   (1) 취득
   (2) 송파(주)의 순이익 보고
   (3) 배당금 수령
   (4) 기말의 주가변화
3. 각 상황에서 금융자산은 재무상태표의 어디로 분류되고 20×1년말의 장부금액은 얼마인가? 한편 위의 거래가 자본과 순이익에 미치는 영향은 어떠한가? 단, 법인세는 없다고 가정한다.

지분증권형 금융자산의 평가 : 공정가치평가와 지분법평가

2년전 벤처기업 (주)바이오테크를 시작한 박지승 씨는 사업이 번창하여 꽤 큰 이익을 얻었다. 처음 사업을 시작하려고 했을 때 자금조달에 큰 어려움을 겪은 박지승 씨는 (주)바이오테크의 사업이 어려운 경우에도 안정적인 이익을 창출할 수 있는 방법을 강구하기 위하여 20×1년 1월 1일 현재 (주)바이오테크의 여유자금을 다른 기업 주식에 투자하기로 하였다. 투자대상으로는 (주)바이오테크와는 사업의 성격이 무척 다른 기업으로서 뛰어난 이동통신기술을 보유하고 있는 모바일클리닉(주)를 선정하였다. 20×1년 1월 1일 현재 모바일클리닉(주)의 관련 정보는 다음과 같다.

20×1년 1월 1일 현재 발행주식수	10,000주
20×1년 1월 1일 현재 주가	₩15,000
20×1년 12월 31일 현재 예상주가	₩16,000 ~ ₩18,000
20×1년 예상순이익	₩20,000,000 ~ ₩30,000,000

박지승 씨는 회계담당자로부터 다른 기업 주식에 투자하는 경우 지분율에 따라서 회계처리가 다르다는 말을 들었다. (주)바이오테크의 수익성을 보완하기 위해서는 모바일클리닉(주)의 주식을 몇 퍼센트 정도 취득하는 것이 좋을지 고민중이다.

1. 박지승 씨가 20×1년 1월 1일에 모바일클리닉(주)의 주식 1,500주를 주당 ₩15,000에 장기보유목적으로 취득했다고 할 때 (주)바이오테크의 20×1년 12월 31일의 재무상태표와 20×1년의 손익계산서에 미치는 영향을 분석하라.
2. 박지승 씨가 20×1년 1월 1일에 모바일클리닉(주)의 주식 2,000주를 주당 ₩15,000에 취득했다고 할 때 (주)바이오테크의 20×1년 12월 31일의 재무상태표와 20×1년의 손익계산서에 미치는 영향을 분석하라. 이 주식의 취득으로 (주)바이오테크는 모바일클리닉(주)에 유의적인 영향력을 행사할 수 있게 되었다.
3. 재무제표 정보의 신뢰성을 높인다는 관점에서 위의 두 가지 회계처리방법을 비교해보라.

12 chapter

비유동부채

부채는 기업이 미래에 재화나 용역을 제공해야 할 현재시점의 의무를 말한다. 이러한 부채는 1년 이내에 상환의무가 도래하는지의 여부에 따라 유동부채와 비유동부채로 분류된다. 유동부채의 회계처리는 제8장의 수취채권 및 지급채무에서 이미 설명했으므로 본장에서는 비유동부채만을 다루기로 한다.

비유동부채의 대표적 예로는 금융부채인 장기차입금과 사채, 그리고 비금융부채인 충당부채와 퇴직급여채무 등이 있다. 장기차입금은 채권자와 채무자 간에 정해진 금액을 주고받는 거래이기 때문에 회계처리가 그리 복잡하지 않다.

반면에 사채는 최초 발행할 때 발행금액을 결정해야 하는데, 그 발행금액이 원금에 해당하는 액면금액과 일치하지 않을 경우에는 회계처리가 다소 복잡하다. 매기간 일정금액의 이자를 지급하고 만기일이 도래하면 액면금액을 변제하는 사채발행의 경우에는 현재가치 개념을 이용하여 발행금액을 결정해야 한다. 즉 사채의 발행금액은 매기간 지급할 이자의 현재가치와 만기일에 상환할 원금의 현재가치를 합하여 계산한다. 이때

OBJECTIVES

- 현재가치 개념은 회계에서 어떻게 활용되는가?
- 사채의 발행금액은 어떻게 결정하는가?
- 유효이자율법에 의한 상각이란 무엇인가?
- 충당부채는 어떻게 인식하는가?
- 기타의 비유동부채로는 어떤 것들이 있는가?
- 퇴직급여채무는 어떻게 계산하는가?

사채의 발행금액과 액면금액이 다를 경우 그 차이를 상각하여 이자비용을 조정하고 재무제표에는 상각후원가로 부채를 표시하는 회계처리를 한다.

충당부채는 미래에 유출될 자원을 현재시점에서 추정해야 하기 때문에 일종의 추정부채라고 할 수 있다. 충당부채의 예로는 판매 후 일정기간 교환이나 수리를 보증하는 제품보증충당부채, 손해배상충당부채, 복구충당부채 등이 있다.

한편, 퇴직급여채무는 종업원의 퇴직 후에 지급해야 할 퇴직일시금이나 퇴직연금의 지급의무이다. 퇴직급여제도에는 확정기여제도와 확정급여제도가 있는데, 기업이 어떤 제도를 선택하는가에 따라서 회계처리가 달라진다. 어느 기업이든 종업원의 급여가 발생하면 퇴직급여채무가 아울러 발생하며, 근무기간이 통상 1년을 초과하므로 기업은 이를 비유동부채로 기록한다.

재무상태표

자 산	부 채
유동자산	유동부채
비유동자산	비유동부채
투자자산	· 사 채 (사채발행차금) · 장기차입금 · 장기매입채무 · 퇴직급여부채 · 기타충당부채
유형자산	
	부채총계
	자 본
무형자산	자 본 금 자본잉여금 기타포괄손익누계액 이익잉여금
기타자산	**자본총계**
자산총계	**부채와 자본총계**

· 사 채
(사채발행차금)
· 장기차입금
· 장기매입채무
· 퇴직급여부채
· 기타충당부채

부채의 의의와 분류

부채
제3자에게 돈을 갚아야 하거나 제3자에게 다른 재화로 변제를 하든지 아니면 미래에 용역을 제공해야 하는 의무

부채(liabilities)란 제3자에게 돈을 갚아야 하거나 다른 재화로 변제를 하든지 아니면 미래에 용역을 제공해야 하는 의무이다. 예를 들어 제8장에서 다룬 외상매입금, 지급어음, 차입금, 미지급비용, 선수금 등이 대표적인 부채이다. 회계에서는 '과거 사건으로 인하여 생긴 현재의무로서, 기업이 가진 경제적 효익이 있는 자원의 유출을 통해 그 이행이 미래에 예상되는 의무'라고 정의한다. 즉 부채는 ① 과거 사건으로 인해서 발생했고 ② 해당 의무가 현재시점에 존재해야 하며 ③ 그 결과로서 미래에 돈을 갚거나 재화나 용역을 제공해야 한다.

기업에 부채가 많으면 어떻게 될까? 쉽게 말해서 '갚지 못하면 망한다'. 부채상환능력보다 갚을 돈이 많으면 부도가 발생하여 도산하는 것이다. 그러므로 경영자는 항상 언제 얼마만큼의 부채를 상환해야 하는지, 부채에 대한 이자를 언제 얼마나 지급해야 하는지, 그리고 이를 위한 재원이 기업에 충분한지를 잘 파악할 수 있는 자금계획을 세우고 관리해야 한다. 기업의 부채상환능력은 종종 유동비율(유동자산/유동부채)이나 부채비율(부채/자본)로 측정한

기업의 부채상환능력은 종종 유동비율이나 부채비율로 측정한다.

mark down “건설업 순이익률, 10년 내 최저… 10곳 중 4곳은 영업이익으로 이자도 못 낸다”

건설산업의 순이익률이 최근 10년 내 최저수준까지 떨어지면서 건설사들의 연쇄부도, 임금체불 등을 막기 위한 대책마련이 시급하다는 주장이 나왔다. 영업이익으로 이자비용조차 내지 못하는 기업 비중이 10곳 중 4곳을 넘었다.

28일 대한건설정책연구원은 '2024년 건설외감기업 경영실적 및 한계기업 분석' 보고서를 통해 “2024년 건설 외감기업의 순이익률은 0.8%로 2015년 이후 처음으로 0%대를 기록했다”며 이같이 밝혔다. 특히 종합건설업종과 중견기업의 부진이 두드러졌다. 종합건설업의 순이익률은 2023년 0.5%에서 2024년 −0.2%로 평균 순이익률이 적자로 전환됐다. 중견기업 순이익률은 2023년 0.0%에서 2024년 −0.4%로 하락폭이 더 컸다.

건설산업의 수익률 악화가 장기화되며 부실 또한 확대됐다. 영업이익으로 이자비용조차 감당하지 못하는 이자보상배율(영업이익/이자비용) 1 미만 기업의 비중이 44.2%에 달했다. 3년 연속 이 같은 상황이 이어진 한계기업 비중은 22.6%에 달했다. 지역별로는 영남지역의 한계기업 비중이 27.4%로 가장 높았다. 전년과 비교하면 강원 · 제주 지역과 경기 · 인천 지역에서 각각 11.9%포인트(p), 3.6%p씩 크게 늘었다. 이미 양극화된 비수도권 지역의 건설경기 불황이 수도권까지 확산되고 있음을 보여준다.

보고서는 건설업 수익성 악화와 부실 증가의 원인을 높은 공사원가와 고금리로 꼽았다. 보고서는 “코로나 팬데믹 이후 상승한 공사원가는 여전히 높은 수준”이라며 “기준금리 하락과 건설 외감기업의 부채비율 감소에도 오히려 이자비용은 전년 대비 18.4% 증가해 수익률이 악화됐다”고 진단했다.

(해럴드경제, 2025.11.28 기사내용 수정)

다. 유동비율은 1년 이내의 단기에 유동부채를 갚기에 충분한 유동자산을 보유하고 있는지를 나타내는 비율이고, 부채비율은 기업의 장기적인 재무안전성을 표시해주는 지표로 이용되는 비율이다. 우리가 쉽게 생각할 수 있듯이 유동비율이 높으면 단기적인 유동부채의 상환능력이 좋고, 부채비율이 낮으면 자기자본에 비해 미래 상환해야 할 부채가 많지 않기 때문에 장기적으로 기업의 재무안전성이 높다는 것을 의미한다.

회계기준에서는 거래상대방에게 현금 등 금융자산을 인도하기로 한 계약상의 의무를 금융부채로 정의하고 있다.

부채는 여러 가지 기준으로 분류할 수 있다. 회계기준에서는 거래상대방에게 현금 등 금융자산을 인도하기로 한 계약상의 의무를 금융부채(financial liabilities)로 정의하고 있다.[1] 따라서 계약상의 의무가 아닌 의제의무나 지출의 시기 또는 금액이 불확실한 미확정부채는 비금융부채로 분류한다. 대표적인 금융부채와 비금융부채는 다음과 같다.

금융부채	:	매입채무, 차입금, 미지급비용, 미지급금, 사채 등
비금융부채	:	선수금, 충당부채, 우발채무, 퇴직급여부채 등

부채는 지급시기 또는 상환시기에 따라서 유동부채와 비유동부채로 분류할 수 있다. 기업의 보고시점 후 1년 이내 또는 정상영업주기가 1년보다 길 경우 정상영업주기 내에 상환하기로 되어 있는 부채는 유동부채(current liabilities)로 분류하고 그렇지 않은 부채는 비유동부채(non-current liabilities)로 분류한다.

유동부채	:	매입채무, 미지급비용, 단기차입금 등
비유동부채	:	사채, 장기차입금, 충당부채, 퇴직급여부채 등

제12장에서는 비유동부채 중에서 먼저 사채의 회계처리를 중점적으로 다룬다. 여기서 우리는 유효이자율법이라는 중요한 회계처리방법을 배우게 된다. 다음으로 비금융부채에 속하는 충당부채, 그리고 보론에서는 퇴직급여부채를 설명한다.

1) 이 외에도 '잠재적으로 불리한 조건으로 거래상대방과 금융자산이나 금융부채를 교환하기로 한 계약상의 의무' 그리고 자기지분상품(자기주식)으로 결제가능한 계약도 금융부채에 포함된다. 이에 관하여는 제11장에서 금융상품으로 설명한 바 있다.

02 현재가치의 계산과 응용

OBJECTIVES
• 현재가치 개념은 회계에서 어떻게 활용되는가?

1. 현재가치의 활용

복수의 사업계획을 평가하는 경제적 의사결정을 하고자 할 때, 각 사업계획의 현재 투자액 대비 미래 수익예상액을 비교하는 경우를 종종 접하게 된다. 예를 들어 어느 기업의 경영자가 현재 ₩10억을 투자해서 향후 3년간 매년 ₩5억의 수익이 예상되는 사업계획과 현재 ₩10억을 투자해서 3년후 일시에 ₩17억의 수익이 예상되는 사업계획 중에서 어느 사업계획이 유리할 것인가를 결정한다고 하자. 이때 투자액과 예상수익액 등 사업계획으로 인하여 유입 또는 유출되는 화폐의 시간가치(time value of money)를 따져봐야 한다. 구체적으로 3년간 매년 ₩5억씩 유입될 수익의 시간가치와 3년후 일시에 유입될 ₩17억의 시간가치를 비교해야 한다. 이를 위해서 두 종류의 3년간 총수익을 동일한 기준시점의 가치로 환산하여 상호 비교할 필요가 있다.

어느 사업계획에 투자하는 것이 유리할 것인가 하는 의사결정을 할 때 유입 또는 유출되는 화폐의 시간가치를 따져봐야 한다.

여기에서 기준시점은 현재일 수도 있고 미래일 수도 있다. 현재시점으로 환산한 가치를 현재가치(present value)라고 하고, 미래시점으로 환산한 가치를 미래가치(future value)라고 한다. 만약 현재가치를 구하려 할 때에는 장래의 모든 현금흐름을 일정한 이자율을 적용하여 현재시점으로 할인(discount)한 후 이를 더해야 할 것이고, 미래가치를 구하려면 특정 시점의 현금흐름을 일정한 이자율을 적용하여 미래의 기준시점까지 누적(accumulate)시켜야 한다.

현재가치
장래의 모든 현금흐름을 일정한 이자율을 적용하여 현재시점의 가치로 할인

미래가치
특정 시점의 현금흐름을 일정한 이자율을 적용하여 미래의 기준시점으로 누적가산

화폐의 시간가치와 이자는 상호 불가분의 관계에 있다. 화폐는 다른 재화와 마찬가지로 희소성을 갖고 있는 경제적 자원이다. 일정기간 동안 타인의 경제적 자원인 화폐를 이용하는 대가로 지급해야 하는 것이 곧 이자(interest)라 할 수 있다. 화폐의 시간가치 때문에 자원을 빌려 쓰는 입장에서는 그 대가로 이자비용을 지급하게 되며, 자원을 빌려 주는 입장에서는 이자수익을 받게 되는 것이다. 현재가치를 계산할 때 적용되는 할인율과 미래가치를 계산할 때 적용되는 가산율을 일반적으로 시장이자율(예 : 정기예금이자율 등)로 대체하고 있는 이유도 여기에 그 근거를 두고 있다.

화폐의 시간가치 때문에 자원을 빌려 쓰는 입장에서는 그 대가로 이자를 지급한다.

2. 현재가치의 계산과 할인율의 선정

현재가치의 계산

화폐의 현재가치를 계산한다는 것은 곧 미래의 현금유입액 혹은 현금유출액을 일정한 비율로 할인하여 현재시점의 화폐가치로 전환시키는 과정을 말한다. 특정의 투자수익(현금유입액)에 대한 현재가치는 기본적으로 다음의 세 가지 요소에 의해 결정된다.

현재가치의 계산은 미래의 현금유입액 혹은 현금유출액을 할인하여 현재시점의 화폐가치로 전환시키는 과정을 말한다.

- 미래에 받게 될 현금유입액(cash inflow)
- 현금이 유입되는 기간(period)
- 투자자가 요구하는 수익률이나 이자율, 즉 할인율(discount rate)

예를 들면 어떤 투자를 함으로써 1년후에 ₩1,000의 현금유입을 기대할 수 있을 것이라고 가정하자. 만약 투자자가 이로부터 연간 10%의 수익을 기대한다고 하면 현재 ₩909(=₩1,000÷1.10)을 투자할 용의가 있을 것이다. 이와 같은 계산은 다음과 같은 방식으로 검증될 수 있다.

투 자 액 (현재가치)	₩909
기대수익 (₩909×10%)	91
1년후 현금유입액 (미래가치)	₩1,000

여기에서 1년후 ₩1,000의 현재가치는 ₩909이고, 현재 ₩909의 1년후 미래가치는 ₩1,000이 된다. 이는 다음과 같은 관계를 갖고 있다.

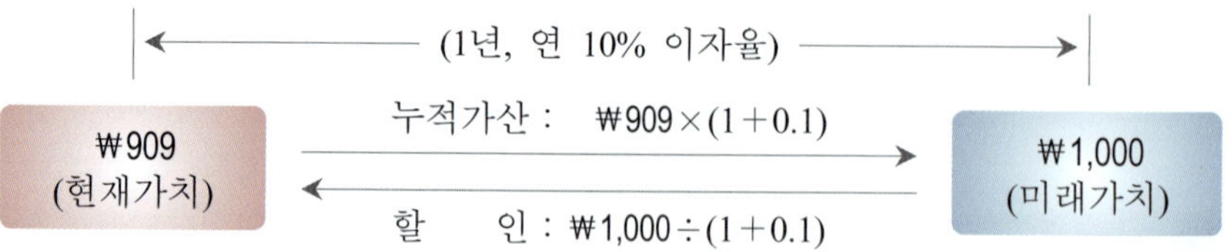

한편, 어떤 투자로부터 2년후에 ₩1,000의 현금이 유입될 것으로 기대한다고 하면, 이 투자자는 현재 ₩826[=(₩1,000÷1.10)÷1.10]만을 투자하면 될 것이다. 이는 또한 다음의 계산에 의해 그 검증이 가능하다.

투 자 액(현재가치)	₩826
1년째 기대수익(₩826×10%)	83
1년후 총투자액	₩909
2년째 기대수익(₩909×10%)	91
2년째 현금유입액(미래가치)	₩1,000

따라서 이 투자자가 현재 투자하려는 금액 ₩826은 2년후 ₩1,000을 연이자율 10%로 할인한 현재가치에 해당되는 금액이다. 또한 현재가치 ₩826과 미래가치 ₩1,000의 차이인 ₩174은 향후 2년 동안 얻게 될 수익액, 즉 이자요소에 해당되는 금액이라 할 수 있다. 여기에서 현재가치와 미래가치는 다음과 같은 관계를 갖는다.

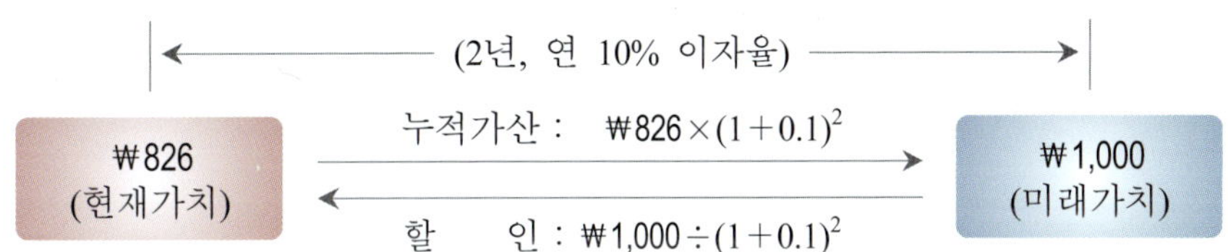

여기에서 유의할 점은 2년간 이자율이 20%일 때의 이자와 1년간 이자율이 10%일 때 2년간의 이자가 다르다는 것이다. 왜냐하면 1년간 이자율이 10%라면 2년간의 복리이자율은 다음과 같이 1년말 이자에 다시 이자가 계산된 21%이므로, 단리로 계산된 2년간 이자율 20%보다 높다.

$$(1+0.1)\times(1+0.1)=1.21$$

할인율의 선정

앞에서 현재가치 계산에서 사용되는 할인율을 투자자가 기대하고 있는 주관적 수익률의 개념으로 설명한 바 있다. 투자자가 이를 화폐의 시간가치 개념으로만 생각한다면 할인율은 곧 시장이자율(market interest rate)과 동일한 개념으로 파악될 수 있다. 만약 이를 어떤 투자로부터 바라고 있는 최소한의 수익개념으로 생각하면 최소요구수익률(required minimum rate of return)이 될 것이며, 특정 투자 대신 다른 투자안을 선택할 기회를 상실함으로써 그 보상으로 요구하는 이익률의 개념으로 생각하면 기회비용률(opportunity cost rate)의 의미를 갖게 된다.

현재가치 개념에서 적용되는 할인율은 단순한 시장이자율뿐만 아니라 미래에 기대되는 현금흐름의 불확실성에 대한 위험보상률을 동시에 포함하고 있다. 결과적으로 각 투자자가 적용하는 할인율은 주관적이기 때문에 일률적으로 특정 할인율을 사용할 수는 없을 것이다. 만약 높은 할인율을 적용하여 계산하면 현재가치는 상대적으로 낮아지게 되고, 낮은 할인율을 적용하게 되면 현재가치는 상대적으로 높게 계산된다.

각 투자자가 적용하는 할인율은 주관적이기 때문에 일률적으로 특정 할인율을 사용할 수는 없다.

3. 현재가치표

앞에서 예시한 바와 같은 계산방법으로 현재가치를 계산할 수도 있지만, 간단히 본서 [부록]에 제시되어 있는 현재가치표를 활용할 수도 있다.

단일금액의 현재가치표

[부록]에 제시되어 있는 〈표 A-2 : 단일금액의 현재가치〉는 여러 가지 할인율에 따라 미래 n 기간의 ₩1을 현재가치로 환산한 표로서 다음과 같이 계산된다.

$$\text{단일금액 현재가치율} = 1 / (1+r)^n$$

(r은 할인율, n은 기간)

예를 들면 기간당 할인율이 10%이고 2기간일 경우 단일금액 현재가치율은 다음과 같이 계산된다.

$$\text{단일금액 현재가치율 (10\%, 2기간)} = 1 / (1+0.1)^2 = 0.8264$$

여기에서 한 가지 유의할 점은 n기간이 반드시 n년을 의미하지는 않는다는 사실이다. 한 기간은 경우에 따라 6개월 혹은 1개월을 지칭할 수도 있는데, 복리를 계산하는 기간의 기준단위의 의미를 갖고 있다. 만약 2년후 ₩1의 현재가치를 구할 때 연 복리기준의 연이자율이 10%라면 일 년에 한 번 복리가 계산되므로 복리가 계산되는 기간의 수는 $n=2$이고 기간당 할인율은 $r=10\%$가 될 것이다. 그러나 6개월 복리기준의 연이자율이 10%라면 2년후 ₩1의 현재가치를 표에서 찾고자 할 경우에 $n=4$, $r=5\%$에 해당되는 현재가치율을 찾아야 한다. 이때의

한 기간은 6개월이고 기간당 이자율은 5%이며 이자가 계산되는 기간의 총수는 4이기 때문이다.

〈표 A-1 : 단일금액의 미래가치〉의 활용에 대해서는 독자 여러분이 스스로 학습하기를 바란다.

연금의 현재가치표

유입되는 현금흐름이 매년 동일한 금액일 때 이러한 현금흐름을 연금(annuity)이라고 하는데, 이 경우 연금의 현재가치표를 사용하면 편리하게 현재가치를 계산할 수 있다.[2] 만약 액면 ₩100,000인 사채를 매입한 회사가 앞으로 3년 동안 매년말에 10%의 이자를 받기로 한다면 이자수익의 현재가치는 다음과 같이 계산된다.

연금의 현재가치표를 사용하면 편리하게 연금의 현재가치를 계산할 수 있다.

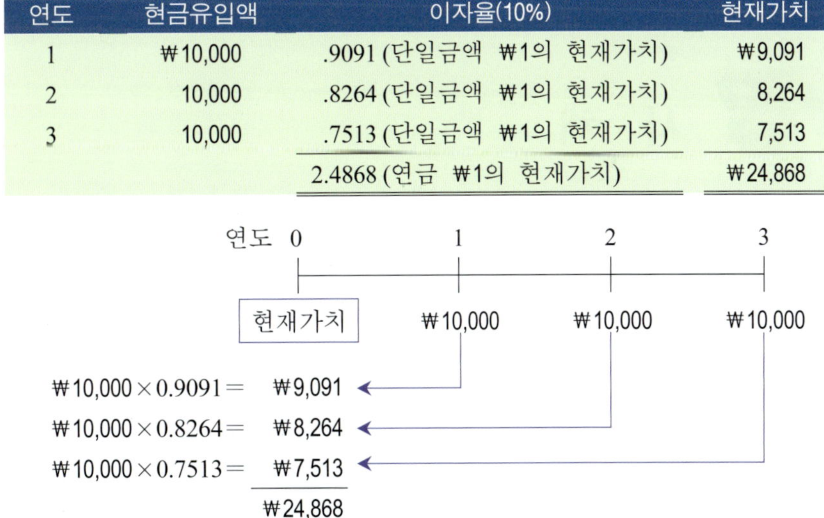

연도	현금유입액	이자율(10%)	현재가치
1	₩10,000	.9091 (단일금액 ₩1의 현재가치)	₩9,091
2	10,000	.8264 (단일금액 ₩1의 현재가치)	8,264
3	10,000	.7513 (단일금액 ₩1의 현재가치)	7,513
		2.4868 (연금 ₩1의 현재가치)	₩24,868

즉 앞으로 3년 동안 매년말에 ₩10,000씩 유입될 이자수익 ₩30,000을 10%로 할인할 경우 그 현재가치는 ₩24,868이다.

[부록]의 〈표 A-4 : 연금의 현재가치〉를 찾아보면 기간이자율이 10%인 경우

2) 이와 같이 매기간말에 일정금액을 받거나 지급하는 연금을 정상연금(normal annuity)이라고 한다. 반면 매기간초에 먼저 일정금액을 수수하는 연금을 선불연금(prepaid annuity)이라고 한다. 선불연금은 매기간초에 먼저 연금을 수취하므로 정상연금의 현재가치율의 기간수보다 한 기간 더 늘어난 현재가치율에 1을 더한 값이 선불연금의 현재가치율이 된다.

₩1에 대한 3년간 연금의 현재가치는 ₩2.4868로 나와 있다. 따라서 매년 ₩10,000씩 3년간 유입에 대한 현재가치는 다음과 같이 계산된다.

$$₩10,000 \times 2.4868 = ₩24,868$$

이상에서 본 바와 같이 〈표 A-2 : 단일금액의 현재가치〉를 이용하여 매년 현금유입액의 현재가치를 개별 계산하여 합하는 것보다는 〈표 A-4 : 연금의 현재가치〉를 이용하는 것이 편리하다. 결국 〈표 A-4 : 연금의 현재가치〉는 〈표 A-2 : 단일금액의 현재가치〉의 매기 현재가치를 누적하여 만든 표이다. 예를 들면 3년 기간의 할인율 10%에 대해서는 〈표 A-2 : 단일금액의 현재가치〉의 처음 세 기간 (.9091+.8264+.7513)을 합한 값, 즉 〈표 A-4 : 연금의 현재가치〉에서 확인할 수 있는 2.4868로 표시되어 있다.

〈표 A-3 : 연금의 미래가치〉의 활용에 대해서는 독자 여러분이 스스로 학습하기를 바란다.

03 사 채

OBJECTIVES 

- 사채의 발행금액은 어떻게 결정하는가?
- 유효이자율법에 의한 상각이란 무엇인가?

1. 사채의 의의와 종류

사채의 의의

사채는 기업이 장기적으로 거액의 자금을 조달하기 위하여 발행하는 유가증권이다. 사채(bonds)는 사채권면에 표시된 상환일, 즉 만기일에 액면금액을 지급하며, 동시에 정기적으로 사채권면에 표시된 이자율에 따라 일정 이자를 지급하겠다고 약정한 증서를 말한다. 사채는 기본적으로 장기차입금이나 장기지급어음과 그 성격이 동일하다. 그러나 차입금은 특정인이나 특정 금융기관으로부터 자금을 차입하는 경우에 발생되는 데 비하여, 사채는 다수의 일반대중으로부터 거액의 자금을 조달하기 위해 발행된다.

사채는 다수의 일반대중으로부터 거액의 자금을 조달하기 위해 발행된다.

한편 사채는 발행회사의 입장에서 보면 장기차입부채에 해당하지만, 사채를 매입하는 회사의 입장에서는 만기일까지 보유하면서 계약조건에 따른 원금과 이자를 수취할 목적인 경우에는 상각후원가측정금융자산으로, 그렇지 않은 경우에는 공정가치측정금융자산으로 분류한다.

사채의 양식

사채를 발행할 때 기업이 교부하는 사채권면에는 액면금액, 이자율, 이자지급일 및 만기일 등이 표시되어 있다. 액면금액(face value)은 만기에 사채발행회사가 지급할 원금을 말하는데, 이는 반드시 발행금액과 동일한 개념이 아니라는 점에 유의할 필요가 있다. 즉 실제 발행금액은 시장이자율 여하에 따라 액면금액보다 할인 또는 할증하여 결정될 수도 있다. 이자율은 발행회사가 지급할 액면금액 기준의 연간이자율을 말하며, 이를 액면이자율(coupon interest rate) 혹은 표시이자율(stated interest rate)이라고도 한다. 이자지급일은 연 1회 혹은 2회나 4회 등으로 구분하여 표시한다. 만기일은 사채의 원금상환일을 지칭하는데, 장기사채인 경우 10년 이상이 될 수도 있지만 우리나라에서는 주로 3년에서 5년 사이의 사채가 많이 발행된다. 사채는 발행할 때 사채권에 표시되는 조건에 따라 여러 가지 형태로 발행된다.3)

사채권면에는 액면금액, 이자율, 이자지급일 및 만기일 등이 표시되어 있다.

3) 첫째, 담보의 유무에 따라 담보부사채(secured bonds)와 무담보부사채(debenture bonds), 둘째, 주식으로의 전환가능성에 따라 전환사채(convertible bonds)와 전환불가능사채(non-convertible bonds), 그리고 만기상환조건에 따라 조기상환가능사채(callable bonds), 연속상환사채(serial bonds) 및 만기상환사채(term bonds) 등으로 나눈다.

2. 사채의 발행과 취득

사채의 발행금액

대부분의 사채는 액면금액으로 발행되며, 이자비용은 사채권면에 표시된 액면이자율에 액면금액을 곱하여 결정된다. 사채매입회사는 이에 따라 결정되는 사채이자를 받는다. 그런데 사채의 액면이자율이 사채가 아닌 다른 자산이나 또는 타회사발행사채에 투자하여 얻을 수 있는 시장에서의 투자수익률보다 더 낮다면 투자자는 액면금액으로 발행된 이 사채를 매입하지 않으려 할 것이다. 따라서 사채발행회사는 이러한 경우 사채를 액면금액 이하로 할인발행(bonds issued at a discount)할 수밖에 없다. 반대로 사채의 액면이자율이 다른 자산에 투자하여 얻을 수 있는 수익률보다 높다고 판단된다면 사채의 발행금액은 액면금액 이상으로 결정될 것이다.

사채의 발행금액은 액면이자율과 시장에서 투자자가 실제 얻을 수 있으리라 기대되는 시장이자율을 감안하여 결정된다.

그러므로 사채의 발행금액은 액면이자율과 시장에서 투자자가 실제 얻을 수 있으리라 기대되는 시장이자율(market interest rate)을 감안하여 결정된다. 즉 사채발행회사의 입장에서 보면 액면이자율과 시장이자율의 차이만큼을 투자자에게 보상해주거나 투자자로부터 보상받기 위하여 사채를 할인발행 혹은 할증발행(bonds issued at a premium)하는 것이다. 사채발행시의 시장이자율은 결국 사채발행회사가 실질적으로 부담하게 되는 이자율이 되므로, 이를 유효이자율(effective interest rate) 혹은 실질이자율이라고 한다. 액면이자율과 시장이자율의 관계에 따라 사채는 다음과 같이 발행된다.

(1) 액면이자율 = 시장이자율 ➪ 액면발행
(2) 액면이자율 < 시장이자율 ➪ 할인발행
(3) 액면이자율 > 시장이자율 ➪ 할증발행

따라서 사채의 발행금액은 결국 사채발행시의 시장이자율을 기준으로 결정되는데, 투자자의 입장에서 보면 그가 사채투자로부터 회수하게 될 미래의 현금유입액을 현재가치로 환산한 금액만큼만을 지급하려 할 것이다. 즉 사채의 발행금액은 [그림 12-1]과 같이 사채의 만기일에 지급받을 원금의 현재가치와 정기적으로 지급받게 될 사채이자의 현재가치를 합한 금액이 될 것이다.

사채를 발행할 때 지출되는 사채발행비는 사채의 발행금액에서 차감된다. 즉 사채의 발행금액은 사채발행으로 인하여 받게 되는 현금액에서 사채발행비를 차

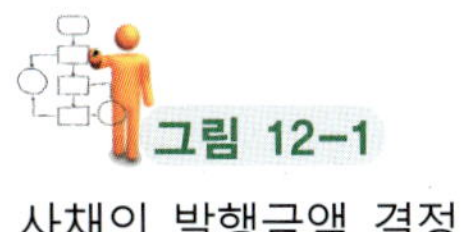

사채의 발행금액 결정

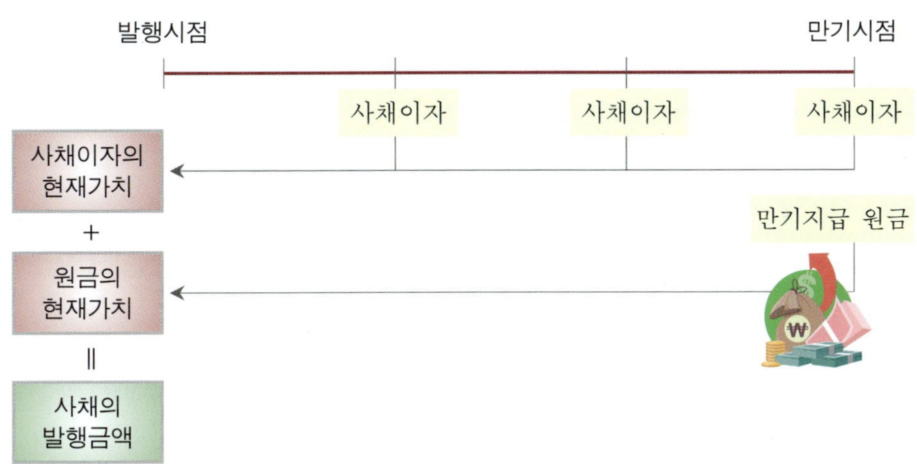

감한 실제 현금수취액을 가리킨다. [예제 12-1]을 통하여 사채의 발행금액이 어떻게 결정되는지를 살펴보자.

예제 12-1 사채의 현재가치와 발행금액

글로벌세탁(주)는 20×1년초에 3년 만기의 액면금액 ₩100,000인 사채를 액면이자율 10%로 발행하였다. 이자를 매년도말에 지급하며, 사채발행시의 시장이자율(유효이자율)이 12%라고 가정한다. 이때 12%로 할인된 사채의 현재가치, 즉 사채의 발행금액은 다음과 같이 계산된다.

① 3년후 만기에 지급할 원금 ₩100,000에 대한 현재가치	₩71,180*
② 3년간 매년 ₩10,000씩 지급할 이자 ₩30,000의 현재가치	24,018**
원금 및 이자의 현재가치 합계(발행금액)	₩95,198

* ₩100,000×0.7118 [부록 〈표 A-2 : 단일금액의 현재가치〉]=₩71,180
또는 ₩100,000×[$1/(1+0.12)^3$]=₩71,180

** ₩10,000×2.4018 [부록 〈표 A-4 : 연금의 현재가치〉]=₩24,018
또는 ₩10,000×[$1/(1+0.12)+1/(1+0.12)^2+1/(1+0.12)^3$]=₩24,018

한편, 유효이자율이 8%일 경우에는 다음과 같이 사채의 발행금액이 계산된다.

① 3년후 만기에 지급할 원금 ₩100,000에 대한 현재가치	₩79,380*
② 3년간 매년 ₩10,000씩 지급할 이자 ₩30,000의 현재가치	25,771**
원금 및 이자의 현재가치 합계(발행금액)	₩105,151

* ₩100,000×0.7938 [부록 〈표 A-2 : 단일금액의 현재가치〉]=₩79,380
또는 ₩100,000×$[1/(1+0.08)^3]$=₩79,380
** ₩10,000×2.5771 [부록 〈표 A-4 : 연금의 현재가치〉]=₩25,771
또는 ₩10,000×$[1/(1+0.08)+1/(1+0.08)^2+1/(1+0.08)^3]$=₩25,771

위의 [예제 12-1]에서 보듯이 액면이자율(10%)에 비하여 유효이자율(12%)이 더 높은 경우에는 액면금액 ₩100,000에 대하여 ₩4,802만큼 할인발행하고, 유효이자율(8%)이 더 낮은 경우에는 ₩5,151만큼 할증발행하게 된다.

사채의 할인발행 또는 할증발행은 액면이자율과 시장이자율 간의 차이를 조정하기 위한 방법이다.

사채의 할인발행 또는 할증발행은 결국 액면이자율과 시장이자율 간의 차이를 조정하기 위한 방법이다. 먼저 할인발행의 경우에 액면이자율이 10%이고 시장이자율은 12%이기 때문에 [그림 12-2]에서 보는 바와 같이 매년 지급되는 이자는 ₩2,000씩 차이가 난다. 이러한 차이(연간 ₩2,000씩)를 사채발행시점의 시장이자율인 12%로 할인한 현재가치가 ₩4,802이며, 이것이 사채할인발행차금(discount on bonds payable)이다. 따라서 사채할인발행차금은 사채발행자가 시장이자율에 미치지 못하는 이자 차이를 투자자에게 미리 지급하는 셈이다.

다음으로 할증발행의 경우를 보면 액면이자율이 10%이고 시장이자율은 8%이기 때문에 매년 지급되는 이자는 ₩2,000씩 차이가 난다. 이러한 차이(연간 ₩2,000씩)를 사채발행시점의 시장이자율인 8%로 할인한 현재가치가 ₩5,151이며, 이를 사채할증발행차금(premium on bonds payable)이라 부른다. 따라서 사채할증발

그림 12-2
사채할인발행차금

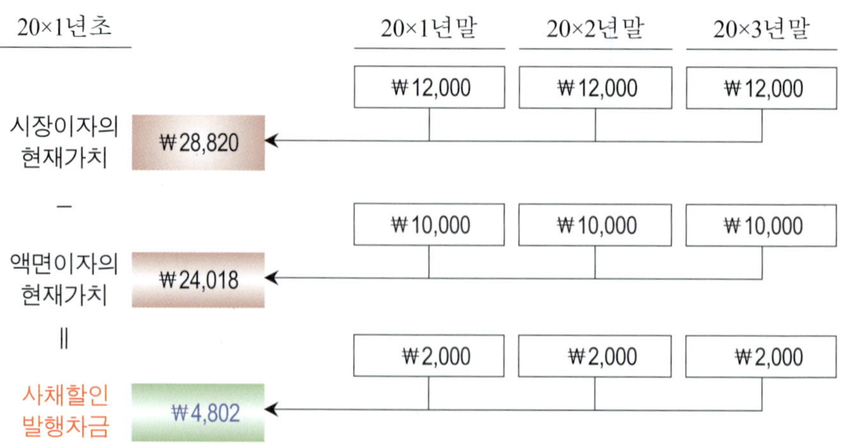

행차금은 시장이자율을 초과해서 앞으로 지급하게 될 이자 차이를 투자자로부터 미리 회수하는 금액으로 볼 수 있다.

사채발행시점의 회계처리

- 사채할인발행차금 : 액면금액－발행금액 ＝차액
- 사채할증발행차금 : 발행금액－액면금액 ＝차액

사채의 장부금액
사채의 액면금액에 사채할인발행차금이나 사채할증발행차금을 가감한 금액

사채를 발행하면 사채계정(부채)은 만기에 상환해야 할 액면금액으로 기록한다. 할인발행 또는 할증발행을 한 경우에는 각각 사채할인발행차금계정 혹은 사채할증발행차금계정을 추가로 사용하여 기록한다. 이 두 계정은 모두 사채의 평가계정으로서 재무상태표상에는 사채계정에서 차감 혹은 가산한 후의 장부금액으로 표시된다.

사채를 발행한 직후 사채발행회사인 글로벌세탁(주)의 재무상태표를 작성하면 장기차입부채로서의 사채계정은 다음과 같은 장부금액으로 보고될 것이다. 사채의 액면금액에 사채할인발행차금이나 사채할증발행차금을 가감한 금액을 사채의 장부금액(carrying amount)이라고 한다.

	할인발행		할증발행	
사　　채	₩100,000		₩100,000	
사채할인(할증)발행차금	(－) 4,802	₩95,198	(＋) 5,151	₩105,151

한편 사채매입회사는 사채의 발행조건에서 정하는 바대로 이자뿐만 아니라 만기까지 보유하여 사채원금을 상환받는 현금흐름의 수취만을 목적으로 사채를 취득했다면, 취득원가(발행금액)를 상각후원가측정금융자산계정으로 보고한다.[4] 그러나 사채매입회사가 사채발행계약상의 현금흐름 수취뿐만 아니라 시장이자율의 등락에 따른 투자수익을 얻을 목적으로 사채를 취득한 경우에는 공정가치측정금융자산 중 기타포괄손익인식금융자산으로 분류한다. 한편 사채매입회사가 사채를 단기매매목적으로만 취득했다면 당기손익인식금융자산으로 분류한다. 본 교재에서는 가능한 한 이해하기 쉬운 설명을 목적으로 사채매입회사가 취득한 사채를 사채발행계약에서 정하는 원금과 이자의 수취목적만으로 만기까지 보유할 적극적인 의도와 능력을 갖고 있다고 가정하고 상각후원가측정금융자산으로 회계처리하는 방법을 설명한다.[5]

4) 실무에서 이러한 사채를 상각후원가측정금융자산 계정과목 대신에 투자사채나 투자금융자산으로 사용할 수도 있다. 그러나 어떤 계정과목을 사용하든 이들의 회계처리는 상각후원가측정금융자산에 적용되는 회계처리방법을 따라야 한다.

예제 12-2 사채발행 및 매입의 회계처리

[예제 12-1]을 그대로 사용하여 사채발행회사인 글로벌세탁(주) 및 사채매입회사인 로컬클리닝(주)의 분개를 살펴보자. 단, 로컬클리닝(주)는 동 사채를 사채 만기시점까지 발행계약에서 정하는 원금과 이자를 수취할 목적으로 매입하였다.

발행회사(글로벌세탁(주))		매입회사(로컬클리닝(주))	
〈액면발행의 경우〉			
(차) 현 금	100,000	(차) 상각후원가측정금융자산	100,000
(대) 사 채	100,000	(대) 현 금	100,000
〈할인발행의 경우〉			
(차) 현 금	95,198	(차) 상각후원가측정금융자산	95,198
사채할인발행차금	4,802		
(대) 사 채	100,000	(대) 현 금	95,198
〈할증발행의 경우〉			
(차) 현 금	105,151	(차) 상각후원가측정금융자산	105,151
(대) 사 채	100,000	(대) 현 금	105,151
사채할증발행차금	5,151		

* 사채할인발행차금은 부채의 차감계정이며, 사채할증발행차금은 부채의 부가계정이다.

3. 사채발행차금의 상각과 사채이자비용

사채를 할인(할증)발행했을 때 기록되는 사채할인(할증)발행차금은 사채의 상환기간 동안에 매결산기마다 일정한 방법으로 상각(환입)함으로써 만기일에는 동 계정잔액이 ₩0이 되어 사채의 액면금액과 장부금액이 일치하도록 회계처리해야 한다. 마찬가지로 사채매입회사가 액면금액과 다른 가격으로 매입한 만기보유목적의 사채는 취득 후 할인(할증)매입액을 매결산기마다 일정한 방법으로 가감하여 만기일에 액면금액과 장부금액을 일치시키는 회계처리가 필요하다. 이와 같이 매결산기마다 사채발행차금에 대한 상각(환입)의 회계처리가 필요한 이유는 발행회사가 만기일에 지급하는 사채상환액

사채발행차금은 상환기간 동안 매결산기마다 상각(환입)함으로써 만기일에는 액면금액과 장부금액이 일치하도록 회계처리해야 한다.

5) 만약 계약상의 현금흐름 수취 이외의 목적과 의도로 매입하였다면 제11장에서 설명한 공정가치측정회계처리를 따라야 한다.

은 발행금액이 아닌 액면금액이기 때문이며, 사채매입회사 또한 취득금액이 아닌 액면금액으로 사채를 상환받기 때문이다.

발행(취득)한 사채에 관련된 사채할인발행차금이나 사채할증발행차금의 상각액은 사채이자비용(사채이자수익)이라는 계정을 사용하여 분개하고, 이를 금융비용(금융수익)으로 보고하도록 하고 있다. 사채할인발행차금과 사채할증발행차금은 각각 엄밀한 의미에서 보면 액면이자율과 유효이자율의 차이에 따른 이자의 추가보상과 공제적 성격이라 할 수 있으므로, 사채이자비용(사채이자수익)에 가감해 줌으로써 궁극적으로는 당기의 총이자비용(총이자수익)이 유효이자율에 의해 계산된 금액과 일치하게 만들어 준다.

유효이자율법
사채의 장부금액에 매년 일정이자율, 즉 사채발행시점의 시장이자율을 곱하여 계산된 유효이자비용과 액면이자율에 의해 계산된 현금이자비용의 차액을 상각하는 방법

유효이자율
사채의 발행금액을 그 사채의 만기원금상환액과 매기 지급하는 이자지급액 총액의 현재가치로 일치시켜주는 이자율

사채발행차금은 유효이자율법을 적용하여 상각한다. 유효이자율법(effective interest method)은 사채의 장부금액에 매년 일정이자율, 즉 사채발행시점의 시장이자율을 곱하여 계산된 유효이자비용과 액면이자율에 의해 계산된 현금이자비용의 차액을 매기 상각하는 방법이다.

여기서 유효이자율(effective interest rate)이란 사채의 발행금액을 그 사채의 만기원금상환액과 매기 지급하는 이자지급액 총액의 현재가치로 일치시켜주는 이자율이다. 우리는 앞에서 사채의 발행금액을 결정할 때 유효이자율을 사용하였다. 유효이자율은 사채발행 당시 관련시장에서 형성되는 동종 또는 유사한 채권의 시장이자율에 기초하여 결정된다.[6]

사채의 발행금액 = (만기상환액 + 매기 이자 현금지급액)을 유효이자율로 할인한 현재가치

〈표 12-1〉은 액면이자율이 10%인 3년 만기 사채를 사채발행시점의 (1) 유효이자율 12%를 기준으로 ₩95,198에 할인발행한 경우와 (2) 유효이자율 8%를 기준으로 ₩105,151으로 할증발행한 경우에 유효이자율법에 따라 사채발행차금의 상각(환입)표를 작성한 것이다.

〈표 12-1〉에서 사채를 할인발행한 경우를 보자. 사채발행회사는 사채발행시점에 현금 ₩95,198을 받는다.

6) 사채를 발행한 이후 시장이자율이 증가 또는 하락해도 사채이자비용과 사채할인발행차금의 상각에는 사채발행시점의 유효이자율을 그대로 적용해야 한다. 발행시점의 유효이자율로 상각해야만 사채의 만기시점에 사채할인발행차금의 잔액이 ₩0이 되고, 따라서 사채의 장부금액이 액면금액과 동일해진다.

유효이자율법에 의한 사채할인(할증)발행차금 상각(환입)표

(1) 사채할인발행의 경우 상각표 (유효이자율=12%)

연도	사채이자비용		사채할인발행차금		장부금액(E) [액면금액－(D)]
	현금지급이자(A) (액면금액의 10%) [₩100,000×10%]	유효이자(B) (장부금액의 12%) [전기말(E)×12%]	당기상각액(C) [(B)－(A)]	미상각잔액(D) [전기(D)－(C)]	
20×1년초				₩4,802	₩95,198
20×1년말	₩10,000	₩11,424	₩1,424	3,378	96,622
20×2년말	10,000	11,595	1,595	1,783	98,217
20×3년말	10,000	11,783*	1,783**	0	100,000

* 반올림에 따른 차이조정

** 20×2년말 장부금액(₩98,217)의 12%는 ₩11,786이지만 미상각잔액인 ₩1,783을 상각한다.

(2) 사채할증발행의 경우 환입표 (유효이자율=8%)

연도	사채이자비용		사채할증발행차금		장부금액(E) [액면금액＋(D)]
	현금지급이자(A) (액면금액의 10%) [₩100,000×10%]	유효이자(B) (장부금액의 8%) [전기말(E)×8%]	당기환입액(C) [(A)－(B)]	미환입잔액(D) [전기(D)－(C)]	
20×1년초				₩5,151	₩105,151
20×1년말	₩10,000	₩8,412	₩1,588	3,563	103,563
20×2년말	10,000	8,285	1,715	1,848	101,848
20×3년말	10,000	8,152*	1,848**	0	100,000

* 반올림에 따른 차이조정

** 20×2년말 장부금액(₩101,848)의 8%는 ₩8,148이지만 전년말의 미환입잔액인 ₩1,848을 환입해야 하므로 ₩8,152으로 기록한다(현재가치 계산시 오차의 반올림이 원인임).

1년이 경과한 20×1년말에 사채발행회사가 사채이자비용을 계산할 때에는 사채발행시점의 유효이자율을 기준으로 사채이자비용을 계산한다. 사채발행회사는 실제로 ₩95,198을 차입했기 때문에 1년간 실질이자비용은 ₩11,424(=₩95,198×12%)이다. 그런데 사채발행회사는 발행금액인 ₩95,198이 아닌 액면금액 ₩100,000에 표시이자율 10%를 적용한 ₩10,000을 사채이자로 현금지급한다. 실질이자비용 ₩11,424과 현금지급이자 ₩10,000의 차이인 ₩1,424(=₩11,424－₩10,000)은 사채발행시점에 선급했다고 하고, 사채할인발행차금으로 회계처리했기 때문에 이를 사채이자비용에 가산한다. 이로 인하여 사채발행시점에 이자를 선급한 성격인 사채할인발행차금 ₩4,802(=₩100,000－₩95,198)은 1년 후에 ₩3,378(=₩4,802－₩1,424)으로 감소한다.

또한 사채발행시점에는 장부금액이 ₩95,198이었지만 1년 후에는 ₩1,424만큼 늘어난 ₩96,622(=₩100,000－₩3,378)이 새로운 장부금액이 된다. 이는 사채할인발행차금이 상각(₩1,424)되어 감소한 만큼 사채장부금액이 증가하기 때문이다.

20×2년말과 20×3년말의 과정은 독자 여러분이 직접 상각액을 계산해보기 바란다. 또한 사채할증발행의 경우에는 사채할인발행의 경우를 역으로 응용하면 사채할증발행차금의 환입과정을 추론할 수 있을 것이다.

이제 유효이자율법에 의한 상각표에 따라 사채발행회사와 사채매입회사에 대한 회계처리를 [예제 12-3]을 통해 알아보기로 한다.

예제 12-3 유효이자율법에 의한 사채발행차금의 상각(환입)

글로벌세탁(주)가 20×1년초에 3년 만기, 연이자율 10%, 액면 ₩100,000인 사채를 (1) 유효이자율 12%를 기준으로 ₩95,198에 할인발행한 경우와, (2) 유효이자율 8%를 기준으로 ₩105,151에 할증발행했을 때, 유효이자율법으로 사채발행차금을 상각한다면 20×1년말의 분개는 다음과 같다.

발행회사(글로벌세탁(주))		매입회사(로컬클리닝(주))	
(1) ₩95,198으로 할인발행한 경우 :			
i) 이자지급(수취)			
(차) 사채이자비용	10,000	(차) 현　　금	10,000
(대) 현　　금	10,000	(대) 사채이자수익	10,000
ii) 차금상각			
(차) 사채이자비용	1,424	(차) 상각후원가측정금융자산	1,424
(대) 사채할인발행차금	1,424*	(대) 사채이자수익	1,424*
* 이 금액은 〈표 12-1〉 사채할인발행의 경우 20×1년말 사채할인발행차금의 당기상각액과 같다.			
(2) ₩105,151으로 할증발행한 경우 :			
i) 이자지급(수취)			
(차) 사채이자비용	10,000	(차) 현　　금	10,000
(대) 현　　금	10,000	(대) 사채이자수익	10,000
ii) 차금환입			
(차) 사채할증발행차금	1,588	(차) 사채이자수익	1,588
(대) 사채이자비용	1,588*	(대) 상각후원가측정금융자산	1,588*
* 이 금액은 〈표 12-1〉 사채할증발행의 경우 20×1년말 사채할증발행차금의 당기환입액과 같다.			

4. 사채의 상환

대부분의 사채는 만기일에 액면금액으로 현금상환한다. 만기일에는 사채를 할인발행했거나 할증발행했는지에 관계없이 〈표 12-1〉과 같이 사채의 장부금액이 사채의 액면금액과 동일하게 된다. 따라서 만기일인 사채상환시점에서 사채의 발행회사는 사채계정의 차변과 현금계정의 대변에 각각 액면금액으로 기록함으로써 사채의 상환에 따르는 사채계정을 제거하면 된다.

그러나 사채를 만기일 이전에 조기상환하는 경우에는 사채발행차금계정이 완전히 상각되기 이전이며, 반드시 장부금액대로 상환되는 것이 아니기 때문에 다소 복잡한 회계처리 문제가 발생한다. 사채를 조기상환할 때에는 다음과 같은 회계처리절차를 거친다.

① 상환일 현재 사채발행차금계정의 잔액을 갱신시키는 회계처리를 한다.
② 상환되는 사채계정과 사채발행차금계정을 제거하는 회계처리를 한다.
③ 장부금액과 상환금액의 차이를 사채상환손익으로 인식한다.

사채발행회사는 사채상환손익(gains or losses on bond redemption)을 손익계산서상 당기손익에 반영한다. 한편 사채매입회사는 이 금액을 손익계산서에 상각후원가측정금융자산양도손익으로 보고한다.

(1) 장부금액 < 양도금액

(차)	(대)
사 채	현 금
사채할증발행차금*	사채할인발행차금*
사채상환손실	

(2) 장부금액 > 양도금액

(차)	(대)
사 채	현 금
사채할증발행차금*	사채할인발행차금*
	사채상환이익

* 사채할인발행의 경우에는 사채할인발행차금을 대변에 기입하여 제거하고, 할증발행의 경우에는 사채할증발행차금을 차변에 기입하여 제거한다.

[예제 12-4]를 통하여 사채상환손익을 계산해보자.

예제 12-4 사채의 조기상환에 따른 회계처리

글로벌세탁(주)는 불가피한 사유가 발생하여 20×1년초에 ₩105,151으로 할증발행한 3년 만기, 액면 ₩100,000인 사채를 20×2년말에 ₩103,000(103%)에 조기상환하였다. 이를 취득한 로컬클리닝(주)는 상각후원가측정금융자산으로 분류했으며 〈표 12-1〉과 같이 유효이자율법으로 상각해오고 있다. 사채의 조기상환과 관련하여 글로벌세탁(주) 및 로컬클리닝(주)는 20×2년말에 다음과 같은 회계처리를 하게 된다.

발행회사(글로벌세탁(주))		매입회사(로컬클리닝(주))	
〈20×2년말 사채할증발행차금의 정기환입〉			
(차) 사채이자비용	8,285	(차) 현 금	10,000
사채할증발행차금	1,715 *	(대) 사채이자수익	8,285
(대) 현 금	10,000	상각후원가측정금융자산	1,715
* 이 금액은 〈표 12-1〉에서 20×2년말의 당기환입액과 일치한다.			
〈20×2년말 사채의 조기상환〉			
(차) 사 채	100,000	(차) 현 금	103,000
사채할증발행차금	1,848 *	(대) 상각후원가측정금융자산	101,848
사채상환손실	1,152 **	상각후원가측정금융자산양도이익	1,152
(대) 현 금	103,000		
* 이 금액은 〈표 12-1〉에서 20×2년말의 미환입잔액과 일치한다.			
** ₩103,000(상환액) − ₩101,848(장부금액) = ₩1,152(사채상환손실)			

04 충당부채와 기타 비유동부채

OBJECTIVES 

• 충당부채는 어떻게 인식하는가?

충당부채
당기의 수익에 대응하는 비용으로서 장래 지출이 확실하나 그 금액이나 지출시기 등이 확정되어 있지 않은 부채

1. 충당부채

충당부채(provisions)란 당기의 수익에 대응하는 비용으로서 장래에 지출될 것이 확실하나 그 금액이나 지출시기 혹은 지출대상이 확정되어 있지 않은 부채이다. 예를 들어 회사가 제품을 판매할 때 일정기간 무상 보증수리를 약속한 경우, 언제 보증수리 요청이 들어올지 모르고 보증수리를 해 주어야 하는 금액이 얼마가 될지도 모르며 어느 소비자가 보증수리를 요구할지도 결정되지 않은 경우이다. 그러나 회사가 제품판매 후 일정기간 동안 보증수리를 약속하였다면 보증수리로 인해 앞으로 발생할 금액을 제품의 판매시점에서 합리적으로 추정하여 그 금액을 부채로 인식해야 한다. 충당부채는 아직 그 금액이나 시기 등이 확정되지 않

았기 때문에 추정을 필요로 한다는 점에서 일종의 추정부채(estimated liabilities)이며, 차입금과 같은 확정부채에 대응되는 개념이다.

충당부채의 대표적인 예로는 퇴직급여채무, 제품보증충당부채, 수선충당부채, 공사보증충당부채, 복구충당부채 등이 있다. 충당부채는 어떤 유형이든 개념적으로 본질이 모두 같기 때문에 제품보증충당부채의 사례를 통하여 그 회계처리를 대표적으로 알아본다.

제품보증충당부채

판매회사 혹은 건설회사가 구매자에게 일정기간 제품을 보증하는 경우에 상품이나 제품은 이미 판매했지만, 이로 인하여 장래에 제품의 교환 및 수리 등 애프터서비스에 따른 비용이 발생하게 될 것이다. 현재로서는 앞으로 언제, 그리고 얼마의 애프터서비스 비용이 발생할지 확정할 수는 없다. 하지만 제품보증에 관한 애프터서비스의 경우에는 일정 부분 발생할 것이 확실하므로 일반적으로 과거의 경험에 의하여 그 비율과 금액을 신뢰성 있게 추정하는 방법으로 충당부채를 계상한다.

제품보증에 관한 애프터서비스는 충당부채로 인식한다.

예제 12-5 제품보증충당부채

가전제품을 판매하는 편리(주)는 20×1년에 대당 가격이 ₩10,000인 DVD플레이어 10대를 판매하였다. 제품보증기간은 1년이며, 과거의 경험에 비추어 볼 때 대당 ₩100의 제품보증비가 발생할 것으로 추정된다. DVD플레이어 판매시에는 관습적으로 품질보증을 하고 있다. 20×1년에 실제로 ₩800의 제품보증비를 지출하였다. 편리(주)가 (1) 제품보증비 추정 및 (2) 실제 제품보증비 지출을 기록하기 위한 분개를 살펴보자.

(1) 제품보증비 추정

(차) 제품보증비	1,000*	(대) 제품보증충당부채	1,000

* ₩100×10대=₩1,000

(2) 실제 제품보증비 지출

(차) 제품보증충당부채	800	(대) 현 금	800

2. 우발부채

우발부채
미래의 다른 어떤 특정 사건의 발생 여부에 따라 당해 부채의 발생여부도 결정되는 부채

한편 충당부채와 유사한 개념으로 우발부채(contingent liabilities)가 있다. 두 부채 모두 금액의 추정을 필요로 한다는 점에서는 동일하다. 그러나 충당부채는 미래의 발생가능성이 확실한 데 비하여 우발부채는 그 발생가능성에 어느 정도 불확실성이 존재한다. 왜냐하면 우발상황이란 미래의 다른 어떤 특정 사건의 발생여부에 조건부적으로 연계되어 당해 부채의 발생여부도 결정되는 상황을 의미하기 때문이다.

예를 들어 현재 재판에 계류 중인 특허권침해소송에서 피고인인 회사가 패소하면 손해배상채무가 발생하나 무죄로 평결되면 채무가 발생하지 않는 경우이다. 우발부채로는 이외에도 채무보증손실, 장기구매계약추정손실, 납기지연배상손실 등이 있다. 우발부채가 재무제표상의 부채로 인식되기 위해서는 다음의 두 가지 조건이 모두 충족되어야 한다.

mark down

'집안싸움' 한수원, 소송충당부채 4,500억 넘어 '4배 증가'

한국전력공사(한전)의 발전 자회사인 한국수력원자력(한수원)의 법적소송충당부채가 4,516억원에 달하는 것으로 나타났다. 1년 전과 비교해 무려 4배 이상 증가했다. 당기순이익 감소에 결정적 영향을 미치는 충당부채가 급격히 늘어난 상황에서 공사비를 놓고 갈등중인 한전을 상대로 국제중재까지 신청했다. 한전과 한수원이 집안싸움을 본격화하면서 추가로 충당부채를 설정해야 할 가능성도 배제할 수 없어 보인다.

금융감독원 전자공시시스템에 따르면 한수원(그 종속회사 포함)이 임금, 손해배상 등의 법적 문제로 쌓아둔 소송충당부채는 올해 1분기 기준 4,516억원에 달한다. 지난해 1분기 1,057억원에서 327.2% 증가했다. 2022년 152억원에 불과했던 소송충당부채는 2023년 1,087억원으로 늘었고 지난해 4,500억원을 돌파하며 급격히 증가했다. 소송충당부채는 기업이 현재 진행중이거나 예상되는 소송 등으로 인해 미래에 발생할 수 있는 손실에 대비해 미리 재무제표상 부채로 계상하는 금액을 의미한다. 한수원은 한국채택국제회계기준(K-IFRS)에 따라 소송 등 미래에 경제적 효익을 갖춘 자원이 유출될 가능성이 높고 그 금액을 신뢰성 있게 추정할 수 있을 때 충당부채로 계상해야 한다.

소송충당부채가 급격히 증가한 것은 임금 및 손해배상 소송이 늘어났기 때문이다. 그중에서도 현재 대법원 등에서 16건의 임금 관련 소송이 계류중이다. 임금 소송 관련 부채만 3,406억원에 이르며 소송충당부채를 회계처리하면서 우발부채로 3,062억원이 잡혔다. 전년 동기 1,422억원에서 115.3% 늘었다. 실제 한수원 소송 및 수임 현황 보고서에 따르면 지난해 한 해에만 피소 및 제소소송은 총 47건으로 파악됐다. 이중 손해배상 사건이 13건이며, 임금 관련 사건은 5건이다. 소송비용에만 지난해 109억원을 들였다. 올해 1분기 소송비용은 11억원에서 18억원으로 증가했다.

문제는 충당부채가 쌓일수록 수익성이 악화된다는 점이다. 대규모 충당금 설정은 회계상 비용으로 반영되는데 이는 순이익을 직접적으로 감소시키는 요인이다. 한수원의 올해 1분기 당기순이익은 8,231억원으로 전년 동기 대비 흑자전환에 성공했다. 당장은 우려할 상황이 아니지만 소송비용이 확대될 경우 한수원 입장에서도 법적 및 재무적 리스크에 대한 부담이 커질 수밖에 없다. (딜사이트, 2025.5.20 기사내용 수정)

① 자원의 유출가능성(손실의 발생가능성)이 높다.

② 예상되는 손실금액을 신뢰성 있게 추정할 수 있다.

만약 위의 두 조건 중에 어느 하나라도 충족시키지 못하면, 재무제표 본문에 부채로 보고하는 대신 그러한 우발상황의 내용을 주석으로만 공시한다.

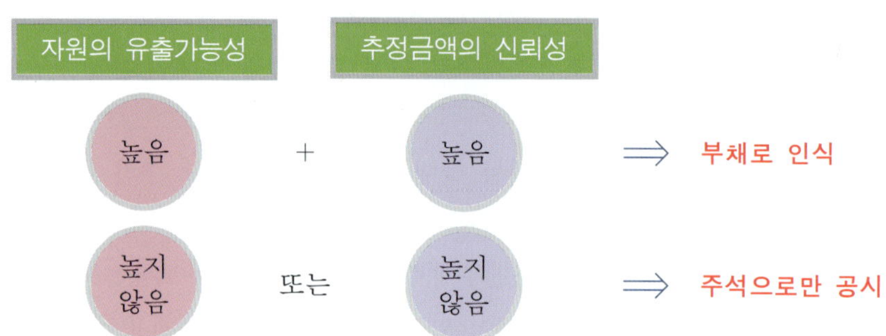

예제 12-6 손해배상부채

밝은미소병원은 성형수술을 전문으로 하는 병원이다. 이 병원은 의사들의 의료수준이 높고 간호사들도 친절하여 수년간 한 차례의 의료사고도 없었다. 그러나 올해 초에 콧날을 오똑하게 세우는 수술에서 원인을 알 수 없는 수술부작용으로 인하여 한 환자가 밝은미소병원을 대상으로 손해배상청구소송을 제기하였다. 병원의 고문 변호사는 병원의 과실이 인정될 가능성이 높으며, 이에 따라 병원이 부담하는 손해배상 금액이 ₩10,000,000 정도로 결정될 가능성이 높다고 조언했다. 이 경우에는 자원의 유출가능성이 높고 금액을 합리적으로 추정할 수 있으므로, 당해 연도말에 다음과 같이 회계처리한다.

(차) 손해배상손실	10,000,000	(대) 손해배상부채	10,000,000

만약 밝은미소병원에 대한 과실 책임이 인정될 가능성이 매우 낮거나 과실이 인정된다 하더라도 그 과실에 대한 손해배상 금액을 신뢰성 있게 추정할 수 없는 경우에는 재무상태표 안에 부채로 인식하지 않고 대신 재무제표 주석사항으로 우발부채를 설명 공시한다.

OBJECTIVES

• 기타의 비유동부채로는 어떤 것들이 있는가?

3. 기타 비유동부채

사채와 충당부채는 대표적인 비유동부채이다. 이 외의 비유동부채로는 장기차입금과 장기매입채무, 그리고 퇴직급여채무를 대표적인 예로 들 수 있다.

장기차입금

장기차입금
금융기관이나 신용대여기관 등으로부터 자금을 차입하고 그 원금을 재무제표 보고일로부터 1년 이후의 일정시점에 상환하게 되어 있는 채무

장기차입금(long-term borrowings)은 금융기관이나 신용대여기관 등으로부터 자금을 차입하고 그 원금을 재무제표 보고일로부터 1년 이후의 일정시점에 상환하게 되어 있는 채무를 말한다. 만약 장기차입금 중 그 상환기일이 1년 이내로 도래했을 경우에는 유동성장기차입금(current maturities of long-term debt)으로 재분류하여 이를 유동부채에 포함시켜 보고한다.

장기매입채무

장기매입채무
1년 이내에 지급기일이 도래하지 않는 장기외상매입금과 장기지급어음

장기매입채무는 1년 이내에 지급기일이 도래하지 않는 장기외상매입금과 장기지급어음을 말한다.

장기외상매입금은 일반적으로 지급기일에 지급해야 하는 이자비용까지 액면금액에 포함되어 있는 무이자부채권으로 존재하는 경우가 많다. 이때에는 액면금액을 시장이자율로 할인한 현재가치를 순수한 장부금액으로 평가하여 재무상태표에 순액을 부채로 보고해야 한다. 이때 액면금액과 장부금액의 차이는 현재가치할인차금으로 계상한 후 이를 유효이자율법으로 상각한다.

장기지급어음은 어음의 액면금액 이외에 이자를 별도로 지급해야 하는 이자부어음과 별도의 이자지급의무가 없는 무이자부어음(non-interest-bearing notes)으로 구분된다. 무이자부어음의 경우에는 무이자부 장기외상매입금과 마찬가지로 원칙적으로 시장이자율을 적용하여 계산한 현재가치(present value)를 순수한 장기지급어음의 장부금액으로 평가하고, 액면금액과 현재가치의 차이는 현재가치할인차금으로 표시한다.

한편 장기이자부지급어음이라면 현재가치에 의한 평가가 불필요할 수도 있다. 그러나 이자부어음이라 할지라도 액면에 표시되어 있는 이자율이 시장의 유효이자율과 현저히 다를 경우에는 유효이자율로 현재가치를 계산하여 평가하고, 사채의 유효이자율법을 적용할 때와 마찬가지로 실제의 유효이자비용과 당기의 현금이자비용의 차이를 어음의 장부금액에 가감하는 회계처리가 필요하다.

이 장의 요약

• 현재가치 개념은 회계에서 어떻게 활용되는가?
- 현재가치는 미래 일정기간 동안의 현금유입액을 적절한 할인율로 할인한 금액을 말한다.
- 현재가치 개념은 복수의 투자안을 비교하거나 사채의 발행금액을 계산하는 등 다양한 상황에서 이용된다.

• 사채의 발행금액은 어떻게 결정하는가?
- 사채를 발행할 때 액면이자율과 시장이자율이 같으면 액면금액으로 발행할 수 있지만 사채의 액면이자율이 사채가 아닌 다른 자산이나 또는 타회사 발행사채에 투자하여 얻을 수 있는 시장에서의 투자수익률보다 더 낮다면 투자자는 액면금액으로 발행된 이 사채를 매입하지 않으려 할 것이다.
- 액면이자율과 시장이자율이 다를 경우 이자율 차이를 감안하여 사채의 발행금액을 액면금액보다 낮게 할인발행하거나 액면금액보다 높게 할증발행하여 액면이자율과 시장이자율 차이를 조정해야 한다.

• 유효이자율법에 의한 상각이란 무엇인가?
- 사채를 할인발행하거나 할증발행하더라도 만기에는 액면금액을 상환해야 한다. 따라서 사채의 보유기간 동안 할인발행차금 또는 할증발행차금을 유효이자와 액면이자의 차이만큼 상각하거나 환입하여 사채의 만기일에는 사채의 장부금액을 액면금액과 일치시켜야 하는데 이를 유효이자율법에 의한 상각 또는 환입이라고 한다.

• 충당부채는 어떻게 인식하는가?
- 충당부채는 당기의 수익에 대응하는 비용으로서 장래에 지출될 것이 확실하나 그 금액이나 지출시기 또는 지출대상이 확정되어 있지 않은 부채를 말한다.
- 재화나 용역을 제공할 때 보증수리를 약속하였다면 그로 인해 발생할 비용을 합리적으로 추정하여 부채로 인식해야 한다.

• 기타의 비유동부채로는 어떤 것들이 있는가?
- 기타의 비유동부채로는 장기차입금과 장기매입채무, 그리고 퇴직급여채무 등이 있다.
- 장기차입금은 금융기관이나 신용대여기관 등으로부터 자금을 차입하고 그 원금을 재무제표 보고일로부터 1년 이후의 일정시점에 상환하게 되어 있는 채무를 말한다.
- 장기매입채무는 1년 이내에 지급기일이 도래하지 않는 장기외상매입금과 장기지급어음을 말한다.
- 퇴직급여채무는 종업원이 퇴직할 때 퇴직일시금이나 혹은 퇴직한 후 연금의 형태로 매기 일정액을 지급해야 하는 부채이다.

퇴직급여제도와 퇴직급여채무

퇴직급여제도
종업원이 퇴직할 때 퇴직일시금이나 퇴직한 후 연금의 형태로 매기 일정액을 지급하는 제도

퇴직급여제도(post-employment benefit plans)는 종업원이 퇴직할 때 퇴직일시금이나 혹은 퇴직한 후 연금의 형태로 매기 일정액을 지급하는 제도이다. 퇴직급여제도는 일반적으로 기업이 종업원의 퇴직급여를 기업 내부 또는 외부의 기금에 적립하여 운용하고, 종업원이 퇴직한 후 일시금이나 연금의 형태로 지급한다.

1. 퇴직급여제도의 종류

확정기여제도
고용계약에 따른 일정 기여금을 기업이 퇴직기금에 매년 적립하고, 종업원은 그 기금의 운용성과에 따른 결과로 결정된 금액을 퇴직 후 급여로 받게 되는 퇴직급여제도

확정급여제도
종업원의 퇴직급여를 기업이 책임지는 제도. 기금을 사외적립자산으로 운용하고 그 성과에 따라서 매기 기여금이 달라짐

퇴직급여제도에는 확정기여제도와 확정급여제도가 있다. 확정기여제도(defined contribution plans : DC)는 고용계약에 따른 일정 기여금을 기업이 퇴직기금에 매년 적립하고, 종업원은 그 기금의 운용성과에 따른 결과로 결정된 금액을 퇴직 후 급여로 받게 되는 퇴직급여제도를 말한다. 확정기여제도에서는 기업이 기금에 출연하는 기여금과 그 기여금 운용에 따른 기금운용자의 투자수익 합계액이 퇴직종업원에게 지급되기 때문에 기업은 기금운용성과에 관계없이 매년 협약에 따른 기여의무액만을 출연하고 이를 퇴직급여비용으로 계산하면 된다.

반면에 확정기여제도 이외의 모든 퇴직급여제도를 확정급여제도(defined benefit

퇴직급여제도의 운용과 회계처리

운용 \ 주체	기업	기업 혹은 기금운용자	퇴직종업원
제도의 운용	기금에 출연 →	기금의 운용 (운용수익의 발생) →	퇴직급여 수령
의무확정의 대상	확정기여(DC)형		확정급여(DB)형
회계처리			
퇴직급여비용 (손익계산서)	매기간 기여금 출연의무액		퇴직후지급의무액을 전체 근무기간에 현재가치로 배분
퇴직급여자산 · 부채 (재무상태표)	출연의무 선납액 또는 미납액	사외적립자산*	퇴직후지급의무액의 현재가치

* 퇴직급여채무에서 차감표시함(DB형의 경우에만 존재)

plans : DB)라고 정의한다. 확정급여제도에서는 노사간 협약에 의하여 종업원에게 기업이 퇴직 이후 지급할 퇴직급여의 규모와 내용을 먼저 확정하고, 이렇게 확정된 퇴직급여를 기업이 전제조건 없이 모두 부담할 책임을 진다. 따라서 기여금의 실제 운용성과와는 무관하게 매기 출연의무액만이 부채로 확정되는 확정기여제도와는 달리, 확정급여제도에서는 퇴직 후 지급의무액이 기업의 부채로 결정되므로 기금의 운용성과에 따라 기업이 부담할 퇴직급여채무가 변동된다. 회계처리도 기금의 운용성과에 따라서 퇴직급여비용과 퇴직급여채무가 결정된다.

2. 퇴직급여제도의 회계처리

OBJECTIVES 

• 퇴직급여채무는 어떻게 계산하는가?

확정기여제도

확정기여제도에서는 노사협약 또는 관계 법령 등에 의하여 기업이 매기간 부담해야 할 기금에의 출연의무액이 당기의 퇴직급여비용으로 결정된다. 즉 기업이 일정액을 일단 출연하면 그 후 출연된 기여금의 실제 운용성과에 대한 책임이 없으므로, 운용성과가 종업원의 기대퇴직급여를 충족할 수 있을 정도로 충분하지 못하더라도 기업에 추가적인 출연의무가 없다.

확정기여제도에서는 기금운용성과에 관계없이 매년 협약에 따른 기여의무액만을 비용으로 계산하면 된다.

따라서 기업은 약정에 따라 출연해야 할 기여금만을 퇴직급여(비용)로 인식하되, 확정기여제도에 따라 출연해야 할 기여금과 실제 납부한 기여금 간에 차이가 있다면 이를 선급비용(자산) 또는 미지급비용(부채)으로 인식한다. 확정기여제도의 퇴직급여에 관한 회계처리를 [예제 12-7]에 예시하였다.

예제 12−7 확정기여제도 - 회계처리

20×1년말 현재 글로벌세탁(주)가 확정기여제도에 의하여 납부해야 할 퇴직급여 출연의무누계액은 ₩120,000이며, 20×0년말까지 기여금으로의 출연의무누계액은 ₩100,000이다. 20×1년말에 글로벌세탁(주)는 ₩15,000의 기여금을 실제로 납부하였다. 이에 필요한 분개는 다음과 같다.

20×1년 12월 31일 (기여금의 납부)

(차) 퇴직급여	20,000*	(대)	현금	15,000
			미지급퇴직급여	5,000**

* ₩120,000(20×1년 출연의무누계액) − ₩100,000(20×0년 출연의무누계액) = ₩20,000(퇴직급여)

** ₩20,000(퇴직급여 20×1년 출연의무액) − ₩15,000(실제납부 기여금) = ₩5,000(미지급퇴직급여)

만일 위와는 달리 20×1년말에 ₩25,000의 기여금을 실제로 납부했다면 아래와 같이 분개한다.

(차)	퇴 직 급 여	20,000	(대)	현 금	25,000
	선급퇴직급여	5,000*			

* ₩20,000(퇴직급여 20×1년 출연의무액) − ₩25,000(실제납부 기여금) = △₩5,000(선급퇴직급여)

확정급여제도

확정급여제도에서는 퇴직자금수요(출연의무액)가 기금의 운용성과에 따라 달라질 수 있다.

확정급여제도에서 종업원이 당기와 그 이전기간의 근무 대가로서 퇴직 이후 받기로 약정되어 있는 미래지급의무액을 퇴직급여채무(defined benefit obligations)라고 한다. 퇴직급여채무는 근로자에 대한 퇴직 후 지급예상총액을 추정하여 이를 현재가치로 계산하여 보고한다. 한편 퇴직급여 당기비용 금액은 당기말 퇴직급여채무와 전기말 퇴직급여채무의 변동액(차이)으로 계상한다.[7]

확정급여제도에서 기업은 퇴직급여채무를 충당하기 위하여 외부의 퇴직연금기금에 기여금을 적립할 수 있다. 외부의 기금에 기여금을 출연하여 운용하는 경우에는 그 기금에서 퇴직급여를 지급하게 되는데, 이를 사외적립자산(plan assets)이라 부른다. 퇴직종업원에게 실제 퇴직급여를 지급하면 퇴직급여는 사외적립자산에서 지급하게 되므로 기업은 당기의 지급액만큼 사외적립자산과 퇴직급여채무를 각각 감소시킨다.

기업은 재무상태표에 매기말 퇴직급여채무에서 사외적립자산을 차감하는 방법으로 퇴직급여순자산 또는 퇴직급여순부채의 금액을 표시한다. 만약 퇴직급여채무가 사외적립자산보다 큰 경우에는 순부채가 계상되는데 이를 퇴직급여부채(defined benefit liabilities)라고 부른다. [예제 12-8]은 이러한 확정급여제도의 퇴직급여 회계처리를 보여준다.

7) 물론 당기에 실제 현금으로 지급(상환)한 퇴직급여채무가 있으면, 이를 조정하여 계산하게 된다.

예제 12-8 확정급여제도 - 회계처리

20×1년초 현재 글로벌세탁(주)가 확정급여제도에 따라 계상해야 할 퇴직급여채무는 ₩120,000이다. 한편 회사는 기여금을 출연하여 운용하는 사외적립자산으로 ₩110,000을 보유하고 있었다고 하자. 20×1년에 글로벌세탁(주)에서 근무한 종업원들이 가득한 퇴직급여는 ₩11,000이며, 글로벌세탁(주)는 ₩10,000의 기여금을 추가로 출연하였다. 한편 20×1년중 퇴직종업원에게 실제로 지급한 퇴직급여는 ₩8,000이다. 이때 20×1년에 필요한 분개는 다음과 같다.

〈가득된 퇴직급여의 인식〉

(차) 퇴 직 급 여	11,000	(대) 퇴직급여채무	11,000

〈기여금의 출연〉

(차) 사외적립자산	10,000	(대) 현 금	10,000

〈퇴직급여의 지급〉

(차) 퇴직급여채무	8,000	(대) 사외적립자산	8,000

한편 글로벌세탁(주)의 20×1년말 재무상태표에는 퇴직급여부채를 다음과 같은 형식으로 표시한다. 즉 퇴직급여채무에서 사외적립자산을 차감한 후의 순액으로 표시한다. 만약 사외적립자산이 퇴직급여채무보다 크면, 초과액이 퇴직급여자산으로 표시된다.

〈부분재무상태표〉

퇴직급여부채 :		
퇴직급여채무	₩123,000*	
사외적립자산	(112,000)**	₩11,000

* ₩120,000(연초 퇴직급여채무)+₩11,000(당기인식 퇴직급여)−₩8,000(퇴직급여 지급액)=₩123,000

** ₩110,000(연초 사외적립자산)+₩10,000(기여금 출연)−₩8,000(퇴직급여 지급액)=₩112,000

부채비율

기업이 자금조달의 관점에서 얼마나 재무적으로 안정되어 있는지를 평가할 때 종종 부채비율을 사용한다. 부채비율은 기업의 부채총액을 자본총액으로 나눈 비율로서 자본에 비하여 부채가 얼마나 되는지를 나타낸다.

$$\langle 산식 \rangle \quad 부채비율 = \frac{부\ 채}{자\ 본}$$

만약 부채비율이 높으면 자본에 비하여 부채가 많으므로 재무적 안정성이 떨어진다고 평가할 수 있다. 그러나 부채비율이 너무 낮은 것도 좋지 않다. 왜냐하면 부채를 별로 끌어들이지 않고 자본만 제한적으로 사용하면 공격적으로 추진할 수 있는 사업기회를 놓치는 기회손실이 발생할 수도 있다. 원래 주주의 입장에서 보면 새로운 사업의 투자수익률이 외부자금 차입이자율보다 높다고 판단될 경우에는 자본뿐만 아니라 부채를 차입하여 사업을 확장하는 것이 주주의 이익 증가에 도움이 된다.

KT와 LG유플러스의 부채비율(연결재무제표 기준)을 비교해 보자.

(단위 : 백만원)

회사명	내 용	2024년	2023년
KT	부채총액(A)	23,883,408	24,148,845
	자본총액(B)	17,996,549	18,561,137
	부채비율(A/B)	132.71%	130.10%
LG유플러스	부채총액(A)	10,939,351	11,343,820
	자본총액(B)	8,768,379	8,756,785
	부채비율(A/B)	124.76%	129.54%

KT는 2024년 부채비율이 132.7%로서 2023년 130.1%와 비슷한 수준을 보였다. 부채총액과 자본총액 모두 2023년에 비해 약간씩 감소했으나 부채비율은 크게 변하지 않았다. 반면 LG유플러스는 자본총액이 큰 변화가 없었으나 부채총액은 약간 감소하여 2024년의 부채비율이 전년 대비 4.8%포인트 감소하였다. 세부적으로는 비유동부채가 86억원 증가하였으나 유동부채가 490억원 감소하여 총부채가 약간 감소하였기 때문이다. 결과적으로 KT에 비하여 LG유플러스의 부채비율이 다소 낮은 편이라고 할 수 있다.

사채의 발행과 사채발행차금의 상각

20×1년 6월 30일 첨단전자(주)는 설비투자를 위한 자금조달 목적으로 사채를 발행하였다. 사채의 액면금액은 ₩4,000,000이고, 만기는 5년이다. 액면이자율은 10%, 유효이자율은 9%이다. 회사는 액면금액의 103.96%로 사채를 발행하였다. 이자는 매년 2회 6월 30일과 12월 31일에 지급하며, 사채할증발행차금은 유효이자율법으로 환입한다(주의 : 1년에 두 번 사채이자를 지급하면 현재가치 계산시에 6개월을 1기간으로 하고 이자율을 연이자율의 반으로 적용해야 한다).

요구사항

1. 다음 날짜에 첨단전자(주)가 행해야 할 분개를 하라.
   (1) 20×1년 6월 30일 (2) 20×1년 12월 31일 (3) 20×6년 6월 30일(만기일)
   (단, 20×6년 1월 1일의 사채계정잔액은 ₩4,019,355이었다고 가정한다)
2. 위의 모든 거래를 사채매입회사의 입장에서 분개하라. 사채매입회사는 이 사채를 상각후원가측정금융자산으로 회계처리한다.
3. 20×1년 12월 31일의 첨단전자(주) 재무상태표상에 사채계정은 어떻게 표시되는가?

해답

먼저 유효이자율법에 의한 사채할증발행차금의 환입표를 작성해보자.

유효이자율법에 의한 사채할증발행차금의 환입표

연 도	사채이자비용		사채할증발행차금		장부금액
	현금지급이자	유효이자	당기환입액	잔 액	
20×1. 6.30				₩158,400	₩4,158,400
20×1.12.31	₩200,000	₩187,128	₩12,872	145,528	4,145,528
20×2. 6.30	200,000	186,549	13,451	132,077	4,132,077
20×2.12.31	200,000	185,943	14,057	118,020	4,118,020
⋮	⋮	⋮	⋮	⋮	⋮
20×6. 6.30	200,000	180,645	19,355	0	4,000,000

1. 첨단전자(주)의 분개는 다음과 같다.
   (1) 20×1년 6월 30일 : 사채를 액면금액의 103.96%로 발행하다.

(차) 현 금	4,158,400	(대)	사 채	4,000,000
			사채할증발행차금	158,400

   (2) 20×1년 12월 31일 :
   ① 사채이자 ₩200,000을 지급하다.

(차) 사채이자비용	200,000	(대) 현 금	200,000

② 사채할증발행차금을 환입하다.

(차) 사채할증발행차금 12,872* (대) 사채이자비용 12,872

* 실제지급이자 ₩4,000,000×10%×1/2= ₩200,000
유 효 이 자 ₩4,158,400×9% ×1/2= 187,128
사채할증발행차금환입액 ₩12,872

(3) 20×6년 6월 30일 :

① 사채이자 ₩200,000을 지급하다.

(차) 사채이자비용 200,000 (대) 현 금 200,000

② 사채할증발행차금을 환입하다.

(차) 사채할증발행차금 19,355* (대) 사채이자비용 19,355

* ₩4,019,355－₩4,000,000=₩19,355

③ 사채를 액면금액으로 만기상환하다.

(차) 사 채 4,000,000 (대) 현 금 4,000,000

2. 사채매입회사는 위의 사채거래를 다음과 같이 분개한다.

(1) 20×1년 6월 30일 : 액면 ₩4,000,000 사채를 ₩4,158,400에 매입하다.

(차) 상각후원가측정금융자산 4,158,400 (대) 현 금 4,158,400

(2) 20×1년 12월 31일 :

① 사채이자 ₩200,000을 받다.

(차) 현 금 200,000 (대) 사채이자수익 200,000

② 사채할증매입차금을 상각하다.

(차) 사채이자수익 12,872 (대) 상각후원가측정금융자산 12,872

(3) 20×6년 6월 30일 :

① 사채이자 ₩200,000을 받다.

(차) 현 금 200,000 (대) 사채이자수익 200,000

② 사채할증매입차금 ₩19,355을 상각하다.

(차) 사채이자수익 19,355 (대) 상각후원가측정금융자산 19,355

③ 사채를 만기상환받다.

(차) 현 금 4,000,000 (대) 상각후원가측정금융자산 4,000,000

3. 첨단전자(주)의 20×1년말 재무상태표상에 사채는 다음과 같이 보고될 것이다.

〈비유동부채〉

사 채	₩4,000,000	
사채할증발행차금	145,528	₩4,145,528

익힘문제

01 회계처리 실무에서 화폐의 시간적 가치를 고려해야 하는 경우의 예를 들고 그 이유에 대하여 간단히 설명하라.

02 만약 사채이자를 일년에 한 차례 주지 않고 두 차례 이상 나누어 주면 사채의 발행금액에 어떠한 영향을 미칠까?

03 사채에 대한 할인발행액은 사채발행회사와 사채매입회사의 입장에서 각각 어떻게 장부에 기록되는가? 그리고 할인액의 상각은 각각 어떻게 기록되는가?

04 현재 증권시장에서 수성(주)의 사채는 ₩72,000에, 명일(주)의 사채는 ₩97,000에 각각 거래되고 있다. 두 사채 모두 액면금액은 ₩100,000이며, 이자율은 연 6%이다. 이러한 사실로 미루어 과연 명일(주)의 신용도가 높다고 결론을 내릴 수 있는가? 단, 시장의 장기성 예금에 대한 이자율은 11～13% 정도라고 가정한다.

05 사채가 할인 혹은 할증 발행되었다면 액면이자율과 유효이자율은 서로 어떻게 차이가 나는지를 설명하라.

06 이상해 씨는 5년후에 만기가 도래하는 인기(주) 발행, 액면금액 ₩1,000인 사채를 액면금액의 106%에 구입하였다. 발행일로부터 4년후에 이씨는 동 사채를 액면금액의 102%에 매각하였다. 이씨는 자신이 이 거래에서 ₩40의 손실을 입었다고 생각하는 반면, 그의 친구인 김바로 씨는 이씨가 오히려 ₩8의 이익을 얻었다고 주장하였다. 두 사람의 관점 차이에 대하여 설명하라. 귀하는 어느 쪽이 옳다고 생각하는가? 단, 이 사채의 액면이자율은 연 16%이다. 그리고 편의상 사채할증발행차금은 정액법으로 상각한다고 가정한다.

07 채무증권형 금융자산으로서 상각후원가측정금융자산을 기초에 액면금액보다 낮은 금액으로 취득하였다. 그런데 기말에 시장이자율이 하락하여 상각후원가측정금융자산의 공정가치가 크게 상승했다. 기말에 이 금융자산의 회계처리는 어떻게 하는가?

08 제품보증비를 실제로 지급할 때 회계처리하는 것과 제품판매할 때 예상액을 회계처리하는 것의 장단점을 비교하라.

09 우발부채는 어느 조건을 만족할 때 당기의 재무제표에 부채로 인식해야 하는가? 미래에 기대되는 우발이익은 어느 때 자산으로 보고하는가?

10 퇴직급여제도의 두 가지 유형인 확정기여제도와 확정급여제도의 특징을 비교하라. 토론

11 사채할인차금의 상각방법에는 정액법이 있다. 이 방법은 사채의 내용연수 동안 사채할인발행차금을 매년 동일 금액만큼 차감하는 방법으로서 매우 간단하고 편리하다. 그러나 회계기준에서는 사채발행차금 상각방법으로 유효이자율법은 허용하고 정액법은 허용하지 않는다. 그 이유가 무엇이라고 생각하는가?

연습문제

01 현재가치표를 이용한 현가계산

부록에 첨부된 현재가치표를 이용하여 다음 각 항목의 현재가치를 계산하라.

요구사항

1. 3년 후 ₩50,000을 지급하기로 약속한 어음의 현재가치(단, 연간 할인율은 8%이다)
2. 매년 ₩10,000씩 7년간 지급해야 하는 어음의 현재가치(단, 연간 할인율은 12%이다)
3. 매월 ₩600씩 24개월간 지급하고 24개월째 ₩15,000을 갚아야 하는 사채의 현재가치(단, 월간 할인율은 2%이다)
4. 5년간 매 6개월마다 ₩20,000씩의 이자를 지급하고 만기일에 ₩600,000을 상환해야 하는 사채의 현재가치(단, 연간 할인율은 8%이다)
5. 현재시점으로부터 향후 3년간은 연간 ₩40,000씩, 그 후 2년간은 연간 ₩30,000씩 받는 이자의 현재가치(단, 연간 할인율은 15%이다)

02 받을어음의 현재가치

20×1년 12월 31일 노미련 씨는 취득원가가 ₩390,000인 자신의 토지를 이향토 씨에게 처분하고 현금 ₩50,000과 5년 만기 5% 이자율의 액면금액 ₩400,000인 어음을 수취하였다. 어음의 이자는 1년 단위로 지급하며, 어음은 20×6년말에 만기가 된다. 노미련 씨는 토지판매와 관련하여 장부상에 다음과 같이 기록하였다.

(차)	현 금	50,000	(대)	토 지	390,000
	장기성받을어음	400,000		토지처분이익	60,000

요구사항

1. 노미련 씨가 수취한 어음의 현재가치를 계산하라(단, 당시의 시장이자율은 10%이다).
2. 20×1년 12월 31일 노미련 씨가 행한 분개의 오류를 지적하고, 정확한 계산근거를 제시하라.
3. 노미련 씨의 기장오류가 20×1년의 순이익과 그 이후 연도에 미칠 영향을 설명하라(단, 법인세비용의 영향을 무시한다).

03 지급어음의 현재가치

아름목재(주)는 올해 10월 1일 판매용 원목을 구입하고 그 대가로 현금 ₩20,000과 무이자부어음 ₩48,000을 발행하여 지급하였다. 어음은 매달 ₩2,000씩 24개월 지급하는 조건이다. 아름목재(주)는 통상 월 1.0%의 이자율로 자금을 차입한다.

요구사항

1. 지급어음의 현재가치를 계산하라.
2. 아름목재(주)가 다음의 시점에서 행해야 할 분개를 나타내고 각 시점에서 재무상태표에 표시될 지급어음의 장부금액을 구하라(이 어음은 유동부채로 분류한다고 가정한다).
   (1) 10월 1일
   (2) 10월 31일(첫 번째 어음대금의 지급 및 이자와 관련하여)
   (3) 11월 30일(두 번째 어음대금의 지급 및 이자와 관련하여)
3. 24개월째 되는 내후년 9월 30일에 마지막 ₩2,000을 지급하고 난 후의 지급어음 장부금액은 얼마인가?

04 사채의 발행과 사채발행차금

로칼세탁(주)는 20×1년초에 5년 만기의 액면금액 ₩100,000인 사채를 액면이자율 5%로 발행하였다. 이자는 매 연도말에 지급한다. 시장이자율(유효이자율)이 4%, 5%, 6%일 때 사채의 발행금액을 계산하라. 그리고 20×1년말 사채의 장부금액은 얼마인가?

05 기중 발행사채의 발행금액과 사채발행차금

로칼세탁(주)는 20×1년 7월 1일에 5년 만기의 액면금액 ₩100,000인 사채를 액면이자율 5%로 발행하였다. 사채의 액면에 기입된 사채 만기 5년의 기간은 20×1년초부터 20×5년말이다. 이자는 매년말에 지급한다. 시장이자율(유효이자율)이 4%, 5%, 6%일 때 사채의 발행금액을 계산하라. 그리고 20×1년말 사채의 장부금액은 얼마인가?

06 사채발행에 관한 회계처리 (I)

20×1년 1월 1일에 한국(주)는 액면이자율이 10%, 액면금액 ₩300,000인 5년 만기 사채를 발행하였다. 이자는 매년 12월 31일에 지급한다. 발행시점의 시장이자율인 8%를 기준으로 하여 사채의 발행금액을 결정하였다. 한국(주)는 사채발행차금을 매 회계기말에 유효이자율법으로 상각한다. 한국(주)의 결산일은 12월 31일이다.

요구사항

1. 20×1년 1월 1일 사채의 발행에 관한 분개를 하라.
2. 20×1년부터 20×3년까지의 사채발행차금상각표를 작성하라.
3. 20×1년 12월 31일 이자지급과 차금의 상각에 관한 결산분개를 하라.
4. 20×3년 12월 31일 이자지급과 차금의 상각에 관한 결산분개를 하라.
5. 20×4년 12월 31일 이자지급과 차금의 상각에 관한 결산분개를 한 후 사채의 장부금액은 ₩305,561이었다. 만기일인 20×5년 12월 31일에 필요한 모든 분개를 하라.

07 사채발행에 관한 회계처리 (Ⅱ)

(주)천도는 코스닥에 등록된 중소기업이다. 20×1년 1월 1일 (주)천도는 신규제품 개발을 위한 연구개발비(R&D)를 마련하기 위해 액면금액 ₩1,000,000, 표시이자율 5%, 만기 3년인 사채를 발행하였고 (주)만도가 매입하였다. 이자는 매년 12월 31일 지급하고 발행시점에서 (주)천도의 시장이자율은 7%이다. (주)만도는 취득한 사채를 상각후원가측정금융자산으로 분류하였다. (주)천도와 (주)만도의 결산일은 12월 31일이다.

요구사항

1. 사채발행차금상각표를 작성하고 발행시점, 이자지급시점, 사채상환시점에서 발행자인 (주)천도의 회계처리를 보여라.
2. 취득시점, 이자수취시점, 사채상환시점에서 매입자인 (주)만도의 회계처리를 보여라.

08 사채의 조기상환 (Ⅰ)

불가피한 사유로 사채를 조기상환하는 다음의 경우에 대해 회계처리하라.

요구사항

1. 위 연습문제 06에서 한국(주)는 20×3년 12월 31일에 사채를 액면금액의 105%에 조기상환하였다.
2. 위 연습문제 06에서 한국(주)는 20×3년 12월 31일에 사채를 액면금액의 102%에 조기상환하였다.
3. 위 연습문제 07에서 (주)천도는 20×2년 12월 31일에 사채를 액면금액의 100%에 조기상환하였다. (주)만도의 회계처리는 어떻게 되는가?
4. 위 연습문제 07에서 (주)천도는 20×2년 12월 31일에 사채를 액면금액의 97%에 조기상환하였다. (주)만도의 회계처리는 어떻게 되는가?

09 기업의 자금조달방법 : 사채발행과 주식발행 비교

조달(주)는 장기간을 요하는 공장건설을 위해서 자금조달방법으로 사채를 발행하는 경우와 주식을 발행하는 경우를 비교하고자 한다. 두 방법으로 인한 기업의 순이익과 주당이익에 미치는 영향을 비교하기 위한 아래 표의 빈칸에 금액을 기재하라. 어느 방법이 좋다고 생각하는가?

- 사채발행 : 20×1년 1월 1일 사채 ₩1,000,000을 액면발행하다. 이자지급은 매년말 액면금액의 10%이다.
- 주식발행 : 20×1년 1월 1일 보통주 ₩1,000,000을 액면발행하다. 주당 액면금액은 @₩1,000이고 신주발행 전 조달(주)의 주식수는 10,000주이다. 배당금은 확정하지 않았지만 과거 경험으로 볼 때 액면금액의 10%정도이다. 이사회의 결정에 따라서 배당을 하지 않는 것도 가능하다.

	사채발행	주식발행
영 업 이 익	1,600,000	1,600,000
이 자 비 용	(　　)	–
법인세비용차감전순이익	(　　)	(　　)
법인세비용(25%)	(　　)	(　　)
당기순이익	(　　)	(　　)
주당순이익*	(　　)	(　　)

* 주당순이익=당기순이익÷발행주식수

10 제품보증충당부채의 계상(Ⅰ)

미래전자(주)는 새로운 스마트워치를 개발하여 20×1년초부터 판매활동을 시작하였다. 판매를 촉진하기 위하여 획기적으로 2년간 제품 수리를 무상으로 해주는 방식으로 품질보증을 하고 있으며, 실제의 제품수리비는 매출 해당 연도에 매출액의 3%, 다음 연도에 매출액의 5%가 발생할 것으로 예상하고 있다. 미래전자(주)의 모든 매출은 외상매출이며, 실제 제품보증비는 현금으로 지출한다. 미래전자(주)의 최근 2년간 매출액과 제품보증비의 실제 지출액에 대한 다음의 자료를 이용하여 〈요구사항〉에 답하라.

구 분	매 출	제품보증 지출액
20×1년	₩400,000	₩10,000
20×2년	500,000	35,000

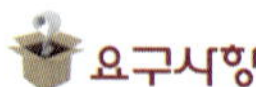

1. 20×1년 및 20×2년의 모든 거래에 대한 분개를 표시하라.
2. 20×2년말의 제품보증충당부채의 잔액을 계산하라.

11 확정기여제도의 회계처리 보론

20×1년말 현재 환희(주)가 확정기여제도에 의하여 납부해야 할 퇴직급여출연의무누계액은 ₩350,000이며, 전년말까지의 기여금출연의무누계액은 ₩310,000인데 이는 전년말까지 모두 납부되었다. 20×1년말에 환희(주)는 실제로 ₩35,000의 기여금을 현금납부하였다. 20×2년말 현재 환희(주)가 확정기여제도에 의하여 지급해야 할 퇴직급여출연의무누계액은 ₩380,000이며, 20×2년말에 환희(주)는 실제로 ₩42,000의 기여금을 납부하였다.

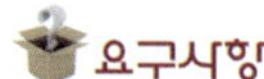

이상의 자료를 이용하여 20×1년말과 20×2년말에 필요한 분개를 표시하라.

12 확정급여제도의 회계처리 (Ⅰ) 보론

20×1년초 현재 소망(주)가 확정급여제도에 따라 지급해야 할 퇴직급여채무는 ₩200,000이고, 기여금 납부로 적립한 사외적립자산은 ₩200,000이다. 20×1년에 소망(주)에서 근무한 종업원들이 획득(가득)한 퇴직급여는 ₩10,000이며, 소망(주)는 ₩12,000의 기여금을 추가로 납부하였다. 한편 20×1년중 퇴직종업원에게 지급한 퇴직급여는 ₩6,000이다. 소망(주)의 부채에 대한 이자율은 연 10%이며 사외적립자산으로부터는 연 8%의 수익을 얻고 있다.

요구사항

이에 필요한 분개와 20×1년말 재무상태표상의 퇴직급여채무를 표시하라.

고급연습문제

13 사채발행에 관한 회계처리 (Ⅲ)

20×1년 7월 1일 매일(주)는 액면이자율 8%, 액면금액 ₩12,000,000인 3년 만기 사채를 발행하였다. 이자는 매년 1월 1일과 7월 1일에 지급한다. 발행금액은 발행시점의 시장이자율인 10%를 기준으로 책정하였다. 매일(주)는 사채발행차금을 매 회계기말에 유효이자율법으로 상각한다. 매일(주)의 결산일은 12월 31일이다.

요구사항

1. 사채발행차금상각표를 작성하라.
2. 다음 일자에 필요한 분개를 하라.
   (1) 20×1년 7월 1일(사채의 발행에 관한 분개)
   (2) 20×1년 12월 31일(이자발생과 차금의 상각에 관한 결산분개)
   (3) 20×2년 1월 1일(이자지급에 관한 분개)
   (4) 20×2년 7월 1일(이자지급과 차금의 상각에 관한 분개)
   (5) 20×2년 12월 31일(이자발생과 차금의 상각에 관한 결산분개)
3. 재무제표에 나타날 다음 계정의 금액을 계산하라.
   (1) 20×1년말 사채(액면금액)
   (2) 20×1년말 사채발행차금의 미상각잔액
   (3) 20×1년말 사채장부금액
   (4) 20×1년의 이자비용
   (5) 20×1년말 미지급이자
   (6) 20×2년의 이자비용

14 사채의 조기상환(Ⅱ)

20×1년초에 (주)세븐은 만기일이 20×3년 12월 31일, 표시이자율 5%인 액면금액 ₩1,000,000의 사채를 발행하였는데 20×0년말 신용등급평가기관의 등급하향조정으로 4%였던 투자자들의 요구수익률이 발행시점에서는 6%가 되었다. 사채이자는 매년 12월 31일에 지급되며, (주)세븐의 결산일은 12월 31일이다. 현가계수와 연금의 현가계수는 다음과 같다.

$n=3,\ r=4\%$		$n=3,\ r=5\%$		$n=3,\ r=6\%$	
현가계수	연금현가계수	현가계수	연금현가계수	현가계수	연금현가계수
0.8890	2.7751	0.8638	2.7232	0.8396	2.6730

요구사항

1. (주)세븐의 사채에 대한 투자자들의 요구수익률이 4%에서 6%로 변경되면서 사채발행금액은 어떻게 되는가? 20×1년초 (주)세븐의 회계처리를 하라.
2. 다음 양식에 의해 상각표를 작성하되, 해당되는 금액은 상각표 안에 기재하라. 단, 원단위 미만은 소수점 첫째자리에서 반올림한다.

일 자	장부금액	유효이자	액면이자	상각액
20×1. 1. 1				
20×1.12.31				
20×2.12.31				
20×3.12.31				

3. 다음과 같이 조기상환하였을 경우 인식해야 할 회계처리를 제시하라.
   (1) 20×2년 1월 1일에 사채를 101%(₩1,010,000)에 상환하였다.
   (2) 20×3년 1월 1일에 사채를 98%(₩980,000)에 상환하였다.
   (3) 20×2년 1월 1일에 사채 중 50%(액면금액 ₩500,000)를 100%(₩500,000)에 상환하였다.
   (4) 20×3년 1월 1일에 사채 중 40%(액면금액 ₩400,000)를 97%(₩388,000)에 상환하였다.

15 제품보증충당부채의 계상(Ⅱ)

우리물(주)는 정수기를 제조판매하고 있으며, 판매 후 60일 동안 불량제품에 대한 보증수리를 하고 있다. 과거의 경험을 토대로 우리물(주)는 제품의 불량률은 판매대수의 2%가 될 것으로 예상하며, 제품 1대당 수선비는 평균 ₩20,000이 될 것으로 추정하고 있다. 올해 4분기에 발생한 자료는 다음과 같다.

구 분	10월	11월	12월
판매대수	16,000	14,000	20,000
실제불량품 대수			
10월 판매분	80	160	80
11월 판매분		40	140
12월 판매분			90

요구사항

올해 12월 31일 제품보증과 관련한 비용 및 제품보증충당부채를 적절히 계산한 후 이에 대한 분개를 표시하라. 단, 10월 이전에 발생한 불량품에 대한 수선비는 이미 적절히 회계처리되었다.

16 손해배상충당부채의 계상

아차(주)는 당년도말 현재 고객으로부터의 배상청구액 ₩1,200,000,000의 소송과 관련하여 회사가 피고로 제소되어 있는 상태이다. 그러나 회사의 법률고문에 의하면 소송이 적어도 5년은 걸릴 것이며, 그 때까지 발생할 제반 손실(소송에서 패소할 경우 법원판결에 따른 배상액을 포함)은 합리적으로 추정할 수 없다.

요구사항

아차(주)는 당년도말의 재무상태표에 상기 손해배상과 관련한 충당부채를 계상해야 하는가?

17 확정급여제도의 회계처리 (Ⅱ) 보론

서울회사는 20×1년에 처음으로 확정급여제도를 도입하였다. 종업원이 3년간 근무용역을 제공하고 퇴직하는 경우, 미래급여상승률 수준을 고려할 때 ₩3,000을 만기에 퇴직급여로 일시지급하며, 현재가치 산정에 적용할 적절한 할인율은 10%라고 가정한다.

요구사항

상기의 상황에서 매년도 포괄손익계산서에 인식할 퇴직급여를 계산하라.

18 재무안전비율

서아(주)의 다음 재무항목을 참고하여 부채비율을 계산하라. 그리고 서아(주)의 영업이익으로 기업의 이자비용을 어느 정도 감당할 수 있는지 영업이익을 이자비용으로 나눈 수치를 계산하라.

총 자 산	₩1,000,000	유 동 부 채	₩200,000
이 자 비 용	40,000	비유동부채	300,000
총 매 출 액	1,200,000	판매관리비	200,000
매 출 원 가	800,000	포 괄 이 익	50,000
자 본 금	150,000		

19 제품보증비와 윤리적 판단

철수 씨는 자동차판매대리점에서 중간관리자로 일하고 있다. 철수 씨는 매달 봉급 이외에 차량을 판매한 판매가격에서 차량품질보증비를 차감한 금액의 10%를 상여금으로 받고 있다. 철수 씨는 중간관리자로서 대리점의 회계담당업무도 함께 보고 있는데, 지난 10년간 차량품질보증비가 5%에서 10%로서 그 변화가 상당하다는 것을 알고 있다. 지금까지 철수 씨는 가능한 한 보수적인 회계처리를 하여 매달 차량판매가격의 10%를 품질보증비로 처리하였다. 그런데 이번 달에는 철수 씨의 아들이 대학에 입학하는 등 가계의 지출이 상당할 것으로 예상되고 차량의 판매도 기대보다 좋지 않았다.

요구사항

1. 철수 씨가 계상하는 차량품질보증비는 어떤 기준으로 설정하는 것이 가장 이상적인가?
2. 당신이 철수 씨라면 이번 달에 차량품질보증비를 차량판매가격의 몇 %로 결정하겠는가?

사채발행과 윤리문제

길동 씨는 중소규모 게임개발회사에서 자금부의 책임자로 근무하고 있다. 최근 회사 기획팀에서 새로운 게임을 개발하기 위한 시장조사를 했는데 최초 ₩100,000을 투자하면 향후 5년간 매년 투자액의 25~30% 정도의 수익을 얻을 수 있다고 전망하였다. 이에 고무된 최고경영자는 길동 씨를 불러서 새로운 게임개발에 필요한 자금을 어떻게 조달할 수 있는지를 물어왔다. 길동 씨는 자금조달의 방법으로 유상증자 또는 사채발행이 있다고 설명하면서 아직 회사가 성장 초기단계에 있기 때문에 유상증자로 자금을 조달하기는 어렵지만 회사의 재무구조가 좋기 때문에 사채발행이 바람직하다고 제안하였다.

최고경영자는 사채를 발행하면 정기적으로 이자를 지급해야 하지 않느냐 하고 되물으면서 몇 퍼센트의 이자를 지급해야 하는지를 물었다. 정기예금이자율이 기간에 따라 대략 5~7% 정도였으므로 길동 씨는 7% 정도면 괜찮은 이자율이라고 대답하였다. 이에 최고경영자는 더욱 흥분하며, 내 돈을 한 푼도 안 들이고 7%의 이자율로 자금을 차입하여 25% 이상의 수익을 올릴 수 있으니 그렇게 남는 장사가 어디 있느냐면서 당장 사채발행을 추진하라고 지시하였다. 길동 씨는 최고경영자가 지나치다고 생각하고 있다. 남의 돈을 싸게 빌려다가 자신은 무려 25% 이상이나 되는 수익률을 올리다니 이것은 매우 비윤리적인 행동이라고 마음속으로 생각했다.

1. 사채를 발행하여 자금을 조달하고 그 자금을 새로운 게임개발 사업에 투자할 때 이 사업의 현재가치를 계산해보라.
2. 당신이 길동 씨라면 이 상황을 어떻게 생각하는가?

13
chapter

자 본

기업은 경제적 자원을 확보하기 위한 자금조달의 원천으로서 크게 타인자본과 자기자본에 의존하게 되는데, 일반적으로 자본이라 할 때에는 자기자본을 지칭한다. 자본은 소유주지분이라고도 하며, 기업의 자산에서 채권자지분인 부채를 차감한 후에 남는 잔여지분, 즉 기업의 순자산을 말한다.

	자 산	=	부 채	+	자 본
			(채권자지분)		(소유주지분)
			[타인자본]		[자기자본]
즉,	자 본	=	자 산	−	부 채
	(순자산)				

자본과 관련된 회계처리는 특히 소액주주와 채권자를 보호하는 측면에서 상법 및 기타 법규에서 구체적인 규정을 두고 있는 경우가 많다. 일반기업회계기준에서는 주식회사의 자본을 크게 자본금, 자본잉여금, 자본조정, 기타포괄손익누계액, 그리고 이익잉여금으로 분류하여 왔으나, 한국채택국제회계기준에서는 특별한 분류기준을 제시하지는 않는다. 실무에서는 현재도 전통적인 분류기준을 그대로 사용하는 기업이 대부분이다.

OBJECTIVES

- 주식발행의 회계처리는 어떻게 하는가?
- 자본잉여금과 이익잉여금은 어떻게 구분하는가?
- 자기주식은 왜 취득하며 어떻게 회계처리하는가?
- 자본변동표는 어떻게 작성하는가?
- 주당순이익은 어떻게 계산하는가?

자본금과 자본잉여금은 증자나 감자 및 기타의 자본거래로부터 발생하며, 자본조정과 기타포괄손익누계액은 자기주식, 기타포괄손익인식금융자산평가손익 등 이익잉여금 이외의 자본에 가산 또는 차감 조정해야 하는 임시적 성격의 항목들이다. 이익잉여금은 배당(사외유출)이 가능한 미처분이익잉여금과 배당이 제한되는 적립금(법정, 임의)으로 구분표시된다.

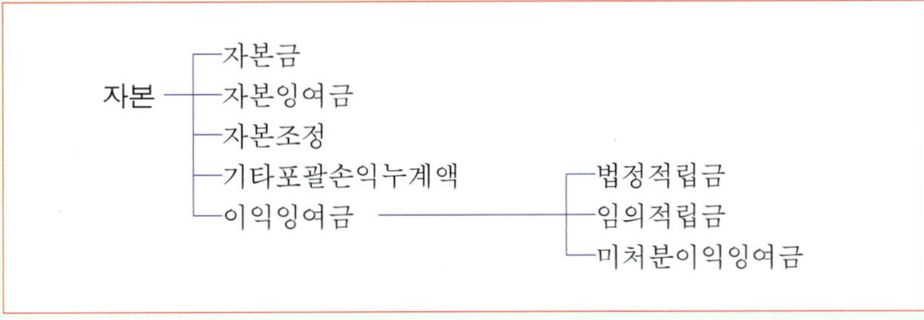

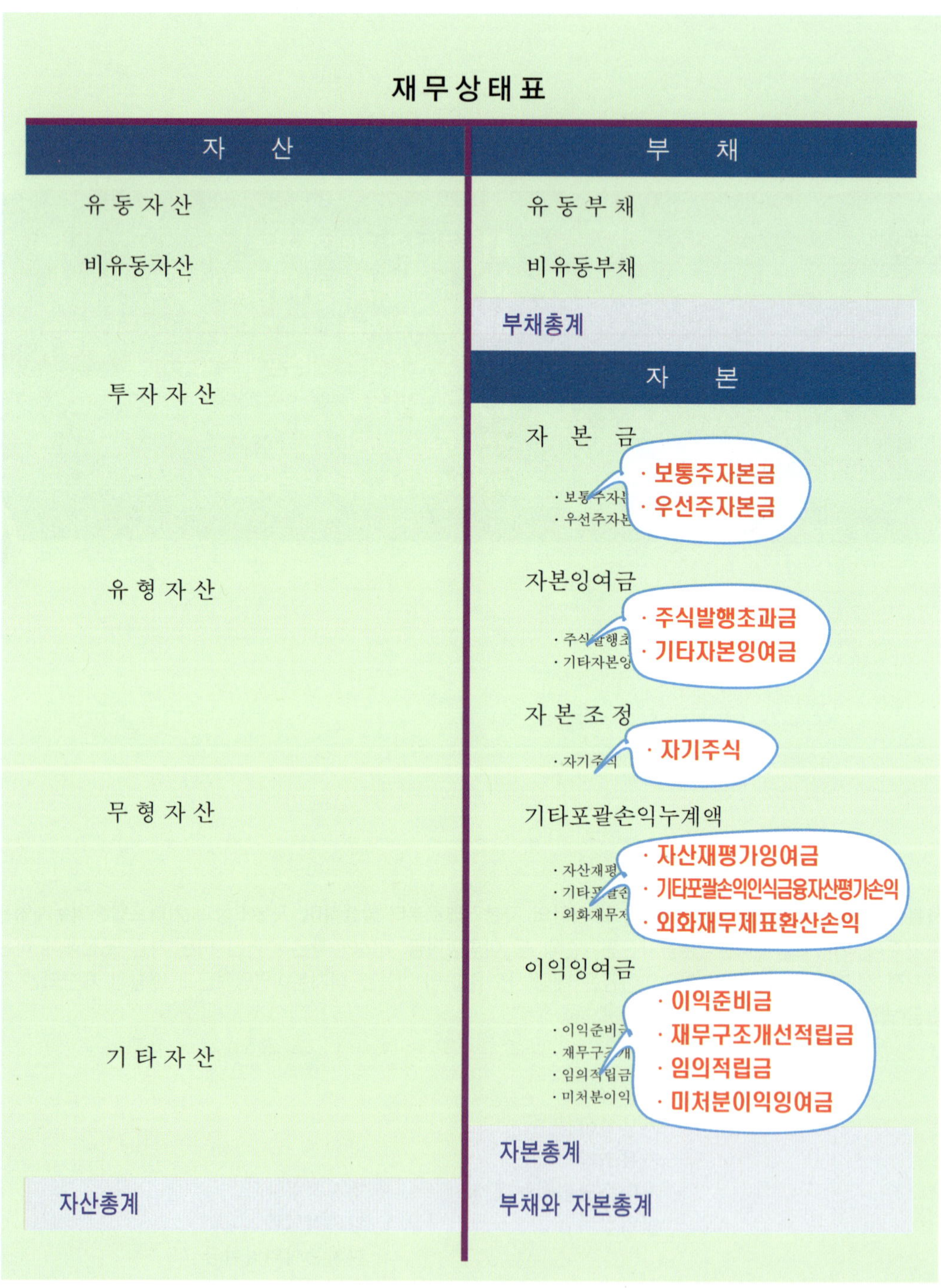
재무상태표
자 산
부 채
유동자산
비유동자산
유동부채
비유동부채
부채총계
투자자산
자 본
자 본 금
· 보통주자본금
· 우선주자본금
자본잉여금
유형자산
· 주식발행초과금
· 기타자본잉여금
자 본 조 정
· 자기주식
무형자산
기타포괄손익누계액
· 자산재평가잉여금
· 기타포괄손익인식금융자산평가손익
· 외화재무제표환산손익
이익잉여금
· 이익준비금
· 재무구조개선적립금
· 임의적립금
· 미처분이익잉여금
기타자산
자본총계
자산총계
부채와 자본총계

기업의 형태와 자본

1. 기업의 형태와 자본의 회계처리

기업의 유형은 형태별로 [그림 13-1]과 같이 자연인기업과 법인기업의 형태로 분류되며, 이를 회계처리의 관점에서는 개인기업회계, 파트너십회계 및 주식회사회계로 구분한다.

자연인기업
기업과 기업주가 상호 분리되지 아니함으로써 별도의 독립된 법인격을 갖지 아니한 형태의 기업

법인기업
기업 자체가 하나의 독립된 법인격을 가짐으로써 기업과 기업주가 엄격히 분리됨

자연인기업은 기업과 기업주가 상호 분리되지 아니함으로써 별도의 독립된 법인격을 갖지 아니한 형태의 조직이다. 기업주가 한 명일 때에는 개인기업이라 부르고, 두 명 이상일 때에는 조합이라 부른다. 조합은 인적 속성이 강한 조직이므로 지분참여율에 관계없이 통상 1인 1표의 투표권을 갖는다.

법인기업은 기업 자체가 하나의 독립된 법인격을 가짐으로써 기업과 기업주가 엄격히 분리된다. 우리나라 상법에서는 사원 혹은 주주의 책임한계를 기준으로 하여 합명회사, 합자회사, 유한회사, 유한책임회사, 주식회사 등으로 구분하고 있다. 이 중 주식회사의 주주는 출자한 지분액만을 한도로 하여 그 책임이 한정되나, 기타 다른 네 형태의 회사는 직·간접으로 사원 혹은 주주가 회사에 대하여 상당한 책임을 지게 된다.

회계처리의 관점에서 보면 합명회사, 합자회사, 유한(책임)회사는 기본적으로 구성원별로 자본(지분)을 구분하여 회계처리하는 조합의 형태와 동일하기 때문에 이를 파트너십회계로 한데 묶어 설명한다. 주식회사의 회계처리는 다른 법인기업의 경우와 본질적으로 동일하지만 자본 관련 회계처리에서는 큰 차이가 있다.

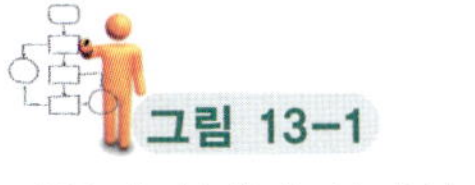

기업의 형태와 회계처리

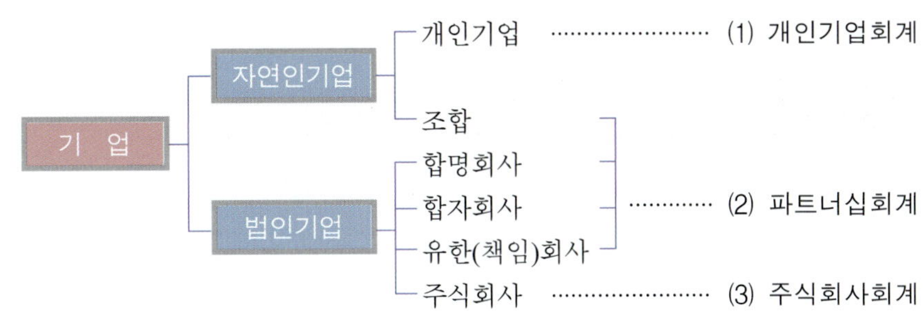

개인기업의 회계처리

개인기업(sole proprietorship)에서는 기업과 기업주가 완전히 동일시되므로 자본과 관련된 모든 거래를 자본금(capital)계정 하나로 회계처리한다. 기업주가 출자하면 출자액만큼 자본금을 증가시키고 순이익이 발생하면 자본금계정에 직접 가산한다. 만약 기업주 개인이 사용할 목적으로 자금을 인출하면 이는 자본금계정에서 직접 차감한다. 때로는 자금의 인출을 기록하기 위하여 별도로 인출금(drawing)계정을 사용하기도 하나 이는 회계처리의 편의상 사용하는 임시계정의 성격이며, 최종적으로 이 인출금계정은 자본금계정을 감소시킨다. 상법이나 회계처리기준 등 어느 규정에서도 개인기업의 경우 자본금을 세분하여 표시해야 한다는 강제규정은 두지 않고 있다.

개인기업에서는 자본과 관련된 모든 거래를 자본금계정 하나로 회계처리한다.

파트너십의 회계처리

파트너십(partnership)은 인적으로 결합된 기업으로서 본 교재에서는 회계적 편의상 조합기업, 합명회사, 합자회사, 유한회사 및 유한책임회사를 포함하는 개념으로 사용하기로 한다. 파트너십에서는 두 명 이상의 조합원 혹은 사원이 상호 출자해 법인을 설립하게 되는데, 그 출자방법, 금액 및 손익의 분배비율은 계약에 따라 결정된다. 조합원 혹은 사원이 신규가입하거나 탈퇴하는 경우에는 기존 구성원의 동의를 필요로 하며, 출자액 및 손익분배비율을 새로 결정하게 된다.

파트너십의 회계처리는 출자금과 잉여금을 상호 구분할 필요가 없다는 점에서는 개인기업과 같으나 자본금(혹은 출자금)계정을 사원 혹은 조합원별로 구분하여 그 기록을 별도로 분리표시해야 한다는 점에서 서로 다르다. 이 경우에도 인출금계정을 별도로 사용할 수 있으나 인출금계정을 이용할 경우 이는 최종적으로 각자의 자본금(혹은 출자금)계정에서 차감된다.

파트너십의 회계처리는 자본금(혹은 출자금)계정을 사원 혹은 조합원별로 구분하여 분리표시해야 한다

예제 13-1 파트너십의 회계처리

A, B, C 세 사람이 각각 ₩3,000,000, ₩2,000,000 및 ₩1,000,000을 공동출자하여 합동공인회계사 사무실을 개업하였다. 출자시에 다음과 같은 분개를 해야 한다.

(차) 현 금	6,000,000	(대) A자본금	3,000,000
		B자본금	2,000,000
		C자본금	1,000,000

결산 결과 당회계기간 중 순이익 ₩3,000,000이 발생하여 이를 이미 약정된 분배비율(3 : 2 : 1)에 따라 배분하였다면 다음과 같은 분개를 해야 한다.

(차) 집 합 손 익 (혹은 당기순이익)	3,000,000	(대)	A 자 본 금	1,500,000
			B 자 본 금	1,000,000
			C 자 본 금	500,000

만약 당기의 순이익 중 ₩1,800,000을 지분비율(3 : 2 : 1)에 따라 현금배당하였다고 하면 다음의 분개를 해야 한다.

(차) A 자 본 금	900,000	(대) 현 금	1,800,000
B 자 본 금	600,000		
C 자 본 금	300,000		

주식회사의 회계처리

주식회사 회계에서는 자본금과 자본잉여금 및 이익잉여금을 엄격히 구분하여 처리한다.

주식회사는 개인기업이나 파트너십과는 달리 회사의 설립, 출자방법 및 배당 등에 있어서 상법 및 기타 관련법규에 의하여 많은 제한을 받는다. 이런 제한은 일반투자자 및 채권자들을 보호하기 위한 것이며, 특히 납입자본 및 이익잉여금의 처분이나 배당과 관련하여 여러 가지 제한을 두고 있으므로 그 회계처리가 상대적으로 복잡하게 된다. 주식회사 회계에서는 자본금과 자본잉여금 및 이익잉여금을 엄격히 구분하여 처리하고 있으며, 이익잉여금 내에서도 배당(사외유출)의 제한 여부와 이익잉여금 처분의 우선순위를 알 수 있도록 별도의 계정을 설정하여 회계처리한다. 이후에 설명되는 자본에 대한 회계처리는 기본적으로 주식회사를 그 대상으로 한다.

2. 주식회사의 특징

주식회사
주권으로 분할된 자본을 중심으로 하여 설립된 법인체

오늘날 법인형태의 기업 중 가장 대표적인 유형은 주식회사라 할 수 있다. 주식회사(corporation)는 주권으로 분할된 자본을 중심으로 하여 설립된 법인체로서, 주주는 출자한 자본금의 한도 내에서만 간접 · 유한적인 책임을 질 뿐 기타의 모든 책임은 법인 그 자체에 귀속되는 형태의 회사이다. 주식회사는 1인 이상의 발기인에 의해 설립될 수 있으며, 정관을 작성한 후 법원에 설립등기를 마침으로써 그 설립이 완료된다.

현대의 많은 기업이 주식회사의 형태를 갖추고 있는 것은 다음과 같은 특징 때문이다.

주식회사의 특징
- 독립된 법적 실체
- 주주책임의 한정
- 주식의 자유로운 양도 · 처분
- 계속기업
- 일반대중으로부터의 자본조달

첫째, 독립된 법인격을 갖춘 실체이다. 회사는 정관이 정하는 바에 따라 주주와는 별도로 영업활동을 독자적으로 수행할 권한이 부여되어 있다. 즉 회사는 법인 그 자체의 명의와 계산으로 자산을 취득하고 계약을 체결한다. 따라서 회사의 모든 권리와 의무는 그 자체에 귀속되는 것이지 주주에게 귀속되는 것이 아니다. 이러한 점에서 주식회사는 개인기업이나 합명회사 등과 구분된다.

둘째, 주주의 책임은 한정되어 있으며, 자본의 분배도 일정한 제한을 받는다. 회사 및 제3자에 대한 주주의 책임은 원칙적으로 출자한 자본금에 대해서만 한정된다. 주주의 이러한 유한책임 때문에 상법에서는 납입자본 및 기타 소유주지분에 대한 분배와 관련하여 엄격한 규정을 두고 있으며 분배에 관한 우선순위도 구체적으로 규정하고 있다. 따라서 기업은 자본의 성격에 따라 상호 구분이 가능하도록 회계기록을 유지해야 하며, 배당가능한 이익잉여금과 그 처분에 제한이 있는 잉여금을 엄격히 구분하여 회계처리해야 한다.

셋째, 주주는 자유롭게 주식을 양도하거나 처분할 수 있다. 회사의 존속 및 영업활동에 아무런 영향을 미치지 아니하면서 주주간에 주식의 양도가 자유롭게 이루어질 수 있다. 회사는 단지 주주명부만을 비치하고 있으며, 주주총회나 배당금 지급에 대해서는 기준일 현재 주식을 보유하고 있는 어느 주주이든 그 권리를 행사할 수 있다.

넷째, 계속기업으로서 영구존속이 가능하다. 회사에 영향을 미치지 아니하고 주주간에 주식의 양도가 이루어질 수 있기 때문에 주식회사는 주주의 신분변동이나 유한적인 생명에 관계없이 계속 존속된다. 개인기업이나 합명회사 또는 조합기업의 경우에는 소유와 경영이 완전히 분리되어 있지 않은 경우가 대부분이므로 소유주의 변동은 곧 회사조직 또는 경영에 영향을 미치게 된다.

다섯째, 거액의 자본을 일반대중으로부터 조달할 수 있다. 주주의 유한책임과 주식양도의 자유가 보장되기 때문에 일반대중은 주식회사에 쉽게 자본을 투자할 수 있게 된다. 투자자는 자신의 능력에 따라 일정한 규모의 자본만을 제공하게 되지만 주식회사의 입장에서는 개별 투자자로부터 모은 거액의 자금을 집합적으로 그리고 효율적으로 활용할 수 있게 되는 것이다.

이상과 같은 장점 때문에 현대에는 많은 기업이 주식회사의 형태로 운영되고 있으며, 대부분의 회계처리규정도 기본적으로는 주식회사의 법인형태를 전제로 하여 제정된다.

02 주식의 발행과 자본금의 증감

OBJECTIVES 

• 주식발행의 회계처리는 어떻게 하는가?

1. 주식의 종류

주식(share)이나 사채(bond)는 모두 기업이 안정적인 장기자금을 조달하기 위하여 발행하는 유가증권의 일종이라는 점에서, 그리고 투자자의 입장에서는 둘 다 증권형 금융상품이라는 점에서 유사한 성격을 갖는다. 그러나 다음과 같은 몇 가지 점에서 서로 구분된다.

① 사채의 발행기업은 만기일에 원금을 상환해야 할 의무가 있는 데 반하여, 주식은 기업이 청산되거나 감자결의를 하지 않는 한 주주에게 납입자본을 상환해야 할 의무가 없다. 따라서 기업이 발행하는 사채는 부채로 분류되는 반면에 주식은 자본으로 분류된다.

② 자금의 사용대가로 사채에 대해서는 이익수준에 관계없이 정해진 날에 일정액의 확정이자를 지급해야 하는 데 비하여, 주식에 대해서는 이익수준과 기업의 현금흐름 상황을 고려하여 배당금을 지급할 수 있으나 그 금액과 시기는 확정되어 있지 않다.

③ 사채권자는 경영에 참여할 수 없으나 주주는 주주총회의 결의 등을 통하여 경영에 직·간접적으로 참여할 수 있다.

④ 회사의 청산시에는 사채권자에게 채무를 우선 변제하고, 주주는 사채권자와 비교하여 채무변제에 대한 우선순위가 낮아 잔여재산에 대한 분배청구권만 행사할 수 있다.

한편 주식의 종류에는 가장 기본이 되는 보통주, 그리고 배당에 관하여 추가적인 권리가 부여되는 우선주가 있다. 회사마다 우선주가 반드시 발행될 필요는 없지만, 보통주는 회사설립에 필수가 되는 기본주식이다.

보 통 주

보통주
기업의 표준이 되는 기본적인 주식

기업의 표준이 되는 기본적인 주식으로서, 이를 후술하는 다른 특수한 종류의 주식과 구별하기 위하여 보통주(common stock 또는 ordinary share)라고 부른다. 보통주의 소유주는 기업이 실패하는 경우 최종 위험을 부담하는 주체가 되고, 이익을 얻는 경우 잔여지분에 대한 청구권을 갖는다. 보통주의 소유주는 일반적으로 임원의 선임 및 정관에서 정하는 중요한 사항에 대해 지분소유비율만큼 의결권을 행사할 수 있으며, 배당의 형태로 이익잉여금을 분배받을 권리가 있다. 또한 신주를 발행할 때에는 이를 우선적으로 인수할 수 있는 권리를 부여받으며, 회사의 청산 시에는 채무 및 우선주를 변제하고 남는 잔여재산에 대한 청구권이 인정된다.

우 선 주

우선주
보통주에 비하여 배당에 관한 특정 권리가 우선 적용되는 주식

우선주(preferred stock 또는 preference share)는 보통주에 비하여 배당에 관한 특정 권리가 우선 적용되는 주식으로서, 통상 보통주에 우선하여 일정 배당률을 지급받을 권리가 보장된다. 그러나 우선배당의 권리가 주어지는 반면에 주주총회 의결권을 인정하지 않으며, 약정률을 초과한 잔여이익 분배권을 인정하지 않는 등의 불리한 조건이 부과된다. 우선주는 배당에 대한 약정된 권리에 따라 다음과 같이 구분된다.

① 참가적 우선주 일정 배당을 우선 지급받은 후에 보통주에 지급되는 배당률이 우선주 배당률을 초과하는 경우 그 초과분에 대해서는 보통주와 동일한 배당률이 되도록 잔여이익에 대해 추가적으로 참가할 수 있는 권리가 부여된 우선주이다. 이러한 권리가 부여되어 있지 않으면 비참가적 우선주라 부른다.

② 누적적 우선주 결손 등의 사유로 인하여 전기에 우선주 배당금을 지급하지 못하거나 일정률 미만으로 배당했을 경우에 그 부족분인 배당연체금(dividend in arrear)을 당기에 소급하여 우선 배당받을 수 있는 권리가 인정되는 우선주이다. 이러한 소급권리가 인정되지 않은 경우에는 비누적적 우선주라 부른다.

전환우선주
일정 요건이 충족되면 우선주 소유주가 보통주로 전환청구할 수 있는 권리가 주어지는 우선주

③ 전환우선주 일정 요건이 충족되면 우선주 소유주가 보통주로 전환청구할 수 있는 권리가 주어지는 우선주이다.

상환우선주
일정 요건이 충족되었을 때 우선주를 현금으로 상환할 수 있는 권리가 있거나 상환청구할 수 있는 우선주

한편 일정 요건이 충족되었을 때 발행회사가 우선주를 현금으로 상환할 수 있는 권리가 있거나 우선주 소유자가 발행회사에 상환청구할 수 있는 우선주를 상환우선주(redeemable preference share)라고 한다. 그런데 발행회사가 의무적으로 상환해야 하는 계약상의 의무를 부담하거나 소유자가 상환을 청구할 수 있는 권리를 보유하고 있는 상환우선주의 경우에는 그 경제적 실질이 부채와 동일하기 때문에 회계기준에서는 자본이 아닌 금융부채로 보고하도록 규정하고 있다.

2. 주식의 발행과 자본

수권자본
정관에 의해 이사회가 발행할 수 있는 자본의 한도액

발행주식
수권자본의 범위 내에서 실제 발행된 주식

납입자본
주주가 주식을 받는 대가로 납입한 자본으로서 자본금과 주식발행초과금

가득자본
기업이 영업 및 기타활동으로 벌어들인 이익 중에서 사외로 배당되지 않고 유보된 자본

기업은 자본을 조달하기 위하여 주식을 발행하는데, 발행주식의 종류와 수량 및 금액은 정관이 정하는 바에 따른다.[1] 아울러 정관에는 이사회가 발행할 수 있는 자본의 한도액을 규정하고 있는데 이를 수권자본(authorized capital)이라 하며, 수권자본의 범위 내에서 실제 발행된 주식을 발행주식(issued share)이라고 부른다.[2]

또한 자본은 납입자본과 가득자본으로도 나눌 수 있는데, 납입자본(paid-in capital)은 주주가 주식을 받는 대가로 실제 납입한 자본으로서 자본금과 주식발행초과금을 말하고, 가득자본(earned capital)은 기업이 영업 및 기타활동으로 벌어들인(earned) 이익 중에서 사외로 배당되지 않고 유보된 자본을 일컫는다. 주식의 발행 또는 자본의 감소와 관련하여 영향을 받는 항목은 자본금과 자본잉여금이다.

자 본 금

주식의 발행에 따라 기록되는 자본금계정(share capital)은 액면금액으로 기록해야 하는데, 이는 상법에서 정하는 법정자본금(legal capital)으로서의 상징적인 의미를 갖고 있다.[3] 이 법정자본금은 주주총회의 결의 등으로 인한 법정감자절차를 거치지 아니하고는 감소될 수 없다는 특징이 있다. 따라서 자본금은 액면금액에 실제 발행한 주식의 수를 곱하여 계산된 금액이며, 서로 다른 두 종류 이상의 주식이 발행될 경우에는 이를 별도로 구분·표시하도록 하고 있다.

자본금은 액면금액에 실제 발행한 주식의 수를 곱하여 계산된 금액이다.

1) 정관이란 주식회사의 조직과 업무에 관한 기본규칙 또는 그 규칙을 적은 문서를 말한다.
2) 주주총회의 결의에 따라 회사의 정관이 결정되는데, 상법에서는 정관에서 정한 수권자본의 범위 내에서 이사회의 의결로 주식을 발행할 수 있도록 하고 있다. 회사설립시의 수권자본은 발행주식 혹은 발행예정주식총수의 4배를 초과할 수 없도록 규정하고 있다.
3) 2012년 4월부터 상법의 개정으로 무액면주식의 발행이 가능하게 되었다. 무액면주식을 발행하는 경우에 회사의 법정자본금은 주식발행가액의 1/2 이상의 금액으로서, 이사회에서 정한 금액으로 계상하게 되어 있다.

자본금은 다음과 같은 형태로 재무상태표에 표시된다.

	금 액
자 본 금	
1. 보통주자본금	×××
2. 우선주자본금	×××

자본잉여금

자본잉여금
증자활동이나 감자활동 및 기타 자본과 관련된 거래에서 발생하는 잉여금

자본잉여금은 증자활동이나 감자활동 및 기타 자본과 관련된 거래에서 발생하는 잉여금을 말한다. 자본잉여금에 영향을 미치는 자본거래는 영업손익과는 구분되기 때문에 손익계산서를 거치지 아니하고 직접 재무상태표상 자본에 가감된다. 자본잉여금에는 주식발행초과금, 감자차익, 자기주식처분이익 등이 있다.

자본잉여금 ─┬─ 주식발행초과금
　　　　　　└─ 기타자본잉여금
　　　　　　　　(감자차익, 자기주식처분이익 등)

자본잉여금은 그 사용과 처분에 있어서 법규에 의해 엄격한 제한을 받고 있다.

자본잉여금은 모두 그 사용과 처분에 있어서 상법, 세법 및 기타의 법규에 의해 엄격한 제한을 받고 있다. 자본잉여금은 원칙적으로 주식발행을 통한 자본금으로의 전입과 누적된 이월결손금의 전보를 위해서만 사용될 수 있다.

주식의 발행

액면발행
주식에 대한 대가로 주주가 납입하는 현금 혹은 현물자산의 가치가 주식의 액면금액과 동일한 경우

액면발행(issue at par)이란 주식에 대한 대가로 주주가 납입하는 현금 혹은 현물자산의 가치가 주식의 액면금액과 동일한 경우를 말한다. 만약 주주가 현금 대신 현물자산으로 출자했다면 제10장에서 설명했듯이 현물출자한 자산의 공정가치를 기준으로 자본에 기록하고, 동 금액을 현물출자자산의 취득원가로 기록한다. [예제 13-2]를 통해서 액면발행의 회계처리를 알아본다.

예제 13-2 주식액면발행

두리주식회사는 액면금액 ₩5,000인 보통주 20주를 액면발행하고, 청약자들은 주당 ₩5,000의 현금을 납입하였다.

(차) 현 금	100,000	(대) 보통주자본금	100,000

할증발행
액면금액을 초과하여 주식을 발행할 경우

주식발행초과금
할증발행된 주식의 액면을 초과하는 금액

주식은 반드시 액면금액으로만 발행되는 것은 아니다. 특히 기업이 한국거래소에 상장되어 있는 주식을 시가발행할 경우에는 대부분 액면금액과는 다른 가격으로 주식의 발행금액이 결정된다. 이때 액면금액을 초과하여 주식을 발행할 경우에 이를 할증발행(issue on premium)이라 한다. 할증발행된 주식의 액면금액은 자본금계정으로 기록하고, 액면을 초과하는 금액은 주식발행초과금(share premium)계정으로 기록한다. 주식발행초과금은 자본잉여금의 일부로 재무상태표상의 자본에 보고된다.4) 이에 관한 회계처리를 [예제 13-3]에 예시하였다.

예제 13-3 주식할증발행

두리주식회사는 액면금액 ₩5,000인 보통주 20주를 ₩7,000에 할증발행하고, 동시에 액면금액 ₩5,000인 우선주(배당률 10%) 10주를 ₩8,000에 할증발행하였다. 이상의 두 종류 주식발행과 관련하여 두리주식회사는 다음과 같은 분개를 한다.

(차) 현 금	220,000	(대) 보통주자본금	100,000
		보통주주식발행초과금	40,000
		우선주자본금	50,000
		우선주주식발행초과금	30,000

신주발행시 주식의 발행금액은 신주발행수수료 등 신주발행을 위하여 직접 발생한 주식발행비를 차감한 후의 금액을 말한다.

기업이 영업 및 기타활동의 결과로서 얻은 이익 중 배당하지 않고 사내에

4) 드물기는 하나 주식을 액면금액 이하로 할인발행하는 경우에는 액면금액에 미달하는 금액을 주식할인발행차금계정을 사용하여 기록한다. 이때 주식할인발행차금계정은 차변에 나타나지만 재무상태표상에 보고할 때에는 일단 자본의 차감(자본조정)항목으로 표시한다. 추후, 주식할인발행차금을 일정기간 상각하는데, 그 상각액은 손익계산서상의 당기비용으로 계상하지 아니하고 이익잉여금의 직접 처분항목으로 회계처리한다.

유보시킨 잉여금과 별도로 구분하여 주주가 기업에 원래 출자한 자본을 납입자본(contributed capital 또는 paid-in capital)이라 하는데, 이는 자본금과 주식발행초과금을 합한 금액이 된다.

3. 자본금의 증가와 감소

자본금의 증가

실질적 증자
주주가 현금 혹은 현물을 출자함으로써 실질적으로 기업의 순자산이 증가하면서 그 대가로 주식이 발행되는 경우

형식적 증자
기업의 순자산의 변화 없이 자본금이 증가하는 경우로서 자본잉여금의 자본금전입에 따라 또는 주식배당의 실시에 따라 주식을 발행하는 경우

기업이 자본을 조달할 필요가 있을 때에는 주식을 발행한다. 주식을 발행하면 자본금이 증가하는데 이를 증자라고 한다. 증자는 실질적 증자와 형식적 증자로 구분할 수 있다. 실질적 증자란 주주가 현금 혹은 현물을 출자함으로써 실질적으로 기업의 순자산이 증가하면서 그 대가로 주식이 발행되는 경우를 말하고, 형식적 증자는 기업의 순자산의 변화 없이 자본금이 증가하는 경우로서 자본잉여금의 자본금전입에 따라 또는 주식배당의 실시에 따라 주식을 발행하는 경우를 말한다.

먼저 실질적 증자의 경우를 살펴보기로 한다. 예를 들어 자산 ₩1,000, 부채 ₩400 및 자본 ₩600(=자본금 ₩200+자본잉여금 ₩100+이익잉여금 ₩300)의 재무상태로 구성되어 있는 어느 기업이 주식을 액면발행하여 ₩100의 현금을 추가로 조달했다고 하자. 이러한 유상증자를 하면 기업의 자산과 자본이 ₩100 만큼 실질적으로 증가하게 된다. 그러므로 실질적 증자 후 이 기업의 재무상태는 자산 ₩1,100, 부채 ₩400 및 자본 ₩700으로 변경된다.

주식을 발행하면 자본금이 증가한다.

한편 형식적 증자의 예로, 위 기업이 자본잉여금 ₩100을 자본전입하였다면 이 기업의 자산 ₩1,000과 자본 ₩600의 총액은 종전과 변화가 없다. 다만 자본의 구성 내용만이 바뀔 뿐이다. 즉 형식적 증자 후에 이 기업의 자본금은 ₩300으로 증가하고, 자본잉여금은 ₩0으로 감소하게 된다.

앞에서 살펴본 [예제 13-2]와 [예제 13-3]은 실질적 증자의 예이다. 형식적 증자에 관한 회계처리는 [예제 13-4]와 같다.

예제 13-4 형식적 증자

두리주식회사는 보통주주식발행초과금 중 ₩100,000을 자본전입하기로 한 주주총회의 결의에 따라 액면금액 ₩5,000인 보통주 20주를 발행하였다. 이러한 주식발행과 관련하여 두리주식회사는 다음과 같은 분

개를 한다.

(차) 보통주주식발행초과금 100,000 (대) 보통주자본금 100,000
(자본잉여금)

자본금의 감소

상법에서는 자본금 감소의 방법과 절차에 대해 엄격히 규정하고 있다.

흔하지는 않지만 회사가 자본금을 감소시키는 경우도 있다. 자본금의 감소는 주주나 일반대중에게 미치는 부정적인 영향 때문에 상법에서는 그 방법과 절차를 엄격히 규정하고 있다. 자본금을 감소시키는 것을 감자라고 하는데 감자도 증자와 동일하게 실질적 감자와 형식적 감자 두 가지로 나뉜다.

실질적 감자
주주에게 현금 등을 지급하여 주식을 사들여 소각함으로써 기업의 순자산을 실질적으로 감소시키는 감자

실질적 감자는 주주에게 현금 등을 지급하여 주식을 사들여 소각함으로써 기업의 순자산을 실질적으로 감소시키는 감자를 말한다. 실질적 감자를 하면 소각된 주식의 액면금액만큼 자본금이 줄어들고 현금도 감소한다. 한편 주주에게 지급하는 환급액이 주식의 액면금액보다 작은 경우에는 이를 감자차익계정에 대변기입하고, 액면금액보다 큰 경우에는 이를 감자차손계정에 자변기입한다. 감자차익은 손익계산서에 나타나는 이익계정이 아니고 재무상태표상 자본잉여금을 구성한다. 한편 감자차손이 발생하면, 기존에 남아 있는 감자차익과 우선 상계하고 그 나머지 잔액은 자본조정으로 분류하되, 주주총회의 결의를 거쳐 이익잉여금 처분순서에 따라 상각처리한다. [예제 13-5]는 실질적 감자의 회계처리의 예를 보여준다.

실질적 감자를 하면 소각된 주식의 액면금액만큼 자본금이 줄어들고 현금도 감소한다.

예제 13-5 실질적 감자의 회계처리

사양주식회사는 액면금액 ₩5,000인 주식 1,000주를 주당 ₩5,000에 발행하였다. 그런데 현재의 영업활동 규모에 비하여 자본금이 과다하다고 판단하여 이 중에서 30주를 매입소각할 것을 주주총회에서 결의하였다. 이에 따라 사양주식회사가 실제 30주를 주당 ₩4,000에 매입소각하였다.

(차) 자 본 금 150,000 (대) 현 금 120,000
감 자 차 익 30,000
(기타자본잉여금)

형식적 감자
주주에게 주식소각의 대가를 현금으로 지급하지 않기 때문에 실제로 회사의 순자산은 변동하지 않고 명목상으로만 자본금을 감소시키는 절차

형식적 감자를 하면 순자산은 변동하지 않고 명목상으로만 자본금이 감소한다.

한편 형식적 감자란 주주에게 주식소각의 대가를 현금으로 지급하지 않기 때문에 실제로 회사의 순자산은 변동하지 않고 명목상으로만 자본금을 감소시키는 절차를 말한다. 예를 들면 이월결손금이 누적되어 있는 회사는 이익잉여금이 부(−)의 금액으로 나타난다. 이때 자본금을 감소시키는 한편 그 금액으로 이월결손금에 대체시켜 잔액을 ₩0으로 회계처리하는 경우에 형식적 감자가 발생한다. 형식적 감자의 방법으로는 주식의 수를 일정비율로 감소시키거나 또는 주식수는 그대로 두고 주당 액면금액을 감액시키는 방법 등이 있다. 주식수의 감소를 통한 형식적 감자의 회계처리의 예는 [예제 13-6]과 같다.

예제 13−6 형식적 감자의 회계처리

비실주식회사는 그동안 누적된 이월결손금 ₩700,000을 전보하기 위하여 현재의 발행주식을 2주당 1주의 비율로 감소시키기로 의결하였다. 감자 전 비실주식회사의 발행주식수는 300주이며, 주당 액면금액은 발행금액과 동일한 ₩5,000이다.

(차) 자 본 금	750,000*	(대)	이월결손금	700,000
			감 자 차 익 (기타자본잉여금)	50,000

* (300주 × 1/2) × ₩5,000 = ₩750,000

03 이익잉여금

OBJECTIVES 
• 자본잉여금과 이익잉여금은 어떻게 구분하는가?

이익잉여금
기업의 이익창출활동에 의해 획득된 이익으로서 기업내부에 유보되어 있는 금액

이익잉여금(retained earnings)이란 영업활동이나 재무활동 등 기업의 이익창출활동에 의해 획득된 이익으로서 기업 밖으로 배당되거나 또는 자본금계정이나 자본잉여금계정으로 대체되지 않고 기업내부에 유보되어 있는 금액을 말한다. 이익잉여금을 유보이익(또는 가득잉여금)이라고도 하는데, 이는 이익의 발생분 중 배당금을 차감한 후 기업내부에 유보되어 있는 금액이라는 의미를 함축하고 있다.

1. 이익잉여금의 증감

당기순이익(손실)이 발생하면 손익계산서를 통하여 이익잉여금을 증가(감소)시키는 데 비하여, 그 이외의 다른 항목들은 이익잉여금에 직접 가감한다.

〈표 13-1〉에는 이익잉여금을 증감시키는 여러 가지 항목들이 표시되어 있다.

이익잉여금의 증감원인

감 소(차 변)	증 가(대 변)
• 당기순손실	• 당기순이익
• 배 당	
• 전기오류수정손실	• 전기오류수정이익
• 회계정책변경누적효과(손실)	• 회계정책변경누적효과(이익)
• 주식할인발행차금상각 등	

당기순손익

우리는 이미 제4장 회계순환과정의 장부마감단계에서 당기순이익이 발생하면 이를 재무상태표의 자본(이익잉여금)에 가산하고 당기순손실이 발생하면 자본(이익잉여금)에서 차감한다는 사실을 배운 바 있다. 이와 같이 손익계산서에서 계산된 당기순손익은 이익잉여금에 가감되므로 궁극적으로는 소유주의 몫인 자본으로 귀속되어 주주로 하여금 그 처분방법과 규모를 결정하도록 한다. 이에 관한 회계처리의 예를 [예제 13-7]을 통해 살펴본다.

예제 13-7 당기순손익의 이익잉여금 대체

신나주식회사의 20×1년 당기순이익이 ₩2,500,000으로 계산되었다. 신나주식회사가 당기순이익을 재무상태표에 계상하기 위해서는 다음과 같은 마감분개가 필요하다(제4장 본론 회계장부의 마감 참조).

(차) 집 합 손 익 (당기순이익)	2,500,000	(대) 이익잉여금	2,500,000

반대로 만약 당기순손실 ₩2,500,000이 발생했다면, 다음과 같은 마감분개를 통해 이익잉여금계정에서 차감하거나, 혹은 결손금이 누적이월되고 있는 경우에는 차변의 결손금계정에 대체한다.

(차) 이익잉여금 (혹은 이월결손금)	2,500,000	(대) 집 합 손 익 (당기순손실)	2,500,000

배 당 금

기업은 주주총회의 결의에 의하여 주주에게 배당금을 지급하게 된다. 배당금(dividend)은 대부분 현금으로 지급(현금배당)하나 경우에 따라서는 재고자산이나 유형자산 등으로 지급(재산배당 또는 현물배당)할 수도 있으며, 때로는 주식으로 지급(주식배당)하는 경우도 있다.

현금배당

기업은 회계기말로부터 3개월 이내에 개최되는 주주총회를 통하여 얼마의 배당금을 언제 지급할 것인지 결의한다. 따라서 주주총회일(배당결의일, declaration date)에 기업은 이익잉여금에서 차감되는 배당금을 인식하고 이에 상응하는 부채를 미지급배당금계정에 기록한다. 이렇게 결의된 배당금은 지정된 특정 일자에 주주명부에 등록되어 있는 주주들에게 지급되는데, 이날을 배당기준일(record date)이라고 한다. 즉 배당기준일은 배당금 지급대상이 되는 주주명부를 확정하고 그 명부에 등록되어 있는 주주에게 배당을 받을 권리를 부여하는 날이다.

배당기준일
주주명부를 확정하고 주주명부에 등록되어 있는 주주에게 배당을 받을 권리를 부여하는 날

배당금이 실제 주주에게 지급되는 날을 배당지급일(payment date)이라고 하는데, 이날 배당금을 지급함과 동시에 결의일에 기록된 미지급배당금계정을 제거시킨다. 현금배당에 관한 회계처리가 [예제 13-8]에 나타나 있다. 결국 현금배당의 경우 배당결의일의 분개, 배당지급일의 분개, 배당금에 대한 마감분개를 통해 현금과 이익잉여금이 감소하게 된다.

예제 13-8 현금배당의 회계처리

20×1년말 현재 보통주 발행주식수가 2,000주인 인아주식회사는 20×1년의 당기순이익을 확정한 결과 배당가능액이 ₩5,000,000으로 확인되었다. 한편 20×2년 3월 10일 주주총회에서, 20×2년 3월 31일 현재 주주명부에 등록된 주주에게 보통주 1주당 ₩1,200의 배당금을 현금으로 지급하기로 결의하였다. 실제 배당지급일은 20×2년 4월 30일이었다.

인아주식회사는 배당결의일, 배당지급일, 결산일에 각각 다음과 같이 분개를 한다.

1. 배당결의일의 분개(20×2년 3월 10일)

(차) (현금)배당금	2,400,000	(대) 미지급배당금	2,400,000

2. 배당기준일의 분개(20×2년 3월 31일)

 － 분개 없음 －

3. 배당지급일의 분개(20×2년 4월 30일)

(차) 미지급배당금	2,400,000	(대) 현 금	2,400,000

4. 배당금계정의 마감분개(20×2년 12월 31일)

(차) 이익잉여금	2,400,000	(대) (현금)배당금	2,400,000

기업이 어느 정도의 배당금을 지급할 것인지는 처분가능이익잉여금 규모와 현금지급능력을 고려하여 결정해야 한다. 비록 높은 수준의 순이익을 보고했다 하더라도 현금흐름이 원활하지 못하여 유동성이 낮은 경우에는 높은 수준의 배당금을 지급할 수 없을 것이다. 반대로 어떤 기업의 유동성이 높다 하더라도 처분가능이익잉여금이 적으면 고율의 배당 역시 불가능할 것이다.

주식배당

주식배당
배당금의 대가로 회사가 주식을 발행하여 지급하는 경우

주식배당(share dividend)은 배당금의 대가로 주주에게 현금을 지급하는 대신 회사가 주식을 발행하여 지급하는 경우를 말한다.[5] 주식배당을 하면 회사의 현금이나 운전자본은 감소하지 않고 또한 자본총액(순자산)도 변하지 않는다. 다만 이익잉여금이 감소하면서 동시에 [그림 13-2]와 같이 납입자본이 증가하게 된다.

주식배당을 하면 자본총액은 변동하지 않는다.

주식배당을 회계처리하는 방법으로서는 액면금액법과 시가법의 두 가지가 있다. 액면금액법(par value method)은 주식배당으로 인해 새로 발행하게 될 주식의 총수에 대하여 액면금액에 해당되는 금액만큼만을 이익잉여금에서 차감하여 자

그림 13-2
주식배당의 회계처리

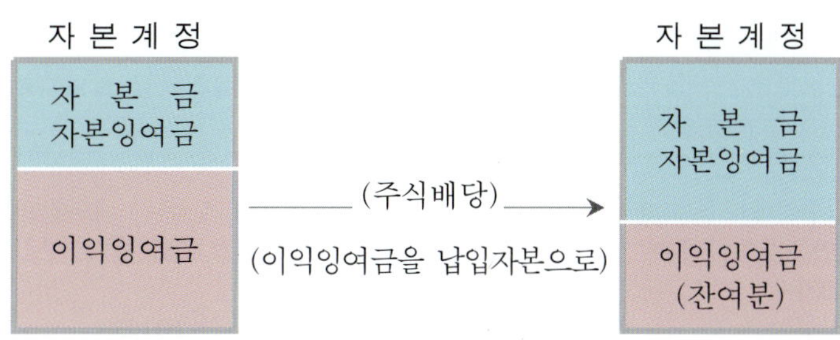

5) 상법에서는 주식배당을 이익배당총액의 50%, 즉 현금배당액 이상의 금액을 주식으로 배당할 수 없도록 제한하고 있으나, 특별법인 자본시장과 금융투자업에 관한 법률(자본시장통합법)에서는 상장회사에 한하여 주식배당을 무제한 허용하고 있다.

본금으로 대체시키는 방법이다. 한편 시가법(market value method)은 주식배당으로 인해 새로 발행하게 될 주식의 총수에 대하여 시장가격에 상응하는 금액을 이익잉여금에서 차감하여 자본금과 자본잉여금에 각각 대체시키는 방법이다. 이때 시가상응액 중 액면금액에 해당되는 금액은 자본금으로, 액면금액을 초과하는 금액은 주식발행초과금계정을 사용하여 자본잉여금으로 대체한다.6)

2. 이익잉여금의 처분과 기타 증감원인

이익잉여금은 배당가능액의 수준을 결정하는 데 있어서 가장 기초가 되는 금액이다. 따라서 상법이나 기타 관련법규에서는 자본충실화와 채권자보호의 관점에

mark down **배당기준일 제도 개선**

우리나라 12월 결산기업 대부분은 연말에 배당받을 주주를 먼저 확정하고, 이후에 개최되는 주주총회에서 배당금을 의결한 후 배당금을 지급하는 관행을 이어왔다. 즉 투자자는 배당금을 언제, 얼마나 받을지 모르는 상태에서 투자를 해야 하는 깜깜이 투자를 해 온 것이다. 금융감독원은 2023년 1월 31일 금융위원회, 법무부 등과 공동으로 '글로벌 스탠더드에 부합하는 배당절차 개선방안'을 발표하였다. 개선안에 따르면 배당여부 및 배당액 등을 결의하는 주주총회 이후로 배당기준일을 정함으로써 투자자들이 배당여부 및 배당액을 확인한 후 투자여부를 결정할 수 있도록 하였다. 2024년 3월말 사업보고서 기준으로 전체 상장기업 2,434개 가운데 31.9%(777개)가 배당기준일 변경을 위한 정관 개정 작업을 마쳤다. 다만 배당을 지급한 기업 1,176개 중 정관을 변경한 후 실제로 깜깜이 배당을 개선한 기업은 7.7%(91개)에 불과하였고 아직 정관을 개정하지 않았거나 정관을 개정하였더라도 배당절차를 개선하지 않은 기업이 대부분을 차지하였다.

배당절차 개선방안 예시

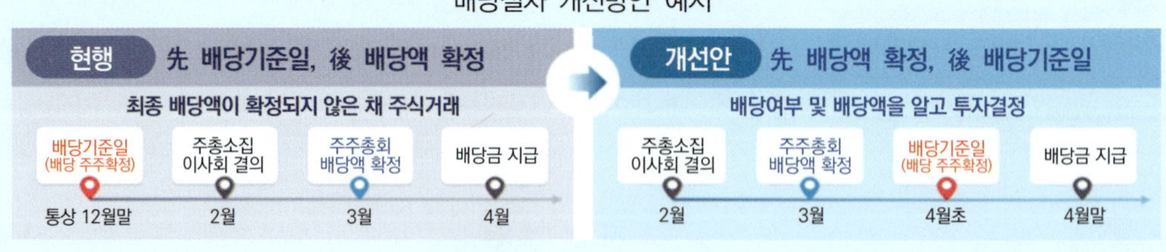

(금융감독원 보도자료, 2023.12.6, 서울경제, 2024.12.11 일부 수정)

6) 시가법으로 주식배당을 회계처리하는 간단한 예를 살펴보자(아래 예는 배당결의일, 배당지급일, 결산일의 분개를 모두 통합한 것이다). 인아주식회사가 배당의 대가로 100주의 주식을 발행하기로 했다. 주식의 액면금액은 주당 ₩5,000이고 당시의 주식 시가는 ₩7,000이다.

(차) 이익잉여금	700,000	(대) 자 본 금	500,000
		주식발행초과금	200,000

만일 액면금액법으로 회계처리한다면 다음과 같다.

(차) 이익잉여금	500,000	(대) 자 본 금	500,000

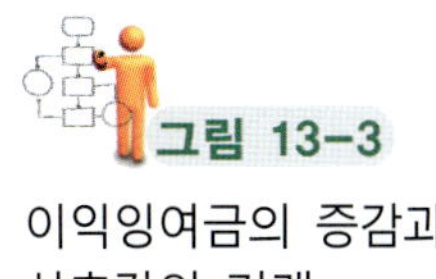

이익잉여금의 증감과 상호간의 거래

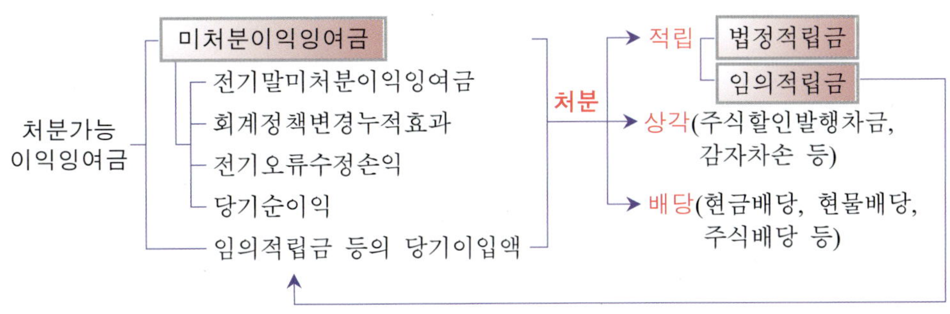

서 그 세부항목의 분류와 증감(처분)거래를 매우 엄격히 규정하고 있다. 상법에서의 이익잉여금은 [그림 13-3]과 같이 법정적립금과 임의적립금 및 미처분이익잉여금으로 구성되어 있으며, 그 처분의 우선순위 및 방법에 대하여 구분 규정한다.

미처분이익잉여금
이익잉여금 중에서 법령 또는 회사가 그 처분을 금지하거나 제한한 금액을 제외한 나머지의 이익잉여금

미처분이익잉여금(unappropriated retained earnings)이란 이익잉여금 중에서 법령 또는 회사가 그 처분을 금지하거나 제한한 금액(예 : 법정 및 임의 적립금 등)을 제외한 나머지의 이익잉여금으로서, 전기말미처분이익잉여금과 회계정책변경누적효과, 전기오류수정손익[7] 및 당기순이익을 합한 항목으로 구성되어 있다.

이러한 미처분이익잉여금을 처분(appropriation)하는 거래로서는 그림의 오른편에서처럼 적립, 배당, 상각의 세 가지 종류가 있다.

우선 이익잉여금 자체의 총잔액을 감소시키는 처분유형으로서 이미 설명한 "배당"거래와 주식할인발행차금상각 등의 "상각"거래가 있다.[8]

또 다른 하나의 처분유형으로서 "적립"(earmark)거래가 있다. 여기에서의 적립거래는 이익잉여금 총액을 변동시키지 않고 다만 이익잉여금의 배당 등을 제한할 목적으로 이익잉여금 내에서 세부항목간에 분류방법만을 변경시키는 거래를 의미한다. 구체적으로 이익잉여금의 일부를 특정 목적을 위해 적립(용도지정)시킴으로써 배당가능 대상인 미처분이익잉여금의 규모를 원천적으로 줄이는 회계처리를 한다. 예를 들어 재무구조를 튼튼히 하기 위하여 상법에서 강제로 규정하고 있는 법정적립금(이익준비금)이 있고, 과도한 배당을 제한하거나 특정 사업의 재원을 마련할 목적으로 기업이 자율적으로 설정하는 임의적립금이 있다. 법

7) 당기 이전의 과거기간에서 발생한 전기오류수정손익은 소급수정하되 그 오류금액은 당기손익 결정 전에 먼저 기초이익잉여금에서 직접 조정한다. 회계정책변경누적효과는 당기 회계정책의 변경으로 발생한 과거기간의 누적효과로서 이 금액 또한 당기손익으로 반영하지 않고 기초이익잉여금에 직접 가감한다. 이러한 회계처리는 중급재무회계에서 상세하게 다룬다.
8) [그림 13-3]에서 예시되는 "상각" 거래로서 주식할인발행차금상각은 본장의 주석 4)에서 설명하고 있고, 결손금보전에 따른 이입은 [예제 13-6]에서 회계처리의 예를 보여주고 있다.

정적립금과 임의적립금은 비록 처분이라는 용어를 사용하여 금액을 증가시키지만 이익잉여금 총액을 변동시키거나 또는 별도의 현금자금이 마련되는 것은 아니다. 단지 사외로 처분가능한 미처분이익잉여금의 규모를 자체적으로 감소시키는 역할을 하게 된다.

법정적립금은 법의 규정에 의해서만 사용가능한 데 비하여, 임의적립금은 그 적립목적을 달성하게 되면 기업이 이를 자율적으로 해제시켜 처분가능이익잉여금으로 다시 이입시킬 수 있다. 따라서 임의적립금의 당기이입액은 미처분이익잉여금과 더불어 당기말 "처분가능이익잉여금"의 새로운 재원이 된다.

04 자본조정과 기타포괄손익누계액

자본조정 항목의 예 :
자기주식, 감자차손, 자기주식처분손실, 주식할인발행차금, 주식선택권 등

기타포괄손익누계액 항목의 예 :
자산재평가잉여금, 기타포괄손익인식금융자산평가손익, 해외사업장의 외화재무제표환산손익, 현금흐름위험회피파생금융상품평가손익 등

1. 자본조정

자본조정으로 표시될 수 있는 거래는 일반적인 기업의 경영활동과정에서는 나타나지 않고 특수한 거래나 경제적 상황에서만 발생한다. 대부분 임시적 계정의 성격이며, 궁극적으로는 다른 자본항목으로 최종 대체되는 과정 중에서 발생하는 대기적(waiting) 상태의 계정이다. 기업에 따라서 차이가 있지만, 자본조정으로는 자기주식이 가장 빈번하고 큰 금액을 차지한다. 그 이외에도 감자차손, 자기주식처분손실, 주식할인발행차금, 미교부주식배당금, 배당건설이자, 주식선택권 등이 있다.

자본조정 중에서 실무에서 가장 중요한 항목이며 빈번하게 다루어지는 자기주식에 대하여 알아보기로 하자.

OBJECTIVES 

• 자기주식은 왜 취득하며 어떻게 회계처리하는가?

자기주식
기업이 이미 발행하여 사외에서 유통되고 있는 주식을 발행회사가 매입하거나 또는 증여의 방법으로 재취득한 주식

자기주식을 보유하고 있을 때에는 이를 재무상태표상에 자본조정으로 분류하여 자본을 감소시키는 역할을 한다.

자기주식

자기주식(treasury share)이란 기업이 이미 발행하여 사외에서 유통되고 있는 주식을 발행회사가 매입하거나 또는 증여의 방법으로 재취득한 주식을 말한다.[9] 자기주식을 보유하게 되면 기업의 유통주식(outstanding shares)수는 자기주식수만큼 감소한다. 자기주식은 재무상태표의 자본조정에 (−)금액으로 표시되며, 자본의 총액을 감소시키게 된다. 즉 자기주식은 자본의 차감계정이다.

기업이 자기주식을 취득하는 이유는 크게 두 가지이다. 첫째로는 감자절차를 진행하는 과정에서 주식을 소각하기 위해 매입하는 경우이며, 둘째로는 임직원 주식보상 등 소각 이외의 목적으로 기업이 사용하기 위해 매입하여 일시적으로 보유하는 경우이다. 그러나 어느 목적으로 취득했든지간에 기말 현재 자기주식을 보유하고 있을 때에는 이를 재무상태표상에 자본조정으로 분류하여 자본을 감소시키는 역할을 한다.

자기주식의 회계처리방법으로는 원가법(cost method)과 액면금액법(par value method)이 있으나, 우리나라에서는 보편적으로 원가법을 사용하고 있으며, 회계기준에서도 원가법만을 허용한다. 원가법에서는 자기주식을 취득원가로 기록한다. 이를 재매각할 경우에는 처분가격이 취득원가보다 높으면 이 차액을 자기주식처분이익(share premium from treasury shares)으로 기록한다. 만약 취득원가 이하로 처분했을 경우에는 그 손실을 일차적으로 자기주식처분이익계정의 잔액이 있으면 먼저 차감하며, 이후에도 남는 손실은 자기주식처분손실로 계상한다. 자기주식처분손실은 재무상태표에 자본조정항목으로 임시 분류되며, 추후에 이익잉여금의 처분순서에 따라 처리한다. 자기주식거래는 손익거래가 아니고 자본거래이다. 자기주식처분이익은 주식발행초과금과 같이 재무상태표상의 자본잉여금으로 분류하며, 따라서 당기순이익 결정에는 전혀 영향을 미치지 아니한다. [예제 13-9]는 자기주식의 취득 및 처분에 관한 회계처리(원가법)를 보여주고 있다.

9) 기업이 자기가 발행한 주식을 자유로이 취득할 수 있다면 주식시장에서의 주식의 수급조정으로 주가의 조작이 가능하고 또한 자본충실의 책임을 저해할 수 있다. 상법과 자본시장통합법에서는 일정한 범위 내에서 특별요건을 갖출 경우에만 이를 제한적으로 허용하고 있다.

예제 13-9 자기주식의 취득과 처분 - 원가법

하나주식회사는 20×1년 3월 1일 액면금액 ₩5,000인 자기회사발행주식 30주를 회사의 유공사원에게 상여금으로 제공할 목적으로 주당 ₩10,000에 취득했다면, 다음과 같이 분개를 한다.

(차) 자기주식*	300,000	(대) 현금		300,000

* 자기주식은 (−)금액으로 자본조정에 표시되어 자본을 감소시키는 역할을 한다.

하나주식회사는 1개월 후 상여계획을 취소하고 시장에 주식 10주를 주당 ₩12,000에 매각했다면, 다음과 같은 분개가 필요하다.

(차) 현금	120,000	(대) 자기주식	100,000
		자기주식처분이익	20,000*

* (₩12,000 − ₩10,000) × 10주 = ₩20,000
자기주식처분이익은 손익계산서상의 당기이익항목이 아니고 자본잉여금에 포함시킨다.

하나주식회사는 2개월 후 나머지 주식 20주를 주당 ₩8,500에 매각했다면, 다음과 같이 분개를 한다.

(차) 현금	170,000	(대) 자기주식	200,000
자기주식처분이익	20,000		
자기주식처분손실	10,000*		

* (₩10,000 − ₩8,500) × 20주 − ₩20,000 = ₩10,000
자기주식처분손실은 손익계산서상의 당기손실항목이 아니다. 먼저 자기주식처분이익과 상계하고, 잔액이 남으면 자본조정으로 일단 계상한 후에 이익잉여금 처분절차에 따라 소멸시킨다.

기업이 소유하고 있는 자기주식에 대해서는 배당금을 지급하지 않는다. 따라서 기업의 총배당액은 자기주식지분을 제외하고 계산된다.

2. 기타포괄손익누계액

기타포괄손익누계액(accumulated other comprehensive income)은 이익잉여금과 구분하여 별개의 자본항목으로 독립표시된다. 기타포괄손익누계액에는 제10장에서 배운 재평가잉여금(또는 자산재평가이익), 제11장의 기타포괄손익인식금융자산평가손익이 있으며, 그 이외에도 외화재무제표환산손익과 현금흐름위험회피파생금융상품평가손익, 확정급여형 퇴직급여채무의 보험수리적손익 등이 있다.

외화재무제표환산손익은 주재국의 화폐(예를 들면 달러나 유로화)로 표시된 해외사업장이나 해외 자회사의 재무제표를 원화로 환산하는 과정에서 발생한다. 현금흐름위험회피파생금융상품평가손익은 환율이나 이자율의 차이로 인한 위험을 회피하기 위하여 계약한 파생상품에서 발생하는 평가손익이다. 이런 항목들은 회계원리를 넘어서 다루어지는 주제이다.

3. 기타포괄손익누계액의 공시

포괄손익계산서상에 표시되는 기타포괄손익(other comprehensive income)항목은 손익계산서상에서 당기순손익을 계산할 때에는 포함하지 않지만, 총포괄손익을 계산할 때 별도로 포함시키는 항목이다. 이때 포괄손익계산서상에 보고되는 기타포괄손익항목은 재무상태표에는 독립된 자본항목의 하나로서 이익잉여금과는 별도로 기타포괄손익누계액에 가산되어 누적금액으로 표시된다.

손익계산서
　당기순손익 = 수익 − 비용

포괄손익계산서
　당기총포괄손익 = 당기순손익 + 기타포괄손익

재무상태표
　기타포괄손익누계액 = 당기말까지 누적된 기타포괄손익

회계기준에서는 기본 재무제표의 하나로 포괄손익계산서를 작성하도록 하고 있다.

회계기준에서는 제6장에서 설명한 바와 같이 기본 재무제표의 하나로 〈표 6-2〉와 같은 포괄손익계산서를 작성하도록 하고 있다. 만약 손익계산서와 포괄손익계산서를 분리하는 경우에는 〈표 13-2〉와 같은 형태의 포괄손익계산서를 별도 작성해서 공시할 것을 요구하고 있다.[10] 총포괄손익(total comprehensive income)은 주주와 관련된 증자활동이나 배당금 지급 등을 제외한 기타의 회계사건으로 인하여 발생한 모든 순자산(자산−부채)의 당기 변동액이 포함된다.

〈표 13-2〉에서 총포괄손익의 계산에 포함되는 당기의 기타포괄손익항목들은

10) 〈표 6-2〉와 같이 단일표시방식으로 작성된 하나의 표도 포괄손익계산서라고 부르고 〈표 13-2〉와 같이 분리표시방식으로 작성된 당기순이익부터 총포괄이익까지의 두 번째 표 역시 포괄손익계산서라고 부른다는 점에 유의해야 한다.

표 13-2

분리표시방식의
포괄손익계산서의 예시

포괄손익계산서

세계(주) 20××년 ×월 ×일부터 20××년 ×월 ×일까지 (단위 : 천원)

과 목	제×(당)기	
당기순이익		₩3,100
기타포괄손익(세후) :		
토지재평가이익	₩650	
기타포괄손익인식금융자산평가이익	1,200	
파생금융상품평가손실	(300)	
외화재무제표환산손실	(150)	1,400
총포괄이익		₩4,500

mark down

적자 LCC 구하려다… 디에이피 · 위닉스 등 모회사까지 자본잠식 위기

국내 저비용항공사(LCC)들이 코로나 이후에도 적자와 자금난에서 벗어나지 못하면서, 이를 인수한 모회사들마저 '밑 빠진 독'에 돈을 붓는 상황이 이어지고 있다. 수년째 적자가 쌓이는 LCC에 막대한 자금을 계속 넣다 보니 모회사 재무상황까지 흔들릴 수 있다는 우려가 커지고 있다.

전자부품업체 디에이피는 지난달에 이어 이번에도 자회사 에어로케이홀딩스의 유상증자에 참여한다. 지난달 100억원에 이어 이번엔 500억원을 추가로 투입하는 것이다. 에어로케이홀딩스는 이 자금을 다시 자회사 에어로케이항공의 운영자금으로 쓸 예정이다. 패션 · 화장품 판매를 주력사업으로 하는 대명화학그룹은 지난 2022년 계열사 디에이피를 통해 LCC 에어로케이항공을 인수했다. 당시 300억원을 투입해 최대주주가 됐지만, 3년이 지난 지금 에어로케이항공은 완전자본잠식 상태다.

디에이피가 유상증자를 통해 지원하는 자금과 별도로 400억원에 가까운 대여금도 내주고 있지만, 인수 당시보다 재무상황은 더 악화됐다. 디에이피는 에어로케이 인수 전까진 연간 100억원 가까운 영업이익을 냈지만, 에어로케이항공을 인수한 이듬해 적자 전환했다. 디에이피 자기자본 규모는 2022년말 1,100억원에서 2024년말 453억원으로 줄었고, 올해 9월말 기준으로는 마이너스(−)로 돌아섰다. 디에이피 주가도 인수 전 4,000~5,000원대에서 현재 2,000원 아래로 반토막 났다.

또 다른 코스닥 상장사 위닉스도 LCC 파라타항공(옛 플라이강원)을 인수한 이후 자금 수혈이 이어지고 있다. 위닉스는 지난해, 회생절차중이던 플라이강원 지분을 200억원에 인수한 이후 운영자금을 지원해 왔다. 지금까지 위닉스가 파라타항공에 빌려준 돈만 700억원에 이르는데, 지난달 기존 대여금을 유상증자 신주 취득 대금으로 출자전환했다. 자본잠식에 빠진 계열사를 살리기 위해서였지만 실적 개선은 요원하다. 위닉스 주가 역시 계속 하락중이다.

LCC 업황은 올해 크게 악화됐다. 공급 과잉에 따른 출혈 경쟁과 원 · 달러 환율 급등까지 겹치며, 제주항공 · 티웨이항공 · 진에어 · 에어부산 등 4개 상장사 모두 코로나 팬데믹 이후 최대 적자를 기록하고 있다. LCC 업황 부진은 당분간 이어질 가능성이 크다. 이들 모회사의 재무구조도 더 악화될 가능성이 크다.

(조선비즈, 2025.12.11 기사내용 수정)

다시 재무상태표의 자본항목으로 대체되어 이익잉여금과는 별도로 기타포괄손익누계액에 가산된다. 기타포괄손익누계액은 물론 처분가능이익잉여금이 아니므로 배당대상에 포함되지 않는다.

05 자본변동표

1. 자본변동표의 의미와 양식

OBJECTIVES 

• 자본변동표는 어떻게 작성하는가?

자본변동표
한 회계기간 동안 발생한 소유주지분의 변동내역을 주주의 입장에서 한눈에 알아볼 수 있도록 표시된 재무제표

자본변동표는 재무상태표, 포괄손익계산서, 현금흐름표, 주석과 더불어 기본 재무제표를 구성한다. 자본변동표(statement of changes in equity)는 한 회계기간 동안 발생한 소유주지분의 변동내역을 주주(투자자)의 입장에서 한눈에 알아볼 수 있도록 표시된 재무제표이다. 자본변동표에는 자본을 구성하고 있는 모든 항목, 즉 자본금, 자본잉여금, 자본조정, 기타포괄손익누계액, 이익잉여금(또는 결손금) 각각의 변동을 상세하게 보여주게 된다. 자본변동표 양식은 〈표 13-3〉과 같다.[11)]

자본변동표의 양식

자본변동표

20×1년 1월 1일부터
20×1년 12월 31일까지

글로벌세탁(주) (단위 : 원)

구 분	자본금	자본 잉여금	자본 조정	기타포괄 손익누계액	이익 잉여금	총 계
20×1. 1. 1(당기초)	₩8,000	₩6,000	–	₩5,000	₩97,000	₩116,000
Ⅰ. 총포괄이익						
1. 당기순이익					3,100	3,100
2. 기타포괄손익인식 금융자산평가이익				700		700
3. 자산재평가이익				300		300
Ⅱ. 자본에 직접 인식된 주주와의 거래						
1. 유 상 증 자	2,000	1,000				3,000
2. 자기주식취득			(1,000)			(1,000)
20×1. 12. 31(당기말)	₩10,000	₩7,000	(₩1,000)	₩6,000	₩100,100	₩122,100

2. 자본변동표의 내용 및 구성항목

자본변동표의 머리에는 자본변동표 명칭에 이어 회사이름, 회계기간, 금액 단위가 표시된다.

〈표 13-3〉에 나타난 자본변동표의 양식과 구성내용을 살펴보자. 머리에는 자본변동표 명칭에 이어 회사이름, 회계기간, 그리고 금액 단위가 표시된다. 한편 첫줄의 '20×1. 1. 1(당기초)'에는 전기말(20×0. 12. 31) 재무상태표에 보고된 자본의 기말잔액들이 표시된다. 가장 아랫줄의 '20×1. 12. 31'에는 당기말 재무상태표에 보고되는 기말잔액이 표시된다. 그러면 자본변동표에 표시되는 각 항목의 변동내용을 살펴보자.

① 자본금의 변동 자본금의 변동은 유상증자나 무상증자 또는 주식배당에 의해서 발생한다. 〈표 13-3〉에는 유상증자의 경우가 표시되어 있다. 만약 기업이 우선주를 발행했다면 보통주자본금과 우선주자본금을 구분하여 표시한다.

② 자본잉여금의 변동 자본잉여금의 변동은 유·무상증자 또는 결손금의 처리 등에 의해서 발생한다. 구체적으로는 주식발행초과금, 감자차익, 자기주식처분이익, 기타자본잉여금의 변동이 있다. 〈표 13-3〉에서는 유상증자로 인하여 주식발행초과금이 증가한 것을 나타내고 있다.

③ 자본조정의 변동 자본조정 항목의 예로는 자기주식, 주식할인발행차금 등이 있다. 〈표 13-3〉에는 자기주식취득 ₩1,000이 표시되어 있다.

④ 기타포괄손익누계액의 변동 기타포괄손익누계액의 변동은 기타포괄손익인식금융자산평가손익, 자산재평가 등에 의해 발생한다. 〈표 13-3〉에는 기타포괄손익인식금융자산의 공정가치평가로 인한 평가이익 ₩700과 자산재평가로 인한 자산재평가잉여금의 증가 ₩300이 표시되어 있다.

⑤ 이익잉여금의 변동 이익잉여금의 변동에 관한 사항들은 당기순손익, 이익잉여금의 처분 및 배당에 관한 내용들이다.

11) 한국채택국제회계기준에서는 자본의 분류를 규정하지 않고 있다. 그런데 우리나라의 일반기업회계기준에서는 자본을 〈표 13-3〉과 같이 자본금, 자본잉여금, 자본조정, 기타포괄손익누계액, 그리고 이익잉여금으로 분류하고 있다. 공시되는 상장기업의 자본변동표는 〈표 13-3〉과 같이 자본을 다섯 가지로 분류하기도 하고, 자본조정과 기타포괄손익누계액을 묶어서 '기타자본'으로 표시하기도 하며, 자본금과 자본잉여금을 묶어서 '납입자본'으로 표시하기도 한다.

이 장의 요약

- 주식발행의 회계처리는 어떻게 하는가?
  - 주식을 발행할 때 액면금액은 자본금으로, 액면초과액은 자본잉여금에 속하는 주식발행초과금으로 기록한다.
  - 자본금은 상법에서 정하는 법정자본금을 뜻한다.

- 자본잉여금과 이익잉여금은 어떻게 구분하는가?
  - 자본잉여금은 증자활동이나 감자활동 및 기타 자본과 관련된 거래에서 발생하는 잉여금을 말한다.
  - 이익잉여금은 영업활동이나 재무활동 등 기업의 이익창출활동에 의해 획득된 이익 중에서 기업 외부로 배당되거나 자본금계정이나 자본잉여금계정으로 대체되지 않고 기업 내부에 유보되어 있는 금액을 말한다.

- 자기주식은 왜 취득하며 어떻게 회계처리하는가?
  - 자기주식은 감자절차를 진행하는 과정에서 주식을 소각하기 위해 매입하거나 임직원에게 주식보상 목적으로 사용하기 위해 매입하여 일시적으로 보유하는 것이다.
  - 자기주식을 보유하고 있을 때에는 이를 재무상태표상에 자본조정으로 분류하여 자본을 감소시키는 형식으로 표시한다. 자기주식을 처분할 때 처분가격이 취득원가와 다르면 자기주식처분이익 또는 자기주식처분손실을 기록한다.

- 자본변동표는 어떻게 작성하는가?
  - 자본변동표는 한 회계기간 동안 발생한 소유주지분의 변동내역을 주주의 입장에서 한눈에 알아볼 수 있도록 표시하는 재무제표이다.
  - 자본변동표는 자본을 구성하고 있는 모든 항목, 즉 자본금, 자본잉여금, 자본조정, 기타포괄손익누계액, 이익잉여금(또는 결손금) 각각의 변동을 상세하게 보여준다.

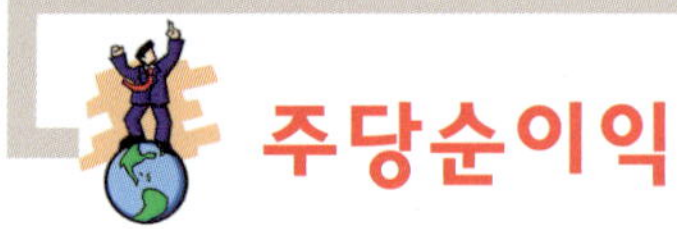

주당순이익

OBJECTIVES 

- 주당순이익은 어떻게 계산하는가?

주당순이익
기업이 발행한 보통주 1주당 순이익이 얼마인가를 나타내는 기업성과지표

주당순이익(earnings per share : EPS)은 기업이 발행한 보통주 1주당 당기에 벌어들인 순이익이 얼마인가를 나타내는 기업성과지표이다. 주당순이익은 주주나 잠재적 투자자들에게 매우 중요한 투자지표 중의 하나로 인식되고 있기 때문에, 재무분석가나 증권회사가 경제신문이나 기타의 공시수단을 통하여 기업의 주당순이익에 관한 예측 및 실적 정보를 공시하는 경우를 빈번히 접하게 된다.

기업의 자본구조가 복잡해지면 기본주당순이익(basic EPS)뿐만 아니라 희석주당순이익(diluted EPS)까지 계산해야 한다. 자본구조가 복잡하다는 것은 보통주는 아니지만 보통주로 전환될 가능성이 있는 전환사채, 신주인수권부사채, 주식선택권 등이 있는 경우이다. 희석주당순이익은 중급재무회계에서 상세하게 다룬다.

	보통주 당기순이익
÷	가중평균유통 보통주식수
	기본주당순이익

기본주당순이익을 계산하는 기본산식은 다음과 같다.

$$\text{기본주당순이익} = \frac{\text{보통주 당기순이익 (즉, 당기순이익} - \text{우선주배당금)}}{\text{가중평균유통보통주식수}}$$

1. 보통주 당기순이익

기본주당순이익
당기순이익을 당해 회계기간의 가중평균유통보통주식수로 나누어서 산출한 것

기본주당순이익은 당기순이익을 당해 회계기간의 가중평균유통보통주식수로 나누어서 산출한다. 여기에서 당기순이익이란 보통주에 귀속되는 당기순이익이어야 한다. 따라서 만일 우선주가 있다면 당기순이익에서 우선주에 대한 배당소요액을 차감한 후의 금액으로 계산한다.

2. 가중평균유통보통주식수

산식에서 분모인 가중평균유통보통주식수는 기본주당순이익을 계산하는 기간 동안의 유통보통주식수를 가중평균한 값이다. 가중평균하는 이유는 기업의 유통주

가중평균유통보통주식수
기본주당순이익을 계산하는 기간 동안의 유통보통주식수를 가중평균한 것

식수가 자기주식 · 주식배당 · 무상증자 등에 의해 시점마다 다르게 변동할 수 있기 때문이다.

예를 들면 회계기간초의 유통주식수가 12,000주이고 회계기간말의 유통주식수가 18,000주이면 이 중 어느 주식수를 기준으로 주당순이익을 계산하느냐에 따라서 주당순이익이 달라진다. 이때 주당순이익의 산식에서 분자인 당기순이익은 한 기간 동안의 기업성과를 나타내므로, 분모의 유통보통주식수도 한 시점이 아닌 한 기간 동안 평균을 한 가중평균유통보통주식수를 사용하게 된다.

만약 회계기간이 1월 1일부터 12월 31일까지인 기업의 유통주식수가 1월 1일에는 12,000주인데, 7월 1일에 6,000주를 추가 발행하여 18,000주가 되었다고 하자. 그러면 이 기업의 가중평균유통보통주식수는 15,000주가 된다. 이 가중평균유통주식수를 계산하는 방식은 유통보통주식수의 유통기간을 회계기간으로 나눈 분수에 해당 기간 동안의 유통보통주식수를 곱하여 이를 모두 합산하면 된다. 즉 (12,000주×6개월/12개월)+(18,000주×6개월/12개월)=15,000주로 계산된다. [예제 13-10]을 통해 기본주당순이익의 계산과정을 알아보자.

예제 13-10 주당순이익의 계산

20×1년 1월 1일에 신나주식회사의 보통주(주당액면 ₩5,000)의 유통주식수는 12,000주이고, 연 8% 배당인 비참가적 우선주(주당액면 ₩5,000)의 유통주식수는 5,000주이었다. 10월 1일에 보통주 6,000주를 추가로 발행하였다. 신나주식회사의 20×1년 당기순이익은 ₩8,750,000이다. 이 자료에 근거하여 신나주식회사의 기본주당순이익을 계산하면 다음과 같다.

기본주당순이익=보통주 순이익÷가중평균유통보통주식수
=₩6,750,000÷13,500주
=₩500/주

* 위에서 보통주 당기순이익과 가중평균유통보통주식수는 다음과 같이 계산되었다.

- 보통주 순이익=당기순이익−우선주배당소요액
=₩8,750,000−(₩5,000×8%×5,000주)
=₩6,750,000
- 가중평균유통보통주식수=(12,000주×9/12)+(18,000주×3/12)
=13,500주

주가수익비율

'어느 회사의 주식에 투자할 것이냐' 하는 의사결정을 할 때 가장 많이 사용하는 재무비율은 주가수익비율(PER : price earnings ratio)이다. 주가수익비율은 주가를 주당순이익으로 나눈 비율이다.

$$\langle \text{산식} \rangle \quad \text{주가수익비율} = \frac{\text{주가}}{\text{주당순이익}}$$

PER은 주당순이익에 비해서 한 주의 가격이 얼마나 되느냐를 나타낸다. 예를 들어 PER이 10이라면 당기의 순이익 ₩1에 대해 투자자가 ₩10의 대가를 지급하여 주식을 매입한다는 의미이다. 만약 이 비율이 높다면 투자자들이 주당순이익을 높게 평가하고 있다는 의미가 되고, 비율이 낮다면 투자자들이 주당순이익을 낮게 평가하고 있다는 뜻이다.

만약 앞으로 기업의 주당순이익이 당기와 비슷한 수준으로 예상된다면 PER이 낮은 주식에 투자하는 것이 유리할 것이다. 그러나 주식투자에 PER이 낮다고 해서 일률적으로 투자매력이 높다고 결론지을 수는 없다. 가령 어느 벤처기업이나 첨단기술 보유기업이 장래 성장가능성은 매우 높으나 현재는 낮은 순이익을 내고 있다면 이 기업의 PER은 높게 형성될 수밖에 없기 때문이다.

SK텔레콤과 LG유플러스의 주가수익비율을 비교해 보자.

(단위 : 원)

회사명	내 용	2024년	2023년
SK텔레콤	주 가*(A)	53,700	51,000
	주당순이익(B)	5,780	4,954
	주가수익비율(A/B)	9.3	10.3
LG유플러스	주 가*(A)	12,190	9,780
	주당순이익(B)	871	1,449
	주가수익비율(A/B)	14.0	6.7

* 주가는 당기순이익이 공시된 후인 다음 연도 5월 첫째날 종가임.

SK텔레콤은 2025년 5월초 주가 ₩53,700과 2024년 주당순이익 ₩5,780으로 계산된 주가수익비율이 9.3배였다. 그리고 2024년 5월초 주가 ₩51,000과 2023년 주당순이익 ₩4,954으로 계산된 주가수익비율이 10.3배였다. 주가수익비율이 10.3배에서 9.3배로 다소 감소한 것은 투자자들이 SK텔레콤의 주당순이익이 증가하였지만 미래성장가능성은 그만큼 높게 평가되지 않았기 때문인 것으로 해석된다.

LG유플러스의 해당 연도 주당순이익과 다음 연도 5월초 주가로 산출한 주가수익비율이 2023년 6.7배에서 2024년 14.0배로 증가하였는데, LG유플러스의 주가수익비율이 2024년에 SK텔레콤보다 높았다. 이는 LG유플러스의 순이익이 SK텔레콤에 비하여 시장에서 고평가되고 있음을 의미한다.

주가수익비율은 투자자들이 기업의 수익성과 미래성장가능성을 평가하는 기준으로 빈번하게 사용된다. 두 기업의 다른 조건이 모두 동일한 경우에는 주가수익비율이 낮은 기업의 미래성장가능성을 높게 평가하기도 한다.

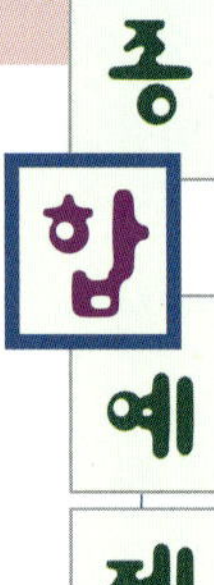

01 재무상태표의 자본계정

올해 12월 31일 구정주식회사의 재무상태표상에 표시된 자본계정은 다음과 같다.

〈자 본〉

자 본 금		
보통주자본금	₩12,300,000	
우선주자본금	10,800,000	₩23,100,000
자본잉여금		
주식발행초과금		
보 통 주	₩7,626,000	
우 선 주	810,000	8,436,000
이익잉여금		1,400,000
자본총계		₩32,936,000

요구사항

위의 자료를 기초로 아래 물음에 대하여 간략히 답하고, 각각의 계산근거를 밝혀라. 단 보통주와 우선주의 1주당 액면금액은 각각 ₩5,000과 ₩25,000이다.

1. 12월 31일 현재 보통주와 우선주의 발행주식수는 각각 얼마인가?
2. 보통주의 주당 평균발행금액은 얼마인가?
3. 우선주의 주당 평균발행금액은 얼마인가?
4. 납입된 납입자본금총액은 얼마인가?
5. 법정자본금총액은 얼마인가?

해답

1. 보통주의 발행주식수 : ₩12,300,000 ÷ ₩5,000 = 2,460주
   우선주의 발행주식수 : ₩10,800,000 ÷ ₩25,000 = 432주

2.

보통주의 액면금액	₩12,300,000
주식발행초과금	7,626,000
총 납 입 금	₩19,926,000
발행주식수	÷ 2,460주
주당평균발행금액	₩8,100

3.

우선주의 액면금액	₩10,800,000
주식발행초과금	810,000
총 납 입 금	₩11,610,000
발행주식수	÷ 432주
주당평균발행금액	₩26,875

4. 자 본 금 :		
보 통 주	₩12,300,000	
우 선 주	10,800,000	₩23,100,000
주식발행초과금 :		
보 통 주	₩7,626,000	
우 선 주	810,000	8,436,000
납입자본금총액		₩31,536,000

5. 법정자본금총액	
보 통 주	₩12,300,000
우 선 주	10,800,000
법정자본금총액	₩23,100,000

02 자본변동표의 작성

부분재무상태표

구정(주)	20×1년 12월 31일	(단위 : 원)
자 본 금		
보통주자본금		₩1,000,000
자본잉여금		
주식발행초과금		700,000
자 본 조 정		
자 기 주 식		(100,000)
기타포괄손익누계액		
기타포괄손익인식금융자산평가이익		800,000
이익잉여금		
법정적립금	₩600,000	
임의적립금	900,000	
미처분이익잉여금	6,850,000	8,350,000
		₩10,750,000

〈추가자료〉

(1) 20×2년 2월 15일 주주총회에서 승인된 이익처분사항
현금배당 ₩100,000

(2) 3월 5일 자기주식 ₩300,000을 추가로 취득하다.

(3) 10월 1일 액면금액 ₩5,000인 보통주 60주를 주당 ₩15,000에 발행하다.

(4) 기타 : 20×2년의 당기순이익은 ₩40,000이다.
기타포괄손익인식금융자산평가이익이 ₩200,000 추가로 계상되다.

요구사항

20×1년 12월 31일의 부분재무상태표와 추가자료를 이용하여 20×2년의 자본변동표를 작성하라.

해답

자본변동표

20×2년 1월 1일부터
20×2년 12월 31일까지

구정(주) (단위 : 원)

구 분	자본금	자본잉여금	자본조정	기타포괄손익누계액	이익잉여금	총 계
20×2년 1월 1일	₩1,000,000	₩700,000	(₩100,000)	₩800,000	₩8,350,000	₩10,750,000
Ⅰ. 총포괄이익						
1. 당기순이익					40,000	40,000
2. 기타포괄손익인식금융자산평가이익				200,000		200,000
Ⅱ. 자본에 직접 인식된 주주와의 거래						
1. 현금배당					(100,000)	(100,000)
2. 자기주식취득			(300,000)			(300,000)
3. 보통주 발행	300,000	600,000				900,000
20×2년 12월 31일	₩1,300,000	₩1,300,000	(₩400,000)	₩1,000,000	₩8,290,000	₩11,490,000

익힘문제

01 주권에 표시된 액면금액이 중요한가에 대하여 설명하라. 또한, 주권의 액면금액이 주식의 시장가치를 나타내는가에 대하여 설명하라.

02 아래의 각 항목을 자본금 · 자본잉여금 · 자본조정 · 이익잉여금 · 기타포괄손익누계액 중 하나로 분류하라.

(1) 우선주	(2) 임의적립금	(3) 미처분이익잉여금
(4) 주식할인발행차금	(5) 주식발행초과금	(6) 자기주식
(7) 감자차익	(8) 감자차손	(9) 자기주식처분이익
(10) 자기주식처분손실	(11) 자산재평가잉여금	(12) 법정적립금
(13) 보통주	(14) 기타포괄손익인식금융자산평가손익	

03 이익잉여금계정 잔액이 차변에 나타나는 경우에 대하여 설명하고, 이러한 경우 어떤 계정이름을 사용하는가?

04 배당과 관련된 다음 날짜들의 중요성에 대해 설명하고 각 날짜에서 어떻게 분개되는지 보여라.

(1) 배당기준일 (2) 배당결의일 (3) 배당지급일

05 이론적인 관점에서 볼 때 투자자 입장에서 주식배당을 투자수익으로 간주할 수 있는지에 대하여 설명하라.

06 대풍(주)는 당기에 발생한 순이익 중 현금배당은 거의 하지 않고 대부분을 회사에 보유시키고 있다. 몇몇의 주주가 반대하므로 사장은 그들에게 묻기를 "당신은 왜 현금배당을 원하는가? 당신이 배당금을 재투자하려면 그 투자대상을 찾기 위해 고생할 것이 아닌가? 또한 당신은 우리 기업보다 더 좋은 투자안을 찾을 수 있을까?"라고 하였다. 이에 대해 논평하라.

07 현금배당을 받은 주주와 주식배당을 받은 주주의 입장이 투자수익의 규모 및 그 활용측면에서 어떻게 다른지 비교하라.

08 이익잉여금 중 일부를 장기부채 상환목적으로 임의적립하여 배당을 제한하게 되는 경우, 이 사실을 재무제표에 공시하는 가장 효과적인 방법은 무엇인가?

09 미처분이익잉여금을 법정적립금(이익준비금)으로 "적립"한다는 의미는 무엇인가? 적립 후 이익잉여금총액은 달라지는가?

10 자기주식이란 무엇인가? 기업이 자기주식을 취득하는 목적은 무엇인가? 이를 자산으로 처리할 수 있는가? 그렇다면 재무상태표에서 자기주식을 어떻게 보고해야 하는가?

11 어떤 상황하에서 주식의 할증발행이 가능한가? 주식발행초과금의 의미는 무엇인가?

12 자본변동표를 작성하는 목적은 무엇인가?

연습문제

01 개인기업의 자본금과 인출금

이재숙 씨는 바다요리를 전문으로 하는 음식점을 소유하고 있다. 올 한 해 동안 다음과 같은 거래가 발생했다.

(1) 이씨가 가게업무에 사용할 목적으로 자신의 소형컴퓨터를 가게로 옮겨왔다.
(2) 이씨가 가게의 은행계좌에서 현금을 인출하여 자신의 개인적 채무를 변제하였다(이때 이씨가 사용한 계정은 인출금계정이다).
(3) 이씨가 자신의 딸을 당분간 고용하기로 하고, 가게의 은행계좌에서 월급을 지급하였다.
(4) 이씨가 가게의 채무를 자신의 개인계좌에서 인출하여 변제하였다.
(5) 기말에 이씨가 인출금계정을 가게의 자본금계정으로 대체하여 마감하였다.

요구사항

위의 각 거래가 재무상태표상의 자본금계정에 직접 혹은 간접적으로 미치는 영향에 대하여 설명하라.

02 자본계정의 분석

20×1년말 가영(주)의 자본계정은 다음과 같다.

〈자 본〉

보 통 주(액면 ₩1,000)	₩560,000
우 선 주(액면 ₩5,000, 연간배당 주당 ₩500)	1,200,000
보통주 주식발행초과금	7,000,000
우선주 주식발행초과금	3,360,000
이익잉여금	4,832,000
자본총계	₩16,952,000

요구사항

1. 발행된 보통주의 수는 얼마인가?
2. 보통주의 평균발행금액은 얼마인가?
3. 발행된 우선주의 수는 얼마인가?
4. 우선주의 평균발행금액은 얼마인가?
5. 우선주에 대한 매년 총배당액은 얼마인가?
6. 이 회사의 법정자본금총액은 얼마인가?
7. 이 회사의 납입자본금총액은 얼마인가?
8. 20×1년에 가영(주)는 총 ₩584,000의 배당을 결의하고 지급하였다. 20×1년초에 이익잉여금이 ₩4,430,000이었다면 당기순이익은 얼마이겠는가?

03 자본금의 증가

올해 1월 2일 액면금액 ₩5,000의 주식을 ₩6,000에 1,000주를 발행하여 설립한 (주)주원은 올 한 해 동안 다음과 같은 거래가 발생하였다.

(1) 2월 1일 자금을 추가로 조달하기 위해 200주의 주식을 주당 ₩4,000에 유상증자하였다.
(2) 7월 1일 사업을 확장하기 위하여 200주의 주식을 주당 ₩8,000에 유상증자를 실시하여 자금을 조달하였다.
(3) 10월 1일 주주총회에서 주식발행초과금 중 ₩1,000,000을 자본전입하기로 결의하고 액면금액 ₩5,000인 보통주 200주를 발행하였다.

요구사항

1. 위의 각 거래를 분개하라.
2. 위의 각 사항이 자본의 각 항목 및 자본총계에 어떻게 영향을 미치는가?

04 자본금의 감소

올 한 해 명륜(주)에서 다음과 같은 거래가 발생하였다. 단 당초 발행한 명륜(주)의 보통주식 액면금액은 ₩5,000이었으며, 모든 거래는 서로 독립적이다.

(1) 명륜(주)는 주주총회의 특별결의를 거쳐 주식 200주를 주당 ₩4,500에 매입소각하고 대금을 현금지급하였다.
(2) 명륜(주)는 주주총회의 특별결의를 거쳐 주식 200주를 주당 ₩6,000에 매입소각하고 대금을 현금지급하였다.
(3) 명륜(주)는 이월결손금 ₩15,000,000을 전보하기 위하여 보통주 총발행주식 10,000주를 5주당 3주의 비율로 감자시키기로 결의하였다.

요구사항

1. 위의 각 거래를 분개하라.
2. 위의 각 사항이 자본의 각 항목 및 자본총계에 어떻게 영향을 미치는가?

05 이익잉여금의 증감

우진(주)는 20×1년 1월 1일 현재 이익잉여금이 ₩1,000,000이고, 발행된 보통주식의 액면금액은 @₩10이며 발행된 주식수는 10,000주이다. 20×1년간 다음 거래가 발생하였다면 20×1년말의 이익잉여금은 얼마인가?

(1) 20×1년간 당기순이익은 ₩330,000이다.
(2) 20×1년에 현금배당으로 보통주 1주당 ₩15을 선언하고 지급했다. 추가적으로 주식배당은 보통주 1주당 0.2주를 배당했다. 배당선언일에 보통주 1주의 시가는 ₩30이다. 회사는 주식배당을 액면금액법으로 회계처리한다.

06 현금배당 vs 주식배당

대한(주)는 20×1년 12월 31일 주주명부에 등록된 주주들에게 주당 ₩1,500의 현금배당과 5주당 1주의 주식배당을 하기로 20×2년 3월 10일에 열린 주주총회에서 의결하였다. 의결시점에서의 주가는 ₩20,000이었고 현금배당과 주식배당 모두 배당지급일은 20×2년 4월 2일이다. 대한(주)의 20×1년말 현재 보통주 발행주식수는 10,000주이고 액면금액은 ₩5,000이다. 주식배당은 시가법으로 회계처리한다.

요구사항

1. 현금배당 및 주식배당과 관련된 모든 분개를 하라.
2. 현금배당과 주식배당이 자본의 각 항목 및 자본총계에 어떻게 영향을 미치는가?
3. 주식배당을 시가법이 아닌 액면금액법으로 하였다면 자본의 각 항목 및 자본총계에 어떻게 영향을 미치는가?
4. 20×1년 12월 27일이 배당락일(ex-dividend date)이라면 누가 20×2년 4월 2일에 지급되는 배당을 받을 권리가 있는가?
   (1) 배장호 씨는 20×1년 12월 27일에 대한(주)의 주식을 100주 매수하였고 송영일 씨는 같은 날 200주 매도하였다.
   (2) 최권호 씨는 20×1년 12월 26일에 대한(주)의 주식을 300주 매수하였고 이한영 씨는 같은 날 100주 매도하였다.

07 자본거래와 자본 관련 항목에의 영향

자본과 관련되는 여러 거래들은 자본금, 이익잉여금, 자본조정, 유통중인 발행주식수, 총자본의 여러 항목에 영향을 준다. (1)에서 (5)까지의 거래가 이들 항목에 미치는 영향을 다음 [답안양식]을 이용하여 증가, 감소, 영향 없음으로 표시하라.

(1) 당기순이익
(2) 유상증자
(3) 자기주식 취득(자기주식거래는 원가법으로 회계처리)
(4) 주식배당
(5) 현금배당

[답안양식]

	자본금	이익잉여금	자본조정	유통발행주식수	총자본
(1) 당기순이익					
(2) 유상증자					
(3) 자기주식 취득					
(4) 주식배당					
(5) 현금배당					

08 자본거래와 자기주식

(주)한국은 20×1년 동안 다음과 같은 거래가 발생하였다. 자기주식은 원가법으로 회계처리한다.

(1) 주식 액면금액 ₩5,000인 보통주 500주를 ₩7,000에 추가로 발행하였다.
(2) 자기주식 50주를 주당 ₩8,000에 매입하였다.
(3) 자기주식 20주를 주당 ₩10,000에 재발행하였다.
(4) 자기주식 10주를 주당 ₩7,000에 재발행하였다.
(5) 자기주식 20주를 주당 ₩6,000에 재발행하였다.
(6) 취득원가 ₩600,000인 토지의 공정가치가 상승하여 ₩850,000이 되었다. 회사는 토지를 재평가모형으로 평가한다.

요구사항

1. 위의 거래에 대하여 분개하라.
2. (주)한국의 20×0년말 재무상태표상 자본계정이 다음과 같이 표시되어 있을 경우 20×1년말의 재무상태표상 자본계정 금액을 구하라. 아울러 간단한 자본변동표를 작성하라.

	20×0년말	20×1년말
〈자 본〉		
자 본 금	₩10,000,000	?
자본잉여금	5,000,000	?
자 본 조 정	(1,000,000)	?
기타포괄손익누계액	2,300,000	?
이익잉여금	4,000,000	?
총계	₩20,300,000	?

09 주식관련거래와 자본계정

20×1년 12월 31일 대학로주식회사의 재무상태표상에는 자본계정이 다음과 같이 표시되어 있다.

〈자 본〉		
보통주자본금		₩40,000,000
주식발행초과금		20,000,000
납입자본금합계		₩60,000,000
이익잉여금 :		
이익준비금	₩18,000,000	
임의적립금	80,000,000	
차기이월이익잉여금	52,000,000	150,000,000
자본총계		₩210,000,000

한편, 20×2년중에 발생된 자본관련거래는 다음과 같다. 단, 보통주의 액면금액은 ₩5,000이고, 배당금 지급 결의일은 12월 31일로서 이 날짜에 배당금을 인식한다고 가정한다.

4월 1일 : 자기주식 200주를 주당 ₩8,700에 매입하였다. 자기주식 회계처리는 원가법을 따른다.
7월 1일 : 4월 1일에 구입한 자기주식 중 100주를 주당 ₩9,500에 처분하다.
7월 4일 : 보통주식 신주 2,000주를 주당 ₩9,500에 새로 추가로 발행하였고 주식발행수수료로 ₩100,000을 지급하였다.
8월 1일 : 대학로주식회사가 우선주(액면금액 ₩5,000) 1,000주를 액면금액으로 발행하다. 이 우선주는 상환의무가 없는 주식이다.
11월 30일 : 대학로주식회사는 주식의 시장 유통성을 증가시키기 위해 2 대 1의 주식 액면분할을 시행하였다.
12월 31일 : 주주총회에서 보통주 주당 현금 ₩100씩의 배당을 하기로 의결하다.
12월 31일 : 20×2년의 당기순이익 ₩8,455,000을 이익잉여금계정으로 대체하다.

요구사항

위의 거래에 대하여 분개하라.

10 주당순이익 (I) 보론

세정(주)는 20×1년초에 14,000주의 보통주가 유통되고 있었다. 3월 1일에 9,000주가 추가로 발행되었고, 8월 1일에도 6,000주가 추가로 발행되었다. 이 회사의 20×1년도 당기순이익은 ₩9,000,000으로 보고되었다.

요구사항

1. 20×1년도 기본주당순이익은 얼마인가?
2. 액면금액의 8%를 배당하는 우선주(주당액면 ₩5,000) 3,000주가 연중 유통되고 있었다고 가정하자. 20×1년도의 기본주당순이익은 얼마인가?

11 자본변동표와 재무상태표의 표시

20×1년도 1월 1일자의 인아(주)의 자본계정은 아래와 같다.

보통주(액면금액 ₩5,000, 발행주식 16,000주)	₩80,000,000
주식발행초과금	4,200,000
이익잉여금	32,000,000

한편, 20×1년도에 다음의 거래가 발생했다.

3월 1일 : 주당 ₩5,500에 보통주 4,000주를 발행하다.
4월 1일 : 주당 ₩5,750에 보통주 2,000주를 자기주식으로 매입하다.

5월 1일 : 주주인 이선심 씨가 회사에 보통주 1,000주를 증여하다. 당시 보통주의 시가는 주당 ₩5,700 이다.
6월 1일 : 증여받은 주식을 주당 ₩6,250에 매각하다.
7월 1일 : 공정시장가치가 ₩620,000인 기계장치를 구입하고 보통주 100주를 발행하여 교부하다.
9월 1일 : 주당 ₩6,000에 보통주 3,000주를 발행하다.
12월 31일 : 집합손익계정에 순이익 ₩8,460,000을 이익잉여금계정에 마감하다.

요구사항

1. 20×1년중에 발생한 모든 거래를 분개하라.
2. 20×1년 12월 31일 자본변동표를 작성하라.
3. 20×1년 12월 31일 현재 인아(주)의 재무상태표에 표시될 자본을 표시하라.
4. 20×1년 12월 31일 현재 인아(주)의 보통주 발행주식수와 유통주식수는 각각 얼마인가?
5. 20×1년의 가중평균유통주식수와 기본주당순이익은 얼마인가? 보론

고급연습문제

12 개인기업과 주식회사 - 기말자본의 계산

20×1년초 이신나 씨는 자신의 개인기업인 포도농장을 주식회사의 형태로 전환하였다. 다음은 이씨가 소유한 기업의 자본계정에 대한 정보이다.

〈20×1년〉

1월초 이씨는 가족들에게 액면이 ₩1,000인 보통주 840주를 발행하여 현금과 포도농장 경영에 필요한 기타 자산들을 주식회사의 자산으로 전환하였다. 이때 주식의 발행금액은 주당 ₩3,000이었다. 12월초에 가족 중 한 사람인 이단명 씨가 사망하여 그가 소유했던 주식 40주를 회사가 주당 ₩3,500씩에 매입하였다. 20×1년의 당기순이익은 ₩475,000으로 보고되었다.

〈20×2년〉

20×1년 12월에 취득한 자기주식 40주를 2월에 가족 중 한 사람인 이화나 씨에게 주당 ₩3,900씩에 매각하였다. 6월에는 주식을 2 대 1로 분할하기로 결정하고, 7월 1일에 새로운 주식을 발행교부하였다. 한편, 12월 15일에 주당 ₩100씩 현금배당을 의결하였다. 이때의 주가는 주당 ₩3,500이었다. 20×2년의 당기순이익은 ₩542,000이었다.

요구사항

다음 일자에 재무상태표에 표시될 자본계정을 나타내고 그 근거를 제시하라.
1. 20×1년의 자본계정과 관련된 모든 분개를 하고 20×1년 12월 31일의 재무상태표상 자본을 표시하라.
2. 20×2년의 자본계정과 관련된 모든 분개를 하고 20×2년 12월 31일의 재무상태표상 자본을 표시하라.

13 주식관련 거래의 추정

아래의 T-계정은 평화(주)의 소유주지분과 관련하여 6개의 주요 거래를 포함하고 있다.

현 금

(1)	640,000	(4)	36,000
(2)	100,000	(6)	50,000
(5)	14,000		

토 지

(3)	770,000		

보통주(액면 ₩1,000)

		(2)	100,000
		(3)	700,000

주식발행초과금 – 보통주

		(3)	70,000

우선주(액면 ₩500)

(6)	50,000	(1)	400,000

주식발행초과금 – 우선주

		(1)	240,000

자 기 주 식

(4)	36,000	(5)	12,000

자기주식처분이익

		(5)	2,000

위 계정에 표시된 6개 각각의 거래를 설명하고, 각 거래의 주당 거래가격 및 주식수를 아울러 계산하라. 단, 자기주식은 보통주이며 취득원가는 ₩1,200이었다.

14 실질적 감자와 형식적 감자

1. 서울(주)는 주주총회의 특별결의로 자본금을 감소시키기로 하였는데, 200주의 주식(1주당 액면금액 ₩5,000)을 주당 ₩5,000씩 매입소각하고 대금은 수표를 발행하여 지급하다.
2. 위의 1.과 자료가 동일하나, 다만 주당 ₩4,000씩 매입소각하기로 하다.
3. 위의 1.과 자료가 동일하나, 다만 주당 ₩7,000씩 매입소각하기로 하다.
4. 대중(주)는 이월결손금 ₩25,000,000을 보전하기 위하여 주당 액면금액이 ₩10,000인 주식 10,000주를 주당 액면금액 ₩7,000으로 변경하다.
5. 민족(주)는 이월결손금 ₩30,000,000을 보전하기 위하여 총자본금 ₩60,000,000(주당 액면금액 ₩5,000)을 2 : 1의 비율로 주식을 병합하다.

위의 거래를 분개하고 실질적 감자와 형식적 감자를 비교 설명하라.

15 최대 배당가능액의 계산과 자본변동표

20×1년초 경일(주)의 재무상태표에 표시된 자본계정은 다음과 같다.

〈자 본〉

보 통 주(주당액면 ₩1,000)	₩1,910,000
주식발행초과금	1,540,000
납입자본총액	₩3,450,000
이익잉여금	986,000
자본총계	₩4,436,000

20×1년 한 해 동안 자본계정과 관련된 거래는 다음과 같다.

4월 12일 : 자기주식 100주를 주당 ₩1,800에 취득하다.
5월 9일 : 자기주식 50주를 주당 ₩2,000에 재발행하다.
8월 4일 : 자기주식 잔여분 중 40주를 ₩1,600씩에 재발행하다.
12월 15일 : 주주총회에서 ₩191,000의 현금배당을 결의하다.
12월 31일 : 집합손익계정과 배당금계정을 마감하다. 당기순이익은 ₩629,000이다.

1. 위의 거래에 대하여 분개하라.
2. 12월 31일 자본변동표를 작성하고, 재무상태표에 표시된 자본계정을 계산하라.
3. 회사의 납입자본을 감소시키지 않는 범위 내에서 20×2년초에 최대한 허용될 수 있는 주당 현금배당가능액을 산출하라. 단 경일(주)는 정관규정에 따라 자기주식 보유가액만큼 이익잉여금의 처분이 제한된다.

16 보통주와 우선주 배당금 계산

은지(주)는 액면의 9%를 배당하는 우선주 5,000주와 25,000주의 보통주를 발행하고 있다. 당회계연도초에 ₩5,000,000의 결손금이 있었으며, 우선주에 대해서는 2년 동안 배당을 하지 못하였다. 당기순이익이 ₩20,000,000이었고 보통주에 대하여 주당 ₩100씩 배당하였다. 주식의 액면금액은 모두 ₩5,000씩이다.

1. 은지(주)가 발행한 우선주가 비누적적 우선주라면 당기말 이익잉여금계정의 잔액은 얼마인가?
2. 은지(주)가 발행한 우선주가 누적적 우선주라면 당기말 이익잉여금계정의 잔액은 얼마인가?

17 주당순이익 (Ⅱ) 보론

세민(주)의 20×1년 1월 1일 현재 보통주 유통주식수는 14,000주, 우선주 유통주식수는 2,000주이다. 2월 1일에 5,000주의 보통주가 추가로 발행되었고 8월 1일에도 3,000주의 보통주가 발행되었다. 11월 1일에 2,000주의 보통주를 자기주식으로 취득하였다. 우선주에는 주당 ₩250의 배당우선권이 주어져 있다. 세민(주)의 20×1년도 당기순이익은 ₩7,812,500이며 이익공시시점에서의 주가는 ₩4,500이다.

요구사항

1. 세민(주)의 20×1년 기본주당순이익은 얼마인가?
2. 동민(주)는 세민(주)와 같은 업종에 속하고 사업영역도 같아서 미래 수익성, 성장성, 위험 측면에서 두 회사는 거의 비슷하다. 동민(주)의 20×1년도 당기순이익이 ₩24,000,000, 이익공시시점에서의 주가가 ₩12,000이라면 당신은 어느 회사에 투자하겠는가? 이유를 설명하라. 단, 동민(주)의 20×1년도 보통주의 가중평균유통주식수는 30,000주이고 우선주는 없다.

18 자본거래와 자본변동표

서울(주)의 20×1년초의 재무상태표의 자본부분은 다음과 같다.

보통주(액면금액 주당 ₩5,000)	₩100,000,000
주식발행초과금	10,000,000
이월이익잉여금	30,000,000
	₩140,000,000

20×1년중의 자본거래와 20×2년의 배당거래는 다음과 같다.

(1) 2월 1일 주식발행초과금을 재원으로 5%의 무상증자를 하였다.
(2) 4월 1일 8,000주를 주당 ₩7,000에 발행하는 유상증자를 하였다.
(3) 7월 1일 자기주식 1,000주를 주당 ₩8,000에 취득하였다.
(4) 10월 1일 위의 자기주식 중에서 500주는 소각하고 200주는 주당 ₩9,000에 처분하였다.
(5) 12월 31일 당기순이익 ₩30,000,000을 이익잉여금계정에 대체하다.
(6) 20×2년 2월 26일 주주총회에서 현금배당 4%로 할 것을 의결하였다. 단, 신주의 배당기산일은 직전 연도말로 소급한다고 가정한다. 이익준비금은 현금배당의 10%를 설정한다.
(7) 20×2년 4월 15일 배당금을 지급하다.

요구사항

1. 20×1년중의 자본거래와 20×2년의 배당거래를 분개하라.
2. 20×1년말 자본변동표를 작성하고 재무상태표의 자본부분을 표시하라.

투자자 입장에서 본 주식배당

20×1년말 월영(주)의 자본계정은 다음과 같다.

〈자 본〉

보 통 주(120,000주)	₩2,400,000,000
주식발행초과금	1,440,000,000
이익잉여금	1,920,000,000
자본총계	₩5,760,000,000

지난 5년 동안 월영(주)는 매년 주당 ₩3,600씩의 배당을 해왔으나 올해에는 회사의 유동성을 높이기 위해 현금배당을 줄이는 대신 24,000주의 주식배당(기존주식의 20%)을 하기로 결정하였다. 주식은 결산 1개월 전 배당의결 후에 곧 교부되었으며, 동시에 결산일 현재를 기준으로 주당 ₩3,000씩의 현금배당을 의결하였다.

박만석 씨는 이 회사의 주식을 10,000주 소유하고 있는데, 주가는 주식배당이 의결되기 전의 기준으로 주당 ₩60,000이었다.

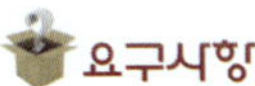

위의 자료를 근거로 하여 아래 물음에 답하라.

1. (1) 주식배당이 있기 전 월영(주)의 재무제표상 순자산 중에서 박만석 씨의 지분은 얼마인가?
   (2) (1)에서 주식배당이 있은 후에는 얼마로 변하는가?
   (3) 만약 문제에서 30%의 주식배당을 의결했다고 가정하면 어떠한 변화가 있겠는가? 설명하라.
2. 월영(주) 재무상태표상의 순자산 중 박만석 씨 지분에 해당되는 금액과 박만석 씨가 소유한 주식의 시장가치가 서로 다른 이유는 무엇인가?
3. 박만석 씨가 올해 수취할 배당금은 얼마이며, 예년과 비교하여 어떠한 차이가 있는가?
4. 20%의 주식배당이 의결되었던 날 주가가 ₩60,000에서 ₩50,000으로 하락하였다. 이러한 경우 박만석 씨는 손실을 보게 되었는지 설명하라.
5. 만약 월영(주)가 20%의 주식배당을 한 후년도에 예년과 같이 ₩3,600씩 현금배당을 계속했다면 그 당시 주식의 시가가 〈**요구사항**〉 4.와 비교하여 어떠한 변화가 있겠는가?

제Ⅰ부 재무제표와 회계정보의 처리

제Ⅱ부 회계정보의 계정별 처리

제Ⅲ부 회계정보의 활용

PART 

회계정보의 활용

chapter 14

현금흐름표

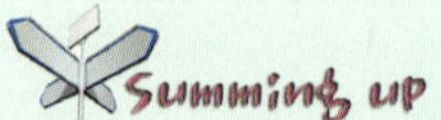

기업에 다양한 이해관계를 가지고 있는 정보이용자들은 여러 유형의 재무정보를 활용하여 경제적 의사결정을 한다. 재무제표 중 재무상태표와 손익계산서는 기업의 재무상태와 재무성과에 대하여 매우 중요한 정보를 제공하고 있다. 그러나 이는 발생기준에 입각하여 작성되기 때문에 현금기준에 따른 성과라고 할 수 있는 현금흐름의 변동상황과 그 발생원인을 상세히 설명하지는 못하고 있다. 기본 재무제표의 하나인 현금흐름표는 다른 재무제표에서 쉽게 얻을 수 없는 현금흐름의 구체적인 변동사항과 그 발생원인을 설명할 목적으로 작성된다.

현금흐름표는 기업의 활동을 크게 세 유형으로 나누어 각 유형별로 유입되고 유출되는 현금흐름의 정보를 제공하고 있다. 첫 번째 유형인 영업활동 현금흐름에서는 기업의 주된 영업활동인 재화와 용역의 판매활

OBJECTIVES

- 현금흐름표에서는 어떤 정보를 얻을 수 있는가?
- 현금흐름표상에서 기업의 활동유형은 어떻게 구분하는가?
- 영업활동 현금흐름은 어떻게 계산하는가?
- 투자활동 현금흐름과 재무활동 현금흐름은 어떻게 계산하는가?

동으로 인한 현금유입액과 원재료나 상품의 구입과 기타 영업비용에 대한 현금유출액을 나타낸다. 두 번째 유형은 투자활동 현금흐름인데 여기에서는 금융자산, 유・무형자산 등의 취득과 처분 또는 자금의 대여와 대여금의 회수 등으로 인한 현금유출입액이 공시된다. 마지막으로 세 번째 유형은 재무활동 현금흐름으로서 현금의 차입이나 상환, 유상증자나 배당으로 인한 현금유출입액을 나타낸다.

대부분의 기업은 모든 거래를 개별적으로 집계하거나 분석하여 현금흐름표를 작성하는 직접법보다는 이미 작성된 재무상태표와 손익계산서, 그리고 기타의 추가적인 정보를 이용하여 간접적으로 현금흐름을 추론하는 방식으로 작성한다. 따라서 재무상태표와 손익계산서에서 현금거래와 비현금거래의 차이를 파악하는 것이 현금흐름표를 작성하는 데 매우 중요하다.

현금흐름표의 의의

재무제표이용자는 기업의 이익창출활동뿐만 아니라 단기지급능력, 특히 현금이 어떻게 창출되고 사용되는지에 대하여 관심을 갖는다. 왜냐하면 현금은 계속기업으로서의 생명을 유지시키는 혈액(blood)과도 같은 핵심자산으로서, 기업이 일상적 영업활동을 수행하고, 채무를 상환하며, 자금제공자에게 투자수익으로서 배당금이나 이자를 지급하기 위해서 필요하기 때문이다. 현금흐름표는 기업의 활동을 영업활동, 투자활동, 재무활동으로 나누어 각 활동에서의 현금흐름정보를 제공해 준다.

1. 현금흐름정보의 원천

기업이 공시하는 기본적인 재무제표로는 재무상태표와 손익계산서, 자본변동표, 그리고 현금흐름표가 있다. 이 중 재무상태표는 일정시점의 기업의 재무상태를, 손익계산서는 일정기간 동안에 기업의 경영활동을 통하여 창출되거나 소비된 자원에 대한 재무성과를, 자본변동표는 소유주지분의 변동사항을, 그리고 현금흐름표는 현금의 유출입을 통한 현금의 변동내용을 표시하고 있다.

[그림 14-1]은 기본 재무제표간의 상호관계를 보여주고 있다. ① 재무상태표는 일정시점의 재무상태, 즉 자원의 보유상태 및 조달원천을 나타내며, ② 자본변동표는 두 시점의 재무상태표상 자본 구성항목의 구체적인 변동내역을 보여주

기본 재무제표간의 상호관계

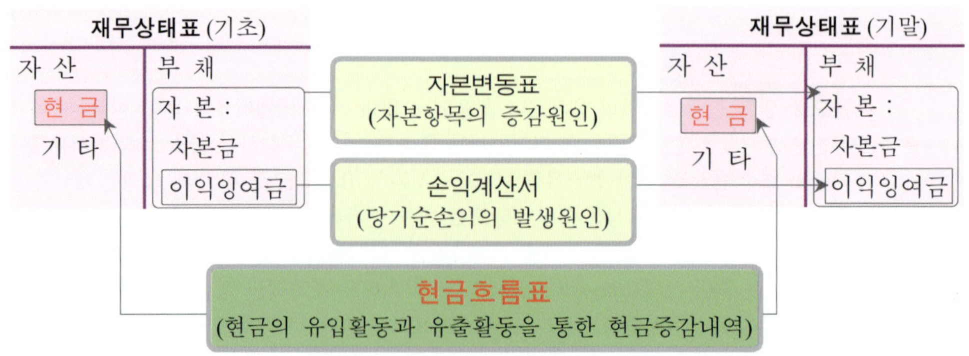

고, ③ 손익계산서는 경영활동의 요약체라 할 수 있는 이익잉여금의 주요 증감원천이 되는 당기순손익의 발생내역을 상세히 나타낸다.

그러나 손익계산서는 발생기준에 입각해서 작성되기 때문에 기업경영의 재무성과를 보여줄 뿐, 현금의 유입·유출과 관련되는 수많은 거래들이 기업의 현금흐름을 어떻게 변화시켰는지를 설명해 주지는 못한다. 비록 어느 기업이 당기의 경영성과로서 순이익 100억원을 보고했더라도 그 기간에 실제로 증가한 현금은 20억원뿐일 수도 있고, 때로는 200억원일 수도 있다. 매출이 모두 외상으로 이루어졌다면 현금증가는 없을 수도 있고 판매된 상품을 모두 외상으로만 구입하였다면 현금은 사용되지 않았을 것이기 때문에 손익정보만으로는 기업의 현금흐

mark down

이자수취·지급, 배당금수취·지급의 현금흐름표상 분류 현황과 IFRS 18

현행 국제회계기준은 이자수취·지급, 배당금수취·지급의 현금흐름표상 분류에 대해 경영자에게 선택권을 주고 있다. 즉 이자수취와 배당금수취는 영업활동 현금흐름 또는 투자활동 현금흐름으로 분류할 수 있고, 이자지급과 배당금지급은 영업활동 현금흐름 또는 재무활동 현금흐름으로 분류할 수 있다. 2020년 기준 비금융업 기업 중 이자수취, 배당금수취, 이자지급, 배당금지급 중 하나라도 현금흐름이 있었던 12월말 결산법인은 1,712개사였다. 이 중 4가지 현금흐름을 모두 보고한 기업 590개사의 분류 현황을 보면 이자수취, 배당금수취, 이자지급은 영업활동으로, 배당금지급은 재무활동으로 분류한 기업이 82%를 차지하고 있으며 그 다음으로 이자수취, 배당금수취는 투자활동으로, 이자지급, 배당금지급은 재무활동으로 분류한 기업이 8%를 차지하고 있다. 한편, 이자수취를 보고한 1,711개사 중에서는 영업활동으로 분류한 기업이 1,580개사(92%)로 투자활동으로 분류한 기업에 비해 압도적으로 많았으며, 배당금수취도 영업활동으로 분류한 기업이 842개사 중 724개사(86%)였다. 한편 이자지급을 보고한 총기업수는 1,645개사인데 이 중 1,485개사(90%)가 영업활동으로 분류하였고 재무활동으로 분류한 기업이 160개사였다. 배당금지급은 총 936개사 중 98%에 해당하는 921개 기업이 재무활동으로 분류하였으며 영업활동으로 분류한 기업은 15개밖에 되지 않았다.

하지만 2024년 4월에 발표된 '재무제표 표시와 공시'에 대한 새로운 기준서 IFRS 18에 따라 경영자에게 주어졌던 이자수취·지급, 배당금수취·지급의 현금흐름표상 분류선택권이 2027년부터는 삭제된다. 2027년부터는 비금융업에 속하는 모든 기업들은 이자지급과 배당금지급은 재무활동으로, 이자수취와 배당금수취는 투자활동으로 분류해야 한다.

이자수취	배당금수취	이자지급	배당금지급	기업수	비 중
영업	영업	영업	재무	483	0.819
투자	투자	재무	재무	47	0.080
영업	투자	영업	재무	29	0.049
영업	영업	재무	재무	11	0.019
영업	영업	영업	영업	8	0.014
영업	투자	재무	재무	5	0.008
투자	투자	영업	재무	5	0.008
투자	영업	재무	재무	2	0.003
이자수취/지급, 배당금수취/지급을 모두 보고한 기업				590	

름을 즉시 파악할 수 없다.

또한 기업은 사채를 발행하거나 유상증자를 통하여 현금을 조달하고 이를 사용하여 토지나 건물을 취득할 수 있는데, 기업의 당기손익에 영향을 미치지 않고 이루어지는 이러한 현금거래들은 손익계산서정보를 통해 파악할 수 없다. 따라서 현금흐름표(statement of cash flows)는 기업의 영업, 투자 및 재무 활동과 관련한 현금의 유입과 유출에 대한 정보를 제공하는 기업의 기본재무제표 중의 하나이다.

현금흐름표
기업의 영업, 투자 및 재무 활동과 관련한 현금의 유입과 유출에 대한 정보제공

OBJECTIVES 
- 현금흐름표에서는 어떤 정보를 얻을 수 있는가?

2. 현금흐름표의 유용성

현금흐름표는 재무정보 이용자들에게 다음과 같은 정보를 제공한다.

① 미래현금흐름의 예측　재무보고의 기본목적은 미래현금흐름의 금액(amount)과 시기(timing), 불확실성(uncertainty)을 예측할 수 있는 정보를 제공하는 데 있다. 현금흐름표는 기업의 영업활동과 투자활동 및 재무활동으로부터 유입되고 유출되는 현금의 흐름에 관한 정보를 제공하며, 또한 이를 통하여 기업의 재무상태가 어떻게 변화하는지 보여준다. 현금흐름표에 제공되는 현금의 유입과 유출에 관한 정보는 손익계산서의 당기순이익과 함께 기업이 미래에 벌어들일 수 있는 현금을 예측하는 데 유용한 정보가 된다.

② 부채와 배당금에 대한 지급능력　기업에 현금이 부족하면 차입금과 배당금에 대한 지급능력이 약화될 것이다. 현금흐름표에는 현금유입의 원천과 현금유출의 사용내역이 표시되므로 관심 있는 기업의 채권자나 주주들에게 유용한 정보를 제공할 수 있다.

③ 당기순이익의 질　당기순이익은 여러 가지 임의적인 원가배분방법과 회계추정을 통하여 산출되기 때문에 정보이용자는 당기순이익의 신뢰성에 대하여 의구심을 가질 수 있다. 그런데 현금흐름표에서 계산되는 현금흐름은 원가배분방법이나 회계추정을 통하지 않고 산출되기 때문에 당기순이익 수치보다는 더 객관적이고 신뢰성이 높다. 따라서 현금흐름표의 현금흐름과 손익계산서의 당기순이익을 동시에 비교분석하면 당기순이익의 품질(quality of earnings)을 간접적으로 평가할 수 있어서 기업의 재무성과에 대한 심층적 정보를 얻을 수 있다.

현금흐름표에 제공되는 정보를 잘 분석해 보면 당기순이익이나 기타정보에서 제공하지 못하는 기업의 지속가능성 또는 실패가능성에 관한 보다 직접적인 정보를 얻을 수 있다.

3. 현금의 정의와 범위

현금및현금성자산
현금은 통화와 타인발행수표, 요구불예금을 포함하며, 현금성자산은 유동성이 매우 높은 단기투자자산

현금흐름표의 자세한 내용을 살펴보기에 앞서 현금흐름표에 표시되는 현금의 범위를 명확히 이해할 필요가 있다. 현금흐름표 작성의 기준이 되는 현금의 범위는 현금및현금성자산으로 제한된다. 여기서 현금(cash)은 통화와 타인발행수표, 당좌예금 · 보통예금 등 요구불예금을 포함한다. 현금성자산(cash equivalent)은 유동성이 매우 높은 단기금융자산으로서, 확정된 금액의 현금으로 전환이 용이하고 가치변동의 위험이 매우 낮은 자산을 말한다.[1] 구체적인 예로는 취득 당시 만기가 3개월 이내에 도래하는 채권, 취득 당시 상환일까지 기간이 3개월 이내인 상환우선주, 3개월 이내의 상환조건인 환매채와 같은 금융상품들이 있다.

현금흐름표에서 사용되는 현금및현금성자산은 재무상태표에 표시되는 현금및현금성자산과 일치한다.

02 현금흐름표의 양식과 구조

OBJECTIVES 
- 현금흐름표상에서 기업의 활동유형은 어떻게 구분하는가?

1. 현금흐름표의 양식

IT장비를 판매하는 글로벌네트워크(주)의 9월중 거래를 반영한 현금흐름표를 예시하면 〈표 14-1〉과 같다.

현금흐름표의 머리부분에는 ① 현금흐름표라는 재무제표의 명칭, ② 기업의 명칭, ③ 현금흐름표가 작성된 특정 기간, 그리고 ④ 현금흐름표에 표시된 금액의

1) 현금흐름표에서의 현금은 일반적인 통화보다는 넓은 개념이다. 이는 기업이 영업활동을 하면 영업활동의 내용이 무엇인지에 상관없이 현금이 필요하게 되는데, 이러한 현금을 그대로 금고 속에 보관하게 되면 현금을 운용하여 얻을 수 있는 수익을 잃어버리므로 은행에 예금하든지 단기금융상품에 투자하게 된다. 따라서 이러한 예금과 금융상품은 기업 입장에서는 언제든지 인출 혹은 매각하여 현금으로 전환가능하기 때문에 넓은 범위의 현금 개념에 포함시킨다.

글로벌네트워크(주)의 현금흐름표 - 직접법

현금흐름표

글로벌네트워크(주) 20××년 9월 1일부터 20××년 9월 30일까지 (단위 : 원)

영업활동 현금흐름		
고객으로부터의 현금유입	₩1,163,600	
공급자에 대한 현금유출	(813,200)	
영업비용의 지급	(256,400)	
영업에서 창출된 현금	94,000	
법인세의 납부	(20,160)	₩73,840
투자활동 현금흐름		
투자활동으로 인한 현금유입액		
비품의 처분	₩20,400	
투자활동으로 인한 현금유출액		
비품의 취득	(196,000)	(175,600)
재무활동 현금흐름		
재무활동으로 인한 현금유입액		
사채의 발행	156,000	
재무활동으로 인한 현금유출액		
배당금의 지급	(35,000)	121,000
현금및현금성자산의 증가		₩19,240
기초의 현금및현금성자산		150,400
기말의 현금및현금성자산		₩169,640

단위가 표시된다. 앞서 설명한 바와 같이 현금흐름표는 크게 세 부분으로 나누어지는데, 그 첫째 부분은 영업활동 현금흐름이 표시된다. 두 번째 부분은 투자활동 현금흐름이 표시되고, 세 번째 부분에서는 재무활동 현금흐름이 표시된다. 현금흐름표는 이들 세 활동으로부터의 현금및현금성자산의 증감액에 기초의 현금및현금성자산을 가산하여 기말의 현금및현금성자산을 산출하는 형식으로 보고된다.

〈표 14-1〉을 살펴보면, 먼저 당기중 영업활동에서 벌어들인 현금이 ₩73,840이지만 투자활동을 위해 ₩175,600을 지출해야 했기 때문에, 결국 재무활동을 통하여 ₩121,000의 현금을 조달했다는 것을 알 수 있다. 이러한 결과로 ₩19,240의 현금이 당 회계기간에 증가되었는데, 기초 현금잔액이 ₩150,400이었으므로 기말 현금잔액은 ₩169,640이 된다. 세부적인 현금흐름사항의 주요 거래내용은 각 부분별로 상세히 표시되어 있다.

2. 활동유형별 현금흐름의 정보

[그림 14-2]에서 보는 바와 같이 현금흐름표는 기업의 활동을 영업활동, 투자활동 및 재무활동으로 구분하여 각 활동에서 유입되고 유출되는 현금을 세분하여 표시하고 있다.

현금흐름표의 구조

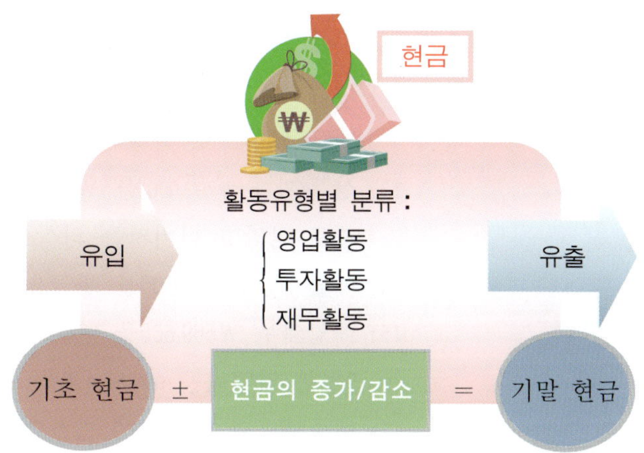

영입활동
기업의 주된 수익창출활동으로서 일반적으로 제품의 생산 및 재화와 용역의 판매와 관련되는 활동

영업활동(operating activities)은 기업의 주된 수익창출활동으로서 일반적으로 제품의 생산 및 재화와 용역의 판매와 관련되는 활동을 의미한다. 따라서 영업활동 현금흐름은 고객에게 재화나 용역의 판매로부터 유입되는 현금과 이러한 재화나 용역을 생산하거나 구매하기 위하여 공급자 및 종업원에게 지출되는 현금을 표시한다.

투자활동
현금성자산 및 영업활동자산에 속하지 않는 기타 자산을 취득하거나 처분하는 활동

투자활동(investing activities)은 현금성자산이나 영업활동자산(매출채권 등)에 속하지 않는 기타의 모든 자산을 취득하거나 처분하는 활동을 의미한다. 예를 들어 대여금의 회수, 토지나 건물 및 기계와 같은 자산의 처분이나 취득으로 인하여 유입 또는 유출되는 현금을 포함한다.

재무활동
기업의 납입자본과 차입금 및 구성내용에 변동을 가져오는 활동

재무활동(financing activities)은 기업의 납입자본과 차입금 및 구성내용에 변동을 가져오는 활동, 즉 자금의 조달과 상환 활동을 의미한다. 예를 들어 부채의 차입이나 신주발행 등으로 유입되는 현금과 부채의 상환이나 배당금의 지급 등으로 유출되는 현금을 나타낸다.

3. 실제 거래의 현금흐름 분석

현금의 증감을 수반하는 실제 거래의 유형은 다양하다. 여기에서는 실제 거래의 분석을 통하여 거래를 유형별로 분류하고 현금흐름을 분석해 보자.

글로벌네트워크(주)는 중소규모의 IT장비 판매회사이다. 올해 9월중 발생한 거래는 다음과 같다.

(1) 사채를 액면발행하고 현금 ₩156,000을 수취하였다.
(2) 상품 ₩812,000을 구입하였다. 이 중 ₩243,600은 현금으로 지급하고 잔액은 외상으로 하였다.
(3) 상품(원가 ₩792,000)을 ₩1,170,000에 판매하면서 이 중 ₩351,000은 현금으로 받았고 나머지는 외상으로 하였다.
(4) 매출채권 ₩812,600을 현금으로 회수하였다.
(5) 매입채무 ₩569,600을 현금으로 지급하였다.
(6) 9월분 영업비용 ₩256,400을 현금으로 지급하였다.
(7) 비품(취득원가 ₩24,000, 장부금액 ₩21,600)을 ₩20,400에 처분하였다.
(8) 비품 ₩196,000을 구입하고 현금으로 지급하였다.
(9) 비품에 대한 9월분 감가상각비 ₩19,600을 계상하였다.
(10) 배당금 ₩35,000을 현금으로 지급하였다.
(11) 법인세 ₩20,160을 현금으로 납부하였다.

글로벌네트워크(주)의 9월 1일 현재 재무상태표에 위의 거래를 반영하여 9월 30일 현재 작성된 재무상태표와 9월 손익계산서는 〈표 14-2〉와 같다.

먼저 글로벌네트워크(주)의 9월중 현금의 증감을 〈표 14-2〉 재무상태표의 기초 및 기말 잔액에서 계산하면 다음과 같다.

	9월 1일	9월 30일	증가(감소)
현금및현금성자산	₩150,400	₩169,640	₩19,240

이어서 현금의 증감거래에 대한 세부내용은 글로벌네트워크(주)에서 9월중에 발생했던 각 거래가 현금흐름에 미치는 영향을 분석함으로써 확인할 수 있다. 각 거래를 활동유형별로 구분하고 현금의 증감을 분석하면 〈표 14-3〉과 같다.

기업의 규모가 크고 거래가 빈번하게 발생하면 모든 거래를 일일이 분석하여 개별적으로 표시하기가 쉽지 않다. 그러나 앞서 제시한 간단한 사례에서는

표 14-2

글로벌네트워크(주)의 재무상태표와 손익계산서

비교재무상태표

글로벌네트워크(주) 20××년 9월 30일 현재 (단위 : 원)

	9월 30일	9월 1일
현금및현금성자산	₩169,640	₩150,400
매 출 채 권	74,400	68,000
재 고 자 산	104,000	84,000
비 품	292,000	120,000
차감 : 감가상각누계액	(29,200)	(12,000)
자산총계	₩610,840	₩410,400
매 입 채 무	₩58,800	₩60,000
사 채	156,000	–
자 본 금	300,000	300,000
이익잉여금	96,040	50,400
부채 및 자본총계	₩610,840	₩410,400

손익계산서

글로벌네트워크(주) 20××년 9월 1일부터 20××년 9월 30일까지 (단위 : 원)

매 출 액		₩1,170,000
매 출 원 가		(792,000)
매출총이익		₩378,000
판매비와관리비 :		
감가상각비	₩19,600	
기타영업비용	256,400	(276,000)
기타비용 :		
비품처분손실		(1,200)
법인세비용차감전순이익		₩100,800
법인세비용(20%)		20,160
당기순이익		₩80,640

〈추가정보〉

(1) 사채를 ₩156,000에 액면발행하였다.

(2) 원가 ₩24,000(장부금액 ₩21,600)인 비품을 ₩20,400에 처분하였다.

(3) 9월에 ₩35,000의 배당을 의결하고 현금지급하였다.

(4) 9월에 발생한 법인세비용 ₩20,160은 납부해야 할 법인세와 같고 현금으로 전액 납부하였다.

글로벌네트워크(주)의 현금흐름 분석

개별거래가 현금흐름에 미치는 영향	활동의 유형과 현금의 증감
(1) 사채를 발행하여 현금 ₩156,000을 조달 : (차) 현 금 156,000 (대) 사 채 156,000 (사채발행의 대가로 받은 현금만큼 현금증가)	재무활동 현금 ₩156,000 증가
(2) 상품 ₩812,000을 구입하고 ₩243,600을 현금지급, 나머지는 외상 : (차) 재고자산 812,000 (대) 매입채무 568,400 현 금 243,600 (상품의 현금매입액만큼 현금감소)	영업활동 현금 ₩243,600 감소
(3) 원가 ₩792,000의 상품을 ₩1,170,000에 판매하면서 현금 ₩351,000을 수취하고 나머지는 외상 : (차) 매출채권 819,000 (대) 매 출 액 1,170,000 현 금 351,000 (차) 매출원가 792,000 (대) 재고자산 792,000 (상품의 현금판매액만큼 현금증가)	영업활동 현금 ₩351,000 증가
(4) 매출채권 ₩812,600을 현금으로 회수 : (차) 현 금 812,600 (대) 매출채권 812,600 (매출채권의 현금회수액만큼 현금증가)	영업활동 현금 ₩812,600 증가
(5) 매입채무 ₩569,600을 현금으로 지급 : (차) 매입채무 569,600 (대) 현 금 569,600 (매입채무의 현금지급액만큼 현금감소)	영업활동 현금 ₩569,600 감소
(6) 영업비용으로 현금 ₩256,400을 지급 : (차) 영업비용 256,400 (대) 현 금 256,400 (영업비용의 현금지급액만큼 현금감소)	영업활동 현금 ₩256,400 감소
(7) 취득원가 ₩24,000, 장부금액 ₩21,600인 비품을 ₩20,400에 처분 : (차) 감가상각누계액 2,400 (대) 비 품 24,000 현 금 20,400 비품처분손실 1,200 (비품의 처분액만큼 현금증가)	투자활동 현금 ₩20,400 증가
(8) 비품 ₩196,000을 현금으로 구입 : (차) 비 품 196,000 (대) 현 금 196,000 (비품의 구입액만큼 현금감소)	투자활동 현금 ₩196,000 감소
(9) 9월분 감가상각비 ₩19,600을 계상 : (차) 감가상각비 19,600 (대) 감가상각누계액 19,600 (감가상각비의 계상은 현금에 영향을 주지 않는다)	현금증감 없음
(10) 현금 ₩35,000을 배당 : (차) 배 당 금 35,000 (대) 현 금 35,000 (배당금의 현금지급액만큼 현금감소)	재무활동 현금 ₩35,000 감소

(11) 법인세 ₩20,160을 현금으로 지급 :				영업활동
(차) 법 인 세	20,160	(대) 현 금	20,160	현금 ₩20,160 감소
			9월 총계 :	현금 ₩19,240 증가

〈표 14-3〉과 같이 거래내역을 영업활동, 투자활동 및 재무활동으로 크게 나누어서 그 유형별로 요약하여 앞의 〈표 14-1〉과 같은 현금흐름표를 작성할 수 있다.

03 활동유형별 현금흐름의 계산

OBJECTIVES 

- 영업활동 현금흐름은 어떻게 계산하는가?
- 투자활동 현금흐름과 재무활동 현금흐름은 어떻게 계산하는가?

영업활동과 투자활동 및 재무활동의 내용과 각 활동별 현금흐름 계산방법을 구체적으로 살펴보기로 하자.

1. 영업활동 현금흐름

영업활동 현금흐름은 투자활동과 재무활동에 속하지 않는 모든 당기순이익 결정거래에서 발생한 현금흐름이다.

영업활동(operating activities)은 제품의 생산과 상품 및 용역의 구매나 판매활동을 말하는데, 투자활동과 재무활동에 속하지 않는 모든 거래를 영업활동으로 보고하는 것이 일반적이다. 영업활동 현금흐름은

판매 또는 용역제공 활동

기업의 주된 수익창출활동으로서 일반적으로 제품의 생산 및 재화판매 또는 용역제공과 관련된 활동

제품의 생산 및 구매 활동

거래처 및 종업원에게 지출되는 활동

관련계정 : 재고자산, 매입채무, 매출채권, 미수수익, 선수수익, 미지급비용, 선급비용

기업의 주된 수익창출활동의 결과로서 발생하기 때문에, 일반적으로 손익계산서에서 영업이익의 결정에 영향을 미치는 모든 거래를 포함한다.

직접법
현금의 증감을 초래하는 수익 또는 비용 항목의 거래들을 직접 식별하여 영업활동 현금흐름 계산

간접법
손익계산서상 법인세비용차감전순이익에서 출발하여 현금지출이 없는 비용 등을 가산하고 현금수입이 없는 수익 등을 차감하는 우회적인 방법으로 현금흐름을 계산

영업활동 현금흐름(cash flow from operating activities)은 직접법과 간접법의 두 가지 방법으로 산출할 수 있다. 직접법(direct method)에서는 현금의 증감을 초래하는 수익 또는 비용 항목의 거래들을 직접 식별하여 영업활동 현금흐름을 구한다. 반면에 간접법(indirect method)에서는 손익계산서상 법인세비용차감전순이익에서 출발하여 현금지출이 없는 비용 등을 가산하고 현금수입이 없는 수익 등을 차감하는 우회적인 방법으로 현금흐름을 계산하게 된다. 이는 발생기준 당기순이익을 현금기준 당기순이익, 즉 현금흐름으로 전환시키는 원리를 적용하는 것이다. 직접법과 간접법으로 작성되는 영업활동 현금흐름을 비교하면 〈표 14-4〉와 같다.

영업활동 현금흐름
- 직접법과 간접법의 비교

직 접 법	간 접 법
영업활동 현금흐름 고객으로부터의 현금유입 공급자와 종업원에 대한 현금유출 법인세의 납부 ……	영업활동 현금흐름 법인세비용차감전순이익 현금의 지출이 없는 비용 등의 가산 현금의 수입이 없는 수익 등의 차감 영업활동으로 인한 자산, 부채의 변동 법인세의 납부

간접법보다 직접법이 더 이해하기 쉬운 방법이지만 실무에서는 직접법보다 간접법이 널리 사용되고 있다.

정보이용자 입장에서는 간접법보다 직접법이 더 이해하기 쉬운 방법이다. 이는 정보이용자가 영업활동 현금흐름의 내용을 개별적으로 추적하는 과정에서 회계의 전문지식이 없더라도 그 거래내용을 유형별로 용이하게 파악할 수 있기 때문이다.

그러나 작성자인 기업에서는 실무적으로 직접법보다 간접법이 널리 사용되고 있다. 이는 직접법에 의할 경우 개별거래의 내용별로 영업활동으로 인한 현금유입액과 현금유출액을 구하기 위하여 기존 재무보고시스템에 추가적인 시스템을 통한 자료처리가 필요하지만 간접법의 경우 기존의 손익계산서와 재무상태표를 활용하여 현금흐름표를 작성할 수 있기 때문이다.

직 접 법

직접법(direct method)에서는 현금유입액과 현금유출액을 주요 거래유형별로 구분하여 표시한다. 해당 기업의 회계기록으로부터 직접 현금의 유입액과 유출액을

직접법에 따라서 영업활동 현금흐름을 계산하는 방법은 직접 현금의 유입액과 유출액을 활동유형별로 구하는 방법이다.

활동유형별로 구하는 방법과 수익과 비용금액에 재무상태표상의 관련계정 금액의 증감을 조정하여 구하는 두 가지 방법이 있다. 직접 현금의 유출입을 파악하는 방법을 사용하면 현금흐름표를 쉽게 작성할 수는 있지만 현금과 관련되는 회계서류들이 현금흐름표를 작성할 수 있도록 미리 체계적으로 정리되어 있어야 한다.

〈표 14-3〉의 개별거래(즉 거래 2, 3, 4, 5, 6, 11)가 현금흐름에 미치는 영향을 주요 거래유형별로 정리하면 〈표 14-5〉와 같이 표시된다. 한편 이 금액은 〈표 14-1〉과도 상호 연계되어 있는 금액이다.

직접법에 의한 영업활동 현금흐름

직 접 법	거 래	금 액
영업활동 현금흐름		
고객으로부터의 현금유입	(3) & (4)	₩1,163,600(=₩351,000+₩812,600)
공급자에 대한 현금유출	(2) & (5)	₩813,200(=₩243,600+₩569,600)
영업비용 지급	(6)	₩256,400
법인세의 납부	(11)	₩20,160
	합계	₩73,840

한편 〈표 14-5〉에 표시된 주요 유형별 금액은 〈표 14-3〉의 개별거래 분석방법 이외에도, 〈표 14-2〉에 표시된 재무상태표계정잔액으로부터 복식부기의 원리를 이용하여 다음과 같이 쉽게 구할 수 있다.

고객으로부터의 현금유입

글로벌네트워크(주)의 고객으로부터 유입된 현금은 매출로부터 유입된 현금을 의미하는 것으로서 거래 (3)과 (4)에서 발생한다. 매출채권의 현금회수액에서 외상매출액을 차감한 금액은 복식부기의 원리에 따라 매출채권의 기초잔액에서 기말잔액을 차감한 금액과 동일하다. 즉 손익계산서상 외상매출액이나 매출채권의 현금회수액을 구하는 대신에 매출채권의 기초잔액과 기말잔액을 이용하여 매출로부터 유입된 현금액을 역으로 구할 수 있다.

현금기준 매출액=현금매출액+[외상매출로부터의 현금회수액]
=현금매출액+[외상매출액
+(매출채권의 기초잔액−매출채권의 기말잔액)]
=**당기매출액 − 매출채권의 증가액**

〈표 14-2〉의 재무상태표에서 매출채권의 기초잔액과 기말잔액은 각각 ₩68,000과 ₩74,400이다. 또한 손익계산서의 매출액은 ₩1,170,000이다. 따라서 글로벌네트워크(주)의 매출로부터의 현금유입액은 위 공식을 이용해 다음과 같이 구한다.

현금기준 매출액	=	₩1,170,000 (당기매출액)	+	[(₩68,000 [(매출채권의 기초잔액)	−	₩74,400)] (매출채권의 기말잔액)]
	=	₩1,170,000 (당기매출액)	−	₩6,400 (매출채권의 증가액)	=	₩1,163,600 현금유입액

공급자에 대한 현금유출

글로벌네트워크(주)의 공급자에 대한 현금유출은 상품을 매입하고(거래 2) 상대방에게 지급하는(거래 5) 현금이다. 매입채무의 현금지급액에서 외상매입액을 차감한 금액은 복식부기의 원리에 따라 매입채무의 기초잔액에서 기말잔액을 차감한 금액과 일치한다. 손익계산서에서 외상매입액이나 매입채무의 현금지급액을 구하는 대신에 매입채무의 기초잔액과 기말잔액을 이용하여 매입에 대한 현금유출액을 역으로 구할 수 있다.

현금기준 매입액=현금매입액+[외상매입으로부터의 현금지급액]
=현금매입액+[외상매입액
+(매입채무의 기초잔액−매입채무의 기말잔액)]
=**당기매입액 − 매입채무의 증가액**

〈표 14-2〉의 재무상태표에서 매입채무의 기초잔액과 기말잔액은 각각 ₩60,000과 ₩58,800이다. 따라서 글로벌네트워크(주)의 매입으로부터 유출된 현금액은 위 공식을 이용해 다음과 같이 구한다.

현금기준 매입액	=	₩812,000* (당기매입액)	+	[(₩60,000 [(매입채무의 기초잔액)	−	₩58,800)] (매입채무의 기말잔액)]
	=	₩812,000 (당기매입액)	−	(−₩1,200) (매입채무의 증가액)	=	₩813,200 현금유출액

* 당기매입액 ₩812,000은 매출원가 ₩792,000에 재고자산의 증가액을 가산해서 계산할 수 있다. 재무상태표에 기초재고자산이 ₩84,000, 기말재고자산이 ₩104,000이므로 재고자산 증가액은 ₩20,000이고, 따라서 당기매입액은 ₩812,000으로 계산된다.

▲ 미수수익 : 현금유입에서 차감
▲ 선수수익 : 현금유입에 가산
▲ 미지급비용 : 현금유출에서 차감
▲ 선급비용 : 현금유출에 가산

기타의 수익과 비용에 의한 현금의 유입과 유출

매출/매입 활동 이외에 이자수익(비용)이나 배당금수익(지급) 등으로 현금이 유입(유출)될 수 있다. 그런데 이러한 수익/비용이 발생했지만 아직 현금거래가 발생하지 않은 미수수익(미지급비용)은 현금의 유출입으로 보아서는 안 될 것이며, 아직 발생하지 않았지만 현금을 먼저 받은(지급한) 선수수익(선급비용)은 현금의 유출입에 포함시켜야 한다. 이들 거래로부터의 현금유출입도 복식부기의 원리를 이용하여 위와 같이 동일한 방법으로 구할 수 있다.

간 접 법

당기순이익과 영업활동 현금흐름의 차이 조정

손익계산서의 당기순이익과 현금흐름표의 영업활동 현금흐름은 그 금액이 일치하지 않는다. 글로벌네트워크(주)의 경우에도 9월의 법인세비용차감전순이익은 ₩100,800인데 영업활동 현금흐름은 ₩73,840이다.

당기순이익과 현금흐름이 일치하지 않는 원인은 발생기준과 현금기준의 차이에서 비롯된다.

이렇게 당기순이익과 현금흐름이 일치하지 않는 원인은 발생기준과 현금기준의 차이에서 비롯된다. 즉, 손익계산서는 발생기준에 입각하여 작성되는 반면에 현금흐름표는 현금기준에 근거하여 작성되기 때문이다.

간접법(indirect method)에 의한 영업활동 현금흐름의 계산은 먼저 손익계산서상의 법인세비용차감전순이익에서 출발하여 ① 현금유출이 없는 비용을 가산하고, 현금유입이 없는 수익을 차감한 다음 ② 투자와 재무 활동으로 인한 비용을 가산하고, 투자와 재무 활동으로 인한 수익은 차감하며 ③ 영업활동으로 인한 자산과 부채의 변동을 가감한 후 ④ 법인세 납부액 등을 가감하는 방법을 따른다.

당기순이익과 영업활동 현금흐름의 관계

손익계산서(발생기준)	현금흐름표(현금기준)
수익(=현금수익+비현금수익) −비용(=현금비용+비현금비용)	현금수익 −현금비용
	=(수익−비현금수익) −(비용−비현금비용) =(수익−비용)−비현금수익+비현금비용 =당기순이익−비현금수익+비현금비용
=당기순이익	=현금흐름

발생기준에 따른 손익계산서상의 수익에는 현금유입이 있는 수익(현금수익)과 그렇지 않은 수익(비현금수익)이 포함되고, 비용은 현금유출이 있는 비용(현금비용)과 그렇지 않은 비용(비현금비용)으로 구성된다. 하지만 현금흐름표상의 영업활동 현금흐름은 현금유입이 있는 수익(현금수익)에서 현금유출이 있는 비용(현금비용)을 차감하는 것이다. 따라서 〈표 14-6〉에서 보는 바와 같이 손익계산서상 당기순이익에 현금유출이 없는 비용(비현금비용)을 가산하고, 현금유입이 없는 수익(비현금수익)을 차감해야 한다.

현금의 유출이 없는 비용은 법인세비용차감전순이익에 가산해야 하고, 현금의 유입이 없는 수익은 법인세비용차감전순이익에서 차감해야 한다.

① 현금의 유출과 유입이 없는 비용과 수익 　현금유출이 없는 비용은 현금유출이 없었음에도 불구하고 그만큼 법인세비용차감전순이익이 감소했으므로 현금흐름을 산출하려면 법인세비용차감전순이익에 이를 다시 가산해야 한다.[2)] 글로벌네트워크(주)의 예에서는 현금유출이 없는 비용으로 감가상각비가 있으므로 법인세비용차감전순이익 ₩100,800에 감가상각비 ₩19,600을 가산해야 한다.

반면에 현금유입이 없는 수익은 현금유입이 없었음에도 불구하고 그만큼 법인세비용차감전순이익이 증가했으므로 현금흐름을 산출하려면 동 금액을 다시 법인세비용차감전순이익에서 차감해야 한다. 이와 같은 수익들로는 자산손상차손환입, 사채할증발행차금상각액 등이 있다. 글로벌네트워크(주)의 경우 현금유입이 없는 수익은 없었다.

② 투자와 재무 활동으로 인한 비용과 수익 　투자와 재무 활동으로 인한 비용은 영업활동과 관련이 없으나 당기순이익에 반영되어 있다. 따라서 비록 현금

2) 감가상각비 이외에 현금의 유출이 없는 비용으로는 자산손상차손, 무형자산상각비, 사채할인발행차금의 상각으로 인한 사채이자비용 등이 있다.

투자와 재무 활동으로 인한 비용은 법인세비용차감전순이익에 가산시켜야 한다.

유출입을 수반하는 수익/비용(이익/손실)이라 할지라도 이를 제거시켜야 한다. 글로벌네트워크(주)는 취득원가 ₩24,000의 비품을 ₩20,400에 처분했는데 동 비품의 감가상각누계액이 ₩2,400이므로 처분시에 다음과 같이 기록했을 것이다.3)

(차)	현　　금	20,400	(대)	비　　품	24,000
	감가상각누계액	2,400			
	비품처분손실	1,200			

비품처분의 거래로부터 유입되는 현금 ₩20,400은 현금흐름표에서 투자활동의 현금유입으로 보고된다. 당연히 이 거래와 관련하여 발생하는 손익도 영업활동이 아니므로 (비록 현금유출입을 수반하는 손익거래라고 할지라도) 영업활동에서는 제거되어야 한다. 투자 및 재무 관련 거래의 손실은 영업활동에 가산시켜야 하고,4) 반대로 관련 이익은 차감조정해 준다.5)

간접법으로 영업활동 현금흐름을 계산할 때에는 당기순이익에서 영업활동과 관련된 자산과 부채의 증감을 가감해야 한다.

③ 영업활동으로 인한 자산과 부채의 변동(증감)　영업활동과 관련된 자산과 부채의 변동액도 영업활동 현금흐름에 영향을 미친다. 예를 들어 재고자산이 증가했다는 것은 이를 구입하기 위해 현금을 그만큼 사용했을 것이기 때문이다. 물론 외상으로 매입했다면 매입채무 증가액만큼을 현금유출액에서 차감해야 할 것이다. 영업활동과 관련된 자산·부채의 대표적 항목으로는 매출채권, 재고자산, 선급비용, 매입채무, 미지급비용 등이 있다.

글로벌네트워크(주)의 매출채권은 기초에 ₩68,000에서 기말에 ₩74,400으로 증가했는데 이는 동 기간중에 외상매출이 증가한 것이다. 이는 해당 매출액만큼 현금유입이 이루어지지 않았다는 것을 의미하기 때문에 영업활동 현금흐름을 계산하기 위하여 ₩6,400을 차감해야 한다.6)

또한 재고자산은 기초 ₩84,000에 비하여 ₩20,000만큼 증가한 ₩104,000이다. 재고자산이 증가하면 이를 구입하기 위해 (매출원가에 반영이 안 된) 현금유출이

3) 참고로 비품의 감가상각누계액은 기초잔액 ₩12,000으로 시작하여 비품처분에 따라 ₩2,400만큼 감소했다가 기말에 계상된 감가상각비 ₩19,600만큼 증가하여 기말잔액은 ₩29,200이 된다.

4) 당기순이익에 가산하여 '영업활동 현금흐름'을 계산하는 '투자와 재무 활동으로 인한 비용항목'들로는 유형자산처분손실, 투자자산처분손실, 사채상환손실, 장기차입금상환손실 등이 있다.

5) 당기순이익에 차감하여 '영업활동 현금흐름'을 계산하는 '투자와 재무 활동으로 인한 수익항목'들로는 유형자산처분이익, 투자자산처분이익, 사채상환이익, 장기차입금상환이익 등이 있다.

6) 법인세비용차감전순이익에서 차감하여 조정해야 하는 항목들로는 매출채권의 증가, 재고자산의 증가, 미수수익·선급금·선급비용의 증가와 매입채무의 감소, 미지급비용·선수금·선수수익의 감소 등이 있다.

이루어진 것이기 때문에 ₩20,000을 추가로 차감해야 한다.

매입채무의 경우에는 기초에 ₩60,000, 기말에 ₩58,800으로 외상매입액이 감소하였기 때문에 매입채무를 줄이기 위해 현금을 사용했다는 의미이므로 감소분 ₩1,200을 차감하여 영업활동 현금흐름을 계산한다.[7] 이와 같은 과정을 거쳐 계산된 영업활동 현금흐름은 〈표 14-7〉과 같다.

지금까지 법인세비용차감전순이익에서 출발하여 ① 현금의 유출이 없는 비용과 수익의 가감, ② 투자와 재무 활동으로 인한 비용과 수익의 가감, ③ 영업활동으로 인한 자산, 부채의 변동액을 가감한 금액을 〈표 14-7〉에서 보는 것처럼 "영업활동에서 창출된 현금(cash generated from operating activites)"이라고 부른다.

mark down **무인양품, 현금흐름 흑자 · 손익 적자… '이례적 재무구조' 장기화**

무인양품의 재무흐름이 '현금흐름 흑자 · 손익 적자' 구조를 보이고 있다. 현금은 벌지만 손익은 적자인 이중구조가 장기간 고착화됐다. 이 구조가 업계에서 전무한 사례는 아니지만 5년 이상 장기적으로 유지되는 경우는 드물다. 대체로 일시적 비용이 발생해 나타났다가 해소되지만 무인양품은 반복적 · 구조적 요인이 결합해 장기화했다는 점에서 주목할 만하다.

금융감독원 전자공시시스템에 따르면 무인양품의 지난 10년간 매출은 2016년 786억원에서 올해 2,177억원으로 약 3배 성장했다. 하지만 미처분이익잉여금은 2020년 −107억원에서 지난해 −283억원까지 악화되며 결손금이 누적되는 흐름을 보였다. 외형 성장과 재무 성적표가 서로 다른 방향을 가리킨다. 손익과 달리 현금흐름 지표는 뚜렷하게 양호하다. 영업활동 현금흐름은 2021년 이후 대부분 플러스를 유지했고 지난해와 올해 200억원대 수준으로 안정적이었다. 유형자산 투자가 적어 자본적 지출(CAPEX) 부담이 낮았고 매출 성장에 따라 현금유입이 빠르게 늘어난 결과다.

순이익이 현금흐름과 달리 저조한 이유는 비현금성 비용의 지속적인 증가다. 재고평가손실 · 충당부채 · 감가상각 · 점포개편비용 등이 반복적으로 발생하면서 순이익을 깎았다. 임차료 · 인건비 · 로열티 등 고정비 비중이 높아 매출 증가 속도보다 비용 증가 속도가 더 빨랐던 점도 적자 지속의 요인이다. 현금이 실제로 빠져나가지 않는 비용항목이 손익에 집중 반영된 구조다. 무인양품의 재무구조가 이례적으로 보이는 이유는 손익을 결정하는 회계적 비용이 현금유출보다 먼저 반영되는 구조 때문이다. 재고평가손실, 점포조정비용, 충당부채 등은 실제 현금지출시점과 무관하게 비용으로 처리된다.

반면 매출이 꾸준히 증가하면서 영업현금은 안정적으로 확보해 현금흐름과 손익흐름이 서로 다른 방향으로 움직이게 됐다. 이에 재무제표상 순손실이 발생해 결손금이 늘었지만 기업의 실질 운영 능력은 현금흐름에 그대로 반영된 구조가 됐다. 무인양품의 결손금이 줄지 않는 가장 큰 이유는 흑자로 전환한 최근 실적보다 과거 누적 손실 규모가 훨씬 크기 때문이다. 2021년 이후 영업현금흐름은 대체로 안정적이었지만 고정비와 비현금성 비용이 꾸준히 손익으로 반영되면서 순이익은 완전한 회복 흐름을 보이지 못했다.

이 구조에서는 일시적인 실적 개선만으로 결손금을 빠르게 상쇄하기 어렵다. 결손금이 이월되는 기간이 길어질수록 순이익의 개선은 지연될 수밖에 없다. 결국 무인양품 재무흐름의 특징은 단순히 적자가 아닌 과거 손실이 재무제표에 상주하는 지속 효과가 장기간 이어지는 구조라는 점에 있다.

(블로터, 2025.12.13 기사내용 수정)

7) 법인세비용차감전순이익에 가산하여 조정해야 하는 항목들로는 매출채권의 감소, 재고자산의 감소, 미수수익 · 선급금 · 선급비용의 감소와 매입채무의 증가, 미지급비용 · 선수금 · 선수수익의 증가 등이 있다.

④ 영업활동으로 분류된 법인세지급액의 가감 그 다음 단계로 법인세 납부액이 있으면 이를 차감하여 영업활동 현금흐름(cash flow from operating activities)을 계산한다.8)

앞의 예제로부터 간접법으로 글로벌네트워크(주)의 영업활동 현금흐름을 계산하면 〈표 14-7〉과 같다.

표 14-7

영업활동 현금흐름 - 간접법

영업활동 현금흐름		
법인세비용차감전순이익		₩100,800
현금의 유출이 없는 비용의 가산 :		
감가상각비		19,600
투자와 재무 활동으로 인한 비용의 가산 :		
비품처분손실		1,200
영업활동으로 인한 자산, 부채의 변동 :		
매출채권의 증가	(₩6,400)	
재고자산의 증가	(20,000)	
매입채무의 감소	(1,200)	(27,600)
영업활동에서 창출된 현금		94,000
법인세의 납부		(20,160)
영업활동 순현금흐름		₩73,840

2. 투자활동 현금흐름

투자활동
현금성자산에 속하지 않는 금융자산, 유형·무형자산 및 기타 투자자산의 취득과 처분활동

투자활동(investing activities)이란 현금성자산에 속하지 않는 금융자산, 유형·무형자산 및 기타투자자산의 취득과 처분활동을 말한다. 일반적으로 재무상태표의 자산 중 영업활동과 관련된 자산항목을 제외한 모든 자산항목의 변동거래는 투자활동으로 분류된다. 따라서 투자활동으로 인한 현금의 유입에는 대여금의 회수와 투자자산, 유형자산, 무형자산의 처분 등이 포함된다. 그리고 투자활동으로 인한 현금의 유출에는 현금의 대여와 투자자산, 유형자산, 무형자산 등의 취득이 포함된다.

8) 손익계산서 양식(제6장 03 참조)에는 법인세비용차감전순이익에서 법인세비용이 차감되어 당기순이익이 산출된다. 본장에서는 법인세비용과 실제 납부한 법인세가 동일하다고 가정한다. 법인세비용은 우리가 배우는 재무회계상의 순이익에 바탕을 두어 계산되는 세금비용을 지칭하는 것이지만, 법인세 납부액은 세법상의 과세소득에 근거하여 부과하기 때문에 그 금액이 다르다. 법인세비용과 법인세납부액의 차이는 이연법인세자산 또는 이연법인세부채로 기록한다.

자산의 처분시에는 실제 현금처분금액으로 현금의 유입을 기록하고, 취득시에도 실제 현금취득금액으로 현금의 유출을 기록한다.

이때 대여금, 투자자산, 유형자산, 무형자산 등의 처분시에는 해당 자산의 장부금액이 아닌 실제 현금처분금액으로 현금의 유입을 기록하고, 취득시에도 실제 현금취득금액으로 현금의 유출을 기록해야 한다. 현금흐름표에 표시되는 투자활동 현금흐름(cash flow from investing activities)은 〈표 14-8〉과 같다.

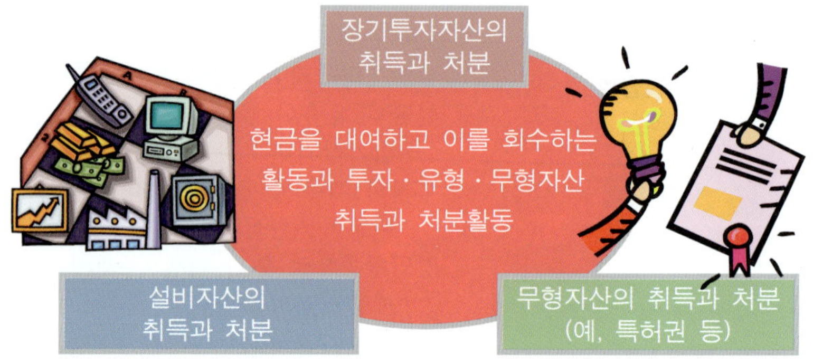

투자활동 현금흐름

투자활동 현금흐름[9)]

1. 투자활동으로 인한 현금유입액	2. 투자활동으로 인한 현금유출액
유동자산의 감소	유동자산의 증가
투자자산의 감소	투자자산의 증가
유형자산의 감소	유형자산의 증가
무형자산의 감소	무형자산의 증가
기타비유동자산의 감소	기타비유동자산의 증가

글로벌네트워크(주)의 예제에서는 비품(취득원가 ₩24,000, 장부금액 ₩21,600)을 ₩20,400에 처분한 거래 (7)은 투자활동으로 인한 현금의 유입에 기록되고, 현금으로 비품 ₩196,000을 구입한 거래 (8)이 투자활동으로 인한 현금의 유출에 기록된다.

9) 유동자산 중 운전자본과 관련된 대부분의 항목들은 영업활동으로 분류된다. 그러나 유동자산 중에서 단기대여금, 미수금 등은 투자활동과 관련되기 때문에 이들 항목들에 대한 현금거래는 투자활동 현금흐름에 표시된다. 한편 비유동자산의 대부분 항목들은 투자활동과 관련되나 장기매출채권, 부도어음 등은 영업활동과 관련되기 때문에 이들의 증감변화는 영업활동 현금흐름에 표시된다.

3. 재무활동 현금흐름

재무활동
납입자본과 차입금의 증감을 가져오는 활동과 배당금의 지급 등과 같은 활동

사채의 발행 또는 주식발행으로 인한 현금의 유입은 발행금액으로 기재된다.

재무활동(financing activities)이란 납입자본(자본금과 주식발행초과금)과 차입금의 증감을 가져오는 활동 그리고 배당금의 지급 등과 같은 활동을 말한다. 따라서 재무활동으로 인한 현금의 유입에는 현금의 차입과 사채의 발행, 유상증자 등이 포함되고, 현금의 유출에는 차입금의 상환이나 배당금의 지급 등이 포함된다. 이때 사채의 발행 또는 주식발행으로 인한 현금의 유입은 액면금액이 아닌 발행금액으로 기재된다. 현금흐름표에 표시되는 재무활동 현금흐름(cash flow from financing activities)은 〈표 14-9〉와 같다.10)

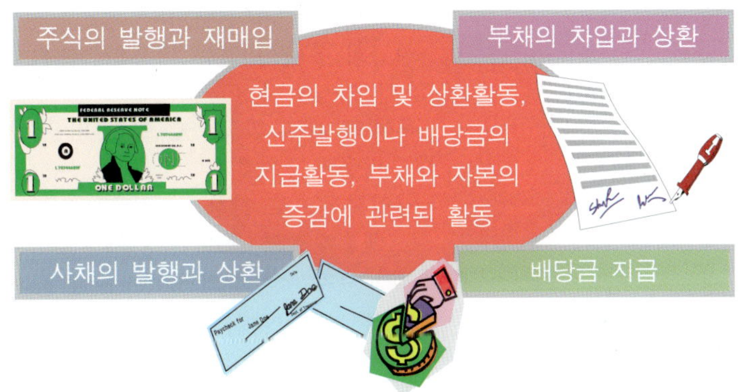

표 14-9
재무활동 현금흐름

재무활동 현금흐름

1. 재무활동으로 인한 현금유입액	2. 재무활동으로 인한 현금유출액
유동부채의 증가	유동부채의 감소
비유동부채의 증가	비유동부채의 감소
자본의 증가	자본의 감소
	배당금의 지급

글로벌네트워크(주)의 예제에서는 사채를 발행하여 현금 ₩156,000을 수취한 거래 (1)이 재무활동으로 인한 현금의 유입에 해당되고, 배당금 ₩35,000을 현금으로 지급한 거래 (10)이 재무활동으로 인한 현금의 유출에 해당된다.

10) 유동부채 중 대부분의 항목들은 영업활동과 관련된다. 그러나 유동부채 중에서 단기차입금, 미지급금 등은 재무활동과 관련되기 때문에 이들 항목들에 대한 현금거래는 재무활동 현금흐름에 표시된다. 한편 비유동부채 중 대부분의 항목들은 재무활동과 관련되나 제품보증충당부채, 퇴직급여채무, 장기매입채무 등은 영업활동과 관련되기 때문에 이들의 증감변화는 영업활동 현금흐름에 표시된다.

4. 현금흐름표의 완성

글로벌네트워크(주)의 재무제표인 〈표 14-2〉를 기초로 하여 현금흐름을 영업활동과 투자활동, 재무활동으로 나누고, 아울러 영업활동 현금흐름을 간접법으로 작성했을 때의 현금흐름표는 〈표 14-10〉과 같다.

글로벌네트워크(주)의 현금흐름표의 작성 - 간접법

현금흐름표

글로벌네트워크(주) 20××년 9월 1일부터 20××년 9월 30일까지 (단위 : 원)

영업활동 현금흐름			
법인세비용차감전순이익		₩100,800	
현금의 유출이 없는 비용의 가산 :			
감가상각비		19,600	
투자와 재무 활동으로 인한 비용의 가산 :			
비품처분손실		1,200	
영업활동으로 인한 자산, 부채의 변동 :			
매출채권의 증가	(₩6,400)		
재고자산의 증가	(20,000)		
매입채무의 감소	(1,200)	(27,600)	
영업활동에서 창출된 현금		94,000	
법인세의 납부		(20,160)	73,840
투자활동 현금흐름			
투자활동으로 인한 현금유입액 :			
비품의 처분		20,400	
투자활동으로 인한 현금유출액 :			
비품의 취득		(196,000)	(175,600)
재무활동 현금흐름			
재무활동으로 인한 현금유입액 :			
사채발행		156,000	
재무활동으로 인한 현금유출액 :			
현금배당		(35,000)	121,000
현금및현금성자산의 증가			₩19,240
기초의 현금및현금성자산			150,400
기말의 현금및현금성자산			₩169,640

이 장의 요약

• 현금흐름표에서는 어떤 정보를 얻을 수 있는가?

– 현금흐름표는 기업의 영업, 투자 및 재무 활동과 관련한 현금의 유입과 유출에 대한 정보제공 기능을 담당하는 기업의 기본재무제표 중의 하나이다.

– 현금흐름표는 재무정보 이용자들에게 미래현금흐름의 예측, 부채와 배당금에 대한 지급능력 및 당기순이익의 질 등의 정보를 제공한다.

• 현금흐름표상에서 기업의 활동유형은 어떻게 구분하는가?

– 현금흐름표에서 기업의 활동은 영업활동, 투자활동 및 재무활동으로 구분한다.

– 영업활동은 기업의 주된 수익창출활동으로서 일반적으로 제품의 생산 및 재화와 용역의 판매와 관련되는 활동을 포함한다.

– 투자활동은 현금성자산이나 영업활동자산(매출채권 등)에 속하지 않는 기타의 모든 자산을 취득하거나 처분하는 활동으로 구성된다.

– 재무활동은 기업의 납입자본과 차입금 및 구성내용에 변동을 가져오는 활동, 즉 자금의 조달과 상환 활동으로 이루어진다.

• 영업활동 현금흐름은 어떻게 계산하는가?

– 영업활동 현금흐름은 손익계산서에서 영업이익의 결정에 영향을 미치는 모든 거래를 포함하는데, 직접법과 간접법의 두 가지 방법으로 산출할 수 있다.

– 직접법에서는 현금의 증감을 초래하는 수익 또는 비용 항목의 거래들을 직접 식별하여 영업활동 현금흐름을 구한다.

– 반면에 간접법에서는 손익계산서상 법인세비용차감전순이익에서 출발하여 현금지출이 없는 비용 등을 가산하고 현금수입이 없는 수익 등을 차감하는 우회적인 방법으로 현금흐름을 계산하게 된다.

• 투자활동 현금흐름과 재무활동 현금흐름은 어떻게 계산하는가?

– 투자활동은 현금성자산에 속하지 않는 금융자산, 유형·무형자산 및 기타투자자산의 취득과 처분 활동을 말한다.

– 투자활동으로 인한 현금의 유입에는 대여금의 회수와 투자자산, 유형자산, 무형자산의 처분 등이 포함되며, 투자활동으로 인한 현금의 유출에는 현금의 대여와 투자자산, 유형자산, 무형자산 등의 취득이 포함된다.

– 재무활동은 납입자본(자본금과 주식발행초과금)과 차입금의 증감을 가져오는 활동, 배당금의 지급 등과 같은 활동을 말한다.

– 재무활동으로 인한 현금의 유입에는 현금의 차입과 사채의 발행, 유상증자 등이 포함되고, 현금의 유출에는 차입금의 상환이나 배당금의 지급 등이 포함된다.

회계정보의 활용

영업활동 현금흐름 대 당기순이익 비율

영업활동 현금흐름 대 당기순이익 비율은 당기순이익 중에서 현금거래 또는 비현금거래로 창출된 이익이 차지하는 비중을 나타낸다. 영업활동 현금흐름 대 당기순이익 비율이 1보다 크다는 것은 현금지출이 수반되지 않는 비현금비용(예 : 감가상각비)이 상대적으로 많다는 것을 의미하며, 동 비율이 1보다 작다는 것은 현금수취가 수반되지 않는 비현금수익(예 : 외상매출)이 상대적으로 많다는 것을 나타낸다. 다만, 영업활동 현금흐름 또는 당기순이익이 음(−)일 경우에는 동 비율을 조심스럽게 해석해야 한다.

$$\text{〈산식〉 영업활동 현금흐름 대 당기순이익 비율} = \frac{\text{영업활동 현금흐름}}{\text{당기순이익}}$$

SK텔레콤과 LG유플러스의 영업활동 현금흐름 대 당기순이익 비율을 비교해 보자.

(단위 : 백만원)

회사명	내 용	2024년	2023년
SK텔레콤	영업활동 현금흐름(A)	5,087,285	4,947,205
	당기순이익(B)	1,387,095	1,145,937
	영업활동 현금흐름 대 당기순이익 비율(A/B)	3.7	4.3
LG유플러스	영업활동 현금흐름(A)	3,335,301	2,974,990
	당기순이익(B)	314,601	630,241
	영업활동 현금흐름 대 당기순이익 비율(A/B)	10.6	4.7

SK텔레콤은 2023년에 영업활동 현금흐름 4조 9,472억원, 당기순이익 1조 1,459억원을 보고하여 영업활동 현금흐름 대 당기순이익 비율은 4.3배를 기록하였다. 2024년에는 영업활동 현금흐름 5조 873억원, 당기순이익 1조 3,871억원을 보고하여 영업활동 현금흐름 대 당기순이익 비율은 3.7배로 낮아졌다.

한편 LG유플러스는 2023년에는 영업활동 현금흐름 2조 9,750억원, 당기순이익 6,302억원을 보고하여 영업활동 현금흐름 대 당기순이익 비율은 4.7배를 기록하였다. 그리고 2024년에는 영업활동 현금흐름 3조 3,353억원, 당기순이익 3,146억원을 보고하여 영업활동 현금흐름 대 당기순이익 비율은 10.6배였다.

2023년과 2024년 두 회사의 영업활동 현금흐름 대 당기순이익 비율은 SK텔레콤에 비하여 LG유플러스의 당기순이익이 크게 감소함에 따라 나타난 결과로 보인다.

01 현금흐름표의 작성

핑클(주)의 20×1년 12월 31일과 20×2년 12월 31일 현재의 비교재무상태표는 다음과 같다.

비교재무상태표

핑클(주) (단위 : 원)

	20×1년 12월 31일	20×2년 12월 31일
자 산 :		
현 금	₩5,000	₩8,000
매 출 채 권(순액)	12,000	16,000
선 급 비 용	3,000	2,000
재 고 자 산	22,000	31,000
건 물	70,000	90,000
감가상각누계액-건물	(20,000)	(26,000)
자산총계	₩92,000	₩121,000
부채와 자본 :		
매 입 채 무	₩14,000	₩10,000
사 채	–	18,000
자 본 금	50,000	50,000
이익잉여금	28,000	43,000
부채 및 자본총계	₩92,000	₩121,000

20×2년의 손익계산서에 나타난 법인세비용차감전순이익은 ₩43,000이었고, 법인세비용 납부액 ₩20,000은 법인세비용과 같다. 또한 20×2년중 배당금 ₩8,000을 의결하고 지급하였다. 건물은 현금으로 구입하였으며, 20×2년말에 사채를 발행하였다.

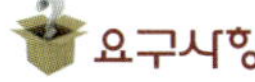

20×2년의 현금흐름표를 간접법으로 작성하라.

해답

현금흐름표

핑클(주)	20×2년 1월 1일부터 20×2년 12월 31일까지		(단위 : 원)
영업활동 현금흐름			
법인세비용차감전순이익		₩43,000	
현금의 유출이 없는 비용의 가산			
감가상각비		6,000	
영업활동으로 인한 자산·부채의 변동			
매출채권의 증가	(₩4,000)		
선급비용의 감소	1,000		
재고자산의 증가	(9,000)		
매입채무의 감소	(4,000)	(16,000)	
영업에서 창출된 현금		₩33,000	
법인세의 납부		(20,000)	₩13,000
투자활동 현금흐름			
투자활동으로 인한 현금의 유입액			
투자활동으로 인한 현금의 유출액			
건물의 취득			(20,000)
재무활동 현금흐름			
재무활동으로 인한 현금의 유입액			
사채의 발행		₩18,000	
재무활동으로 인한 현금의 유출액			
배당금의 지급		(8,000)	10,000
현금및현금성자산의 증가			₩3,000
기초의 현금및현금성자산			5,000
기말의 현금및현금성자산			₩8,000

02 영업활동 현금흐름 – 손익계산서의 작성 : 발생기준 순이익

다음은 인호(주)의 20×1년 현금흐름표의 영업활동 현금흐름과 재무상태표의 일부이다. 20×1년의 감가상각비는 ₩10,000이다.

영업활동 현금흐름	
고객으로부터의 현금유입액	₩250,000
공급자에 대한 현금유출액	(70,000)
종업원에 대한 현금유출액	(80,000)
법인세비용 현금유출액	(30,000)
	₩70,000

재무상태표 항목	20×1년 1월 1일	20×1년 12월 31일
매 출 채 권	₩40,000	₩30,000
재 고 자 산	50,000	60,000
매 입 채 무	50,000	70,000
미지급급여	10,000	15,000
미지급법인세	20,000	10,000

요구사항

위의 자료를 활용하여 20×1년의 인호(주) 손익계산서를 작성하라.

해답

먼저 손익계산서 작성에 필요한 항목을 다음과 같이 구한다.

(1) 매출액의 계산*

고객으로부터의 현금유입액	₩250,000	
매출채권의 감소	(10,000)	₩240,000

(2) 매출원가의 계산**

공급자에 대한 현금유출액	₩70,000	
재고자산의 증가	(10,000)	
매입채무의 증가	20,000	₩80,000

(3) 급여의 계산***

종업원에 대한 현금유출액	₩80,000	
미지급급여의 증가	5,000	₩85,000

(4) 법인세비용의 계산****

법인세비용에 대한 현금유출액	₩30,000	
미지급법인세의 감소	(10,000)	₩20,000

* 기초매출채권＋당기신용매출액－매출채권회수액＝기말매출채권
매출액＝현금매출액＋당기신용매출액
＝현금매출액＋매출채권회수액＋(기말매출채권－기초매출채권)
＝고객으로부터의 현금유입액＋△매출채권

** 기초매입채무＋당기신용매입액－매입채무지급액＝기말매입채무
당기매입액＝현금매입액＋당기신용매입액
＝현금매입액＋매입채무지급액＋(기말매입채무－기초매입채무)
＝공급자에 대한 현금유출액＋△매입채무
매출원가＝기초재고자산＋당기매입액－기말재고자산
＝공급자에 대한 현금유출액＋△매입채무－△재고자산

*** 기초미지급급여＋당기미지급급여－미지급급여지급액＝기말미지급급여
급여＝현금지급급여＋당기미지급급여
＝현금지급급여＋미지급급여지급액＋(기말미지급급여－기초미지급급여)
＝종업원에 대한 현금유출액＋△미지급급여

**** 기초미지급법인세+당기미지급법인세−미지급법인세지급액=기말미지급법인세

법인세비용=현금지급법인세+당기미지급법인세

=현금지급법인세+미지급법인세지급액+(기말미지급법인세−기초미지급법인세)

=법인세비용에 대한 현금유출액+△미지급법인세

손익계산서

인호(주)	20×1년 1월 1일부터 20×1년 12월 31일까지	(단위 : 원)
매 출		₩240,000
매 출 원 가		80,000
매출총이익		₩160,000
감가상각비		10,000
급 여		85,000
법인세비용차감전순이익		₩65,000
법인세비용		20,000
당기순이익		₩45,000

익힘문제

01 현금흐름표의 목적은 손익계산서와 재무상태표 등의 재무제표로부터 쉽게 얻을 수 없는 정보를 제공하는 데 있다. 이는 구체적으로 어떠한 정보인가?

02 현금흐름표는 세 개의 주요 활동으로 구성되어 있다. 이를 열거하고 각 활동이 제공하는 정보를 설명하라.

03 현금흐름의 증가원인이 되는 주요 현금흐름의 유입과 현금흐름의 감소원인이 되는 주요 현금흐름의 유출은 무엇인가?

04 현금흐름표의 유용성을 설명하라.

05 다음의 인용문은 어느 대기업의 연차보고서에서 발췌한 것이다. 이에 대하여 논평하라.

"감가상각, 무형자산의 상각 등은 영업활동 현금흐름이 당기순이익을 초과하는 원인이 되는 현금을 제공한다."

06 영업활동 현금흐름을 결정하는 과정에서 감가상각비는 왜 당기순이익에 가산되어야 하는가? 영업활동 현금흐름을 계산할 때 당기순이익에 가산되는 기타 손익계산서 항목들을 예시하라.

07 영은(주)는 사채 ₩700,000을 발행하여 ₩700,000의 건물을 취득하였다. 이 거래는 현금흐름표에 표시되는가? 표시되지 않는다면 그 이유는 무엇인가?

08 순돌(주)는 현금 ₩60,000과 ₩240,000의 장기성어음을 발행하여 건물 ₩300,000을 구입하였다. 이 거래가 순돌(주)의 현금흐름에 미치는 영향을 설명하라. 또한 이 거래는 현금흐름표에서 어떻게 표시되는지도 설명하라.

09 현금흐름표를 작성할 때, 재무상태표상에 표시된 영업활동과 관련이 없는 자산과 부채 계정의 모든 변동내역을 분석해야 한다. 그 이유는 무엇인가?

10 만약 어떤 기업이 법인세비용차감전순손실을 기록했다면, "영업활동 현금흐름"에서 이 법인세비용차감전순손실은 어떻게 나타나겠는가?

11 당기에 병수(주)는 ₩4,000,000의 현금배당과 10%의 주식배당을 결의했으나 아직 배당금을 지급하지 않았다. 현금흐름표를 작성할 때 이 두 거래를 어떻게 처리해야 하는지 설명하라.

12 영업활동 현금흐름의 작성방법에는 두 가지가 있다. 이 두 가지 방법을 설명하고 각각의 장단점을 설명하라.

13 회계기준은 이자지급, 이자수취, 배당금지급, 배당금수취를 현금흐름표상에 별도의 항목으로 표시할 것을 요구하고 있지만 현금흐름표의 어느 활동에 포함시켜야 하는지에 대해서는 기업의 판단에 맡기고 있다. 각 항목이 영업활동 현금흐름, 투자활동 현금흐름, 재무활동 현금흐름 중 어느 곳으로 분류될 수 있는지 설명하라.

연습문제

01 현금흐름표에 포함되는 항목

다음은 현금흐름표의 항목들이다. 단, 영업활동 현금흐름은 간접법으로 구한다.

(1) 기계장치의 취득	(2) 유상증자
(3) 사채의 상환	(4) 매출채권의 증가
(5) 건물의 처분	(6) 재고자산의 감소
(7) 배당금의 지급	(8) 자기주식의 매입
(9) 무형자산의 상각	(10) 토지처분이익
(11) 감가상각비	(12) 이자의 지급
(13) 매입채무의 증가	(14) 장기금융자산의 처분
(15) 법인세의 지급	(16) 미지급임차료의 감소
(17) 이자의 수취	(18) 배당금의 수취

(1)에서 (18)의 항목들을 현금흐름표상의 어느 활동에 포함시켜야 하는지와 현금흐름표상에 현금유출로 표시해야 하는지 현금유입으로 표시해야 하는지를 밝혀라(예, 법인세차감전순이익 : 영업활동-현금유입)

02 거래의 분석과 현금흐름에 미친 영향

다음 거래를 분개한 후 현금흐름표 작성시에 이 거래들이 현금흐름에 어떠한 영향을 미치는지 설명하라. 이 회사는 영업현금흐름을 간접법으로 산출하고 있다.

(1) 영업에 사용되는 사무실 임차료 ₩10,000을 현금으로 지급했다.
(2) 고객에게 ₩500,000을 매출하고 현금으로 ₩300,000을 받고 나머지는 외상으로 했다.
(3) 감가상각비 ₩30,000을 인식했다.
(4) 주식을 추가로 발행했다. 주당 @₩1,000으로 500주를 액면발행했다.
(5) 장부금액 ₩70,000의 토지를 ₩90,000에 현금으로 매각했다.

03 현금흐름표의 표시방법

다음은 혜화(주)에서 발생한 독립적인 거래들이다.

(1) 2월 15일에 ₩60,000의 배당금을 현금으로 지급하였다.
(2) 올해 경기침체로 인하여 처음으로 법인세비용차감전순손실 ₩110,000을 기록하였다.
(3) 올해 1월중에 주당액면 ₩5,000인 주식 20,000주가 1주당 3주로 분할되었다. 또한 3월중에 5%의 주식배당이 결의되었다. 주식배당일 현재 보통주의 시장가격은 주당 ₩10,000이었다.

(4) 원가 ₩600,000의 토지를 취득하고, 구입대금 중 ₩100,000을 현금으로 지급하고, 나머지는 시가 ₩500,000의 주식을 발행하여 지급하였다.

위의 각 거래들을 혜화(주)의 현금흐름표에 어떻게 표시해야 하는지 설명하라.

04 영업활동 현금흐름(I)

다음 자료는 유리(주)의 비교재무상태표로부터 얻은 정보이다.

	20×1년 12월 31일	20×2년 12월 31일
현 금	₩14,000	₩18,000
매출채권	29,000	34,000
선급비용	4,000	2,000
재고자산	33,000	49,000
건 물(순액)	86,000	95,000
매입채무	27,000	39,000
미지급비용	10,000	13,000
자 본 금	85,000	85,000
이익잉여금	44,000	61,000

요구사항

20×2년의 영업활동 현금흐름을 간접법으로 계산하라. 단, 20×2년의 법인세비용차감전순이익은 ₩77,000이고 배당금의 현금지급액은 ₩20,000이며 법인세는 ₩40,000을 지급했다. 20×2년중에 건물을 처분한 내역은 없고 ₩20,000의 건물을 취득하였다. 20×2년중 감가상각비는 ₩11,000이다.

05 고객으로부터의 현금유입액

효리(주)의 올 한 해 매출액이 ₩1,000,000이었다. 회계기간중 매출채권의 대손상각비는 없었다.

	1월 1일	12월 31일
매출채권	₩200,000	₩300,000
대손충당금	50,000	20,000

위의 재무정보를 이용하여 상품이 판매된 고객으로부터의 현금유입액을 계산하라.

06 공급자에 대한 현금유출액

지니(주)의 올 한 해 동안 매출원가는 ₩800,000이었다.

	1월 1일	12월 31일
재 고 자 산	₩100,000	₩210,000
매 입 채 무	30,000	70,000

요구사항

위의 재무정보를 이용하여 재고자산의 공급자에 대한 현금유출액을 계산하라.

07 영업활동 현금흐름 (Ⅱ)

주현(주)의 손익계산서상에 법인세비용차감전순손실이 ₩600,000으로 보고되었다. 이 법인세비용차감전순손실을 계산하는 데 다음과 같은 항목이 포함되어 있다.

토지처분이익	₩350,000
재해손실(건물)	630,000
감가상각비	460,000
산업재산권손상차손	150,000

한편 영업활동과 관련이 있는 자산과 부채의 증감액은 다음과 같다.

매출채권의 감소	₩200,000
선급비용의 증가	100,000
재고자산의 증가	70,000
매입채무의 감소	150,000
미지급비용의 증가	50,000

요구사항

주현(주)의 현금흐름표에 표시될 영업활동 현금흐름을 간접법으로 계산하라. 당기에 법인세지급액은 없다.

08 현금유출입액

다음은 서아(주)의 회계기록이다. 각 항목의 현금유출입액을 계산하라.

(1) 급여		₩100,000
미지급급여	(보고기간초)	60,000
미지급급여	(보고기간말)	50,000

(2) 보험료 ₩60,000
　선급보험료 (보고기간초) 50,000
　선급보험료 (보고기간말) 40,000

(3) 임차료 ₩500,000
　선급임차료 (보고기간초) 100,000
　미지급임차료 (보고기간말) 60,000

(4) 이자수익 ₩30,000
　미수이자 (보고기간초) 10,000
　미수이자 (보고기간말) 10,000

(5) 이자비용 ₩80,000
　미지급이자 (보고기간초) 20,000
　미지급이자 (보고기간말) 30,000

09 현금흐름표의 작성 (I)

금강(주)의 요약된 재무정보는 다음과 같다.

	20×1년 12월 31일	20×2년 12월 31일
현금및현금성자산	₩200,000	₩250,000
매출채권	300,000	190,000
토지	200,000	360,000
건물	400,000	640,000
차감 : 감가상각누계액	(140,000)	(158,000)
총계	₩960,000	₩1,282,000
매입채무	₩ −	₩280,000
자본금	800,000	800,000
이익잉여금	160,000	202,000
총계	₩960,000	₩1,282,000

20×2년의 법인세비용차감전순이익은 ₩270,000이었고 감가상각비는 ₩18,000이었으며, 현금배당금 ₩128,000이 20×2년말에 지급되었고, 법인세지급액은 ₩100,000이었다.

20×2년의 현금흐름표를 완성하기 위하여 빈칸을 채우라.

현금흐름표

20×2년 1월 1일부터
20×2년 12월 31일까지

금강(주) (단위 : 원)

Ⅰ. 영업활동 현금흐름			
1. 법인세비용차감전순이익		① ₩	
2. 현금의 유출이 없는 비용의 가산			
1) ②		②	
3. 영업활동으로 인한 자산·부채의 변동			
1) ③	③ ₩		
2) ④	④	⑤	
4. 영업에서 창출된 현금		⑥	
5. ⑦		⑦	⑧ ₩
Ⅱ. 투자활동 현금흐름			
1. 투자활동으로 인한 현금의 유출액			
1) ⑨		⑨	
2) ⑩		⑩	⑪
Ⅲ. 재무활동 현금흐름			
1. 재무활동으로 인한 현금의 유출액			
1) ⑫			⑫
Ⅳ. 현금및현금성자산의 증가			⑬ ₩
Ⅴ. 기초의 현금및현금성자산			200,000
Ⅵ. 기말의 현금및현금성자산			₩250,000

10 현금흐름표의 작성(Ⅱ)

바다(주)의 20×2년 12월 31일의 비교재무상태표와 20×2년의 손익계산서는 다음과 같다.

재무상태표

	20×1년 12월 31일	20×2년 12월 31일
현금및현금성자산	₩48,400	₩100,350
매출채권	33,000	92,800
재고자산	102,850	112,500
선급비용	26,000	29,300
장기투자자산	114,000	140,000
설비자산	242,500	265,000
차감 : 감가상각누계액	(52,000)	(47,000)
총계	₩514,750	₩692,950
매입채무	₩67,300	₩112,000
미지급비용	17,000	16,500
사채	150,000	110,000
자본금	175,000	220,000
이익잉여금	105,450	234,450
총계	₩514,750	₩692,950

손익계산서

20×2년 1월 1일~20×2년 12월 31일

매출액	₩392,780
매출원가	135,460
매출총이익	₩257,320
판매비와관리비(감가상각비 제외)	12,410
감가상각비	45,000
영업이익	₩199,910
유형자산처분이익	5,000
이자비용	4,730
법인세비용차감전순이익	₩200,180
법인세비용	27,280
당기순이익	₩172,900

추가적인 정보는 다음과 같다.

(1) 새로운 설비자산을 ₩80,000에 현금구매하였다.

(2) 취득원가 ₩57,500, 감가상각누계액 ₩50,000인 구설비자산을 ₩12,500의 현금을 받고 매각하였다.

(3) 만기가 된 사채를 액면으로 상환하였다.

(4) 현금배당 ₩43,900이 의결되어 지급되었다.

요구사항

20×2년의 현금흐름표를 간접법으로 작성하라. 단, 이자지급액은 영업활동 현금흐름으로, 배당금지급액은 재무활동 현금흐름으로 분류하라.

11 토지의 처분에 따른 현금흐름의 표시

한국(주)는 보유중인 토지를 ₩1,500,000(취득원가 ₩1,200,000)에 처분하였으며, 포괄손익계산서상에 표시된 토지처분이익은 ₩300,000이다.

요구사항

간접법에 의한 현금흐름표 작성시 위의 토지처분거래는 현금흐름표에 어떻게 기재되어야 하는지 설명하라.

12 자산의 처분에 대한 현금흐름 추정

다음은 20×1년 대한(주)의 건물과 관련된 재무정보이다.

	20×1년 1월 1일	20×1년 12월 31일
건 물	₩425,000	₩410,000
감가상각누계액	(146,000)	(157,000)

20×1년중 취득원가 ₩130,000의 건물을 취득하였다. 포괄손익계산서상 감가상각비는 ₩74,000, 건물처분이익은 ₩18,000이다.

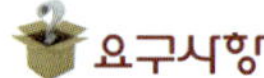

요구사항

위의 회계자료를 이용하여 건물처분으로 인한 현금유입액을 구하라.

고급연습문제

13 영업활동 현금흐름의 추정

다음은 20×1년중 각기 다른 회사에서 발생한 독립적인 거래이다.

(1) 동서(주)의 매출액은 ₩1,300,000이다. 포괄손익계산서상의 대손상각비가 ₩50,000 계상되어 있다. 다음의 재무자료를 이용하여 고객으로부터의 현금유입액을 구하라.

	1월 1일	12월 31일
매 출 채 권	₩90,000	₩120,000
대손충당금	1,000	3,000

(2) 동남(주)의 매출액은 ₩540,000이다. 다음의 재무자료를 이용하여 고객으로부터의 현금유입액을 구하라.

	1월 1일	12월 31일
매 출 채 권	₩52,000	₩38,000
선 수 금	45,000	57,000

(3) 동북(주)의 포괄손익계산서상 급여는 ₩700,000이다. 다음의 재무자료를 이용하여 종업원에 대한 현금유출액을 구하라.

	1월 1일	12월 31일
미지급급여	₩12,000	₩8,000
선 급 급 여	25,000	17,000

14 재무제표 항목을 이용한 영업활동 현금흐름의 산출

다음은 (주)한경의 20×1년도 비교재무상태표 중 일부를 발췌한 것이다.

	전기말	당기말
매 출 채 권	₩230,000	₩300,000
대손충당금	(40,000)	(52,000)
선 급 비 용	44,000	34,000
재 고 자 산	825,000	625,000
설 비 자 산	1,000,000	900,000
감가상각누계액	(250,000)	(210,000)
매 입 채 무	57,000	62,000
퇴직급여부채	42,000	47,000

회사는 당기중에 설비자산(취득원가 ₩100,000, 감가상각누계액 ₩60,000)을 ₩58,000에 처분한 바 있으며, 당기순손실은 ₩12,000이었다. 주어진 자료에 의하여 영업활동 현금흐름(간접법 이용)을 계산하면 얼마인가?

15 투자활동과 재무활동 현금흐름의 추정(Ⅰ)

다음은 성렬(주)의 재무상태표와 손익계산서의 일부와 추가정보이다.

부분재무상태표

	20×1년말	20×2년말
유 형 자 산	₩490,000	₩540,000
감가상각누계액	334,000	356,000
미 지 급 금	68,000	108,000
미지급배당금	22,000	30,000
이익잉여금	200,000	230,000

부분손익계산서(20×2.1.1~20×2.12.31)

감가상각비	₩64,000
토지처분이익	26,000
당기순이익	56,000

〈추가정보〉

(1) 20×2년 3월 1일 원가 ₩90,000의 토지를 현금을 받고 처분하였다. 또한 20×2년 8월중 새로운 토지를 구입하였으며, 구입대금 중 현금으로 지급하지 못한 ₩40,000은 미지급금으로 계상되었다. 토지 외에 처분하거나 구입한 유형자산은 없다.

(2) 이익잉여금의 변동은 당기순이익과 현금배당의 의결에 의해서만 영향을 받았다.

20×2년도의 현금흐름표에 보고되어야 할 투자활동 현금흐름과 재무활동 현금흐름을 계산하라.

16 투자활동과 재무활동 현금흐름의 추정(Ⅱ)

다음은 은준(주)의 기계장치와 사채에 관련된 일부 사항이다.

(1) 기계장치에 관련된 재무정보

	기초잔액	기말잔액
기 계 장 치	₩70,000	₩230,000
감가상각누계액	(40,000)	(60,000)

취득원가 ₩50,000, 장부금액 ₩30,000인 기계장치가 처분되었다. 이때 처분손실은 ₩10,000이다.

(2) 사채와 관련된 정보

	기초잔액	기말잔액
사　　채	₩80,000	₩60,000
사채할증발행차금	12,000	4,000

현금 ₩50,000을 지급하고 액면가 ₩40,000인 사채를 상환했다. 이때 사채상환손실 ₩4,000이 발생했다. 기중에 사채 ₩20,000을 발행하고 그 대가로 토지를 받았다.

기계장치와 사채에 관련된 거래가 현금흐름표에 어떻게 기재될지 설명하라.

17 직접법에 의한 영업활동 현금흐름 - 종합예제

다음은 20×2년도 탐라(주)의 현금흐름표 작성을 위한 자료이다.

재무상태표

계정과목	20×1년말	20×2년말
현 금	₩1,000,000	₩1,400,000
매출채권	700,000	800,000
재고자산	850,000	900,000
선급보험료	150,000	200,000
장기대여금	1,000,000	600,000
자산총계	₩3,700,000	₩3,900,000
매입채무	₩900,000	₩1,300,000
미지급이자비용	600,000	500,000
미지급법인세	140,000	150,000
퇴직급여채무	650,000	750,000
자 본 금	1,000,000	1,000,000
이익잉여금	410,000	200,000
부채와 자본총계	₩3,700,000	₩3,900,000

손익계산서

매 출 액		₩7,200,000
매출원가		5,600,000
매출총이익		₩1,600,000
이자수익		140,000
판매비와관리비 :		
급 여	₩400,000	
보 험 료	200,000	
판 매 비	450,000	
퇴직급여	150,000	1,200,000
기타비용 :		
이자비용		90,000
법인세비용차감전순이익		₩450,000
법인세비용		40,000
당기순이익		₩410,000

요구사항

직접법에 의하여 20×2년도 탐라(주)의 영업활동 현금흐름을 보여주는 부분현금흐름표를 작성하라. 단, 이자수익과 이자비용은 영업활동에서 창출된 현금 다음에 가산(차감)하여 표시한다.

18 현금흐름표를 이용한 재무제표분석

진영(주)의 사장은 지난해의 경영성과에 대해 만족하고 있다. 이 기업은 다음의 손익계산서에서 보듯이 60%의 매출액 증가만으로 2배의 당기순이익을 달성하였다.

손익계산서

진영(주) (단위 : 원)

	20×1년	20×2년
매 출	₩2,640,000	₩4,224,000
매출원가	1,768,000	2,746,000
매출총이익	₩872,000	₩1,478,000
판매비와관리비	662,000	1,022,000
법인세비용차감전순이익	₩210,000	₩456,000
법인세비용	77,000	190,000
당기순이익	₩133,000	₩266,000

그러나 사장은 회사의 재무상태에 대하여 다소 당황하고 있다. 지난해부터 현금사정이 매우 악화되었을 뿐만 아니라 유동자산 대 유동부채의 비율이 200% 이하로 떨어졌기 때문이다. 회사의 비교재무상태표는 아래와 같다. 이 회사의 사장은 당신에게 20×2년중 이 회사의 현금흐름에 어떠한 사건이 발생했는지 파악할 수 있도록 현금흐름의 변동원인을 분석해줄 것을 요구하였다. 당신은 회계기록의 검토결과 20×2년중 이 회사에 다음과 같은 거래가 발생했음을 발견하였다.

(1) ₩190,000의 토지를 구입하고 보통주 38주를 발행하여 지급하였다.
(2) 주당 ₩300의 배당을 의결하고 (1)의 주식발행 이전에 이를 지급하였다.
(3) 취득원가 ₩90,000의 기계장치가 장부금액인 ₩50,000에 처분되었다.
(4) ₩350,000의 현금과 12%의 담보부어음 ₩350,000을 발행하여 ₩700,000의 새로운 기계장치를 취득하였다.

재무상태표

진영(주) (단위 : 원)

	20×1년말	20×2년말
자 산 :		
현 금	₩395,000	₩100,000
매 출 채 권	250,000	575,000
선 급 비 용	55,000	65,000
재 고 자 산	900,000	1,320,000
유동자산합계	₩1,600,000	₩2,060,000
토 지	250,000	440,000
기 계 장 치	990,000	1,600,000
감가상각누계액-기계장치	(340,000)	(400,000)
자산총계	₩2,500,000	₩3,700,000
부채와 자본 :		
매 입 채 무	₩315,000	₩560,000
미지급비용	260,000	380,000
미지급법인세	77,000	190,000
총유동부채	₩652,000	₩1,130,000
장기차입금(이자율 12%)	—	350,000
보통주자본금(주당액면 ₩5,000)	1,400,000	1,590,000
이익잉여금	448,000	630,000
부채 및 자본총계	₩2,500,000	₩3,700,000

요구사항

1. 20×2년의 현금흐름표를 작성하라.
2. 현금흐름표를 작성/분석한 결과 사장의 주의를 환기시킬 만한 중요한 사항에 대하여 간단히 기술하라.

19 영업활동 현금흐름과 윤리적 판단

SM(주)는 설립한 지 4년된 건설회사이다. SM(주)의 경영자인 최경영 씨는 다음 달에 있을 이사회에 참석하여 회사의 운영상태와 앞으로의 전망을 설명할 예정이다. 최경영 씨는 이사회의 결정 여부에 따라서 잘못하면 회사를 그만둘 수도 있고 승진을 할 수도 있다. SM(주)는 설립 첫해에는 여러 가지 현금지출액이 많아서 영업활동 현금흐름이 음(−)이었다. 둘째 해와 셋째 해에서는 영업성과가 좋아서 영업활동 현금흐름이 양(+)이 되었고, 특히 셋째 해는 둘째 해보다 약 20%나 성과가 좋았다. 그러나 4년째인 올해는 전반적인 경기침체와 더불어 강력한 경쟁기업이 나타나서 영업활동 현금흐름이 대폭 하락하여 음(−)이 될 것이 예상된다. 만약 이러한 사정을 최경영 씨가 이사회에 그대로 보고하면 회사에서 해고될 가능성이 높다.

요구사항

1. 4년째 회계기말이 두어 달 남았다고 하면 영업활동 현금흐름을 증가시킬 수 있는 방법에는 어떤 것들이 있는가?
2. 이러한 방법은 기업의 순이익에는 어떠한 영향을 주게 되는가?

사례연구

01 현금흐름표와 의사결정

성수(주)의 사장인 최성수 씨는 당신을 회계고문으로 위촉하였다. 최성수 씨는 회사의 회계담당자가 당해 연도 재무제표를 작성하는 과정에서 오류를 범했다고 믿고 있다. 이 회사의 손익계산서에는 영업결과가 당기순손실로 보고되어 있으나, 최성수 씨는 여전히 수익성이 있었다고 믿고 있다. 그는 지난해보다 올해에는 현금을 더 많이 보유하고 있다고 지적하고 자신이 믿고 있는 바가 옳다고 주장하였다. 유형자산의 처분이나 사채 또는 주식을 발행하지 않은 상태에서 이러한 현금흐름의 증가가 가능하였다. 당년도에 이 회사는 ₩16,000의 현금배당을 결의하고 지급하였다. 20×2년도 손익계산서와 20×1년말과 20×2년말의 비교재무상태표는 다음과 같다.

손익계산서

성수(주) 20×2년 1월 1일부터 20×2년 12월 31일까지 (단위 : 원)

매 출		₩500,000
매 출 원 가		220,000
매출총이익		₩280,000
판매비와관리비	₩235,000	
감가상각비	50,000	
산업재산권상각비	9,000	294,000
당기순손실		(₩14,000)

비교재무상태표

성수(주) (단위 : 원)

	20×1. 12. 31	20×2. 12. 31
자 산 :		
현 금	₩24,000	₩39,000
매 출 채 권	80,000	116,000
재 고 자 산	125,000	145,000
토 지	160,000	160,000
건 물	500,000	500,000
감가상각누계액-건물	(150,000)	(200,000)
산업재산권	99,000	90,000
자산총계	₩838,000	₩850,000
부채와 자본 :		
매 입 채 무	₩100,000	₩144,000
미지급비용	28,000	26,000
자 본 금	600,000	600,000
이익잉여금	110,000	80,000
부채 및 자본총계	₩838,000	₩850,000

요구사항

1. 20×2년의 현금흐름표를 작성하라.
2. 귀하는 회사의 회계담당자가 과연 오류를 범했다고 생각하는가? 이에 대하여 설명하라.

02 현금흐름표와 감가상각비

A씨와 B씨는 부동산임대업을 같이 해오다가 피치 못할 사정이 생겨서 동업을 계속할 수 없게 되었고, 이에 두 사람이 재산의 분할을 협의하고 있다. 다음은 부동산임대업과 관련된 올해의 손익계산서와 재무상태표이다. A씨는 B씨에게 손익계산서에 보고된 순손실이 ₩28,000이므로 불리하지만 자신이 이 회사를 떠안겠다고 제의하였다. B씨는 공인회계사 친구인 당신에게 합리적 의견을 구하고 있다.

요약손익계산서

매 출 액	₩400,000
급 여	(80,000)
감가상각비	(250,000)
보 험 료	(30,000)
기타영업비용	(20,000)
이 자 비 용	(48,000)
당기순손실	₩28,000

재무상태표 일부

계정과목	기초잔액	기말잔액
현 금	₩ ?	₩20,000
미수임대료(매출채권)	40,000	30,000
선수임대료	10,000	7,000
미지급급여	20,000	30,000
미지급이자	10,000	6,000
선급보험료	16,000	20,000

B씨는 다른 직장에서 연봉 ₩40,000을 받고 있다. 그러나 이 사업을 떠안게 되어 매년 손실이 ₩28,000씩 나면 그 차액 ₩12,000으로 생활하기는 어렵다고 생각하고 있다.

요구사항

1. 직접법에 의한 현금흐름표를 작성하라.
2. B씨의 생각에 대한 당신의 견해를 밝혀라.

15 chapter

재무제표분석

이제까지는 재무제표를 작성하기 위한 회계처리방법 및 절차에 중점을 두어 설명하였다. 본장에서는 완성된 재무제표에 근거하여 정보이용자의 입장에서 재무제표에 담겨 있는 정보를 분석하고 활용하는 방법을 설명하고자 한다.

재무제표분석은 정보이용자가 경제적 의사결정을 하는 데 필요로 하는 재무정보를 제공하는 것을 주요 목적으로 하는 회계의 한 분야이다. 재무제표분석은 기업의 과거 및 현재의 재무상태와 성과를 평가하는 데 이용되고 있으며, 이를 바탕으로 미래상황을 예측하여 의사결정을 하는 데에도 이용된다. 정보이용자 집단은 매우 다양하게 구성되어 있으며, 그들이 재무정보를 이용하는 목적도 다양하다. 따라서 어떤 하나의 회계시스템에서 생산된 정보가 정보이용자의 다양한 모든 요구를 만족시킬 수 없기 때문에 재무제표분석도 이러한 다양한 정보이용자의 요구를 충족시킬 수 있도록 일반화될 수 있어야 하고 신축적으로 이루어질 필요가 있다.

이러한 필요성에 근거하여 최근의 재무제표분석에 관한 연구들은 정보이용자들의 의사결정에 직접 이

OBJECTIVES

- 재무제표분석은 왜 필요한가?
- 추세분석과 요소구성비율분석이란 무엇인가?
- 재무비율은 어떻게 산정하는가?
- 재무비율분석의 비교기준은 무엇인가?
- 재무비율분석의 한계점은 무엇인가?

용될 수 있는 재무제표분석기법을 개발하는 데 많은 노력을 기울이고 있다. 주식투자의 포트폴리오(portfolio) 모형과 같이 정형화된 의사결정모형이 구체적으로 존재하는 분야에서 재무제표분석의 목적은 이러한 모형에 필요한 자료(예를 들면 미래수익률에 대한 예측자료)를 효율적으로 제공해주는 데 있다. 반면, 은행의 대출업무와 같이 정형화된 모형이 존재하지 않는 분야에서 재무제표분석은 의사결정모형에 필요한 자료의 제공뿐만 아니라 의사결정모형을 설정하고 검증하는 정보를 제공할 수 있어야 한다.

본장에서는 기업 내부의 회계기록에 쉽게 접근할 수 없는 외부의 정보이용자가 이용할 수 있는 기본적인 재무제표분석기법에 관하여 언급하고자 한다. 물론 이러한 기법들에 의하여 산출된 정보는 각 의사결정자의 의사결정모형에 중요한 참고자료로서의 역할을 할 것으로 예상된다. 그러나 본장에서는 회계원리라는 교재의 성격상 각 의사결정자의 의사결정모형에 관해서는 구체적으로 언급하지 않을 것이다.

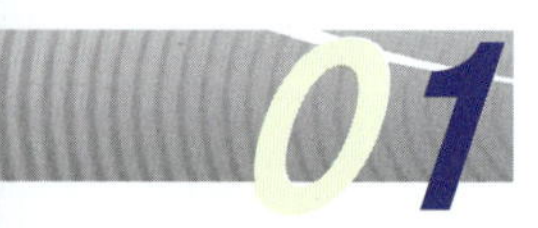

재무제표분석기법

OBJECTIVES 

- 재무제표분석은 왜 필요한가?
- 추세분석과 요소구성비율 분석이란 무엇인가?

1. 기업활동과 재무제표분석

기업은 미래 존속가능성과 가치를 높이기 위하여 여러 가지 경제활동을 영위한다. 이러한 기업의 활동을 재무제표분석의 측면에서 나누어 보면 [그림 15-1]과 같이 ① 최소의 비용으로 최대의 수익을 얻기 위한 영업활동, ② 자원의 효율적 활용을 위한 투자활동 및 ③ 최소의 자본비용으로 자원을 조달하기 위한 재무활동 등으로 구성된다.

재무제표분석을 통하여 기업활동의 수익성 또는 효율성 등을 평가한다.

이러한 기업활동은 재무제표에 잘 요약되어 있기 때문에 재무제표분석을 통하여 기업활동의 수익성 또는 효율성 등이 적절한지를 평가할 수 있다. 특히 영업활동은 손익계산서(혹은 포괄손익계산서)에, 투자활동과 재무활동은 재무상태표에 요약되어 있으므로 재무제표분석은 손익계산서와 재무상태표를 중심으로 이루어진다. 물론 주가나 경제지표 등 재무제표 이외의 정보도 추가적으로 이용된다.

투자자나 채권자와 같은 기업 외부의 정보이용자들은 그들의 재무정보 원천으로 주로 기업이 공표하는 연차보고서나 중간보고서(반기 또는 분기)에 의존하고 있다. 그러나 한국상장회사협의회, 증권관련회사 및 신용평가회사 등에서 제공하고 있는 기업에 관한 추가적인 정보를 이용할 수도 있으며, 분석대상기업이 상장법인이거나 등록법인일 경우 이들에 관한 추가적인 정보가 금융감독원에 제출되

그림 15-1

기업활동의 구분

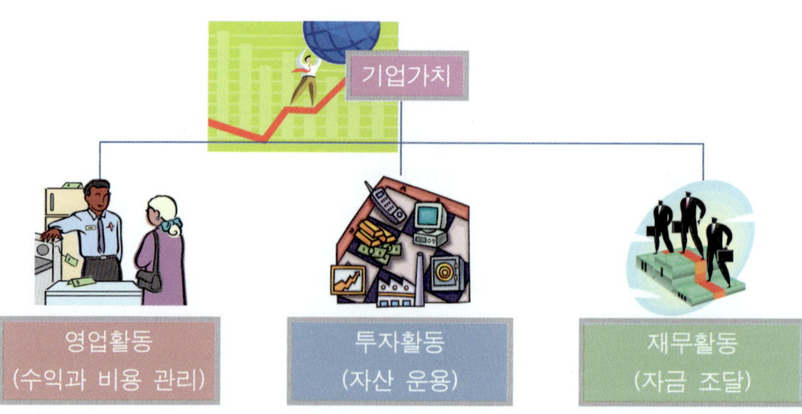

어 있기 때문에 기업 외부의 정보이용자들도 이를 어렵지 않게 이용할 수 있다.[1] 은행과 같은 여신기관은 자금을 대출할 때 재무제표뿐 아니라 더 상세한 정보를 기업에 직접 요구하는 경우도 있다.

비교재무제표
재무자료의 주요 변동사항을 쉽게 알아볼 수 있도록 2개 연도의 재무제표 금액을 나란히 배열한 재무제표

재무자료의 주요 변동사항을 쉽게 알아볼 수 있도록 2개 연도의 재무제표 금액을 나란히 배열한 재무제표를 비교재무제표(comparative financial statements)라고 한다. 〈표 15-1〉에서는 IT장비 판매회사인 글로벌네트워크(주)의 비교재무상태표와 비교손익계산서를 표시하고 있다.

글로벌네트워크(주)의 비교재무상태표와 비교손익계산서

(제1부)

비교재무상태표

글로벌네트워크(주) 12월 31일 현재 (단위 : 원)

	20×1년	20×2년
〈자 산〉		
유 동 자 산 :		
현금및현금성자산	₩60,000	₩57,000
매 출 채 권	129,000	175,500
선 급 비 용	63,000	82,500
재 고 자 산	180,000	270,000
비유동자산 :		
건 물(순액)	450,000	375,000
기 계 설 비(순액)	250,500	375,000
기타비유동자산	157,500	90,000
자산총계	₩1,290,000	₩1,425,000
〈부 채〉		
유 동 부 채 :		
매 입 채 무	60,000	120,900
미지급비용	81,000	47,100
비유동부채 :		
사 채	375,000	300,000
부채총계	₩516,000	₩468,000
〈자 본〉		
보 통 주(주당액면 ₩500)	300,000	375,000
우 선 주(배당률 : 연 9%)	150,000	150,000
자본잉여금	60,000	105,000
이익잉여금	264,000	327,000
자본총계	₩774,000	₩957,000
부채 및 자본총계	₩1,290,000	₩1,425,000

1) 금융감독원의 전자공시시스템(http://dart.fss.or.kr)을 이용하면 재무제표정보를 손쉽게 얻을 수 있다.

(제2부)

비교손익계산서

글로벌네트워크(주) 12월 31일로 종료되는 1년간 (단위 : 원)

	20×1년	20×2년
매 출 액	₩1,125,000	₩1,350,000
매 출 원 가	630,000	795,000
매출총이익	₩495,000	₩555,000
판매비와관리비 :		
판 매 비	112,500	175,500
관 리 비	142,500	189,000
영 업 이 익	₩240,000	₩190,500
이 자 비 용	45,000	36,000
법인세비용차감전순이익	₩195,000	₩154,500
법인세비용	60,000	42,000
당기순이익	₩135,000	₩112,500

[기타 참고사항]

1. 20×1년과 20×2년 우선주와 보통주에 대한 배당금은 다음과 같다.

	20×1년	20×2년
보통주배당	₩30,000	₩36,000
우선주배당	13,500	13,500

2. 20×2년 10월 1일에 보통주를 추가로 발행하였다.
3. 모든 매출은 외상으로 이루어졌다.

2. 재무제표분석의 기법

재무제표 분석기법

① 추세분석 (또는 수평적 분석)
② 요소구성비율분석 (또는 공통형 분석, 수직적 분석)
③ 재무비율분석

재무제표분석에서는 각 항목간의 상관관계 및 현재와 과거의 금액을 비교했을 때 금액의 증감 및 크기가 중요하다. 재무제표분석을 통하여 재무제표 항목간의 중요한 상관관계를 설정하거나 각 항목의 변동이나 추세를 부각시킬 수 있다. 이를 위하여 보편적으로 이용되고 있는 분석기법에는 ① 추세분석(또는 수평적 분석), ② 요소구성비율분석(또는 공통형 분석, 수직적 분석), 그리고 ③ 재무비율분석 등이 있다.

추세분석

재무제표분석을 할 때 기준연도 이후 몇 년간 재무제표 항목 변동의 크기와 그 방향을 파악하기 위해서 추세분석(trend analysis)이 종종 이용된다. 추세분석은 다음과 같은 두 단계를 거쳐 수행된다.

제 1 단계 : 기준연도를 설정하고, 기준연도의 해당 재무제표 항목에 대하여 100%라는 가중치를 부여한다.

제 2 단계 : 비교연도의 해당 재무제표 항목을 기준연도의 그 항목에 대한 비율로 표시한다. 예를 들면 비교연도의 매출액을 기준연도의 매출액으로 나누어 추세비율을 계산한다.

재무제표 항목 변동의 크기와 그 방향을 파악하기 위해 추세분석을 이용한다.

〈표 15-2〉의 [제1부]에서는 글로벌네트워크(주)의 20×1년부터 20×5년까지 매출액과 당기순이익을 표시하고 있다. 이에 근거하여 매출액과 당기순이익에 대한 추세비율이 〈표 15-2〉의 [제2부]에 계산되어 있다.

〈표 15-2〉의 추세비율에 의하면 매출액은 대체로 빠른 속도로 증가하고 있음을 볼 수 있다. 반면에 당기순이익은 20×2년과 20×3년에는 20×1년 대비 감소했다가 20×4년에 급격히 증가했고, 20×5년에 소폭 증가하는 추세를 보이고 있다.[2] 매출액이 상당히 증가했음에도 불구하고 당기순이익은 20×4년을 제외하고는 매우 저조했다. 이와 같은 현상은 원가상승으로 인하여 매출총이익이 악화되었다든지 비정상적인 비용이 발생했기 때문에 나타날 수 있다. 추세분석에 따르면 이 기업은 매출액이 꾸준히 성장하고 있는 기업이라는 것을 알 수 있다. 다만, 당기순이익이 매출액에 비하여 증가하지 않은 원인을 파악하는 것이 중요하다.

글로벌네트워크(주)의 추세분석의 예

[제 1 부] 연도별 금액

	20×1년	20×2년	20×3년	20×4년	20×5년
매 출 액	₩1,125,000	₩1,350,000	₩1,500,000	₩1,700,000	₩1,880,000
당기순이익	135,000	112,500	119,200	210,500	145,500

[제 2 부] 추세비율

	20×1년	20×2년	20×3년	20×4년	20×5년
매 출 액	100.0%	120.0%	133.3%	151.1%	167.1%
당기순이익	100.0	83.3	88.3	155.9	107.8

2) 추세분석은 기준연도 대비 증가율임에 주목하자. 반면 재무제표항목의 증가율(성장률)은 전년 대비로 계산되어 자주 활용된다. 즉 전년 대비로 본 당기순이익은 20×2년 16.7% 감소, 20×3년 6.0% 증가, 20×4년 76.6% 증가, 20×5년 30.9% 감소이다.

만일 매출액은 매년 증가하고 있으나 매출원가가 매출액보다 빠른 속도로 증가하고 있다고 가정해보자. 이는 매출총이익이 악화되고 있음을 의미하는데, 이로 인하여 비록 매출은 증가할지라도 기업의 당기순이익은 오히려 감소하게 된다. 이와 같은 현상이 나타나게 되는 주요 원인으로는 매출을 증대시키기 위한 낮은 매출가격의 책정(price-cutting) 등을 들 수 있겠다.

요소구성비율분석 (공통형 분석)

요소구성비율
재무제표를 구성하고 있는 각 재무제표 항목의 상대적인 크기

요소구성비율분석은 공통형 분석 또는 수직적 분석이라고도 하는데, 요소구성비율(component ratio)이란 재무제표를 구성하고 있는 각 재무제표 항목의 상대적인

글로벌네트워크(주)의 공통형재무상태표

공통형재무상태표

글로벌네트워크(주) 12월 31일 현재	20×1년(%)	20×2년(%)
〈자 산〉		
유동자산 :		
현금및현금성자산	4.6	4.0
매출채권	10.0	12.3
선급비용	4.9	5.8
재고자산	14.0	19.0
비유동자산 :		
건 물(순액)	34.9	26.3
기계설비(순액)	19.4	26.3
기타비유동자산	12.2	6.3
자산총계	100.0	100.0
〈부 채〉		
유동부채 :		
매입채무	4.6	8.5
미지급비용	6.3	3.3
비유동부채 :		
사 채	29.1	21.0
부채총계	40.0	32.8
〈자 본〉		
보 통 주(주당액면 ₩500)	23.2	26.3
우 선 주(배당률 : 연 9%)	11.6	10.5
자본잉여금	4.7	7.4
이익잉여금	20.5	23.0
자본총계	60.0	67.2
부채 및 자본총계	100.0	100.0

크기를 말한다. 예를 들면 재무상태표의 각 항목을 총자산에 대한 비율로서 표현할 수 있는데, 이렇게 표시된 재무상태표를 공통형재무상태표(common-size statement of financial position)라고 부른다. 〈표 15-3〉에 글로벌네트워크(주)의 공통형재무상태표를 표시하였다. 이를 보면 유동자산 구성항목의 합은 20×1년 33.5%에서 20×2년 41.1%로 증가한 반면에 비유동자산 구성항목의 합은 20×1년 66.5%에서 20×2년 58.9%로 감소하였다. 유동자산 중에서는 매출채권과 재고자산이 제법 증가하였다. 한편 20×1년에 비하여 20×2년에는 부채는 40.0%에서 32.8%로 감소한 반면에 자본은 60.0%에서 67.2%로 증가하였다. 특히 부채 중에서 매입채무의 증가와 사채의 감소가 눈에 띄며, 자본 중에서는 보통주자본금과 자본잉여금이 크게 증가했다는 것을 알 수 있다.

요소구성비율분석은 손익계산서 항목을 분석할 때에도 유용하다. 이 방법은 일반적으로 손익계산서의 각 항목을 매출액에 대한 비율로 나타내는 것인데, 이와 같이 작성된 손익계산서를 공통형손익계산서(common-size income statement)라고 한다. 〈표 15-4〉에는 글로벌네트워크(주)의 공통형손익계산서가 나타나 있다. 이 표를 통해서 글로벌네트워크(주)는 20×2년에 매출원가 및 판매비와관리비가 증가하여 영업이익이 크게 감소했고, 이자비용의 비중이 감소되었음에도 불구하고 당기순이익이 감소하고 있다는 것을 알 수 있다.

요소구성비율분석은 손익계산서 항목을 분석할 때에도 유용하다.

mark down **재무제표 확인시 놓치지 말아야 할 주요 체크포인트**

금융감독원은 금융꿀팁 200선 중 99번째로 회계정보이용자가 재무제표를 분석할 때 놓치지 말고 확인할 필요가 있는 주요 체크포인트 10가지를 선정하여 안내하였다.

1. 재무상태표만 확인하고 계셨나요? 다른 재무제표도 같이 보세요!
2. 막막한 재무제표 숫자, 주석에서 해답을 찾아보세요!
3. 아직도 별도재무제표만? 실질 경영성과는 연결재무제표에 있어요!
4. 재무제표는 당기만 보지 말고 과거 재무제표와 함께 보세요!
5. 기업의 현금, 어디서 벌어서 어떻게 사용했을까요?
6. 영업이익, 실제 영업현금흐름과 비교해서 따져보세요!
7. 기업이 어느 기업에 투자하고 있는지도 꼼꼼히 확인하세요!
8. 특수관계자 거래가 있다면 좀더 주의를 기울이세요!
9. 숨어 있는 부채가 있진 않을까? 우발부채 주석에서 찾아보세요!
10. 자본인데 상환가능성이? 자본의 실질구성을 확인하세요!

보다 자세한 내용은 금융소비자정보 포털사이트 "파인"(fine.fss.or.kr)에서 확인할 수 있다.

(금융감독원 회계관리국 보도자료, 2018.9.12)

공통형손익계산서

공통형손익계산서

글로벌네트워크(주) 12월 31일로 종료되는 1년간

	20×1년(%)	20×2년(%)
매 출 액	100.0	100.0
매출원가	56.0	58.9
매출총이익	44.0	41.1
판매비와관리비 :		
판 매 비	10.0	13.0
관 리 비	12.7	14.0
영업이익	21.3	14.1
이자비용	4.0	2.7
법인세비용차감전순이익	17.3	11.4
법인세비용	5.3	3.1
당기순이익	12.0	8.3

이와 같은 예는 요소구성비율에 의한 재무분석의 한계점을 제시하고 있다. 요소구성비율의 변동은 구성항목의 변동, 손익계산서의 매출액과 같이 기준이 되는 금액의 변동, 또는 두 가지 모두의 변동에 의하여 발생할 수 있다는 사실을 인식하고 있어야 한다. 또한, 이와 관련하여 큰 금액의 10%는 작은 금액의 20%보다도 클 수 있다는 사실도 항상 인식하고 있어야만 한다.

재무비율분석

재무비율
재무제표에 나타난 두 개 이상 항목간의 상관관계에 대한 수학적 표현

재무비율(financial ratio)이란 재무제표 항목간의 관계를 비율로 표시한 것을 말한다. 재무비율은 여러 가지 방법으로 표시할 수 있는데, 예를 들어 유동자산과 유동부채 간의 관계를 나타내는 유동비율을 어떻게 표현할 수 있는지 알아보자. 만약에 유동자산이 ₩100,000이고 유동부채가 ₩50,000이라면, "유동비율은 2 대 1(2 : 1로 표현함) 또는 유동자산은 유동부채의 200%이다"라고 표현할 수 있다. 어떻게 표현하든 이 방법들은 재무제표상 두 항목간의 상관관계, 즉 유동자산이 유동부채의 2배라는 사실을 나타낸다.

어떤 재무비율이든 의미를 지니기 위해서는 재무비율을 계산하는 데 이용되는 재무제표 항목간에 중요한 상관관계가 존재해야 한다. 다시 말하면 재무비율

재무비율분석은 재무제표 항목간의 중요한 상관관계에 역점을 둔다.

분석은 재무제표 항목간의 중요한 상관관계에 역점을 두고 있다. 또한 재무비율을 적절히 활용하기 위해서는 단순히 계산된 재무비율에만 의존해서는 안 되고, 때로는 재무비율이 생성된 원시자료를 더욱 세부적으로 검토할 필요가 있다. 재무비율은 재무제표의 분석과 해석에 이용될 수 있는 보조도구일 뿐이지, 효과적인 재무제표분석을 위하여 폭넓게 요구되고 있는 다양한 정보를 대체할 수 없다는 사실을 간과해서는 안 된다.

02 재무비율의 계산 및 활용

OBJECTIVES 

• 재무비율은 어떻게 산정하는가?

정보이용자가 효과적인 의사결정을 하기 위하여 재무제표를 분석할 때 재무비율을 이용한 방법이 가장 중요한 기법의 하나로 활용되고 있다. 재무비율을 이용한 분석은 먼저 검토하고자 하는 재무제표를 구성요소별(예를 들면 유동성 항목 및 비유동성 항목)로 분류하고, 이 구성요소간의 상관관계 또는 다른 외적인 기준과의 관계를 평가한다. 재무비율을 이용하면 상호 관련 있는 많은 재무항목들을 더욱 쉽게 이해할 수 있게 되고, 수많은 재무제표 항목들이 경제적인 의미가 있는 대표적 지수로 집약될 수 있기 때문에 재무제표분석이 매우 용이해진다.

재무비율을 이용하면 재무제표분석이 매우 용이해진다.

앞의 [그림 15-1]에서 기업활동을 재무제표분석의 측면에서 ① 최소의 비용으로 최대의 수익을 얻기 위한 영업활동, ② 자원의 효율적 활용을 통해 최소의 투자로 최대의 수익을 얻기 위한 투자활동, ③ 자원의 효율적 조달 및 부채와 자기자본의 효율적 구성을 위한 재무활동으로 나누었다. 따라서 [그림 15-2]와 같이 재무비율도 이러한 구분과 관련 있는 세 종류로 나눌 수 있다. 즉, 영업활동

그림 15-2

기업활동의 구분과 재무비율

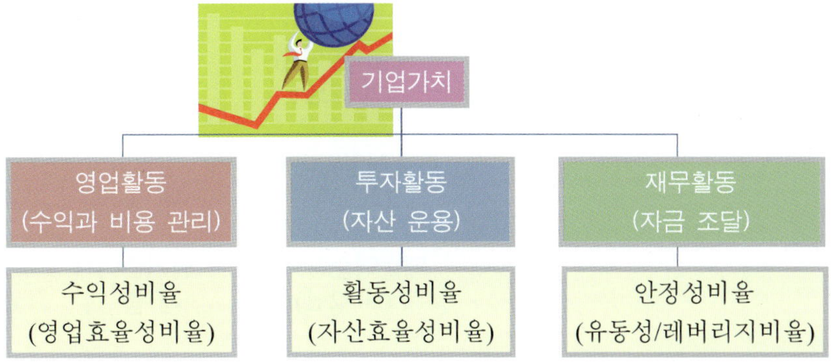

은 수익성비율로, 투자활동은 활동성비율(자산효율성비율)로, 그리고 재무활동은 안정성비율(유동성/레버리지비율)로 평가할 수 있다.

1. 수익성비율

수익성비율
기업의 성과를 나타내는 재무비율

수익성비율(profitability ratio)이란 기업의 성과를 나타내는 재무비율로서, 가장 대표적인 수익성비율은 크게 매출액이익률과 자본이익률로 나뉜다. 먼저 매출액이익률은 기간수익(예를 들면 당기순이익 또는 영업이익)을 매출액으로 나누어 준 비율이고, 자본이익률은 기간수익(특히 당기순이익)을 채권자 및 투자자에게서 조달받은 자본으로 나누어 준 것이다.

매출액이익률은 매출액 대비 이익의 크기를 나타내고, 자본이익률은 투자자나 채권자들로부터 조달된 자본이 얼마나 효율적으로 이용되어 수익을 창출하고 있는지를 나타낸다.

즉 매출액이익률은 매출액 대비 이익의 크기를 나타내고, 자본이익률은 투자자나 채권자들로부터 조달된 자본이 얼마나 효율적으로 이용되어 수익을 창출하고 있는지를 나타낸다. 일반적으로 널리 이용되고 있는 수익성비율에는 다음과 같은 것이 있다.

매출액이익률

매출액이익률
매출액에서 비용을 차감한 후 얼마의 마진을 얻고 있느냐를 나타내는 재무비율

매출액이익률(return on sales)은 매출액에서 비용을 차감한 후 얼마의 마진(margin)을 얻고 있느냐를 나타내는 재무비율이다. 이 비율의 분모로는 매출액이 이용되고 분자는 이익인데, 매출총이익, 영업이익 또는 당기순이익 등이 이용되고 있다. 분자에 어느 단계의 이익을 사용하느냐에 따라 이 비율을 순서대로 매출총이익률, 매출액영업이익률, 매출액순이익률 등으로 부른다.

글로벌네트워크(주)의 20×2년 매출액이익률은 다음과 같이 계산된다.

$$\text{매출총이익률}(20\times2\text{년}) = \frac{\text{매출총이익}}{\text{매 출 액}} = \frac{₩555{,}000}{₩1{,}350{,}000} = 0.411\ (41.1\%)$$

$$\text{매출액영업이익률}(20\times2\text{년}) = \frac{\text{영업이익}}{\text{매 출 액}} = \frac{₩190{,}500}{₩1{,}350{,}000} = 0.141\ (14.1\%)$$

$$\text{매출액순이익률}(20\times2\text{년}) = \frac{\text{당기순이익}}{\text{매 출 액}} = \frac{₩112{,}500}{₩1{,}350{,}000} = 0.083\ (8.3\%)$$

자본이익률

총자산이익률
경영자가 총자본을 얼마나 효율적으로 이용하고 있는지 나타내는 재무비율

자본이익률 중 가장 널리 사용되는 두 개의 비율은 총자산이익률과 자기자본이익률이다. 총자산이익률(ROA : return on assets)은 총자본이익률이라고도 하는데, 경영자가 수익을 창출하기 위하여 조달한 총자본을 얼마나 효율적으로 이용하고 있는지 나타내는 재무비율이다.

분모의 총자산은 주주뿐 아니라 채권자로부터 조달된 자금의 합계를 말하므로 분자의 이익도 채권자에게 귀속되는 이자비용을 차감하기 전의 영업이익을 이용하는 것이 회계논리상 타당하다.[3] 이자비용이 이 비율의 산정에서 제외됨으로써 자본구조(타인자본의존도)의 차이에 상관없이 기업간의 비교가 가능해진다. 이 비율의 분자는 한 기간의 성과를 나타내는 유량변수(flow variable)인 데 반해, 분모는 특정 시점에 있어서의 저량변수(stock variable)이다. 이 경우 분자와 분모의 일관성을 유지할 필요가 있는데, 가장 흔히 사용되는 방법은 분모인 저량변수의 평균값을 사용하는 것이다. 즉 기말총자산을 사용하는 대신 기초총자산과 기말총자산의 평균값을 분모로 사용하는 것이 적절하다.

mark down **나눌수록 잘 보이는 ROE 분해식… 밸류업 공시 문화로 자리 잡을까**

키움증권과 에프앤가이드가 기업가치 제고 계획 1호, 2호 공시를 차례로 발표했다. 자기자본이익률(ROE)을 분해해 구성요소로 제시했다는 공통점이 있는데 ROE 분해식 기재가 앞으로 밸류업 공시 문화로 정착할 수 있을지 주목된다. ROE는 당기순이익을 자기자본으로 나눈 값으로 기업들이 자기자본 대비 얼마나 이익을 거뒀는지 보여준다. ROE는 매출액순이익률, 총자산회전율, 재무레버리지(1+부채비율)로 분해될 수 있는데 이를 통상 듀퐁(Dupont) 분해라고 한다. 매출액순이익률은 영업효율성, 총자산회전율은 투자효율성, 재무레버리지는 재무의사결정의 지표로 사용되는 만큼 ROE는 기업의 모든 활동의 결과물인 것이다.

$$\text{ROE} = \frac{\text{당기순이익}}{\text{자기자본}} = \frac{\text{당기순이익}}{\text{매출액}} \times \frac{\text{매출액}}{\text{총자산}} \times \frac{\text{총자산}}{\text{자기자본}}$$

$$= \text{매출액순이익률} \times \text{총자산회전율} \times \text{재무레버리지}$$

이렇게 ROE 수치만 공시하는 것이 아니라 ROE를 분해해서 구성요소를 각각 공개하게 되면 벤치마크 기업과 비교하여 어떤 부문에 강점과 약점이 있고, 어떤 요소를 개선함으로써 ROE를 증대시킬 수 있는지 통찰력을 얻을 수 있다. 투자자에게도 세부적인 재무정보를 접할 수 있고 구체적인 기업별 가치 제고 전략을 확인할 수 있다는 점에서 긍정적이다. (연합인포맥스, 2024.6.14)

---

3) 이자비용차감전순이익(당기순이익+이자비용(1−세율))을 사용하기도 한다. 그러나 분자와 분모의 비일관성 문제에도 불구하고 실무에서는 당기순이익을 사용한 총자산이익률을 자주 사용하고 있다.

글로벌네트워크(주)의 20×2년 총자산이익률은 다음과 같이 계산된다.

$$\text{총자산이익률}_{(20\times2\text{년})} = \frac{\text{영업이익}}{(\text{기초총자산}+\text{기말총자산})/2} = \frac{₩190{,}500}{(₩1{,}290{,}000+₩1{,}425{,}000)/2} = 0.140\ (14\%)$$

자산을 원가모형으로 회계처리해서 원가로 평가되어 있으나 실제 자산가격이 상승했다면 이 비율은 실제보다 과대계상된다. 왜냐하면 이 비율의 분자인 영업이익은 대체로 현행가격으로 측정되고 있는 반면, 분모인 자산은 일반적으로 현행가격보다 낮은 취득원가로 측정되고 있기 때문이다.[4] 따라서 현행가격과 취득원가의 차이가 큰 자산을 보유하고 있는 기업의 총자산이익률을 해석할 때에는 이와 같은 점을 주의할 필요가 있다.

자기자본이익률
보통주 소유자들이 제공한 자본이 얼마나 수익성 높은 곳에 사용되고 있는지를 나타내는 재무비율

자기자본이익률(ROE : return on equity)은 보통주 소유자들이 제공한 자본이 얼마나 수익성 높은 곳에 사용되고 있는지를 나타내는 재무비율이다. 이 비율의 분자는 보고된 당기순이익에서 우선주 소유자들에게 배정되는 배당금을 제외한 금액이고, 분모는 자본총액에서 우선주를 제외한 해당 기간의 평균자기자본이다.

글로벌네트워크(주)의 20×2년 자기자본이익률은 다음과 같이 계산된다.

$$\text{자기자본이익률}_{(20\times2\text{년})} = \frac{\text{당기순이익}-\text{우선주배당금}}{(\text{기초자기자본}+\text{기말자기자본})/2} = \frac{₩112{,}500-(₩150{,}000\times9\%)}{(₩774{,}000-₩150{,}000+₩957{,}000-₩150{,}000)/2} = 0.138\ (13.8\%)$$

주당순이익

주당순이익
보통주 1주에 해당되는 당기순이익

매출액이익률, 자본이익률과 함께 기업의 성과지표로 자주 사용되는 것이 주당순이익이다. 주당순이익(EPS : earnings per share)은 보통주 1주에 해당되는 당기순이익을 나타내며, 실무에서 기업의 성과를 평가하는 데 보편적으로 이용하고 있

4) 한국채택국제회계기준에서는 원가모형 외에 재평가모형을 허용하고 있는데, 모든 면에서 동일한 두 기업이 있을 때 자산평가를 원가모형으로 하는 기업과 재평가모형으로 하는 기업의 총자산이익률은 다를 것이므로 비교할 때 주의해야 한다.

는 지표이다. 이 지표의 분자는 당기순이익에서 우선주배당금을 제외한 금액이고, 분모는 보통주의 연중 가중평균유통주식수이다.

글로벌네트워크(주)의 20×2년 주당순이익은 다음과 같이 계산된다.

$$\underset{(20\times2\text{년})}{\text{주당순이익}} = \frac{\text{당기순이익} - \text{우선주배당금}}{\text{가중평균유통주식수}}$$

$$= \frac{₩112{,}500 - (₩150{,}000 \times 9\%)}{(600\text{주} \times 12/12 + 150\text{주} \times 3/12)}$$

$$= ₩155.3 / \text{주}$$

주당순이익은 실무에서 매우 유용하게 이용되고 있으나, 이를 해석할 때에는 이익유보라는 현상에 각별한 주의를 요한다. 이익유보(earnings retention)란 기업이 기간별로 발생한 이익의 일부를 적립함으로써 주식수의 증가 없이 자본이 증가하는 현상을 말한다. 이에 따라 기업의 수익성은 변하지 않는데, 심지어는 수익성이 감소하고 있는데도 이익유보로 인한 자본증가가 고려되지 않은 채 주당순이익은 증가하는 현상이 나타날 수 있다. 예를 들면 첫해에 어떤 기업의 자본이 ₩10,000이고 총발행주식이 100주라고 하자. 이 기간중 ₩2,000의 당기순이익이 발생했다면, 이 기간의 주당순이익은 ₩20이고 자기자본이익률은 20%이다. 당기순이익 중 ₩500만이 배당으로 지급되고 나머지 ₩1,500이 기업 내에 유보된다면 이 기업의 총자본은 ₩11,500으로 증가하게 된다. 따라서 다음 해에 이 기업의 수익성이 악화되어 자기자본이익률이 20%에서 18%로 감소했다고 하더라도 당기순이익은 ₩2,070(=[₩10,000+(₩2,000−₩500)]×18%)으로서 주당순이익은 ₩20.07이 되어 오히려 전년보다 높게 나타난다. 이와 같이 이익유보라는 현상 때문에 주당순이익의 변동은 성과의 변동과 직접적인 관계가 없을 수도 있다.

이익유보
기업이 기간별로 발생한 이익의 일부를 적립함으로써 주식수의 증가 없이 자본이 증가하는 현상

주당순이익은 실무에서 기업의 성과를 평가하는 데 가장 보편적으로 이용하고 있는 지표이다.

주가수익비율

주가수익비율(PER : price-earnings ratio)은 보통주 주당주식시가 대 주당순이익의 비율이다. 기업의 이익과 그 기업 주식의 시장가격 사이에는 밀접한 관계가 있다는 것은 투자이론과 실무에서 그 근거를 찾을 수 있다. 즉, 자산의 가치는 그 자산에 의하여 창출되는 미래 순이익의 현재가치에 의하여 결정된다는 전통적인 자산가치 결정이론에 의거한다. 이에 따르면 주식의 가격은 기업의 미래수익력에 대한

주가수익비율
보통주 주당주식시가 대 주당순이익의 비율

기대값과 연관되어 있고, 이 기대값이 변화할 때 주식의 가격도 변하게 된다.

글로벌네트워크(주)의 20×2년말 현재 주가가 ₩750이라 한다면, 20×2년 이 기업의 주가수익비율은 다음과 같이 계산된다.

$$\text{주가수익비율}\ (20\times2\text{년}) = \frac{\text{주가}}{\text{주당순이익}} = \frac{₩750}{₩155.3} = 4.83\ (483\%)$$

주가수익비율은 기업간의 비교가능성이 높아 일반적으로 주식투자에 대한 의사결정에 자주 이용된다.

이 비율은 주식의 액면금액이나 유통주식수의 차이에 따라 달라지는 것이 아니기 때문에 기업간의 비교가능성이 매우 높아 널리 이용되는 재무비율이다.

주가수익비율은 과거의 수익률과 현재의 시장가격을 대응시킨 것이다. 현재의 시장가격이 기업의 미래이익에 대한 투자자의 기대를 반영한 것이라면 높은 이익성장률이 기대되는 기업의 주가수익비율은 낮은 성장률이 예상되는 기업에 비해 높을 것이다. 실제로 한 기업의 주가수익비율이 기간별로 차이가 있을 뿐만 아니라 특히 기업간의 주가수익비율도 상당한 차이가 존재한다. 이는 미래수익의 성장률에 대한 투자자의 기대가 상이하다는 것을 나타낸다.

2. 자산효율성비율

자산효율성비율
자산이 효율적으로 운용되고 있는지 여부를 측정하고자 할 때 사용하는 재무비율

자산이 효율적으로 운용되고 있는지 여부를 측정하고자 할 때 사용하는 재무비율이 자산효율성비율(asset efficiency ratio) 또는 활동성비율(activity ratio)이며, 가장 대표적인 것이 자산회전율(asset turnover ratio)이다. 이 비율에는 재고자산회전율이나 매출채권회전율과 같이 어떤 특정 자산에 관한 것이 있고, 총자산회전율이나 자기자본회전율과 같이 전체 자산에 관한 것이 있다.

매출채권회전율과 매출채권 평균회수기간

매출채권회전율
매출채권이 현금화되는 속도 또는 매출채권에 대한 투자효율성을 나타내는 지표

매출채권회전율(accounts receivable turnover ratio)은 매출채권이 현금화되는 속도 또는 매출채권에 대한 투자효율성을 나타낸다. 이 비율의 분자는 매출액이고 분모는 평균매출채권잔액이 되는데, 글로벌네트워크(주)의 20×2년 매출채권회전율은 다음과 같이 계산된다.

$$\text{매출채권회전율}_{(20\times2\text{년})} = \frac{\text{매출액}}{\text{평균매출채권}} = \frac{₩1,350,000}{(₩129,000 + ₩175,500)/2} = 8.9\text{회}$$

매출채권 평균회수기간
1년, 즉 365일을 매출채권회전율로 나눈 것으로, 매출채권이 한 번 회전하는 데 소요된 기간

1년, 즉 365일을 매출채권회전율로 나누면 매출채권이 한 번 회전하는 데 소요된 기간이 측정되는데 이를 매출채권 평균회수기간(average collection period)이라고 한다. 글로벌네트워크(주)의 20×2년 매출채권 평균회수기간은 다음과 같이 계산된다.

$$\text{매출채권 평균회수기간}_{(20\times2\text{년})} = \frac{365\text{일}}{\text{매출채권회전율}} = \frac{365\text{일}}{8.9\text{회}} = 41\text{일}$$

매출채권 평균회수기간은 신용판매관리의 효율성을 측정할 수 있다.

이 매출채권 평균회수기간은 경영자와 재무분석가에게 여러 측면에서 매우 중요한 정보를 제공한다. 먼저 이 비율은 기업의 신용기간에 관한 정책과 비교됨으로써 신용판매관리의 효율성을 측정할 수 있다. 예를 들면 기업의 신용정책에 의하면 평균신용기간은 30일이 되어야 하는데, 실제로 산출된 평균회수기간이 41일이라고 하자. 이와 같은 차이는 ① 본래 의도했던 신용정책을 바꾸어서 신용기간을 연장하도록 했거나 ② 매출채권을 효율적으로 회수하지 못했다는 것을 의미한다.

매출채권 평균회수기간은 기업이 보유하고 있는 매출채권의 단기유동성을 평가하는 데에도 이용할 수 있는데, 평균회수기간이 짧을수록 평균적으로 매출채권의 유동성이 높다는 것을 뜻한다.

재고자산회전율과 재고자산 평균보유기간

재고자산회전율
매출원가를 평균재고자산으로 나누어 측정

재고자산회전율(inventory turnover ratio)은 매출원가를 평균재고자산으로 나누어 측정한다. 이 비율의 분모인 재고자산이 일반적으로 취득원가로 평가되어 있기 때문에 분자도 매출액보다는 매출원가를 이용하는 것이 일반적이다. 글로벌네트워크(주)의 20×2년 재고자산회전율은 다음과 같이 계산된다.

$$\text{재고자산회전율}_{(20\times2\text{년})} = \frac{\text{매출원가}}{\text{평균재고자산}} = \frac{₩795,000}{(₩180,000 + ₩270,000)/2} = 3.5\text{회}$$

재고자산회전율이 높을수록 재고자산이 효율적으로 관리되고 있다는 것을 나타낸다.

재고자산회전율은 기업이 재고자산을 얼마나 효율적으로 관리하고 있는지를 나타내는 지표로 이용된다. 이 비율이 높을수록 재고자산이 효율적으로 관리되고 있다는 것을 나타낸다. 왜냐하면 이 비율이 높으면 상대적으로 적은 재고자산을 가지고 일정액의 매출을 달성하고 있다는 것을 의미하는데, 이는 재고자산이 효율적으로 운용되고 있다는 것을 나타내기 때문이다. 그러나 기업의 목적이 최소의 재고자산을 보유하는 것이 아니라 최적의 재고자산을 보유하는 데 있다는 관점에서 본다면, 이는 너무 단순한 논리일 것이다. 다시 말해서 높은 재고자산회전율이 반드시 적정수준의 재고자산을 유지하고 있다는 것을 나타내는 것이 아니라는 것이다. 그러나 재고자산회전율이 급격히 하락하고 있거나 산업평균에 비하여 상당히 낮을 때에는 재고자산이 비효율적으로 관리되고 있을 가능성이 높다. 예를 들면 기대 이하로 판매가 부진하여 재고자산이 적체되어 있거나 재고자산이 진부화되면 재고자산회전율이 크게 둔화된다.

재고자산 평균보유기간
재고자산이 판매되는 데 소요되는 기간

재고자산의 효율적 활용을 평가하는 방법으로 1년, 즉 365일을 재고자산회전율로 나누어서 측정한 재고자산 평균보유기간(average holding period)을 이용한다. 이는 재고자산 구매 후 판매되기까지 소요되는 기간을 나타낸다. 글로벌네트워크(주)의 20×2년 재고자산 평균보유기간은 다음과 같이 계산된다.

$$\underset{(20\times2\text{년})}{\text{재고자산 평균보유기간}} = \frac{365\text{일}}{\text{재고자산회전율}} = \frac{365\text{일}}{3.5\text{회}} = 104\text{일}$$

기업의 영업주기는 현금으로 재고자산을 구입하여 보관하다가 판매하고 그 대금을 회수하기까지의 기간을 뜻한다. 따라서 영업주기는 재고자산 평균보유기간과 매출채권 평균회수기간의 합으로 나타낼 수 있다. 글로벌네트워크(주)의 영업주기는 145일(=104일+41일)이 된다. 동일한 조건하에서 기업의 영업주기가 짧을수록 효율적인 영업활동을 한다고 할 수 있다.

매입채무회전율과 매입채무 평균지급기간

매입채무회전율
매입채무의 효율적 관리 정도를 나타내는 지표. 이 비율이 높을수록 매입채무가 효율적으로 관리되고 있다는 것을 나타냄

자산은 아니지만 매입채무는 재고자산 및 매출채권과 밀접한 관계에 있는 주요 영업활동의 하나라는 점에서 매입채무회전율은 유용하게 사용된다. 매입채무회전율(accounts payable turnover ratio)은 매입액을 평균매입채무로 나누어 측정한다.

매입액은 매출원가에 재고자산의 증가분을 더해서 계산되며, 글로벌네트워크(주)의 20×2년 매입채무회전율은 다음과 같이 계산된다.

$$\text{매입채무회전율}\ (20\times2\text{년}) = \frac{\text{매입액}}{\text{평균매입채무}} = \frac{₩795{,}000 + ₩270{,}000 - ₩180{,}000}{(₩60{,}000 + ₩120{,}900)\ /\ 2} = 9.8\text{회}$$

매입채무회전율은 매입채무의 효율적 관리 정도를 나타내는 지표로서 이 비율을 낮게 유지할수록 영업운전자본 투자액을 줄이는 데 도움이 된다. 그리고 매입채무의 효율적 활용을 평가하는 방법으로 1년, 즉 365일을 매입채무회전율로 나누어서 측정한 매입채무 평균지급기간(average payment period)을 이용한다. 이는 매입채무를 얼마나 빠르게 현금지급하는지를 나타낸다. 글로벌네트워크(주)의 20×2년 매입채무 평균지급기간은 다음과 같이 계산된다.

매입채무 평균지급기간
매입채무를 얼마나 빠르게 현금지급하는지를 나타내는 지표

$$\text{매입채무 평균지급기간}\ (20\times2\text{년}) = \frac{365\text{일}}{\text{매입채무회전율}} = \frac{365\text{일}}{9.8\text{회}} = 37\text{일}$$

총자산회전율과 자기자본회전율

총자산회전율
매출액을 평균총자산으로 나누어 측정. 총자산회전율이 높을수록 자산이 효율적으로 이용되고 있다는 것을 뜻함

총자산회전율(asset turnover ratio)은 매출액을 평균총자산으로 나누어 측정하며, 기업이 보유하고 있는 총자산이 수익을 창출하는 데 얼마나 효율적으로 이용되고 있는가를 평가할 수 있다. 글로벌네트워크(주)의 20×2년 총자산회전율은 다음과 같이 계산된다.

$$\text{총자산회전율}\ (20\times2\text{년}) = \frac{\text{매출액}}{\text{평균총자산}} = \frac{₩1{,}350{,}000}{(₩1{,}290{,}000 + ₩1{,}425{,}000)\ /\ 2} = 0.99\text{회}$$

총자산회전율이 높을수록 한 단위의 자산을 이용하여 높은 매출액을 실현한 것이므로 자산이 효율적으로 이용되고 있다는 것을 뜻한다.

자기자본회전율
자기자본의 효율성을 평가하기 위한 지표

총자산회전율과 유사하게 자기자본의 효율성을 평가하기 위하여 자기자본회전율(equity turnover ratio)을 이용한다. 이 비율은 매출액을 평균자기자본으로 나눈 것으로서, 글로벌네트워크(주)의 20×2년 자기자본회전율은 다음과 같이 계산된다.

$$\text{자기자본회전율}_{(20\times2\text{년})} = \frac{\text{매출액}}{\text{평균자기자본}}$$

$$= \frac{₩1,350,000}{[(₩774,000 - ₩150,000) + (₩957,000 - ₩150,000)] / 2}$$

$$= 1.89\text{회}$$

3. 재무안정성비율

유동성비율
기업이 단기채무를 변제할 능력이 있는지를 나타내는 비율

기업의 재무적 안정성을 나타내는 비율은 크게 유동성비율과 레버리지비율로 나눈다. 유동성비율(liquidity ratio)은 기업이 단기채무를 변제할 능력이 있는지를 나타내기 때문에 단기지급능력비율이라고도 한다. 따라서 이 비율은 곧 만기가 도래하는 단기부채에 대하여 이 단기부채의 상환자원이 될 수 있는 유동자산, 즉 단기간 내에 현금화가 가능한 자산의 상대적인 규모로써 측정된다. 단기채권자인 은행이나 거래처들이 유동성비율에 대해서 가장 깊은 관심을 보이고 있다.

유동비율

유동비율
기업의 유동성을 평가하는 데 가장 보편적으로 이용되는 재무비율

유동비율(current ratio)이란 유동자산을 유동부채로 나누어 측정한다. 이 비율은 기업의 유동성을 평가하는 데 가장 보편적으로 이용되는 재무비율이다. 글로벌네트워크(주)의 20×2년 유동비율은 다음과 같이 계산된다.

$$\text{유동비율}_{(20\times2\text{년})} = \frac{\text{유동자산}}{\text{유동부채}} = \frac{₩585,000}{₩168,000} = 3.48\ (348\%)$$

일반적으로 유동비율은 2 : 1 (200%) 이상이면 만족스러운 수준으로 본다.

일반적으로 유동비율은 2 : 1 (200%) 이상이면 만족스러운 수준으로 본다. 이 기준에 의하면 글로벌네트워크(주)의 유동비율은 매우 양호하다. 그러나 2 : 1이란 기준은 매우 임의적인 것으로서 많은 예외사항과 한계점을 가지고 있다. 유동비율을 해석할 때 다음과 같은 점에 유의해야 한다.

① 채권자는 기업의 유동비율이 높을수록 좋다고 해석한다. 그러나 경영자의 입장에서도 반드시 그러한 것은 아니다. 왜냐하면 유동비율이 너무 높다는 것은 기업이 자산을 효율적으로 이용하고 있지 못하다는 것을 의

미할 수 있기 때문이다.

② 연말에 측정된 유동비율은 기업의 연중 유동성을 나타내는 것이 아니다. 특히, 기업의 영업활동에 계절성이 있는 경우에는 더욱 그렇다. 채권자가 유동비율에 관심이 있다는 것을 염두에 두고, 경영자는 유동비율을 높이기 위한 수단을 동원할 수 있다. 예를 들면 연말에 구매를 연기한다든지 단기부채를 일시적으로 상환한다든지 하여 유동비율을 높일 수 있다.

③ 유동비율은 운전자금의 금액과 함께 평가하는 것이 바람직하다. 예를 들면 갑회사는 유동자산이 ₩200,000이고 유동부채가 ₩100,000인데, 을회사는 유동자산이 ₩2,000,000이고 유동부채가 ₩1,000,000이라 하자. 갑회사와 을회사 모두 유동성은 양호하다. 그러나 두 회사 모두가 같은 금액인 ₩100,000을 추가적으로 차입했을 경우 갑회사의 유동비율은 200%에서 100%로 급격히 악화되지만, 을회사의 유동비율은 상대적으로 매우 적은 변동을 보일 뿐이다.

당좌비율

유동비율의 분자에 포함되어 있는 재고자산 및 선급비용 등은 유동성이 비교적 낮은 항목이다. 이러한 유동자산을 제외하고 유동성이 매우 높은 자산인 당좌자산(현금, 유가증권과 매출채권)만을 고려하여 유동성을 평가하고자 하는 재무비율이 당좌비율(quick ratio)이다. 따라서 이 비율의 분자는 당좌자산이고 분모는 유동부채가 되는데, 이렇게 측정된 당좌비율은 유동비율보다 엄격한 기업유동성 평가방법이 된다.

당좌비율
유동성이 매우 높은 당좌자산만을 고려하여 유동성을 평가하고자 하는 재무비율

글로벌네트워크(주)의 20×2년 당좌비율은 다음과 같이 계산된다.

$$\text{당좌비율 (20×2년)} = \frac{\text{당좌자산(=현금+단기금융자산+매출채권)}}{\text{유동부채}}$$

$$= \frac{(₩57,000 + ₩0 + ₩175,500)}{₩168,000} = 1.38\ (138\%)$$

일반적으로 당좌비율은 1 : 1 (100%) 이상이면 양호한 것으로 여겨진다.

일반적으로 당좌비율은 1 : 1 (100%) 이상이면 양호한 것으로 여겨지고 있으나, 유동비율의 경우와 마찬가지로 이러한 기준은 매우 임의적인 것이므로 많은 예외사항과 한계점을 갖고 있다.

이자보상비(배)율

이자보상비(배)율
영업이익을 이자비용으로 나누어 측정. 이 비용이 높을수록 안전도가 높음

이자보상비(배)율(interest coverage ratio 또는 time interest earned)은 이자 및 법인세비용 차감전의 이익인 영업이익을 이자비용으로 나누어 측정한다. 이 비율은 채권자에게 지급해야 할 고정비용인 이자비용을 영업이익으로 어느 정도 감당할 수 있는지의 안전도(safety margin)를 나타내는데, 이 비율이 높을수록 안전도가 높다고 본다. 글로벌네트워크(주)의 20×2년 이자보상비율은 다음과 같이 계산된다.

$$\underset{(20\times2\text{년})}{\text{이자보상비율}} = \frac{\text{영업이익}}{\text{이자비용}} = \frac{₩190{,}500}{₩36{,}000} = 5.29\ (529\%)$$

이 비율의 목적은 이자를 현금으로 지급할 수 있는 능력을 측정하고자 하는 것이기 때문에 이 비율의 분자로 현금흐름을 이용하기도 한다.

부채비율

부채비율(D/E ratio : debt-to-equity ratio)의 분자는 모든 부채(단기 및 장기 부채)를 포함하고, 분모는 자기자본으로 구성되어 있다. 부채비율로 지급능력을 측정하는 것은 부채비율이 클수록 채권자에 대한 위험이 증가한다는 논리에 근거하고 있다. 물론 이러한 접근방법은 채권자의 위험을 충분히 평가하기에는 너무 단순하다. 예를 들면 물가가 상승하여 장부상에 자산이 과소평가되어 있다면 기업이 청산되었을 때 채권자에게 돌아가는 자금의 규모는 사실상 부채비율이 나타내고 있는 것보다 훨씬 클 수가 있다. 또한, 많은 장기부채에는 담보물이라든지 지급보증이 제공되어 있어, 다른 종류의 채무에 비하여 높은 우선권이 주어지고 있다. 이러한 한계점에도 불구하고 부채비율은 채권자의 위험(lender's risk)을 평가하는 데 자주 이용되고 있다.

부채비율은 채권자의 위험을 평가하는 데 자주 이용되고 있다.

글로벌네트워크(주)의 20×2년 부채비율은 다음과 같이 계산된다.

$$\underset{(20\times2\text{년})}{\text{부채비율}} = \frac{\text{총부채}}{\text{자기자본}} = \frac{₩468{,}000}{(₩957{,}000 - ₩150{,}000)} = 0.58\ (58\%)$$

부채비율을 산정할 때 분모로 자기자본 대신에 총자본(총자산)을 이용하는

경우도 있다. 이렇게 산정된 비율을 보통 부채구성비율이라고 한다.

재무적 위험
기업의 보통주 소유자에게 귀속되는 기업이익의 변동률

기업의 자본구조를 나타내는 부채비율은 보통주와 관련된 재무적 위험을 측정하는 데에도 이용할 수 있다. 재무적 위험(financial risk)은 일반적으로 기업의 보통주 소유자에게 귀속되는 기업이익의 변동률로 정의한다. 기업의 영업이익은 기간별로 큰 차이가 있으므로 고정적으로 지출되는 이자비용이 클수록 보통주소유자에게 귀속되는 잔여이익의 변동률은 더욱 커진다. 예를 들면 〈표 15-5〉를 보면 기업의 영업이익이 20×1년에는 ₩100,000이었는데 20×2년에는 ₩90,000으로 10%가 감소했다. 이자비용이 없다고 하면 당기순이익은 10%가 감소될 것이나, 이자비용이 ₩50,000이라고 하면 당기순이익은 20%가 감소됨을 볼 수 있다. 일반적으로 기업의 총자본에서 부채가 차지하는 비중이 높을수록 당기순이익의 변동률이 크게 되고 보통주와 관련된 재무적 위험도 커진다. 이와 같이 부채비율은 채권자뿐만 아니라 보통주소유자에게도 위험을 나타내주는 지표가 되고 있다.

이자비용이 당기순이익의 변동폭에 미치는 영향

	이자비용이 없는 경우		이자비용이 있는 경우	
	20×1년	20×2년	20×1년	20×2년
영업이익	₩100,000	₩90,000	₩100,000	₩90,000
이자비용	–	–	50,000	50,000
당기순이익	₩100,000	₩90,000	₩50,000	₩40,000

4. 배당과 관련된 비율

이제까지 언급된 수익성비율, 자산효율성비율, 재무안정성비율 이외에도 중요한 재무비율로서 배당과 관련된 비율이 있다. 주식회사에서는 최종위험을 주주들이 지게 되므로 주주에 대한 배당은 매우 중요한 의미를 갖는다.

배당성향
당기순이익 중에서 배당으로 지급된 비율

첫 번째로는, 배당성향(payout ratio)으로서 총배당액을 당기순이익으로 나누어서 측정하는데, 이는 당기순이익 중에서 배당으로 지급된 비율을 나타낸다. 이 비율은 기업의 배당정책을 나타내주며 기업의 미래수익의 불확실성에 대한 경영자의 인식을 반영한다. 예를 들면 경영자가 적정한 미래수익에 대해 확신하고 있지 못하면 당기에 배당을 적게 하여 이익을 유보해두었다가 미래의 배당을 위해 사용하려고 할 것이기 때문에 당기의 배당성향은 낮아지는 경향이 있다.

최근에는 기업들의 자기주식 매입이 활발해지고 있다. 자기주식 매입은 현금배당과 성격이 매우 유사하기 때문에 배당성향을 구할 때 총배당액에 자기주식 매입액을 가산하여 계산하는 것이 일반적이다. 글로벌네트워크(주)의 20×2년 배당성향은 다음과 같이 계산된다.5)

$$\underset{(20\times2\text{년})}{\text{배당성향}} = \frac{\text{총배당액}}{\text{당기순이익}} = \frac{₩49,500}{₩112,500} = 0.44\ (44\%)$$

배당수익률
주당배당액을 주가로 나누어 측정

두 번째로는 배당수익률(dividend yield)로서 주당배당액을 주가로 나누어 측정하는데, 이는 투자자가 배당수익으로 얻은 수익률을 주가에 대한 상대적 크기로 표시한 것이다. 투자자의 입장에서는 배당을 평가할 때 주식의 액면금액에 대한 배당률이 아닌 시장가격에 대한 배당수익률을 이용해야 한다. 글로벌네트워크(주)의 20×2년말 현재 주가가 ₩750이라고 할 때 20×2년 배당수익률은 다음과 같이 계산된다.

mark down **배당소득 분리과세 수혜, 우리금융이 먼저⋯ 실질 배당수익률 확 늘듯**

정부의 세제 개편으로 내년부터 '배당소득 분리과세'가 시행된다. 대표적 고배당주인 은행주의 수혜가 점쳐지지만 실제 혜택은 우리금융지주에 집중될 전망이다. 주요 금융지주 중 유일하게 우리금융만 분리과세 기준을 충족할 것으로 보이기 때문이다. 여기에 우리금융이 선제적으로 도입한 '비과세 배당(감액배당)'까지 더해져 주주들의 실질 배당금은 두 자릿수 증가율을 기록할 것으로 보인다. 증권가에서 전망한 올해 배당성향 전망치를 종합하면 KB금융 23~24%, 신한금융 21~22%, 하나금융 24~25%, 우리금융 30% 수준이다. 4대 금융지주 중 당장 배당소득 분리과세 요건에 부합하는 곳은 우리금융이 유일하다.

배당소득 분리과세는 주주환원에 적극적인 고배당 기업의 주주에게 세금 혜택을 주는 제도다. 배당소득이 2,000만원을 초과하는 주주들은 현행 최고 45%인 종합소득세율 대신 14~35%의 분리과세 세율을 적용받는다. 다만 혜택을 받으려면 기업은 ▲연결 배당성향 40% 이상 또는 ▲연결 배당성향 25% 이상이면서 배당금을 전년 대비 10% 이상 늘려야 한다.

4대 금융지주 모두 배당성향 40% 기준에 못 미친다. 하지만 우리금융의 경우 배당성향이 25%가 넘어 배당금 증가율만 기준을 충족하면 된다. KB증권이 분석한 결과에 따르면 우리금융의 올해 배당금 증가율 전망치는 11.2%다. 우리금융 주주들은 분리과세 혜택과 별개로 비과세 배당(감액배당) 효과도 누린다. 우리금융은 자본준비금을 이익잉여금으로 전환해 배당 재원으로 쓰는 감액배당을 도입했다.

이 배당금에는 원천징수되는 배당소득세(15.4%)가 붙지 않는다. 세금을 떼지 않고 배당금을 그대로 받기 때문에 개인 주주들의 실질 배당수익률은 일반 배당 대비 약 18% 늘어나는 효과가 있다. 금융소득 종합과세(연 2,000만원 초과) 대상자에게는 절세 효과가 더욱 크다. 전문가들은 우리금융의 배당 매력이 경쟁사 대비 월등하다고 평가한다. (한국정경신문, 2025.12.17 기사내용 수정)

5) 배당성향은 당기순이익 중에서 배당으로 지급된 비율을 나타내는데, 이를 당기순이익 중에서 사내유보된 비율로도 나타낼 수 있다. 즉, 유보율=(1−배당성향)과 같이 계산하기도 한다.

$$\frac{\text{배당수익률}}{(20\times2\text{년})} = \frac{\text{주당배당액}}{\text{주가}} = \frac{₩49,500/750\text{주}}{₩750} = 0.088\ (8.8\%)$$

투자자는 주식투자를 하면 배당수익뿐만 아니라 주식의 시세차익으로 인한 수익도 발생하므로 주식투자수익을 평가하기 위해서는 이 두 가지 비율을 모두 고려해야 할 것이다.

03 재무비율분석시 고려사항

OBJECTIVES 

- 재무비율분석의 비교기준은 무엇인가?
- 재무비율분석의 한계점은 무엇인가?

재무제표분석을 수행할 때 몇 가지 주의해야 할 사항들이 있다. 이 중 하나는 재무비율이 개별적으로 존재하는 것이 아니라 서로 밀접한 상관관계를 갖고 있다는 것이고, 다른 하나는 재무비율을 중심으로 하는 재무제표분석에는 많은 한계점이 있다는 것이다.

1. 자기자본이익률의 분해

이제까지 설명된 재무비율들은 독립적으로 존재하는 것이 아니고, 상호간에 매우 밀접한 관계를 맺고 있다. 대표적인 예로서 자기자본이익률(ROE)을 다음과 같이 분해할 수 있다.

$$\begin{aligned}\text{자기자본이익률} &= \frac{\text{순이익}}{\text{자기자본}} \\ &= \frac{\text{순이익}}{\text{매출액}} \times \frac{\text{매출액}}{\text{자산}} \times \frac{\text{자산}}{\text{자본}} \\ &= \frac{\text{순이익}}{\text{매출액}} \times \frac{\text{매출액}}{\text{자산}} \times \left(1 + \frac{\text{부채}}{\text{자본}}\right) \\ &= \text{매출액순이익률} \times \text{총자산회전율} \times (1 + \text{부채비율})\end{aligned}$$

여기에서 보듯이 자기자본이익률은 수익성을 나타내는 매출액순이익률, 자산

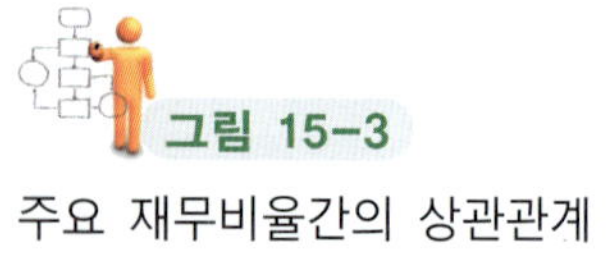

주요 재무비율간의 상관관계

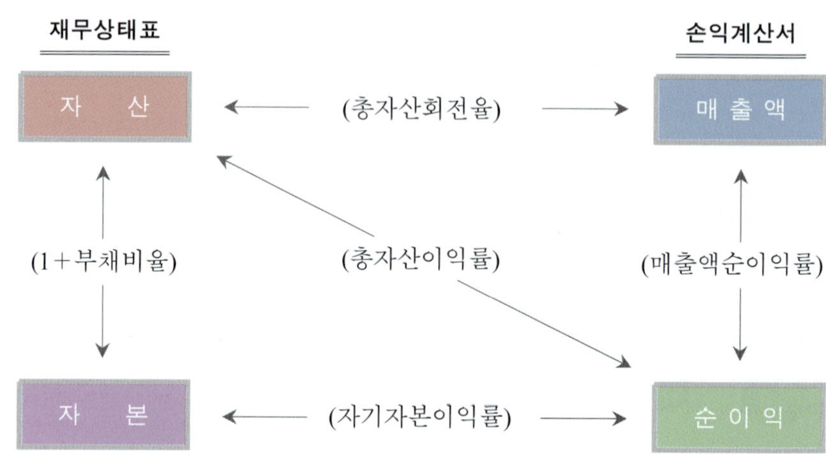

효율성을 나타내는 총자산회전율, 그리고 레버리지를 나타내는 부채비율로 구성되어 있다. 이들의 관계를 도표로 나타내면 [그림 15-3]과 같다.

자기자본이익률의 변동원인을 분석할 때 이를 구성하는 요소들에 대한 세부적인 분석이 필요하다. 또한, 그 구성요인들간에도 상호관련성이 존재한다는 사실을 인식하고 있어야 한다. 예를 들면 기업의 마케팅전략이 저가상품의 대량판매라면 판매마진이 적어서 매출액순이익률이 감소하지만 매출액이 증가하여 총자산회전율이 증가한다. 반면에 고가상품을 소량판매하는 전략일 경우에는 판매량이 적어서 총자산회전율은 감소하지만 판매마진이 높기 때문에 매출액순이익률은 높아진다. 따라서 마케팅전략이 자기자본이익률에 미치는 영향은 매출액순이익률과 총자산회전율 각각에 어떠한 영향이 미치는가에 따라서 결정될 것이다.

2. 재무비율분석의 비교기준

앞에서 언급된 재무제표분석기법을 이용할 때 어떤 특정 기간이나 특정 기업의 지표로 그 기간이나 기업의 성과 및 재무상태를 평가하기 위해서는 평가기준이 될 수 있는 기준치가 필요하다. 보편적으로 이용되고 있는 기준치로는 ① 당해 기업의 과거수치 또는 ② 동종산업에 속하는 다른 기업들의 평균수치(산업평균) 등이 있다.

해당 기업의 과거수치

특정 기간의 분석자료를 과거 일정기간의 자료와 비교함으로써 기업의 상태가 개선되고 있는지 아니면 악화되고 있는지를 판단할 수 있다. 연속되는 몇 개 기간의 자료를 비교하는 것을 수평적 분석(horizontal analysis) 또는 추세분석(trend analysis)이라 하는데, 이는 오직 한 기간의 재무정보를 분석하는 수직적 분석(vertical analysis) 또는 정태적 분석(static analysis)과 구별된다.

수평적 분석(추세분석)
연속되는 몇 개 기간의 자료를 비교하는 것

수직적 분석(정태적 분석)
오직 한 기간의 재무정보를 분석

수평적 분석은 이를 통해서 기업의 상태가 개선되고 있는지 아니면 악화되고 있는지를 판단할 수 있을 뿐만 아니라, 미래에 대한 예측을 하는 데에도 도움이 된다. 그러나 변화의 방향은 언제든지 바뀔 수 있는 것이므로 과거의 추세를 이용하여 미래를 예측하는 데에는 항상 불확실성이 내포되어 있다.

수평적 분석의 한계점은 이 분석방법으로는 기업에 대한 절대적인 평가를 할 수 없다는 데에 있다. 예를 들면 어떤 기업의 당기순이익이 작년에는 매출액의 2%였는데 금년에는 매출액의 3%가 되었다고 하면, 그 기업의 매출액순이익률이 향상되고 있음을 시사한다. 그러나 만일 당기순이익이 적어도 매출액의 7%가 되는 것이 정상이라고 한다면, 작년과 마찬가지로 금년의 당기순이익도 양호하다고 볼 수는 없을 것이다.

수평적 분석의 한계점은 기업에 대한 절대적인 평가를 할 수 없다는 데에 있다.

동종산업에 속하는 다른 기업들의 평균수치(산업평균)

수평적 분석의 한계점은 특정 기간이나 특정 기업의 분석자료에 대한 적정한 비교기준을 이용함으로써 극복될 수 있다.

수평적 분석의 한계점은 특정 기간이나 특정 기업의 분석자료에 대한 적정한 비교기준을 이용함으로써 극복될 수 있다. 이 비교기준으로는 동종산업 내의 비슷한 다른 기업의 수치, 동종산업 내의 몇 개 기업(또는 전체기업)의 평균 또는 전통적으로 인식된 기준치 등이 이용되고 있다.

예를 들면 글로벌네트워크(주)의 금년 매출액이 5% 감소했다고 하자. 이러한 사실은 영업상황이 양호하지 못하다는 것을 나타낸다. 그러나 동종산업에 속하는 다른 기업들의 매출액이 금년에 평균 20% 감소했다는 사실을 알게 되면 글로벌네트워크(주)의 매출액 감소는 상대적으로 양호한 편이라고 판단할 수 있을 것이다. 다른 한 예로서 글로벌네트워크(주)의 당기순이익이 매출액의 2%라고 하자. 이 2%는 만일 글로벌네트워크(주)가 운수창고업에 속하는 기업이라고 하면 상당히 높을지 모르지만, 글로벌네트워크(주)가 음식료업에 속하는 기업이라면 단지 평균수준일 수도 있다.

특정 기업을 경쟁업체나 산업평균과 비교함으로써 얻을 수 있는 결론은 비교대상이 되는 기업들이 상호 유사해야만 의미가 있다.

특정 기업을 경쟁업체나 산업평균과 비교함으로써 얻을 수 있는 결론은 비교대상이 되는 기업들이 상호 유사해야만 의미가 있다. 어떤 기업들은 상당히 다각화되어 있기 때문에 단순히 동종산업으로 분류되고 있다고 해서, 모든 면에서 서로 비교될 수 있는 것은 아니다. 예를 들면 한 건설회사는 오직 국내건설에만 치중하고 있고, 다른 한 건설회사는 해외건설의 비중이 높고 또한 석유화학 분야에도 일부 진출하고 있다면, 이러한 두 건설회사를 직접 비교할 수 있을지 의문이다.

두 기업에서 이용하고 있는 회계처리방법간의 차이에 의해서도 재무자료의 비교가능성이 저하된다.

한편, 두 기업에서 이용하고 있는 회계처리방법간의 차이에 의해서도 재무자료의 비교가능성이 저하된다. 예를 들면 기업들이 유사한 유형자산에 대하여 상이한 감가상각방법을 적용하고 있다든지, 내용연수를 다양하게 추정하고 있을 수 있다. 재고자산의 평가도 상이한 방법에 의해서 수행될 수 있으며, 특히 어떤 산업에서는 수익을 인식하는 방법에서도 기업간에 상당한 차이를 보이고 있다.

이러한 한계점에도 불구하고, 기업간의 비교는 신중하고 적절하게만 수행된다면 매우 유용한 재무제표분석방법이 될 것이다.

3. 이익의 질에 대한 평가

기업의 전망을 평가하기 위해서는 이익의 크기뿐 아니라 매출액, 총자산 또는 자기자본에 대한 이익률에도 관심을 가져야 한다.

이익이란 기업이 영업활동을 유지하는 데 있어서 필수적으로 요구되는 혈액과도 같은 것이다. 어떤 기업이든간에 적정한 이익이 발생하지 않는다면 기업의 목적을 달성할 수 없을 뿐만 아니라 오랫동안 유지해나갈 수도 없다. 기업의 전망을 평가하기 위해서는 이익의 크기뿐 아니라 매출액, 총자산 또는 자기자본에 대한 이익률에도 관심을 가져야 한다. 또한 이익이 안정적으로 유지되고 있는지 여부와 이익의 원천에 대해서도 검토할 필요가 있다. 총이익의 금액은 동일하다 하더라도 이익률이 기간별로 큰 차이가 있는 것보다는 매기간 일정수준으로 유지되고 있는 것이 더욱 바람직스럽고, 특히 매기간 꾸준히 증가하고 있다면 더욱 좋다고 본다.

매출이나 이익을 주요 생산제품별 또는 주요 판매지역별로 세분하여 검토하는 것이 기업의 전망을 평가하는 데 더욱 유용하다. 왜냐하면 세분하여 검토함으로써 특정 상품이나 특정 지역의 소비자수요가 어떻게 변화하고 있는지를 보다 쉽게 파악할 수 있기 때문이다.

이익을 산출하는 데 기업이 선택할 수 있는 회계원칙이나 회계처리방법이 매우 다양하기 때문에 기업마다 이익의 질은 동일할 수 없다.

이익을 산출하는 데 기업이 선택할 수 있는 회계원칙이나 회계처리방법이 매우 다양하기 때문에 기업마다 이익의 질(quality of earnings)은 동일할 수 없다. 어떤 기업이 높은 이익을 보고해야만 하는 긴박한 상황에 처하게 될 때 이를 달성하기 위한 수단으로 회계정책이나 회계처리방법을 변경할 수 있다. 본서의 여러 곳(예를 들면 제9장 및 제10장의 재고자산 평가방법과 감가상각방법 등)에서 회계처리방법이 보고이익에 미치는 영향에 대하여 이미 언급한 바 있다. 이익의 질을 평가하기 위해서는 경영자에 의하여 선택된 회계처리방법으로 인해 보고되는 이익이 얼마나 지속적인지, 예측가능한지 등을 종합적으로 고려해보아야 한다.

기업의 이익이 만족할 만한 수준이라면 그 기업은 채무를 상환하고 주주들에게 배당을 지급할 수 있는 장기적인 능력을 지니고 있다고 볼 수 있다. 그러나 보다 완전한 분석을 위해서는 추가적으로 자산의 구성, 현재의 자산상태 및 유동성, 그리고 현재의 부채잔액 등에 대해서도 검토해야 한다. 수익성은 있으나 만기가 도래한 부채를 상환할 수 없다거나, 매출이나 수익은 만족스럽지만 기계설비와 공장이 적절히 보수·유지되지 않아서 매우 불량한 수준일 수도 있다. 또한, 과거기간 동안 기업의 수익창출에 많은 공헌을 했던 산업재산권의 시효가 곧 도래한다든지, 오래된 재고자산이나 기간이 경과한 매출채권으로부터 상당한 손실이 예상될 수도 있다. 부채가 많은 기업은 이자율의 변동에 민감하며, 특히 외화부채가 많은 경우에는 환율의 변동에도 민감해진다.

이익의 질을 적절히 평가하기 위해서는 물가수준의 변동이 이에 미치는 영향도 고려해야 한다.

이익의 질을 적절히 평가하기 위해서는 물가수준의 변동이 미치는 영향도 고려해야 한다. 왜냐하면 재무제표는 원칙적으로 취득원가 기준으로 작성되어 있어 실질적인 기업의 경제적 자원이나 수익을 정확하게 반영하지 못하고 있을 수 있기 때문이다.

4. 재무비율분석의 한계점

재무비율을 통한 재무제표분석기법을 실제로 유용하게 이용하려면 이에 따르는 다음과 같은 한계점도 아울러 인식하고 있어야 한다.

첫째, 재무비율이란 재무제표의 자료에 근거한 것이므로 재무비율분석은 재무제표가 안고 있는 한계점을 그대로 갖는다. 예를 들면 원가모형으로 자산평가를 하는 경우 자산의 공정가치가 증가 또는 감소하여 자산금액이 왜곡평가되고 있다든지, 회계처리방법이 매우 다양하여 기업간 회계자료의 비교가능성이 저해된다든지, 또는 물가변동의 효과가 반영되어 있지 않다는 점 등이다.

둘째, 많은 비율들의 변동은 상호밀접한 관련이 있다. 예를 들면 두 시점간의 유동비율과 당좌비율의 변동은 대부분 같은 방향, 같은 비율로 이루어진다. 따라서 기업의 단기지급능력평가와 같은 특정 목적을 위해 재무비율을 이용하고자 할 때 이에 관련되는 모든 재무비율을 측정하고 이용할 필요는 없다. 그러나 어떤 비율을 이용해야 할 것인지에 대해서는 상황에 따라 다양할 수 있으므로 적정한 재무비율의 선택에 각별히 유의해야 한다.

셋째, 한 기업의 재무비율을 기간별로 비교할 때 비교되는 두 기간 사이의 영업여건의 변화를 고려해야 한다. 예를 들면 생산품목이나 판매대상지역이 크게 변화했다든지 경제여건이나 판매가격 등에서 변화가 발생했을 때 이를 고려하지 않고 직접적으로 비교하는 것은 적절하지 못하다.

마지막으로, 어떤 특정 기업의 재무비율을 다른 유사한 산업 내의 동종기업이나 경쟁기업과 비교할 때에는 비교대상이 되는 기업간의 차이를 고려해야 한다. 예를 들면 두 기업이 서로 상이한 회계처리방법을 이용하고 있다든지, 자본조달방법이나 영업방법 등에 현격한 차이가 있을 때 이를 고려하지 않고 직접적으로 비교하는 것은 적절하지 못하다.

재무제표분석의 결과만을 가지고 기업경영평가에 관한 총괄적인 결론을 내려서는 안 된다. 재무제표분석은 단지 앞으로 좀더 깊게 분석해보아야 할 분야를 부각시켜주는 것뿐이라고 보면 된다. 예를 들면 재고자산회전율이 저하되었을 때 이를 일반적으로는 바람직하지 못한 현상으로 여기지만, 만약 국제원자재 가격이 상승할 것으로 예상되어 원자재를 미리 비축하여 발생한 결과라면 오히려 좋은 현상일 수도 있다. 다시 말하면 재무제표에 근거한 재무비율들로부터 적정한 결론을 도출하기 위해서는 이와 관련된 다른 질적 요인들에 대한 추가적인 분석도 병행해야 한다는 것이다.

〈표 15-6〉은 본장에서 언급된 주요 재무비율의 계산방법 및 그들이 지니고 있는 중요한 의미를 요약하고 있다.

주요 재무비율의 계산방법 및 그 의미

재무비율	계산방법	의미
I. 수익성비율		
① 총자산이익률	$\frac{\text{영업이익}}{\text{평균총자산}}$	자본조달방법에 관계없이 총자산의 영업효율성 측정
② 자기자본이익률	$\frac{\text{당기순이익}-\text{우선주배당금}}{\text{평균자기자본}}$	자기자본의 수익성 측정
③ 매출액순이익률	$\frac{\text{당기순이익}}{\text{매출액}}$	판매마진(margin)의 상대적 크기를 측정
④ 주당순이익(EPS)	$\frac{\text{당기순이익}-\text{우선주배당금}}{\text{가중평균유통주식수}}$	보통주 1주당 당기순이익의 크기를 측정
⑤ 주가수익비율(PER)	$\frac{\text{주당시가}}{\text{주당순이익}}$	주가와 당기순이익 간의 상대적 크기를 측정
II. 자산효율성비율		
① 매출채권회전율	$\frac{\text{매출액}}{\text{평균매출채권}}$	매출채권이 현금화되는 속도 및 기간, 그리고 매출채권에 대한 투자효율성을 측정
매출채권 평균회수기간	$\frac{\text{365일}}{\text{매출채권회전율}}$	
② 재고자산회전율	$\frac{\text{매출원가}}{\text{평균재고자산}}$	재고자산이 현금화되는 속도 및 기간, 그리고 재고자산에 대한 투자효율성을 측정
재고자산 평균보유기간	$\frac{\text{365일}}{\text{재고자산회전율}}$	
③ 매입채무회전율	$\frac{\text{매입액}}{\text{평균매입채무}}$	매입채무가 현금으로 지급되는 속도 및 기간
매입채무 평균지급기간	$\frac{\text{365일}}{\text{매입채무회전율}}$	
④ 총자산회전율	$\frac{\text{매출액}}{\text{평균총자산}}$	자본이 수익창출에 얼마나 효율적으로 운용되었는가를 측정
자기자본회전율	$\frac{\text{매출액}}{\text{평균자기자본}}$	

Ⅲ. 안정성비율

1. 단기지급능력

비율	산식	의미
① 유 동 비 율	$\frac{\text{유동자산}}{\text{유동부채}}$	단기채무지급능력을 측정
② 당 좌 비 율	$\frac{\text{당좌자산}}{\text{유동부채}}$	단기유동성을 측정
③ 이자보상비율	$\frac{\text{영업이익}}{\text{이자비용}}$	이자지급에 대한 안전도를 측정

2. 장기지급능력

비율	산식	의미
① 부 채 비 율	$\frac{\text{총부채}}{\text{자기자본}}$	자기자본에 대한 타인자본의 상대적 크기를 측정

Ⅳ. 배당 관련 비율

비율	산식	의미
① 배 당 성 향	$\frac{\text{총배당액}}{\text{당기순이익}}$	당기순이익 중 배당으로 지급되는 비율을 측정
② 배당수익률	$\frac{\text{주당배당액}}{\text{주가}}$	배당으로 얻은 수익을 주가에 대한 상대적 크기로 측정

이 장의 요약

• 재무제표분석은 왜 필요한가?

– 재무제표에는 기업의 영업활동, 투자활동, 재무활동의 경제적 결과가 잘 요약되어 있어서 이를 통해 기업활동의 수익성, 활동성, 안정성 등을 평가할 수 있다.

• 추세분석과 요소구성비율분석이란 무엇인가?

– 추세분석 : 기준연도를 설정하고 각 재무제표 항목을 기준연도의 그 항목에 대한 백분율로 표시함으로써 해당 항목이 기준연도 이후 어떻게 변화했는지를 분석하는 것이다.

– 요소구성비율분석 : 손익계산서 항목은 매출액에 대한 백분율로, 재무상태표 항목은 총자산에 대한 백분율로 표시함으로써 자산구성, 자본구조, 손익구조를 상호비교하는 데 유용하게 사용할 수 있는 분석 도구이다.

• 재무비율은 어떻게 산정하는가?

– 기업의 수익성, 활동성, 안정성 등을 평가하기 위해 재무제표의 관련 항목들을 대응시켜 재무비율을 산정한다.

– 매출액 대비 이익률, 자본 대비 이익률은 수익성비율로 이용될 수 있고, 자산을 얼마나 효율적으로 사용하여 매출액을 달성했는지를 나타내는 자산회전율은 활동성비율로 이용되며, 유동비율, 부채비율 등은 재무안정성을 나타내는 비율로 이용된다.

• 재무비율분석의 비교기준은 무엇인가?

– 재무비율은 그 자체로서는 의미가 없는 경우가 대부분이며 기업의 성과나 재무상태를 평가하기 위해서는 비교기준이 필요하다.

– 가장 보편적으로 이용되는 비교기준은 당해 기업의 과거수치, 경쟁기업의 수치, 산업평균 수치이다.

• 재무비율분석의 한계점은 무엇인가?

– 재무제표의 수치가 기업의 경제적 실질을 잘 반영하지 못한다면 재무비율 역시 왜곡될 가능성이 있다.

– 어떤 비율이 적합한지는 상황에 따라 다를 수 있으므로 적정한 재무비율의 선택에 유의할 필요가 있다.

– 경제여건, 영업여건의 변화를 고려하지 않고 재무비율을 직접적으로 비교하는 것은 적절하지 못할 수 있다.

– 회계처리방법, 자본조달방법, 영업방법 등 기업간의 차이를 고려하지 않고 재무비율을 직접적으로 비교하는 것은 적절하지 못할 수 있다.

회계정보의 활용

자기자본이익률의 분해

자기자본이익률(ROE)은 매출액순이익률, 총자산회전율 및 부채비율로 분해할 수 있으며, 각 구성요소의 크기에 따라 수익성, 자산효율성 또는 재무안정성 중 어느 활동이 활발한지를 살펴볼 수 있다.

〈산식〉 자기자본이익률＝매출액순이익률×총자산회전율×(1＋부채비율)

SK텔레콤과 LG유플러스의 2024년도 자기자본이익률을 분해하여 비교해 보자.

(단위 : 백만원)

구 분	SK텔레콤	LG유플러스
당기순이익(A)	1,387,095	314,602
매출액(B)	17,940,609	14,625,198
평균자산(C)	30,317,241	19,904,168
평균자본(D)	12,028,017	8,762,582
매출액순이익률(A/B)	0.077	0.022
총자산회전율(B/C)	0.592	0.735
(1＋부채비율)(C/D)	2.521	2.271
자기자본이익률(A/D)	0.115	0.036

2024년의 자기자본이익률(ROE)은 SK텔레콤이 11.5%, LG유플러스가 3.6%이다.

자기자본이익률을 분해해보면 매출활동의 수익성을 나타내는 매출액순이익률은 SK텔레콤이 7.7%로서 LG유플러스의 2.2%에 비해 꽤 높았다. 이는 SK텔레콤이 상대적으로 더 높은 판매마진을 남기고 있음을 의미한다. 반면 LG유플러스는 총자산의 활용도를 나타내는 총자산회전율이 0.735로서 SK텔레콤의 0.592보다 더 높다. 그 결과 총자산이익률(ROA＝매출액순이익률×총자산회전율)은 SK텔레콤 4.6%, LG유플러스 1.6%로 자기자본이익률보다는 그 차이가 다소 줄어들었다. 또한 SK텔레콤의 부채비율은 152%로서 LG유플러스의 127%에 비해 다소 높으며 이 또한 자기자본이익률의 크기에 영향을 준다. 결론적으로 SK텔레콤은 상대적으로 높은 수익성(매출액순이익률)을 보여주고 있고, LG유플러스는 자산의 효율적 활용(총자산회전율)으로 낮은 수익성을 만회하고 있다고 볼 수 있다.

종합예제

재무비율의 산정

성지상사의 20×1년과 20×2년 말 각 계정의 잔액은 다음과 같다.

(단위 : 천원)

	20×1년	20×2년
현 금	₩25,000	₩35,000
매출채권(순액)	90,000	91,000
선급비용	5,000	4,000
재고자산	140,000	160,000
토 지	100,000	90,000
기계장치	640,000	880,000
감가상각누계액	(200,000)	(260,000)
자산총계	₩800,000	₩1,000,000
매입채무	₩46,000	₩105,000
미지급비용	25,000	40,000
사 채(8%)	280,000	280,000
사채할증발행차금	4,000	3,600
보 통 주(주당 ₩5,000)	110,000	165,000
이익잉여금	335,000	406,400
부채 및 자본총계	₩800,000	₩1,000,000
매 출 액	₩1,600,000	₩2,200,000
매출원가	1,120,000	1,606,000
매출총이익	₩480,000	₩594,000
영업비용	(329,600)	(314,200)
이자비용	(22,400)	(22,400)
법인세비용	(48,000)	(91,000)
당기순이익	₩80,000	₩166,400

20×2년초에 현금배당 ₩40,000,000을 지급하고, 추가로 50%의 주식배당도 하였다. 모든 매출은 외상으로 이루어졌으며 연중 평균적으로 발생했다. 재고자산과 매출채권은 연중 크게 변동하지는 않았다. 20×2년말 성지상사 주식의 시장가격은 주당 ₩8,600이었고, 이는 20×2년 주식배당 전인 20×1년말의 주식가격인 ₩4,350과 비교할 때 크게 상승한 것이다.

요구사항

다음의 비율들을 계산하라.

1. 총자본이익률
2. 자기자본이익률
3. 매출액순이익률
4. 주당순이익
5. 주가수익비율
6. 배당성향
7. 배당수익률
8. 매출총이익률
9. 운전자본
10. 유동비율
11. 당좌비율
12. 부채비율
13. 이자보상비율
14. 매출채권회전율
15. 재고자산회전율
16. 총자산회전율

해답

1. 총자본이익률
   ₩279,800,000 ÷ ₩900,000,000 ······ 0.311 (31.1%)
2. 자기자본이익률
   ₩166,400,000 ÷ ₩508,200,000 ······ 0.327 (32.7%)
3. 매출액순이익률
   ₩166,400,000 ÷ ₩2,200,000,000 ······ 0.076 (7.6%)
4. 주당순이익
   ₩166,400,000 ÷ 33,000주 ······ ₩5,042/주
5. 주가수익비율
   ₩8,600/주 ÷ ₩5,042/주 ······ 1.706 (170.6%)
6. 배당성향
   ₩40,000,000 ÷ ₩166,400,000 ······ 0.24 (24.0%)
7. 배당수익률
   ₩1,212/주 ÷ ₩8,600/주 ······ 0.141 (14.1%)
8. 매출총이익률
   ₩594,000,000 ÷ ₩2,200,000,000 ······ 0.27 (27.0%)
9. 운전자본
   ₩290,000,000 − ₩145,000,000 ······ ₩145,000,000
10. 유동비율
    ₩290,000,000 ÷ ₩145,000,000 ······ 2.0 (200%)
11. 당좌비율
    (₩35,000,000 + ₩91,000,000) ÷ ₩145,000,000 ······ 0.869 (86.9%)
12. 부채비율
    ₩428,600,000 ÷ ₩571,400,000 ······ 0.75 (75.0%)
13. 이자보상비율
    (₩166,400,000 + ₩91,000,000 + ₩22,400,000) ÷ ₩22,400,000 ······ 12.49회
14. 매출채권회전율 [매출채권 평균회수기간]
    ₩2,200,000,000 ÷ [(₩90,000,000 + ₩91,000,000) / 2] ······ 24.3회 [15일]
15. 재고자산회전율 [재고자산 평균보유기간]
    ₩1,606,000,000 ÷ [(₩140,000,000 + ₩160,000,000) / 2] ······ 10.7회 [34.1일]
16. 총자산회전율
    ₩2,200,000,000 ÷ ₩900,000,000 ······ 2.44회

익힘문제

01 추세비율이란 무엇이며, 이는 어떻게 측정하는가? 또한, 추세비율을 분석할 때 주의해야 할 사항은 무엇인가?

02 추세비율분석과 요소구성비율분석의 차이점은 무엇인가? 이 중에서 어느 것이 수년간에 걸친 매출액의 변동을 분석하는 데 보다 적절한가?

03 재무제표의 수평적 분석과 수직적 분석의 차이점은 무엇인가?

04 지난해 전자부품제조업체인 삼일(주)와 영화(주)의 당기순이익은 각각 20억원과 50억원이었다. 두 기업의 수익성을 적절히 비교하기 위하여 필요한 추가적인 정보는 무엇인가?

05 당기순이익이 전기와 비교하여 감소했지만 매출액순이익률은 3%에서 5%로 증가하였다. 이 경우 매출액은 증가하였는가, 아니면 감소하였는가?

06 세계(주)는 다양한 화학제품을 제조하여 공급하는 기업이다. 이 기업의 재무제표를 분석하는 데 있어서 당신은 왜 화학산업 내의 다른 기업의 비율이나 다른 측정치를 참고하기를 원하는가?

07 다음 각각의 회계처리방법이 "이익의 질"을 높일 것인지, 아니면 "이익의 질"을 낮출 것인지 설명하라.

(1) 감가상각에 정액법이 아닌 가속상각법을 채택
(2) 재고자산평가에 후입선출법(LIFO)이 아닌 선입선출법(FIFO)을 채택
(3) 비품의 감가상각내용연수로 10년이 아닌 7년을 채택

08 다음의 각 기업이해관계자들이 가장 큰 관심을 갖는 비율은 어느 것인가?

(1) 단기대출을 고려하는 은행
(2) 보통주식의 소유자
(3) 장기담보부대출을 고려하는 보험회사

09 자기자본이익률은 무엇을 나타내는 것인가? 이 비율을 측정하는 데 이자비용과 법인세비용을 공제한 후의 당기순이익을 이용하는 이유는 무엇인가?

10 일신(주)의 주당순이익(EPS)은 ₩4,500이다. 일신(주)는 주당 ₩2,500의 배당금을 지급했으며, 기말 현재 주식의 주당시가가 ₩42,750이다. 다음을 계산하라.

(1) 주가수익비율(PER)
(2) 배당성향(dividend payout ratio)
(3) 배당수익률(dividend yield)

11 기업의 유동성을 평가하기 위한 중요한 비율 두 개를 명시하고, 이 비율들이 어떻게 이용되는지에 대하여 기술하라.

12 부채비율의 적정성 여부에 대해 채권자와 주주들의 견해가 상이할 수 있다. 그 이유는 무엇인가?

13 어떤 투자자가 "나는 몇 년 전에 이 주식을 주당 ₩5,000에 구입했다. 그리고 지금 이 주식을 팔면 ₩10,000을 받을 수 있다. 지난해 1주당 ₩500의 배당금을 받았으므로 나는 이 투자로 10%의 수익을 얻었다"라고 말했다. 이에 대하여 비평하라.

14 사계절(주)의 영업활동은 계절적으로 변동이 심하다. 1년중 영업이 가장 활발한 달은 11월이고, 가장 저조한 달은 7월이다. 어느 달의 유동비율이 높을 것으로 예상되는가? 만약 이 기업이 회계기간 변경을 고려하고 있다면 당신은 그들에게 어떠한 조언을 하겠는가?

15 재고자산회전율과 매출채권회전율이 10배에서 15배로 증가했으나, 당기순이익은 감소하였다. 이러한 현상이 발생하게 된 몇 가지 가능한 이유를 제시하라.

연습문제

01 추세비율의 계산

옛성(주)의 다음 항목에 대한 5년간의 추세비율을 계산하라. 여기에서 기준연도는 20×1년이다. 이는 바람직한 추세인가?

(단위 : 천원)

	20×1년	20×2년	20×3년	20×4년	20×5년
매 출 액	₩250,000	₩300,000	₩310,000	₩380,000	₩440,000
매출원가	150,000	186,000	198,000	247,000	308,000

02 비교손익계산서와 공통형손익계산서의 작성 및 목적

다음은 광복(주)의 20×1년과 20×2년 손익계산서 자료이다.

	20×1년	20×2년
매 출 액	₩750,000	₩920,000
매출원가	465,000	588,800
판 매 비	157,500	174,800
관 리 비	82,500	92,000
법인세비용	9,000	14,000

요구사항

1. 금액과 비율의 증감을 나타내는 비교손익계산서를 작성하라.
2. 각 연도의 공통형손익계산서를 작성하라.
3. 2개 연도의 변동에 대하여 간단히 논평하라.

03 재무비율의 계산 (I)

다음은 한강(주)의 20×1년말 요약재무상태표이다.

자 산 :		부채와 자본 :	
현 금	₩26,000	매입채무	₩100,000
매출채권(순액)	90,000	단기차입금	60,000
선급비용	10,000	장기차입금	140,000
재고자산	200,000	자 본 금	200,000
유형자산(순액)	399,000	(주당액면 ₩5,000)	
기타자산	25,000	이익잉여금	250,000
자산총계	₩750,000	부채 및 자본총계	₩750,000

20×1년의 매출액은 ₩1,080,000이었고, 매출총이익은 ₩324,000이었다. 매출채권, 재고자산, 유형자산은 연중 거의 변동이 없었으며, 매출은 전액 외상으로 이루어졌다.

위의 정보를 이용하여 다음을 계산하라.

(1) 유동비율 (2) 당좌비율 (3) 운전자본
(4) 부채비율 (5) 매출채권회전율 (6) 재고자산회전율

04 매출채권회전율과 재고자산회전율

다음은 올해 12월 31일 서울(주)의 재무상태표 일부이다.

현 금		₩30,000
매 출 채 권	₩70,000	
차감 : 대손충당금	5,000	65,000
선 급 비 용		5,000
재 고 자 산		125,000
		₩225,000

〈추가정보〉

올해의 매출액은 ₩490,000, 기초재고자산은 ₩75,000, 그리고 매출원가는 ₩300,000이다. 모든 매출은 외상으로 이루어졌으며, 매출채권 잔액은 연중 거의 변동이 없었다.

1. 매출채권회전율은 얼마인가?
2. 재고자산회전율은 얼마인가?

05 주당순이익, 주가수익비율과 배당수익률

한양(주)는 매 분기에 보통주 1주당 ₩275의 배당금을 지급한다. 지난 4분기간의 당기순이익은 ₩1,900,000이었다. 이 기업의 유통주식으로는 보통주 1,000주(주당액면 ₩10,000), 우선주 200주(10%, 주당액면 ₩5,000)가 있다. 보통주의 현재 주당시가는 ₩15,300이다.

1. 보통주의 주당순이익(EPS)을 계산하라.
2. 보통주의 주가수익비율(PER)을 계산하라.
3. 보통주의 배당수익률을 계산하라.

06 주당순이익

강촌(주)의 총자산은 ₩1,200,000이고 법인세비용차감전순이익은 평균 ₩120,000이다. 현재 이 기업은 장기부채를 갖고 있지 않다. 강촌(주)는 ₩300,000의 자금이 소요되는 투자안을 갖고 있으며, 여기에서 법인세비용차감전으로 18%의 이익을 달성할 것으로 예상하고 있다. 이에 필요한 자금은 연 12%의 이자율로 은행에서 차입하거나 추가적인 주식발행으로 조달할 수 있다. 이 기업의 법인세율은 40%이며, 현재의 유통주식수는 1,200주이다.

요구사항

추가자금을 1. 은행에서 차입할 경우와 2. 300주의 주식을 추가적으로 발행할 경우 각각에 예상되는 기본주당순이익을 계산하라.

07 재무비율의 계산 (Ⅱ)

다음은 오성(주)의 요약재무상태표이다.

	20×1년 12월 31일	20×2년 12월 31일
자산총계	₩2,400,000	₩3,000,000
유 동 부 채	₩300,000	₩500,000
사 채(12%)	600,000	600,000
자 본 금(주당액면 ₩5,000)	1,200,000	1,500,000
이익잉여금	300,000	400,000
부채 및 자본총계	₩2,400,000	₩3,000,000

20×2년의 매출액은 ₩5,940,000이고 당기순이익은 ₩237,600이다. 법인세율은 40%이다.

위의 정보를 이용하여 다음을 계산하라.

(1) 총자본이익률 (2) 자기자본이익률 (3) 매출액순이익률
(4) 이자보상비율 (5) 부채비율

고급연습문제

08 공통형손익계산서 : 차이의 해석

등산장비 제조업체인 설악(주)의 당해연도 손익계산서와 동종산업 평균의 공통형손익계산서는 다음과 같다.

	설악(주)	산업평균
매 출 액	₩20,000,000	100%
매 출 원 가	9,800,000	57
매출총이익	₩10,200,000	43%
판매비와관리비 :		
판 매 비	4,200,000	16
관 리 비	3,400,000	20
법인세비용차감전순이익	₩2,600,000	7%
법인세비용	1,200,000	3
당기순이익	₩1,400,000	4%
자기자본이익률	23%	14%

요구사항

1. 2개의 난이 있는 공통형손익계산서를 작성하라. 첫째 난에는 설악(주) 손익계산서의 모든 항목을 매출액에 대한 비율로써 나타내고, 둘째 난에는 위에 주어진 산업평균비율을 나타내라.
2. 매출총이익, 판매비, 관리비, 법인세비용차감전순이익, 당기순이익, 자기자본이익률에 중점을 두어 산업평균과 차이를 나타내는 항목에 대해 비평하라. 이 중에서 현격한 차이가 있는 항목에 대해서는 이러한 차이를 초래할 수 있는 원인을 설명하라.

09 비율분석 : 두 기업의 평가

태양(주)와 목성(주)의 재무자료가 다음과 같이 주어졌다.

	태양(주)	목성(주)
외상매출액	₩675,000	₩560,000
매 출 원 가	504,000	480,000
현 금	51,000	20,000
매 출 채 권(순액)	75,000	70,000
재 고 자 산	84,000	160,000
유 동 부 채	105,000	100,000

매출채권과 재고자산의 기말잔액이 연평균금액과 같다고 가정하라.

요구사항

1. 두 기업의 다음 사항을 계산하라.
   (1) 운전자본
   (2) 유동비율
   (3) 당좌비율
   (4) 재고자산회전율과 재고자산 평균보유기간
   (5) 매출채권회전율과 매출채권 평균회수기간
2. 단기채권자의 입장에서 각 기업 운전자본의 상대적인 질에 대하여 평가하라. 만일 당신이 30일 내 지급조건으로 상품 ₩20,000을 외상으로 판매하려 한다면 어느 기업에 판매하겠는가?

10 비율분석 : 자금의 차입계획

다음은 20×1년에 영업을 개시한 샛별(주)의 20×1년말 현재의 회계정보이다.

매 출 액(전액 외상으로 매출)	₩800,000
매 출 원 가	480,000
평균재고자산(선입선출법을 적용)	120,000
평균매출채권	80,000
이 자 비 용	6,000
법인세비용	8,000
20×1년 당기순이익	36,000
평균총자본	500,000
평균자기자본	400,000

이 기업은 20×1년중에 배당을 결의하지 않았고, 주식을 추가로 발행하거나 소각시키지도 않았다.

요구사항

1. 위의 정보를 이용하여 20×1년의 다음 항목을 계산하라.
   (1) 재고자산회전율
   (2) 매출채권회전율
   (3) 총영업비용(이자비용은 영업비용이 아니다)
   (4) 매출총이익률
   (5) 자기자본이익률
   (6) 총자본이익률
2. 샛별(주)는 장기부채를 연 12%에 차입할 수 있으며, 이 추가적인 자금을 위에서 나타난 총자본이익률과 동일한 수익을 올리는 데 이용할 수 있다. 주주의 입장에서 이 장기부채의 차입이 바람직한 것인지를 설명하라.

11 재무비율을 이용한 재무항목의 추정

다음은 우리별(주)의 재무제표인데, 거의 모든 항목들의 금액이 누락되어 있다.

재무상태표

우리별(주) 20×1년 12월 31일 현재 (단위 : 원)

현 금	₩ ?	유 동 부 채	₩ ?
매 출 채 권(순액)	?	사 채(12%)	?
재 고 자 산	?	자 본 금(보통주)	?
비 품(순액)	?	이익잉여금	34,000
자산총계	₩120,000	부채 및 자본총계	₩120,000

손익계산서

20×1년 1월 1일부터
우리별(주) 20×1년 12월 31일까지 (단위 : 원)

매 출 액	₩ ?
매 출 원 가	?
매출총이익	₩ ?
영 업 비 용	?
영 업 이 익	₩ ?
사채이자비용	?
법인세비용차감전순이익	₩ ?
법인세비용(40%)	?
당기순이익	₩12,000

다음은 20×1년 우리별(주)의 이용가능한 정보이다.

(1) 당좌비율은 1.2 : 1이다.
(2) 재고자산회전율은 3회이다(기초재고자산은 ₩30,000이었다).
(3) 매출채권 평균회수기간은 29.2일이며, 대손충당금잔액은 ₩1,000이다.
(4) 매출액순이익률은 8%이다.
(5) 매출총이익률은 30%이다.
(6) 총자본이익률은 20%이다(총자본의 기초잔액은 ₩100,000이었다).
(7) 부채구성비율은 30%이다.
(8) 이자비용은 연중 변동이 없었던 사채와 관련된 것이다.

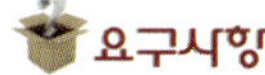

우리별(주)의 재무제표를 완성하라(힌트 : 손익계산서부터 완성하라).

12 한정된 정보와 재무비율을 이용하여 재무제표를 작성

부실(주)의 회계담당자인 건망증 씨는 모든 재무제표를 작성하고 재무비율을 산정하여 이를 부사장과 같이 떠날 수렵여행에 가져가기로 하였다. 목적지에 도착해 보니 그의 서류가방엔 오직 일부의 자료만이 들어 있고 완성된 재무제표는 그의 사무실에 남겨두었다는 것을 알고 매우 당황하였다. 재무제표를 부사장에게 제출하기 1시간 전에 건망증 씨는 다음 자료를 얻을 수 있었다.

재무상태표

부실(주) 20×1년 12월 31일 현재 (단위 : 원)

유동자산 :			유동부채		₩ ?
현금		₩ ?	사채(8%)		?
매출채권(순액)		?	부채총계		₩ ?
재고자산		?			
유동자산 계		₩ ?	자본 :		
비유동자산 :			보통주	₩300,000	
기계장치	₩580,000		(주당액면 ₩5,000)		
감가상각누계액	(80,000)	500,000	이익잉여금	100,000	400,000
자산총계		₩ ?	부채와 자본총계		₩ ?

손익계산서

부실(주) 20×1년 1월 1일부터 20×1년 12월 31일까지 (단위 : 원)

매출액	₩ ?
매출원가	?
매출총이익 (매출액의 25%)	₩ ?
영업비용	?
영업이익 (매출액의 10%)	₩ ?
이자비용	28,000
법인세비용차감전순이익	₩ ?
법인세비용 (법인세비용차감전순이익의 40%)	?
당기순이익	₩60,000

〈추가정보〉

(1) 부채구성비율은 60%이다.

(2) 이자비용은 사채로부터 발생한 것이다.

(3) 기초재고자산은 ₩150,000이고, 재고자산회전율(매출원가 / 평균재고자산)은 4.8회이다.

(4) 유동비율은 2 : 1이고, 당좌비율은 1 : 1이다.

(5) 기초매출채권은 ₩80,000이고, 매출채권회전율(매출액 / 평균매출채권)은 12.8회이다.

(6) 모든 매출은 외상으로 이루어졌다.

요구사항

위의 정보를 이용하여 부실(주)의 재무제표를 완성하라. 재무제표의 모든 항목에 대한 계산과정을 나타내고, 이를 설명하라(힌트 : 손익계산서를 작성할 때 당기순이익부터 계산하라. 당기순이익은 법인세비용차감전순이익의 60%이다).

13 재무비율과 윤리적 판단

사공(주)의 회계담당 이사인 당신은 다음과 같은 재무비율을 이사회에 보고하였다.

	20×1년	20×2년	20×3년
매출액성장률(20×1년 기준)	100%	120%	150%
판매비와 일반관리비 / 매출액	15%	13%	9%
유형자산 / 매출액	2.4	2.6	2.9
유동비율	200%	220%	240%
재고자산회전율	10.2	9.3	8.5
외상매출금회전율	8.5	7.6	7.0
총자산회전율	2.0	1.7	1.5
총자산이익률	10%	9%	8.4%
자기자본이익률	12%	11%	8%

그런데 이 보고를 받고 이 회사의 최고경영자는 주주총회에서 회사의 개황을 보고하면서 재무비율 중에서 다음 비율만 발표하였다.

	20×1년	20×2년	20×3년
매출액성장률(20×1년 기준)	100%	120%	150%
판매비와 일반관리비 / 매출액	15%	13%	9%
유형자산 / 매출액	2.4	2.6	2.9
유동비율	200%	220%	240%

요구사항

1. 최고경영자가 네 가지 재무비율만 발표한 이유는 무엇인가?
2. 최고경영자의 의사결정에 대한 당신의 의견은 무엇인가?

사례연구

01 대출을 위한 신용평가목적의 재무제표분석

전기제품제조업체인 광명(주)는 과거 5년간 영업을 해왔다. 그동안 이 기업의 이익은 적정했으며, 사장인 전우영 씨가 기업의 운전자본문제에 대해 성지은행 대출담당자인 당신과 의논할 때까지는 특별한 문제가 없었다. 전우영 씨는 사업확장으로 인한 자금압박 때문에 매입채무대금을 현금할인기간 내에 지급할 수 없어서 현금할인혜택을 못 받고 있다고 설명하였다. 전우영 씨는 성지은행으로부터 ₩40,000,000을 차입하기를 원한다. 당신의 요구에 의해 광명(주)는 다음과 같은 지난 2년간의 재무자료를 제출했다.

재무상태표

광명(주) (단위 : 천원)

	20×1년 12월 31일	20×2년 12월 31일
자 산 :		
현 금	₩34,000	₩42,000
매 출 채 권	110,000	148,000
선 급 비 용	10,000	15,000
재 고 자 산	210,000	280,000
유동자산합계	₩364,000	₩485,000
비유동자산(순액)	215,000	250,000
자산총계	₩579,000	₩735,000
부채와 자본 :		
매 입 채 무	₩30,000	₩35,000
단기차입금	122,000	185,000
미지급법인세	5,000	7,000
미지급이자	20,000	35,000
유동부채합계	₩177,000	₩262,000
담보부사채(10%)	120,000	150,000
부채총계	₩297,000	₩412,000
보 통 주	250,000	275,000
이익잉여금	32,000	48,000
자본총계	₩282,000	₩323,000
부채 및 자본총계	₩579,000	₩735,000

기초재무자료

광명(주) (단위 : 천원)

	20×1년	20×2년
매 출 액	₩820,000	₩1,000,000
당기순이익	28,000	32,000
배 당 금	12,000	16,000
이 자 비 용	15,000	18,000
법인세비용	6,400	8,000
2년전 총자산	480,000	
2년전 자본금	230,000	

위에 주어진 자료를 이용하여 20×1년과 20×2년 다음 항목의 재무비율을 계산하고, 전기제품산업의 표준재무비율과 비교한다.

	전기제품산업의 표준재무비율
(1) 유동비율	2.66
(2) 당좌비율	1.3
(3) 매출채권 평균회수기간	46일
(4) 재고자산회전율	4.8회
(5) 부채구성비율	49.0%
(6) 총자본이익률	13.1%
(7) 자기자본이익률	11.9%
(8) 매출액순이익률	4.08%

귀하의 분석에 기초하여, 어떠한 상황에서 전우영 씨의 차입신청에 대하여 기꺼이 대출할 것인지에 대하여 결정하라. 그리고 이러한 결정을 내린 이유를 설명하라.

02 사채등급의 평가

한국신용(주)는 투자자들에게 재무정보를 제공하고 있다. 한국신용(주)의 주된 업무 중의 하나는 기업들이 발행하는 사채의 질(quality)을 평가하는 것이다. 사채의 질이 가장 우량한 경우에는 AAA를 주고 그 다음으로는 AA, A, BBB, BB, B의 순서로 평가한다. 가장 낮은 평가는 C인데 이는 거의 부도가 발생할 것 같은 기업의 사채에 대한 평가이다.

한국신용(주)는 자동차 생산업체인 사륜거(주)의 사채에 대한 평가를 AAA에서 AA로 변경하였다. 그 이유는 사륜거(주)의 재무상태가 악화되었기 때문이다. 한국신용(주)는 기업의 재무상태를 여러 가지 재무비율로써 평가하고 있다.

다음은 한국신용(주)가 평가기준으로 채택하고 있는 재무비율 중의 일부 비율에 대한 사륜거(주)의 재무정보이다.

비 율 명	AAA 평가기준	20×1년	20×2년	20×3년
이자보상률	15배	15배	6배	손실발생
총자산이익률	15% 이상	14%	7%	손실발생
부채비율	50%	34%	38%	65%
현금흐름/총부채	100%	152%	134%	100%
유동부채/총부채	25%	43%	48%	52%

요구사항

1. 각 비율은 장기부채의 상환능력에 어떠한 영향을 줄 수 있는가?
2. 사륜거(주)는 사채평가를 AA에서 AAA로 향상시키기 위해서 어떠한 노력을 해야 하는가? 다음 각각의 노력은 각 재무비율에 어떠한 영향을 줄 것인가?
   (1) 영업비용의 감소
   (2) 새로운 투자안에 대한 투자계획의 취소
   (3) 현금배당의 취소
   (4) 사륜거(주)의 비생산적인 생산라인의 처분

부 록

가치계산표

1. 단일금액 1원의 미래가치
2. 단일금액 1원의 현재가치
3. 연금 1원의 미래가치
4. 연금 1원의 현재가치

〈표 A-1〉 단일금액 1원의 미래가치 $F_n = (1+r)^n$ 기간이자율(r)

기간수 (n)	1%	2%	3%	4%	5%	6%	7%	8%	9%	10%
1	1.0100	1.0200	1.0300	1.0400	1.0500	1.0600	1.0700	1.0800	1.0900	1.1000
2	1.0201	1.0404	1.0609	1.0816	1.1025	1.1236	1.1449	1.1664	1.1881	1.2100
3	1.0303	1.0612	1.0927	1.1249	1.1576	1.1910	1.2250	1.2597	1.2950	1.3310
4	1.0406	1.0824	1.1255	1.1699	1.2155	1.2625	1.3108	1.3605	1.4116	1.4641
5	1.0510	1.1041	1.1593	1.2167	1.2763	1.3382	1.4026	1.4693	1.5386	1.6105
6	1.0615	1.1262	1.1941	1.2653	1.3401	1.4185	1.5007	1.5869	1.6771	1.7716
7	1.0721	1.1487	1.2299	1.3159	1.4071	1.5036	1.6058	1.7138	1.8280	1.9487
8	1.0829	1.1717	1.2668	1.3686	1.4775	1.5938	1.7182	1.8509	1.9926	2.1436
9	1.0937	1.1951	1.3048	1.4233	1.5513	1.6895	1.8385	1.9990	2.1719	2.3579
10	1.1046	1.2190	1.3439	1.4802	1.6289	1.7908	1.9672	2.1589	2.3674	2.5937
11	1.1157	1.2434	1.3842	1.5395	1.7103	1.8983	2.1049	2.3316	2.5804	2.8531
12	1.1268	1.2682	1.4258	1.6010	1.7959	2.0122	2.2522	2.5182	2.8127	3.1384
13	1.1381	1.2936	1.4685	1.6651	1.8856	2.1329	2.4098	2.7196	3.0658	3.4523
14	1.1495	1.3195	1.5126	1.7317	1.9799	2.2609	2.5785	2.9372	3.3417	3.7975
15	1.1610	1.3459	1.5580	1.8009	2.0789	2.3966	2.7590	3.1722	3.6425	4.1772
16	1.1726	1.3728	1.6047	1.8730	2.1829	2.5404	2.9522	3.4259	3.9703	4.5950
17	1.1843	1.4002	1.6528	1.9479	2.2920	2.6928	3.1588	3.7000	4.3276	5.0545
18	1.1961	1.4282	1.7024	2.0258	2.4066	2.8543	3.3799	3.9960	4.7171	5.5599
19	1.2081	1.4568	1.7535	2.1068	2.5270	3.0256	3.6165	4.3157	5.1417	6.1159
20	1.2202	1.4859	1.8061	2.1911	2.6533	3.2071	3.8697	4.6610	5.6044	6.7275
21	1.2324	1.5157	1.8603	2.2788	2.7860	3.3996	4.1406	5.0338	6.1088	7.4002
22	1.2447	1.5460	1.9161	2.3699	2.9253	3.6035	4.4304	5.4365	6.6586	8.1403
23	1.2572	1.5769	1.9736	2.4647	3.0715	3.8197	4.7405	5.8715	7.2579	8.9543
24	1.2697	1.6084	2.0328	2.5633	3.2251	4.0489	5.0724	6.3412	7.9111	9.8497
25	1.2824	1.6406	2.0938	2.6658	3.3864	4.2919	5.4274	6.8485	8.6231	10.8347
26	1.2953	1.6734	2.1566	2.7725	3.5557	4.5494	5.8074	7.3964	9.3992	11.9182
27	1.3082	1.7069	2.2213	2.8834	3.7335	4.8223	6.2139	7.9881	10.2451	13.1100
28	1.3213	1.7410	2.2879	2.9987	3.9201	5.1117	6.6488	8.6271	11.1671	14.4210
29	1.3345	1.7758	2.3566	3.1187	4.1161	5.4184	7.1143	9.3173	12.1722	15.8631
30	1.3478	1.8114	2.4273	3.2434	4.3219	5.7435	7.6123	10.0627	13.2677	17.4494
35	1.4166	1.9999	2.8139	3.9461	5.5160	7.6861	10.6766	14.7853	20.4140	28.1024
40	1.4889	2.2080	3.2620	4.8010	7.0400	10.2857	14.9745	21.7245	31.4094	45.2593
45	1.5648	2.4379	3.7816	5.8412	8.9850	13.7646	21.0025	31.9204	48.3273	72.8905
50	1.6446	2.6916	4.3839	7.1067	11.4674	18.4202	29.4570	46.9016	74.3575	117.3909
60	1.8167	3.2810	5.8916	10.5196	18.6792	32.9877	57.9464	101.2571	176.0313	304.4816
70	2.0068	3.9996	7.9178	15.5716	30.4264	59.0759	113.9894	218.6064	416.7301	789.7470
80	2.2167	4.8754	10.6409	23.0498	49.5614	105.7960	224.2344	471.9548	986.5517	2048.4002

기간이자율(r)

기간수 (n)	11%	12%	13%	14%	15%	16%	17%	18%	19%	20%
1	1.1100	1.1200	1.1300	1.1400	1.1500	1.1600	1.1700	1.1800	1.1900	1.2000
2	1.2321	1.2544	1.2769	1.2996	1.3225	1.3456	1.3689	1.3924	1.4161	1.4400
3	1.3676	1.4049	1.4429	1.4815	1.5209	1.5609	1.6016	1.6430	1.6852	1.7280
4	1.5181	1.5735	1.6305	1.6890	1.7490	1.8106	1.8739	1.9388	2.0053	2.0736
5	1.6851	1.7623	1.8424	1.9254	2.0114	2.1003	2.1924	2.2878	2.3864	2.4883
6	1.8704	1.9738	2.0820	2.1950	2.3131	2.4364	2.5652	2.6996	2.8398	2.9860
7	2.0762	2.2107	2.3526	2.5023	2.6600	2.8262	3.0012	3.1855	3.3793	3.5832
8	2.3045	2.4760	2.6584	2.8526	3.0590	3.2784	3.5115	3.7589	4.0214	4.2998
9	2.5580	2.7731	3.0040	3.2519	3.5179	3.8030	4.1084	4.4355	4.7854	5.1598
10	2.8394	3.1058	3.3946	3.7072	4.0456	4.4114	4.8068	5.2338	5.6947	6.1917
11	3.1518	3.4785	3.8359	4.2262	4.6524	5.1173	5.6240	6.1759	6.7767	7.4301
12	3.4985	3.8960	4.3345	4.8179	5.3503	5.9360	6.5801	7.2876	8.0642	8.9161
13	3.8833	4.3635	4.8980	5.4924	6.1528	6.8858	7.6987	8.5994	9.5964	10.6993
14	4.3104	4.8871	5.5348	6.2613	7.0757	7.9875	9.0075	10.1472	11.4198	12.8392
15	4.7846	5.4736	6.2543	7.1379	8.1371	9.2655	10.5387	11.9737	13.5895	15.4070
16	5.3109	6.1304	7.0673	8.1372	9.3576	10.7480	12.3303	14.1290	16.1715	18.4884
17	5.8951	6.8660	7.9861	9.2765	10.7613	12.4677	14.4265	16.6722	19.2441	22.1861
18	6.5436	7.6900	9.0243	10.5752	12.3755	14.4625	16.8790	19.6733	22.9005	26.6233
19	7.2633	8.6128	10.1974	12.0557	14.2318	16.7765	19.7484	23.2144	27.2516	31.9480
20	8.0623	9.6463	11.5231	13.7435	16.3665	19.4608	23.1056	27.3930	32.4294	38.3376
21	8.9492	10.8038	13.0211	15.6676	18.8215	22.5745	27.0336	32.3238	38.5910	46.0051
22	9.9336	12.1003	14.7138	17.8610	21.6447	26.1864	31.6293	38.1421	45.9233	55.2061
23	11.0263	13.5523	16.6266	20.3616	24.8915	30.3762	37.0062	45.0076	54.6487	66.2474
24	12.2392	15.1786	18.7881	23.2122	28.6252	35.2364	43.2973	53.1090	65.0320	79.4968
25	13.5855	17.0001	21.2305	26.4619	32.9190	40.8742	50.6578	62.6686	77.3881	95.3962
26	15.0799	19.0401	23.9905	30.1666	37.8568	47.4141	59.2697	73.9490	92.0918	114.4755
27	16.7386	21.3249	27.1093	34.3899	43.5353	55.0004	69.3455	87.2598	109.5893	137.3706
28	18.5799	23.8839	30.6335	39.2045	50.0656	63.8004	81.1342	102.9666	130.4112	164.8447
29	20.6237	26.7499	34.6158	44.6931	57.5755	74.0085	94.9271	121.5005	155.1893	197.8136
30	22.8923	29.9599	39.1159	50.9502	66.2118	85.8499	111.0647	143.3706	184.6753	237.3763
35	38.5749	52.7996	72.0685	98.1002	133.1755	180.3141	243.5035	327.9973	440.7006	590.6682
40	65.0009	93.0510	132.7816	188.8835	267.8635	378.7212	533.8687	750.3783	1051.6675	1469.7716
45	109.5302	163.9876	244.6414	363.6791	538.7693	795.4438	1170.4794	1716.6839	2509.6506	3657.2620
50	184.5648	289.0022	450.7359	700.2330	1083.6574	1670.7038	2566.2153	3927.3569	5988.9139	9100.4382
60	524.0572	897.5969	1530.0535	2595.9187	4383.9987	7370.2014	12335.3565	20555.1400	34104.9709	56347.5144
70	1488.0191	2787.7998	5193.8696	9623.6450	17735.720	32513.165	59293.942	107582.22	194217.03	348888.96
80	4225.1128	8658.4831	17630.941	35676.982	71750.879	143429.72	285015.80	563067.66	1106004.5	2160228.5

〈표 A-2〉 단일금액 1원의 현재가치

$$P_n = \frac{1}{(1+r)^n}$$

기간이자율(r)

기간수 (n)	1%	2%	3%	4%	5%	6%	7%	8%	9%	10%
1	0.9901	0.9804	0.9709	0.9615	0.9524	0.9434	0.9346	0.9259	0.9174	0.9091
2	0.9803	0.9612	0.9426	0.9246	0.9070	0.8900	0.8734	0.8573	0.8417	0.8264
3	0.9706	0.9423	0.9151	0.8890	0.8638	0.8396	0.8163	0.7938	0.7722	0.7513
4	0.9610	0.9238	0.8885	0.8548	0.8227	0.7921	0.7629	0.7350	0.7084	0.6830
5	0.9515	0.9057	0.8626	0.8219	0.7835	0.7473	0.7130	0.6806	0.6499	0.6209
6	0.9420	0.8880	0.8375	0.7903	0.7462	0.7050	0.6663	0.6302	0.5963	0.5645
7	0.9327	0.8706	0.8131	0.7599	0.7107	0.6651	0.6227	0.5835	0.5470	0.5132
8	0.9235	0.8535	0.7894	0.7307	0.6768	0.6274	0.5820	0.5403	0.5019	0.4665
9	0.9143	0.8368	0.7664	0.7026	0.6446	0.5919	0.5439	0.5002	0.4604	0.4241
10	0.9053	0.8203	0.7441	0.6756	0.6139	0.5584	0.5083	0.4632	0.4224	0.3855
11	0.8963	0.8043	0.7224	0.6496	0.5847	0.5268	0.4751	0.4289	0.3875	0.3505
12	0.8874	0.7885	0.7014	0.6246	0.5568	0.4970	0.4440	0.3971	0.3555	0.3186
13	0.8787	0.7730	0.6810	0.6006	0.5303	0.4688	0.4150	0.3677	0.3262	0.2897
14	0.8700	0.7579	0.6611	0.5775	0.5051	0.4423	0.3878	0.3405	0.2992	0.2633
15	0.8613	0.7430	0.6419	0.5553	0.4810	0.4173	0.3624	0.3152	0.2745	0.2394
16	0.8528	0.7284	0.6232	0.5339	0.4581	0.3936	0.3387	0.2919	0.2519	0.2176
17	0.8444	0.7142	0.6050	0.5134	0.4363	0.3714	0.3166	0.2703	0.2311	0.1978
18	0.8360	0.7002	0.5874	0.4936	0.4155	0.3503	0.2959	0.2502	0.2120	0.1799
19	0.8277	0.6864	0.5703	0.4746	0.3957	0.3305	0.2765	0.2317	0.1945	0.1635
20	0.8195	0.6730	0.5537	0.4564	0.3769	0.3118	0.2584	0.2145	0.1784	0.1486
21	0.8114	0.6598	0.5375	0.4388	0.3589	0.2942	0.2415	0.1987	0.1637	0.1351
22	0.8034	0.6468	0.5219	0.4220	0.3418	0.2775	0.2257	0.1839	0.1502	0.1228
23	0.7954	0.6342	0.5067	0.4057	0.3256	0.2618	0.2109	0.1703	0.1378	0.1117
24	0.7876	0.6217	0.4919	0.3901	0.3101	0.2470	0.1971	0.1577	0.1264	0.1015
25	0.7798	0.6095	0.4776	0.3751	0.2953	0.2330	0.1842	0.1460	0.1160	0.0923
26	0.7720	0.5976	0.4637	0.3607	0.2812	0.2198	0.1722	0.1352	0.1064	0.0839
27	0.7644	0.5859	0.4502	0.3468	0.2678	0.2074	0.1609	0.1252	0.0976	0.0763
28	0.7568	0.5744	0.4371	0.3335	0.2551	0.1956	0.1504	0.1159	0.0895	0.0693
29	0.7493	0.5631	0.4243	0.3207	0.2429	0.1846	0.1406	0.1073	0.0822	0.0630
30	0.7419	0.5521	0.4120	0.3083	0.2314	0.1741	0.1314	0.0994	0.0754	0.0573
35	0.7059	0.5000	0.3554	0.2534	0.1813	0.1301	0.0937	0.0676	0.0490	0.0356
40	0.6717	0.4529	0.3066	0.2083	0.1420	0.0972	0.0668	0.0460	0.0318	0.0221
45	0.6391	0.4102	0.2644	0.1712	0.1113	0.0727	0.0476	0.0313	0.0207	0.0137
50	0.6080	0.3715	0.2281	0.1407	0.0872	0.0543	0.0339	0.0213	0.0134	0.0085
60	0.5504	0.3048	0.1697	0.0951	0.0535	0.0303	0.0173	0.0099	0.0057	0.0033
70	0.4983	0.2500	0.1263	0.0642	0.0329	0.0169	0.0088	0.0046	0.0024	0.0013
80	0.4511	0.2051	0.0940	0.0434	0.0202	0.0095	0.0045	0.0021	0.0010	0.0005

기간이자율(r)

기간수 (n)	11%	12%	13%	14%	15%	16%	17%	18%	19%	20%
1	0.9009	0.8929	0.8850	0.8772	0.8696	0.8621	0.8547	0.8475	0.8403	0.8333
2	0.8116	0.7972	0.7831	0.7695	0.7561	0.7432	0.7305	0.7182	0.7062	0.6944
3	0.7312	0.7118	0.6931	0.6750	0.6575	0.6407	0.6244	0.6086	0.5934	0.5787
4	0.6587	0.6355	0.6133	0.5921	0.5718	0.5523	0.5337	0.5158	0.4987	0.4823
5	0.5935	0.5674	0.5428	0.5194	0.4972	0.4761	0.4561	0.4371	0.4190	0.4019
6	0.5346	0.5066	0.4803	0.4556	0.4323	0.4104	0.3898	0.3704	0.3521	0.3349
7	0.4817	0.4523	0.4251	0.3996	0.3759	0.3538	0.3332	0.3139	0.2959	0.2791
8	0.4339	0.4039	0.3762	0.3506	0.3269	0.3050	0.2848	0.2660	0.2487	0.2326
9	0.3909	0.3606	0.3329	0.3075	0.2843	0.2630	0.2434	0.2255	0.2090	0.1938
10	0.3522	0.3220	0.2946	0.2697	0.2472	0.2267	0.2080	0.1911	0.1756	0.1615
11	0.3173	0.2875	0.2607	0.2366	0.2149	0.1954	0.1778	0.1619	0.1476	0.1346
12	0.2858	0.2567	0.2307	0.2076	0.1869	0.1685	0.1520	0.1372	0.1240	0.1122
13	0.2575	0.2292	0.2042	0.1821	0.1625	0.1452	0.1299	0.1163	0.1042	0.0935
14	0.2320	0.2046	0.1807	0.1597	0.1413	0.1252	0.1110	0.0985	0.0876	0.0779
15	0.2090	0.1827	0.1599	0.1401	0.1229	0.1079	0.0949	0.0835	0.0736	0.0649
16	0.1883	0.1631	0.1415	0.1229	0.1069	0.0930	0.0811	0.0708	0.0618	0.0541
17	0.1696	0.1456	0.1252	0.1078	0.0929	0.0802	0.0693	0.0600	0.0520	0.0451
18	0.1528	0.1300	0.1108	0.0946	0.0808	0.0691	0.0592	0.0508	0.0437	0.0376
19	0.1377	0.1161	0.0981	0.0829	0.0703	0.0596	0.0506	0.0431	0.0367	0.0313
20	0.1240	0.1037	0.0868	0.0728	0.0611	0.0514	0.0433	0.0365	0.0308	0.0261
21	0.1117	0.0926	0.0768	0.0638	0.0531	0.0443	0.0370	0.0309	0.0259	0.0217
22	0.1007	0.0826	0.0680	0.0560	0.0462	0.0382	0.0316	0.0262	0.0218	0.0181
23	0.0907	0.0738	0.0601	0.0491	0.0402	0.0329	0.0270	0.0222	0.0183	0.0151
24	0.0817	0.0659	0.0532	0.0431	0.0349	0.0284	0.0231	0.0188	0.0154	0.0126
25	0.0736	0.0588	0.0471	0.0378	0.0304	0.0245	0.0197	0.0160	0.0129	0.0105
26	0.0663	0.0525	0.0417	0.0331	0.0264	0.0211	0.0169	0.0135	0.0109	0.0087
27	0.0597	0.0469	0.0369	0.0291	0.0230	0.0182	0.0144	0.0115	0.0091	0.0073
28	0.0538	0.0419	0.0326	0.0255	0.0200	0.0157	0.0123	0.0097	0.0077	0.0061
29	0.0485	0.0374	0.0289	0.0224	0.0174	0.0135	0.0105	0.0082	0.0064	0.0051
30	0.0437	0.0334	0.0256	0.0196	0.0151	0.0116	0.0090	0.0070	0.0054	0.0042
35	0.0259	0.0189	0.0139	0.0102	0.0075	0.0055	0.0041	0.0030	0.0023	0.0017
40	0.0154	0.0107	0.0075	0.0053	0.0037	0.0026	0.0019	0.0013	0.0010	0.0007
45	0.0091	0.0061	0.0041	0.0027	0.0019	0.0013	0.0009	0.0006	0.0004	0.0003
50	0.0054	0.0035	0.0022	0.0014	0.0009	0.0006	0.0004	0.0003	0.0002	0.0001
60	0.0019	0.0011	0.0007	0.0004	0.0002	0.0001	0.0001	0.0000	0.0000	0.0000
70	0.0007	0.0004	0.0002	0.0001	0.0001	0.0000	0.0000	0.0000	0.0000	0.0000
80	0.0002	0.0001	0.0001	0.0000	0.0000	0.0000	0.0000	0.0000	0.0000	0.0000

〈표 A-3〉 연금 1원의 미래가치

$$FA_n = \sum_{t=1}^{n}(1+r)^{n-t} = \frac{(1+r)^n - 1}{r}$$

기간이자율(r)

기간수 (n)	1%	2%	3%	4%	5%	6%	7%	8%	9%	10%
1	1.0000	1.0000	1.0000	1.0000	1.0000	1.0000	1.0000	1.0000	1.0000	1.0000
2	2.0100	2.0200	2.0300	2.0400	2.0500	2.0600	2.0700	2.0800	2.0900	2.1000
3	3.0301	3.0604	3.0909	3.1216	3.1525	3.1836	3.2149	3.2464	3.2781	3.3100
4	4.0604	4.1216	4.1836	4.2465	4.3101	4.3746	4.4399	4.5061	4.5731	4.6410
5	5.1010	5.2040	5.3091	5.4163	5.5256	5.6371	5.7507	5.8666	5.9847	6.1051
6	6.1520	6.3081	6.4684	6.6330	6.8019	6.9753	7.1533	7.3359	7.5233	7.7156
7	7.2135	7.4343	7.6625	7.8983	8.1420	8.3938	8.6540	8.9228	9.2004	9.4872
8	8.2857	8.5830	8.8923	9.2142	9.5491	9.8975	10.2598	10.6366	11.0285	11.4359
9	9.3685	9.7546	10.1591	10.5828	11.0266	11.4913	11.9780	12.4876	13.0210	13.5795
10	10.4622	10.9497	11.4639	12.0061	12.5779	13.1808	13.8164	14.4866	15.1929	15.9374
11	11.5668	12.1687	12.8078	13.4864	14.2068	14.9716	15.7836	16.6455	17.5603	18.5312
12	12.6825	13.4121	14.1920	15.0258	15.9171	16.8699	17.8885	18.9771	20.1407	21.3843
13	13.8093	14.6803	15.6178	16.6268	17.7130	18.8821	20.1406	21.4953	22.9534	24.5227
14	14.9474	15.9739	17.0863	18.2919	19.5986	21.0151	22.5505	24.2149	26.0192	27.9750
15	16.0969	17.2934	18.5989	20.0236	21.5786	23.2760	25.1290	27.1521	29.3609	31.7725
16	17.2579	18.6393	20.1569	21.8245	23.6575	25.6725	27.8881	30.3243	33.0034	35.9497
17	18.4304	20.0121	21.7616	23.6975	25.8404	28.2129	30.8402	33.7502	36.9737	40.5447
18	19.6147	21.4123	23.4144	25.6454	28.1324	30.9057	33.9990	37.4502	41.3013	45.5992
19	20.8109	22.8406	25.1169	27.6712	30.5390	33.7600	37.3790	41.4463	46.0185	51.1591
20	22.0190	24.2974	26.8704	29.7781	33.0660	36.7856	40.9955	45.7620	51.1601	57.2750
21	23.2392	25.7833	28.6765	31.9692	35.7193	39.9927	44.8652	50.4229	56.7645	64.0025
22	24.4716	27.2990	30.5368	34.2480	38.5052	43.3923	49.0057	55.4568	62.8733	71.4027
23	25.7163	28.8450	32.4529	36.6179	41.4305	46.9958	53.4361	60.8933	69.5319	79.5430
24	26.9735	30.4219	34.4265	39.0826	44.5020	50.8156	58.1767	66.7648	76.7898	88.4973
25	28.2432	32.0303	36.4593	41.6459	47.7271	54.8645	63.2490	73.1059	84.7009	98.3471
26	29.5256	33.6709	38.5530	44.3117	51.1135	59.1564	68.6765	79.9544	93.3240	109.1818
27	30.8209	35.3443	40.7096	47.0842	54.6691	63.7058	74.4838	87.3508	102.7231	121.0999
28	32.1291	37.0512	42.9309	49.9676	58.4026	68.5281	80.6977	95.3388	112.9682	134.2099
29	33.4504	38.7922	45.2189	52.9663	62.3227	73.6398	87.3465	103.9659	124.1354	148.6309
30	34.7849	40.5681	47.5754	56.0849	66.4388	79.0582	94.4608	113.2832	136.3075	164.4940
35	41.6603	49.9945	60.4621	73.6522	90.3203	111.4348	138.2369	172.3168	215.7108	271.0244
40	48.8864	60.4020	75.4013	95.0255	120.7998	154.7620	199.6351	259.0565	337.8824	442.5926
45	56.4811	71.8927	92.7199	121.0294	159.7002	212.7435	285.7493	386.5056	525.8587	718.9048
50	64.4632	84.5794	112.7969	152.6671	209.3480	290.3359	406.5289	573.7702	815.0836	1163.9085
60	81.6697	114.0515	163.0534	237.9907	353.5837	533.1282	813.5204	1253.2133	1944.7921	3034.8164
70	100.6763	149.9779	230.5941	364.2905	588.5285	967.9322	1614.1342	2720.0801	4619.2232	7887.4696
80	121.6715	193.7720	321.3630	551.2450	971.2288	1746.5999	3189.0627	5886.9354	10950.574	20474.002

기간이자율(r)

기간수 (n)	11%	12%	13%	14%	15%	16%	17%	18%	19%	20%
1	1.0000	1.0000	1.0000	1.0000	1.0000	1.0000	1.0000	1.0000	1.0000	1.0000
2	2.1100	2.1200	2.1300	2.1400	2.1500	2.1600	2.1700	2.1800	2.1900	2.2000
3	3.3421	3.3744	3.4069	3.4396	3.4725	3.5056	3.5389	3.5724	3.6061	3.6400
4	4.7097	4.7793	4.8498	4.9211	4.9934	5.0665	5.1405	5.2154	5.2913	5.3680
5	6.2278	6.3528	6.4803	6.6101	6.7424	6.8771	7.0144	7.1542	7.2966	7.4416
6	7.9129	8.1152	8.3227	8.5355	8.7537	8.9775	9.2068	9.4420	9.6830	9.9299
7	9.7833	10.0890	10.4047	10.7305	11.0668	11.4139	11.7720	12.1415	12.5227	12.9159
8	11.8594	12.2997	12.7573	13.2328	13.7268	14.2401	14.7733	15.3270	15.9020	16.4991
9	14.1640	14.7757	15.4157	16.0853	16.7858	17.5185	18.2847	19.0859	19.9234	20.7989
10	16.7220	17.5487	18.4197	19.3373	20.3037	21.3215	22.3931	23.5213	24.7089	25.9587
11	19.5614	20.6546	21.8143	23.0445	24.3493	25.7329	27.1999	28.7551	30.4035	32.1504
12	22.7132	24.1331	25.6502	27.2707	29.0017	30.8502	32.8239	34.9311	37.1802	39.5805
13	26.2116	28.0291	29.9847	32.0887	34.3519	36.7862	39.4040	42.2187	45.2445	48.4966
14	30.0949	32.3926	34.8827	37.5811	40.5047	43.6720	47.1027	50.8180	54.8409	59.1959
15	34.4054	37.2797	40.4175	43.8424	47.5804	51.6595	56.1101	60.9653	66.2607	72.0351
16	39.1899	42.7533	46.6717	50.9804	55.7175	60.9250	66.6488	72.9390	79.8502	87.4421
17	44.5008	48.8837	53.7391	59.1176	65.0751	71.6730	78.9792	87.0680	96.0218	105.9306
18	50.3959	55.7497	61.7251	68.3941	75.8364	84.1407	93.4056	103.7403	115.2659	128.1167
19	56.9395	63.4397	70.7494	78.9692	88.2118	98.6032	110.2846	123.4135	138.1664	154.7400
20	64.2028	72.0524	80.9468	91.0249	102.4436	115.3797	130.0329	146.6280	165.4180	186.6880
21	72.2651	81.6987	92.4699	104.7684	118.8101	134.8405	153.1385	174.0210	197.8474	225.0256
22	81.2143	92.5026	105.4910	120.4360	137.6316	157.4150	180.1721	206.3448	236.4385	271.0307
23	91.1479	104.6029	120.2048	138.2970	159.2764	183.6014	211.8013	244.4868	282.3618	326.2369
24	102.1742	118.1552	136.8315	158.6586	184.1678	213.9776	248.8076	289.4945	337.0105	392.4842
25	114.4133	133.3339	155.6196	181.8708	212.7930	249.2140	292.1049	342.6035	402.0425	471.9811
26	127.9988	150.3339	176.8501	208.3327	245.7120	290.0883	342.7627	405.2721	479.4306	567.3773
27	143.0786	169.3740	200.8406	238.4993	283.5688	337.5024	402.0323	479.2211	571.5224	681.8528
28	159.8173	190.6989	227.9499	272.8892	327.1041	392.5028	471.3778	566.4809	681.1116	819.2233
29	178.3972	214.5828	258.5834	312.0937	377.1697	456.3032	552.5121	669.4475	811.5228	984.0680
30	199.0209	241.3327	293.1992	356.7868	434.7451	530.3117	647.4391	790.9480	966.7122	1181.8816
35	341.5896	431.6635	546.6808	693.5727	881.1702	1120.7130	1426.4910	1816.6516	2314.2137	2948.3411
40	581.8261	767.0914	1013.7042	1342.0251	1779.0903	2360.7572	3134.5218	4163.2130	5529.8290	7343.8578
45	986.6386	1358.2300	1874.1646	2590.5648	3585.1285	4965.2739	6879.2907	9531.5771	13203.424	18281.310
50	1668.7712	2400.0182	3459.5071	4994.5213	7217.7163	10435.649	15089.502	21813.094	31515.336	45497.191
60	4755.0658	7471.6411	11761.950	18535.133	29219.992	46057.509	72555.039	114189.67	179494.58	281732.57
70	13518.356	23223.332	39945.151	68733.179	118231.47	203201.03	348782.01	597673.46	1022189.6	1744439.8
80	38401.025	72145.696	135614.93	254828.44	478332.53	896429.47	1676557.7	3128148.1	5821071.3	10801137.

〈표 A-4〉 연금 1원의 현재가치

$$PA_n = \sum_{t=1}^{n} \frac{1}{(1+r)^t} = \frac{1-(1+r)^{-n}}{r}$$

기간이자율(r)

기간수 (n)	1%	2%	3%	4%	5%	6%	7%	8%	9%	10%
1	0.9901	0.9804	0.9709	0.9615	0.9524	0.9434	0.9346	0.9259	0.9174	0.9091
2	1.9704	1.9416	1.9135	1.8861	1.8594	1.8334	1.8080	1.7833	1.7591	1.7355
3	2.9410	2.8839	2.8286	2.7751	2.7232	2.6730	2.6243	2.5771	2.5313	2.4868
4	3.9020	3.8077	3.7171	3.6299	3.5460	3.4651	3.3872	3.3121	3.2397	3.1699
5	4.8534	4.7135	4.5797	4.4518	4.3295	4.2124	4.1002	3.9927	3.8897	3.7908
6	5.7955	5.6014	5.4172	5.2421	5.0757	4.9173	4.7665	4.6229	4.4859	4.3553
7	6.7282	6.4720	6.2303	6.0021	5.7864	5.5824	5.3893	5.2064	5.0330	4.8684
8	7.6517	7.3255	7.0197	6.7327	6.4632	6.2098	5.9713	5.7466	5.5348	5.3349
9	8.5660	8.1622	7.7861	7.4353	7.1078	6.8017	6.5152	6.2469	5.9952	5.7590
10	9.4713	8.9826	8.5302	8.1109	7.7217	7.3601	7.0236	6.7101	6.4177	6.1446
11	10.3676	9.7868	9.2526	8.7605	8.3064	7.8869	7.4987	7.1390	6.8052	6.4951
12	11.2551	10.5753	9.9540	9.3851	8.8633	8.3838	7.9427	7.5361	7.1607	6.8137
13	12.1337	11.3484	10.6350	9.9856	9.3936	8.8527	8.3577	7.9038	7.4869	7.1034
14	13.0037	12.1062	11.2961	10.5631	9.8986	9.2950	8.7455	8.2442	7.7862	7.3667
15	13.8651	12.8493	11.9379	11.1184	10.3797	9.7122	9.1079	8.5595	8.0607	7.6061
16	14.7179	13.5777	12.5611	11.6523	10.8378	10.1059	9.4466	8.8514	8.3126	7.8237
17	15.5623	14.2919	13.1661	12.1657	11.2741	10.4773	9.7632	9.1216	8.5436	8.0216
18	16.3983	14.9920	13.7535	12.6593	11.6896	10.8276	10.0591	9.3719	8.7556	8.2014
19	17.2260	15.6785	14.3238	13.1339	12.0853	11.1581	10.3356	9.6036	8.9501	8.3649
20	18.0456	16.3514	14.8775	13.5903	12.4622	11.4699	10.5940	9.8181	9.1285	8.5136
21	18.8570	17.0112	15.4150	14.0292	12.8212	11.7641	10.8355	10.0168	9.2922	8.6487
22	19.6604	17.6580	15.9369	14.4511	13.1630	12.0416	11.0612	10.2007	9.4424	8.7715
23	20.4558	18.2922	16.4436	14.8568	13.4886	12.3034	11.2722	10.3711	9.5802	8.8832
24	21.2434	18.9139	16.9355	15.2470	13.7986	12.5504	11.4693	10.5288	9.7066	8.9847
25	22.0232	19.5235	17.4131	15.6221	14.0939	12.7834	11.6536	10.6748	9.8226	9.0770
26	22.7952	20.1210	17.8768	15.9828	14.3752	13.0032	11.8258	10.8100	9.9290	9.1609
27	23.5596	20.7069	18.3270	16.3296	14.6430	13.2105	11.9867	10.9352	10.0266	9.2372
28	24.3164	21.2813	18.7641	16.6631	14.8981	13.4062	12.1371	11.0511	10.1161	9.3066
29	25.0658	21.8444	19.1885	16.9837	15.1411	13.5907	12.2777	11.1584	10.1983	9.3696
30	25.8077	22.3965	19.6004	17.2920	15.3725	13.7648	12.4090	11.2578	10.2737	9.4269
35	29.4086	24.9986	21.4872	18.6646	16.3742	14.4982	12.9477	11.6546	10.5668	9.6442
40	32.8347	27.3555	23.1148	19.7928	17.1591	15.0463	13.3317	11.9246	10.7574	9.7791
45	36.0945	29.4902	24.5187	20.7200	17.7741	15.4558	13.6055	12.1084	10.8812	9.8628
50	39.1961	31.4236	25.7298	21.4822	18.2559	15.7619	13.8007	12.2335	10.9617	9.9148
60	44.9550	34.7609	27.6756	22.6235	18.9293	16.1614	14.0392	12.3766	11.0480	9.9672
70	50.1685	37.4986	29.1234	23.3945	19.3427	16.3845	14.1604	12.4428	11.0844	9.9873
80	54.8882	39.7445	30.2008	23.9154	19.5965	16.5091	14.2220	12.4735	11.0998	9.9951

기간이자율(r)

기간수 (n)	11%	12%	13%	14%	15%	16%	17%	18%	19%	20%
1	0.9009	0.8929	0.8850	0.8772	0.8696	0.8621	0.8547	0.8475	0.8403	0.8333
2	1.7125	1.6901	1.6681	1.6467	1.6257	1.6052	1.5852	1.5656	1.5465	1.5278
3	2.4437	2.4018	2.3612	2.3216	2.2832	2.2459	2.2096	2.1743	2.1399	2.1065
4	3.1024	3.0373	2.9745	2.9137	2.8550	2.7982	2.7432	2.6901	2.6386	2.5887
5	3.6959	3.6048	3.5172	3.4331	3.3522	3.2743	3.1993	3.1272	3.0576	2.9906
6	4.2305	4.1114	3.9975	3.8887	3.7845	3.6847	3.5892	3.4976	3.4098	3.3255
7	4.7122	4.5638	4.4226	4.2883	4.1604	4.0386	3.9224	3.8115	3.7057	3.6046
8	5.1461	4.9676	4.7988	4.6389	4.4873	4.3436	4.2072	4.0776	3.9544	3.8372
9	5.5370	5.3282	5.1317	4.9464	4.7716	4.6065	4.4506	4.3030	4.1633	4.0310
10	5.8892	5.6502	5.4262	5.2161	5.0188	4.8332	4.6586	4.4941	4.3389	4.1925
11	6.2065	5.9377	5.6869	5.4527	5.2337	5.0286	4.8364	4.6560	4.4865	4.3271
12	6.4924	6.1944	5.9176	5.6603	5.4206	5.1971	4.9884	4.7932	4.6105	4.4392
13	6.7499	6.4235	6.1218	5.8424	5.5831	5.3423	5.1183	4.9095	4.7147	4.5327
14	6.9819	6.6282	6.3025	6.0021	5.7245	5.4675	5.2293	5.0081	4.8023	4.6106
15	7.1909	6.8109	6.4624	6.1422	5.8474	5.5755	5.3242	5.0916	4.8759	4.6755
16	7.3792	6.9740	6.6039	6.2651	5.9542	5.6685	5.4053	5.1624	4.9377	4.7296
17	7.5488	7.1196	6.7291	6.3729	6.0472	5.7487	5.4746	5.2223	4.9897	4.7746
18	7.7016	7.2497	6.8399	6.4674	6.1280	5.8178	5.5339	5.2732	5.0333	4.8122
19	7.8393	7.3658	6.9380	6.5504	6.1982	5.8775	5.5845	5.3162	5.0700	4.8435
20	7.9633	7.4694	7.0248	6.6231	6.2593	5.9288	5.6278	5.3527	5.1009	4.8696
21	8.0751	7.5620	7.1016	6.6870	6.3125	5.9731	5.6648	5.3837	5.1268	4.8913
22	8.1757	7.6446	7.1695	6.7429	6.3587	6.0113	5.6964	5.4099	5.1486	4.9094
23	8.2664	7.7184	7.2297	6.7921	6.3988	6.0442	5.7234	5.4321	5.1668	4.9245
24	8.3481	7.7843	7.2829	6.8351	6.4338	6.0726	5.7465	5.4509	5.1822	4.9371
25	8.4217	7.8431	7.3300	6.8729	6.4641	6.0971	5.7662	5.4669	5.1951	4.9476
26	8.4881	7.8957	7.3717	6.9061	6.4906	6.1182	5.7831	5.4804	5.2060	4.9563
27	8.5478	7.9426	7.4086	6.9352	6.5135	6.1364	5.7975	5.4919	5.2151	4.9636
28	8.6016	7.9844	7.4412	6.9607	6.5335	6.1520	5.8099	5.5016	5.2228	4.9697
29	8.6501	8.0218	7.4701	6.9830	6.5509	6.1656	5.8204	5.5098	5.2292	4.9747
30	8.6938	8.0552	7.4957	7.0027	6.5660	6.1772	5.8294	5.5168	5.2347	4.9789
35	8.8552	8.1755	7.5856	7.0700	6.6166	6.2153	5.8582	5.5386	5.2512	4.9915
40	8.9511	8.2438	7.6344	7.1050	6.6418	6.2335	5.8713	5.5482	5.2582	4.9966
45	9.0079	8.2825	7.6609	7.1232	6.6543	6.2421	5.8773	5.5523	5.2611	4.9986
50	9.0417	8.3045	7.6752	7.1327	6.6605	6.2463	5.8801	5.5541	5.2623	4.9995
60	9.0736	8.3240	7.6873	7.1401	6.6651	6.2492	5.8819	5.5553	5.2630	4.9999
70	9.0848	8.3303	7.6908	7.1421	6.6663	6.2498	5.8823	5.5555	5.2631	5.0000
80	9.0888	8.3324	7.6919	7.1427	6.6666	6.2500	5.8823	5.5555	5.2632	5.0000

찾아보기

ㅊ

ㅌ

ㅍ

최 관 　한국과학기술원 경영과학과(경영공학석사) | Syracuse 대학교(경영학박사) | 한국회계기준위원회 위원 | 한국회계학회장 역임 | 공인회계사
현, 성균관대학교 경영대학 명예교수

저서 및 논문 　K-IFRS 중급재무회계(신영사, 2023) | "지난 20년 우리나라 회계보고의 투명성에 어떠한 변화가 있었는가?" | "시장의 불확실성 하에서 기업의 보수적 회계처리와 투자자의 반응" | COVID-19 위기와 회계정보의 가치관련성

백 원 선 　Temple 대학교(경영학박사)
현, 성균관대학교 경영대학 명예교수

저서 및 논문 　회계연구 실증모형(신영사, 2019) | "Heritage-based value of corporate brand: Antecedents and effects on the firm's financial value" | "차별적 손익인식 적시성 모형의 호재/악재 집단 분류변수와 편의" | "이익의 질과 영향요인의 산업별 추세"

최 영 수 　한국과학기술원 경영과학과(경영공학석사) | Lancaster 대학교(회계/재무학박사)
현, 성균관대학교 경영대학 교수

저서 및 논문 　회계와 사회(신영사, 2023) | IFRS 경영분석과 가치평가(신영사, 2015) | Residual income-based equity valuation(LAMBERT Academic Publishing, 2010) | "Local versus foreign analysts' forecast accuracy: Does herding matter?" | "일반적 표시와 공시에 대한 IASB의 공개초안과 영업이익"

제12판 수정판 IFRS 회계원리

2009년 2월 15일 제 1 판 1쇄 발행
2025년 1월 20일 제12판 1쇄 발행
2026년 2월 10일 제12판 수정판 발행

저　　자 최 관 · 백원선 · 최영수
발 행 인 권 영 섭
발 행 처 (주)신 영 사
경기도 파주시 심학산로 12(출판문화단지)
등　　록 : 1988. 5. 2 / 제406-1988-000020호
전　　화 : 031-946-2894(代)
F A X : 031-946-0799
e-mail : sys28945@naver.com
홈페이지 : http://www.shinyoungsa.co.kr

저자협의 인지생략

정가 43,000원

ISBN 978-89-5501-909-4